普通高等教育农业农村部"十三五"规划教材

土地评价学

孔祥斌　毕如田　主编

中国农业大学出版社
·北京·

内 容 简 介

本书分为3篇12章，其中第一篇为理论篇，立足土地评价基本对象的资源、资产和资本特征，明确土地评价的含义、作用，以及土地评价学与其他学科的联系，并介绍了土地评价的发展历程和土地评价学的基本理论等；第二篇为方法篇，重点讲述土地评价的方法和步骤以及传统的经典评价方法；第三篇为应用篇，编写了农用地、城乡建设用地、生态用地以及流域用地的评价方法和步骤，最后对全球土地评价最新进展进行了介绍。

本教材适用于土地资源管理、资源与环境以及国土空间规划等相关专业的学生。

图书在版编目(CIP)数据

土地评价学/孔祥斌，毕如田主编. —北京：中国农业大学出版社，2020.12(2023.12重印)
ISBN 978-7-5655-2446-2

Ⅰ.①土…　Ⅱ.①孔…　②毕…　Ⅲ.①土地评价-高等学校-教材　Ⅳ.①F301

中国版本图书馆CIP数据核字(2020)第203728号

书　　名　土地评价学
作　　者　孔祥斌　毕如田　主编

策　　划　梁爱荣　　**责任编辑**　梁爱荣　刘彦龙
封面设计　郑　川　李尘工作室
出版发行　中国农业大学出版社
社　　址　北京市海淀区圆明园西路2号　　**邮政编码**　100193
电　　话　发行部 010-62733489，1190　　编辑部 010-62732617，2618
出版部 010-62733440
网　　址　http://www.caupress.cn　　**E-mail**　cbsszs@cau.edu.cn
经　　销　新华书店
印　　刷　涿州市星河印刷有限公司
版　　次　2020年12月第1版　2023年12月第2次印刷
规　　格　787 mm×1092 mm　16开本　23.75印张　590千字
定　　价　69.00元

编写人员

主　　编　孔祥斌　毕如田

副 主 编　齐　伟　蔡为民　杜国明

编写人员　（按姓氏拼音排序）

毕如田（山西农业大学）

蔡为民（天津工业大学）

陈　影（河北农业大学）

陈伟强（河南农业大学）

杜国明（东北农业大学）

黄朝明（海南大学）

姜广辉（北京师范大学）

孔祥斌（中国农业大学）

聂　艳（华中师范大学）

齐　伟（山东农业大学）

钱凤魁（沈阳农业大学）

石　英（天津工业大学）

卫新东（长安大学）

张蚌蚌（西北农林科技大学）

朱洪芬（山西农业大学）

前　言

党的二十大报告强调，"全方位夯实粮食安全根基，牢牢守住十八亿亩耕地红线，确保中国人的饭碗牢牢端在自己手中"，突出了土地支撑现代化建设的重要性。

我国进入了生态文明时代。新时代赋予新使命，呼唤新思想，国家土地资源管理体系正在发生重大变革。传统的资源管理已经进入资源、资产和资本管理并重的新时代。这突出表现在土地利用总体规划已经转为国土空间规划，土地整治则进入国土综合整治阶段，而土地评价也从单一的土地资源评价向国土空间适宜性评价和承载力评价转变。国际上的土地评价新思想、新方法不断涌现，从可持续评价进入全球可持续发展目标(sustainable development goals，SDGs)的评价时代，评价内容也从资源适宜性、生产能力向资源服务功能与价值转变。因此，迫切需要一部既能反映土地评价国际前沿理论动态，又能满足国家自然资源管理实践最新需求的土地评价教材。为此，由中国农业大学牵头，全国20多所从事土地评价相关教学的资深教师一起合作，组成编写队伍，历经两年，完成了这部《土地评价学》教材。

本教材分理论篇(第1章至第3章)、方法篇(第4章、第5章)和应用篇(第6章至第12章)，共计12章。由孔祥斌、毕如田任主编，齐伟、蔡为民和杜国明任副主编，主编与副主编及各位参编老师共同确定了本教材的编写思想和编写框架。具体编写分工如下：第1章由孔祥斌编写，本章作为全书的绪论，立足土地评价基本对象的资源、资产和资本特征，明确土地评价的含义、作用，以及土地评价学与其他学科的关系；第2章由毕如田、朱洪芬编写，主要内容是土地评价的发展历程；第3章由齐伟、姜广辉编写，主要内容是土地评价学的基本理论；第4、5章分别由蔡为民、石英、杜国明编写，此两章重点讲述土地评价的方法与步骤以及传统的经典评价方法；第6～11章分别由陈伟强、卫新东、陈影、钱凤魁、黄朝明、聂艳编写，这些章节分别讲述了农用地、城乡建设用地、生态用地以及流域用地的评价方法和步骤；第12章由张蚌蚌编写，此章对全球土地评价最新进展进行了介绍。

本教材力求反映国内和国际最新的土地评价研究进展，并与国家的有关标准紧密结合，同时配有相关的案例。通过对土地评价学的学习，学生能够明确土地评价的意义，掌握土地评价的基本理论，具备从事各类土地评价的能力，并能了解最新土地评价国际前沿。本教材适用于土地资源管理、资源与环境以及国土空间规划等相关专业的学生。

编写人员在教材编写过程中力求完美，但是，由于编者能力有限，在很多方面还存在不足的地方，恳请有关教师和学生给予指正，使我们逐步改进，不断完善，争取形成一部优秀的教材。

孔祥斌

2023年12月

目　　录

理　论　篇

方　法　篇

应 用 篇

理论篇

第1章

绪　　论

导读：土地是人类赖以生存的物质资源，土地评价是土地开发、利用、保护与管理的基础。土地评价学作为研究土地评价理论、方法与实践的学科，是一门既古老又新颖的交叉学科，其对土地资源的合理与可持续利用具有极其重要的作用。为了更加清晰地认识、开展土地评价研究与学习，本章在阐释土地基本概念的基础上，对土地评价的含义、目的、任务与基础作用进行了简要分析，并指出了土地评价学与其他学科的基本关系。

1.1　土地的基本概念

1. 土地与土地资源的概念

1）土地

土地是人类赖以生存的场所，是农业生产的基本资料，也是城市建设、工业和交通等发展的基础性物质条件。长期以来，人们对土地概念的理解有所差异，是因为人们对土地的认识随着社会生产力的发展、土地利用范围的扩大、土地利用强度的增加、土地功能的日益多样化而不断发展与深化，因此土地的概念和内涵是一个动态发展的过程。

国内外不同学科、不同领域、不同部门赋予土地不同的概念和内涵。《说文解字》指出："土者，地之吐生物者也。""地为万物所陈列也，从土从也。"《管子·水地》指出："地者，万物之本源，诸生之根菀也。"《周礼·地官》认为土地是田地或土壤，"乃经土地，而井牧其田野。"《国语·吴语》将土地理解为领土，"凡吴土地人民，越既有之矣，孤何以视于天下。"英国经济学家马歇尔认为："土地是指大自然为了帮助人类，在陆地、海洋、空气、光和热各个方面所赠予的物质和力量。"美国土地经济学家巴洛维(R. Banlowe)指出："土地是受控制的附着于地球表面的自然和人工资源的总和。"1972年在荷兰瓦赫宁根大学召开的土地评价大会纪要指出："土地包括地球特定地域表面及其以上和以下的大气、土壤、基础地质、水文、植被和动物，它还包含这一地域范围内过去和目前人类活动的种种结果，及其对目前和未来人类利用土地所施加的重要影响。"联合国粮食及农业组织(简称联合国粮农组织，FAO)1976年制定的《土地评价纲要》指出："土地是由影响土地利用潜力的自然环境所组成，包括气候、地形、水文和植被等。它包括人类过去和现在活动的结果，如围海造田、清除植被，以及负面的结果，如土壤盐碱化。"尽管不同学者对土地概念和内涵的认知有所不同，但均认为土地是一个动态的历史综合体。综合各方观点和论述，土地的内涵包括以下几个方面。

(1)土地是地球表面的陆地部分　地球表面面积5.1亿km^2，其中，海洋面积占70.80%，陆地面积占29.20%。土地仅是指地球表面的陆地部分，而广阔的海洋不是土地的范畴。土地在地球上的位置是固定的，有特定的面积和形状，土地面积是指土地在地球表面上垂直投影的数量。

(2)土地是自然社会经济综合体　土地是由自然因素和社会经济因素构成，其中，自然因素主要包括气候、土壤、生物、岩石、地貌和植被等，社会经济因素主要包括土地利用过程中的要素投入、土地权属关系、人口状况以及为经济、政治、军事等目的的服务活动所产生的结果。土地的组成要素在一定时间和空间内相互联系、相互影响、相互作用而形成具有一定结构和功能的有机整体。土地的性质和用途取决于全部构成要素的综合作用，而不是单独某种或几种组成要素。

(3)土地具有三维立体空间实体　土地具有立体的垂直剖面，包括地上层、地表层和地下层3个层次。地上层包括气候、植物、微生物和动物等；地表层有水文、土壤、浅层地下水、部分植物、动物和微生物、人类活动的结果；地下层有土壤层之下的岩石和深层地下水等。土地垂直剖面是各种自然的物理、化学、生物过程以及人类经济活动的场所，是土地相对活跃的层次。土地不同层次在地球陆地表面连续扩展，形成三维立体空间的连续实体。

(4)土地是个动态的历史综合体　土地具有发生与发展的过程，其性质随时间而不断变化。这是由于构成土地的自然因素、社会经济因素以及人类活动均随时间而变化。人类活动影响土地的性质和用途，土地用途和性质的变化与人类活动密切相关，人类活动对土地的改造与利用的结果会以某种形式表现。

(5)土地是一个复合的生态系统　土地是由气候、地质、土壤、植被、水文、动物和植物等自然要素，以及人类社会经济活动等要素综合构成的复合生态系统。系统的要素或子要素之间相互作用、相互影响，决定着整体系统或子系统的结构和功能，且该复合生态系统存在着频繁的物质流动和能量循环等过程，共同维持生态系统的协调与平衡。

综上所述，土地的概念可表述为：土地是地球陆地表面上由气候、地貌、水文、地质、土壤和植被等要素构成，包括人类过去和现在活动种种结果的自然社会经济综合体。

2)土地资源

《辞海》中资源的定义为可资利用的自然物质和人力。土地资源是指土地总量中在当前和可预见的技术经济条件下，能为人类利用的土地。土地一般可划分为两类：一类是能够被人类利用的土地，如耕地、林地、草地和建设用地等，即能产生价值的那部分土地；另一类是不能被人类利用的土地，或者大量投入也不能产生价值的那部分土地，如戈壁和沙漠等。土地资源即是能够被人类利用，能产生价值的土地。从严格意义上来说，前者是我们常说的土地资源，后者则不能被称为土地资源。

土地资源是一个动态的概念，即在当前社会经济条件下没有被利用的那部分土地，随着科学技术进步、社会经济发展与人类需求的多样化，其完全有可能被人类利用甚至产生较高的价值，如随着人们对自然景观需求的增加，戈壁也可具有较高的观赏价值。同时，目前可被人类利用的土地因利用不当或自然灾害等原因，也有可能变为不能产生价值的土地。然而，自然界几乎不存在对人类没有用处的土地，即土地或多或少地以某种形式为人类提供某种产品或服务，因此，土地和土地资源之间的界线比较模糊。通常来说，土地和土地资源两个概念可以混用。

3)相关概念的区别与联系

(1)土地与土壤　土壤是指地球表面在生物、气候、母质、地形、时间等因素综合作用下所形成的能够生长植物，具有生态环境调控功能，处于永恒变化中的矿物质与有机质的疏松混合物。简单地说，土壤是地球表面能够生长植物的疏松表层。土壤和土地的区别可从以下几个方面加以说明。

① 从相互关系上看，土地包含土壤，土壤仅仅是土地的一个组成要素。当土壤一旦被利用，即作为基本的生产资料时，则必须同时考虑气候、地形、水文等组成土地的诸要素，这就是人们通常所说的因地制宜利用土地，这个时候土壤实际上已经以土地的形式发生作用，这也就是土壤与土地两个概念经常被人们混淆的原因之一。

② 从本质特征上看，土壤的本质特征是具有肥力，土地的本质特征是生产力。土壤肥力是指土壤为植物生长供应和协调营养条件及环境的能力；土地生产力是在特定管理制度下，对某种(或一系列)用途的生产能力。对于农业用地，土壤肥力是形成土地生产力的基础，土壤肥力必须与土地的其他组成要素(如气候、水文和植被等)有机结合才能充分发挥其作用。对于城市用地，土地生产力(效益)主要取决于区位因素，而与土壤肥力几乎没有直接关系。因此，土地利用过程中土壤肥力能否被利用与土地利用形式密切相关。

③ 从形态结构上看，土壤只是土地表层的一部分。土壤是处在地球风化壳的疏松表层，具有垂直分层性，可划分为A、B、C等层次。土地是一个三维立体空间体，具有地上层、地表层和地下层，土壤仅是地表层的一部分，土壤和土地的形态结构相差甚远。

(2)土地与国土　国土，系归一个国家管辖的地球上的某一部分空间，即受一国主权管辖的区域，广义上包括一国的陆地、河流、湖泊、内海、领海及它们的下层和上空，还包括大陆架等。由此可见，国土是比土地更加宽泛的概念。

(3)土地与景观　景观(landscape)的原意是表示自然风光、地表形态和风景画面，它与汉语中的风景、景致、景象等一致，等同于英语中的scenery，都是视觉美学意义上的概念。景观的概念内涵经自然地理学和景观生态学等学科的不断扩展，逐渐演变为土地及土地上的空间和物质所构成的综合体，并以“地域综合体”和“自然综合体”为其概念的基础。景观一般可分为自然景观和人文景观两大类。自然景观是指景观要素(如气候、地貌、土壤和植被等)特征和景观形成过程，从自然景观可透视地球自身所发生的一些事实；人文景观是指自然景观与人类活动共同作用而形成的反映区域社会、经济与文化等特色的独特景观，从人文景观可透视人类活动与自然环境相互作用的过程。

土地和景观都有“地域综合体”和“自然综合体”的含义，但两者却存在着根本的区别。首先，景观和土地具有从属关系。景观是土地的一部分，即土地的地表部分，是被人们直接观察到的客体，位于生态系统之上、区域之下的中间部分，代表了一种较为精细的尺度。其次，两者的内涵和外延有所不同。土地概念不仅强调自然属性，而且更侧重其社会经济属性，主要关注土地的生产力、土地的产权关系、土地的经济价值等；而景观则强调其供人类观赏的美学价值和景观作为复杂生命组织整体的生态价值及其带给人类的长期效益。另外，现代景观的异质性原理，即景观是由异质性的景观要素组成，这既是对传统景观概念的突破，也是其与以均质性地块单元为基础的土地概念相区别的本质所在。

(4)土地与地理 地理(geography)最早出自《周易·系辞》中“仰以观于天文,俯以察于地理”。《辞海》对地理的定义是山川土地的环境形势。地理是世界或某一区域的自然环境(如气候、地貌、山川和河流等)及社会要素的统称。一般来讲,地理所涉及的范围包括人类生活的各种环境,即自然环境和人文环境。自然环境通常包括大气圈、水圈、岩石圈、生物圈和土壤圈等圈层。人文环境是人类社会现象与地理环境的相互关系。地理的概念内涵比土地的宽泛,地理包含地球表层自然要素与人文要素相互作用及其形成演化特征、结构、过程以及人地关系等内容。

(5)土地与生态系统 生态系统(ecosystem)是指在自然界一定的空间内,由生物群落与无机环境之间连续的物质流动和能量循环等过程形成的综合体,并在一定时期内保持相对稳定的平衡状态。生态系统是生物和非生物环境相互影响、相互制约形成的统一整体,因此,生态系统范围可大可小,如可将太阳系作为一个生态系统,也可将地球作为生态系统,而一块农田也同样可视为一个生态系统,即农田生态系统。当生态系统范围较大时,生态系统包含土地,而生态系统范围较小时,土地可包含生态系统。由此而言,土地和生态系统既有区别,又有联系。

(6)土地与空间 空间是一种物质客观存在的形式,可由长度、宽度、高度、大小等综合表现出来。空间的概念内涵比较宽泛,它是物体存在或运动的场所(有限或无限),是一个相对的概念。土地存在于一定的空间范围内,概念相对比较具体。

2. 土地功能特点

土地的基本功能包括以下6个方面。

1)生产功能

土地的本质是生产力,具有生产功能,即在不造成破坏和退化的条件下,土地可以生产出满足人类需求的植物产品和动物产品。土地能够生产什么产品或者能提供多少产品主要取决于土地生产力。土地生产力按其性质可分为自然生产力和劳动生产力。自然生产力是土地资源的本身属性,即光、热、水、气以及营养元素等自然要素综合作用而形成的适应不同植物和动物生长的环境条件;劳动生产力主要通过人为对土地施加影响,即人类通过科学技术对土地限制性因素进行克服、改造等,从而提升土地产出的过程。土地的生产功能是人类和生物生产和生活的基础,没有土地的生产功能,就没有人类和生物的生存和发展。

2)支撑功能

土地是生物生存的场所,具有支撑功能。没有土地支撑功能,正如“皮之不存,毛将焉附”,万物将无容身之所。人类的生产和生活的场所和空间均要附着在土地表面。工业、建筑业和交通运输业等人类活动均是将土地作为基础的支撑,如房屋和桥梁等建筑物的地基都是土地,而农业生产活动中植物的根也是固定在土地中才能保持直立。同时,土地的支撑功能大小决定着土地作为某种用途的适宜性和限制性,也会影响着工程项目的投资费用。

3)文化功能

土地是人类文明的舞台,文化的策源地,人类的一切文化建设的载体和媒介都离不开土地。土地是一个动态的历史综合体,人类在社会实践中创造的物质文明、制度文明和精神文明都在土地上有着深深的烙印。如上古的华夏文明、良渚文明和古蜀文明等文明,以及自然景观、农业景观、聚落景观、工程景观和人造景观等景观类型,均发挥着文化功能。

4)生态功能

土地生态系统作为地球生态系统的子系统,具有生态功能。土地生态系统包含农田生态系统、林地生态系统和草地生态系统等多种生态系统,其多种状态和用途对生态环境具有积极的作用。如林地生态系统和草地生态系统不仅能够利用光能产生动植物所需的营养物质,还具有防风固沙、保持水土、涵养水源、净化空气等作用,可有效地保障生态系统结构与功能的稳定,促使生态系统的良性循环。此外,城市生态系统作为土地生态系统的子系统之一,合理的城市发展也能发挥其生态功能。

5)景观功能

景观是土地及土地上的空间和物质所构成的综合表现,是土地的具体一部分。山川、河流、森林、草原、荒漠等自然要素组合构成多种独特的景观,能够供人观赏、舒缓身心,带给人们视觉、身体与心灵等多重愉悦。农田、水渠等受到人为强烈影响的人工生态系统,也能因传统文化和风土人情等区域特色而发挥景观功能,如哈尼梯田、龙胜梯田等人为影响下的农业生产景观,同样具有较高的观赏价值。

6)调节功能

土地能够通过物理、化学以及生物等作用将进入土地的污染物质进行分解、迁移、转化,达到降低或消除土地污染物浓度的目的。如针对进入土体的污染物质,可通过生物和化学降解,将污染物毒性降低甚至转化为营养物质。然而,土地的调节功能是有一定的限度的,必须在其阈值范围内进行,如果超过其功能阈值,该功能将不能正常地运转,势必影响土地生态系统结构与功能的良性循环。

土地资源要素与基本功能的关系见图 1-1。

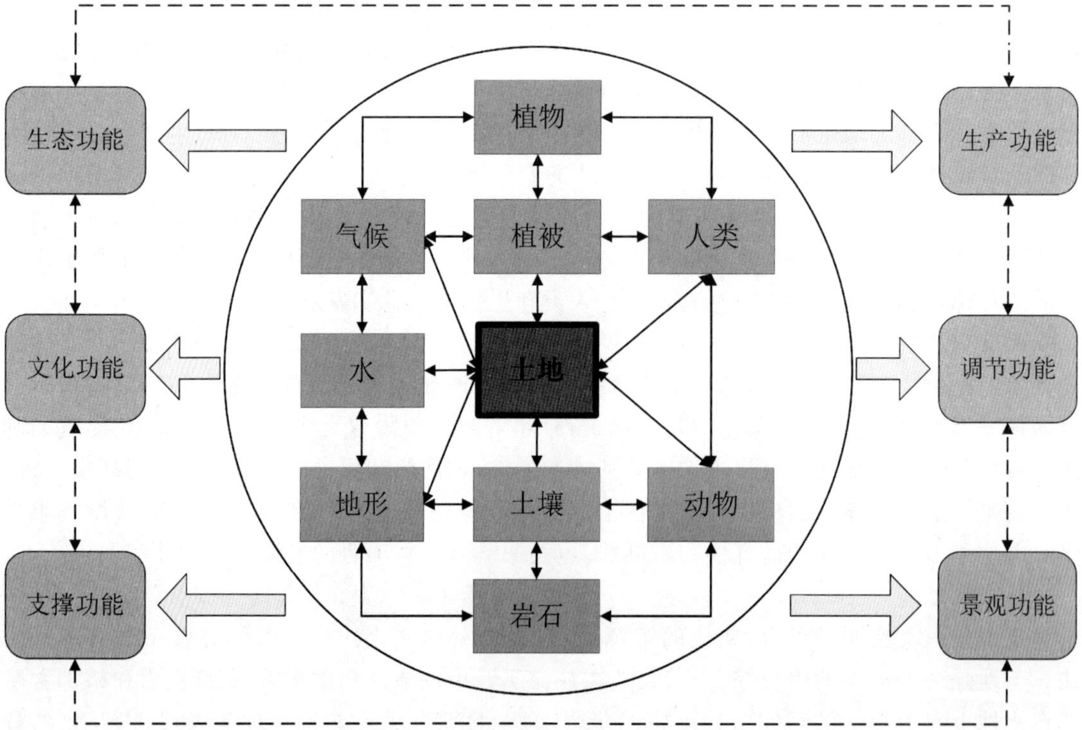

图 1-1 土地资源要素及其基本功能

3. 土地特性

1)土地资源特性

(1)土地肥力和生产力 土地肥力是土地能够作为农业生产资料的重要原因,即在植物生长过程中,土地能够提供与满足植物对光照、温度、水分、养分和空气等要素的需求。土地肥力是土地资源的客观属性,包括自然肥力和人工肥力。自然肥力是土地在自然条件下赋予的能够满足植物生长的肥力;人工肥力是指由于人类劳动、资本和技术等要素投入,对土地资源利用的结构、方式及程度等的改善而形成的肥力。

土地肥力是土地生产力的基础,土地生产力不仅取决于土地各组成要素的质量以及组合特征,而且也与生产过程中物质投入、生产技术、农艺水平和管理措施等因素密切相关。根据生产力的性质不同,可将土地生产力分为自然生产力和劳动生产力。其中,自然生产力是土地资源的本身属性,即光、热、水、气以及营养元素等自然要素综合作用而形成的适应不同的植物和动物生长的环境条件;劳动生产力主要通过人为对土地施加影响,即人类通过科学技术对土地限制性因素进行克服、改造等,从而提升土地产出的过程。根据生产条件及其限制性程度,可将土地生产力分为现实生产力和潜在生产力。其中,现实生产力是指现实的物质投入、科技水平和管理措施等条件下,土地的光、温、水、热及养分等自然资源条件能够达到的生产能力;潜在生产能力是指在未来通过物质投入、科技进步与管理提升等方面能够达到的水平条件下,土地在光、温、水、热及养分等自然资源条件综合作用下所能达到的最大生产能力。

(2)土地资源适宜性 土地资源适宜性是指土地在一定条件下对某种用途的适宜性程度。土地资源适宜类型及其程度对土地资源开发、利用与保护均有着重要的影响,如某一区域土地资源不适宜某种用途,但当土地投入该项用途时,不仅需要投入大量的劳动和资金,而且有时会事倍功半,甚至不能达到最终的目标。土地资源利用要基于土地的适宜性进行开发与利用,要充分地利用土地资源的适宜性类型及其程度。土地资源具有多宜性,即某区域土地资源可进行多种类型的利用,如何合理地进行土地资源开发利用,促使土地资源的可持续利用,土地资源适宜性评价是其工作的基础。

(3)土地资源有限性 土地是地球表面的陆地部分,是人类生产和生活的重要场所。由于受到地球陆地面积的限制,土地的面积是有限的,即土地资源具有有限性。虽然由于火山、地震等自然活动引起岛屿生成或消失,以及人类通过填海造陆、围湖造田等活动可造成微小的陆地面积变化,但陆地面积变化在漫长的人类历史发展过程中可忽略不计。目前,地球是人类生存的唯一家园,土地面积是有限的,列宁曾指出“土地有限是一种普遍的现象”。因此,面对世界人口急剧增加的态势,人类应合理地利用土地资源,有效地提升土地利用的集约化程度,使有限的土地生产出满足人类发展需求的产品和服务。

(4)土地资源多用途性 土地资源的多宜性使土地资源可作为多种用途使用,即土地资源具有多用途性。土地资源既可作为农业用地,也可作为建设用地,而农业用地可作为耕地、林地、园地、草地等利用类型,建设用地可作为城市住宅用地、工矿用地、农村居民点用地等利用类型。此外,社会经济目标的多样性引导着土地用途的多样化,区域社会、经济与生态环境的协调状况对土地用途的多样性有着潜在的影响。因而,随着人类需求的变化、社会经济的发展以及土地开发利用程度的增加,土地资源的用途日益多样且程度不断加深,土地的社会、经济与生态效益也会有所变化。

2)土地资产特性

(1)土地价值　土地价值是通过土地转移到土地所有者手中的社会价值总量的一部分，确切地讲是社会总剩余价值即总利润的一部分。土地与商品价值一样，能够反映一定的经济关系，但土地作为特殊的商品，土地价值也具有特殊性。土地可以像其他商品一样进行流通，但流通的不是商品实体，而是土地资产产权的法定代表物——证书，即土地权属的流转。土地权属流转内容包括土地所有权、土地使用权和土地经营权等权属内容。因此，土地价值实际上就是土地权属买卖和土地租赁关系的反映。土地资源的特殊属性决定了土地资产的特殊性，土地价值可分为资产价值和资源价值两部分。资产价值是人类劳动价值的体现，即凝结在土地中无差别的人类劳动；资源价值是土地作为纯自然的土地物质，其价值是虚拟的，可通过成本核算法、收益法与市场价值法等方法测算。土地价值虽然由资产价值和资源价值组成，但其价值是不可分割的，两者共同构成土地的综合价值。

(2)土地价格　土地是一种自然物质。按照马克思的劳动价值理论的基本观点，土地本身没有凝结人类劳动，没有价值，也就不存在表现价值的价格。但是，土地作为一种特殊的资源，其面积的固定性、数量的稀缺性以及利用的永续性等基本特点，可满足人类生存需求。谁控制了土地资源，谁就控制了土地产品和服务，别人要想拥有这种产品和服务，就要购买土地的某种权利，即出现了土地价格。也就是说，土地作为一种商品进入市场买卖时，土地就具有价格。土地买卖过程中土地的权力主要包括所有权、使用权、经营权、租赁权和抵押权等。《中华人民共和国土地管理法》规定："中华人民共和国实行土地的社会主义公有制，即全民所有制和劳动群众集体所有制。任何单位和个人不得侵占、买卖或者以其他形式非法转让土地。土地使用权可以依法转让。"我国目前土地不能自由买卖，购买土地的权力实际上是购买一定时期的地租，而地租的现价综合表现为价格。在土地私有制条件下，土地所有者可凭借土地所有权收取地租，或者通过出售土地获取收入，即土地价格。土地价格实质上是若干年地租贴现值的总和。马克思指出："土地的购买价格，是按年收益若干倍来计算的，这不过是地租资本化的另一种表现。"

(3)土地收益　土地收益是指土地或土地资产在开发经营和利用过程中由于经营性因素或其他外部客观因素所形成的利润。土地收益一般包括所有权收益和使用权收益。所有权收益是指土地所有者凭借垄断土地所有权而获取的收益，与广义地租的含义相同。在土地所有权与土地使用权分离的条件下，土地使用权收益是指土地收益中归土地使用者的那部分收益，是土地使用者土地使用权的客观表现。目前，土地所有权、使用权和经营权三权分置，土地经营权收益也是土地收益来源的重要组成部分。土地收益可分为农业土地收益和非农业土地收益。其中，农业土地收益是指从事农林牧副渔等农业劳动，通过获取土地产品或服务而得到的收益；非农业土地收益是指通过土地征用和土地流转(如出租、转让和抵押等)而获取的收益。然而，在农地非农化与政府征地过程中，土地补偿费、安置补助费和青苗补偿费可作为农村集体和农户土地的一种收益。

3)土地资本特性

(1)土地资本的流动　土地既具有经济、社会和自然属性，又具有资源、资产和融资等资本功能。土地资源具有使土地所有者或使用者获取收益的特性，即土地资源是资源性资产。土地资产发展到一定的程度，使土地资产具有资本性。土地资本的流动是指土地在流动中通过市场交易形成价值，即使土地资本通过流动，将资产转变为资本，土地的物质价值发生变化。

(2)土地资本的交易　土地资本的交易是指在特定的土地市场条件下，将土地作为商品进行买卖、租赁、抵押和交换等的行为。土地资本通过土地资源交易场所，使土地资产以某种可以交易的形式，进行资本流动，完成土地资本的交易。

(3)土地资本的增值　土地资本作为人类为提升土地质量与改善生态环境而投入的资本，属于固定资本。土地资产的资本化使土地具有增值性，即土地资本通过流动实现土地资本交易，促使土地资本的增值。土地资本的增值是促使土地所有者、使用者和经营者积极开发利用和保护土地的重要动力。土地资本的保值增值应以清晰的土地产权、完善的土地交易市场和规范化的土地交易程序为基础。

4)土地社会特性

(1)私有拥有　私有拥有是指个人完全拥有对财产多种用途进行选择的排他性权力，即完全受个人意志支配。土地私有拥有，即土地私有制是指土地归个人占有和支配的土地分配模式。奴隶主土地所有制、封建地主土地所有制和资本主义土地所有制均是以土地私有拥有为基本特点，土地拥有者和农业劳动者相分离，两者处于剥削和被剥削的关系。目前，美国、英国、日本等土地私有制国家对土地所有权和使用权均有严格的规定，如美国的土地分为私人所有、联邦政府所有、州及地方政府所有等类型，土地以私有制为主，法律保护私有土地所有权不受侵犯，且各种所有制形式之间的土地可以自由买卖和出租，价格由市场供求关系决定。

(2)集体拥有　集体拥有，即社会主义劳动群众集体所有制，是社会主体社会中生产资料和劳动成果归劳动集体共同占用的一种公有制形式。我国《宪法》规定："中华人民共和国的社会主义经济制度的基础是生产资料的社会主义公有制，即全民所有制和劳动群众集体所有制。"《中华人民共和国土地管理法》规定："中华人民共和国实行土地的社会主义公有制，即全民所有制和劳动群众集体所有制。土地所有制是指土地归农村集体经济组织所有的土地制度。"新中国成立以来，我国土地的集体所有制经历了农民的土地所有制阶段、农民的土地所有权向集体所有制转变阶段、农村土地集体所有制阶段三个阶段。农村土地所有制是指人们在一定社会制度下拥有农村土地的权属形式，即集体拥有。

(3)共同拥有　共同拥有，即全民所有，是指我国法律规定属于国家所有的财产。《中华人民共和国土地管理法》规定："中华人民共和国实行土地的社会主义公有制。全民所有，即国家所有土地的所有权由国务院代表国家行使。"城市市区和国家规定的属于国家所有的土地是全民所有，即土地所有权的全民所有。土地使用权的共同拥有即是两个或两个以上土地使用者共同使用同一宗土地的权力，共同拥有不能清晰地划分各个使用者的使用界限，其具有主体的多主体性和客体的整体性特征。土地使用权共同拥有主要从平面交叉和立体重叠两个方面共有，包括道路、河流、管线以及院落场地、高层地基等。

5)土地资源、资产、资本与社会属性的关系

土地具有资源属性、资产属性、资本属性。土地既是人类赖以生存的物质基础，也可通过经营流通产生增值，成为财富的来源。土地资源作为在当前和可预见的技术经济条件下能为人类利用的土地，在特定的历史条件下，不是取之不尽、用之不竭的，即土地资源具有稀缺性。人类社会经济发展对土地资源需求的不可替代性决定了其资源属性，也就是说土地的资源属性是永恒的。土地的资源属性强调土地的使用价值，即可以为人类生产生活提供必要的产品和服务。土地资产是指能够被人类使用、占有并且作为生产资料的土地资源，具有经济属性、社会属性和法律属性。土地资本是指为改良土地而投入并附着在土地上的资本，这种土地投

入的最终目的是获取土地收益。

土地资源的稀缺性决定了其占有者或所有者可以将土地作为其财产,并可通过将土地或土地产权流转或交易获得收益,而获取土地产权的人则需要付出相应的成本或代价,即土地资源可以通过产权的流动而转化为土地资产。土地权属在土地市场上以转让或出租等形式交易或流转,土地资产能够带来一定的收益,土地产生了增值,即土地资产转化为土地资本。土地的资源属性决定了土地可被占有者或所有者视为资产,即有资产属性,而土地资产能够在一定条件下转化为土地资本。因而,土地资源具有资产属性和资本属性,且土地资源可转化为土地资产,土地资产可转化为土地资本。

1.2 土地评价的含义

土地评价是根据特定的目的或用途对土地性能进行评价的过程,土地评价的本质是对土地生产力的评价,土地评价是对土地自然属性和社会经济属性的综合鉴定。根据土地资源评价的目的,土地评价可分为土地利用现状评价、土地适宜性评价、土地生产潜力评价、土地资源承载能力评价、土地生态评价、土地风险评价、土地资产评价、土地资本评价、土地利用效率评价和土地空间关系评价等基本类型。

1. 土地利用现状评价

土地利用现状评价是指根据特定的目的,对土地利用对象的各种属性进行判定,以评估其价值特征,为合理制定土地利用政策提供科学依据的过程。土地利用现状评价是在土地资源调查、分类和统计的基础上,通过对区域土地利用的自然条件与社会经济条件、土地利用的历史演变及其变化趋势、土地利用现状结构和布局特点、土地的开发利用程度以及土地利用效果等方面的分析与评价,识别土地利用过程中存在的问题,提出改善意见和建议,为编制土地利用规划服务,为指导土地资源利用与开发提供基础。

2. 土地适宜性评价

土地适宜性评价是评价土地对某种特定土地利用类型的适宜性程度的过程,即根据某一特定的土地用途对土地性质或质量的要求,评估土地对该种用途的适宜性程度,并指出土地对该用途的限制性因素和影响程度。土地适宜性评价可评估土地的适宜性程度和限制性程度。其中,适宜性程度是一定土地类型对一定土地用途的适宜性程度,即通过对该特定用途要求的条件与土地具有条件进行对比,评价土地满足该用途的适宜性程度;限制性程度是指土地对某种特定用途的限制性因素类型及其程度。土地适宜性评价可有效地揭示土地对某种用途的适宜程度和限制性程度,为土地资源开发利用、改造提升提供基础支撑,是土地资源可持续利用与管理的重要内容。国内外针对土地适宜性评价开展了广泛而深入的研究,土地适宜性评价系统纷繁多样,其中比较典型的主要有以针对性为基本特征的联合国粮农组织的《持续土地利用管理评价纲要》评价系统以及以综合性为基本特征的《中国 1∶100 万土地资源图》土地资源评价系统。

3. 土地生产潜力评价

土地生产潜力评价是指在特定目的下对土地的自然、经济及其生产性能进行综合评价和分类定级的过程,也可称为土地生产潜力分类。土地生产潜力评价主要根据土地的自然特性及其对土地利用用途的限制性状况。目前,土地生产潜力评价多是针对农业土地开展研究,即农业土地生产潜力评价。农业生产潜力评价是指在一定的管理利用条件下,气候、地貌、土壤、水文等要素综合作用所表现出来的生产潜力。土地生产潜力评价以美国农业部土壤保持局的土地潜力分类系统最具代表性。该系统将土地潜力分为潜力级、潜力亚级和潜力单元三个级别,以土壤图为评价单元,对农作物、林木和牧草等生长状况进行归类合并,形成在同一潜力单元内可比的土地生产潜力。

4. 土地资源承载力评价

土地是人类生存最基本的自然资源,是人类从事各项生产和生活的基础。人口数量的快速增加和人类生存需求的不断变化,使人类对土地资源需求的矛盾日益突出,因而,土地资源承载能力评价作为指导土地合理利用的重要内容而显得异常重要。土地资源承载力是指在一定生产条件下土地资源的生产力和一定生活水平下所能承载的人口限度,土地资源承载力评价是衡量土地能够承载的一定生活水平的人口的数量的过程。土地生产力和生活水平是土地资源承载力的关键因素,在特定的土地资源状况下,土地资源承载力与土地生产力成正比,与人口生活水平成反比。土地资源承载力评价可揭示不同生产力水平条件下人口的承载能力,为制定合理的人口政策和农业政策以及实现土地资源的可持续利用提供科学依据。

5. 土地生态评价

虽然土地生态学理论早在19世纪中期就已经出现,但直到20世纪90年代,联合国粮农组织制定了《持续土地利用管理评价纲要》,土地生态评价研究才进入了新的阶段。目前,国内外学者针对土地生态评价已经进行了深入的研究,但学术界仍未对土地生态评价的概念进行统一界定。一般而言,土地生态评价是指在土地评价的基础上,选择对环境最有意义的生态特性和生态指标,对土地的生态指标和生态功能做出评价,即是对土地生态系统的结构、功能、价值及其环境质量所做的评价。土地生态评价通过分析土地利用类型和生态环境之间的协调程度及其发展趋势,诊断土地利用系统和生态环境的健康程度及其潜在风险因素,为土地生态设计和土地生态规划服务以及为国家决策制定与政策实施提供支撑。

6. 土地风险评价

风险科学的系统性研究起始于19世纪70年代,但截至目前,针对风险概念内涵的理解尚未统一,但风险评价作为风险科学的重要研究内容得到了长足的发展。随着风险评价研究工作的兴起,风险评价研究被逐步引入土地领域,国内外众多学者对土地风险评价展开了大量的研究。土地利用引起地球表面景观格局变化是导致其各种物理、化学和生物变化的重要原因,也是引起区域土地利用风险的重要组成部分。土地风险评价是评估土地受到自然或人类活动干扰所承受的风险,即是利用地学、生态学和环境科学等学科知识研究一种或多种压力形成或可能形成的不利于土地利用的过程,是评价区域土地利用与生态环境协调可持续性的重要指标。土地风险评价多是从风险视角选取、风险归因分析、综合风险指数设计、评价模型开发和风险决策模拟等方面开展研究。正确及时的土地风险评价可有效地识别土地利用过程中存在的风险,规避不当的土地利用行为,对维护土地利用系统结构稳定与功能协调均具有重要的意义。

7. 土地资产评价

土地资产是土地的基本属性。资源可以在两个特定条件下成为资产:一是资源本身存在稀缺性;二是资源具有明晰的产权。随着国家土地管理制度与政策的陆续出台与不断改善,土地的资产价值逐渐显现,土地资产评价的重要性日益凸显。土地资产评价是基于数学、统计学和经济学等多种学科的知识与方法，针对某种特定的土地构建相应的指标体系，根据土地资产评价的标准，通过定性对比与定量计算等过程，对土地资产在一定时期内做出的客观评价。目前，土地资产评价多是针对建设用地的资产评价，如城镇用地、工矿用地等，并逐渐扩展到农用地的资产评价，如耕地、园地等。科学合理的土地资产评价可为土地资源的集约化利用与管理提供依据，是促进土地资源可持续利用的关键。

8. 土地资本评价

土地资本是指为改良土地而投入并附着在土地上的资本，是固定资本的范畴。土地资本是以提高土地产出水平、增加土地收益为目的，并且最终以土地资产形式体现。土地资本评价是通过客观评价为改良土地利用过程、提高土地利用效益而进行的土地投入，以实现土地资源科学地开发利用与管理保护，为土地资源的可持续利用与管理提供基础支撑。

9. 土地利用效率评价

土地利用效率研究起源于19世纪70年代新古典经济学的市场配置效率理论，并随着20世纪20年代生态区位理论的发展和应用，土地利用效率研究得到了进一步发展。土地利用效率虽然经过广泛而深入的研究，但学术界对其概念的理解并不统一。一般而言，土地利用效率是指土地利用效益和土地投入的比值，土地利用的目标是取得经济效益、社会效益和生态效益。土地利用效率评价作为土地利用效率研究的重要内容，其研究也取得了较大的发展。土地利用效率是由自然、经济和社会等多种因素构成的复杂系统共同作用的结果，土地利用效率评价是指通过选取多个代表性的指标构成评价指标体系，选择合适的评价方法进行评判的过程。土地利用效率评价研究对象包括城市土地、都市农业用地、耕地和林地等类型，评价指标体系也由单项指标逐渐转变为社会、经济、生态和环境等多重指标，研究方法包括综合指标评价、SFA 模型、DEA 模型、空间计量模型等多种定量化模型对土地利用效率进行评价。土地利用效率评价研究对于缓解人地矛盾、保障土地资源的合理可持续利用具有积极的作用。

10. 土地空间关系评价

土地是人类赖以生存的场所和环境，是一个三维立体空间实体，从垂直方向可划分为地上层、地表层和地下层三个空间层次，从水平方向可将其划分为城市空间、农业空间、生态空间和其他空间等多种类型，各种空间类型因其组成结构与功能条件的不同对人类生产与生活起到不同的作用。随着土地资源利用日益多样化与管理不断精准化，土地空间关系研究成为土地空间资源利用与管理的重要内容，土地空间关系评价作为其研究的核心，旨在通过科学地识别土地空间资源类型，从理论上、方法上和技术上评价土地空间关系及其相互作用，将土地从平面土地分类功能的数量管理拓展至空间混合功能的综合管理。随着社会经济的发展以及人们对国土空间认识的不断深化，土地空间关系评价已是土地资源科学可持续利用的重要内容，以资源环境承载力评价和国土空间开发适宜性评价是国土空间规划的基础，对国土资源的优化配置与合理利用具有重要的促进作用。

1.3 土地评价的目的任务

1. 发现土地现状问题

土地资源利用应基于土地利用过程中存在的问题对土地利用结构、方式与程度等内容进行调整，使土地利用适应人类社会经济发展与自然环境条件的变化。土地评价可对土地资源的基本特点、结构布局、利用效果以及存在的问题等方面进行分析与评价，识别与阐明土地资源利用现状存在的问题，规避土地利用过程的风险，为土地资源的可持续利用与管理提供理论支撑。

2. 揭示土地资源特征

土地评价是在对土地各构成要素及其综合特征认知的基础上，以土地资源合理利用为目标，针对特定的目的或用途对土地资源属性进行数量统计与数量鉴定的过程。土地评价还要阐明土地资源的适宜性、生产潜力和经济效益等的基本特征，明确耕地、林地、草地等农业用地以及城镇、农民、工矿等建设用地的利用程度、经济效益及生态风险等特征。土地评价是土地资源利用的基础，通过土地评价可对特定区域土地资源特征有更加深入的认知，从而充分利用土地资源特征对其进行开发与利用。

3. 评价土地资产属性

土地作为人类赖以生存的物质基础，除了具有以资源属性为基础的自然属性，还具有以资产属性为代表的经济属性，即土地具有资源和资产的双重属性。土地作为一种资产，是指在特定的市场经济条件下，可作为特殊的商品进入市场进行交易，能够为土地所有者或土地使用者带来一定的经济效益。通过土地评价可清晰地阐明土地的资产属性，为土地流转与交易提供基础支撑。

4. 阐明土地资本途径

土地资本是指为改良土地而投入并附着在土地上的资本，是固定资本的范畴。投入的土地资本可分为短期和长期等类型。短期的如施肥、灌溉等，长期的如平整土地、修建渠系等。无论是短期投入，还是长期投入，均是以提高土地产出水平、增加土地的收益为目的。基于土地所有权、土地使用权、土地经营权的“三权分置”，各个地方积极探索形如农地出租、转包、抵押、入股和信托在内的多种形式的农地资本化路径。土地利用会因其利用结构、方式与程度的不同而需要差异化的资本投入。土地评价可有效地阐明土地生产潜力、适宜性等状况以及限制性类型及其程度，因地制宜地选择针对性的土地资本途径，为合理高效的资本投入提供基础理论依据。

5. 揭示土地生态特征

土地生态，即土地生态系统，是指在一定的地域范围内，由动物、植物和微生物等生命体与无生命体形成的一个能量流动与物质循环的有机综合体。根据生态系统结构与功能的基本特征，土地生态系统可分为农田生态系统、森林生态系统、草原生态系统以及城市生态系统等类型，但各个土地生态系统具有不同的土地生态特征，进而影响着土地资源的开发、利用与保护等过程。土地评价通过对土地生态系统特征的分析，对土地生态特征的综合评判，阐明土地生态系统现状特征及其存在的生态风险，进而提出生态系统开发利用与管理保护的策略，可有效地促使土地生态系统结构与功能的协调可持续利用。

6. 评估土地可持续性

土地资源的可持续利用对于社会经济与生态环境有着重要的作用。科学地阐明土地的可持续性，对于土地资源的开发利用与管理保护有着积极的意义。土地评价作为衡量土地特性的基本手段，有助于阐明土地的可持续性，增加土地资源的可持续利用。土地评价通过对土地资源适宜性、生产潜力等的评估与分析，明确土地资源的整体优势与劣势，揭示土地资源在地域组合上、结构上和空间配置上的合理性，识别土地利用过程中存在的限制性因素及其程度，确定土地资源开发利用的重点方向，为制定人地协调及强化地域系统功能的土地利用规划提供科学依据，促进土地资源的可持续发展。

1.4 土地评价的作用

1. 为土地资源利用管理服务

(1)为土地税收标准制定提供科学依据　土地税收是指国家凭借政治权力，以土地为征税对象，运用法律手段，从土地所有者或土地使用者手中固定地、无偿地、强制地获取部分土地收益的一种税收。土地评价的目的即是根据特定目的对土地性能进行鉴定的过程，能够为土地税收标准的制定提供基础资料。因此，土地评价能够为科学地制定土地税收标准提供依据。

(2)为永久基本农田划定提供参考　永久基本农田作为永久性保护的农田，需要政府、农民和企业等各个利用主体进行重点保护。永久基本农田的划定作为永久基本农田保护工作的重要内容，其对永久基本农田保护的数量指标、空间布局与质量特征等内容有着严格的要求，如要将城市周边、交通沿线易被占用以及已建成的高标准农田、粮食生产功能区等优先划定为永久基本农田。土地评价作为衡量土地质量的重要手段，可以定量地确定地块的质量状况，并可准确地展示地块的空间位置信息，为永久基本农田划定提供基础数据。因此，土地评价可为永久基本农田划定提供参考，划定满足要求的永久基本农田。

(3)为判别耕地占补平衡提供依据　耕地占补平衡作为耕地保护的重要手段，旨在保证耕地数量不减少、质量不降低，但实施过程总存在占多补少、占优补劣等现象。随着耕地保护政策的不断完善，耕地占补平衡要实现数量、质量、生态的多重平衡。数量平衡即耕地面积的平衡。通过对占用耕地面积和补充耕地面积进行对比，可确定耕地数量是否平衡，而耕地质量和生态的平衡与否相对难以直观体现，但可借助土地评价的手段将质量和生态的隐性特征显化，进而评判占补平衡过程中耕地质量和生态的平衡状况。因此，土地评价可作为判别耕地占补平衡状况提供基础依据。

(4)为判定土地利用效率提供依据　土地利用的最终目的是获得经济效益、社会效益和生态效益。土地利用效率是指在土地利用过程中以最低的土地利用成本取得的最大效益，反映土地利用过程中土地投入和土地产出之间的关系。土地经济效益评价、土地生态效益评价和土地社会效益评价作为土地评价的重要内容，主要是对土地的投入和取得的有效产品或服务之间的比较，可为判定土地资源利用效率提供依据。

(5)为土地改良和土地质量监测提供基础资料　土地评价不仅能够揭示土地生产潜力和适宜性程度等基本特征，而且能够识别土地利用的限制性因素类型及其程度，如通过土地适宜性评价可知，华北平原某一地块的土地适宜性程度为中等适宜，限制性因子为有效水分。通过土地评价可明晰土地质量的优劣状况及其限制性因子，农户、政府或企业等土地利用主体可依据其限制性因素类型及其程度采取针对性措施对土地进行改良，进而提高耕地质量状况和耕地利用效益。因此，土地评价可为土地改良工作提供基础资料，同时土地评价也可为土地质量监测提供基础资料。

2. 为土地资源资本市场服务

(1)为土地市场流转提供依据　土地流转是指将土地作为特殊的商品，将土地使用权进行流转，而保留承包权。土地流转包括转包、转让、入股、租赁、互换等多种形式。土地流转过程中，租金是土地承包中的价格体现，其价格的高低直接取决于土地质量的高低。土地评价作为衡量土地质量的基本手段，可为确定土地价格提供基础资料。因此，土地评价可为土地市场流转过程中土地价格的确定提供依据。

（2）为土地资源资产化和资本化提供管理　土地具有资源、资产和资本属性，土地资源化、资产化与资本化是土地开发利用与管理保护的重要内容。土地评价可诊断限制土地质量与生态环境的关键性因素，为科学合理地进行资本化投入提供支撑。土地评价可评估土地的价值，为土地资源流转过程中的价格确定提供依据。因此，土地评价可为土地资源的资产化和资本化过程提供管理依据。

（3）为土地生态服务价值核算提供依据　生态系统服务是生态系统在生态过程中通过生态系统的功能直接或间接提供给人类的福祉，以满足维持人类赖以生存和发展的环境条件与效用。生态系统服务价值核算是开展生态系统保护成效评估的重要手段。土地利用的最佳方式是以土地的利用成本和生态服务价值等潜在的成本与收益的核算为基础，最终实现不同土地利用类型效益的最大化。科学的土地评价过程对于准确分析土地的数量、质量与生态特征，对不同类型生态系统功能价值核算具有重要作用。

3. 为土地资源系统保护服务

（1）为国土空间规划编制提供基础　国土空间规划作为新时代国家空间发展的指南，是各类开发保护建设活动的基本依据。国土空间规划作为促进国土资源优化配置的重要手段，其“双评价”通过对土地资源、水资源、海洋资源、生态、环境、灾害、气候气象、社会经济等多重因素的综合考虑与衡量，确定国土的承载能力和适宜性程度，进而进行国土空间规划编制。因此，土地评价是国土空间规划的基础与前提，土地评价可为国土空间规划编制提供基础。

（2）为全域土地综合整治提供依据　全域土地综合整治是在一定的区域内，按照土地利用总体规划确定的目标和用途，以土地整理、复垦、开发和城乡建设用地增减挂钩为平台，推动田、水、路、林、村综合整治，推进城乡一体化进程的一项系统工程。全域土地综合整治是以土地资源的本底特征为基础，推进农用地整理、建设用地整理和乡村生态保护修复，而土地评价是对土地资源的适宜性、生产潜力和承载力等的评价与分析，其可阐明土地资源的基本特征，为土地综合整治提供基础支撑。

（3）为山水林田湖草系统保护修复提供依据　“绿水青山，就是金山银山。”“山水林田湖草”是有机的自然生态系统。山水林田湖草保护与修复要针对土地资源的数量、质量与生态的基本特征，基于系统性、整体性和针对性等原则，强化土地资源的开发、利用与保护。土地评价通过采用定性或定量的方法，对土地资源的数量分布、质量特征与生态状况进行评级，阐明农用地、建设用地和未利用地等不同土地利用类型的基本特征，可为科学地保护与修复山水林田湖草系统提供依据。

1.5　土地评价与其他学科的关系

土地评价属于土地科学的研究范畴，是土地科学研究的重要内容之一。土地科学是研究土地资源、土地利用和人地关系及其管理保护的科学。土地具有自然属性和社会属性的双重属性，决定了土地科学是自然科学和社会科学的交叉学科。土地评价是在特定的目的下，通过土地质量对土地的自然和社会属性进行综合鉴定，确定土地等级，揭示土地质量等级的空间分异的过程，其研究的核心是土地质量。土地评价作为一门新兴的交叉学科，具有明显的综合性，不仅涉及气象学、地质学、土壤学、水文学和生态学等学科门类，而且涉及经济学、统计学、社会学以及工程学等相关学科的内容。同时，土地评价与土地资源学、土地管理学、土地规划学、土地生态学以及其他相关学科也有着密切的关系。

1. 土地评价与土地资源学

土地资源学是研究土地资源组成、特性、分类、数量、质量、空间分异与实践变异规律以及合理利用与保护的科学。土地资源学属于资源科学的研究范畴，属于资源学的部门资源学。按照我国学科的分类体系和土地学科的相似性以及它们的所属关系，土地资源学属于土地科学的一个二级学科。

基于土地科学的学科分类体系，土地评价是土地资源学的重要研究内容之一，与土地资源分类、土地资源调查、土地资源开发以及土地资源保护等土地资源学研究内容同等重要。土地评价作为新兴的交叉学科，是在通过土地资源分类、调查阐明土地资源类型、数量和分布之后，综合运用多种学科知识探究土地资源适宜性、土地生产潜力水平及其人口承载能力等质量特征。土地评价是土地资源学的重要研究内容，对于衡量土地质量状况具有极其重要的作用，为土地资源的科学合理的可持续开发利用提供基础支撑。

2. 土地评价与土地管理学

土地管理学是研究有关土地管理过程的客观规律的学科，即研究土地管理的体制、内容、方法以及土地管理运行规律的学科。土地管理学是依据土地的特殊性，基于管理科学的基本理论，研究探索土地管理问题，是介于土地管理土地科学与管理科学的一门交叉学科。土地管理学研究的客体是以土地关系和土地利用为核心的土地问题。土地管理学是以国家对土地事务的各项行政管理活动为研究对象，探求土地管理过程的客观规律，通过对客观规律的认知、调整与改善等过程，对土地进行更加有效的管理。由此可知，土地评价和土地管理学虽然都是交叉性学科，但其具体研究性质、对象和目的均有不同之处。

3. 土地评价与土地规划学

土地规划学是一门研究合理组织土地利用规律、有效地进行土地利用规划的理论和方法的学科。土地规划学研究的对象是土地利用过程中如何合理组织土地利用，使土地利用达到效益最大的问题，即如何解决土地资源的合理分配和土地利用合理组织之间矛盾的问题。土地规划学的主要任务是控制、协调、组织土地利用以及为土地利用监督服务。土地规划学的研究内容会因区域环境条件的不同而有所差异，如农区、山区、矿区以及牧区的土地规划的具体内容会有所不同。

土地利用规划对区域资源利用、经济发展与社会稳定均起到重要的基础作用，而如何科学合理地编制土地利用规划需要土地评价为基础支撑。目前，国土空间规划是融合主体功能区规划、城市规划和土地利用规划的新型空间规划，是未来国家及地区空间可持续发展的基础。其中，以资源环境承载能力评价和国土空间开发适宜性评价为核心的评价内容是新时代国土空间规划的前提与基础。因此，土地评价作为阐明土地资源属性特征，衡量土地质量重要手段，是土地利用规划的基础工作内容。

4. 土地评价与土地生态学

土地生态学是土地科学和生态学之间的交叉学科，是通过运用生态学和系统科学的原理与方法，研究土地生态结构和功能、土地生态变化以及相互作用机理、土地生态格局的形成与演化，为土地资源利用和保护服务的学科。土地生态学的研究内容是土地生态系统的形成与演替、组成与结构、退化机理与修复途径、调控机制与可持续利用管理以及研究方法与工程技术应用，土地生态学的基本任务是运用生态学原理指导土地开发、利用、保护和管理，揭示土地开发利用与保护过程中的生态规律。土地评价作为评价土地资源基本状态的学科，土地生态学可为土地资源的整体保护、系统修复和综合治理提供基础依据，由此可知，土地评价学和土地生态学均是土地资源开发利用与保护管理的基础学科。

5. 土地评价与基础学科

基础科学是指以自然现象和物质运动形式为研究对象，探索自然界发展规律的科学，包括数学、物理学、化学、生物学、天文学、地球科学、逻辑学7门基础学科及其分支学科、边缘学科。基础学科虽然能够反映物质运动的本质规律，但实践性较弱，需要其他学科才能将理论应用于实践。土地评价作为一项高度综合性的研究工作，集理论与实践为一体，涉及地理学、生态学、农学以及管理学等多种学科门类。因而，土地评价不仅有利于基础科学理论研究应用于实践，而且能够促进多种学科之间的交流与融合。

复习思考题

1. 土地的概念与内涵是什么？
2. 简述土地评价的目的与意义。
3. 土地评价的基本作用有哪些？
4. 简述土地评价与其他学科的关系。

第2章

土地评价历史与发展动态

导读：土地资源评价是土地开发利用与保护的基础，土地评价历程也与土地资源利用过程有着密切的关系。土地评价的内容与方式也随着土地利用不断地发生着变化，故本章通过梳理国内外土地评价的发展阶段及其基本特点，总结与概述了土地评价的内容及其特点，并结合现有土地评价的发展现状，梳理了土地评价的信息化建设技术与相关规程标准。

2.1 国内外发展历程

2.1.1 国外发展历程

随着人类社会需求的发展，土地评价研究随之产生并不断发展。作为土地合理利用和国土空间规划的重要手段，土地评价的产生已有 2 000 多年的历史，而开展科学的土地评价研究工作仅有近一个世纪的历史。根据各时期土地评价的特点，可将国外土地评价分为初级阶段、过渡阶段和发展完善阶段 3 个阶段(图 2-1)。

1. 初级阶段

早期的土地评价主要是用于土地赋税，之后逐步发展成为土地利用和土地规划服务。10 世纪的拜占庭帝国和 15 世纪的莫斯科公国按土壤优劣将土地分等，出现了最早的农用地评价，以指导生产和作为征收赋税的依据。19 世纪末，俄罗斯著名的土壤地理学家道库恰耶夫对俄罗斯黑钙土地区和尼日格勒自治州土壤进行鉴定，为当地政府确定土地收入和向农民征收土地税收提供依据。道库恰耶夫还出版了《尼日格勒州土地鉴定材料》一书，被认为是国外第一次出色的土地评价。1933 年，美国提出了斯托利指数分级(Storie index rating，SIR)和康奈尔系统(Cornell system)。1934 年，法国财政部提出了《农用地评价条例》。同年，德国最早颁布了《土地评价法》，并提出了世界上最早的加(减)法农地评价系统——《农用地评价条例》。

20 世纪 30 年代，随着土地资源调查与土地利用规划的产生与发展，美国开始了以合理利用土地为目的的土地评价研究。当时，美国中西部地区存在严重的土壤侵蚀和水土流失问题，迫切需要根据当地自然环境特征提出合理的土地利用与管理措施。于是，以合理利用土地而不造成环境退化为原则，学者们提出了以土壤分类为基础的土地利用潜力分类，即按土壤、坡

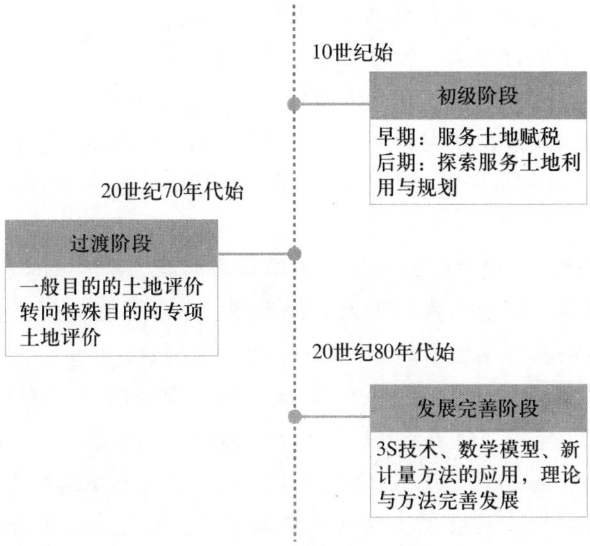

图 2-1　国外土地评价发展阶段

度、侵蚀类型和侵蚀强度 4 个要素划分 8 个土地利用潜力级以服务于水土保持。该工作标志着土地科学评价的开始。

从 1945 年起，美国开展了大规模的土壤调查工作，并形成了一系列的土壤图件，为完善土地评价工作奠定了基础。在 1949 年第五次美国土壤学会上，美国的荷肯史密斯(Hokensmith)发表了《利用土地潜力分级的最近趋势》一文。该文总结了前人所做的土地评价工作，并指出土地评价的目的已开始从为土地赋税服务转向为土地利用服务。1958 年，克林杰比尔(Klingebeil)在美国土壤学会上发表了《土壤调查解释——潜力级》一文，提出可根据土地集约利用程度将美国土地划分为 8 个潜力级。1961 年，美国农业部土壤保持局正式颁布土地潜力分级系统(land capability classification，LCC)，成为世界上第一个比较全面的土地评价系统。该系统揭示了土地潜在生产力的逐级变化，可客观地反映各级土地利用的限制性程度，以便于进行土地的等级比较。随后，加拿大土地清查局的土地潜力分级系统(1963 年)和英国土壤调查局的土地利用潜力分级系统(1969 年)相继推出。

总之，结合土地调查、以土地利用服务为目的、重点考虑土地自然属性而未涉及社会经济及技术因素是土地评价初级阶段的特点。该阶段以美国的土地潜力评价系统为代表，评价针对广泛的标准化土地利用方式，但并未指出土地针对某种特定作物的适宜性及土地的最佳利用方式。

2. 过渡阶段

20 世纪 70 年代，随着大量遥感数据和土地调查成果的获取，土地评价开始从一般目的的土地评价向特殊目的的土地评价过渡，评价的目的开始转向为土地规划服务。联合国粮农组织(FAO)针对美国土地潜力评价系统的不足，于 1976 年颁布了《土地评价纲要》，标志着土地适宜性分类及评价体系的建立。

1978—1980 年，由 FAO 组织的农业生态区(agricultural ecological zone，AEZ)研究，基于《1∶500 万世界土壤图》，从气候、土壤生产潜力分析入手进行土地适宜性评价。该研究采用气候生产潜力和土壤生产潜力相结合的方式以确定农业生产潜力，基于对土地的投资水平以确定土地适宜性，对人口、资源、环境和发展关系进行定量评价，是一种综合探讨农业规划和发展的新方法,并可为相关规划工作者提供具有实际意义的报告。

总之,这一时期的土地评价从一般目的的土地评价向有针对性的专项土地评价过渡。土地评价针对某种土地利用方式进行,其评价结果不仅揭示了土地的生产潜力,还指明了土地的最佳利用方式、适宜程度及改良利用的可能性。该阶段以 FAO《土地评价纲要》为代表,明确土地评价是为土地利用规划服务的,但它仅是“纲要”,有待于进一步完善和补充。

3. 发展完善阶段

20 世纪 80 年代开始,土地评价的理论与方法向综合化、精确化的方向发展,以便于土地的合理化、可持续性利用。针对不同的土地利用类型,FAO 详细分析了各种土地利用对土地的要求和土地的质量特性,并出版了《雨养农业土地评价纲要》《林业土地评价》《灌溉农业土地评价和土地分类纲要》和《牧业土地评价》等,形成了系统而全面的土地评价体系,促进了土地评价的快速发展。1993 年,FAO 在《可持续土地管理评价纲要》(framework for evaluation sustainable land management,FESLM)中明确了土地可持续利用的原则、程序和评价标准,在自然、经济和社会等方面初步建立了土地可持续利用的评价指标。FESLM 的颁布标志着世界各国均开始重视土地的可持续利用评价。

随着景观生态学的迅速发展,土地生态评价已成为土地评价的研究热点。在全球生态系统已普遍出现退化的背景下,相关学者在土地生态评价方面进行了大量的研究,主要包括:就某一点位的土地生态评价(如土地生态环境评价、土地生态退化评价等);基于自然及社会经济指标,评价区域土地对某种特殊用途的适宜程度(如土地生态适宜性评价、土地生态质量评价、土地生态脆弱性评价、土地生态敏感性评价等);从生态系统结构、功能、效益角度出发,模拟土地生态格局过程并定性评价,或就某种土地利用类型进行土地生态评价(如土地生态服务价值评价、土地生态结构和功能评价、土地生态稳定性和可持续性评价等);建立“经济-环境-社会”“压力-状态-响应”“暴露-响应”等概念模型,针对各种土地利用类型的土地生态评价(如土地生态安全评价、土地生态风险评价、土地生态承载力评价等)。目前,土地生态评价的研究成果较多,但构建的指标体系和选用的评价方法繁杂,至今尚未形成一套较为系统的土地生态评价研究体系。

随着 3S 技术、数学模型和新的计量方法在土地评价研究中的广泛应用,土地评价趋于综合化、精确化、标准化和动态化,其评价结果将可准确地反映土地质量、承载力和适宜性等综合信息的时空变化。这些先进技术在很大程度上推进了土地评价的发展,更为土地评价、土地利用和国土空间规划三者的有效结合提供了新思路。

2.1.2 国内发展历程

根据各时期土地评价的特点,我国土地评价的发展历程大致可以分为古代及近代、新中国两个阶段。其中,新中国时期又可细分为 4 个阶段(表 2-1)。

表 2-1 中国土地评价的发展历程

时间	发展
古代和近代	有历史记载,但无完整评价体系 如《禹贡》《管子·地员》《春秋》《左传》《天朝田亩制度》等
20 世纪 50 年代至 70 年代中期	查田定产,开展区域性、针对性强的单项土地评价

续表2-1

时间	发展
20 世纪 70 年代中期至 20 世纪 80 年代中期	参照 FAO 制定《土地评价纲要》，编制《中国 1∶100 万土地资源图》及分类系统
20 世纪 80 年代后期至 21 世纪初期	依照国际成熟经验开展大规模资源调查、农业区划和大比例尺土地评价工作
21 世纪	3S 技术与数学方法的应用与研究，国土空间规划"双评价"："资源环境承载力评价"和"国土空间开发适宜性评价"

1. 古代及近代

我国对土地评价的研究有着悠久的历史。在古代，国家为了掌握土地的数量和质量以定贡赋，逐步形成了土地评价体系。据《禹贡》记载，夏禹治水后，国家按各州的土色、质地和水分将九州的土地分为上、中、下三等九级，依此制定贡赋登记。这是迄今为止世界上有文字记载的最早的土地评价体系。春秋战国时的《管子·地员》系统总结了我国人民评价土地资源的经验，综合地形、水文、土壤和植被等自然条件，对土地生产力进行分等定级，并指出每类土壤所适宜的作物品种。这是世界上最早的为合理利用土地进行的土地评价工作。此后，《春秋》《左传》等均有农用地评价理论评述和实践记载。但是，由于科学技术和思想认识的局限性，古代的土地评价大都由行政部门负责，并未开展科学研究，也未形成完整的评价体系。

在太平天国时期颁布的《天朝田亩制度》中，根据土地单位面积产量将农用地划分为九等的方式是最简单的农用地经济评价。由于受科学技术及人们思想认识等的限制，我国古代及近代的土地评价均未形成完整的评价体系，而大规模的土地评价研究与实施工作是在新中国成立之后开始的。

2. 新中国成立之后

随着土地改革的深入，财政部于 1951 年开展了查田定产工作。20 世纪 50 年代至 70 年代中期，我国开展了与生产建设紧密结合的土地评价工作，但大部分为区域性的、针对性强的单项土地评价。20 世纪 70 年代后期，国外相关土地评价理论与方法的引入推动了我国土地评价研究的发展。这一时期的土地评价工作主要参照 FAO 制定的《土地评价纲要》。20 世纪 80 年代后，基于国际上较为成熟的土地评价工作并结合实际，我国开展了大规模的资源调查、农业区划和大比例尺的土地评价工作，20 世纪末期，原国土资源部逐步开展耕地质量评价，如 1998 年，在试点基础上，对《农用土地分等定级规程（征求意见稿）》进行了修订，编制了《农用地分等定级规程（讨论稿）》，并于 2003 年正式颁布了《农用地分等规程》《农用地定级规程》和《农用地估价规程》；2001— 2006 年分年度分批部署开展了全国 31 个省（自治区、直辖市）的耕地质量等级调查与评定工作；2008 年年底省级工作全面完成，建立了全国统一可比的 1∶50 万耕地质量等别数据库；2014 年以后，原国土资源部每年发布耕地质量评价成果。原国家环境保护局于 1995 年发布《土壤环境质量标准》，侧重从耕地环境和健康角度对耕地质量进行评价。为贯彻《中华人民共和国环境保护法》，保护土壤环境质量，管控土壤污染风险，2018 年制定《土壤环境质量　农用地土壤污染风险管控标准》和《土壤环境质量　建设用地土壤污染风险管控标准》。原农业部从耕地地力方面进行耕地质量评价，并制定《耕地地力调查与质量评价技术规程》和《耕地质量等级》,定期发布耕地质量评价成果。

由于3S技术与相关数学方法的不断发展和应用,例如,模糊数学法、层次分析法、灰色关联分析法、神经网络模型、物元分析法、生态指数法等方法应用于土地评价领域,土地评价的手段也随之得到了迅速更新和发展。空间数据分析与图形处理紧密的融合,为人们应用3S技术进行土地评价研究提供了高效、准确的技术保障。国际上的新技术,如土壤-土地数字化数据库(SOTER),被应用于我国的土壤评价中。随着信息技术的发展,在计算机及3S技术支持下,我国建立了许多土地信息系统,推动了"数字土地"的发展。

党的十八大以来,生态文明建设被提到前所未有的战略高度。随后,国务院机构改革方案提出了组建自然资源部和生态环境部,其中自然资源部统一行使全民所有自然资源资产所有者的职责,实现"山水林田湖草"整体保护、系统修复和综合治理。在此背景下,有必要对生态保护、农业生产和城镇建设三类功能导向下的国土空间开发保护格局进行系统性评价。2017年1月,中共中央办公厅、国务院办公厅发布了《省级空间规划试点方案》,明确空间规划需要开展由"资源环境承载力评价"和"国土空间开发适宜性评价"两部分构成的"双评价"。"双评价"能够较为系统全面地摸清国土空间本底和有效识别资源环境短板,不仅能够合理确定基于城镇、农业和生态三类功能的开发保护基础格局,更是后续合理确定"生态保护红线、永久基本农田红线和城镇发展边界"三条空间线,精细塑造理想空间格局的坚实基础。

2.2 土地评价研究进展

土地评价研究的内容比较丰富,根据评价的对象和目的不同,主要包括土地利用变化与现状评价、土地资源化评价、土地资产化评价、土地资本化评价、土地生态评价、土地可持续性评价、土地利用效率评价和土地空间关系评价(图2-2)。

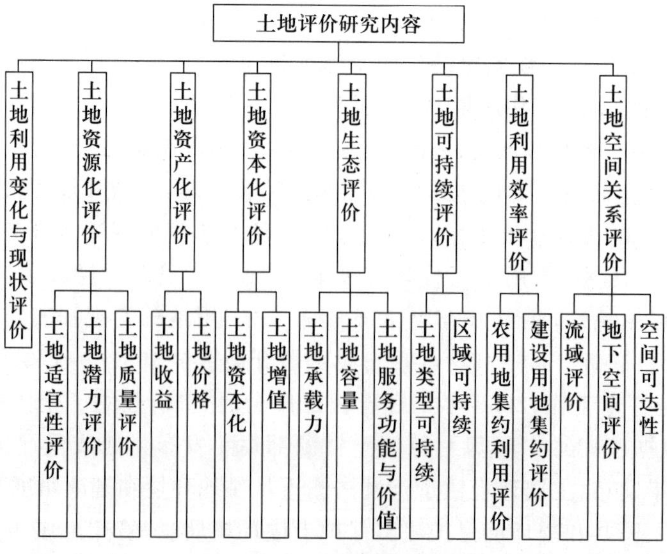

图2-2 土地评价研究内容

2.2.1　土地利用变化与现状评价

1. 土地利用变化评价

随着城市化进程的快速推进，土地利用变化已成为全球环境变化最显著的方面之一，也成为国内外研究的热点。土地利用变化严重影响着土地系统的结构和功能，其变化具有很强的综合性和地域性，并会引发区域生态安全和生态环境变化等问题。目前土地利用变化相关的评价研究主要集中于土地利用变化对土地可持续利用、土地生态安全或生态风险等的影响评价。

2. 土地利用现状分析和评价

土地利用现状分析与评价是对区域土地资源的特点、利用结构与布局、利用程度、利用效果及存在问题等方面进行分析与评价。对土地利用现状进行分析与评价，是对土地利用系统有效性程度的最好检验，也是对土地利用现状进行改变的必要依据。在我国土地利用现状评价的起步阶段主要是面向自然范畴土地利用评价，按照土地的生产力差别将土地进行等别划分与分区评价。之后，随着土地利用规划和耕地保护工作的开展，土地评价的理论方法和手段得到改进，定性的土地利用现状评价体系基础上的定量土地评价开始发展。伴随着理论体系的完善和研究手段及方法的沉淀，其应用领域也日趋广泛。目前，土地利用现状评价一般包括：从土地利用总体情况、分行政区和综合区土地利用情况、用地结构和布局等方面分析评价区域的土地利用状况。在土地结构与数量分析方面，研究中所选指标和指数一般均比较单一，缺少对不同土地利用单元空间关系的分析和描述，特别是在道路等线状土地利用单元的空间特征分析方面，还没有适宜的指标和方法。

2.2.2　土地资源化评价

1. 土地适宜性评价

土地适宜性评价是指根据土地的自然、生态及社会经济属性等，研究土地对某种现状用途或预定用途的适宜程度。20 世纪初西方就开始了土地适宜性的研究，20 世纪 30 年代由德国和美国提出的《农地评价条例》和斯托里指数分级都是国家出于赋税的目的对土地适宜性进行分级评价。土地适宜性概念首次提出是在 Mcharg 教授的 *Design with Nature* 一书中，他认为土地适宜性是指土地本身固有的针对特定持续性用途的水文、地理、人文等方面的适宜程度。20 世纪 70 年代联合国粮食及农业组织（FAO）提出了针对农业用途的土地适宜性分级框架，该框架将土地分成 5 类：非常适宜、中等适宜、次要适宜、当前不适宜和永久不适宜。随着土地适宜性研究的不断深入，土地适宜性评价逐渐成为土地利用规划过程中的标准流程。20 世纪末至今，土地适宜性评价的科学研究持续发展，并逐步将焦点由最初评价分类体系及指标体系的研究转移到评价方法的研究上。土地适宜性评价方法由传统的特尔斐法、回归分析法、层次分析法、灰色关联度法、聚类分析法等转向 GIS 与人工智能相结合的土地适宜性评价方法，如与遗传算法、人工神经网络、元胞自动机等方法的结合。

目前，土地适宜性评价已在其他领域被广泛应用。例如，矿山区土地复垦、荒漠区生态治理、石漠区土地整治等的适宜性评价。国内外对土地适宜性评价研究的成果较多，其中以农业用地的土地适宜性评价研究居多，而建设用地和生态用地的适宜性评价研究也开始呈现逐步上升的趋势。“国土空间开发适宜性评价”是国土空间规划的基础。学者们以国土空间开发格局调整、城市规划等为目标开展土地的适宜性评价，提出了基于生态安全、生态-经济、土地开发潜力、可持续性、生态位理论、生态敏感性等评价思路。

2. 土地潜力评价

土地潜力是指在一定的光、热、水、土等条件下，土地所能提供的用于农、林、牧业生产或其他利用方式的潜在能力，是土地各自然要素综合作用下潜在生产能力的表现。土地潜力评价是对土地固有潜在生产力的评价，即依据土地自然性质及对土地某种持久能力的限制程度，针对某种利用方式下的土地潜在能力进行等级划分。土地潜力评价可分为土地生产潜力评价和土地利用潜力评价两种。其中，土地生产潜力评价是指以温度、降水和蒸发等气候及土壤要素为主的潜力评价，估算土地在一定条件下可生产的生物量或经济产量，是一个绝对的数值；土地利用潜力评价是指基于土地适应性、限制性、保护和改造等措施划分土地的等级，是一个相对的等级。

传统的土地潜力评价主要采用对各因子的数学叠加或对原始地图的覆盖来完成，其评价结果的准确性不高。随着计算机技术的发展和 GIS 空间分析的日益完善，传统的土地潜力评价已转变为基于 GIS 技术的土地潜力评价。目前，土地潜力评价的研究对象多为农业用地，评价系统多采用类别系统，即综合气候、土壤、地形等因素对土地利用的限制性及限制程度进行分析，并将土地归并成若干等级。

3. 土地质量评价

土地资源是人类生存最基本的资源，土地质量直接影响农、林或牧业的生产效益。精确地评价土地质量和定量地确定土地质量等级，对提高土地的利用效益和实现可持续性土地利用具有重要的现实意义。土地质量评价是指以合理利用土地为目标，在土地资源调查和土地类型划分的基础上，根据特定目的对一定土地用途和土地属性进行质量鉴定。国内外研究多集中在耕地质量的评价方面。温良友等根据国外耕地质量的演变过程，将耕地质量内涵概括为 6 个阶段(图 2-3)。

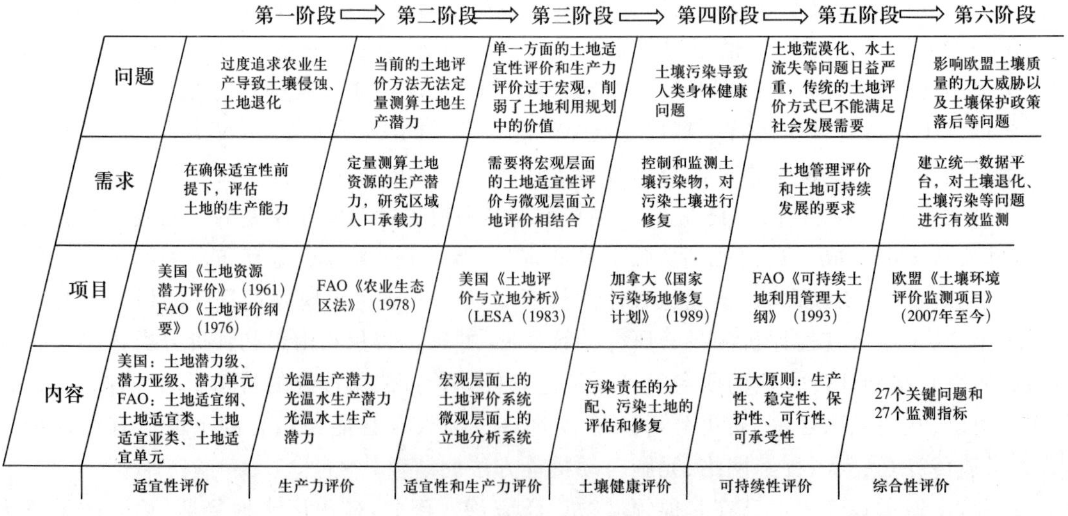

图 2-3 国外对耕地质量认知的变化

相对于发达国家的土地质量评价工作，我国的相关研究起步较晚。温良友等根据我国耕地质量内涵发展的规律，将国内对耕地质量的认知概括为 7 个阶段(图 2-4)。在耕地质量评价尺度的选择上，我国主要包括国家、区域和地块 3 种尺度。其中，国家尺度的研究能够为国家制定宏观规划、标准提供依据；区域尺度的研究有利于开展时空变化分析的相关研究；地块尺度的研究可服务于提升耕地质量建设的目标。在耕地质量评价方法方面，针对不同的目的和任务，出现了不同的评价方法。例如，王瑷玲等基于土地整治对耕地质量的影响选取评价指标，采用加权平均法研究土地整治前后耕地质量的变化；刘金山等利用土壤采样点数据，选取主导因素分析和模糊数学模型评价耕地质量的高低；刘露等采用二元回归模型和计量经济学模型分析不同比例尺下耕地分等结果的差异。

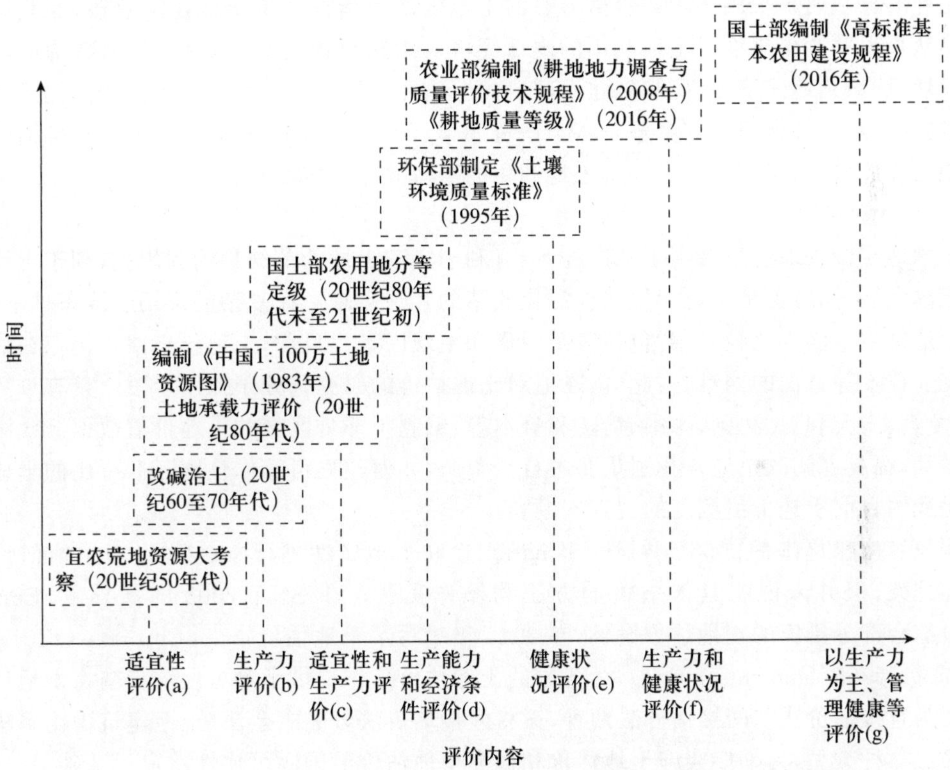

图 2-4　国内对耕地质量认知的变化

总之，由于研究对象、目标和尺度的不一致，导致了土地质量评价工作中评价体系的内涵、评价指标的选取、评价方法的选择和评价结果的应用等方面存在差异。因此，针对土地质量评价的相关研究仍需要标准化。

2.2.3　土地资产化评价

1. 土地收益评价

近年来，我国城镇化发展速度不断加快，土地供需矛盾日益突出。过快的城市用地增长对土地利用结构产生了巨大压力，已成为影响国民经济健康发展的重要因素。因此，迫切需要通过土地的高效利用以缓解土地供需矛盾和促进土地的可持续发展。土地利用是社会与经济的综合反映，土地利用经济效益状况与土地集约利用程度直接相关，通过研究土地利用的经济效益，可为确定合理的土地利用方式、结构和布局提供依据，以实现土地资源的可持续利用。

我国的土地经济评价始于20世纪50年代的荒地调查，并在60年代的农业区划中对某些区域的农业土地资源进行了土地经济评价。80年代初，我国开展了大规模的资源调查和农业区划工作。之后，我国的土地经济评价迅速发展。特别是改革开放时期，随着城镇土地使用权制度的改革，土地经济评价的理论研究和实践工作取得了较大的进展。土地经济评价工作从地区性发展到全国性，从单项资源调查发展到全面的土地评价工作，从经验性研究上升到理论和实践性的研究。随着计算机在土地资源调查与评价中的广泛应用，土地经济评价向着综合化、精确化和定量化方向发展，其理论和方法也在不断完善。

国外学者主要是采用实物或价值形态的土地生产率指标评价土地经济效益，而我国学者主要是从投入和产出角度对土地利用的内部经济效果进行评定的。近年来，随着国内经济的快速发展，城镇土地经济评价、基础建设项目的土地经济评价已成为土地评价的热门领域。目前，我国的土地经济评价研究一般是将土地资源学、经济学、地理学及其他相关学科结合以探索土地的经济属性，以便为科学评价土地利用的经济效益奠定基础。

2. 土地价格评价

科学地评价土地价格有利于地产经营，有利于实现土地的节约集约利用，有利于土地的可持续健康发展，同时也是土地使用制度深化改革的客观需求。在复杂的市场经济条件下，影响城市土地价格的因素比较复杂，包括客观因素和主观因素。目前，土地价格评估仍存在许多关于数据和技术等方面的困难，因此，国际上对土地估价的研究仍处于探索阶段。只有少数国家（如加拿大、澳大利亚、法国、德国、荷兰和日本等）编制了部分区域的土地价值数据。我国国土面积较大，幅员辽阔的土地是我国重要的自然资源，如何建立可操作且国际上可比的土地估价方法是我国目前土地价值测度的关键问题。

国民经济账户体系2008(system of national accounts 2008，SNA 2008)对土地估价提出了总体框架，但并未说明具体估价的方法和操作实践。在SNA 2008的指导下，Eurostat-OECD综合部分国家的土地估价案例，在2015年编写了土地估价指南(Eurostat-OECD compilation guide on land estimation)，为各国的土地估价工作提供了参考。该指南将土地估价方法概括为直接估价法和间接估价法两种，又将间接估价法分为剩余法、土地建筑物比率法和特征价格法3种类型，为推广实施土地估价和提高土地估价的国际可比性奠定了基础。

2.2.4 土地资本化评价

1. 土地资本化评价

1998年，我国城市化进程加速，土地资本运营日渐活跃，但仍然处于初级阶段。国内学者开始探索研究土地资本运营绩效，例如，方耀楣等对马鞍山市国有土地资本运营的花果山地区的国有土地资本运营绩效进行了研究；陈利根等定性分析了马鞍山市自实行国有土地资本运营和建立土地储备制度后的城市土地市场运行绩效；曲福田等认为土地基本制度的缺陷（土地产权主体缺位和土地征用权滥用）和政府治理缺陷（中央与地方政府在土地资源配置上的非合作博弈）是土地资源配置效率低下的主要原因，并提出了建立“产权明晰、管制有效、市场配置、调控有序”的土地管理新机制；潘勇辉建立了我国城市化加速进程中土地资本运营绩效的评价体系，探索了区域间土地资本运营绩效的差异和差距，并对土地资本运营政策提出了差别化的建议。

另外，学者杨元庆等从产权方面研究土地资本化，认为土地资本化是劳动力在流动的过程中自由选择最佳报酬的过程；权小虎指出农村土地使用权资本化有利于实现土地要素的自由流动，从根本上解决“三农”问题，并最终实现土地的集约经营和规模经营；彭作军等提出了重庆地票是农村集体建设用地使用权资本化积极有效的尝试。

总之，学者们对土地资本化的内涵达成一致，即通过优化配置土地资源，最大效率地利用土地和确保利益最大化。世界上很多农业发达国家均是采用土地资源的优化配置来推进农业现代化的发展进程，实现农村土地的流转，促进城乡一体化的发展。在农村土地流转的过程中，出现了很多依靠市场能力无法自主解决的问题，包括制度、机制和认识等方面的问题。这些问题是我国政府重点关注的，也是学术界研究的热点话题。大多数学者是从土地资本化的定义、前提和必要性等方面进行研究，强调提高土地资本化程度的重要性和时代性。

2. 土地增值评价

在土地私有制的西方国家，基于公平正义和权益保障的原则，对私有财产的保护是土地增值收益分配的核心。Deininger 认为由于土地收益分配的公平度直接影响国家经济增长，因此，政府部门要建立公平的土地收益分配制度。Lloyd 等认为土地利用结构比例是由市场决定的。在土地增值内涵的研究方面，国内学者李肇文在 1987 年中国土地学会上提出，土地能体现出价值是由于有地租的存在，并总结出土地增值的实质是土地产出（地租）的增加。李代胜和李维宁探讨了城市土地增值的计算公式，并从现实角度以深圳特区为实例分析了土地增值的具体内容。朱道林细致分析了土地增值的形式，并强调了土地增值不仅反映在土地交易中，更存在于土地利用过程中。周诚认为土地增值包括土地价格和土地劳动价值两者的增加，且城市的土地增值是随着社会发展与经济总量增加而形成的，是一个动态的发展过程。陈顺清通过对城市增长的 6 个阶段研究，构建了土地增值的典型模型，认为土地增值是围绕土地价值的变化而上下波动，并不是一个持续增长的过程。

在现实经济生活中，价格作为事物价值的表现方式，是市场机制的要素。学者们普遍认为，关于城市土地增值成因研究方面，它与整个土地增值的形成原理一样，即直接表现为外在价格的增长，其增值的实质是土地收益量的增加。林瑞瑞、朱道林将土地增值收益的产生分为征地阶段的增值、国有土地使用权出让阶段的增值与房地产开发阶段的增值 3 个阶段。

土地增值主要来自投资性增值、供求性增值和政策性增值，是社会、经济、政治、文化等诸多因素综合作用的结果，这是目前学者们普遍认同的观点。这种土地价值的增长，以城市化和工业化的经济社会发展特征为土地增值的基础支撑；以土地开发和基础设施建设的大规模软硬件建设为土地增值的直接驱动；以土地稀缺性、投机性和政府调节政策为中心的供求关系变化为土地增值的短期因素；以城市规划和分区管理的管制制度为由农地向市地转变时土地增值的突变因素。

2.2.5　土地生态评价

1. 土地承载力

20 世纪 70 年代，由于人口的快速增长和对土地需求的迅速扩张，全球性问题（例如，人口、粮食、资源和环境等）日益突出。因此，作为协调人地关系的有效理论——土地承载力的研究，得到了快速发展，其研究领域也从土地领域拓展到了生态资源领域。相比国外研究，我国土地生态承载力的研究相对滞后。20 世纪 90 年代，中科院自然资源综合考察委员会首次定义了土地生态承载力的概念，即在预期的经济、社会和技术发展水平下，某一时刻利用该区域土地生态资源所能承载的压力。21 世纪，我国学者对土地生态承载力的内涵有了新的发展，以计算粮食生产力和人口限度为主的土地承载力的研究体系日益完善，并开始了对土地资源承载的人类活动规模及强度的研究。同时，土地承载力的研究对象也从单一的人口容量研究扩展到了不同生态生产性土地的承载力的研究，对我国社会和经济的可持续发展产生了一定贡献。

总之，我国土地生态承载力的研究是计算在一定时期和区域空间内，持续供应人口数量所需的土地资源的研究，其研究主要集中在以测算土地生产能力为主，兼顾社会经济和生态效益。随着土地承载力理论研究的逐渐深入，研究中引入了大量的数学方法，丰富了土地承载力定量测算的研究方法。随着“双评价”研究与工作的开展，基于自然资源的“资源环境承载力评价”被提到了一定高度，主要侧重于评价自然资源与生态环境相对客观的本底值。

2. 土地容量评价

目前，国内外学者均已在大气环境容量、水环境容量和土壤环境容量等方面展开了相关的研究工作，并取得了一定的研究成果。相对于大气、水体和土壤环境，土地环境无论在类型、构成上，还是在其物理化学过程方面，都要复杂得多。早期，学者们一般通过简单计算来实现对土地环境容量的定量分析。例如，周万村基于土地利用现状研究了长江三峡库区的土地环境容量；申屠军等采用社会产出和社会总需求计算我国土地粮食的人口容量。目前，国内关于土地容量评价的研究主要集中在土地环境人口容量评价和城市生态环境容量评价两方面。其中，土地环境人口容量是指在一定的目标下，一定空间范围内的土地资源所能容纳的最大人口数量；城市生态环境容量评价是评价城市对各种人类在城市中活动的最大容纳能力。

城市生态环境评价是根据一定的标准和方法，客观评价生态环境所处状态的整体性和规范性。由于城市生态系统的影响因素包括自然、社会和经济因素，是极其复杂的系统。因此，评价指标的选取也应包含这 3 方面因素。在选取城市生态环境的评价指标时，应充分考虑到生态环境的服务功能和生态系统的健康水平。城市生态过程中驱动因子的变化、因果关系的变化或空间尺度的扩展等均会造成生态过程的迟滞效应。这样，生态系统的综合评价必须基于长期的生态研究，且需要正确估计城市生态系统的现状和未来。因此，评价城市生态环境水平时需要考虑时间、空间尺度的变化及相互匹配的程度。

3. 土地服务功能与价值评价

“生态服务功能”概念引入我国之前，人们在长期生产实践中就总结出“山泽林蔽”是“天财之所出”。随着国外对生态系统服务功能研究的兴起，我国也展开了相关的研究工作。20 世纪 80 年代，我国开始利用生态服务功能核算森林资源价值。1982 年，张嘉宾利用影子工程法对某一地区森林系统的生态服务功能进行了评估。1983 年，中国林学会对我国森林的综合生态效益进行了评价，以实现保护森林的目的。20 世纪 90 年代后期，我国学者真正地引入了生态系统服务价值研究的相关成果。在此之后，不同学者的研究尺度不同，主要包括全国、区域和单个生态系统服务价值的研究。

全国生态系统总价值的评价。1999 年，欧阳志云基于生态系统分类对全国生态系统的服务功能进行了评估，并从生态系统与市场关系的角度出发，将生态系统服务价值分为直接利用价值、间接利用价值、存在价值和选择价值。2000 年，陈仲新等参照 Costanza 的生态系统分类，对我国的植被生态系统进行了分类，并评估了陆地和海洋两种生态系统的服务功能价值。

区域生态系统价值的评价。2000 年欧阳志云等以海南岛的生态系统为研究对象，评估了该生态系统的生态调节功能及服务功能的经济价值。2010 年，张少伟等以秦皇岛的生态系统服务功能为研究对象，分析了该生态系统服务功能对土地利用覆被变化的响应。

单个生态系统服务价值的评价。我国对生态系统服务价值的研究就是从评估独立的森林生态系统价值开始的。2001 年，谢高地等将草地的服务功能进行分类，并逐项计算其经济价值。2007 年，张进标等以广州的河流生态系统为研究对象，以系统为人们提供服务的角度出发，将其分为直接服务和间接服务两类，并对其进行评估。

随着研究成果的不断积累和环境问题的日益突出，生态系统服务功能的研究也逐渐由狭义过渡为广义。研究不同尺度、不同生态系统的服务功能可为我国环境保护提供重要依据。

2.2.6　土地可持续评价

与传统以获取最大经济效益为目的的土地利用不同，土地可持续利用是在当前生存与未来发展需求之间寻找最佳的契合点。相关学者认为土地可持续利用评价阶段是土地评价发展到一定阶段产生的，并认为土地评价发展大致分为 4 个阶段，即土地分类定级阶段、土地潜力评价阶段、土地适宜性评价阶段和土地资源可持续利用评价阶段。

1991 年在泰国召开的“发展中国家可持续土地利用评价国际研讨会”和 1993 年在加拿大召开的“21 世纪可持续土地利用管理国际研讨会”上，相关学者探讨了土地资源可持续利用评价的指标和方法。1993 年，FAO 颁布了《可持续土地利用评价纲要》(FESLM)，正式确定了土地资源可持续利用的基本原则、程序和评价标准，并初步建立了土地可持续利用评价在自然、经济和社会等方面的评价指标。其中，正式确定的评价标准包括土地生产性、土地安全性或稳定性、水土资源保护性、经济可行性和社会接受性 5 项。

1997 年在荷兰召开的“可持续土地利用管理和信息系统国际学术会议”上，学者们认为土地可持续利用评价指标应包括 3 类，即环境和技术指标、经济指标、社会指标。例如，Tisdell 认为，一个农业系统的经济可行性取决于诸多因素，因此，土地可持续利用在经济方面的评价因素很难确定；2006 年，Hubert 采用景观生态与经济-社会系统相结合的方法，通过定义包含经济与生态效用输出的社会效用指标来评价土地的可持续性。

早期，国内的土地可持续利用评价研究主要集中于概念及内涵的界定和评价方法。大多数学者均认为土地可持续利用就是在经济、社会和生态方面的土地资源利用的可持续性。随着土地可持续利用概念的深入研究，学者们面临如何去评价土地利用情况及如何实现土地资源的可持续利用等问题，因此更多的学者开始关注土地资源的可持续利用评价，主要包括针对不同土地类型的可持续评价和区域可持续评价两种。

1. 土地类型可持续

在土地类型可持续评价方面，李植斌在资源环境、经济、社会和管理调控指标的基础上，构建了农用地的可持续利用评价指标体系和协调度模型。厉伟着眼于农地保护和结构优化两个方面，基于城市体系、城市用地规模和城市用地内部的合理性、土地生态适宜性、粮食安全性等问题，建立了基于城市化进程的土地可持续利用评价体系。王宇在耕地可持续利用研究中，引入能值指标以评价耕地资源在社会经济发展中的作用，并构建了基于能值分析理论的耕地可持续利用评价指标。于伯华等研究了农业系统的现状、驱动力和压力，分析了环境和人类健康对农业的影响及实现农业可持续发展的政策响应，建立了农用地可持续利用评价的指标体系以实现农业资源的优化配置。王秀兰等基于内蒙古农牧交错带的土地利用特点，从土地资源的数量、生态环境质量、生产能力和社会承受力 4 个方面对牧业用地和种植业用地进行了土地可持续性评价。姚海燕对西安市城区的建设用地进行了可持续利用评价。廖光评对以旅游业为主的阿坝州进行了生态环境可持续发展评价。综合已有的研究成果,在土地类型可持续评价中,以针对农用地的可持续性评价居多,而对于建设用地、生态用地的可持续发展评价略有涉及。同时,对于建设用地和生态用地的可持续性评价,一般是与区域可持续发展分不开的。

2. 区域可持续

罗其友等设置了动态性、效应性、协调性、稳定性、自组性和开放性 6 个功能指标和人口、资源、环境、经济、社会 5 个基本指标群,在旱农区可持续利用评价指标研究中量化持续性水平。杨星等探索了广东省在城市化进程中土地利用的特点,构建了广东省土地可持续利用的评价体系。孙雁等从细碎化角度评价了江西分宜县土地可持续利用水平。吴书光等运用 PSR 模型、聚类分析和主成分分析法评价了山东省 17 市的土地可持续利用水平。王乐分别运用绩效模型和 PSR 模型对天水市土地可持续利用情况进行了评价。总之,影响土地资源可持续利用的因素众多且因区域条件的不同而不同。因此,构建客观的区域土地可持续利用的评价指标体系尚需深入研究。

2.2.7 土地利用效率评价

1. 农用地集约利用评价

人们对土地的需求随社会经济的发展而日益增长,由于人们的无限需求和土地的有限性,土地集约利用已成为必然。早在 18 世纪,西方古典经济学家杜尔阁(A. R. J. Turgot)就提出:“土地收益不会伴随土地投资的增多而无限制的增多,反而会产生降低的情况。”随后,安德生(J. Anderson)、韦斯特(E. West)和李嘉图(D. Ricard)等发展了该思想,并将该思想由农业范畴发展至经济范畴,扩大了土地报酬递减的概念,并指出报酬递减思想是自然约束人类行为的基本规律。英国著名经济学者马歇尔(A. Marshall)指出,土地报酬递减规律阐述的是土地的合理投入,研究的是土地合理集约。

学者们在研究农用地地租问题时,认为集约利用是级差地租产生的原因,最早开始关注土地集约利用。在此基础上,农用地集约利用的内涵不断发展,最终被界定为:在土地质量和合理限度的基础上,对单位农用地面积投入适当的肥力、劳力和动力等生产要素,采用先进的技术和管理方法,使农用地中包括资源效益、经济效益、社会效益和生态效益的综合效益达到最高,以实现可持续利用。然而,随着工业化和城市化的加速,人们对城市用地的集约利用更加重视。目前,关于土地集约利用的研究主要针对的是城市中的非农建设用地,对于农用地集约利用的评价研究涉及较少。同时,对于农用地集约利用评价中的评价体系,一般仅适用于特定情况,客观性不足。因此,农用地集约利用评价中的评价体系的构建和指标的选择尚需进一步完善。

2. 建设用地集约评价

目前,我国已进入快速城市化发展时期。城市人口迅速增加,城市建设用地需求日益扩大,人地矛盾加剧。由于城市不断外延侵占大量耕地以及城市建成区内土地利用效率较低,城市建设用地集约利用成为缓解当前人地矛盾的根本途径和我国现代城市化发展的必然选择。

国内学者围绕中央提出的“建设资源节约型、环境友好型社会”的要求,从不同范围和角度对建设用地集约利用开展研究。一方面,由于建设用地集约利用的概念多借鉴于农用地集约利用,许多学者往往基于“集约”(intensive)与“粗放”(extensive)的概念对比探讨建设用地集约利用的内涵。另一方面，建设用地集约利用评价的研究不断深入，构建了针对不同城市建设用地的评价模型和评价指标体系以进行定量化评价。根据建设用地集约利用定量评价的空间范围，可将其分为微观尺度、中观尺度和宏观尺度 3 种。其中，微观尺度是指对某一块建设用地的具体评价，中观尺度是指对城市内部区域的分区评价，而宏观尺度是指对某一城市土地集约利用水平的总体评价。目前，多数研究是从宏观或中观尺度进行城市建设用地或某一区域整体建设用地集约利用的评价研究，而针对微观尺度的研究比较薄弱。

2.2.8　土地空间关系评价

1. 流域评价

目前，以流域为对象的土地资源评价研究主要包括流域内水资源的评价、生态环境的评价和耕地质量的评价等方面。在流域水资源评价方面，主要以评价水资源的数量、质量、配置、承载能力和水土保持功能等方面的研究为主。例如，徐玉玲将流域划分为不同水资源分区，计算不同分区内水资源数量，并进行综合对比评价；周如瑞等选取经济效益指标、环境生态指标和社会效益指标等评价指标，采用可变模糊集方法对流域内不同水资源的配置方案进行了评价；赵鑫从水资源污染的角度出发，采用灰色关联法对流域内的水质进行了评价。在生态环境评价方面，主要以评价流域内生态环境的敏感性、脆弱性和质量等方面为主。例如，雷呈等建立了河流生态环境质量评价体系，认为河流水质、河流近岸土地利用状况及周围动物群落直接影响评价结果。姚昆等选取地形、气候和植被等方面 9 个指标，评价了流域内 2000—2015 年不同时期的生态环境脆弱性。在流域内耕地质量评价方面，有学者基于流域内不同地形特征，构建了不同的评价指标体系。

2. 地下空间评价

19 世纪末 20 世纪初，国外城市地下空间开发研究理论开始萌芽。与国外相比，我国相关地下空间开发研究落后于欧美等国家。但是，随着我国经济的快速发展，相关研究水平不断提高，与发达国家的差距在逐步缩小。目前，城市地下空间资源的开发和利用已成为世界城市的发展趋势，并以此作为衡量城市现代化的重要标志。国内外关于地下空间评价的研究主要集中于城市地下空间的开发适宜性评价、开发潜力评价、承载力评价、可持续利用评价和安全性评价等方面。例如，Ronka 等依据岩石区建设难度对地下空间分类，并构建了岩层区的地下空间开发潜力评价模型；洪增林采用模糊综合评价法对西安市地下空间可持续开发利用程度进行了评价。国内对地下空间资源开发利用适宜性评价的研究较多，特别是在 20 世纪 90 年代以后，出现了一些针对发达城市地下空间资源的适宜性评价模型。例如，宫善友根据地质条件的分布特征将武汉市主城区地下空间开发地质条件分为适宜区、基本适宜区和不适宜区 3 个区，并进行了分区评价。秦品瑞等基于济南市的水文及水文地质、工程地质、环境地质等因素，构建了济南市城市地下空间资源的开发利用适宜性评价体系；柳昆等总结了国内外对地下空间资源开发利用评价模型的研究现状，并构建了一套适合于我国东部沿海地区的地下空间开发利用适宜性评价模型。

3. 空间可达性

在农业区位论和工业区位论中，包含有诸多与可达性概念类似的内容。Hansen 首次提出可达性是指道路网络中各节点间相互作用机会的大小。20 世纪 60 年代，随着计量地理学的发展，科学的可达性定义才被提出。Bruinsma 等概括了可达性的多种概念，并认为可达性需要专业指标进行度量。Ullman 对空间相互作用模型的深入研究为精确定义可达性奠定了基础，并将可达性表示为在一定交通条件下，从一个地方到其他地方的难易程度。

目前，空间可达性的内涵主要包括 3 个方面，一是基于空间尺度，即克服空间上阻隔的难易程度；二是基于机会的角度，即特定成本阈值内能够获得的机会数量；三是基于空间相互作用的角度，即从某一地点到达活动的目的地获取服务的难易程度。其评价指标主要包括度量节点可达性和度量网络整体可达性的指标两种。随着对空间可达性概念的不断深入，其度量方法也由单一距离指标的空间可达性度量模型，发展到综合多种可达性影响因素的综合模型。随着研究的深入，空间可达性的评价模型也在不断改进。目前常见的空间可达性度量模型主要包括空间阻隔模型、累计机会模型、加权空间阻隔模型、势能模型和两步移动搜索模型等。

2.3 土地评价的信息化建设进展

目前，土地评价的信息化技术主要包括遥感技术（RS）、全球定位系统（GPS）、地理信息系统（GIS）、人工智能系统（AI）和大数据平台，其信息化建设进展如图 2-5 所示。

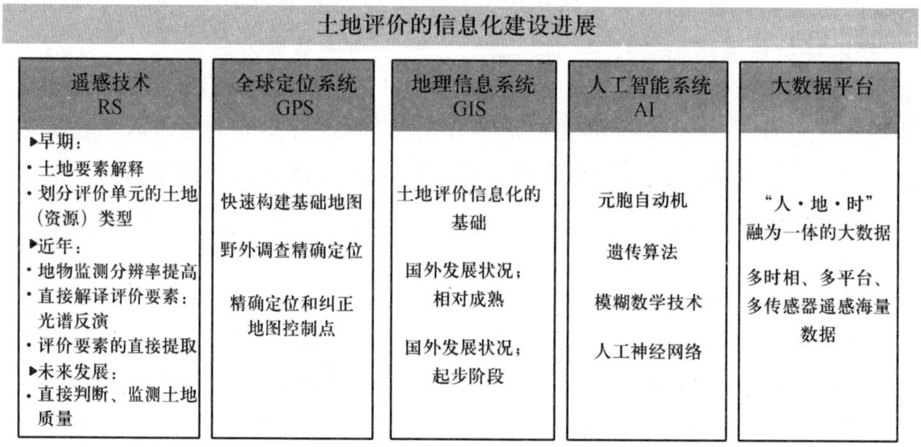

图 2-5 土地评价的信息化建设进展

2.3.1 遥感技术

1972 年，美国发射的第一颗地球资源卫星（Landsat）标志着利用卫星遥感技术（RS）开展大区域尺度土地覆盖和土地利用调查的开始。早期，遥感在土地评价方面的应用主要表现在土地要素的解译，以划分出作为评价单元的土地类型或土地资源类型。国内外高分辨率的遥感影像在这方面的应用已达到了相当成熟的水平。例如，利用卫星影像编制《中国 1∶100 万土地资源图》及在黄土高原和"三北"防护林地区的土地评价中已获得了相当成功的应用。

近年来，随着遥感技术中传感器的频谱范围不断拓宽、分辨率（时间、空间和光谱分辨率）的不断提高，极大地提高了地物监测的分辨精度。同时，由于遥感数据处理、信息提取和工作方法的发展，促进了遥感影像在土地评价方面的另一个应用，即直接解译土地评价要素。例如，可利用土壤光谱反演土壤有机质、土壤 pH、土壤水分、土壤盐分、土壤质地、土壤结构等土壤质量指标，实现土壤参数的快速测定；可以利用遥感植被指数实时监测与土地质量密切相关的作物生长状况和产量水平来评估农田的生产能力，从而获取土地质量信息。另外，还可利用遥感数据提取道路、居民点和水体等信息，作为土地评价的基础数据。然而，目前的遥感技术还难以对土地质量等级信息进行直接判断和监测。我们相信，遥感技术的快速发展必然会为土地评价工作提供更多的便利。

2.3.2　全球定位系统

全球定位系统（GPS）是建立在导航系统、无线电定位和定时系统上的空间导航系统，通过对多颗卫星进行伪距离测量以计算接收机的位置，是一种现代导航和定位中最为科学的方法。土地评价中的空间数据必须具有地理坐标或地理位置信息，GPS 技术的出现及应用可解决在大尺度上获取土地资源要素地理坐标的难题。目前，GPS 在土地评价中的应用主要包括：①在允许精度内，快速构建基础地图。事实上，采用 GPS 与其他技术相结合的方法可以部分取代传统的土地调查工作。②在遥感影像提取土地资源信息时的应用。例如，进行野外土地调查、标定地物和建立遥感解译与判读标志时，GPS 可以实现野外精确定位，以提高遥感影像解译与分类的精度。③采用 GPS 野外精确定位的地面控制点可以纠正已有的地图，作为土地评价的基础数据输入 GIS 中。

2.3.3　地理信息系统

地理信息系统（GIS）在我国土地评价中的应用始于刘岳等针对北京十三陵地区构建的土地信息系统，但该研究比较粗略。黄杏元等应用土地信息系统综合了由 DEM 派生的地形因子和由图形数字化产生的土壤数据，完成了福建沙县土地分类与评价工作，该系统有了明显的改进。随后，相关学者也采用类似的土地信息系统进行其他区域的土地评价工作。

GIS 是土地评价信息化的基础，GIS 中空间数据结构技术、多源数据集成技术、空间模型及组件技术和可视化技术等为土地评价提供了一个技术平台。具体包括：

（1）空间数据结构与编码　在土地评价中，土地评价的类型、目的与评价过程不同，对空间数据编码的要求也不同。矢量数据的空间结构更适用于土地评价结果后期管理，如空间属性查询、定位等；栅格结构的空间数据更适用于以空间分析为主的土地评价，如空间数据的叠加分析。

（2）空间数据的提取　GIS 中地理数据集（GeoDataset）可将一系列相关的空间地理特征设置成统一实体。土地评价常采用地理数据集进行空间数据提取。地理数据集可根据评价对象大小进行设置，同一地理特征允许包含在多个不同地理数据集中，以便把土地评价中地理空间要素提取为计算机可识别的信息对象，实现空间评价要素信息化的过程。

（3）数据集成　数据集成是将分散的无序的数据重新合成，该过程在土地评价中不可避免。数据集成的目的是建立无缝空间数据库，即在时间、空间尺度和数据格式上的无缝集成。为了实现空间数据的集成，建立开放式的数据互操作协议（OGIS）是未来发展的趋势。

（4）土地评价模型　土地评价模型是建立在专门的研究基础之上，对土地评价的一种抽象描述和求解。土地评价模型与 GIS 结合主要表现在地理位置和空间两方面，其评价模型种类很多，大体上可分为单一区域静态模型、单一区域动态模型和多区域模型。

（5）可视化技术　土地评价系统的可视化过程是指用户通过空间检索技术，有选择地提取评价对象的相关属性特征，并应用地理多维模型实时再现评价土地实体。土地评价系统可视化数据模型中的特征主要包括几何形状、空间尺度、地理定义、拓扑关系及附加的表和文字等相关属性。

总之,国内外学者开展了许多基于 GIS 的土地评价研究,且这方面研究受到越来越多的关注。国外土地评价水平高的国家开发并应用了许多先进的 GIS 系统,开创了基于 GIS 的土地评价系统的先河。我国应用 GIS 进行土地评价还处于起步发展阶段,单一区域静态模型应用较多,不具有普遍适用性,科学、实用和可操作性强的土地评价模型还需进一步开发和改善。

2.3.4 人工智能系统

近年来,人工智能(AI)求解复杂问题的巨大潜力受到土地评价研究者的广泛应用,主要包括模糊数学技术、人工神经网络、遗传算法和元胞自动机等在土地评价方面的应用。

1. 模糊数学技术

由于土地系统本身的复杂性及各土地用途之间的界线不明显,1980 年以来,模糊数学技术在土地评价中逐步得到应用。模糊数学在我国土地评价中的应用主要集中于模糊综合评价和模糊聚类分析等方面。土地资源评价中客观存在着模糊性,模糊数学技术使土地评价摆脱了非黑即白的评判,使评价体系更为合理,很多方面都优于传统的土地评价方法。

2. 人工神经网络

人工神经网络(artificial neural network,ANN)是一种模拟动物神经网络行为特征进行分布式并行处理的数学模型。人工神经网络在农用地、复垦地、盐碱化土地、草地、城镇建成区等土地评价中均有运用。另外,在土地评价神经网络模型算法的研究方面也有一定的进展。但是,人工神经网络的发展还不成熟,具体表现在人工神经网络方法的基础理论框架、适合我国各区域实际情况的模型构建及其与 GIS 技术的结合等方面仍需深入研究。

3. 遗传算法

遗传算法(genetic algorithm,GA)是借鉴达尔文的生物进化论思想,通过模拟自然进化过程以搜索最优解的一种人工智能方法。该方法在对负责函数的优化、多层参数的求解等方面具有优势,适用于大范围空间搜索的组合问题,例如多目标的土地适宜性评价。

4. 元胞自动机

元胞自动机(cellular automation,CA)是一种网格动力学模型,具有超强的模拟土地系统动态变化(时间和空间变化)过程的能力。与传统的土地评价模型相比,元胞自动机可以模拟非线性复杂系统的突变、混沌、进化等特征,具有较好的时空性和动态性,提供了一种从土地系统的微观出发,将系统内土壤、水文、植被、气候等各要素综合研究的新方法。

2.3.5 大数据平台

随着信息化社会的发展,海量的、多源的大数据时代已到来。一方面,多时相、多平台、多传感器的遥感海量数据应用于土地要素提取和土地利用变化检测中。例如,有学者利用多时相的植被指数预测土壤有机质,还有学者研究利用地面、航空和卫星遥感数据提取土壤养分和质地信息等的可行性。另一方面,"人-地-时"关系融为一体的大数据也逐步融入城市土地利用与评价中。例如,刘曦等利用手机信令、交通和互联网等各类数据研究基于大数据的上海市存量土地开发潜力评价;Zhan 等利用 state-of-art 技术分析了 twitter 用户的签到数据,并对纽约市土地利用类型进行了推测。然而,目前采用大数据进行土地评价的研究较少,土地评价中如何有效、合理地利用大数据还需要学者们深入探讨。

复习思考题

1. 阐述土地评价学科形成的若干标志性事件。
2. 我国古代的土地评价著作有哪些?
3. 举例说明信息技术在土地评价中的应用。
4. 进一步阅读土地评价相关文献,讨论该学科发展的最近动态与未来发展趋势。
5. 进一步阅读相关文献,阐述我国“双评价”产生的社会背景。

第3章

土地评价的理论基础

导读：土地评价是资源科学的分支学科，也是一门交叉学科。传统的土地评价主要依靠人们的实践经验和观察，发展到今天，由实践到理论，有必要对相关理论进行梳理总结，以期为土地评价人员提供方向性的理论指导和方法论基础。经过多年的研究探索实践，土地评价完整的理论体系正在形成。它的理论基础涉及地球系统科学、土地科学、系统论、生物学、资源学、环境科学、人地关系学和生态经济学、社会科学与高新技术科学等。

3.1 土地资源禀赋要素理论

土地是地球表层由一定立体空间的气候、地质、地形地貌、水文、土壤、生物等自然要素组成，同时又受到人类活动影响的自然地理综合体，即地球陆地表层系统。土地资源的特征和功能是各个因素共同作用、相互影响的总体效应与综合反映。考察区域土地资源，首先应分析各个土地构成要素的特点，并进行综合叠加，对区域土地资源的总体特征做出评价。在此基础上，提出区域土地资源合理利用开发的意见和规划方案，这是土地资源学最基本的研究思路——从要素分析到系统综合。

3.1.1 地形地貌与土地利用

地形地貌要素是土地资源的重要组成部分，对土地利用具有重要影响。土地资源的空间异质性往往受地质条件和地形因素的制约，大地貌格局还通过影响气候和水文的分异间接影响着土地利用。不同的地表形态，直接决定着景观的轮廓和景观要素的内部联系，从而在很大程度上决定了区域土地资源的分布类型、质量特征和利用。与土地资源特性关系密切的地貌因素有海拔高度、坡度、地貌类型等几个方面。

海拔高度是划分地貌形态类型，如平原、高原、丘陵与山地的重要指标。一般来说，平原的海拔高度大多数低于200 m，高原的海拔高度在1 000 m以上，丘陵一般不到500 m，山地则是在500 m以上，500～1 000 m的山地称为低山，1 000～3 500 m为中高山，3 500～5 000 m为高山，高于5 000 m的是极高山。海拔高度对土地特性的影响主要表现在水热条件再分布方面。

首先,气温随海拔高度的增加而降低。一般而言,海拔每上升 100 m,气温将下降 0.5～0.6℃。在一定范围内,降水量也随着海拔的升高而增多,但降水量在一定高度增加到极大值后,则随着海拔高度的继续增加而下降。另外,随着海拔高度的增加,太阳辐射量也有所增加。

坡度对土地特性及其利用的影响主要表现在土壤侵蚀、农田基本建设、交通运输、灌溉和机耕条件以及建筑工程投资等方面。地势起伏对于农业生产的影响,主要表现在地表侵蚀程度与农田基本建设条件、灌溉条件、机耕条件等方面。地表起伏越大,坡度越陡,土壤侵蚀作用愈强,水土流失量在一定条件下增多。地形起伏越小,对于农田水利化与机械化越有利。一般来说,坡度越大,农田平整的土石方量也越大,小于 1～2 m 的地面微起伏可以平整,更大的起伏要考虑修筑梯田。自流灌溉一般说来要求坡度较小;喷灌可容忍较大的坡度。坡度在 8°以下时,适宜机耕,8°～17°时尚可机耕,超过 17°,则难以机耕。大于 25°,一般认为水土流失严重,不宜进行人为耕种。对于建设用地而言,地势平坦,排水良好,工程土方量少,则可节省开发投资;当坡度超过一定限度时,就要采取适当的工程措施(如挖土填方、平整场地、修建护坡工程等),则工程投资必然增大。如在 8%～12%的坡地上建造住宅需要增加建设投资 4%～7%。当坡度>5%时自行车交通受到较大限制,坡度>10%时机动车道不宜与等高线垂直,而应采取“S”形布设,则必然增加两点间的运距而增加运输费用。因此,不同的地面坡度范围在土地特性和利用上具有明显的差异。

地貌类型是具有共同形态特征和成因的地貌单元。按地貌形态可以粗略地分为平原、丘陵、山地、高原和盆地五大类。每一大类按成因又可以细分,如高原可以分为堆积高原(如黄土高原)、熔岩高原(如美国的哥伦比亚高原)等;平原可以分为冲积平原、山麓平原、湖积平原、滨海平原等。地貌要素作为土地利用类型的重要限制因子,直接影响土地利用的方式与结构。山地丘陵土地资源类型丰富,有多种经营发展的潜力,可以发展立体农业、旅游业与矿产开发。但同时,部分山区由于海拔高、生长期短,坡度大、土层薄等因素影响,土地生态系统极其脆弱,稍有不慎,容易造成水土流失和生态平衡的破坏。

一般来说,平原海拔低,地势平坦,土地集中连片,有利于发展农垦、机耕和灌溉,成为种植业发展的主要基地。但各种成因不同的平原对农业的影响也不一样,在低地平原地区,防洪和防渍能力也是很重要的土地质量指标。

3.1.2 气候与土地利用

气候是土地资源形成、发展和演化的最重要因素,直接影响自然植被类型、土地利用结构、种植制度和作物分布特征。分析土地资源的气候要素特征,主要是指针对地表至 10 000～12 000 m 高空以下的对流层,与地面直接产生水、热交换的大气层各种统计状态(如积温、降水量等)和物理过程(如升温、蒸发、焚风等)。影响土地资源特征和利用的气候因子主要是太阳辐射(光)、热量(温)、降水(水)3 个方面。这 3 个指标共同决定了土地资源的气候生产力(光温生产力和光温水生产力),同时也决定了我国土地资源分布和利用的宏观格局。

1. 太阳辐射(光照)与土地利用

太阳辐射是土地生态系统一切过程的能量基础。对于生物性生产来说,太阳辐射是重要指标。到达地表的太阳辐射分为直接辐射和散射辐射,两者之和称为太阳总辐射。土地资源评价中,一般只考虑太阳直接辐射。光照对土地特征而言,主要表现为光照强度、光照长度和光照质量。光照强度对植物的光合作用有重要影响,一般情况下,强光照有利于植物的生殖生长，如棉花、谷类需要强光照；弱光照有利于植物的营养生长，如茶叶、竹需要弱光照条件。光照长度简称日长，日长对农作物生长发育影响较大。根据对日长要求的不同，可将作物分为长日照作物和短日照作物。长日照作物（如小麦、油菜等夏作物）一般要在长日照条件下才能进入生殖生长而成熟；而短日照作物（如玉米、棉花等秋作物）则相反，一般应在短日照条件下才能进入生殖生长。因此，一个地区的气候生产力大小与其光照长度关系密切，在引种时应注意长日照作物与短日照作物对当地的光照适宜性。一般在土地资源评价中选取光照长度作为代表性指标。光照质量是指太阳辐射中紫外线、可见光和红外线等各部分的比例，它因纬度、海拔高度、大气干燥度及季节的不同而异。如纬度较高的干旱地区，由于光照质量优于低纬度湿润区，故其适宜于农业垦殖的海拔高度通常高于南方地区。此外，光照质量对农作物的品种也有较明显的影响，如光照质量较好的温带地区，其作物（如水果、蔬菜等）往往质量高、色泽鲜、果实大，而南方大部分地区因多阴雨天气而不具备此特点。

光照条件除了对农业生产具有显著影响外，对工业及第三产业的发展、城市建设规划等也是重要的参考指标。良好的光照条件不仅是人类生活的必要条件，而且直接影响劳动生产率的高低。此外，在工业和居民点的布局和建设中也要充分考虑光照条件。工业和居民点一般都是位于光照充足、采光良好的区域，采光条件的好坏甚至对房屋的价格都有显著的影响。

2. 热量资源与土地利用

热量资源对植物新陈代谢、生长发育至关重要，对一个地区的植被类型和农业生产有重要影响。我国热量资源空间上由南向北递减，表现出明显的南北地域差异和季节差异。热量资源可用温度和积温表示。就全球范围而言，热量分布的总趋势是与纬度大致平行，由低纬度向高纬度呈带状排列，形成了地球上的热量地带性规律。宏观的农业区划和土地利用功能分区主要按热量带分布进行划分。在不同热量带，有其相应的自然景观、土地类型和土地利用方式。对土地资源评价有重要意义的热量指标主要有：

（1）≥0℃、≥5℃、≥10℃的日均气温及其积温　日平均气温≥0℃的时间为农耕期；≥5℃一般代表多数喜凉作物（如大麦、马铃薯、甜菜和油菜等）以及大多数牧草生理活性的起始温度，其持续期即为喜凉作物生长期；≥10℃代表喜温作物（如水稻、花生、玉米、棉花、大豆、高粱等）生理活性的起始温度，其持续期即为喜温作物生长期。这 3 种温度的积温指标分别反映了两类作物在某地的气候适宜性，决定了土地资源的利用程度及其生产力，是选择合理的土地利用方式的主要依据。一般选择≥10℃积温作为土地利用方式的评价指标。我国几条重要的≥10℃积温等值线基本上决定了我国土地利用方式的宏观格局：①1 700℃等值线，即大兴安岭北麓。该线以南适宜耐寒、喜凉作物生长，如春小麦；以北无农耕活动。②3 500℃等值线，即长城沿线，该线为冬小麦生长的北界，以南可一年一熟或两年三熟；温带水果如苹果很适宜。③4 500℃等值线，即秦岭、淮河一线，该线以南为亚热带地区，可一年二热，以茶叶、竹为特征。④6 500℃等值线，即南岭一线，可一年三熟，以热带作物为特征，分布于广东、广西、福建、海南等。

（2）无霜期、生长期与多年极端低温平均值　无霜期是每年的终霜期与初霜期之间的无霜天数。它与温度生长期有关，但两者并不相等。因为有些耐寒的越冬作物，如冬小麦，在初霜以后及终霜期以前照常生长。因此，某一地区的温度生长期的确切天数是难以准确计算的，一般以无霜期作参考。一般来说，无霜期少于 100 d，则农作物生长将受到严重限制；100～130 d，可以种植喜凉作物。而我国东北的三江平原到黄淮海平原地区，其无霜期可达

180～200 d，洞庭湖区为250～300 d，南岭以南则可大于300 d，西双版纳、广东沿海及海南岛则全年无霜。多年极端低温有杀伤性低温、抑制性低温等，与极端低温出现的频率、持续时间长短等有关，也与小气候条件有关，特别是在一些过渡性地区，对这种气候条件要特别加以注意和研究。

3. 降水资源与土地利用

水分是土地利用的基本自然条件之一。水和光、热因素共同决定了一个地区的气候生产力的高低。特别是在干旱和半干旱地区，农作物的生长发育和产量形成往往主要受水分条件的制约。评价区域水资源的丰缺程度主要包括大气降水、地表水和地下水，其中大气降水是影响土地资源利用与生产力的关键因素之一，因为它不仅决定了地表水的丰缺状况，而且影响着地下水的成分、数量和分布等，故降水决定了土地资源的水文条件。几条主要降雨线控制了我国土地资源利用的基本格局，对土地利用宏观布局有着特殊意义：①200 mm等降雨线。新疆南部，主要是绿洲农业区、荒漠；②400 mm等雨量线。大兴安岭—通辽—张北—呼和浩特—榆林—兰州—玉树—那曲—日喀则附近，此线以西、北降雨量较少，气候由半干旱逐渐向西过渡到200 mm以下的干旱和荒漠区，没有灌溉就没有农业，是主要牧区；该线以南、以东，季风盛行，光、热、水配合适宜，为湿润、半湿润区，是我国主要的旱作农业区。③800 mm等雨量线。黄河、长江两大流域的分界线，此线以北是华北和东北区，土壤的矿质淋溶适中，旱作农业发达，此线以南的华东和华南区的土壤偏酸性，以水田农业为主。

正常情况下的降水决定了一个地区的土地资源利用及其生产力，而非正常情况下的降水则可能严重危害一个地区的生产与人们的生命财产安全，如旱灾、水灾等。降水量除了空间变化以外，还有时间变化。比如在华北平原，降水量总体不大，但主要集中在夏秋季，造成春旱夏秋涝交替。我国总体上是水资源短缺的国家且水土资源不匹配，需要跨流域调水以满足生产生活生态需要。

另外，地形雨在我国这种季风气候与山地地形的条件下往往具有重要意义。在迎季风的山坡面，由于带有大量水汽的气流顺坡绝热上升，因而形成地形雨；而在背风坡的一面，由于部分降水后的气团顺坡下沉，产生绝热下降，因而往往形成焚风和雨影气候，气温上升但降水量大大减少。在东南季风区的山地东南坡，以及西南印度洋季风区的南坡通常是丰雨区，它们的反向坡则往往是焚风区和焚区谷地。上述这种由于地形阻挡所引起的降水量分异规律，在多山地区的土地资源评价与开发利用时需要加以特别注意。

3.1.3　地质与土地利用

地质要素中最重要的是地质构造和岩石类型。地质构造是形成大地貌和区域地形的基础，岩石类型影响土壤发生和土地资源利用；地质构造和岩石类型对矿产资源的形成有深刻的影响。

(1)地质构造与土地利用　地质构造是指承受构造运动的岩层或岩石，在构造运动力的作用下，发生变形或变位的形迹，主要包括褶皱构造、断裂构造。地质构造影响区域地形地貌格局，从而影响土地资源利用，还极大地影响建设工程的稳定性。

我国地貌的基本轮廓与主要地貌类型的分布格局，都与地质构造基础密切相关，尤其是欧亚板块、印度洋板块与太平洋板块之间的相向运动起着决定性作用。地质构造对土地资源及其利用有深刻影响。如褶曲的背斜轴部纵张节理发育，岩石破碎，容易漏水，尤其是下面有石灰岩层时，常形成漏水溶洞，水分不易保存。所以，灌溉渠道的位置不宜选在背斜轴部，也不宜在背斜轴部凿井取水和建蓄水水库。向斜轴部蓄水性能较好，是打井取水的好地方。断裂的存在会影响人工构筑物，活动断层具有更大的危害，不仅是天然地震的根源，其缓慢活动还直接产生地表的压张和错断变形，直接威胁工程设施和城市建设安全。各种厂址、坝址及重要交通要道的选择，都要尽量避开断裂构造。2008 年汶川大地震就发生在龙门山断裂带上，1668 年中国历史上地震烈度最大的地震——郯城大地震也发生在“郯庐断裂带”上。断裂带也有好的一面，因为一般断裂带也是矿产资源比较丰富的地区。

(2)岩石类型与土地利用　作为土地资源主体——土壤是由岩石风化物经成土过程发育而成。岩石矿物及其风化物对土壤理化性质具有显著影响，制约着土地资源利用及其生产力。此外，地表的岩石类型、矿物组成及其风化母质的性状也影响地下水的储存环境及水质，对土地资源的开发利用产生一定影响。我国分布比较广的岩石类型有花岗岩、石灰岩、砂岩、页岩四大类。总体上，一定区域一般以某类岩石为主导。例如，贵州省大部分地区、广西壮族自治区西部就以石灰岩类为主；四川盆地的周围地区，广泛分布着砂页岩；晋冀交界的太行山区以石灰岩、砂岩为主。

花岗岩的主要矿物成分为石英、钾长石、酸性斜长石，大多为等粒结构、块状构造。在昼夜温差变化大的温带地区，主要发生物理风化，形成沙性土壤，这与花岗岩复杂的矿物组成和粒状结构有关；在湿热气候区，化学风化强烈，花岗岩中的石英难以风化而保留为粗沙，其中的长石则化学风化成高岭石黏土矿物，形成不同于黄土的粗砂粒和黏粒混合的风化产物，所形成的土壤易于耕作。花岗岩风化形成的土壤 pH 一般呈中性－弱酸性。花岗岩石没有连通的垂直裂隙，因此，花岗岩山体容易保水。我国著名的哈尼梯田、龙胜梯田、紫鹊界梯田，之所以能够种植水稻，就是因为花岗岩具有不漏水的特性。在花岗岩裂隙发育且连通性相对好的地区可成为含水层，在裂隙不发育且连通性差的地区则成为隔水层。在花岗岩为含水层的地区，有地下水为土地资源的利用提供保证。另外，我国许多名山以花岗岩为主体，如安徽省的黄山，陕西省的华山，山东省的崂山，湖南省的衡山，北京市的凤凰岭，天津市的盘山，浙江省的普陀山，福建省的太姥山、鼓浪屿等。这些名山，也大多是旅游胜地。

石灰岩是沉积岩，以碳酸钙为主，在南方地区因溶蚀作用形成“喀斯特”地貌(广西、贵州等地)；在北方地区，降水少，岩溶地形不发育，而石灰岩物理风化过程弱，形成陡峭地形和贫瘠缺水的地区。石灰岩风化物形成的土壤一般质地比较黏重，含钙质丰富，土壤 pH 呈碱性，经长期淋溶可以变成中性，比如山东青州烟区的淋溶褐土。石灰岩常有垂直裂隙存在，易于发育垂直方向的落水洞或竖井等，因而很容易漏水。因此，在降水量一定的条件下，石灰岩地区地表水资源往往比花岗岩地区更为贫乏。

砂岩和页岩是地表分布较广的两类沉积岩，两者常共生在一起，主要存在于石炭系、二叠系、三叠系和侏罗系地层中。常见的砂岩有石英砂岩、长石砂岩、岩屑砂岩；常见的页岩有黑色页岩、红色页岩、紫色页岩、钙质页岩等。砂页岩主要分布在我国华南、西南及浙江省、江西省、湖南省、河北省、甘肃省等地。

砂岩的主要矿物成分为石英，因此，砂岩风化后形成的土壤质地为沙性，易透水，养分含量少，肥力低；但含有较多长石、云母的砂岩，可风化成黏粒矿物，形成较好质地的土壤。页岩的主要矿物成分为黏土矿物。页岩因其硬度小，页理薄而极易物理风化。由于黏土矿物在地表比较稳定，不易进一步化学风化，因此页岩的风化产物多为页岩碎片，其进一步形成的土壤肥力一般较低，但在适宜的环境条件下，岩石碎块进一步风化、分解，也可形成深厚的土层，这时的土壤风化产物黏重，矿质养分丰富，是较肥沃的土壤。

"红层"岩石，是指在中生代侏罗纪至新生代第三纪沉积形成的富含红色氧化铁的陆相碎屑岩系，主要由砂岩、砾岩、泥质岩组成。四川省分布了有名的"红色岩石"，风化形成的土壤中钾的含量相对丰富，有利于生产优质的甜橙。"红层岩石"在造山运动中被整体抬升，并经风化、流水等侵蚀，切割形成以方山、石墙、石柱为主要造型的赤壁丹崖丘陵地形，所表现的各种丹霞地貌是很好的旅游资源，如广东省的丹霞山、江西省的龙虎山、湖南省的崀山、福建省的泰宁、贵州省的赤水、浙江省的江郎山等。

(3)第四纪松散沉积物与土地利用　地质历史上第四纪时期形成的松散岩石一般称为沉积物，如黄土、冲积物、洪积物、坡积物和重力堆积物等。农业植根于由各种松散沉积物发育的土壤；大量的地下水赋存于松散沉积物孔隙中；部分重要矿产（沙金、金刚石、锡、盐和硼等）和建筑材料（土、砂、砾石）也产于第四纪沉积物中。

黄土是我国分布较广的一种第四纪松散沉积物。黄土（或风成黄土）是指在第四纪期间，以风力搬运的浅黄色或棕黄色松散沉积物，主要由粉沙组成，无层理，疏松多孔，常含有古土壤层和钙质结核，垂直节理发育。我国黄土高原地区气候干旱，黄土塬区相对平坦，宜农。但在黄土丘陵地区，地形破碎，沟壑纵横，以坡地为主，水土流失严重。因此，在这些地区需要防治水土流失，改善生态环境，改坡耕地为梯田与坡耕地退耕还林还草相结合。在农地整理工程上，主要是梯田和淤地坝建设，兼顾田间道路建设、农田防护林建设、水利建设。

冲积物是在流动的水体中以机械方式沉积的碎屑物，有沙性的，有黏性的，一般质地适中，是壤质的。冲积物深厚，且具有层理性，在华北平原，土体构型往往成为评价土地质量的必选指标。我国大小江河广布，其沉积作用形成的冲积物构成无数冲积平原，土壤肥沃、农业发达。诸如东北平原、华北平原、长江中下游平原、珠江三角洲平原、成都平原等，是我国主要的商品粮及瓜果蔬菜生产基地。

3.1.4　土壤与土地利用

土壤是土地资源的重要组成要素和物质基础，一方面土壤类型分布对土地资源的形成和分布起到重要作用；另一方面土壤的理化性状和生产力对土地资源的开发利用具有决定性的影响。因此，土壤评价往往是土地资源评价的核心，特别是对于平原地区来说，在其他因素变异不大的情况下，土壤评价显得更加重要。

土壤是在各种成土因素综合作用下的产物，在一定区位，有一定的土壤类型分布。土壤地理分布既与生物、气候条件相适应，表现为宏观的地带性规律，同时也与区域性的母质、水文、成土时间、人为因素相适应，表现为区域特色的土壤分布结构。

宏观的地带性规律有土壤纬向地带性、经向地带性、垂直地带性。在我国东部地区，自南向北，随着纬度的变化，依次分布着砖红壤→砖红壤性红壤→红壤和黄壤→黄棕壤→棕壤→暗棕壤→漂灰土的海洋性土壤系列（纬向地带性）；在我国温带地区，自东向西，随着远离海洋，气候渐趋干旱，依次分布着暗棕壤→黑土→白浆土→黑钙土→栗钙土→棕钙土→灰漠土→灰棕漠土的大陆性土壤系列（经向地带性）；在高山峡谷地区，随着海拔上升，气温逐渐下降，植被类型也发生相应变化，导致土壤类型随海拔高度的变化依次呈有规律的演变。土壤的这种垂直地带性分布形成了山地不同高度的土地资源和立体农业的优势。

小区域内的土壤分布规律还受当地的地形地貌、母质、水文或人为活动的影响。例如，由于受地貌和母质的作用，河谷两岸阶地的土壤可能呈条带分布；扇形地上的土壤可能自扇顶到扇缘呈扇形分布等。在居民点周围的土壤，由于人为的活动随远离居民点而逐渐减弱，从而形成了以居民点为中心的不同土壤肥力的同心圆形分布规律(杜能圈)。

1. 土壤理化性状对土地利用

(1)土壤剖面(土体构型)　是指各土壤发生层次的组合形式，它反映了土壤形成环境、土壤类型特征以及土壤发育程度等，对土壤水分、肥力状况等均有显著影响。

(2)土层厚度　一般而言，土层厚度是指土壤剖面中能够被作物利用的、母质层以上的土体总厚度，即真正发生了成土过程的土层厚度。但从生产方面而言，多指有效土层厚度，尤其是耕作层的厚度，即植物根系发育所能伸展的厚度。对多数作物而言，最佳土层厚度一般为＞100 cm，临界厚度一般为＞50 cm。耕层是土壤表层经耕作熟化的土层，是土壤最为疏松肥沃的层次，耕层厚度对农业土壤的水、肥、气、热状况具有较显著的影响，从而制约着农作物的生长发育及其产量。一般而言，农作物的耕层厚度为＞20～25 cm。

(3)土壤质地　土壤质地是指根据不同粒径的土壤矿质颗粒(石砾、沙粒、粉粒和黏粒)的百分数组成而划分的土质粗细类型，如沙土、沙壤土、轻壤土、中壤土、重壤土和黏土等。不同的土壤质地类型基本上反映了土壤的透水、通气、保水、保肥和供肥以及耕作性能。由于壤土的沙粒、黏粒比例适中，大、小孔隙比例适当，不仅通气和保水性能好，有机质和养分含量较丰富，保肥和供肥性能强，热量状况属暖温型，水、肥、气、热较为协调，而且耕作方便，宜耕期长，耕作质量好。因此，通常认为壤土是农业生产较为理想的土壤质地类型，多出现于平原地区由冲积母质发育的土壤。

(4)土壤有机质　土壤有机质是土壤重要的组成部分，它不仅含有丰富的矿质元素，经矿质化后可供作物吸收利用，而且可以促进团粒结构的形成而改善土壤的物理性状，同时又因带有正负两种电荷而增强土壤的促肥供肥性能。因此，土壤有机质含量的高低既反映了土壤的物理状况，又反映了土壤的养分状况，故常被认为是土壤肥力水平的综合评价指标之一。

(5)可溶性盐类　包括由 Na^+，Mg^{2+}，Ca^{2+}，CO_3^{2-}，HCO_3^-，SO_4^{2-} 和 Cl^- 等离子形成的盐类。一般土壤可溶性盐总量≥0.3％时即开始影响作物根系对水分的吸收而影响作物生长，当达到 0.5％时对作物会产生明显的抑制作用，达 0.7％时作物将会严重减产，而≥1％时成为作物难以生长的盐化土壤。

(6)土壤 pH　即土壤溶液的酸碱度，一般以 pH＝7 为中性，是作物生长的良好土壤环境条件；pH 6.0～7.0 为微酸性；pH 5.0～6.0 为酸性，多发生于南方降水量大，土壤淋溶较强的地区；pH 7.0～8.0 为微碱性土壤，多数作物不受影响；pH 8.0～9.0 为弱碱性，有些蔬菜和经济作物受一定影响，但当 pH＞9.0 时，即称之为强碱性土壤，一般作物难以生长，这种碱性土壤主要分布于干旱和半干旱地区，不经过改良就难以利用。

一般高等植物或农作物对土壤酸碱性的适应范围均较广，但多数农作物最适宜的土壤酸碱性为弱酸性—微碱性，也有一些植物特别能耐酸碱性而分别被称为“酸性指示植物”(如铁芒箕、映山红、茶树等)和“碱性指示植物”(如盐蒿、牛毛草等)。

(7)土壤石灰质　土壤石灰质含量多少，一方面反映土壤的 pH，另一方面也影响许多土壤养分的有效程度。如石灰质含量较高时，它往往与磷酸根结合为磷酸钙，易使磷肥失效。如石灰质含量 15%以上，则容易使土壤剖面的某一层次胶结而形成坚硬的结核或硬盘，致使根系穿插困难，称之为“障碍层”。

2. 土壤的特征响应时间(CRT)与土地评价

土壤变化也就是土壤性质在时间上的动态，不同的土壤性质其变化的时间尺度不同，土壤性质随时间的可变性可用土壤的特征响应时间来表示，记为 CRT，即当外界的环境条件改变时，某一土壤性质或状况达到准平衡态所需要的时间(表 3-1)。

表 3-1　土壤主要特性 CRT 值范围

CRT/年	土壤参数	土壤特征	土壤状况
$<10^{-1}$	容重 总孔隙度 水分含量 入渗速率 土壤空气组成 养分含量		通气状况
$10^{-1}\sim10^{0}$	总贮水量 田间持水量 导水率 pH 养分形态 土壤溶液组成	微生物区系	微生物活性 人类可控植物 养分状况
$10^{0}\sim10^{1}$	萎蔫含水量 阳离子交换量 交换性离子 提取液离子组成	土壤结构	水分状况 自然肥力 盐碱程度
$10^{1}\sim10^{2}$	比表面积 黏土矿物组合 有机质含量		
$10^{2}\sim10^{3}$	原始矿物组成 各矿物的化学组成	土壤层深度	
$>10^{3}$	质地 吸湿水含量 土粒密度		

来源：李保国. 土壤变化及其过程的定量化[J]. 土壤学进展，1995，23(02)：33-42.

在做土地资源土壤性质时空变化的时候，一定要考虑 CRT。比如养分形态、pH 等的 CRT 是 $10^{-1}\sim10^{0}$ 年，意味着每个月都发生变化，就要注意采样的季节和时间相同或相近才有可比性。土壤有机质含量要大于10年才发生大的变化，相隔一年采样分析就意义不大。没有外力和大的灾害，土壤质地1 000年的CRT意味着一般情况研究土壤变化不考虑土壤质地。

3. 土壤肥力与土壤适宜性

土壤的理化性状是土壤肥力的物质基础，也是进行土壤适宜性评价的主要依据。它们是土壤的固有属性，包括土壤剖面的所有理化性质和生物特性。但是土壤的性质是多种多样的，而且每一种性状所起的作用也不同，对土壤肥力和土壤适宜性的影响不是同等重要的。因此，在开展土地评价时，往往是选用一些土壤的综合性状作为评价的依据。这种综合性状是指某些具有共性的土壤性质的综合表现，它反映了土壤在某一方面对作物生长和土地利用的作用，一般以等级来表达。最常用的土壤综合性状就是土壤肥力，它是衡量土壤提供作物生长所需的各种养分的能力；其他也有一些反映某些方面综合属性的指标，如反映土壤水分限制性的土壤水分状况、反映土壤热量状况的土壤温度状况等；当然，也可以将所有土壤性质的综合作用表达为一个指标，即土壤适宜性。

(1)土壤肥力　是反映土壤肥沃性的一个综合指标，其影响因素主要有土壤的有机质、土壤的各种养分的含量和组合关系等。也有土壤学家认为，土壤肥力是指土壤所具有的对水、肥、气、热及根系生长环境的调节能力，是土壤的本身属性。同时，由于土壤又是整个土地生态系统的组成部分之一，土壤的调节能力即土壤肥力必然要受到土地生态系统的其他各要素的影响。因此，土壤肥力仅仅是土地生产力的重要组成部分，它还要结合气候、母质、地形、水文、耕作管理、作物品种等因素的共同作用，才能构成土地的实际生产力。也就是说，土地生产力是由土壤肥力、栽培环境(气候、地形、投入等)与作物共同作用下的综合表现。

(2)土壤的适宜性　是指土壤的所有各种性状对所选择的作物(或利用方式)的生长要求的满足程度，是进行土地自然适宜性评价和土地生产潜力评价的主要内容之一。它反映了土壤的自然属性对土地生产力的综合影响程度，以及存在的土壤限制因素及其限制程度。

3.1.5　水文条件与土地利用

土地资源的水文条件，包括地表水资源和地下水水文地质；地球化学分析则主要是研究一些与土地资源开发利用相关的化学元素的迁移和积聚的规律。

1. 地表水资源对土地资源及其利用的影响

地表水的多少、分布及其季节变化与土地资源的特性及其利用关系密切。首先，地表径流的流水作用对地貌类型的形成具有显著的影响。其次，地表水的丰缺状况与农业灌溉用水以及干旱、洪涝灾害关系密切。最后，地表径流的冲刷作用往往导致不同程度的水土流失，因此在进行土地资源利用规划时，一般应根据地表径流及其流水作用的规律，考虑采取适当的水土保持工程措施。此外，地表水资源状况对城镇建设用地的选址与布局等也具有显著的影响，一般近江、沿海和沿江的区域通常是城镇建设用地的首选目标。为了避免遭受洪水威胁，城市建设用地一般应选择在百年一遇洪水水位以上0.5～1 m的地段。在北方山地丘陵区，由于干旱缺水，距离水源(河流)远近是评价土地质量的可选指标。

2. 地下水与土地利用

地下水是水资源的重要组成部分，尤其是我国干旱和半干旱地区，寻找和合理开发利用地下水更为重要。在利用地下水进行灌溉时，必须掌握地下水的水质、水量、分布规律及其与地表水的关系等，做到合理开发利用。要防止盲目开发地下水，以避免地下水位迅速下降、出水量骤减，甚至地面下沉或海水倒灌现象的发生。此外，在我国东部沿海的滨海盐碱土改良时，也必须摸清地下水的水盐动态规律，才能发挥灌溉洗盐的最大效益。

影响地下水化学成分的因素有气候、地形、地质构造与岩性等。这些因素相互影响，使地下水化学成分类型十分复杂。

3. 水质与土地利用

评价地表水水质的主要指标有：①pH。地表水的 pH 一般在 6.5～8.5。很多水生生物对 pH 敏感，比如鲑鱼在 pH 低于 5.5 不能生存。②浊度和透明度。一般进行了废水浊度和透明度的测定，水的污浊程度就基本上清楚了。③总悬浮颗粒物(SS)。④溶解氧(DO)。当水中含有还原性有机物质时，这些还原性物质就和水中的溶解氧起反应，往往引起水中溶解氧不足。所以，当水中有机物多时，溶解氧就少。因此，测定水中的溶解氧就能知道水的污染程度。水体富营养化就是由于水体富含氮、磷等元素导致"蓝藻"暴发，使水溶氧严重不足。⑤化学需氧量(chemical oxygen demand，COD)。COD 是表示水中的有机物被氧化分解时，所消耗氧化剂氧化有机污染物时所需的氧的当量。⑥生物化学需氧量(biochemical oxygen demand，BOD)。BOD 表示水中的有机物在好氧条件下，经微生物分解时，所需的氧的当量。

评价地下水的一般指标主要有两个：①地下水矿化度。指地下水中的各种化学成分总量，可用 1 L 水中含有可溶性盐的 g 数来表示(即 g/L)，地下水矿化度的高低直接决定其利用范围，矿化度小于 1 g/L 为淡水，可以饮用和灌溉；1～3 g/L 可勉强饮用及阶段性灌溉；大于 3 g/L 不宜农用及饮用。②地下水潜水位。这个指标反映地下水的可用状况，对作物布局与土地利用方式的选择(土地适宜性评价)和对盐碱地改良有重要影响。如果地下水受到污染，应根据污染成因参考地表水水质评价指标增加检测项目。

3.1.6　生物要素与土地利用

生物要素特征对土地资源性质与利用的影响是多方面的：①生物要素是土地生态系统中最活跃的组成部分，起着主导土地生态系统特征和功能的绝对作用。区域生物组成或生物多样性的变化，可以直接改变土地生态系统的结构和功能，从而引起土地资源类型或利用的更替。例如，由于过度砍伐可以导致森林生态系统的退化，甚至演化为草原生态系统。②植被类型或生态系统多样性是形成景观多样性的直接原因，也是土地类型或土地资源类型划分的主要依据。

生物多样性是地球上最重要的物质遗产和自然资源，它的价值无处不在。对于人类而言，首先关注的是生物多样性的经济价值。生物多样性也指整个生物资源和遗传资源，人类从自然界中索取或利用这些资源，为自己的需要不断地索取。从"生物资源"这个词来看，生物多样性对于人类来说可以分成直接的、间接的或潜在的使用价值。生物多样性的作用非常广泛，涉及人类日常生活以及经济活动的各个方面，是我们的"生物资本"。制定明智的土地利用方案，减少生物多样性侵蚀问题是关键措施之一。生物多样性保护应当优先考虑生态系统和自然栖息地的就地保护，或在保护区内采取特殊措施来保护生物多样性，或对资源开发和环境实行可持续管理。现实中，尤其要处理好生物多样性与集约农林业的关系，构建"集聚间有离析"的格局，注意发挥田坎、绿篱、沟渠等及其他空闲用地的生态功能。

植被作为土地的重要构成因素之一，既是土地资源质量的代表，又是其综合特征的反映，并可指示出土地类型演替的方向。植被是景观特征的重要代表，也是土地景观的重要标志。以植被为主要指标的生态系统具有供给、调节、支持、文化等生态服务功能。不同生态系统提供的生态系统服务价值不同(表 3-2)。

表 3-2 单位面积生态系统服务价值当量

生态系统分类		供给服务			调节服务				支持服务			文化服务
一级分类	二级分类	食物生产	原料生产	水资源供给	气体调节	气候调节	净化环境	水文调节	土壤保持	维持养分循环	生物多样性	美学景观
农田	旱地	0.85	0.40	0.02	0.67	0.36	0.10	0.27	1.03	0.12	0.13	0.06
	水田	1.36	0.09	−2.63	1.11	0.57	0.17	2.72	0.01	0.19	0.21	0.09
森林	针叶	0.22	0.52	0.27	1.70	5.07	1.49	3.34	2.06	0.16	1.88	0.82
	针阔混交	0.31	0.71	0.37	2.35	7.03	1.99	3.51	2.86	0.22	2.60	1.14
	阔叶	0.29	0.66	0.34	2.17	6.50	1.93	4.74	2.65	0.20	2.41	1.06
	灌木	0.19	0.43	0.22	1.41	4.23	1.28	3.35	1.72	0.13	1.57	0.69
草地	草原	0.10	0.14	0.08	0.51	1.34	0.44	0.98	0.62	0.05	0.56	0.25
	灌草丛	0.38	0.56	0.31	1.97	5.21	1.72	3.82	2.40	0.18	2.18	0.96
	草甸	0.22	0.33	0.18	1.14	3.02	1.00	2.21	1.39	0.11	1.27	0.56
湿地	湿地	0.51	0.50	2.59	1.90	3.60	3.60	24.23	2.31	0.18	7.87	4.73
荒漠	荒漠	0.01	0.03	0.02	0.11	0.10	0.31	0.21	0.13	0.01	0.12	0.05
	裸地	0.00	0.00	0.00	0.02	0.00	0.10	0.03	0.02	0.00	0.02	0.01
水域	水系	0.80	0.23	8.29	0.77	2.29	5.55	102.24	0.93	0.07	2.55	1.89
	冰川积雪	0.00	0.00	2.16	0.18	0.54	0.16	7.13	0.00	0.00	0.01	0.09

来源：谢高地，张彩霞，张雷明，等. 基于单位面积价值当量因子的生态系统服务价值化方法改进[J]. 自然资源学报，2015，30(8)：1243-1254.

3.2 土地系统理论

土地系统研究在方法论上，引进了系统科学的思维与方法。针对土地系统的整体性、复杂性、有序性、关联性与发展性的观点，发展与更新了土地分支研究的方法论，变“要素分析法”为“系统分析法”；重视土地认识过程与土地开发利用实践过程的联系，定性分析与定量研究相结合，在传统方法(如相关分析、叠置分析、比较分析、因果分析等)的基础上，综合运用各学科的成就，特别是对土地系统进行过程化、定量化和模型化研究，使土地系统研究的科学性、客观性、预测性与实践性大大加强。

3.2.1 土地系统

土地系统是指在一定的范围内由地形、地貌、土壤及其基础地质、水文、气候和植被等，包括这一范围内地球表面及其以上和以下的所有因素及过去和目前在这一地域范围内人类活动结果的综合体。土地系统变化对区域环境和人类福祉产生巨大影响，同时也是全球变化的重要驱动因素。

土地系统具有明显的整体性与层次性并存，有序性与无序性并存，稳定性与动态性并存等特点，所以具有明显的复杂性。土地系统的层次性是系统结构的一个重要特征，但层次与层次之间并不是彼此孤立而无相通之处的。相反，层次与层次之间是相互渗透、相互联系的。土地系统的物质和能量处于不断的运动之中，各个要素，各个层次处在不断的运动和变化之中。土地系统的运动方式，主要有两种基本类型：一是集中型，二是耗散型。不论是集中型还是耗散型，都存在一个“理想的”平衡点，都力图达到这个平衡点。达到这个平衡点的主要途径是通过系统的自组织功能，人类的干预应顺应自然规律。

土地系统组成可分为生物因素和非生物因素两大部分。两者相互联系、相互制约构成土地系统的有机整体。土地系统是一个多层次、多结构的开放系统，是耗散结构。一个系统是耗散结构必须具备以下条件：①系统必须开放；②系统必须是非平衡态；③系统元素或子系统之间的相互作用是非线性的；④有涨落。涨落导致有序。倘若系统元素或子系统已经存在着非线性的相互作用，那么，某种偶然的涨落波动将使系统的状态产生微小的变化。这种微小的变化将通过非线性的反馈机制被放大，使系统发生更大的变化，并导致系统整体某种有序状态的形成。在这个过程中，涨落是一种触发器，它的性质与系统将形成什么样的有序状态有关。

土地系统可以根据不同的划分方法划分为不同的层次，每个层次都是其上个层次的子系统。每个子系统都可以进一步细分。子系统也都是开放的，与外部进行着能量、物质、信息交换。土地系统的物质循环本质上是生物地球化学循环，按其属性可分为水循环、气循环和沉积循环。通过各种循环，系统内元素吸收并固定太阳能，源源不断地从系统外部输入负熵。土地系统中气候、水、土壤、植物、动物和微生物等是负熵的流通渠道，能量逐渐消耗，自由能减少，熵不断增加。正是负熵的不断输入抵消着熵增过程，系统才得以存在和发展，并保持有序和稳定。经过长期的演化，形成了土地系统复杂的反馈调控机制。当系统某些变量发生变化或偏离时，系统能通过一系列非线性反馈机制，使系统恢复到稳定有序状态。如果系统的结构遭到损伤与破坏，这种机制还能使系统自发地重新组成新的有序结构。当系统从外部输入负熵流减小，不能抵消熵增时，总熵增加，系统就走向衰退、降级，从复杂高层次的耗散结构变为简单低层次的耗散结构，其有序和稳定的水平相应降低。

(1)土地系统要素　生物因素、非生物因素。

(2)土地系统结构　森林土地系统、农田土地系统、矿藏土地系统、城市土地系统等。

(3)土地系统格局　原始土地系统、半原始土地系统、亚人工土地系统、人工土地系统。

(4)土地系统过程　土地系统及其子系统是多层次、多结构的开放系统。土地的状态变化符合熵增原理和耗散结构理论，其不断地与外部进行着能量、物质、信息、运动交换。

(5)土地系统功能　包括生产功能、能量转化功能、负载功能、储存功能 保护功能、消费功能等。

3.2.2　土地系统的全息特征

土地系统是一个相互联系、相互制约的整体，组成同一系统之间存在着相关性和相似性。系统的任何一个部分与整体之间存在着相互“映射”(imaging)的关系。土地系统的全息特征主要有以下几个方面。

(1)“局部映射整体”的特征　一个系统的支系统的状况，可以近似地映射整个系统的状况。土地工作者常常采用的标本、样品、样方及典型区是“局部映射整体”的体现，也可以认为是全息体。

(2)“局域(local)映射广域(area)”的特征 在同一类型的区域内，如同一自然景观区、自然区、地质区或社会经济区内的一个小面积或小范围的状况可以代表整个区域的状况，即可以近似地映射整个地区的状况，这个小区就是全息体。

(3)“现在映射过去，现在和过去映射未来”的特征 从土地系统的时空演化特征来看，现在状况是过去状况的延续，可以从现在状况来反演过去状况；同时，根据现在和过去的状态，即得出演化规律，于是就可以预测未来的状况，这也属于全息特征的一种表现方式。

3.2.3 土地系统的结构-功能理论

土地结构决定土地系统功能的原理是土地系统研究应用较为广泛的理论之一。土地系统结构分析是揭示土地功能的有效途径。土地系统研究中，通过土地类型的结构分析(包括土地类型景观对比结构、时间演替结构和空间组合结构)，揭示土地类型的均质性程度，土地类型间的相对差异，土地类型形成、发展及地域分异规律，有益于土地自然特征及利用改造方向的探讨，成为因地制宜开发利用土地，提高土地生产力的科学依据，也为认识自然区域的整体性、相对一致性和区域共轭性奠定了基础。它不仅成为自上而下自然区划的依据与指标，可以增强自然区划的科学性和客观性，而且通过自然区划研究可以从区域分工的角度，结合商品经济发展和生产地域专门化的需要，对土地的规模经营提供指导建立商品生产基地，对土地系统的功能进行宏观把握与发挥。土地类型结构分析是从土地个体、类型研究上升到区域研究的转折点和衔接处，有着承上启下的作用。对区域土地利用结构分析，意味着调查和评价土地功能与空间关系(即由功能作用关系相联结的区域间的区位关系)；功能的叠合关系(土地用途多样化)；毗邻效应。它为土地系统状态的诊断与分析提供依据。土地评价的质量等级结构更是直接反映了土地系统的功能。一般来说，土地质量好，土地评价等级高，土地适宜性广，土地生产潜力大，利用效率佳；反之，则相反。土地规划与管理，通过土地系统结构的协调与合理化，形成土地系统功能的极大化，使土地系统结构优化，土地生产能力增强，有利于土地人口承载力的提高。

3.2.4 对应变换分析理论

土地是农业生产最基本生产资料，也是工业、交通、服务业及其他产业的空间载体。土地资源结构与其他陆地表层存在的各种地域结构，如产业部门结构、生产布局结构、产销与消费结构、环境结构、经营管理体制结构(区域经济模式)、社会文化结构等，可以进行对应变换。如土地资源结构直接影响区域产业部门结构；土地类型结构直接影响生产力布局结构(农业生产尤为突出)；土地景观对比结构与时间演替结构制约着环境结构；土地利用结构决定产销与消费结构，并同土地规划与管理一道映射出其经营管理体制结构和社会文化结构。土地结构对应变换分析理论，成为土地系统开发与整治的指南。它以土地结构为基础，使各种区域结构耦合优化，促进区域社会、经济、技术与环境协同配合，优化生产、生活、生态等国土空间配置，实现土地系统研究的最终目标。

3.2.5 土地系统的自组织理论

自组织是指系统在无外界强迫(制)条件下的，自发形成的有序行为。另外一种相反的过程称为“自非组织”，指系统在无外力影响下，由于本身的原因产生从有序变为无序或系统结构自动破坏的过程，或有序程度自我退化的过程。简而言之，“自组织”是指系统自动从无序到有序的过程,“自非组织”是指系统自动从有序到无序的过程。“自组织”过程往往导致进化,“自非组织”过程往往导致退化,或从一种结构转化为另一种结构,使原来性质发生改变的过程。地球是一个开放的、复杂的和远离平衡的,具有自组织功能的巨系统,它具有确定性、不确定性并存与不对称的特征。

系统的自组织具有临界性,该理论认为,当人们在沙堆的顶部增加沙粒时,如果沙堆达到临界状态,即稳定几何形态的极限时,或达到了沙堆的静止角时,那时即使在沙堆的顶部增加哪怕是一粒沙,也会在沙堆的周边引起沙堆的崩塌。这种临界性的存在是土地评价过程各种指标的“阈值”“拐点”存在的理论基础,也是进行指标量化分级的理论基础。

3.2.6 分形维与自相似理论

客观世界的某一现象或过程的局部与局部,局部与整体在形态、功能、信息、时间和空间等方面具有形态自相似性或统计自相似性和概率上的相似性特征。分形是对没有特征长度,但有某种自相似性的形体和结构的总称,它具有无标度性的自相似结构。它以自然界中常见的变幻莫测、不稳定的、不规则的现象作为研究对象的几何学分支。

外表极不规则的几何形体也有它内在的规律性,但这种规律是一种统计规律,是不确定的规律,主要包括:

(1)自相似性　它是不规则形体的一个主要特征,即不相同的物体之间存在一种内在的统一性或同一性,即自相似性特征,这是进行土地系统分类的理论基础。自相似性还指局部与局部形态特征之间,局部与整体特征之间存在着相似性。这就是典型区、典型案例的科学依据。

(2)层次性　形体中的不同等级,不同子系统都称为层次,如水系可划分为一级、二级、三级等不同的等级。自相似性理论在这个意义上表现为不同尺度上的对称性,即在不同尺度的条件下具有不同层次的相似性表现形式。

(3)仿射变换的相似性是不规则形体的又一特征　分形体的局部可以做拉伸、平移、旋转、压缩和放大等操作,可以跟整体相似而且还可以重替。只要给出一个初始点和一个替代函数,就可以勾绘出所需要的各种图样。

自然状态的很多土地系统具有不规则几何形态,比如复杂的海岸带、黄土高原不同层级的侵蚀沟等。

3.3 土地生产力理论

土地生产潜力是指在一定的自然条件或社会经济条件下,土地生产对人类有用的生物产品或经济产品的潜在能力。针对某一特定地区和特定时期,土地的社会经济属性虽然会有一定的变化,但都可以定义为:在一定的水平上,研究在确定的社会经济条件下,分析土地的各种自然属性以及它们之间的综合作用对各种可能的土地利用方式的潜在生产能力的影响,依此进行的土地综合评估和分等定级的过程。

3.3.1 土地光合生产潜力

光合生产潜力(photosynthetic potential productivity)是指在空气中 CO_2 含量正常,其他环境因素均处于最佳状态时,单位时间、单位面积上,具有理想群体结构的高光效植物品种决定的最大干物质产量。它是理想条件下作物产量的上限，是理论值，实际上只能作为温室生产的上限。其数学模型的一般形式为：

$$Y = K \cdot A \int_{t_1}^{t_2} \frac{Q_p(t) \cdot F(t)}{C(1-B)(1-H)} \mathrm{d}t \tag{3-1}$$

式中：Q 为光合有效辐射；F 为最大光能利用率（据计算，光合有效辐射利用率的最大理论值为 11.4%）；C 为干物质发热量；B 为植物质含水量；H 为植物质含灰分率；A 为经济系数；K 为单位换算系数。

3.3.2 土地光温生产潜力

温度是影响光合作用的诸因子中最难以大范围控制的环境因子。所谓光温生产潜力是指在最适的土壤条件和最佳的管理水平下，肥水充分满足作物的需求，仅由当地的光温条件所决定的作物的生产能力，是作物在最佳条件下产量的理论上限，其计算方法如下。

1. 群体生长率的计算

作物生产力是作物将太阳光能转化为化学潜能的能力，光合作用是作物生产的基础。作物转化太阳能形成的生物量取决于净光合速率、总光合面积及作物总的光和时间。

在田间条件下，作物的生长率即群体生长率除了与作物的生理特性（如碳化途径）有关外，还与叶片的空间排列状况和叶的透光、反射光的特性有关，Dewit 等推导出冠层中的光分布函数，采用计算机模型来计算作物群体生长率，首先假设 3 个条件：①叶片角度随机分布；②光饱和点时的最大光合速率 $P_m = 20\ \mathrm{kg/(hm^2 \cdot h)(CH_2O)}_n$；③叶面积系数 LAI=5。

在这 3 个假设条件下分别计算不同纬度的全晴天的群体生长率 b_c 和全阴天的群体生长率 b_0。

2. 作物总的生长率（b_g）的计算

（1）实际情况下，除了全晴天、全阴天外，还有半晴天、半阴天的天数，定义一个阴天份数参量（F）：

$$F = (R_{se} - 0.5R_s)/0.8R_{se} \tag{3-2}$$

式中：R_{se} 为晴天最大入射光合有效辐射，$\mathrm{J/(cm^2 \cdot d)}$；$R_s$ 为实测入射短波辐射，$\mathrm{J/(cm^2 \cdot d)}$。那么在实际天气条件下，作物的生长率 b_{gm} 为：

$$b_{gm} = F \times b_0 + (1-F)b_c \tag{3-3}$$

（2）随着温度的变化，P_m 将会变化，那么必须根据 P_m 的值进行订正：

当 $P_m > 20\ \mathrm{kg/(hm^2 \cdot h)(CH_2O)}_n$ 时，$b_{gm} = F(0.8+0.01P_m)b_0 + (1-\mathrm{F})(0.5-0.25P_m)$ (3-4)

当 $P_m < 20\ \mathrm{kg/(hm^2 \cdot h)(CH_2O)}_n$ 时，$b_{gm} = F(0.5+0.025P_m)b_0 + (1-F)b_c$ (3-5)

（3）叶面积系数的订正：一般来说，LAI 最大为 5，作物的大部分生育期 LAI 都小于 5，因此作物的生长率就要降低，其订正系数可用下面的方法确定：

$$\begin{aligned} CL = {} & 2.475\,70 \times 10^{-3} + 0.322\,41 \times \mathrm{LAI}(t) + 0.836\,16 \times 10^{-3} \times \mathrm{LAI}(t)^2 - \\ & 0.013\,28 \times \mathrm{LAI}(t)^3 + 1.330\,47 \times 10^{-3} \times \mathrm{LAI}(t)^4 \end{aligned} \tag{3-6}$$

最后，获得作物总的生长率 $b_g = CL \times b_{gm}[\mathrm{kg/(hm^2 \cdot h)}]$

3. 呼吸速率的计算

作物在生长过程中，其呼吸作用要消耗一部分能量。

$$r(t)=0.28b_g(t)+CT\times B_n(t) \tag{3-7}$$

式中：$r(t)$为t时刻的呼吸速率；$b_g(t)$为t时刻的总生长速率；$B_n(t)$为t时刻的累积生物量(kg)；CT为温度的函数。

$$CT=C_{30}(0.044+0.0019T+0.0010T^2) \tag{3-8}$$

式中：T为平均温度；C_{30}是温度为30℃的修正系数；豆科作物$C_{30}=0.0283$，非豆科作物$C_{30}=0.0108$。

4. 净生长率(b_n)的计算

t时刻

$$b_n(t)=b_g(t)-r(t) \tag{3-9}$$

5. 生物累积量(B_n)的计算

某段时间$t\sim t+\Delta t$的生物累积量

$$B_n=\int_t^{t+\Delta t}\mathrm{d}b_n(t)=\int_t^{t+\Delta t}[b_g(t)-r(t)]\mathrm{d}t \tag{3-10}$$

6. 光温生产率(Y_{mp})的计算

光温生产率是指生物累积量中可以利用部分(如子粒、块茎等)的重量，一般情况下，将作物的可利用部分与总生物量之比视为一个常数，称之为收获指数(CH)。那么，

$$Y_{mp}=CH\cdot B_n \tag{3-11}$$

式中：B_n为作物整个生育期的生物累积量。

3.3.3 土地气候生产潜力

气候变化深刻地影响着全球社会经济发展和人类健康生活，特别是对农业生产的影响，关系着全球粮食生产和安全，气候变暖导致气温、降水、日照等主要气候因素发生改变，特别是作物生长季内的温度和降水变化影响粮食作物产量，从而影响区域的农业生产；气候变化导致病虫害发生规律性变化；气候变暖影响种植制度，改变作物生育期，使部分作物种植北界北移等；气候变暖可能会导致粮食减产或作物产能下降；极端高温天气会导致小麦早熟、减产。同时，积极适应气候变暖的粮食种植制度则可能会使粮食增产。因此，世界粮农组织把应对气候变化列为解决世界粮食供应和缓解饥饿的全球重大挑战。

气候生产潜力(climatic potential productivity)是指当系统中的土壤、作物群体结构等因素均处于最适状态下，作物充分利用自然的气候资源(光、温和降水)所能够产生的有机质，由光温生产潜力进行降水订正后得到。水分对生产潜力的影响是复杂的，它既是作物生长的环境因子，又是直接参与光合作用的原料。植物群体的需水量可用蒸发力(E_0)表示；而在无灌溉条件下，供水量可近似地用降水量(R)表示。

$$Y_2=Y_1\int(W)=\sum_i Y_{0i}T_iW_i \quad 其中\ W=\begin{cases}\dfrac{R_i}{E_{0i}} & 当\ R_i\leqslant E_{0i}\\ 1-\dfrac{R_i-E_{0i}}{3E_{0i}} & 当\ E_{0i}<R_i<4E_{0i}\\ 0 & 当\ R_i\geqslant 4E_{0i}\end{cases} \tag{3-12}$$

式中：R_i 为月降水量，mm；E_{0i} 为月蒸发量，mm；Y_0 为光和生产潜力；Y_1 为光温生产潜力；Y_2 为气候生产潜力；气候生产潜力可作为旱作产量上限的近似指标。

3.3.4 土地自然生产潜力

定义一：不施加人为影响，植物在一定自然环境状况下具有的生产能力。

定义二：假定在各种环境因素均处于最适宜的条件下，植物能够获取的最大生产力。

例：计算某区土地生产潜力，基于 GIS 技术，通过建立某区空间-属性一体化数据库，对某区土地生产潜力进行了研究。针对研究区现状，选择混合型模型(光温阶乘模型)。对于土地生产潜力的研究，考虑到光、气温、水分、土壤等各类环境因子的影响，通过对各类影响因子逐步衰减，最终得到该区土地生产潜力值，同时借助 GIS 强大的空间分析及制图功能，得到该区各类生产潜力在空间上的分布特征。

3.3.5 土地经济生产潜力

在土地利用状况、技术发展程度、经济发展水平、自然条件适宜情况和规划因素限制以及城市未来发展要求作为限制条件的情况下，可能达到的最佳土地利用状况，即通常所说的集约状况之间的经济价值差距，定义为土地经济生产潜力。它是基于集约利用城市土地经济潜力，以经济视角分析城市土地集约利用状况，研究城镇土地在集约利用状态下的经济潜力水平。比如，以某市为研究区，运用 GIS 空间分析技术作为主要的技术支撑，按照主导用途原则，划出居住、商业、工业、行政办公、教育和其他这 6 类功能区，选取最能直接反映土地价值的地产市场 3 大主导类型，即居住、商业、工业这 3 类功能区用地，从理论和现实的角度进行经济潜力分析测算。其中，理论角度的挖潜方式有用途改变和提高土地利用强度这两类，现实条件下的挖潜方式主要有利用空闲地这一类。对于涉及的土地价格采用基准地价系数修正法、假设开发法和成本法来进行测算。

3.4 空间分异与区位理论

土地空间分异是指土地及土地环境各组成成分及其所组成的自然经济综合体，按一定方向发生水平及垂直分化的现象。土地自然和经济要素的空间分异，导致土地系统的异质性，进而产生区位。区位理论(location theory)是指说明和探讨地理空间对各种经济活动分布的影响和研究生产力空间组织的一种学说。它是经济地理学、空间经济学和地球系统科学相结合的理论。地球系统的空间结构与空间功能的传统理论就是空间分异理论与区位理论。

3.4.1 土地空间分异

1. 地带性与非地带性理论

地带性(zonality)，通常指土地系统的自然地理环境各组成成分及其构成的自然综合体大致向纬线方向展布，按纬度方向递变的现象，即纬度地带性；同时地球系统的自然地理现象还具有沿经度变化的现象，主要表现为干湿的变化，所以又称干湿地带性；还有沿地形高程而变化的垂直地带性等。此外，土地系统还有非地带性(地方性)分布规律，如一般山区的阳坡与阴坡接受的太阳辐射是不一样的，因此它们的气候、水文、土壤、生物也可能受到影响。迎风坡、背风坡及风口等主要是湿度和温度的不同(如迎风坡雨多，背风坡为高温、干旱的风等，还有温度走廊等），还有气候、水文、生物、土壤等的差异和自然景观的差异。土地系统地带性规律和非地带性规律，对在进行土地评价时把握宏观趋势和微观差异具有重要的理论指导。

2. 非地带性空间分异类型

(1)重复式结构　几种主要土地类型在一定范围内依次重复出现。以黄土高原源、梁、峁区最典型，这里正地形——塬、梁、峁与负地形——河沟相间出现，坐落其上的各种塬地、梁地、峁地等土地类型分别与淤土河谷川地或冲淤土溪沟地多次重复交替出现。

(2)阶梯式结构　对称阶梯式组合结构表现为土地类型在空间组合上以某一对对称轴为中心的两边呈阶梯式对称分布，一般以河谷为对称轴，各类型在高度、特征、性质及利用方面均表现出一定程度的对称性，较大的河川表现更为明显完整。

(3)镶嵌式组合　水平镶嵌结构是土地类型按一定的邻位关系组合而成。一般是沟间地镶嵌有沟谷类型。水平镶嵌结构与水系空间格局皆有相近性，因组成物质的均一性，水系沟壑发育也多是对称的。从土地类型的对称组合来看，一般可分为两极分异结构：第一级是以区内一、二级沟谷为对称轴向两侧依次更迭；第二级是以区内三、四级沟系为对称轴向两侧依次更替。

(4)圈层式组合(同心圆状结构)　同心圆状结构主要表现在湖盆滩地区，有两种情况：①淡水湖盆沼泽地—潜育草甸土下湿滩地—草甸土滩平地；②咸水湖盆沼泽地—盐渍土下湿滩地—沙盐化草甸土滩地，均以湖盆为中心，呈同心圆状，向外依次出现有规律的更替。

(5)条带树枝状组合　条带树枝状结构以河沟地最富有代表性。这是土地类型发育在负地形—河沟系统上，并受河流干支流条带树枝状延伸控制，主要是淤土河谷川地和冲淤土溪沟地。由于河沟系统的切割，梁峁地也呈现出条带树枝状或长条状。

土地社会经济要素的空间分异更为复杂，一般体现为非地带性(地方性)，可结合区位理论进行说明和探讨。

3.4.2　区位论

区位(location)包括两层含义：一是指该事物的地理位置；二是指该事物与其他事物的空间联系。前者被称为绝对区位，表示地理事物在地球上的几何位置，特别是经纬度坐标或者是地貌部位。后者被称为相对区位，表示地理事物相对于某种地理事物的位置。那么区位理论(location theory)也包含了两层内涵：第一层内涵是区位主题活动的空间选择，即已知区位主题活动，寻找最佳区位，可应用于人类活动的选址和布局等；第二层内涵是空间的区位主体活动选择，即已知空间，确定最佳的区位主体活动，可应用于为既定区位确定最佳区位主题活动类型。

1. 农业区位论

随着商品经济的发展，农业生产的目的由满足自身消费，转变为满足市场的需求，并获取最大的利润。因此农业布局除了考虑自然环境的影响外，主要研究市场因素的影响外，利润(纯收益)的大小成了农业布局的决定性指标。德国经济学家杜能(T. H. Von. Then，1783—1850)，根据农业布局与市场的关系，探索了因地价不同而引起的农业分带现象，在1826年发表的名著《孤立国同农业和国民经济的关系》一书，创立了农业区位论。农业区位论的中心内容是：农业土地利用类型和农业土地经营集约程度，不仅取决于土地的自然特征，更重要的是依赖于当时的经济状况和生产力发展水平，其中尤其是农业生产用地到农产品消费地(市场)

的距离。这样,为了突出区位对土地利用的影响,杜能建立了著名的"孤立国"模式,即农业围绕城市(市场中心)形成一系列同心圆,即所谓的"杜能圈",其相应的土地利用类型及其农业集约化程度如图 3-1 所示。

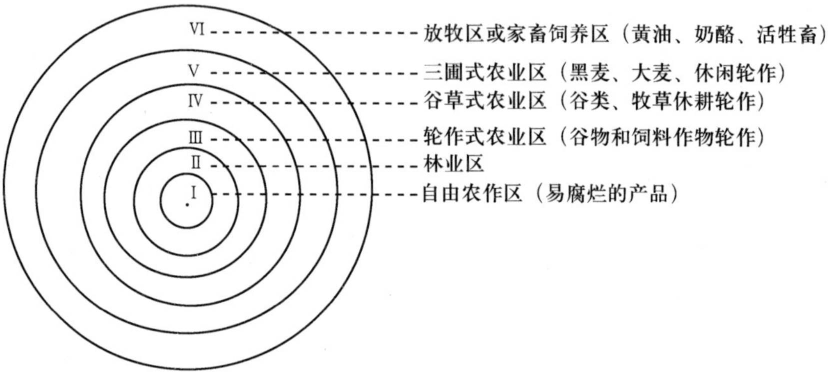

图 3-1 杜能圈示意图

杜能的农业空间地域模型虽过于理论化,但他所阐明的土地利用布局中选择区位的原则仍然有不可磨灭的价值。杜能理论的核心部分是农业生产者及所利用土地的位置。在这里,位置可以在一定程度上解释为是经营土地的利润,是土地的价格,这为土地评价中进行投入产出分析,特别是土地估价提供了重要的理念依据。

2. 工业区位论

德国产业革命之后,近代工业有了较快的发展,产业与人口向大城市集中的现象极为显著。在这种背景下,德国经济学家韦伯(Afred Weber),从经济区位的角度,挑选了工业生产活动作为研究对象,探索资本、人口向大城市移动(大城市产业与人口集聚现象)的空间机制,于 1909 年著书《关于工业的区位》,创立了工业区位理论。工业区位论的核心是通过对运输、劳动力及集聚因子相互关系的分析与计算,找出工业产品生产成本最低的点作为工业企业的理想区位。这样,可把运输费用、劳动成本和集聚效应作为工业区位选择的决定性因素。韦伯理论的中心思想就是区位因子决定生产场所,将企业吸引到生产费用最小、节约费用最大的地点。韦伯将区位因子分成适用于所有工业部门的一般区位因子和只适用于某些特定工业的特殊区位因子,如湿度对纺织工业、易腐性对食品工业。经过反复推导,确定 3 个一般区位因子:运费、劳动费、集聚和分散。

3. 中心地理论

中心地理论又称中心地学说,是近代区位论的核心部分,是研究城市空间组织和布局、探索最优化城镇体系的一种城市区位理论。1933 年德国城市地理学家克里斯塔勒(W. Christaller)发表了《德国南部的中心地》一书,通过抽象演绎的方法,探讨了一定区域内城镇等级、规模、数量关系及其空间规律性,并采用六边形图对城镇等级与规模关系加以概括。中心地理论是指阐述一个区域中各中心地的分布及其相对规模的理论。根据该理论,城市的基本功能是为周围的地区提供商品和服务。最重要的中心地不一定是人口最多的,但却是在交通网络上处于最关键位置的、能提供很广泛的商品和服务的地区。该理论在研究城市体系的生态演替方面有较大的应用。

1940 年德国经济学家廖什(A. Losch)论证并发展了中心地理论,提出了生产区位经济景观。他将克氏的地域框架扩大应用于产业的市场区位方面(面区位),克服了以点、线区位为主要内容的工业区位论在商品经济迅速发展背景下的局限性。廖什提出的经济景观可以有规律地扩大,即按三角形工业、聚落、城市分布、六边形市场区等,构成一国(地区)的经济景观系统:①工商业集聚形成大城市,大城市形成后交通线起了重要作用;②距离城市愈远,经济活动愈分散,直到不受城市中心影响,即符合于距离衰减法则;③由于交通的影响,引起穷富区差别,包括城乡、工农业地区的差异。

4. 点—轴系统理论

"点—轴系统理论"是我国著名学者陆大道院士 1984 年最早提出的,"点"指各级居民点和中心城市,"轴"指由交通、通信干线和能源、水源通道连接起来的"基础设施束";"轴"对附近区域有很强的经济吸引力和凝聚力。轴线上集中的社会经济设施通过产品、信息、技术、人员、金融等,对附近区域有扩散作用。扩散的物质要素和非物质要素作用于附近区域,与区域生产力要素相结合,形成新的生产力,推动社会经济的发展。

点轴开发模式是增长极理论的延伸。增长极模式的基本内容是:通过在区域经济系统内引入推动型产业并布局于适当的区位,通过功能极化与地域极化形成部门增长极和城市增长极,同时在经济空间和地域空间中以预想的渠道和强度,通过扩散效应释放其极化能量,推动其他地区和部门的发展,促进区域开发目标的实现。

区域开发的点轴布局模式基本内容是:由控制一点的极化过程发展为控制一条轴线的不断延伸和聚集,从广度和深度两方面拓展这一扩散过程,直至完成整个区域的平衡发展。这一开发模式引入了轴线的概念,使极化过程与扩散过程在空间上可以沿着既定的方向连续进行,由单个、静态的点成为一个空间向量,因而具有了动态的性质;而由于强调了对轴线的重视和开发,方便了极点与腹地间经济流的传递,加快和强化了这两者间的脉冲与反馈过程,使得依托各轴线的各极点推动经济增长的效果也更为显著。

5. 网络开发理论

区域开发经过增长极开发与点轴开发两个阶段,当区域经济的空间展开过程已达到使中心极与边缘区的极化边际效应缩减到与其扩散边际效应相持平的程度时,区域的发展已趋于倒"V"形线的顶点,即由不平衡走向平衡的转折点;这时资金已不再成为全面的均衡开发的障碍,区域开发开始转向以均衡化和分散化为特征的非极化阶段。另外,长期的极化过程导致了经济活动在极化区的过度集中并已引起集聚规模不经济,形成交通等公共成本上升、环境质量恶化、膨胀病等,将影响到区域的进一步发展,则均衡化与分散化就成为区域经济自身发展的必然要求。

网络开发模式就是以在区域内逐步完善和趋于密集为手段,将整个区域发展引向均衡化。其基本内容包括以下两方面:

首先,将已有各点轴系统内的交通与通信等轴线加以连接,扩展成一个纵横交织、遍布全区的网络,从而各极点的扩散效应也交织成网。而网络基础设施条件的普及化,使得极化发展失去了必要。

其次,将已有各点轴系统内的产业体系与增长极城镇体系连接为一个完整的网络,形成一个结构完整、多样化的区域产业系统。在这一个系统内,分工细密、紧密协作的大量中小企业以完善的产业链条紧紧围绕在若干主导部门的周围,同时造就一个规模上衔接紧密、职能上各具特色而又相互依托的增长极体系。它保证资金、技术和信息的流动直接来往于最高级的极点与广大农村腹地之间，在各级城镇中的传递畅通无阻。

这两个网络的建成与进一步发展，将会极大地提高区域各节点间、各域面间，特别是节点与域面之间各种生产要素交流的广度与密度，最终实现区域经济的一体化，带动更大范围的区域发展。网络开发模式是区域开发的最后完成阶段，它实施的前提如前所述，是长期开发的积累。目前在沿海部分地区经过长期的建设和开发，具有雄厚的经济技术基础和高度的经济水平，区域经济已呈现出城乡一体化的趋势，应抓住时机在这里实施网络开发，实现区域经济质的飞跃。

以山东省为例，山东省是我国发展最为均衡的省份之一，最初增长极阶段是以济南青岛增长极；点轴阶段，改革开放以前以胶济线（包括蓝烟线）和京沪线为十字轴，串起烟台、潍坊、淄博、泰安、济宁、枣庄、德州等城市；进入新时代，“三横四纵双枢纽多节点”综合交通网主骨架基本成型，具备网络开发的基本条件，进而提出构建“一群两心三圈”的区域发展格局，“一群”即打造具有全球影响力的山东半岛城市群，“两心”即支持济南、青岛建设成为国家中心城市；“三圈”即推进省会、胶东、鲁南三大经济圈区域一体化发展。其中，省会经济圈包括济南、淄博、泰安、聊城、德州、滨州、东营 7 市，胶东经济圈在传统青岛、烟台、威海 3 市基础上增加了潍坊和日照，形成“胶东五市”（图 3-2）。

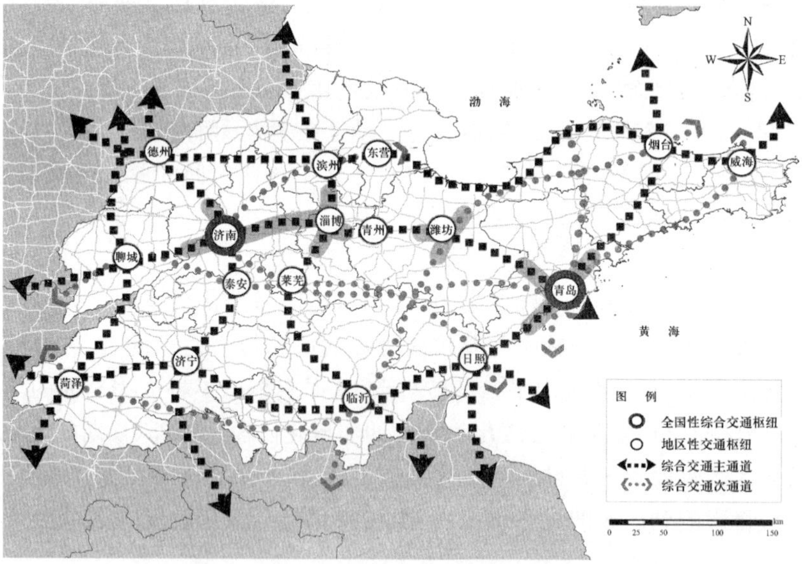

图 3-2 山东省增长极-点轴-网络开发模式

6. 生态区位论

生态区位是指不同的区位给人类带来的生态系统服务功能价值不同，包括两层含义：一是以人类为中心，不同的区位给人类带来的生态系统服务功能不同；二是以自然为中心，不同的区位对自然的影响不同。生态学原理已成为解释与分析现有产业和区位模式的理论工具，但目前生态因素和生态学原理还没有被系统地纳入区位论研究中。

在现实中需要判断区位在生态系统中的重要性及分析区位与生态安全格局的关系。对不同服务间存在的此消彼长的权衡关系和相互增益的协同关系的正确认知，是开展多种生态系统服务可持续管理决策的前提。由此可见,掌握生态系统服务权衡与协同关系,对提升生态系统服务总体效益和人类福祉至关重要,并可辅助自然资源管理和生态规划实践,目前已成为生态系统服务研究的热点。

总之,区位论是形成土地评价分类体系以及土地评价类型的重要依据。区位理论有 3 条基本法则:第一,距离衰减法则;第二,空间相互作用原理;第三,中心地学说。这可为土地评价或评价中选择土地用途提供理论指导,既是确定土地评价区位因素的理论依据,也是确定区位因素分级及分值的基础。

3.5　木桶理论

3.5.1　木桶理论概述

木桶理论又称短板理论。木桶短板管理理论是由美国管理学家彼得提出的。所谓"木桶理论"也即"木桶定律",其核心内容为:一只木桶盛水的多少,并不取决于桶壁上最高的那块木块,而恰恰取决于桶壁上最短的那块。根据这一内容,可以有两个推论:其一,只有桶壁上的所有木板都足够高,那木桶才能盛满水。其二,只要这个木桶里有一块不够高度,木桶里的水就不可能是满的。这一理论广泛应用在个人成长和企业的经营与管理上。一方面,人们为了个人的进步和成功,通过寻找和发现自身不足和劣势,然后不断学习进而弥补自己的"短处";另一方面,企业通过寻找和弥补自己的短板,从而提高企业的产品质量、管理效率和经营成果。然而,在互联网时代,竞争贵在速度,"木桶理论"这种求全的理念和思维也需要不断更新。

新木桶理论则将之进一步衍生。木桶能够装多少水,不光取决于最短的短板,更取决于木桶的有无缝隙。若有缝隙则木桶中的水,将逐渐从木桶中泄出。一只木桶能够装多少水正常情况下(指木桶的大小是一定的,也不斜放等)取决于三方面的因素:第一,是每一块木板的长度,最短的木板决定盛水量。第二,是木板与木板之间的结合是否紧密。第三,是有一个很好的桶底。第一个因素大家好理解;但如果木板与木板之间存在缝隙或缝隙很大,也无法装满水;同样如果没有好的桶底,盛水只能是空想,这就是新木桶原理。

也有另一种说法:上述两种说法都是将木桶放在一个平面上。但把木桶放置在一个斜面上,木桶倾斜的方向的木板越长,则木桶内装的水越多,即扬长避短更有利于发挥自身优势,这一想法立刻赢得了社会的认可。我们把它称为斜木桶原理。木桶理论延伸出了如下几种理论。

(1)均衡理论　均衡理论(general equilibrium theory)是理论性的微观经济学的一个分支,寻求在整体经济的框架内解释生产、消费和价格。一般均衡是指经济中存在着这样一套价格系统,它能够使:①每个消费者都能在给定价格下提供自己所拥有的生产要素,并在各自的预算限制下购买产品来达到自己的消费效用极大化。②每个企业都会在给定的价格下决定其产量和对生产要素的需求,来达到其利润的极大化。③每个市场(产品市场和要素市场)都会在这套价格体系下达到总供给与总需求的相等(均衡)。

当经济具备上述条件时,就是达到了一般均衡,这时的价格就是一般均衡价格。一般均衡是经济学中局部均衡概念的扩展。在一个一般均衡的市场中,每个单独的市场都是局部均衡的。一般均衡的目标是经济效率最优，即经济福利最优。

(2)长板理论　长板理论又称反木桶理论，是指对组织而言，凭借其鲜明的特色，发挥长板优势，就能跳出大集团的游戏规则，建立自己的王国。长板理论不强调取长补短，而是强调与他人联合起来，大家分别将自己最长的那块板子拿出来，一起建造一个更大的木桶。实质是强强联合，进行优势互补，成就一个更加强大的平台。长板理论还有另一种说法——多腿凳定律，意思是一个拥有多条长短不一凳腿的板凳如果想要尽可能地平稳，不是垫高最短的腿，而是消减最长的凳腿。在凳面范围内加大凳腿之间的距离也能起到增加稳定性的作用。多腿凳定律更加强调以系统思维看待长板和短板。

"短板理论"与"长板理论"比较分析："短板理论"与"长板理论"实质上体现了两种完全不同的思维方式。"短板理论"实际上暗含着一个前提，即在木桶的高度一定的情况下，如何加高短板；而"长板理论"不主观限定木桶的高度，鼓励短板变长，而长板更长，通过木板之间的长短互动不断提升木桶的整体高度。

3.5.2　木桶理论对土地评价的指导

土地是由若干个因素组成的系统，一般情况只有每个组成因素都达到最佳，土地质量才会最优。

在土地质量评价过程中，可以把木桶的最大容量比作土地质量水平的高低，而木板则是影响土地质量水平中的每一个因素，木板间的长短差异即是土地质量水平的个体差异，正是影响土地质量水平的最大障碍。因此，根据木桶原理，制约土地质量水平的关键因素并不是等级高的因子，而是等级最低的因子。所以，土地质量有时候是由最差的因素即限制性因素来确定的，这就是"短板理论"，也可称"最小因子律"。在土地评价还存在着"一票否决"现象，比如土壤可溶性盐大于1%。这些"短板"和限制因素应该成为评价的必选指标，否则就没有说服力。相对于"长板理论"，"短板理论"注重发挥比较优势，比如青藏高原光照是优势，农业可以"以光补温"。再比如，黑龙江五常大米的种植土壤富含元素硒，富硒大米成为品牌。"长板"与"短板"本身还有一个辩证关系，对某些土地利用方式是"短板"，可能对其他利用方式是"长板"，比如张北坝上地区气候冷凉，种植喜温的小麦等作物产量很低只能种植荞麦，如果种植喜凉作物土豆和西芹，不光产量高而且品质优。

在不同类型的土地评价过程中，"木桶理论"都具有指导作用。在此，以我国国土空间规划中的"双评价"，即资源环境承载能力评价与国土空间开发适宜性评价为例。资源环境承载能力评价指的是对自然资源禀赋和生态环境本底的综合评价，是国土空间规划中资源空间可持续性配置的重要基础依据，是确定国土空间在生态保护、农业生产、城镇建设等功能指向下的承载能力等级。"向下的承载力"也就是这里的"短板"，这决定了自然资源、环境容量和生态服务功能对人类活动的支撑水平。国土空间开发适宜性评价是在资源环境承载能力评价的基础上评价国土空间进行城镇建设、农业生产的适宜程度，也就是要在木桶可承载、可容纳的前提下进行建设开发，其结果是基于某一发展需求而对空间进行的价值判断，评价指标体系因研究者及研究视角的差异而存在明显不同。所以在具体评价过程中，需要在认知地域功能形成和演变规律的基础上，制定合理的识别指标体系，从而对地域功能以及由地域功能组合而成的空间格局有一个科学的评价。

3.6　生态位理论

3.6.1　生态位理论概述

生态位(ecological niche),又称小生境或是生态龛位,是一个物种所处的环境以及其本身生活习性的总称。每个物种都有自己独特的生态位,借此跟其他物种加以区别。生态位包括该物种觅食的地点,食物的种类和大小,还有其每日的和季节性的生物节律。生态位理论在种间关系、群落结构、种的多样性及种群进化研究中已被广泛应用。1924 年由格林内尔(J. Grinell)首创,并强调其空间概念和区域上的意义。1927 年埃尔顿(Charles Elton)将其内涵进一步发展,增加了确定该种生物在其群落中机能作用和地位的内容,并主要强调该生物体对其他种的营养关系。在自然环境里,每一个特定位置都有不同种类的生物,其活动以及与其他生物的关系取决于它的特殊结构、生理和行为,故具有自己的独特生态位。

两个拥有相似功能生态位,但分布于不同地理区域的生物,在一定程度上可称为生态等值生物。生态位的概念已在多方面使用,最常见的是与资源利用谱(resources utilization spectra)概念等同。“生态位宽度”(niche breath)是指被一个生物所利用的各种不同资源的总和。在没有任何竞争或其他敌害情况下,被利用的整组资源称为“原始”生态位(fundamental niche)。因种间竞争,一种生物不可能利用其全部原始生态位,所占据的只是现实生态位(realized niche)。

生态位是生物和环境长期相互作用而逐渐分化产生的。E. P. Odum 在总结前人对生态位解释的基础上,指出生态位不仅包括生物占有的物理空间,还包括它在群落中的功能作用和地位,以及它们在温度、湿度、pH、土壤和其他生存条件的环境变化梯度中的位置。当我们从数量上了解生态位时,则需要区分 3 种情况:其一是基础生态位,也称潜在生态位,即是指一种生物当不受其他生物竞争限制时所能占据的最大生态位;其二是现实生态位,即是指有其他生物限制的情况下,即出现生态位重叠情况时,一种生物所占据的生态位;其三是空闲生态位,即是指环境资源中未被占据的位置。这种空闲可能为后来入侵的生物种所利用,从而提高对资源的利用。

根据生态位原理,对某些空闲或功能效益较差(常表现为物质循环、能量流动、价值转换等十分脆弱或受阻)的生态位,可通过配套引进新物种,以采取措施强化或充实空闲生态位,提高资源利用率,改善生态系统的结构和功能。根据充实生态位原理,进行高效生产模式设计时,要从整体设计入手,对于不符合整体设计要求的现实生态位或生产项目,通过逐步改进,以达到整体设计要求。种植业可考虑从不同高度和土层深度多层次利用土壤养分和空间;养殖业则通过利用腐生动物或微生物发酵,以充分利用牲畜粪便等空间生态位;水域生产可以考虑从不同水域深度和营养食性角度,组配出由水生植物、水生动物、浮游生物乃至微生物构成的复合生物群落,提高资源利用率。

3.6.2　生态位理论对土地评价的指导

借助生态位理论,可以对土地综合开发适宜性评价、土地利用潜力评价、土地集约利用评价等一系列土地评价做出指导。

以生态位理论为基础，根据土地现实生态位与最适宜生态位的贴近程度，构建出土地生态位适宜度模型，从而构建出该模型的评价因子体系。利用生态位适宜度模型进行土地综合开发适宜性评价，丰富生态位理论的应用领域。

以生态位理论为基础，运用熵值法等方法算出各个评价指标的权重，并在生态位态势模型下计算社会、环境和经济维的生态位。对这些生态位进行分析和比较，并结合评价城市的社会经济发展情况，判断城市土地集约利用的变化情况。

以生态位理论为基础，提出生态位适宜度模型，通过与地理信息技术结合可对土地利用适宜性进行评价。在适宜度评价指标体系的基础上，采用生态位进化动量模型，通过现实生态位与最适生态位之间趋势程度的测算确定土地利用潜力，以实现对土地利用潜力空间变化的研究，并且提出发展策略。

3.7 土地资源景观格局与过程关系理论

3.7.1 景观格局与过程关系

景观格局，一般是指其空间格局，即大小和形状各异的景观要素在空间上的排列和组合，包括景观组成单元的类型、数目及空间分布与配置。比如，不同类型的斑块可在空间上呈随机型、均匀型或聚集型分布。它是景观异质性的具体体现，又是各种生态过程在不同尺度上作用的结果。

格局和过程通常指的是不同的地理或景观单元的空间关系和响应的演变过程。就格局而言，可以从大小、形状、数量、类型和空间组合上来进行描述。这些描述格局的表征有着其本身的地理学意义。例如，不同的斑块大小能够提供不同的生态域和资源域，对于生物多样性保护来说具有十分重要的意义。同样，斑块形状可以影响水土和生物的运动过程，斑块的数量则可以用来判定景观破碎化的程度。此外，从空间组合的角度来描述格局可以反映出它们的空间结构特征、地带性和非地带性的规律。就过程而言，可以分为自然过程（如元素和水分的分布与迁移、物种的分布与迁徙、径流与侵蚀、能量的交换与转化等）和社会文化过程（如交通、人口、文化的传播等）。因此，格局和过程的相互关系可以表达为“格局影响过程，过程改变格局”。在具体的研究问题上往往需要把二者耦合起来进行研究。

3.7.2 在土地资源认知与评价中的应用

耦合格局与过程是系统认知土地资源的基础要点。土地资源的空间格局影响生态和人类利用过程，生态和人类利用过程也改变该空间格局，从而产生土地系统中的各种时空效应。生态系统服务作为人类从生态系统中获得的各种惠益，体现了人类对土地资源的直接和间接利用关系，而土地利用格局与生态过程的改变是影响生态系统服务的主导因素。厘清“格局-过程-服务”级联关系，有助于深入认知土地资源空间分布与时间演化、自然条件与人类需求之间的系统关联状态及运行轨迹，将为土地资源系统研究提供重要理论指引。

明晰土地资源利用中格局-过程-服务的级联，首先，需要准确量化土地资源类型、开发强度、空间格局的变化对生态系统服务供给的直接影响，为土地资源利用的多目标优化提供更准确的驱动参数；其次，需要识别影响生态系统服务权衡关系的关键格局与过程指标，析取可用于生态系统管理实践的指标阈值，为规划管理提供更科学的约束条件；最后，需要构建结合土地利用模拟与生态系统服务评估的空间分析模型，依托多种驱动过程下的生态系统服务制图情景，进行土地资源管理决策。土地利用变化驱动下生态系统过程与服务的相互关系、生态系统服务之间的相互关系以及生态系统服务的区域集成与优化，成为上述研究内容中的前沿科学问题。

针对区域资源承载能力与社会发展需求不相匹配、城乡土地用途的相关规划冲突不断、未利用地开发使用不可持续等我国土地资源使用现实问题，自然资源资产、空间规划等理论是土地资源管理系统观的新体现。解构土地系统中的自然资本存量与生态系统服务流量，聚焦生态系统服务物质量到价值量的转换路径，可为土地资源资产核算提供关键方法支撑。厘清“三生”空间中生产、生活、生态空间的各自规模、格局、质量特征以及三大空间相互作用关系及重叠区域，从而识别多功能景观、构建生态安全格局，可为科学完成国土空间规划提供重要的方法保障。

3.8　地租地价理论

3.8.1　地租地价理论概述

狭义地租是指使用土地所获得的超额报酬或收益；广义的地租是指超额的利润、工资、利息及利用各种生产要素所获得的超额报酬或收益。地租的本质是超额报酬或收益。地租通常是指土地所有者向土地使用者让渡土地使用权所获得的收入，是土地所有者凭借土地所有权不劳而获的收入，是土地所有权借以实现的经济形式。

地价是指土地所有者向土地需求者让渡土地所有权所获得的收入，是买卖土地的价格。我国通常所讲的地价，是出让或者转让国有建设用地使用权的价格，是国家一次性出让若干年的国有建设用地使用权或者土地使用权人转让国有建设用地使用权所获得的收入，其本质是一次性收取的若干年的地租。

3.8.2　地租的类型

(1)级差地租　级差地租是指由于耕种的土地优劣等级不同而形成的地租，是农产品的个别生产价格低于社会生产价格的那部分超额利润的转化形式。按照其形成的条件，又可以分为级差地租Ⅰ和级差地租Ⅱ。级差地租Ⅰ是指农业工人因利用肥沃程度和位置较好的土地所创造的超额利润而转化为地租。级差地租Ⅱ是指对同一地块上的连续追加投资，由各次投资的生产率不同而产生的超额利润转化为地租。

(2)绝对地租　由于土地所有权的垄断，不管租种任何等级的土地都必须缴纳的地租就是绝对地租。马克思指出，土地所有者出租的土地无论优劣都要收取地租，否则，就意味着土地所有权的废除，即使不是法律上的废除，也是事实上的废除。

在资本主义制度下，除了级差地租和绝对地租两种基本地租形式之外，还存在着垄断地租。垄断地租是由产品的垄断价格带来的超额利润转化成的地租。某些土地具有特殊的自然条件，能够生产某些特别名贵又非常稀缺的产品。比如，法国干邑(Cognac)阳光充足，风调雨顺，土壤又特别适合葡萄的生产，该地区生产的葡萄不但风味佳美，甜度很高，酿造出来的葡萄酒也醇香魅人，深受世人的喜爱，因此可以以高出其生产价格甚至其价值的垄断价格出售。这里所说的垄断价格与由土地所有权垄断的存在使农产品按照超过生产价格的价值出售而形成的垄断价格不同，而是由购买者的购买欲和支付能力决定的，与一般生产价格或产品价值所决定的价格无关。这种垄断价格产生的超额利润，由于土地所有者拥有对这种具有特殊性质的土地的所有权，因而转化为垄断地租，落入土地所有者手中。但也有研究认为，垄断地租实质是在特别有利条件下的级差地租。因此，垄断地租不是独立的地租内涵。

级差地租的存在，是进行土地质量评价的依据，追求地租的实现推动了土地评价的发展。级差地租、垄断地租、矿山地租、建筑地段地租是形成土地质量评价（土地分等定级）指标体系的依据。地租理论是土地分等定级的"监测器"。

地价理论是地租理论的发展与应用，是认知土地财产价值的基础。

3.9 可持续发展理论与土地评价

3.9.1 可持续发展理论概述

可持续发展理论是指既满足当代人的需要，又能满足后代人需要的发展。

(1)发展　发展是事物从出生开始的一个进步变化的过程，是事物的不断更新，即发展是指一种连续不断的变化过程。既有量的变化，又有质的变化。

发展分三个阶段——初级阶段、渐变发展阶段、质变或部分质变阶段。

(2)公平　所谓公平是指机会选择的平等性。可持续发展的公平性原则包括两个方面：一方面是本代人的公平，即代内之间的横向公平；另一方面是指代际公平性，即世代之间的纵向公平性。可持续发展要满足当代所有人的基本需求，给他们机会以满足他们要求过美好生活的愿望。可持续发展不仅要实现当代人之间的公平，也要实现当代人与未来各代人之间的公平，因为人类赖以生存与发展的自然资源是有限的。从伦理上讲，未来各代人应与当代人有同样的权力来提出他们对资源与环境的需求。可持续发展要求当代人在考虑自己的需求与消费的同时，也要对未来各代人的需求与消费负起历史的责任，因为同后代人相比，当代人在资源开发和利用方面处于一种无竞争的主宰地位。各代人之间的公平要求任何一代都不能处于支配的地位，即各代人都应有同样选择的机会空间。

(3)经济　经济学理论：增长的极限理论。运用系统动力学的方法，将支配世界系统的物质关系、经济关系和社会关系进行综合，提出了人口不断增长、消费日益提高，而资源则不断减少，污染日益严重，制约了生产的增长；虽然科技不断进步能起到促进生产的作用，但这种作用是有一定限度的，因此生产的增长是有限的。

知识经济理论：经济的发展主要驱动力是知识和信息技术，知识经济将是未来人类可持续发展的基础。

3.9.2 可持续发展对土地评价指导

(1)类型的可持续评价　土地评价是一项综合性和区域性的研究工作，必须因地制宜地考虑当地区域的自然、经济和社会条件。不同的区域，其评价因素如气候、地貌、土壤、水文、植被、经济发展水平、道路交通、劳动力费用和市场状况等都不相同。再者，不同区域土地利用种类设计的提出也必须考虑区域自然地理条件和社会经济因素。例如，对于当地居民的饮食习惯是以小麦为主且水资源又不丰富的地区，种植水稻就不太符合当地的社会经济条件。因此，不同区域的土地评价应该有不同的评价依据，应选取不同的评价指标，建立不同的土地利用种类。这些都是建立在该区域土地特征与不同土地利用类型比较的基础上。只有全面综合地分析区域的自然、经济和社会条件，才能客观地对土地做出评价。要增强评价成果的科学性和应用价值，以便更好地为土地利用规划服务。

(2)区域可持续评价　土地评价必须以土地的可持续利用为前提。提出的土地利用方式要有利于保持和提高土地的生产能力，并且要为社会所接受。在土地利用过程中要保护自然资源的潜力和防止土壤与水质等退化。例如，在旱作农业中引入灌溉技术而变为灌溉农业时，对土地灌溉适宜性的评价就必须考虑到由灌溉可能引起的沼泽化和次生盐渍化等；否则，随着土地利用，土地适宜性就不断降低，最后导致生产力下降和土地退化等。另外，有些土地利用方式在短期内可能会有较高的经济效益，但长期利用会导致土壤侵蚀、土地退化和环境污染等问题，由于其可持续性差，评价时也应定为不适宜。

3.10　土地产权理论与土地评价

3.10.1　土地产权理论概述

土地产权是指有关土地财产的一切权利的总和，一般用“权利束”加以描述。土地产权包括一系列各具特色的权利，它们可以分散拥有，当聚合在一起时代表一个“权利束”，包括土地所有权及与其相联系的和相对独立的各种权利，如土地所有权、土地使用权、土地租赁权、土地抵押权、土地继承权、地役权等。马克思的土地产权理论是一个科学的理论体系，其主要包括土地产权制度及其变迁理论、土地产权权能理论、土地产权结合与分离理论、土地产权商品化及土地产权配置市场化理论。上述理论对指导我国土地产权制度改革具有重大的理论意义和深远的现实意义。

土地产权可分为以下 3 类。

(1)私有产权　私有产权是指财产权利完全界定给个人行使，即个人完全拥有对经济物品多种用途进行选择的排他性权利，即完全受个人意志的支配。但是，私有产权并非是指各种权利永远不可分地完全掌握在个人手中，也就是说，私有产权具有可分割性、可分离性和可让渡性。正是由于这一特性，私有产权制度推动了市场经济的发展。

(2)集体产权　集体产权就是集体经济组织所共有的产权。产权是经济所有制关系的法律表现形式。它包括财产的所有权、占有权、支配权、使用权、收益权和处置权。以法权形式体现所有制关系的科学合理的产权制度，是用来巩固和规范商品经济中的财产关系，约束人的经济行为，维护商品经济秩序，保证商品经济顺利运行的法权工具。集体产权强调集体成员的身份特征。不过集体产权只是集体成员在集体中的成员身份具有的经济权利束的综合体现，集体产权对集体外人员的排他性和集体成员的成员权的稳定共享性是缺一不可的。也就是说，一个人要拥有某种集体产权就必须首先确定自己的集体成员身份特征，即成为该集体的一名正式成员。

(3)国有产权　国有产权是指产权的一种存在形式。即国家对财产所拥有的权利。国有产权包括国家对物质形态财产的所有权和国家对非物质形态财产的所有权。在不同的社会制度下,国有产权具有不同的内容。一般来说,社会主义的国有产权采取全民所有的形式,资本主义国家的国有产权则是采取国家机构所有的形式。

3.10.2 土地产权理论对土地评价的指导

1. 农村土地价值低估

一个是土地作为农村的生产资料,基本不能被流转和交易(村集体范围内可以)。土地不能被流转的结果,就是土地利用资源的低效,很多善于种地的农户土地数量不够,很多不种地的农户占着的土地被浪费。土地不能被交易,就没有财产价值。

二是农村土地只能做农业用途。众所周知,农业作为第一产业,单位产出最低。举个例子,若一亩地种庄稼一年能收入 2 000 元,如果换成工业用地亩产值可能 20 万元,如果换成房地产可能亩产值 100 万元。随着土地政策的逐渐松绑,农村土地逐渐可以做非农用途,比如农村土地和旅游业结合。

2. 城市土地价值高估

城市土地由于建设城市基础设施凝结了大量人类劳动,所以城市土地价值大于农村土地价值,城市土地地租价值也相应地大于农村土地地租价值。然而如今城市土地价值存在高估的情况。

3.11 土地报酬递减律

土地生产力是众多影响因素综合作用的结果。当其中某个或某些因素的"强度"在原来基础上脱离所有因素组合的整体效应,单独地进一步增加时,则其对于土地生产力的影响效果会变得越来越小,甚至成为土地生产力发展的限制因素。另外,在影响土地生产力的各种因素中,如果某个或某些因素的强度过低,其他因素即或处于最佳状态,也难以提高土地生产力。换句话说,土地生产力受最小限制因素所支配。这种现象被称为"最小因子限制律"。

由于受土地生产力的最小因子限制律的作用,在技术和其他条件不变的前提下,人们在同一块土地上连续投入资本和劳动,达到一定限度时,其增加的收益就会递减,这一现象称为土地报酬递减律。当然,这一规律是以生产力和技术水平不变为前提的,因而每当生产技术或社会经济体制发生重大突破和变革时期,此规律所阐明的报酬递减现象,必然随着客观条件的变化而不复存在,即一般由递减变为递增,再过后又会由递增趋向递减。从长远、宏观的历史观点来看,社会经济和技术总是发展的,有渐变也有突变,有量变也有质变,不变是不可能的。因此,报酬递减现象只有在渐变、量变时期出现,它的出现是相对的、有条件的,而不是绝对的。土地报酬递增、递减规律对确定土地资源的集约经营规模和投入方式具有十分重要的指导意义。要实行集约经营,选定合理的土地利用集约度,首先必须使土地资源与其他变量资源的投入有一个最佳的配合比例和最佳配合点。

如图 3-3 所示,土地报酬的第一阶段因变量资源投入不足,未达到集约利用的粗放边际,因而实际上是一种类似粗放经营方式,或掠夺式的经营。而第三阶段,因变量资源投入过多,超出了土地的容纳力,逾越了土地利用的集约边际,因而是一种不合理的集约经营。只有第二阶段，变量资源与固定资源（土地）的配合比例在数量上才是协调的，土地的生产潜力得到了充分发挥，可谓是合理的集约经营。因而，资源配合的适宜范围和投入变量资源的最适点，只发生在第二阶段。这便是土地报酬递增、递减规律对土地集约经营的制约作用。

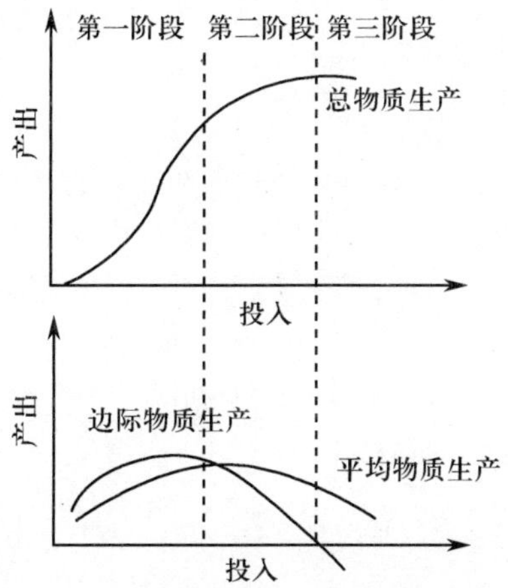

图 3-3　土地报酬递减律的 3 个收益阶段

由于土地报酬递增、递减现象的客观存在，我们应该在技术不断进步与相对稳定的总趋势中，根据报酬递增、递减运动的规律性，对土地资源开发利用的集约度、投入变量资源的适宜范围与最适点、生产资源配合的最佳方案及其利用的经济效果进行综合分析，从中做出最优的土地利用方式选择。

在土地质量评价中，很多指标都存在报酬递减现象。比如，氮素是作物必需的大量元素，缺氮会导致减产，施加氮肥初期增产效果明显，若不断追加，增产效果会逐渐降低，直至造成作物"奢侈吸收"，增产效果不明显，造成面源污染。类似的这些指标可以借鉴相关学科的实验结果，得出递减的"阈值"或者"拐点"，避免不经济的投入。

复习思考题

1. 土地评价的基础理论有哪些？
2. 土地评价基础理论对土地评价具有什么作用？
3. 土地生产力理论的内容有哪些？其对土地评价具有什么作用？
4. 空间分异与区位理论的内容有哪些？其对土地评价具有什么作用？

方 法 篇

第4章

土地评价方法

导读：土地评价作为衡量土地质量高低及其空间分布规律的科学，评价的内容因其评价目的不同而有所差异。本章通过对土地资源评价、土地资产评价、土地生态评价和土地可持续评价等评价类型进行分析，进而揭示土地评价的系统结构、基本原则、基本方法与工作程序，较为系统全面地阐述土地评价的基本内容与方法。

4.1 土地评价的系统结构

4.1.1 评价主体

主体指的是对土地评价负主要责任的组织或个人，即评价者或执行者。其综合素质（包括价值取向、知识水平、工作能力、责任心与工作态度等）直接关系到评价成果的质量，甚至是评价活动的成败。因此，在评价工作开展之前，首要任务是选择合适的主体。

评价主体通常包括行政机构、研究机构、高等院校、企业、学会和个人等。不同主体有不同的优势，各主体应该相互合作，取长补短。

4.1.2 评价客体

土地评价的实质是按照土地用途的不同要求，全面衡量土地本身的条件和特征，确定土地生产力（如生物生产能力）的大小、适宜程度高低、价格的多少等。而土地的“生物生产能力大小”“适宜程度高低”“价格多少”等都可以分别独立地作为表达“土地质量状况好坏”的判别标准，如土地对一定用途适宜程度高的，那么土地在该种用途条件下的质量状况也好。由此可见，无论是研究土地的生物生产能力大小，或者是适宜程度高低，或是研究土地地价多少，都是研究土地的质量状况。所以，土地评价研究的核心问题是土地的质量状况，土地质量是土地评价的客体。

4.1.3 评价目的

土地评价最为基本的目的是查清土地的质量状况，为合理开发利用土地和科学的土地管理提供基础资料。其目的应具体体现在以下几方面：①查清各类土地资源的数量、质量、权属、利用现状和时空分布规律;②阐明各类土地资源对指定用途的适宜性、限制性、生产潜力、质量等级和经济效应;③查明各类土地资源构成要素的特性及其作用,以及这些特性对土地利用可能产生的有利和不利后果;④提出优化土地利用和管理的措施,为土地资源的持续高效利用提供依据。

4.1.4　评价指标

评价指标是评价因子性质的量化表示,评价指标体系则是评价因子的指标分级表示,它反映每个评价因子在数量上的变化与评价对象质量差异的对应关系。

由于制定评价指标体系是一项技术性很强的工作,所以,必须聘请多部门、多学科的专家及有实践经验的人员共同完成。

制定评价指标体系一般应遵循如下原则:①每个因子的指标分级都要力求有科学依据,避免采用等差级数机械处理的方法;②各因子间划分的等级数目不强求一致;③特别注意反映出评价因子的最佳评价条件和临界条件;④某些定性指标,如土壤侵蚀程度、自然灾害、排水条件等,要寻找较科学的量化方法。

4.1.5　评价指标量化

用具体量化的数据来表示各评价指标的不同等级的过程,以便精确地评价土地质量。

4.1.6　评价标准

对同一项评价工作,如果标准不同,其得到的评价结果也会不同。因此,在开展评价工作之前,应首先在政府、专家、公众的参与下建立一套客观科学的土地评价标准。

4.1.7　评价方法

土地评价的情况(如对象、目标、要求、内容、项目等)多变,其方法也是多种多样的。在实际中,定性方法和定量方法常常是结合使用的。根据两者结合的方式,通常可概括为两段法和平行法两种,见图 4-1。

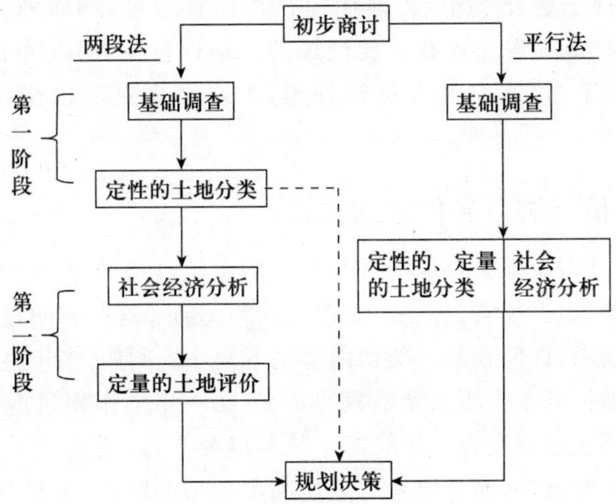

图 4-1　土地评价的两段法和平行法

(傅伯杰,土地评价的基本理论问题初探[J]. 地域研究与开发,1991(01):1-4,63)

1. 两段法

即把评价工作划分为两个阶段。第一阶段主要通过基础调查而进行定性的土地评价结果分类,其分类是根据调查开始时选定的土地利用类型的土地适宜性做出的。在第一阶段中社会经济分析的作用仅限于核实土地利用类型是否恰当。第二阶段依据第一阶段的结果,进行社会经济分析,完成土地的定量评价,为规划决策提供直接的依据。

两段法简单明了,评价顺序鲜明。以自然属性为目标的评价在社会经济分析之前进行,工作没有重叠,从而能比较灵活地决定是否需要进行第二阶段的经济评价,并且能够保证两个阶段性成果的独立性和时效性。

2. 平行法

即土地和土地利用类型的社会经济分析与自然因素的调查和评价是同时进行,因而可在较短时间内提交比较精确的成果。

平行法多适用于小范围大比例尺的评价制图,当土地利用种类的选择性较小时,使用起来尤为方便。

4.2 土地评价的基本原则

4.2.1 土地评价必须以一定的用途为前提

土地评价要针对一定的土地用途进行(土地用途要求是指:使土地利用能够正常运行,并达到一定的土地利用目标,土地用途所需要的基本土地条件,如花生要求沙壤质的土壤条件等)。例如,适宜种植水稻的土地要有保水较好的土壤条件,土壤质地以壤质或黏壤质的冲积泛滥平原或低地是发展水稻的理想土地,因这类土地的地下水位一般较高,种植玉米就不一定适宜。土地适宜性或土地等级的高低是对每种用途要求比较而言的。每一种土地用途都有其特殊的要求,如对土壤水分,土壤酸碱度的要求等。所以,特定的土地对某种用途好,但对其他用途就可能不好,土地评价要针对特定的土地利用类型来进行。当然,在大区域的小比例尺的土地评价中,土地用途往往比较宏观,如农业、林业等,土地用途要求只能考虑温度、降水、地形等。而在大比例尺的土地评价工作中,考虑的土地用途更为具体,如农作物种类中的玉米、水稻和森林树种等,土地用途要求也往往要更多地考虑土壤条件。

4.2.2 土地评价要进行多种形式比较

首先,要将土地用途对土地条件的需求与具体的土地具备的条件进行比较。不同的土地利用对土地有不同的要求,不仅农、林、牧、城市建设和交通等这些有明显区别的土地利用类型对土地有显著不同的要求,即使在某一类型内部也不例外。例如,多年生作物要求根际范围内土壤水分含量全年均保持高于土壤凋萎系数的水平,而一年生作物只需在其生长期内达到这一水平即可。同属一年生作物在发生短时期干旱的情况下,高粱的耐旱性明显高于玉米。因此评价时不仅要分析土地条件,而且要考虑土地利用类型的特性,分析作物对土地的需求,并将这些需求同土地的特性进行比较,这种比较的实质是对土地质量好坏确定的过程。其次,要将土地利用的效益和所需的投入进行比较。土地评价须将自然分析与经济分析结合起来,土地只有利用才能显示出它的生产潜力。任何土地一旦被利用,要获得效益必须要有一定的投入。例如,栽培作物起码要有种子和劳动力;采伐木材须有劳动力和机械设备;优美的自然景观要供人们观赏,也须有管理和保护措施。作物产量的高低不仅与土地固有的质量有关,很大程度上还取决于投入水平的高低。土地利用的效益除指农作物、林木、畜产品等的数量和质量外,还包括非物质方面的效益,如土地用于旅游、娱乐休息、自然或环境保护等。每种土地用途的适宜性是通过将所需的投入(包括物质投入、机械供应和劳动力等)同土地的产出(包括物质产品、社会和环境效益)做比较而得出的。因此,在土地评价特别是经济评价中,应进行投入和产出分析,成本和效益比较,以获得最佳土地利用效果。这种情况的比较也是对土地质量好坏确定的过程。最后,土地评价应该进行多宜性评价,要考虑到不同的土地利用种类,并对它们做出比较。一个区域内的土地评价,每一个土地评价单元都要针对研究地区的全部土地利用种类分别进行评价,并对各个土地评价单元对各类土地用途的适宜性或质量的高低进行比较,以便于更有效地为土地利用调整和土地利用规划提供基础资料。

4.2.3 土地评价要因地制宜

土地评价要根据研究地区的具体情况进行,不同的区域,其评价因素,如气候、土壤、水文、植被、居民生活水平、劳动力供应状况和劳动力费用、本地市场和产品外销情况等都不相同。另外,一个地区的土地评价,其土地利用种类的提出,必须要考虑研究地区的社会经济条件,如在农用地评价中,水源不足、劳动力又缺乏的地区,人的生活习惯又不爱吃大米,而土地评价又要提出评价该地区对于种植水稻的可能性是不符合社会经济条件的。因此,要详细分析研究区域的自然、经济和社会条件,因地制宜,以增强评价成果的应用价值。

4.2.4 土地评价必须以可持续为前提

可持续发展战略的主要目标是保证全社会在环境、经济、社会3个方面具有长时期持续性协调发展的能力。在这一理论的指导下,1993年,联合国粮农组织发表了《可持续土地管理评价大纲》,指出“可持续土地管理将技术、政策和旨在同时关心社会经济效益与环境的活动结合在一起,即同时考虑:保持和提高生产力(生产性);降低生产风险(安全性);保护自然资源的潜力和防止土壤与水质的退化(保持性);经济上可行(可行性)和社会可以接受(接受性)”。这5个目标构成了可持续土地管理的框架,同时也成为评价、检验和监测土地利用开发和管理实践是否可持续的基本点。也就是说,土地特定利用的评价必须同时考虑这5个方面,不能满足其中任何一个则认为这种土地利用方式是不可持续的。这就是可持续土地管理评价或土地资源可持续利用评价,即在特定的时期、特定地区和特定的土地利用方式下评定土地利用管理的所有目标能否实现。所以,土地资源可持续利用评价是在可持续发展理论的直接指导下,为适应持续土地管理要求而产生的,它是合理开发利用与保护土地资源,实现土地资源可持续利用,促进经济和社会向可持续方向发展的一项基础性工作。

4.3 土地评价基本方法

土地评价一般有以下四种方法。

4.3.1 定性评价方法

定性评价方法又称“经验法”或“常规法”，指有经验的评价工作者根据收集到的土地质量和土地利用要求的数据，依据一定的原则，直接利用自己的经验确定土地的等级。

评价工作者一般都是先对单个土地质量做单因子的土地评价，然后再根据单因子的结果依据经验和规则进行总结。大多数情况下，评价工作者采用最小因子限制律。所谓最小因子限制律是指土地的等级是由单因子等级最小的那个因子决定的。土地质量中单因子的等级如果最小的为3级，那么不管其他的因子比它大多少，此评价单元的土地等级也只能是3级。最小因子律的适用条件是所有因子都是相互独立的，尽管在选择土地质量时尽量减少了它们之间的相互影响，但不能保证土地质量之间是完全独立的。这时评价工作者就可以根据自己的经验分析土地质量之间相互影响，再使用最小因子律做适当的修改，使评价结果较好地接近于实际。

定性评价的优点是充分利用了人们积累的经验，将土地组成要素的特征予以综合，具有一定的灵活性，使之直观地反映土地利用选择的可能性，为宏观决策提供依据；另外，还可反映出土地自然属性的优劣，即土地组成要素的概略性特征。在一般情况下，这些特征是相对稳定的，因此其评价成果的有效期较长。但是，其缺点也显而易见，不同的评价人员根据同一组数据得出的结论可能不同。另外，不同地区评价主导因素不同，即便同一地区不同评价因素所起的作用也有差别，定性评价往往难以对此复杂关系做出准确的衡量，导致其评价结果比较概略。

4.3.2 定量评价方法

定量评价方法是根据土地评价目的，选择相关的土地性质，并根据它们的重要性分别给一定的数值；然后按照一定的数据运算方式将这些数值加以结合，得到总的土地性能指数；最后，将这些指数进行适当的划分，并与一定的土地质量等级联系起来，对土地质量做出等级评定。

目前，常用的土地定量评价方法有综合指数法、层次分析法（analytic hierarchy process，AHP）、回归分析法、聚类分析法、多元分析法和模糊数学方法等。

定量评价的优点是“量”的概念非常明确，便于对评价出的土地质量进行对比，缺点是土地组成要素的质量指标与土地质量等级在确定对应关系上难免或多或少带有主观性，而且也难以考虑诸因素共同作用下产生的综合效应。

4.3.3 模型评价方法

模型是对系统各物理量之间关系和过程的定量表达。模型评价方法是通过建立土地综合质量和土地因素之间的数学模式，对土地进行分类与评价。一系列数学模型被应用到土地评价中，增强了评价的精确性。

4.3.4 过程效应评价方法

过程效应评价方法是十分综合的方法。它将土地作为一个功能整体，综合分析土地各要素的相互作用、相互联系，分析系统物质和能量的输入、输出与转换，由此来决定不同的土地单位。这一方法不仅能用于土地分类，而且通过综合分析土地系统中的养分、水分运动和初级生产力来进行土地潜力评价和土地系统的动态及稳定性研究。该方法主要表现为土地过程分析和土地综合效应。土地过程分析就是用动态的观点、变化的观点来研究土地的内部结构、格局、组合，分析土地系统中所进行的各种地理过程以及在这些过程作用下的过程响应，即结构的变化、发展、演变。土地综合效应是将土地看作是一个区域动态结构系统，在土地过程分析的基础上，分析各个过程作用下产生的土地效应，判别土地潜力及其利用极限，分析能够为多样化的土地利用提供某种可能性和潜在的能力，并以此来指导人们可以通过某种土地利用方式、措施，有目的地向土地系统内部输入物质、能量，控制、制约、引导土地系统的变化。

4.4　土地评价单元、比例尺及其选择

4.4.1　土地评价单元

土地评价单元是土地评价图编制中的图斑，是土地评价的基本工作单位。土地评价单元的产生有以下几种方法。

1. 以土壤图为基础确定土地评价单元

以土壤图为基础，把基本制图单元如土种、变种或土系、土相等按其土地利用性能重新组合归类为土地评价单元。这源于美国的土地生产潜力分类，该分类是将对农业生产影响一致的土壤类型归并在一起成为一个土地生产潜力单元，它是以解释土壤调查制图成果为其特征的。这种以土壤图为基础确定土地评价单元的优点主要是能充分反映土壤在土地综合体中的作用，同时能够充分利用土壤普查中的资料，减少大量的野外调查工作量，具有较好的土壤和土地利用基础，只要将土地评价地区的土壤图连同土壤调查报告收集起来就可以确定土地评价单元、单元的数量及其位置。但是这样确定的土地评价单元主要问题是在地面上缺乏明显的界线，而且往往和耕作田块、行政界线不同，更重要的是与地块权属界线不一致，评价成果在土地管理应用中受到一定的限制。

2. 以土地类型图为基础确定土地评价单元

土地类型可以看成是一定气候条件下的地貌、土壤、植被等土地要素而组成的不论面积大小、性质均一的综合体。它反映了土地的全部自然特征，也包括了人类活动的结果，因而它不仅能表现土壤和土地利用的差异性，而且它还表现了其他土地要素及人为活动结果的相对均一性和差异性。因此，土地类型可以作为土地评价单元。常见有 3 种土地类型制图单元，即单一类型的土地类型制图单元、组合式土地类型制图单元、复区式土地类型制图单元。在划分土地评价单元时，可按不同的要求选择。采用土地类型作为土地评价单元，可以直观地看出地貌、土壤、植被的组合情况及不同土地类型的差异，但土地类型侧重于对土地自然性状和形状一致性研究。在地理学界用于大面积、大范围、中小比例尺土地评价较多，而对于不同目的和不同比例尺的土地评价，特别是大比例尺的土地评价，许多地方现有的土地类型图仍不能满足土地评价的要求，主要问题是土地类型划分不够细，对土壤性质有时考虑太少。由于土地类型单元与土壤单元的划分方法往往相同，其界线与行政界线不同，更重要的是与地块权属界线不一致，评价成果在土地管理应用中受到一定的限制。

3. 以土地利用现状图为基础确定土地评价单元

以土地利用现状图为基础确定土地评价单元是我国常用的方法。它是按土地利用现状图的基础制图单元，即自然地块（地段）或耕作规划单元以及种植地段等划分土地评价单元。实际上是以田间末级固定工程（路、渠、沟、林、坎等）所包围的地形、土壤、水利状况基本一致，以生产环境、管理水平、常年产量相近的范围为评价单元。土地利用现状图中的地块是由线性地物和行政区划界线围割而成的土地单元，也往往是农民进行生产活动的基本生产单位。按地块进行土地评价和农民生产习惯一致，便于进行土地登记、统计和建立土地档案，科学计算农业税收，有利于为土地管理提供基础资料，便于农民对土地承包、转让、计算土地补偿费用，可方便鼓励农民对土地投资、改良和提高土地生产力，具有较大的实际意义和应用价值。同时因不同比例尺土地利用现状图齐全，还可以简化土地评价图的综合编制过程，以土地利用现状调查面积量算结果作为基本控制依据，减少量算面积工作量。所以，充分利用土地利用现状调查成果，可加快土地评价进度。

4. 采用网格方法作为土地评价单元

方格网的划分可用地理经纬网，或一般的任一方格网，每一网格即可作为一个评价单元。该方法的优点是简单，问题是土地评价单元的土地性质获取较困难，成果的应用也受到相当程度的限制。

除上述4种方法外，还可采用综合方法划分土地评价单元。就是用土地类型图、土壤图和土地利用现状图的图斑等来综合确定土地评价单元。把土地类型图、土壤图、土地利用现状图叠置在一起，形成一个个封闭的图斑，封闭图斑即为评价单元。同一评价单元内土壤种类相同，土地利用类型相同，以及区位、交通、水利条件、经营集约程度等基本一致，评价单元界线由形成耕作地块的线状地物以及权属界线围成。这样使评价结果容易落实到地面上，便于对现有土地利用的适宜性做出评定，利于土地利用规划和土地利用结构的调整以及科学地管理土地。这种方法的缺点是工作量较大，比较复杂，取得多种图件以及多种图件的图斑综合过程十分困难，优点是考虑全面，综合性强。

4.4.2 土地评价比例尺

在我国，全国土地评价图采用1∶400万或更小的比例尺，省和地市采用1∶(10万～250万)的比例尺，县级土地评价图采用1∶(1万～10万)比例尺，乡级土地评价图采用1∶1万或更大的比例尺。

编制同一地区不同比例尺的土地评价图可以通过制图综合的手段来对比、分析和摸清这些不同比例尺图件之间内涵的规律性联系，以便于从小面积的大比例尺典型地区制图缩绘到小比例尺的大面积制图。我国幅员辽阔、各地区自然条件变化明显，这种制图方式使我们既能掌握可靠的典型资料和依据，也可以在此基础上较快地编成质量较高的小比例尺的大区域或者全国的土地评价图。

4.5 土地评价因素种类与选择

4.5.1 土地评价因素种类

土地是由气候、陆地地表水文、地形地貌、植被、土壤、地下潜水、地质以及人的社会经济活动结果构成的自然经济综合体。土地评价研究的土地质量的好坏与构成土地的全部自然因素和社会经济因素有关，这些因素的类别主要包括气候因素、土壤因素、地形地貌因素、灌溉与排水因素、社会经济因素等（表 4-1）。

表 4-1　土地评价中可供选择的评价因素（主要是农用地的评价因素）

因素类别	具体因素
气候	温度、积温、降水量、蒸发量、酸雨、灾害气候（风、雹等）、无霜期等
土壤	有机质含量（指耕层有机质）、土壤质地（一般而言是指表层土壤质地，耕地指耕层质地）、土层厚度（土壤 A 层和 B 层的厚度）、土壤盐碱状况、土壤污染状况、土体构型（在土层厚度的范围内，障碍层次数量、主要障碍层的厚度及埋深）、土壤侵蚀状况（土壤风蚀与水蚀状况）、土壤养分状况（表层土壤，耕地指耕层土壤的养分状况）、土壤酸度状况、土壤母质类型、土壤中砾石含量等
地形地貌	海拔、坡度、坡向、坡型、地形部位（在坡的上部、中部、下部）、地质灾害状况
水文	地下潜水埋深、潜水水质、洪涝频率等
灌溉与排水	灌溉保证率、灌溉水的水质、排水状况等
农田基本状况	田间道路状况、地面平整状况、宗地地块大小等
社会经济条件	位置（距居民点的距离）、交通状况、区位（所邻居民点的类别）、权属状况、经济投入与产出水平、文化技术水平、宗教与生活习惯等
产量水平	标准粮化的现实产量水平（标准粮水平）

1. 气候因素

在气候因素中，对农业生产而言，水热因子对生物的正常发育和生长起着决定性的作用，温度与水分及其对比状况不仅决定作物的种类、熟制、产量和品质，而且在很大程度上也决定土地用途种类和发展农业生产中应采取的方向性措施；水热因子对建设用地的选址，特别是气候因素中的风向是一项重要的影响因素。因此，气候因素不仅是农业生产的先决条件，而且也是工业生产的影响条件，气候是土地评价的基本因素。

温度指标：温度是能量的重要表现形式，它决定着作物整个生长发育阶段的生命活力。对作物整个生命过程来说，通常用积温作为其总热量条件的标志，只有满足作物对积温的要求才能有生产能力。在各种积温中，应用最广的是年平均气温≥10℃持续期的积温，即活动积温，以此作为衡量土地对大多数作物热量条件是否适宜的基本指标。如≥10℃积温在 1 500～2 000℃，可栽培的作物有土豆、大麦、小麦、燕麦、油菜、胡麻、豌豆、蚕豆、荞麦、早熟糜子、早熟耐寒蔬菜、各种喜凉作物；若为 3 500～4 000℃，可栽培早中熟陆地棉、中晚熟水稻、甘薯、芝麻，各种中温作物和喜凉作物、蔬菜。

水分指标：通常用降雨量、湿润度或干燥度来表示。

$$\text{湿润度}=\frac{\text{年降水量}}{\text{年蒸发量}} \tag{4-1}$$

湿润度＞1，为湿润地区，种植旱作物稳定；湿润度为 0.6～1.0，为半湿润地区，种植旱作物基本稳定；湿润度为 0.3～0.6，为半干旱地区，旱作物不稳定；湿润度＜0.3，为干旱地区，没有灌溉就没有农业。

$$干燥度=\frac{\geq 10℃的积温}{同时期的降水量}\times 0.16 \tag{4-2}$$

干燥度＜1 为湿润；1～1.29 为半湿润；1.3～3.49 为半干旱，＞3.5 为干旱地区。

我国降雨量的分布，因受季风气候和地形地势的影响，在时间、空间上十分不均匀。在分析降水量因素及其动态变化中，应注意降水强度、降水变率以及它和蒸发的关系。这些特征和关系不同可产生一系列不同的限制因素，如旱、涝、洪以及沼泽化、盐渍化和水土流失等。此外，气候因素中的冰雹以及其他的灾害性天气在土地评价中也应当加以考虑。

2. 地形因素

地形因素主要包括地貌类型、海拔、坡度、坡向等。地形对区内水热状况的再分配与物质的迁移起着重要作用，同时直接影响着土壤与植被的发育。地形条件在很大程度上决定着土地利用，特别是制约各项建设的土地利用，直接影响到农田基本建设、土地改良与土地开发等的经济效益。对于山地、丘陵、溶岩区的土地评价，地形因素在各种评价因素中往往起主导作用。

地貌类型：一般分为山地、丘陵、平原，它们在土地质量性状方面表现出极大的差异。人们通常把山地、丘陵、平原称为大地形，把山岭、谷地、阶地、河漫滩等称为中地形，而把洪积扇、自然堤、堤外洼地称为小地形。它们在土地评价中分别具有不同的作用。

海拔：海拔对农林作物的分布极为重要，在山区直接表现为水热条件的垂直分布，土地适宜性很大程度上受海拔所支配。海拔高度是某些农作物和树种适宜种植的指标。

坡度：地面坡度大小对土地质量性状影响极大，它是决定各类农业生产用地是否适宜的重要指标，同时对排、灌、劳动生产率和土壤侵蚀都有直接的影响。国外对土地适宜性坡度做了有关规定，如国际机场跑道的临界坡度为 1%；除草、播种用的农业机械，住宅、道路等的临界坡度为 5%；连续的农业耕作，载重拖车，游览道路，小路的临界坡度为 25%。我国各地在农业利用上划分坡度级的标准很不一致，特别是南方北方之间差异较大。目前，除考虑适用于规划农耕地利用的需要外，划分坡度级的重要指标还在于考虑对水土流失的防治，尤其是土地垦殖的临界坡度。如北方黄土高原地区，地形坡度＜1°，可不必采取措施；1°～3°，不会发生明显的侵蚀或轻度侵蚀，但灌溉要采取一定的措施；3°～5°，将出现轻度的面蚀；5°是中度侵蚀的起始指标，农业耕作要采取水土保持措施，机械化、水利化也不方便；7°～10°的耕地一般要修梯田；10°是强度侵蚀的开始，也是农业用地的上限；25°～35°果林生产已受到严重影响；35°由于重力作用，是林牧利用的极限；35°以上坡地，需要种植水土保持林。地形坡度可在野外直接测定，也可于室内在地形图或航片上量测。

3. 土壤因素

土壤是土地的重要组成因素之一，尤其对于农用土地来说，土地的生产力主要取决于土壤的肥力水平，即土壤能够供应和协调植物生长发育所必需的水分、养分、空气和热量以及其他生活条件的能力。因此，它是土地评价的最基本因素。在评价过程中，应着重考虑土层厚度、土壤质地、土体构型、有机质和各种营养元素的含量、酸碱度、盐分状况等。此外，侵蚀虽然与地形、植被、土壤、气候等条件有关，但表达侵蚀程度时则采用土壤的侵蚀模数，侵蚀也作为土壤因素处理。目前，我国的土壤侵蚀程度分级，多采用侵蚀模数作为主要指标与参考指标结合的方法进行。侵蚀模数是根据野外测定的侵蚀量、水库泥沙淤积、河流输沙模数、径流场泥沙流失量等综合资料确定的。参考指标指地面景观和生境条件，如植被覆盖度、坡度、侵蚀类型、侵蚀土壤和基岩裸露等直观性形态指标。

4. 土地覆被

在建设用地区，土地的覆被就是建构筑物。在耕作地区，植被就是农作物。林区和牧区的覆被是林草，是人类和牲畜直接利用的对象，因此它是天然林地和草地评价的最重要因素。一般考虑植被群落覆盖度、有用植物的数量和质量、年生产量以及植被的保护、利用条件等。群落通常以优势植物命名，覆盖度则以植被的垂直投影面积与占地面积的百分比表示，它们共同反映了当地对植物生长的适宜程度及适宜种类，往往综合反映了土地条件。由于土地评价是针对土地用途而言，实质上是针对土地覆被类型而言，因此，土地覆被状况不作为土地评价的因素。

5. 水文与水文地质

水文一般指地表水状况，是影响土地质量与农作物产量水平的重要因素之一。特别在干旱、半干旱、盐碱化和沼泽化地区，灌溉防洪排水等水文条件在土地评价中将起到某种决定性的作用。它可用水源保证率、地表积水状况等项因子表示。水源保证率一般可分为稳定保证、一般保证、水源不足、严重不足等级别。地表积水状况分为无积水、季节性积水、每年季节性积水及全年性地面积水等。水文地质条件主要指地下水状况，它影响土壤性状和土壤改良可能性与难易程度。水文地质条件评价主要考虑径流条件、埋藏深度与矿化度，按径流条件可分为天然排水条件良好、较差和缺乏 3 个类型。地下水水位高低和矿化度大小是导致土壤沼泽化和盐渍化的决定因素。

6. 社会经济因素

土地区位与交通条件是土地的重要社会经济因素，具体是指土地与城市、集镇的距离，与行政、经济中心的相关位置，与河流、主要交通道路的相对关系等。对于城市用地来讲，区位优势往往是衡量土地质量高低的主要因素，它可以使土地收益产生差额，这些差额是确定土地相对经济价值的依据之一。对于农用土地来说，区位条件是决定土地利用方向、集约利用程度和土地生产力的重要因素。交通条件包括铁路及公路的分布、等级、宽度、路面质量、车站、码头等，它对当地交通状况有很大关系，对于开发产品，商品流通环节，充分发挥地区性土地资源优势十分重要。

农作物的产量：农作物产量的高低是土地评价的重要依据，其数据精度、准确性和可靠程度，对土地评价效果关系极大。一般产量的获得可通过查阅农场、农户的记录，有关部门的统计资料，或进行实地测产、小区试验、遥感方法估产等。

生产水平和管理条件：农业生产水平对土地利用状况有重要的影响，要了解作物品种、布局、轮作制度、复种指数、农产品成本、用工量、投肥量、单产、总产、产值、纯收入、森林积蓄量、载畜量，出栏率、牲畜品种、鱼种类等。农业生产条件方面，要了解水利（包括灌溉、排水）条件、沟、渠、路、林、井、电等田间工程配套情况，机械化水平等因素。

4.5.2　土地评价因素选择

土地评价中，衡量土地质量状况的好坏，通常用一组或一系列土地评价因素或诊断指标的特点来表达。如果选取的评价因素正确，由这些评价因素综合表达的土地质量状况才能合乎实际，因此，在土地评价中是否能选取正确的土地评价因素，对土地评价成果的影响比较大。土地评价中选择评价因素的原则包括：

选取的评价因素在评价区域内有显著的变异性。一个地区，如一个县，位于平原地区，其坡度在全县范围内都不超过3°，我国的坡度分级又是0°～3°为一级、3°～6°为二级、6°～15°为三级、15°～25°为四级、25°以上为五级等。在这种情况下，把坡度选作为评价因素时，县内的全部评价单元的坡度都处于一级。坡度在县内各个评价单元之间没有变异性，坡度对县内各个评价单元的土地质量状况没有显著的影响，坡度因素不必选作为评价因素。

挑选评价因素，必须注意各种因素的稳定性。一般认为气候、地形、成土母质等最为稳定，土壤因素中土层厚度、土壤质地、土体构型等性质比较稳定，而土壤养分含量、含盐量等，以及某些社会经济因素如生产资料以及产品的价格等，则比较不稳定。无论评价区域大小和制图比例尺如何，都应挑选稳定性高的因素，使评价结果相对稳定，便于应用。但是，在一些特定的小区域或大比例尺制图的评价工作中，特别是对土地利用现实性的评价，考虑选择一些虽然稳定性不高，但对当前生产有密切关系的因素，也是可以的。

因素类别的选取要因地区而异。在不同地区，影响土地利用的因素差别较大，因此，在不同的地区，选择不同的评价因素。如在干旱、半干旱地区，土壤的盐分含量是农业土地评价的必选因素，但在湿润地区，土壤的盐分含量就不必选取。评价区域很大时，如包括不同的气候带时，气候中的水热条件可作为评价因素，海拔高度则反映了垂直带谱上的水热状况；在地形起伏较大的区域，地面坡度、土壤侵蚀程度多被列为评价因素；在低洼或平原地区，地下水位对农业生产有很大影响，必须被列于评价项目之中。土体厚度在绝大多数情况下被列为评价因素之一，仅在冲积平原松散沉积物上发育的土壤是例外；在有障碍土层的地区，其出现深度必定是评价项目之一，障碍层实际是限制根系发展，所以在一些评价中把二者合为一项称为有效土层厚度。在评价区域较大或资料较少时，把土壤养分状况综合分级；在资料丰富的地区，现实性的土地评价则把土壤养分细分为有机质、氮、磷、钾等多项指标。

评价因素要因土地用途的差异分别选取。由于土地评价是针对具体的土地用途而言的，因此，评价因素的选择要考虑当地的自然地理特点和社会经济因素及其发展水平，并针对土地利用类型来选择。如在为种茶用地进行评价时，可选择温度、湿度、pH、土层厚度、排水条件、土壤养分、坡度等作为评价因素；在橡胶宜林地评价中，应选择越冬条件、热量条件、水分条件、风力条件和土壤条件等作为评价因素；而在水稻、柑橘用地评价时，评价因素应有所不同。城镇土地评价中，应选择土地区位的繁华度、交通通达度、城市基础设施、社会服务设施、环境优劣度等因素。如果为旅游用地、娱乐用地评价时，则评价因素的差异就更大。评价标准是各评价因素的内容在数量上的变化，及其对特定利用方式或利用类型的适宜程度的差异，即各个评价因素的具体评价指标。评价标准应满足评价目的所提出的要求，其分级范围应尽量做到数量化、标准化。

评价因素之间要相互独立。在土地评价因素的选择中，如果同时选择坡度因素与土壤侵蚀因素，因侵蚀大小与坡度的关系非常密切，一般而言，坡度越大，侵蚀也越严重。换言之，侵蚀因素可以包括坡度因素，这种情况下，坡度与侵蚀这两个因素之间就相互不独立。一般情况下，选择侵蚀因素就可以了。但是，如果在农用地评价中，坡度因素的选择与侵蚀无关，坡度只是强调与机械化的关系，坡度因素与侵蚀因素都可以同时选择。

在具体工作中，评价因素的选择以表4-1中可供选择的评价因素为基础，用经验方法或其他方法如回归分析、主成分分析、层次分析等方法结合评价地区的实际确定。

当表4-1所列的评价因素不满足和(或)不适于当地需要时，可根据当地实际调整和增加评价因素。

4.5.3　土地评价因素描述

在评价因素特征的描述中，要注意有的因素如土壤有机质含量、地形坡度等可采用定量的数据（如百分数、度数等）对其特征进行描述；有的因素如土壤质地、地面平整状况等则采用定性的术语（如土壤质地有壤质土和沙质土等）来描述其特征。

对土地评价因素的准确描述，一般应当采用试验的资料为依据，但由于评价因素太多，有关评价因素与土地质量状况关系的试验资料往往比较缺乏，因此，实际的土地评价工作是采用试验资料与经验的方法去描述评价因素变化与土地质量状况的关系。

土地评价因素特征描述及其变异对农用土地质量的影响关系见表 4-2。当表 4-2 中所列描述评价因素特征的术语不符合评价区域内的习惯和（或）需要时，可根据当地实际对评价因素的特征进行描述。

表 4-2　土地评价因素特征描述及其变异对农用土地质量的影响关系

评价因素	因素特征描述及其变异对土地质量的影响	因素特征分级标准	分值
有机质含量	可测量的土壤性质。其值过大一般不适于农作物生长。可定量地用百分数来描述	以东北黑土为例： 3%～4% 2%～3% ＞4% ＜2%	 9 7 5 3
土层厚度	可测量的土壤性质。其值过小一般不适于大田农作物生长。可用定量的厚度(cm)来描述	以吉林榆树市为例： ＞50 cm 30～50 cm 20～30 cm ＜20 cm	 9 7 5 3
土壤盐碱状况	可测量的土壤性质。土壤盐碱含量过高不适于农作物生长。可用定量的土壤可溶盐含量和或盐化度描述	以华北区冬小麦的耐盐情况为例： ＜0.30% 0.30%～0.45% 0.45%～0.60% ＞0.60%	 9 7 5 3
土壤污染状况	可测量的土壤性质。土壤污染物因素含量越高对农作物的污染程度越严重。可用定量的污染物因素超标率来描述	污染物因素超标率： ＜10% 10%～30% 30%～50% 50%～70% ＞70%	 9 7 5 3 0
土壤构型	可测量的土壤性质。土壤障碍层距离地面的深度越浅对农作物生长的影响越大。可用定量的深度(cm)来描述	以吉林榆树市为例： 障碍层在地面 100 cm 以下 障碍层在地面 50 cm 以下 障碍层在地面 30 cm 以下 障碍层在地面 30 cm 以上	 9 7 5 3

续表4-2

评价因素	因素特征描述及其变异对土地质量的影响	因素特征分级标准	分值
土壤侵蚀	可测量或估计的土壤性质。土壤侵蚀越严重,对农作物生长的影响也越大。其描述方法可用定量的侵模数或定性的轻、中、重侵蚀程度描述	侵蚀不明显 轻度侵蚀(如水蚀有纹沟) 中度侵蚀(如水蚀有浅沟) 重度侵蚀(如水蚀有切沟) 侵蚀极严重(如水蚀有较多切沟)	9 7 5 3 1
土壤养分状况	可测量或估计的土壤性质。土壤养分供给能力越强,对农作物的生长有利。可用定性的养分综合供给能力强弱来描述	土壤养分综合供给能力强 土壤养分综合供给能力较强 土壤养分综合供给能力一般 土壤养分综合供给能力较差 土壤养分综合供给能力差	9 7 5 3 1
土壤保水、供水状况	可测量或估计的土壤性质。土壤保水能力越好,对农作物生长越有利。可用定性的土壤保水供水好坏来描述	好 较好 一般 较差 差	9 7 5 3 1
海拔	可测量的农用地所处位置的地形地貌性质。其值过大引起温度降低而不利于农业生产。可用定量的海拔高度(m)来描述	<500 m 500～1 000 m 1 000～1 500 m 1 500～2 000 m >2 000 m	9 7 5 3 1
坡向、坡型	可测量的农用地所处位置的地形地貌性质。坡向或坡型不同,对农业生产的影响也不同。可用定性的地形地貌术语来描述	南向坡 北向坡 凸形坡(降水较少地区) 凸形坡(降水较多地区) 凹形坡(降水较少地区) 凹形坡(降水较多地区)	9 5 5 9 9 5
地下潜水埋深	可测量的农用地所处位置的地形地貌性质。其值越大或越小对农业生产均不利。可用定量的潜水位距离地面的深度(m)来描述	对旱地而言: 1.0～1.5 m 0.5～1.0 m 或 1.5～2.0 m >2.0 m 0.5～0.3 m <0.3 m	 9 7 6 4 2
积温	可测量的农用地所处位置的地形地貌性质。其值过小不适于农作物生长。可定量地用≥10℃的积温来描述	以陕西为例: >4 600℃ 4 150℃ 3 550℃ 2 950℃ <2 500℃	 9 7 5 3 1
降水量	可测量的农用地所处位置的气候性质。其值过大或过小都不适于农作物生长。可用定量的深度(mm)来描述	以陕西为例: >640mm 640～540 mm 540～460 mm 460～360 mm <360 mm	 9 7 5 3 1

续表4-2

评价因素	因素特征描述及其变异对土地质量的影响	因素特征分级标准	分值
灾害气候	指农用地所处位置常见的成灾气候。灾害性气候出现的类型多则不适于农作物生长。可用气候类别来描述	酸雨（不太严重） 风（不太严重） 雹（不太严重） 霜冻（不太严重） 其他	7 7 7 7 0
土壤酸度	可测量的土壤性质，其值在 6～8 最适于农作物生长。可定量地用土壤溶液的 pH 来描述	土壤 pH 为 6～8 土壤 pH 为 8～9 或 5～6 土壤 pH＞9 或＜5	9 7 5
土壤质地	可测量（也可用经验方法估计）的土壤性质。壤质土最适于农作物生长。可用定性的术语，如壤质土、黏质土等来描述	壤质土 壤质偏沙或偏黏 黏质土火山质土 沙质土 石渣土	9 7 5 3 1
坡度	可测量农用地所处位置的地形地貌性质。其值过大不利于农业生产活动。可用定量的坡度来描述	0°～5° 6°～10° 11°～15° 16°～20° ＞20°	9 7 5 3 1
灌溉保证率	可测量的灌溉条件。其值越接近于 100%，其灌溉条件越好，可用定量的百分数来描述	90%～100% 70%～90% 50%～70% 30%～50%	9 7 5 3
灌溉水的水质	可测量的农业生产条件。其值越大，对农作物生长的影响越坏。可用定量的单位体积灌溉水中的可溶性盐分含量来描述	＜0.5 g/L 0.5～0.8 g/L 0.8～1.1 g/L 1.1～1.3 g/L ＞1.3 g/L	9 7 5 3 1
排水状况	可测量或估计的农业生产条件。该条件越差，对农作物生长的影响越大。通常可用定性的术语来描述	非常充分 充分 较充分 一般 较差	9 7 5 3 1
区位	可测量的农用地所处位置所邻的城市类别。若城市类别越小，说明该农用地的区位条件越差。可用定量的城市人口数来描述	大城市（人口＞50 万） 中等城市（人口 20 万～50 万） 小城市（人口＜20 万） 建制镇 其他	9 7 5 1 0
位置	可测量的农用地所处地点与最近居民点的距离。其值越大，说明该农用地的位置条件越差。可用定量的距离（km）来描述	＜1 km 1～2 km 2～3 km ＞3 km	9 7 5 3

续表4-2

评价因素	因素特征描述及其变异对土地质量的影响	因素特征分级标准	分值
交通状况	可测量或估计的农用地所处位置的交通便利程度。若交通越便利，说明该农用地所处位置的交通状况越好。可用定性的交通便利与否来描述	便利（机械化） 交通比较便利（半机械化） 交通困难（畜力） 交通极困难（人力）	9 7 5 3

4.6 土地评价权重确定

4.6.1 特尔菲法

该方法是根据调查资料，广泛吸收有经验的专家、技术人员参加，按土地评价因素对土地利用或土地生产力影响的大小或比例，将土地评价因素顺序排列，确定其经验权重。

特尔菲法的正确性主要依赖于评价者的经验。为了避免评价者经验的局限性或偏见，一般应有多位专家参与，并采用如下的步骤：①评价工作者将评价所需要的资料及评价要求分发给各位专家，让他们分别提出自己的意见并陈述理由；②评价工作者将专家们的意见加以综合、整理、归纳，再反馈给各个专家；③每一位专家根据反馈的资料进一步分析判断，提出新的结论；④评价工作者再将各个专家的意见收集后进行整理、归纳，以期获得一致的意见。如果意见不统一，可以重复①、②步，直到获得一致的意见。

4.6.2 层次分析方法

层次分析方法(analytic hierarchy process，AHP)是一种定性与定量相结合的决策分析方法。基本原理是将决策的复杂问题看作受多种因素影响的大系统，按照它们之间的隶属关系把这些相互关联、相互制约的因素从高到低构造递阶层次结构，然后请专家、学者和权威人士对同一层次各个因素两两比较重要性，构建判断矩阵，并利用和积法与方根法等求取最大特征根及其对应的特征向量，并对判断矩阵的一致性进行检验，最后得到指标权重，进行辅助决策。层次分析法的关键在于建立层次结构和比较矩阵，通过计算得出结果。

层次分析法的基本步骤：建立问题的递阶层次结构，构造两两比较判断矩阵，由判断矩阵计算被比较元素相对权重，计算各层元素的组合权重。现分述如下。

(1)建立递阶层次结构　这是 AHP 最重要的一步。首先，把复杂问题分解为由元素组成的各部分，把这些元素按属性不同分成若干组以形成不同层次。同一层次的元素作为准则对下一层次的某些元素起支配作用，同时它又受上一层次元素的支配。这种从上至下的支配关系形成了一个阶层次。处于最上面的层次只有一个元素，一般是分析问题的预定目标或理想结果。中间的层次一般是指标、分指标。最低一层包括各个方案。层次之间元素的支配关系不一定是完全的，即可以存在这样的元素，它并不支配下一层的所有元素。

(2)构造两两比较判断矩阵　在建立递阶层次结构以后，上下层次之间元素的隶属关系就被确定了，假定上一层次的元素 C_k 作为指标，对下一层次的元素 $A_1, A_2, \cdots, A_n$ 有支配关系，目的是在指标 C_k 之下按它们的相对重要性赋予 $A_1, A_2, \cdots, A_n$ 相应的权重。对于大多数社会经济问题，特别是那些由人的判断起重要作用的问题中，直接得到这些元素权重并不容易，往往需要通过适当的方法来导出它们的权重，AHP 所用的是两两比较的方法。

在这一步中，决策者要反复回答问题，针对指标 C_k 两个元素 A_i 和 A_j 哪一个更重要些，重要程度为多少，需要对重要程度赋予一定数值。这里使用 1～9 的比例标度，它们的意义见表 4-3。

表 4-3　比例标度的意义

比例标度值	意义
1	表示两个元素相比，具有同样重要性
3	表示两个元素相比，一个元素比另一个元素稍微重要
5	表示两个元素相比，一个元素比另一个元素明显重要
7	表示两个元素相比，一个元素比另一个元素强烈重要
9	表示两个元素相比，一个元素比另一个元素极端重要
2,4,6,8	上述相邻判断中的中值

若因素 i 与 j 比较得 a_{ij}，则因素 j 与 i 比较的判断为 $1/a_{ij}$。例如，指标是社会经济效益，分指标可分经济、社会和环境效益。如果认为经济效益比社会效益明显重要，它们的比例标度取 5。而社会效益对于经济效益的比例标度则取 1/5。对于 n 个元素来说，得到两两比较判断矩阵 A，即

$$A=(a_{ij})_{n\times m} \tag{4-3}$$

判断矩阵具有如下性质：$a_{ij}>0$，$a_{ij}=1/a_{ji}$，$a_{ii}=1$。A 的元素不一定具有传递性，即未必成立等式：

$$a_{ij}\times a_{jh}=a_{ih} \tag{4-4}$$

但式(4-4)成立时，则称 A 为一致性矩阵。在判断矩阵导出元素排序权值时，一致性矩阵有重要意义。

(3)计算单一指标下元素的相对权重　根据判断矩阵计算对上一层次某一元素而言本层次与之有联系的元素的重要性次序的权重值，权重值计算方法可归结为计算判断矩阵的特征根和特征向量，即对矩阵 A，计算满足公式(4-5)，得到权重 W。

$$AW=\lambda_{\max}W \tag{4-5}$$

$\lambda_{\max}$ 为矩阵 A 的最大特征根，W 为对应 $\lambda_{\max}$ 正规化特征向量，W 的分量 W_i 为相应元素在某层次单排序的权重值。为检验判断矩阵的一致性，需要计算其一致性指标 CI 和一致比 CR，如果 $CR<0.10$ 时，一般认为判断矩阵的一致性是可以接受的，否则需要调整判断矩阵。

$$CI=\frac{\lambda_{\max}-n}{n-1} \tag{4-6}$$

$$CR=CI/RI \tag{4-7}$$

式中：RI 为平均一致性指标。

表 4-4 列出了不同阶矩阵的 RI 值。

表 4-4 不同阶矩阵的 *RI* 值

阶数	1	2	3	4	5	6	7	8	9	10
RI	0	0	0.5	0.89	1.12	1.26	1.36	1.41	1.46	1.49

(4)计算各层元素的组合权重　为了得到递阶层次结构中每一个层次中的所有元素相对于总目标的相对权重,需要把第三步的计算结果进行适当的组合,并进行总的判断一致性检验。这一步骤是由上而下逐层进行的。最终计算结果得出最低层次元素权重,即方案优先顺序的相对权重和整个递阶层次模型的判断一致性检验。根据各元素的排序结果进行评价和规划决策,选择最佳土地用途。

4.6.3 模糊综合评判法

传统的精确数学是建立在集合论的基础上的,即任意指定对象,要么属于某个集合 A,要么不属于它,二者必居且仅居其一。而模糊数学则认为对象可以在一定程度上属于集合 A,同时也在一定程度上不属于 A。指定对象正是通过隶属函数来反映它对集合的隶属程度,从而建立因素评价矩阵 R,通过模糊矩阵的合成运算,完成评价对象的综合评判。模糊综合评判法具体步骤如下。

1. 确定因素集和评语集

对于评价对象,假设包含 n 个因素,评价等级为 m 级,则建立两个有限论域:

$$U=\{u_1,u_2,\cdots,u_n\} \tag{4-8}$$

$$V=\{v_1,v_2,\cdots,v_m\} \tag{4-9}$$

式中:U 为因素论域,是参评因素的集合;V 为评语论域,是评价等级的集合。

2. 做出单因素评价

建立一个因素集 U 到评语集 V 的模糊映射 f,诱导出一个模糊关系 $R=(r_{ij})_{n\times m}$,称为单因素评价矩阵①,即

$$f:u_i\rightarrow f(u_i)=r_{i1}/v_1+r_{i2}/v_2+\cdots+r_{im}/v_m(i=1,2,\cdots,n) \tag{4-10}$$

或简单记为:

$$f(u_i)=(r_{i1},r_{i2},\cdots,r_{im})$$

r_{ij} 表示元素 u_i 隶属等级 u_j 的隶属程度。实际进行综合评价时,可以根据问题的实际意义建立单因素评价矩阵,如采用专家打分法、市场调查法等。

3. 确定诸因素权重

由于各个因素在综合评判中的作用是不同的,为此需要给出一个 U 的模糊集合 A。

$$A=(a_1,a_1,\cdots,a_n) \tag{4-11}$$

满足条件:

$$\sum_{i=1}^{n}a_i=1 \tag{4-12}$$

A 称为综合评判的权重向量,用以说明 U 中对应因素的权重。

4. 综合评判

综合评判时因素集 U 到评语集 V 的一个模糊变换:

$$T_{\mathrm{f}}: A \to B = T_{\mathrm{f}}(A) = A \circ R \tag{4-13}$$

式中"$\circ$"表示两模糊集的乘积,需要通过模糊算子计算。

其综合评语(结果)是评语集 V 的一个模糊集合。通常还要对综合评语 B 进行归一化处理得到新的评判结果 B',则 B' 中元素表示与评语集 V 对应元素比重。如何由 A 与 R 求模糊综合评价 B 有不同的方法,我们应据具体的问题做一定的选择,不能盲目使用。这里给出 3 种模糊算子的特征,以供选择时参考。

(1)取"$\vee - \wedge$",这是主因素决定型。这种合成运算实际上"泯没"了许多单因素的影响,它的结果由指标最大的来决定,故适用于单因素最优就算综合最优的情况。

(2)取"$\vee -$"为主因素突出型,即为 $b_j = \vee_{i=1}^{n}(a_i \cdot r_{ij})(j=1,2,\cdots,m)$。它较少地考虑了其他因素的影响。

(3)取"$+ - \cdot$",称为加权平均型,即为 $b_j = \vee_{i=1}^{n} a_i \cdot r_{ij}(j=1,2,\cdots,m)$。它对所有评价因素依权重的大小均衡兼顾,比较适用于要求整体指标的情形。

以上"$\vee$"表示两者比较后取最大者;"$\wedge$"表示两者比较后取最小者;$\cdot$ 表示普通乘法;$+$ 表示普通加法。选择合适的运算法则,计算得出综合评价 B。

4.6.4　多元回归

影响土地质量、适宜性或生产潜力的各种变量相互依赖和相互制约。一部分变量之间存在某种函数关系,另一部分变量之间的关系则是不确定的,但存在一种可以用相关系数表示的统计关系。例如,在地貌、坡度、土壤和水分条件一致的情况下,研究土壤肥力与作物产量的关系,可采用一元回归方法建立回归模型,并以此确定土壤肥力级和宜农土地的分等。在绝大多数情况下,自变量有多个,因此必须采用多元线性回归方法,建立多元线性回归模型。在土地评价中运用回归分析法,要使诊断因子数量化和生产力指标标准化,再通过诊断因子与土地生产能力的关系确定诊断指标因子,根据土地利用现状与主要诊断因子的组合确定土地适宜类型和土地质量等级,将两者组成一个评价系统,并绘出评价图。

回归分析法是把一定范围内的土地评价因素以及它们与土地质量之间的关系,近似地描述为具有线性相关关系的变量间联系的函数。这种线性相关关系可以用以下多元线性回归方程的数学模型表示:

$$y = b_0 + b_1 x_1 + b_2 x_2 + \cdots + b_m x_m$$

式中:y 为因变量,在土地评价中表示土地质量,用土地基本产出表示;$x_1, x_2, \cdots, x_m$ 为自变量,在土地评价中,表示影响土地质量的诸因素,即参评因素;b_0 为回归常数项;$b_1, b_2, \cdots b_m$ 为回归系数,表示自变量每增加一个单位时,因变量的增加量。

通过方程即可近似地确定土地质量与诸评价因素间的相关关系,近似地确定土地诸因素的主次关系,即因素权重,进而将指数与权重代入指数和公式即可评定土地等级。回归分析法具体步骤是:

(1)样本的选择和统计　可靠的样本调查对提高土地评价精度至关重要。要求必须对样本的数据(样本的数量、分布等)和代表性进行认真分析和研究,保证回归分析总体效果。

(2)因变量与自变量的取值　因变量与自变量是建立回归方程的两个重要变量。其中,因变量为土地的基本产出,即去掉对产值影响大的非土地自然因素(如化肥、种子、农药、耕作及管理等)后的产出。自变量是指与土地基本产出相关并一一对应的因素指标值和分值。参评因素的选择和指标值的确定是进行回归分析的依据和提高土地评价质量的关键。因此,所选择的因素应是相对稳定和主导的。

(3)多元回归方程的建立　将求得的各样本的基本产出与评价因素指标值一一对应,通过回归分析计算进行因素的选择和剔除,最后取得较优的回归方程。

$y=b_0+b_1x_1+b_2x_2+\cdots+b_mx_m$,据方程中的标准回归系数 b_i 按公式($P_i=b_i/\sum b_i$)求出各因素的权重值 P_i。

(4)回归效果分析　回归效果分析即检验回归方程是否有意义或证明因变量与自变量的线性关系是否密切,一般采用 R 值或 F 值进行检验。

① R 值,公式为:

$$R=\sqrt{U/L_{yy}} \tag{4.14}$$

式中:U 为回归平方和;L_{yy} 为总离差平方和。

R 值越接近于1,回归总体效果越好。

② F 值,公式为:

$$F=\frac{U/m}{Q/(n-m-1)} \tag{4.15}$$

式中:Q 为剩余平方和;n 为样本容量;m 为自变量个数。

当 $F>F_a(m,n-m-1)$时说明线性关系显著。

(5)计算评价单元的指数,划分等级　将用回归方程挑选出的因素指数与相应的权重代入指数和公式,计算各评价单元的指数和,并结合实际情况,确定土地等级。

4.7 土地评价的一般工作程序

土地评价涉及许多学科领域,是一项综合性很强的工作。要综合考虑评价目的、要求以及过去在本地区调查研究的情况。土地评价程序一般分为以下3个阶段:室内准备、野外调查、成果整理。

4.7.1 室内准备

1. 讨论

无论采用什么样的评价方法和评价手段,承担评价任务的执行部门和任务提出部门,就评价的有关问题进行讨论是非常重要的一步。讨论的总意图是向任务提出部门详细了解评价的意图和要求,以便制作评价计划,设计评价方案,使评价成果具有强烈的针对性,从而提高评价工作的效率。当然,在讨论过程中,也可与任务提出部门讨论完成评价工作必须提供的条件。具体地说,讨论中必须明确或解决以下几个问题。

(1)评价的目的　评价的目的关系到评价区未来的土地利用方向及利用类型的空间布局,

这是任务提出部门做项目设想和开展土地评价的核心目的。由于不同的评价目的有不同的评价内容及不同的表现形式，也就是说，评价目的涉及资料的收集、评价系统和评价指标的确定、野外工作的开展、评价报告的编写，甚至评价队伍的人员结构等，因而弄清评价目的是十分必要的。在清楚评价目的时，还应该确定评价区域的范围、评价的服务对象、总体目标和实施目标。

(2)评价地区的基本情况　在确定待评价地区位置和范围的基础上，向有关主管部门了解区域的一般社会经济情况以及近期和长远的经济发展规划或设想，特别是土地利用规划设想及区域土地利用政策，使评价能更好地切合区域的实际，为土地规划提供有效的服务。

(3)确定对成果的要求　重点是确定制图比例尺和所用的底图以及成果的表现形式，成果要求的具体内容，使成果更具针对性和实用性。

根据以上的讨论，评价工作者应建立起对评价目标的设想，初步的工作计划和最后成果雏形的构思，并围绕这一思路展开以后的工作。

2. 资料收集

在明确评价任务和目的的基础上，广泛收集为实现这一目标的区域背景资料，这些资料既包括自然的，如气候、水文、地质、地貌、土壤、植被等，也包括社会经济的，如人口及其构成、交通状况、土地利用沿革和现状、经济发展水平及农业产量情况、重要的农业基础设施、农业现代化水平以及土地所有制等。所收集资料的形式应该是多样的，诸如文字资料、统计图表、地图和遥感影像资料等。

此外，还应尽可能地收集已有的类似研究工作或基础性研究工作(如土地类型、土地利用)的研究成果。利用原有的研究成果，或许可以大大减少以后的工作，并可以在分析、总结过去资料的基础上，吸取精华，提高成果的科学水平。

工作底图的收集是资料收集的重要组成部分，要注意与成果图相匹配的比例尺、出版年度和精度。为了获取高精度的评价成果图，工作底图的比例尺要比成果图大1倍。这样有利于土地信息的清楚表示，可以减少许多制图缺陷。

3. 评价系统的准备

建立评价系统和确立各等级的鉴定指标是开展土地评价的前提，是进行调查制图的基本依据。为了搞好这一工作，必须集中参加评价队伍的业务骨干，必要时还需要聘请专家出席指导，认真进行协调研究。

(1)拟定系统　评价系统的拟定应在评价理论的指导下，根据评价目的和要求、评价对象的性质，确定质量鉴定体系。在资料分析的基础上，并参照有关系统，拟定评价分类(或质量鉴定)的工作系统。它是建立在正式评价之先，依据宏观认识和规律，建立供野外调查研究的系统。在实际应用的过程中，可能出现某些与工作地区不完全符合的情况，随着评价工作的开展和深入，无疑要对该系统做某些必要的修改和订正，方能更好地符合评价区的客观实际，成为最终的评价系统。

(2)确定评价因素和评价指标　配合评价系统的拟定，应相应地确定评价因素和评价指标，服务于土地质量等级的鉴定。因素要根据评价目的和要求来选择。因素选择不宜过多，也不能对重要的因素有遗漏。依据评价因素，确定评价指标。评价指标应力求量化。当评价指标应用量值或评分时，则在因素量值或评分的基础上，确定各土地等级的划分标准。

4. 拟定工作方案

土地评价是一项由多人参与的具有多重目标、较长周期的系统性工作。因此,为了使评价工作能周密、协调地进行,制定一个详尽的工作方案是很有必要的。工作方案一般包括以下几方面的内容。

(1)确定待评价土地的范围和边界　根据立项时的要求,以行政区域或自然地理区域为单元确定范围和边界。

(2)选择可考虑的土地利用种类　这要根据评价目标、该地区的自然社会经济条件和土地利用现状选定。评价目标一般清楚地说明了包括多种土地利用种类还是只研究某一种特定的用途。在进行多种土地利用种类的评价时,应尽量多考虑土地利用种类;同时,为了避免不必要的工作量,那些明显不适于当地的自然条件或社会经济条件的土地利用种类应当事先剔除。

(3)选择土地评价类型　首先根据评价的目标和对象确定具体的土地评价类型,并确定是进行当前评价还是潜在评价,定性评价还是定量评价。

(4)确定调查的范围、程度和比例尺　这可以根据由评价目的决定的所需数据和已经取得的数据进行比较来决定。数据的类型在很大程度上受所考虑的土地利用种类的影响。首先必须查阅现有的资料,如地形图、航片、土壤图、河流的水文资料,人口、产量和其他统计资料,以及需求预测。然后将这些同一类型和深度的评价需求相比较。所做出的决定可能是如下一些内容:是否需要拍摄新航片,是否需要进行土壤调查;假若需要的话,采用何种比例尺和取样密度,以及必须收集哪些经济资料。

(5)划分工作阶段　在以上内容初步确定之后,应估计以后进行每项工作的时间和相对的工作阶段,并写出工作方案。

4.7.2 野外准备

野外实地调查研究是整个评价的主体基础性工作,目的在于收集第一手资料。这一步是第一阶段资料收集的深化和具体化。第一阶段收集到的资料,特别是各种数据,代表的是研究区域平均水平,是研究区域的背景资料。它们多应用于区域特征分析,不能用于具体的地类评价。而野外的实地调查研究,除收集小区域的有关社会经济资料、自然条件资料外,还应收集不同土地利用类型、应用的主要生产措施、治理与保护措施、投入产出状况,还要对具体的评价单元进行特性描述。

4.7.3 评价因素信息库

土地评价所需的因素一般包括以下几个方面。

(1)自然环境因素　地理区位、土壤类型、土壤特征、水文、地形、气候、岩性、植被等。

(2)资源利用因素　主要指区域的农业活动资料,如土地利用现状、作物品种、种植制度、农业系统投入等。

(3)社会经济因素　人口数量和素质、人口增长、投入和产出价值、价格变更、供给、需求、技术水平、社会基础等。

(4)其他相关因素　相关政策等。

4.7.4 土地评价系统选择

选择、建立评价系统是开展土地评价的前提。评价系统的选择应在评价理论的指导下,根据评价的目的和要求、评价对象的性质，确定质量鉴定体系。在资料分析的基础上，并参照有关系统，拟定评价分类(或质量鉴定)的工作系统。它是建立在正式评价之前，依据宏观认识规律，建立供野外调查研究的系统。在实际应用的过程中，可能出现某些与评价区域不完全符合的情况。随着评价工作的开展和深入，要对该系统做某些必要的修改和订正，方能更好地符合评价区域的客观实际，成为最终的评价系统。

此外，配合评价系统的选择，应相应地确定评价因素和评价指标，服务于土地质量等级的鉴定。因素要根据评价目的和要求来选择。因素选择不宜过多，也不能遗漏重要的因素。依据评价因素，确定评价指标。评价指标应力求量化。当评价指标应用量值或评分时，则在因素量值或评分的基础上，确定各土地等级的划分标准。

4.7.5 土地评价制图

土地评价制图的一般程序和方法如下。

1. 确定制图比例尺

比例尺的大小是土地评价精度的主要标志，不同比例尺的图件，它表示制图内容的详细程度以及所反映的土地评价有差别。比例尺越大，其内容就越详细，精度也就越高，在实践上的针对性也就越强；比例尺越小，内容越趋于概括，在一个很小的图斑内，往往包括土地评价系统中若干个等级的土地类别，因此小比例尺土地评价图主要反映土地质量的宏观规律对生产实践的指导作用，也常常是战略性的。所以，土地评价图的比例尺要根据土地评价的目的、评价地区面积的大小与制图内容及其所要求的精度来选择和确定。一般全国性的土地评价图采用1∶100万比例尺，省和地区级土地评价图采用1∶(20万～50万)比例尺，县级土地评价图采用1∶(5万～10万)比例尺，乡级土地评价图采用1∶1万或更大的比例尺。

2. 编制土地评价工作底图

土地评价工作底图是野外调查和制图的基础及依据，也是编绘土地评价图的原始资料，通常是在地形图或土地利用现状图(或土地类型图、土壤类型图等)上划分基本制图单元(土地评价单元)编绘而成。

3. 设计图例

土地评价图例一般采用色调加数字符号表示，即用不同色调配以分数码代号注记来反映土地质量优劣、空间分布和面积状况等。注记的形式因土地评价采用的分类系统、比例尺、表示的详细程度不同而异。在中小比例尺土地评价中，对土地类型复杂、土地质量变化大、图斑面积小、难以用单一图斑轮廓界线表示时，可采用复区方式设计图例，注明区内各种等级土地面积的百分比。

4. 图件整饰

按照土地评价图规定应当表示的内容，根据图面荷载量对各种要素进行综合取舍，并参考土地利用现状图标出图廓公里网、坐标、经纬度，然后进行其他整饰，如图名、图例、比例尺、方向标、相邻行政单位名称、制图单位、制图人、制图日期等，并在图廓内下方的适当地方绘出图廓内各土地评价等级面积统计表。

4.7.6 土地评价报告撰写

土地评价报告的撰写没有统一的格式要求，一般应包括以下几个方面的内容。

土地评价的目的。需要清楚地论述土地评价立项的依据、土地评价对象的基本情况(区域的自然与社会经济特征描述)、土地评价后所要达到的目标。

土地评价的过程与方法。需要说明土地评价所用的资料、评价的主要内容和评价所采用的方法。

土地评价的结论。这是土地评价成果报告的核心部分,主要包括土地评价的中间过程中通过一系列的测算和分析而获得的结果,根据结果而推导出的结论,针对结论而展开的讨论和建议。

总之,评价报告应尽可能地把重要信息描述出来,并且要将实现区域经济效益、环境效益和生态效益综合统一的方法和途径表述清楚。

4.7.7 成果的整理与提交

土地评价的主要成果包括土地评价等级图、文字报告等。其他有关调查分析的图件和文字、数据资料,可作为成果附件装订成册后归档。

4.7.8 成果验收

由任务委托部门或成果主管部门组织有关专家或有关部门的业务人士,按照成果验收标准,对成果进行验收鉴定,合格后即可提交成果。

复习思考题

1. 土地评价的系统结构包括哪些内容?
2. 土地评价的基本原则是什么?
3. 土地评价的基本方法有哪些?
4. 土地评价的基本流程包括哪些步骤?

第 5 章

经典土地评价

导读：一个国家或地区的土地资源状况不仅取决于土地资源的数量，更取决于土地资源的质量，土地评价是对土地自然和经济社会属性的综合鉴定，是对土地质量的科学反映。通过土地评价，可以掌握土地的适宜性程度、潜力水平和生产力水平，从而为土地利用管理和土地利用规划提供依据。本章对土地适宜性评价、土地资源潜力评价、土地生产潜力评价和 AEZ 定量评价等 4 种经典土地评价类型，以及我国近年来推出的国土空间规划“双评价”进行介绍。

土地评价是土地合理配置、开发利用和保护的一项重要技术性工作。随着土地科学的发展，产生了数目众多的土地评价方法，包括美国农业部土地潜力分级评价系统、美国土地评价与立地分析系统(LESA)、FAO 土地适宜性评价、《中国 1∶100 万土地资源图》土地资源分类系统、土地生产潜力评价、AEZ 定量评价以及最新的国土空间规划“双评价”等。随着土地管理学科的完善和信息技术的发展，土地评价已逐步走向综合化、定量化和精确化。

依据土地资源评价的对象、目的、任务、精度、范围、参评因素等的差异，本章将传统经典土地评价分为土地适宜性评价、土地资源潜力评价、土地生产潜力评价和 AEZ 定量评价、国土空间规划双评价 5 种类型。

5.1 土地适宜性评价

土地适宜性评价是指某种作物或某类土地利用方式对一定地区范围内的土地自然条件(如气候、土壤、地貌等)是否适宜及适宜程度等级的过程。这些特定的土地利用方式可以是土地利用大类，如耕地、草地等；也可以是更为详细的划分，如旱作及水稻种植等。FAO 出版的《土地评价纲要》最具有代表性，中国参考《土地评价纲要》，结合实际情况制定了《中国 1∶100 万土地资源图》土地适宜性评价系统。本节对上述两种土地适宜性评价方法进行介绍。

5.1.1 FAO 土地适宜性评价

自 20 世纪 60 年代以来，土地资源的合理利用成为众多专家学者研究的重点问题，开展了一系列关于土地资源评价的研究，其中美国率先开展的土地潜力分类研究在一定程度上促进了世界各国土地资源评价研究工作。由于各个国家土地评价工作所采用的原则、方法和体系有所不同,因此有必要进行国际讨论,形成规范的形式。FAO 于 1972 年 10 月在荷兰瓦赫宁根大学召开了国际专家会议,就《土地评价纲要》的大部分原则达成协议,并且出版了会议讨论纪要和建议,经过多次修改后于 1976 年正式出版了《土地评价纲要》(下面简称《纲要》)。该《纲要》以土地适宜性理论为指导,将土地评价定义为基于特定目的,进行土地利用时对土地性状进行评价的过程,其主要目的是为土地利用规划服务。

1. 评价系统

FAO 土地适宜性评价系统分为 4 级(表 5-1),即土地适宜性纲、土地适宜性级、土地适宜性亚级和土地适宜性单元。

表 5-1 FAO 土地适宜性分类系统

(FAO,土地评价纲要,1976)

纲	级	亚级	单元
S(适宜) (S_c有条件适宜)	S_1(高度适宜) S_2(中等适宜) S_3(临界适宜)	S_{2m}(有效水分亚级) S_{2o}(侵蚀限制亚级) S_{2e}(抗腐蚀性亚级) ⋮	$S_{2e\text{-}1}$ $S_{2e\text{-}2}$ $S_{2e\text{-}3}$ ⋮
N(不适宜)	N_1 N_2	N_{1m} N_{2me}	

(1)土地适宜性纲　土地适宜性纲是指土地的适宜性种类,分为适宜纲、不适宜纲。

① 适宜纲(S)。指在该土地上按照既有目的进行持续利用,也不会产生有害的后果及风险。其中,S_c 是指如在一定条件下是适宜的,但在某一特定条件下对某种特定用途是不适宜的。S_c 一般不使用。

② 不适宜纲(N)。指该土地不能按照既有目的进行长期利用。

(2)土地适宜性级　其反映了纲内适宜性的程度。可分为:高度适宜,中度适宜,临界适宜。

① 高度适宜(S_1)。指土地可以长期地不受限制或受较小限制地用于某种用途,不至于降低生产力或效益,也不会增加超出可承担水平的费用。

② 中等适宜(S_2)。指土地具有限制性,当其长期用于既定用途会在中等程度上降低生产力或效益,同时会增加相应的投资及费用,但仍能获益。

③ 临界适宜(S_3)。指土地具有严重的限制性,对某种用途持续利用的影响是严重的,会造成生产能力或效益的降低,或者需增加投入,利用仅勉强合理。

对不适宜纲按照不适宜程度可以分为:当前不适宜和永久不适宜。

当前不适宜(N_1)是指在当前的技术水平和成本下,不宜加以利用,或由于限制性相当严重,在一定条件下不能确保土地可以进行有效且可持续的利用,但不排除将来可以进行利用;永久不适宜(N_2)是指土地限制性极为严重,在一般条件下没有利用的可能性。

(3)土地适宜性亚级　表示土地适宜级内限制性的种类或需要进行改良的种类,用英文字母表示限制性类别并将其附在适宜性类符号后。

高度适宜 S_1,没有明显的限制性因素,不设置亚级;中等适宜类 S_2 和临界适宜类 S_3 均需要进行适宜性亚级的划分。例如,S_{2e} 表示中等适宜级,侵蚀限制亚级;S_{2m} 表示中等适宜级,有效水分限制亚级。

(4)土地适宜性单元　同一亚级内所有单元在级这一层次具有同等程度的适宜性,在亚级层次表现为相似的限制性,在各单元层次表现为生产特点或经营条件方面存在的细微差别,其反映的是亚级内经营管理上的细小差别。适宜性单元用联接号与阿拉伯数字表示,一个亚级的单元数不受限制。如 $S_{2e\text{-}1}$ 表示适宜程度中等、侵蚀限制的单元土地。

2. FAO 土地适宜性评价步骤与方法

土地适宜性评价的主要内容包括:①了解土地本身的性质;②特定用途所要求的基本土地条件;③将土地的性质与特定用途所要求的基本土地条件进行对比,判断土地的性质是否满足要求;④对该块土地进行针对特定用途的适宜性进行分类。土地适宜性评价的步骤如下(图 5-1):

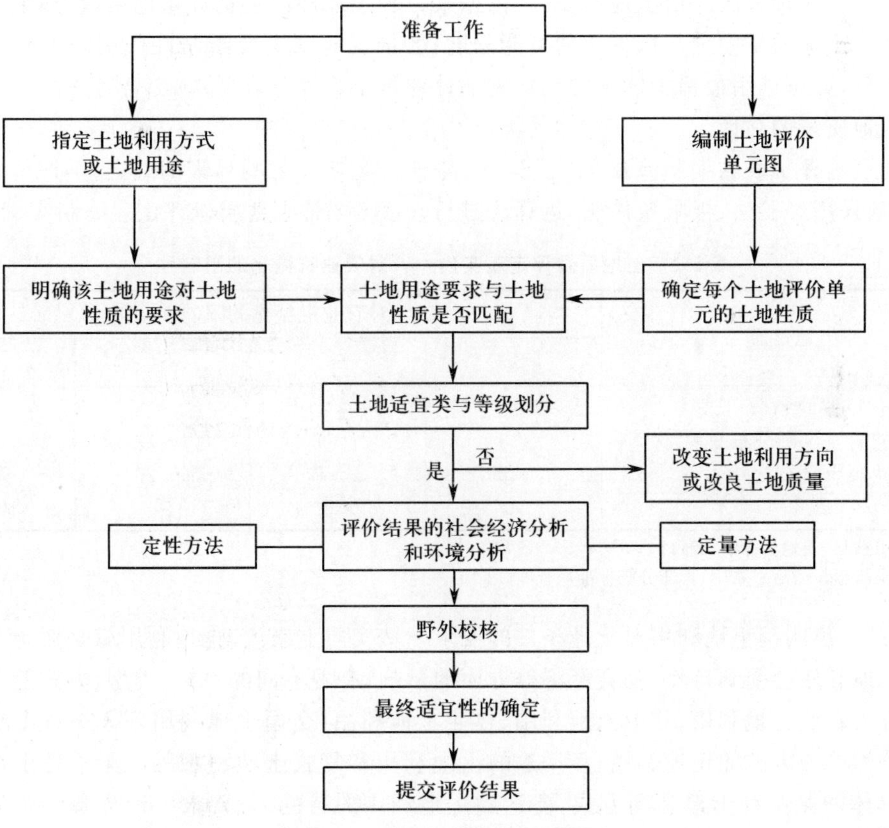

图 5-1　FAO 土地适宜性评价步骤

(1)明确土地评价单元

① 选择土地评价单元。在明确了所要评价土地的范围和评价目的之后,首先要确定土地评价单元。评价单元的选择方法很多,如土地类型制图单元、土地资源类型单元、土壤制图单元、地理网格等。需要依据土地资源质量的均一性、评价目的、完成期限、精度要求及工作量大小等进行单元选择。

② 确定评价单元的土地特性和土地质量。土地特性(land characteristic)是一种可以进行度量或测定的土地属性。如土壤质地、地面坡度、降雨量、有效水容量、植被的生长量等。可以

根据构成土地各要素的组合性质(土地性质)在平面上的变异性进行土地评价单元的划分,每一单元内的土地性质是均一的。依据土地的构成要素可以将土地性质分为以下几类:a. 土地的气候性质,包括空气的温度、降水量及其分布、灾害性气候条件等;b. 土地的水文性质,如潜水位、渍水情况、淹水情况等;c. 土地的土壤性质,主要有土壤质地、土层厚度、土壤有机质含量、土壤 pH 等;d. 土地的地质地貌性质,包括地质构造、地面坡度、海拔高度、地面坡长、坡型、相对地形起伏等;e. 土地的动植物性质,如植被类型、动物种类等;f. 社会经济条件,如经济发展水平、地区人口数量、人口的教育水平、人们的生活习惯等。

土地质量受土地的多种性质影响,是一种可以进行比较的土地特性。例如,土地的土壤侵蚀模数是受坡度、坡长、降水量及强度、地表覆盖状况等多种土地性质所影响的。因此,要先收集与土地质量有关的土地性质,从这些土地性质中提取或用这些土地性质去进行土地质量的评价。主要有 3 种方法评定土地性质:①依据某一种土地性质去估计土地质量,如依据土地的坡度去估计土地质量中进行机械化的可能程度;②依据起到主要限制性作用的土地性质去估计土地养分,如可选用最稀少的某种元素去估计评价土壤养分高低;③综合考虑多种土地性质去进行土地质量的估计。

土地质量评价表的编制涉及 S_1 与 S_2、S_2 与 S_3、S_3 与 N 之间界限的确定,是评价中关键的一步,一般采用经验法、极限条件法、运算法进行。表 5-2 是土地质量评定表编制实例。

表 5-2 土地质量评定表实例——对农业机械化的限制性

土地性质	对农业机械化的限制性分级			
	S_1	S_2	S_3	N
坡度/(°)	<5	5~10	10~20	>20
地表裸岩或巨砾分布面积/%	<5	1~4	4~15	>15
表土含石量/%	<5	1~5	5~20	>20
重黏土	无	少量	多	极多

来源:王秋兵,土地资源学,2011。

注:分级指标仅为示意之用,具体分级标准应视实际而定。

(2)进一步明确土地利用对土地条件的要求　从实质上来说,土地利用就是对土地功能的使用。土地利用会受到自然、社会经济等方面的影响,有着不同的目标、类型、方式等。土地利用可以分为农业土地利用、牧业土地利用、林业土地利用、交通土地利用等大类。土地利用方式可以分为单一方式的土地利用、多用途的土地利用和复式土地利用等。无论是土地利用大类还是具体的某一种土地利用方式,要达到土地利用的目的,就要求土地具备一定的基本条件,这种基本条件就叫作土地用途要求。

不同的土地利用对土地用途的要求不同,如农业用地中,种植玉米、水稻的全生育期内所要求的土地条件就有较大的差异。FAO 将旱作土地评价中常见的土地用途要求分为 4 大类(表 5-3)。

(3)匹配土地用途要求与土地质量　在明确了土地评价单元的土地质量和特定用途对土地条件的要求后,就可以进行土地评价单元的土地质量与特定用途对土地条件的要求的比较工作。

土地用途要求与土地质量的匹配可以分为狭义和广义两类。狭义匹配就是将土地评价单元的土地质量与特定用途要求进行比较的过程。通过匹配,可以了解到土地评价单元所具有的土地质量对特定土地用途要求满足或吻合程度的有关信息，这一信息是进行土地适宜性分类的基础。广义匹配是指当土地的质量不能完全满足特定土地用途要求时，为了使土地质量与特定土地用途要求基本吻合或吻合所进行土地利用的调整或土地评价单元土地质量改良的过程，一般有两种解决办法：①改变土地利用方向或降低特定土地用途要求（降低土地利用的目的），如要求玉米亩均产量达到 500 kg 时，其土地要求水肥条件较高，如果土地评价单元的土地质量、水肥条件不能满足亩产 500 kg 的要求时，可以通过降低土地利用的目的，以达到相吻合。②改良土地评价单元的土地质量，使之与土地利用的土地用途要求相吻合。

表 5-3　旱作农业用地的一般土地用途要求及其类型

A：作物生长需求（生态要求）	B：作物生长的管理要求	C：自然保护要求	D：土地改良要求
A_1：能量（辐射、作物生长要求的光周期性） A_2：温度（总需求，临界期要求） A_3：水分 A_4：氧气状况 A_5：养分有效性 A_6：扎根条件 A_7：持根性和种子萌发条件 A_8：空气温度（湿度） A_9：影响成熟条件 A_{10}：气候灾害（霜、暴风、冰雹） A_{11}：可溶性盐分 A_{12}：土壤毒害 A_{13}：害虫及疾病 A_{14}：洪水	B_1：土壤耕性 B_2：机械化可能性 B_3：整地的难易 B_4：影响收获物贮存和加工的条件 B_5：影响生产时间的条件 B_6：交通条件 B_7：经营管理的规模 B_8：位置 B_9：劳动力 B_{10}：资金	C_1：侵蚀控制 C_2：土地酸化、盐碱化、贫瘠化、沙化等的控制	D_1：排水要求（条件） D_2：提高土壤肥力的肥料效应

特定土地用途要求往往很多，若将特定土地利用的全部要求同时与土地评价单元的土地质量进行比较，较为烦琐。为使匹配工作方便，可以按照土地用途要求的种类，分别与土地评价单元的有关土地质量进行比较，最后再根据土地评价单元的土地质量对特定利用的土地用途要求满足的程度，综合给出该土地评价单元对一定利用方式的总体适宜性。

（4）划分土地适宜类与等级　将土地评价单元的土地质量与特定利用的土地用途要求进行比较后，只得到该土地利用对某一具体的土地用途要求之间相互吻合的信息，但还不清楚土地对该土地用途是否适宜及适宜性程度，因此，就需要进行土地适宜类及其适宜等级的划分。

土地适宜性分类是指依据一定的标准来确定土地对特定用途是否适宜以及适宜程度高低的过程。依据是否采用量化的标准可将土地适宜性分为两类：①定性土地适宜性分类。根据土地评价单元的土地质量与特定土地利用的土地用途要求比较后的吻合情况，定性地大致说明土地对用途的适宜程度，如高度适宜、中等适宜、勉强适宜或不适宜。②定量土地适宜性分类。指采用量的指标及量化方法，如指数法等，定量地将土地对用途的适宜程度划分为高度适宜、中等适宜、勉强适宜或不适宜。

（5）提交评价成果　土地适宜性评价主要需要提交适宜性评价报告、相关图件等两个方面的成果。其中，评价报告主要包括土地利用现状与分析、土地适宜性评价的程序及方法说明、土地利用类型的描述、土地单元上的土地利用类型的管理说明、环境影响说明、土地利用替代方案的可行性分析报告等。相关图件包括土地利用现状图、相关土地资源要素图、土地适宜性分类图、土地适宜性等级图等。

5.1.2 《中国1∶100万土地资源图》土地资源分类系统

中国具有代表性的全国性土地资源评价分类体系是由原中国科学院自然资源综合考察委员会负责，参考FAO的《土地评价纲要》系统于20世纪70年代末80年代初编制的《中国1∶100万土地资源图》土地资源分类系统。此系统属于土地适宜性评价，主要反映土地资源对农、林、牧等生产方式的适宜性程度，能够为土地资源合理配置和农业发展规划提供依据。

1. 土地评价分级系统

《中国1∶100万土地资源图》土地评价系统包含5个分级层次，分别为土地潜力区、土地适宜类、土地质量等、土地限制型和土地资源单位。

(1)土地潜力区　根据区域水热条件差异导致的区域土地生产力差异，将全国划分为若干不同的土地潜力区，同一潜力区内生产潜力大致相同。如我国共划分为9个土地潜力区：华南区、四川盆地-长江中下游区、云贵高原区、黄土高原区、华北-辽南区、东北区、内蒙古半干旱区、西北干旱区与西藏高原区。

(2)土地适宜类　土地适宜类是在土地潜力区内根据土地对农、林、牧业等生产的适宜性划分。土地适宜类划分可以是针对单一用途的评价，也可以是针对多种用途的评价。例如，划分为宜农土地类、宜林土地类、宜牧土地类、宜农林牧土地类、宜农牧土地类、宜林牧土地类、宜农林土地类和不宜农林牧土地类。

(3)土地质量等　土地质量等是根据土地适宜类内对土地适宜性和生产力高低进行的划分，是土地评价的核心。土地质量等通常可划分为：宜农土地1～3等，宜林土地1～3等，宜牧土地1～3等。

土地质量等也可以将宜农、宜林、宜牧使用代码的形式进行组合表示。按照宜农、宜林、宜牧等用途的3个等级，按宜农、宜林、宜牧的顺序排列，如“321”表示3等宜农、2等宜林、1等宜牧，不宜则用“0”表示。

(4)土地限制型　土地限制型是在土地质量等范围内根据土地限制因素和强度划分的结果。在同一质量等内，土地限制型表示限制因素、改造对象以及相对应的改造措施的不同。限制因素共有10种，分别是：水文与排水条件限制(w)、有效土层厚度限制(i)、基岩裸露限制(b)、侵蚀限制(e)、温度限制(t)、水分限制(b)、土壤盐碱化限制(s)、土壤质地限制(m)、地形坡度限制(p)、无限制(o)。根据能够满足农、林、牧分等的原则，各个限制因素又可分为若干强度等级。限制强度用阿拉伯数字表示，如b_2表示水分限制，限制强度为2级。

(5)土地资源单位　土地资源单位也称土地资源类型，是土地资源评价中的最小单位。土地资源单位是在土地限制型范围内由地形、土壤、制备和利用现状较一致的土地组成。土地资源单位划分类型数量不限，名称可以用地貌-土壤-植被-利用现状联名词法。如平原-白浆土-水田等；也可以用当地比较通俗的习惯名称，如梁地、围田、沙田等；图例可以用汉语拼音字母和阿拉伯数字1、2、3、4表示。

2.《中国1∶100万土地资源图》编制方法

编制《中国1∶100万土地资源图》要做到综合制图与系列制图相结合，综合制图与单项制图相结合。综合制图法是编制土地资源图的基本方法。土地资源是自然综合体，综合制图就是把组成土地资源的各种要素进行分类评价，综合反映在地图上。其关键在于确定既能反映各种要素的基本特征，又能符合 1∶100 万制图负荷量和精度的制图单位。土地制图单位由土地资源单位和限制因素组成。

《中国 1∶100 万土地资源图》的综合制图可分为二步法和一步法两种方法。二步法，即第一步先编制土地资源单位图，作为中间的过渡图件；第二步在土地资源单位图的基础上，进行土地评价，形成土地资源分类方案，编制土地资源图。一步法即按照土地资源分类系统直接编制土地资源图。

3. 评价方法

《中国 1∶100 万土地资源图》土地资源分类系统土地评价的对象是土地资源单位，土地评价的依据是每块图斑中组成土地资源单位的各要素的综合特征和限制因素的强度。评价的基本方法是主宜性评价和多宜性评价相结合，主导因素与综合分析相结合。

评价程序是农、林、牧分类评价，由低级向高级归并，分别评定土地资源单位的农、林、牧质量等级。《中国 1∶100 万土地资源图》土地评价中有几种特殊规定：稳定的农耕地只做农业评价，不做林牧评价，其本身理应宜林牧利用；不稳定的农耕地或质量很差的农耕地要做农、林、牧评价；平地、岗地的林地原则上只做农、林评价，不做牧业评价；丘陵、山地的林地原则上只做林业评价，不做农、牧评价；平地、岗地、丘陵的草地要做农、林、牧评价；山地的草地只做林、牧评价，不做农业评价。

以上两种传统经典的土地适宜性评价方法以一定利用方式的土地质量优劣为依据，判断其适宜性与适宜程度，即根据各类土地在生产实践上的相似性与差别，对土地类型再次进行组合、分类和排队，并作出相应的解释或结论，属于土地评价方法中的归类法。这种方法的特点是简便、易于掌握，工作效率高。但是，各项限制因素的分级指标缺乏精密的界限，并且评价结果带有一定的主观性，导致一定程度上可能影响评价结果的实用性。

5.2 土地资源潜力评价

土地资源潜力是在一定的经营管理水平下及自然条件容许范围内，土地用于农业、林业、牧业生产等利用的潜在能力。土地资源潜力评价是指基于特定目的对土地的自然、经济及其生产性能进行综合评价和分等定级的过程，也称潜力分类。由于土地资源潜力评价的目的是反映土地本身的生产力，因此在评价过程中主要考虑土地的自然性质及其对于土地某种利用方式的限制等因素。施肥、灌溉等物质投入和管理制度等社会经济因素的差异也会对土地资源潜力造成影响，但这种影响并不能反映土地资源本身的生产力。本节对美国农业部土地潜力分级评价系统和土地评价与立地分析(LESA)进行介绍。

美国农业部土地潜力分级评价系统和土地评价与立地分析均涉及潜力和限制性两个概念。潜力是指土地用于一定方式或在一定管理实践方面的潜在能力。限制性是指对潜力有不利影响的土地特征。限制性可分为永久限制性和暂时限制性两个方面。永久限制性是指不能轻易改变或至少不能通过小型土地改良进行改变的限制，如坡度、土壤深度等。暂时限制性是可以通过土地管理进行排除和改善的，如土壤养分等。土地主要根据永久限制性进行分类。如果任何一种限制性的严重程度已经将土地降到某一等，那么就将该土地列为这一等，而不管其他的土地性质如何有利。

5.2.1 美国农业部土地潜力分级评价系统

美国农业部土地潜力分级评价系统研究始于20世纪30年代，于1961年正式发布并应用，是最具代表性的土地资源潜力评价系统。该系统基于土壤调查制图成果，将土壤作为土地的主要因素进行分级，来评价土地用于农业生产的潜力及受到的限制因素。美国土地潜力分类的发表推动了世界各国土地资源评价工作的开展，各国分别建立了各自的土地潜力分类。

1. 系统简介

美国农业部土壤保持局主要是根据美国出版的1∶2万和1∶1.584万比例尺的土壤调查成果进行土地资源生产潜力的评价与划分，主要是对各种各样的土壤制图单元，按照其对一般的农作物生产、林木和牧草植物生长的情况进行归类合并。划分在一个生产潜力单元土地资源的所有制图单元均有可比的潜在生产力。该系统主要分为潜力级、潜力亚级和潜力单元3级(表5-4)。

表5-4 土地潜力分类的结构

潜力级	潜力亚级	潜力单元	土壤制图单元
耕地{Ⅰ Ⅱ Ⅲ Ⅳ	Ⅲ$_{e}$ Ⅲ$_{w}$ Ⅲ$_{s}$ Ⅲ$_{c}$ Ⅲ$_{es}$ 等	Ⅲ$_{s-1}$ Ⅲ$_{s-2}$ Ⅲ$_{s-3}$ 等	P土系 Q土系 R土系
耕地{Ⅴ Ⅵ Ⅶ Ⅷ			

(1)土地潜力级　依据土地的限制性种类、利用强度和需要特殊改良管理措施等情况及长期作为某种利用方式不会导致土地退化进行分类，共分为8个潜力级(图5-2)。从Ⅰ级到Ⅷ级土地在利用时受到的限制与破坏是逐级增强的，其中：Ⅰ级到Ⅳ级表示在良好的管理下土地可生产适宜的作物，包括农作物、饲料作物、牧草及林木；Ⅴ级到Ⅵ级的土地适宜牧草及林业；Ⅶ级只适宜有条件放牧或发展林业；Ⅷ级对农、林、牧都不宜，可为一些野生动植物有限利用，勉强发展农、林、牧业则得不偿失。

(2)土地潜力亚级　在土地潜力亚级划分过程中，根据以下土地利用限制因子的种类或造成的危害，可将Ⅱ～Ⅷ土地潜力级分别划分为4个及以上潜力亚级(土地潜力级Ⅰ级不分亚级)：①侵蚀限制因子(e)，如土壤侵蚀和堆积危害；②过湿限制因子(w)，如土壤排水不良、地下水位高、洪水泛滥危害；③根系限制因子(s)，如植物根系受限制因素的危害，包括土层薄、干旱、障碍层、石质、持水量低、肥力低、盐化、碱化等；④气候限制因子(c)，如影响植物正常生长的气候因素危害，包括过冷、干旱、霜雹等。

如有两种以上限制因子程度基本相同时，则按e、w、s、c顺序，前者先于后者考虑。

(3)土地潜力单元　将土地潜力亚级分为土地潜力单元，一个土地潜力单元实际是指一组

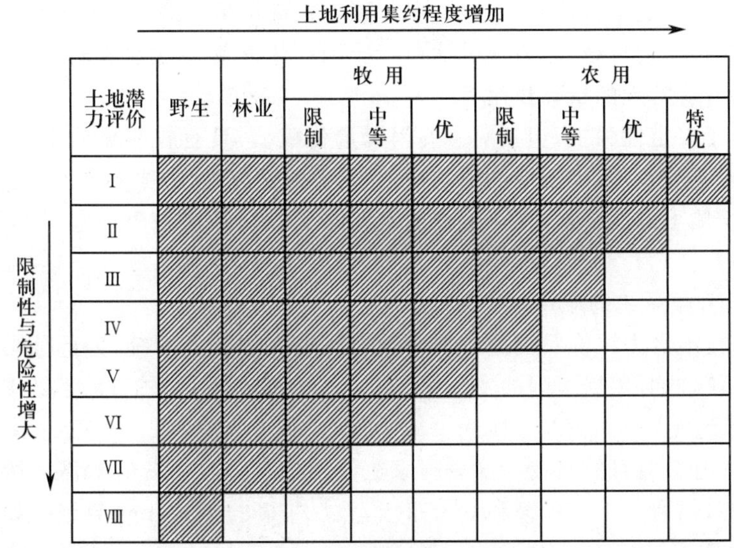

图 5-2　土地资源潜力评级

土地，而这组土地应该在以下几个方面保持一致：①在相同的经营管理条件下，具有相同的利用方式；②在种植同类别的植被条件下，具有相同的水土保护措施和管理方法；③具有相近的生产潜力（是指在相似经营管理条件下，同一潜力单元内土地平均产量的变化最高不超过 25%）。

2. 评价步骤

无论是基于详细的土壤调查资料还是直接通过对潜力单元的野外调查进行潜力评定及制图，土地潜力评价主要包括以下步骤。

（1）评价单元的确定　美国的土地潜力分类中，一般将土壤分类系统中的“土系[①]”作为基础的评价单元。

（2）潜力等级的评定　可分为单项评级和综合评级两个阶段。

单项评级是依据各研究地区土地质量和土地利用的分异特点，将每一个限制因素划分出相应于各潜力级的值，拟定出一个土地限制因素指标分级表，也叫转换表。单项评级可以采用定量或者定性的方法，如坡度，与土壤侵蚀程度有关，经常作为潜力评价中的一项重要限制因素，可将坡度<1°为Ⅰ级，1°～3°为Ⅱ级等；洪涝灾害可以表示为“无”“偶尔”“经常”等。

综合评级是依据门槛理论或最低限制理论，将限制程度最高的某限制因素所对应的潜力等级作为土地总的潜力等级。如一块土地的坡度为 8°，依据农业土地潜力评价方案评定为 3 级，如果该地其他限制因素为 1 级或者 2 级，由于坡度对农业利用潜力有较大影响，那么仍将这块土地的潜力等级评定为 3 级。若有两种或两种以上限制因素的分级相同时，根据叠加效应，可能将土地总的潜力等级再降低一级。

（3）土地潜力等级图的编制　编制一幅将土地分为Ⅰ等（最优）到Ⅷ等（最差）的潜力等级图。

3. 评价系统的特点

该评价系统内容丰富、方便易懂、用途广泛，适应性和可操作性均较强。在评价时综合考

---

①　土系是指是发育在相同的母质上，由一群土壤剖面形态和理化特性相似的土壤个体组成的实体分类单元。土系的中心概念是以典型土壤个体的分异特征为代表，并与特定存在的微域地理景观条件相一致。

虑各种土地组成要素，定出各单元土地的优劣，可直接应用于土地利用和管理中。特别是该系统以定性为主，定性与定量结合，方法灵活概括。因为它非常关注农业用地的限制性，所以对农地改良和整治有着特殊的指导作用。

但该系统由于以定性为主，包括对一些因素量化赋值，具有较明显的主观随意性，受评价者的水平、偏好影响较大；突出土地的限制性，相对忽略适宜性，方案不能明确告诉人们最佳利用方向；限制因素侧重自然因素，在一定程度上忽略了社会经济和土地利用因素，难以体现土地的价值和效益。

4. 土地潜力分类系统的应用

美国农业部土地潜力评价系统是一个影响力比较大的分类系统，大部分国家在做潜力评价时使用这个系统，同时依据本国的实际情况及评价目的的不同进行修改，改变的内容主要包括以下几个方面。

(1)进行潜力分级数目的改变　部分国家在使用这个分类系统时对潜力级的数目进行了调整，将Ⅴ级去掉，保留了Ⅰ～Ⅳ级和Ⅵ～Ⅷ级，然后重新排列成Ⅰ～Ⅶ级。如加拿大土壤农业潜力评价方案等。

(2)设置不同的限制因素　限制因素的处理主要有两种：①在热带和地中海气候区，往往不考虑气候的限制性，不划分气候限制的潜力亚级；②增加潜力亚级数目，如很多国家将地形因素包括在限制因素之内。

(3)从其他角度对潜力级进行细分　根据主导限制性因素划分潜力亚级。

(4)限制因素的数量化　美国的土地潜力评价方案主观性较强，主要依据评价人员的经验和判断，没有对划分潜力的标准进行定量规定。后来大多数的潜力评价方案都趋于拟定这一类标准(界限值)，但不同地区其界限值是不同的，将限制因素数量化，就是定量地进行限制因素界限值的划分。

(5)改变评价的基本前提　美国的土地潜力评价系统按照已有规定的土地利用方式或管理实践的先后顺序，按这种先后顺序将土地列入某一等级。但也有例外，罗马尼亚的土地潜力评价系统，将Ⅰ～Ⅳ级土地全部用于耕种，将果园等布局在质量较差的土地上。

5.2.2　美国土地评价与立地分析

美国土地评价与立地分析(LESA)系统产生于20世纪美国耕地保护运动的背景下。原美国农业土壤保持局与地方政府合作，在原土地潜力分类研究基础上，于1981年提出了“土地评价与立地分析系统”，用以确定农地保护的类型和范围。

1. 系统内涵

土地评价与立地分析系统由土地评价(LE)和立地分析(SA)两部分组成，综合考虑了土壤质地、农业生产能力、公共价值等因素形成综合评定农用地重要性的一种系统框架。

2. 评价方法

美国土地评价与立地分析系统因素选取和分级赋值采用了特尔菲法，主要对两大子系统进行评价计算：土地评价子系统(LE)和立地分析子系统(SA)。在得到LE值和SA值后，根据服务目标确定二者之间的比例关系，综合得到LESA值。即：

$$\mathrm{LESA}=a\times LE+b\times SA \tag{5-1}$$

式中：LESA 为土地评价与立地分析评价综合分值；LE 为土地评价分值；SA 为立地条件分析分值；a，b 为 LE 与 SA 之间的比例关系。

(1)土地评价子系统(LE)　土地评价子系统的目的为评价农用地的自然条件，其评价系统由土地利用潜力分类、重要农田鉴定和土壤生产力指数 3 部分组成，反映以土壤特征为主的农用地自然属性。

① 土地利用潜力分类。土地利用潜力分类是根据土壤对大田作物或牧草的限制性将其分为 8 个等级 4 个亚级，土地亚级表示土地限制因素类型，主要包括气候(c)、侵蚀(e)、土壤(s)和水涝(w)。

② 重要农田鉴定。重要农田鉴定主要是按照生产粮食、精饲料、纤维和油籽作物的适宜性对土壤进行评价。

③ 土壤生产潜力指数。土壤生产力评价则是以高水平经营管理下某一作物的预期产量为依据，评价内容包括土壤潜力、克服限制因素的措施、应用这些措施的费用以及采取这些措施后存在的限制因素。主要从土壤情况、作物类型和管理水平 3 方面进行评价。原美国农业部土壤保持局提出了土壤潜力指数(SPI)。其公式为：

$$\mathrm{SPI}=P-(CM+CL) \tag{5-2}$$

式中：SPI 为土壤生产潜力指数；P 为根据当地管理水平确定的有关产量的费用指数；CM 为克服或减小土壤限制因素的成本费用指数；CL 为无法克服的限制因素持续造成的费用指数。

(2)立地分析子系统(SA)　立地分析子系统(SA)主要用于评价农用地的社会经济条件，鉴别有助于区域维系农业用地适宜性的非土壤因素。这些因素可以分为限制农业生产力和农业耕作的非土壤因素、经济发展压力和土地流转因素、其他公共价值因素 3 个部分。

① 限制农业生产力和农业耕作的非土壤因素。如立地面积、土地利用的适宜性、周围环境的适宜性(对农业耕作的影响)、适宜耕作的立地面积比例、农场投资水平、农业支持系统的可达性、农业耕作环境限制因素、灌溉用水的可获得性及可依赖程度。

② 经济发展压力和土地流转因素。如土地利用政策、周围城市和农村发展用地的比例、距公共排水系统的距离、距公共用水系统的距离、距高速公路的距离、距市中心或城市增长边界的距离、距受保护的农用地的距离。

③ 其他公共价值的因素。如立地开敞空间价值(如城市绿化带)、教育价值、历史建筑物或历史纪念地、重要的人造景观或纪念物、湿地和滨水区域、景观价值、野生动植物栖息地、环境敏感地区、河漫滩保护区等。

3. 功能和特点

(1)功能　LESA 系统可以为评估农业地块的重要性提供一个统一的、技术性强的结构系统。通过 LESA 评估体系可以评估地块用途改变后对农业造成的影响大小，从而确定地块用途是否可以改变。联邦机构经常使用 LESA 分值来设定决策门槛和使用 LESA 系统去实施农地保护政策法，州和地方政府一般会利用 LESA 系统进行如下活动：①评估农用地项目产生的影响；②评估农用地财产税；③明确农业区范围；④决定是否同意分区或改变分区的要求；⑤规划排水系统、供水系统及交通项目；⑥对农用地保护项目购买进行分等。

(2)特点

① 系统性和模型化。LESA 系统为不同地区的评估提供了统一的模型，避免了由于评估

地区不同和评估因素过多造成的不可比性,可以让使用者评估不同土地的重要性,评估成果的适用范围广泛。LESA 系统在评估过程中可以得到 3 个结果,LE 分值、SA 分值、LESA 分值。3 个结果分别体现了农用地的不同属性特征,拓展了评价结果在土地管理的应用层面。三者结合让评价系统更深入地反映农用地质量的综合特征,在应用上充分考虑农用地价值目标,从而提升了评价成果的现实意义。

② 强调评估结果的可操作性。相较之前宏观、可操作性较差的土地评价方法,LESA 系统对评估结果可拆分为 3 部分,每个部分又可分为不同的评价因素,而 3 个结果也可以进行不同程度的结合进行综合分析。LE 是以土系为单位进行评价的,其结果比较宏观;SA 对具体的地块进行评价,能够反映具体地块的属性特征,可以灵活运用于土地管理的各项工作中,为地方管理规划人员实施有效的管理措施提供依据。

5.3 土地生产潜力评价

土地生产潜力(land capability)是指在一定的自然或社会经济条件下,土地能够生产可供人类利用的生物产品或经济产品的潜在能力。土地生产潜力水平是受自然环境因素(如光照、温度、水分等)和科学技术、土地资源开发利用等人类社会经济发展因素共同影响的。土地的社会属性随着时间和地点的变化会有一定的变化,但是都可以将其定义在一定的水平上,所以土地生产潜力评价的相关研究多为在一定社会经济条件下分析自然因素影响下的生产力。

5.3.1 土地生产潜力评价概念

土地生产潜力评价是指在一定的社会经济发展条件下,分析土地各种自然要素及它们之间相互作用对各种可能的土地利用方式的潜在生产能力的影响,同时进行土地综合评估和分等定级的过程。土地生产潜力评价既可以针对某种作物,也可以针对某种土地利用方式,对应分为土地作物生产潜力评价和土地综合生产潜力评价两种类型。

土地作物生产潜力评价是指针对某种作物或某种土地利用方式,对作物潜在产量与各种自然因素间的关系展开具体分析,通过建立数学模型计算潜在产量的绝对值。对土地作物生产潜力进行分析可以为农作物种植布局、种植结构调整提供依据。

土地综合生产潜力评价是指通过对某一特定的地区各种可能的土地利用方式在这一地区的潜力进行分析,从而对这一地区土地生产潜力做出综合评价。这种评价主要是依据各种土地利用方式进行土地综合生产潜力等级的评定,评价结果可为宏观土地利用规划、农业决策提供一定的决策参考。

5.3.2 土地生产潜力评价步骤

土地生产潜力评价及土地潜力图的编制有两种方法:①基于现有的详细土壤调查资料及其他相关资料,进行土地生产潜力评价;②通过对潜力评价单元野外调查进行土地潜力评定与制图。其中发达国家应用第一种方法较多,发展中国家多采用第二种方法。无论是哪一种方法,土地潜力评价都需要按照以下步骤进行(图 5-3)。

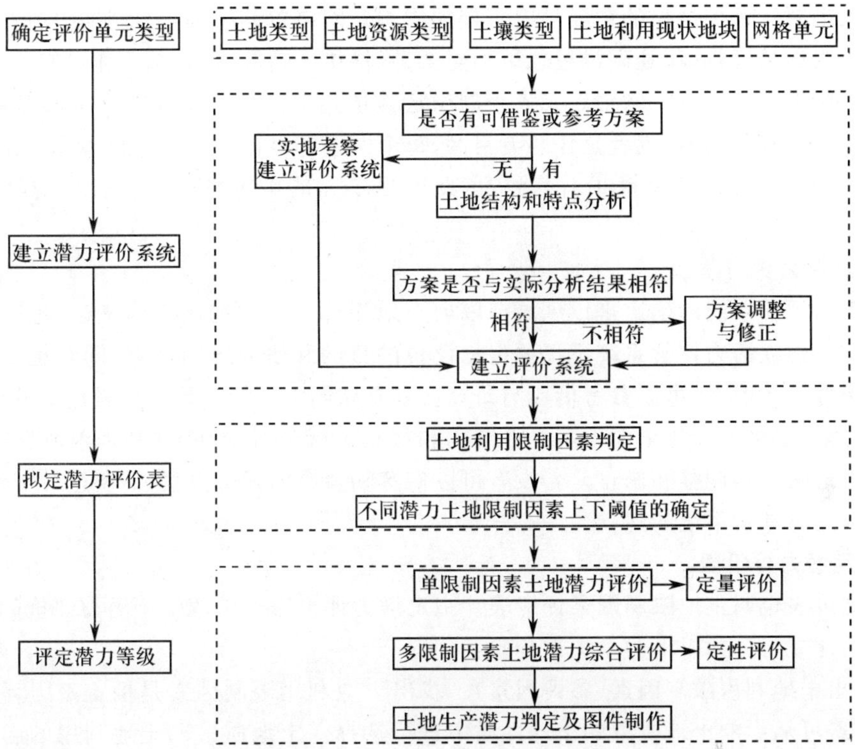

图 5-3　土地生产潜力评价程序

1. 确定评价单元类型

在明确了评价对象和目的后，首先应该确定土地生产潜力评价单元，主要基于5种方式：土地类型单元、土地资源类型单元、土壤类型单元、土地利用现状地块、网格单元。应该根据评价目的及相关要求等，合理选择评价基本单元。

(1)土地类型单元　土地类型是土地的全部自然特征，也是人类活动与土地相互作用结果的综合反映，它不仅能够反映土地利用的差异性，同时也反映出自然要素与人类活动相互作用的一致性和差异性，适用于土地潜力评价在内的一般土地评价。

(2)土地资源类型单元　土地资源类型是以土地类型为基础，依据土地利用现状图斑而进行划定的土地资源单元。它包含了土地的自然和社会经济双重属性，更侧重于土地的社会经济属性。以土地资源类型为单元的土地生产潜力评价较适用于开发时间较长的农业发展区。

(3)土壤类型单元　同一土系的母质类型、土壤剖面特征和表土质地基本相同，基于土系进行与土壤密切相关的土地潜力评价，效果很好。将土壤类型单元作为评价的基础单元，适用于没有土地类型图的区域。

(4)土地利用现状地块　将土地利用现状图斑作为土地潜力评价单元，使评价单元的界线与农地地块等现状利用单元的界线保持一致，评价结果有利于进行土地利用结构的调整，同时也便于基层生产单位进行应用。但由于人类活动等因素易对土地利用单元产生影响，且如果一个土地利用单元内部包括不同种类的土地类型，评价所需的土地性质，尤其是土壤性质的选取就相对困难。

(5)网格单元　随着遥感技术和栅格运算技术的发展，基于网格单元的评价越来越多。网格单元的大小对于评价结果的精度具有直接的影响。网格单元越小，分值计算的准确性越高，土地分等定级的精度越高，处理过程也更加复杂；网格单元越大，计算的工作量有所下降，但也会对结果的精度产生影响。网格单元大小的确定是选用这种评价单元的前提和基础，网格的划分可以使用地理经纬网，或者是任意方格网，每个网格即可作为一个评价单元。由于每一网格单元内的土地性质未必保持相对一致，因此网格单元的确定也需要综合考虑地块的实际情况。

2. 建立潜力评价系统

土地潜力评价系统的确定是以区域范围内土地资源生产力的高低为基础，进行土地潜力分级的过程。建立潜力评价系统不仅要根据评价的目的和研究区的特点，同时也要充分考虑到主客观条件。一般地，可以参考借鉴与研究区具有相同土地特点地区已经建立的评价系统。但在借鉴之前，必须要充分全面地对土地结构和特点进行分析，判断其是否跟研究区相符，如不符必须进行必要的调整和修正。若没有可以借鉴和参考的评价方案，需要进行实地考察，参照有关资料进行评价系统的建立。

3. 拟定潜力评价表

潜力评价表也叫土地限制因素评级表。拟定潜力评价表是土地生产潜力评价的基础。潜力评价表的建立可分为以下两个关键步骤：

(1)找出土地利用限制因素(参评因素)　找出土地利用限制因素是拟定潜力评价表的基础，这些因素可从影响土地质量的土地性质中进行选择。土地质量和土地利用的影响因素很多，以借助相关统计分析模型对研究区的土地属性进行综合分析，找出其主导限制因素，将它们作为主要参评因素。

(2)判断每一种限制因素对于各级潜力的上下阈值(分级)

① Ⅰ级下限值，即Ⅰ/Ⅱ级界限值的确定　通过实地调查，找出所评价区域内普遍认为产量高的土地，同时分别对该土地的每种限制因素的变动范围进行确定，找出上、下限值，取其下限值作为Ⅰ/Ⅱ级的界限值。如地面坡度，如果此类的土地地面坡度为 2°～6°，则下限值为 6°。

② Ⅲ级和Ⅳ级下限值的确定　进行实地调查，确定那些质量很差但仍能进行农业耕作的土地，将这类土地的限制因素上、下限值分别作为Ⅲ级和Ⅳ级的下限值。如这类土地的坡度为 10°～15°，那么 10°就是Ⅲ级下限，即Ⅲ级/Ⅳ级的界限值，15°就是Ⅳ级的下限值。

③ Ⅱ/Ⅲ级界限值的确定　通过对Ⅰ级下限与Ⅲ级下限进行内插的方法，进行Ⅱ级下限值的确定，即为Ⅱ/Ⅲ级的界限值。

此外，拟定潜力评价表还要充分考虑不同限制因素之间的相互作用和叠加效应。例如，地表侵蚀度不仅取决于坡度，土壤类型也是重要的影响因素。

4. 评定潜力等级

(1)潜力等级的评定　包括两级控制，分别是单项评级、综合评级。

单项评级是指在土地生产潜力评价之前依据研究区土地质量和土地利用特点，分别评定出每一种限制因素相应于各潜力级的指标值，进行等级评定。如坡度，与土壤侵蚀危害深度有关，是潜力评价的重要限制因素，将坡度＜1°定为Ⅰ级，1°～3°定为Ⅱ级，3°～6°定为Ⅲ级。对于难以定量表示的限制因素，可用定性的方法进行表示。

综合评级主要根据各限制因素所对应的潜力等级进行土地总的潜力等级评定。综合评级多采用定性方法。

(2)潜力等级的评定方法　分为定性分析和定量分析两种方法。

① 定性方法。依据李比西的“最小因子限制律”,即由最严重的限制因素进行土地潜力等级的评价。定性方法是将限制程度最高的某限制因素所对应的潜力等级作为土地总的潜力等级。例如,按照确定的土地生产潜力评价方案评定为 3 级(3 级为 5%～9%),一块土地的坡降为 8%,如果该地其他限制因素等级评定为 1 级或者 2 级,那么进行综合评级时,这块土地仍要评定为 3 级。尽管土地质量较好,但由于坡降是该地主要限制因素,因此等级不能高于 3 级。这种方法相对简单,在一般情况下能够取得比较满意的结果,但当两个或两个以上限制因素的分级相同时,由于各因素之间的叠加可能会将土地的总潜力级降低一级。

② 定量方法。定量方法主要是应用累加型和乘积型等模型对评价对象各限制因素指标分值总和进行计算,将其作为划分土地潜力等级的依据。如可采用加权指数和依据各限制因素的权重进行指标分值总和的计算,也可应用累加型模型将各限制因素的分值进行简单的求和。

5.3.3　土地生产潜力评价特点

1. 优点

(1)土地生产潜力评价主要以定性评价为主。

(2)土地生产潜力评价综合考虑了土地利用的各种限制性因素,评价结果具有较高的概括性和综合性。

(3)评价综合参考土地组成因素,根据各项土地组成因素评定潜力等级,明确指出了与土地生产潜力有关的土地质量的高低,易于理解,同时可以为土地综合开发利用等提供一定的参考。

2. 缺点

(1)依据土地评价因子的定量划分标准,将土地划分为某一潜力等级,由于这类划分标准具有一定的主观性,这也使得评价结果在一定程度上具有主观性。

(2)土地潜力等级的高低是由某一限制因素与其他影响因素相互影响作用的,在潜力评价时没有综合考虑这种相互作用,受评价者主观影响较为明显。

(3)土地潜力评价指出了某块土地可供利用的范围和潜在的利用能力,但没有说明该块土地的最佳利用方式。

(4)土地潜力评价是以土地自然要素影响为主的评价,没有充分考虑到土地的经济效益。同时,评价没有考虑到土地不同管理水平这一因素的影响。

5.3.4　土地生产潜力评价的主要模型

土地生产潜力评价的研究开始于 19 世纪 40 年代,在此期间众多学者从植物理性特征和光合作用、温度、降水、土壤等不同角度对土地生产潜力评价的相关模型方法进行了研究。本节将分别介绍传统经典模型以及以气候要素为主和以土壤要素为主的土地生产潜力评价模型。

1. 土地生产潜力评价经典模型

(1)迈阿密模型　迈阿密模型(Miami Model)是由里斯(Leith)建立,于 1971 年在美国迈阿密举行的生物学术讨论会上发表,其主要是依据世界各地植物产量与年平均温度或年平均降水量的关系来估算植物生产潜力的模型，其计算公式如下：

$$Y=\frac{3\ 000}{(1+e^{1.315-0.119t})} \tag{5-3}$$

$$Y=3\ 000(1-e^{-0.000\ 664R}) \tag{5-4}$$

式中：Y 为生物生产量，g/(m^2 · a)；t 为年平均温度，℃；R 为年平均降雨量，mm。

两个公式分别是根据年平均温度和年平均降雨量估算的植物生产潜力。根据最小因子限制律，取 2 个值中小的那个作为植物生产潜力的计算结果。

该模型适宜用于水分或温度条件是某一地区植物生长的主导限制因子的地区，在水分或温度条件不是植物生长的主导限制因子地区，会产生较大的误差。

（2）桑斯维特纪念模型　桑斯维特纪念模型（Thorthwaite Memorial Model）是里斯在桑斯维特研究的基础上提出来的，该模型是依据蒸散量进行陆地生物生产量的模拟计算，其计算的公式如下：

$$Y=3\ 000[1-e^{-0.000\ 969\ 5(E-20)}] \tag{5-5}$$

式中：Y 为生物生产量，g/(m^2 · a)；E 为年实际蒸散量，mm。

虽然该模型只考虑了年实际蒸散量这一个因子，但蒸散量是太阳辐射、温度、降水、饱和差、风等气候因子综合作用的结果，相对于迈阿密模型来说，桑斯维特纪念模型更为精确。

（3）格思纳和莱斯模型　格思纳和莱斯模型（Gessner-Lieth Model）是基于生物生产量与生产期长度之间的关系来进行产量的推测

$$Y=-157+5.17S \tag{5-6}$$

式中：Y 为生物生产量，g/(m^2 · a)；S 为光合作用季节的日数。

（4）瓦赫宁根法　瓦赫宁根法模型（Wageningen Model）是一种植物生产力动态模拟模型，由荷兰瓦赫宁根大学于 20 世纪 60 年代提出的。该模型主要是通过模拟作物的光合、呼吸作用，叶和根生长量等因子的日变化以及碳水化合物的变化过程，来进一步对水分和营养充足条件下的作物光温生产力进行模拟。具体公式为：

① 计算标准作物干物质产量（Y_0）

$$Y_0=F\cdot y_0+(1-F)y_c \tag{5-7}$$

$$F=(R_{se}-0.5R_{se})/0.8R_{se} \tag{5-8}$$

式中：Y_0 为标准作物干物质产量；F 为白天的阴天部分；R_{se} 为晴天最大入射有效短波辐射，cal/(cm^2 · d)；R_s 为实测入射短波辐射，cal/(cm^2 · d)；y_0 为生育期间完全阴天时的标准作物干物质产量，kg/(hm^2 · d)；y_c 为生育期间完全晴天时的标准作物干物质产量，kg/(hm^2 · d)。

② 按照气候影响进行订正

$$ET_m/(e_a-e_d) \tag{5-9}$$

式中：ET_m 为生育期内的日平均最大蒸散量，mm/d；e_a 为生育期内饱和水汽压；e_d 为实际水汽压。

③ 作物种类订正（K）。在标准条件下，作物干物质质量与玉米、高粱、小麦等的干物质产

量之间的关系为经验常数 K，也称作作物转换系数。

温度订正是在标准温度下作物的产量，按照作物将总能量的 40%用于自身维持呼吸作用计算，通过作物的温度订正系数 CT 对总生长期实际日温度平均值条件下的作物净产量进行修正。

④ 经济系数(CH)。由于收获量为干物质总产量构成的一部分，需要通过经济系数(CH)对经济产量进行订正。

在经过上述 5 个计算过程后，得到总的计算公式为：

$$Y = Y_0 \cdot ET_m / (e_a - e_d) \cdot K \cdot CT \cdot CH \cdot G \tag{5-10}$$

式中：G 为总生长期，日；Y 为光温生产潜力，kg/hm^2。

2. 以气候要素为主的土地生产潜力评价

以气候要素为主的土地生产潜力评价是指在综合考虑作物生长太阳辐射、温度、降水、蒸散量等气候数据和土壤因子的基础上对光合生产潜力进行逐级修正的模拟过程，可分为光合生产潜力评价、光温生产潜力评价、气候生产潜力、土地生产潜力 4 个步骤。

(1)光合生产潜力评价　光合生产潜力是指作物生长温度、水分和土壤养分等均保持在最佳状态下，由太阳的光合效率所决定的生产力。

光合生产潜力一般通过太阳辐射、植物生长生理特性以及相关指标进行计算。常见的估算指标有太阳辐射总量、光能利用率、干物质产热率、植物叶面积指数等。国外学者 C. T. Dewit 较早提出了运用太阳短波入射辐射和日照时数计算光合生产潜力的方法，我国学者黄秉维通过对各项系数的修正得到了适用性较强的经验公式：

$$Y = 0.123Q \tag{5-11}$$

式中：Y 为光合生产潜力，kg/hm^2；0.123 为黄秉维系数；Q 为太阳辐射总量，J/cm^2。

(2)光温生产潜力　光温生产潜力是指在水分、土壤养分最适合和最佳管理水平条件下，仅由光温条件所决定的作物生产能力，也是土地生产潜力的上限。在计算出光合生产潜力后，通过计算温度订正系数 $f(t)$ 对光合生产潜力进行修正，即可得到光温生产潜力 Y_t，公式为：

$$Y_t = Y \times f(t) \tag{5-12}$$

式中：Y_t 为光温生产潜力，kg/hm^2；Y 为光合生产潜力，kg/hm^2；$f(t)$为温度订正系数。

$f(t)$可通过无霜期或作物生长三基点温度(植物生长上限温度、最适宜温度、下限温度)确定。在研究中，学者们通过实验得出了一些温度订正系数经验公式。邓根云得出的公式为：

$$f(t) = \begin{cases} 0 & (t \leqslant 0) \\ t/30 & (0 < t < 30) \\ 1 & (t > 30) \end{cases} \tag{5-13}$$

式中：t 为平均温度，℃。

(3)气候生产潜力　气候生产潜力是指在土壤养分最适宜条件下，由光、温度和水分 3 个因素确定的作物生产能力。光温水生产潜力 Y_w 可通过计算水分订正系数 $f(w)$ 对光温生产潜力 Y_t 进行修正求得，此方法比较适用于作物生产受水分限制地区。即：

$$Y_w = Y_t \times f(w) \tag{5-14}$$

式中：Y_w 为气候生产潜力，kg/hm^2；Y_t 为光温生产潜力；$f(w)$为水分订正系数。

$f(w)$可通过降水量和蒸散量等指标求得。在研究中，学者们通过实验得出了一些水分订正系数经验公式，李世奎借鉴了 Dooren-bos 模型，把实际蒸散量与最大蒸散量的比值定义为水分有效系数：

$$f(w)=\begin{cases}(1-C)R/ET_m & [0<(1-C)R<ET_m] \\ 1 & [(1-C)R\geqslant ET_m]\end{cases} \tag{5-15}$$

式中：C 为从地表和渗入地下的流出量对降水量的比例系数，一般取值 0.2；R 为降水量；ET_m 为最大蒸散量。

(4)土地生产潜力　土地生产潜力 Y_s 是指有光、温度、水分和土壤因子共同确定的作物产能。在这一计算过程中主要考虑的是土壤适宜性。目前大都采用土地自然适宜性评价的方法分析土壤因素对作物生长的适宜性，确定作物生长适宜性等级，得到土壤肥力系数 $f(s)$，再乘以气候生产潜力 Y_w 得到土地生产潜力 Y_s，即：

$$Y_s=Y_w\times f(s) \tag{5-16}$$

式中：Y_s 为土地生产潜力，kg/hm^2；Y_w 为气候生产潜力；$f(s)$为土壤肥力系数。

3. 以土壤为主的土地生产潜力评价

以土壤为主的土地生产潜力评价主要包括土地生产力指数模型和土壤潜力率两种方法。

(1)土地生产力的指数模型　土地生产潜力指数(PI)模型由联合国粮农组织在 1971 年提出，它以自然条件状态下的土壤为研究对象，从土壤的物理条件、化学条件和生态条件 3 方面 10 个要素出发，根据每一要素特征给出 0～100 的数值，所有要素乘积为土壤生产力指数，指数越高，土壤肥力越好。计算公式为：

$$PI=\sqrt[10]{F_1\times F_2\times F_3\times F_4\times \mathrm{pH}\times Q\times T\times P\times E\times G} \tag{5-17}$$

式中：PI 为土地生产力指数；F_1、F_2、F_3、F_4 分别为土壤中有机质、速效磷、全氮和速效钾 4 种土壤养分；pH 为土壤酸碱性；Q 为土壤机械组成；T 为土壤有效厚度；P 为光热条件；E 为水分供应能力；G 为地面坡度。

(2)土壤潜力率　土壤潜力率由美国农业部土壤保持局在 1974 年提出。它以在高水平的经营管理下某一作物的预期产量为依据，综合土地质量、产量和管理措施，使土壤限制性因素减小到最小限度的相对费用，以及减小持续限制性因素对社会经济和环境的影响造成的费用。土壤潜力率是建立在每一个土壤单元潜力指数(SPI)的基础上，是一个土壤的相对适宜性或者土壤质量的数量化分级，公式为：

$$SPI=P-(CM+CL) \tag{5-18}$$

式中：P 为根据当地管理水平确定的有关产量的费用指标；CM 为克服或者把限制性因素减小到最小程度的改良措施的费用；CL 为由持续影响的限制性因素造成的费用指数。

计算出土壤潜力指数后，将其按大小排列并换算成 0～100 的分数，用以评价土地质量。质量最好的土地得分为 100 分。

5.4　AEZ 定量评价方法

5.4.1　农业生态区法的概念

农业生态区法(Agro-ecological zone)是目前世界上应用最为广泛的土地生产潜力评价模型。它于 1978 年由联合国粮农组织提出，目的是为了评定世界土地资源农业利用的潜力。该方法根据生态区土地的气候、土壤、地形、水等土地资源特征，通过建立数学模型进行土地生产潜力模拟以评定土地人口承载潜力，可以为区域农业可持续发展提供科学的规划方法。此外，农业生态区法还被用于解决区域粮食生产、土地退化、作物适应性等问题。联合国粮农组织使用农业生态区法在 1978—1981 年间成功评定了全世界 117 个发展中国家的人口承载潜力。农业生态区法机制合理、思路严谨、结果比较准确，其计算中所需的气候和土壤性状基础资料较易获得，可针对不同作物、不同土地利用方法进行评价。

5.4.2　农业生态区法的基本原理

农业生态区法是目前理论比较完善、应用比较广泛的一种土地生产潜力计算方法。这种方法首先假设区域温度、水分和土壤因素满足作物生长要求，最大生产潜力由光照决定。通过计算光合作用得到光合生产潜力。在假设水分和土壤满足作物生长要求基础上，根据温度条件对光合生产潜力进行修正，此时土地最大生产潜力由光照和温度决定，为光温生产潜力；之后假设土壤条件能够满足作物生长需求而水分难以满足，根据水分满足情况对光温生产潜力进行修正，此时土地最大生产潜力由光照、温度和水分决定，为光温水(气候)生产潜力；然后假设土壤难以满足作物生长需求，对光温水(气候)生产潜力进行修正，此时作物最大生产潜力由光照、温度、水分和土壤决定，为土地生产潜力。

5.4.3　农业生态区法评价步骤

基于农业生态区法(AEZ)的土地生产潜力评价包含有 4 个步骤：①土地利用方式的确定；②土地资源清查和农业生态单元的划定；③土地生产潜力分析；④土地资源人口承载潜力分析(图 5-4)。

1. 土地利用方式的确定

土地利用是人类通过与土地结合获得物质产品和服务的经济活动过程，是人类与土地进行的物质、能量和价值、信息的交流、转换的过程。土地利用方式则是在这个过程中，人们确定的土地用途(利用类型)与采取的经营管理措施的结合。

(1)作物的选择　作物的选择是农业生态区法的第一步，主要根据区域农作物的种植面积、比例、在农业生产和社会经济中的地位等因素进行选择。此外，还需对区域农作物种植制度进行确定，受自然和经济等条件的影响，不同地区农作物熟制和种植结构不同。

(2)投入水平　土地生产潜力受自然因素和社会经济因素的双重影响。人们可在现有土地自然属性的基础上改变土地的社会经济属性以提高土地生产潜力。社会经济投入可分为两个方面。一方面为农田水利设施、道路、平整土地等农业基础设施建设和种子、化肥等农业生产物质投入；另一方面为科学技术和经营管理水平。在土地生产潜力分析过程中可根据实际

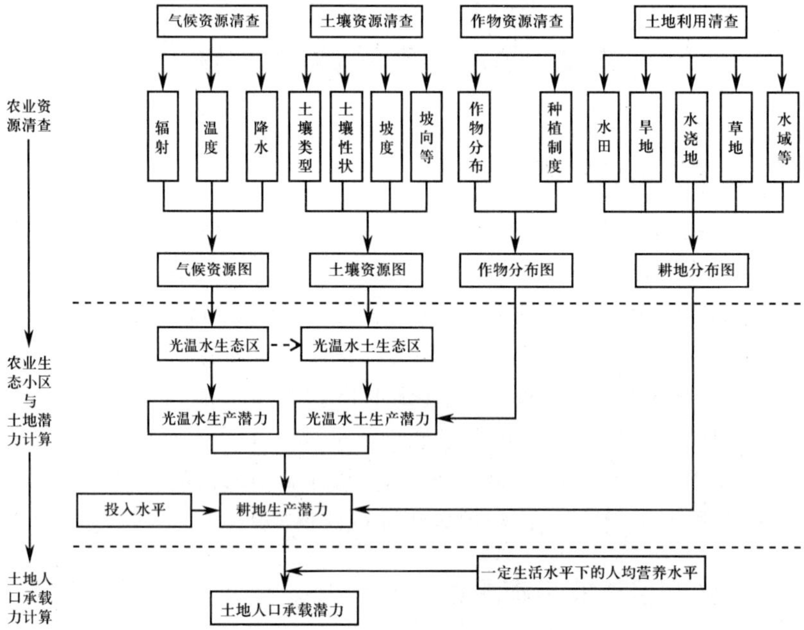

图 5-4　AEZ 模型计算过程

（来源：王秋兵，土地资源学，2011）

情况划分不同等级的投入水平，一般情况下分为低投入水平、中投入水平和高投入水平 3 种。

(3)确定土地的利用方式　土地生产潜力一般针对一定的土地利用方式。土地利用方式由土地自然属性以及不同投入水平的社会经济条件共同构成，包括土地数量、土地利用现状等。

2. 土地资源清查和农业生态单元的生成

(1)气候清查　气候清查是为了保证所选用的气候参数能够与区域农作物实际生长要求的气候条件相符合。因此，气候清查主要包括温度、水分和生长期长度 3 个方面的内容。温度和水分是影响作物生长与分布的重要因素，不同气候条件对作物生长的影响不同。为表达不同地区降水和温度的差异，AEZ 法中气候清查包括温度特征、水分特征和生长期长度等要素。

在温度特征指标的选取上，目前学者们的选择主要有最低温度、最高温度、平均温度、积温，同时也包括与作物生长条件密切相关的积温天数和无霜期等数据指标。

气候清查中的另一个重要内容就是水分特征。农作物生长所需水分一般来源于降水和灌溉两种方式，在气候清查过程中仅考虑降水这一水分的单一自然供给。水分特征可用于降水有关的指标来表示，如年均降水量、月降水量、日降水量等。中国降水量分布总体上呈现出由东南至西北逐渐减少的分布特征。降水量在全年的分配上大部分集中在 5—9 月，可占年降水量的 90％以上，其中暖季(6—8 月)可占年降水量的 70％左右而在区域范围内。此外，地形、植被、水文等因素也影响着降水的多少及分布。

生长期长度定义为水分和温度都允许作物生长的日期，实际中人们更倾向于通过温度确定生长期。在农业气候学上确定生长期的温度指标主要有 3 种：①以日平均温度高出 10℃的持续日数为指标；②以日平均温度高出 5℃或 6℃的持续日数为指标；③以最低气温高出 0℃持续日数为指标。

将上述气候清查数据绘制成生长期长度图、温度特征值等值线图以及降水特征值等值线图，将这些图件叠加就形成气候清查图。

（2）土壤清查　AEZ研究中的土壤清查采用联合国粮农组织/教科文组织出版的1∶500万比例尺的世界土壤图。世界土壤图共包括26个主要土类，106个土壤单元，并且提供了土壤坡度、质地和土相等信息。土壤图所采用的制图单元是土壤组合单元，包括主要土壤，次要土壤和伴随土壤，每个土壤组合的组成与范围都标在每一图幅背面的说明中。

（3）农业生态区划定　农业生态单元是土地资源评价的基本单元，将气候查清图、土壤图与行政区划图进行叠加得到农业生态单元图。每个农业生态单元都是温度状况、水分状况、生长期长度、土壤特性等条件相对均一且属于同一行政区的土地评价单元。

3. 土地生产潜力分析

通过上述资料收集和农业生态区划定，计算光、温、水、土生产潜力。通过计算得到不同农业生态区的土地生产潜力，可以得到某一区域当前或未来土地生产潜力，将这一数值与当前实际粮食产量进行对比，可以对区域土地资源开发利用、农业生产和保障粮食安全提供政策建议。

4. 土地资源人口承载潜力分析

（1）人口承载潜力计算　人口承载潜力计算公式为：

$$人口承载潜力=\frac{土地生产潜力}{人均营养水平} \tag{5-19}$$

土地资源人口承载潜力有两种计算方式，一种是通过人均消耗粮食数量计算，是一种概算；另一种是AEZ法，一般采用人均所需的热量和蛋白质作为计算标准。不同年龄、不同劳动强度和不同性别所需的热量和蛋白质不同。表5-5是FAO/世界卫生组织建议的标准。根据这一标准和人口结构可算出人均营养水平。值得注意的是，由于不同地区经济发展水平和饮食结构不同，不同时期和同一时期不同区域营养水平也存在差异。

表5-5　各种营养物质的日消耗量

人口类别		热量/J	蛋白质/g
成年男子（65 kg）	轻体力劳动	10 868	75
	中体力劳动	12 540	80
	重体力劳动	15 048	90
成年女子（55 kg）	轻体力劳动	10 032	70
	中体力劳动	11 704	75
	重体力劳动	14 212	85
少年（13～16岁）	男	10 868	80
	女	10 450	75
儿童	7～10岁	8 360	60
	3～5岁	5 852	45

通过土地生产潜力计算可以获得每个农业生态单元不同土地利用方式的产能，将其转化为热量和蛋白质，根据人所需的热量和蛋白质组成结构，对不同地区的土地利用方式进行规划。

（2）人口承载潜力分析　人口承载潜力分析一般以行政区为单元，通过上述公式得到国家或地区当前或者未来某一年的土地承载潜力水平，将这一数值与国家或地区当前或者未来的人口数量进行对比，可以对国家或地区现有的土地资源开发、农业生产等提供政策建议。

5.5 国土空间规划"双评价"

国土空间规划是为提升我国国土空间治理体系和治理能力，推进生态文明建设和建设美丽中国而综合了人口分布、经济布局、国土利用、生态环境保护等因素而建立的"多规合一①"的国土空间规划体系。根据我国当前的行业与技术规范，开展国土空间规划必须开展"双评价"，即资源环境承载力评价和国土空间开发适宜性评价。"双评价"在国土空间规划编制中具有基础性地位。

5.5.1 "双评价"内涵

资源环境承载能力评价指的是对自然资源禀赋和生态环境本底的综合评价，是确定国土空间在生态保护、农业生产、城镇建设等功能指向下的承载能力等级，也指在一定国土空间内自然资源、环境容量和生态服务功能对人类活动的综合支撑水平。

国土空间开发适宜性评价指的是国土空间对城镇建设、农业生产等不同开发利用方式的适宜程度，是在资源环境承载能力评价的基础上评价国土空间进行城镇建设、农业生产的适宜程度。国土空间规划双评价涉及全国、省级(区域)、县市 3 个层级尺度和陆域、海域两大空间载体。

5.5.2 评价技术流程

国土空间规划"双评价"主要包括 4 个步骤：①资源环境要素单项评价；②资源环境承载能力集成评价；③国土空间开发适宜性评价；④对评价结果开展综合分析(图 5-5)。

1. 资源环境要素单项评价

单项评价的对象包含土地资源、水资源、环境、生态、灾害和海洋 6 类自然要素，针对不同功能指向和评价尺度，构建差异化的评价指标体系。

2. 资源环境承载能力集成评价

基于资源环境要素单向评价的分级结果，根据生态保护、农业生产、城镇建设 3 方面的差异化集成评价方法，综合划分生态指向的生态保护等级，以及农业、城镇指向的承载能力等级，以表征国土空间的自然本底条件对人类生活生产活动综合支撑能力。承载能力等级按取值由低至高可划分为Ⅰ～Ⅴ级。

3. 国土空间开发适宜性评价

基于生态保护、农业生产、城镇建设功能指向的资源环境承载能力评价结果，开展国土空间开发适宜性评价。针对评价结果，重点对生态保护极重要区、农业生产适宜区和不适宜区、城镇建设适宜区和不适宜区进行专家校验，综合判断评价结果与实际状况的相符性，修正结果边界。针对明显不符合实际情况的评价结果，开展必要的现场核查校验与调整。明确生态保护极重要区作为生态保护红线评估和确定的基础，并识别未来适宜农业生产和城镇建设的潜力空间。

---

① 多规合一：指在一级政府一级事权下，强化国民经济和社会发展规划、城乡规划、土地利用规划、环境保护、文物保护、林地与耕地保护、综合交通、水资源、文化与生态旅游资源、社会事业规划等各类规划的衔接，确保"多规"确定的保护性空间、开发边界、城市规模等重要空间参数一致，并在统一的空间信息平台上建立控制线体系，以实现优化空间布局、有效配置土地资源、提高政府空间管控水平和治理能力的目标。

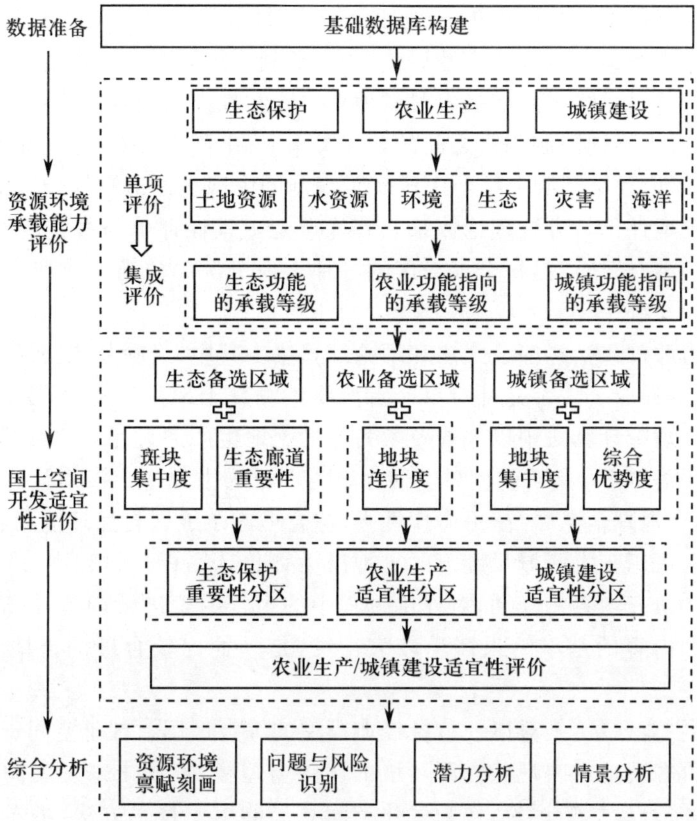

图 5-5　国土空间规划“双评价”技术流程

4. 对评价结果开展综合分析

开展综合分析，结合单项评价和集成评价对区域资源环境禀赋和空间格局特征进行刻画，识别当前发展存在的问题和未来可能的风险。分析各开发空间剩余潜力和规模上限，并结合重大战略事项开展一定的情景分析。

5.6　经典方法优缺点分析

随着人口、环境、土地资源与发展之间矛盾的不断深化，土地评价也从最初的土地适宜性评价、土地资源潜力评价，再到土地生产潜力评价。这些传统经典的土地评价方法在不同阶段对土地资源利用管理、规划起到了重要的作用。

土地资源潜力评价的代表性方法——美国土地潜力分级评价系统的优点是突出耕地优先原则，概括性高，内涵丰富，方法简便，容易掌握，适用性广泛；缺点是对经济社会因素考虑不够，评价结果带有一定的主观性，过分强调土地的限制性。它主要服务于广泛的标准化的土地利用，难以对特定土地用途进行土地适宜性评价。美国农业部的土地评价与立地评价分析优点是分析结果能够充分反映具体地块的所有属性特征，三重结果的设计模式拓展了评价结果在实际应用中的范围，评价结果更具体，在应用层面上可操作性强。该评价系统的公众参与性提高了公众对农地规划的关注度；缺点是由于该系统的因素选取及 2 分级赋值主要采用特尔菲法，所以评价系统受特尔菲法存在缺陷的影响，专家意见有时可能不完整或出现偏差，责任分散。

土地适宜性评价以 FAO 出版的《土地评价纲要》最具代表性，FAO 土地适宜性评价的优点是针对特定土地用途进行土地适宜性评价，为土地利用规划提供丰富信息；将经济社会因素纳入评价系统；强调土地适宜性，增强农民试种新作物和推广新技术的信息。其缺点是带有一定的主观性，难以考虑不同限制因素之间的相互关系。《中国 1∶100 万土地资源图》是在参考 FAO 土地适宜性评价系统基础上结合中国实际编制的中国土地适宜性分类系统，初步形成了具有我国特色的土地评价与方法理论体系。其优点是主宜性评价与多宜性评价相结合，主导因素与综合分析相结合；缺点是每个潜力区的各种土地资源单位尚缺乏严格的等级排列和各潜力区之间缺乏相对统一。

土地生产潜力评价包括经验公式法和理论计算法。其中，经验公式法优点是简便易行，容易掌握；缺点是每个经验公式都是针对单一自然要素测算土地生产潜力，实用性不强，对实践的指导作用受限。理论计算法中以气候要素为主的土地生产潜力评价的典型方法是农业生态区法（AEZ 定量评价方法），是目前世界上使用较为广泛的土地生产潜力计算方法。该方法优点是简单易行，结合地理信息系统，可操作性强，综合考虑了地区自然环境和农业投入水平，机制合理，思路严谨，可用于大区域尺度下的土地潜力评价。在评价过程中，可以根据不同研究区域的实际情况和研究内容的变动，对评价过程中的多种因素进行调节，灵活运用评价系统，不会与评价方法和内容的基本结果产生较大冲突，是一种比较合理的土地人口承载力研究方法。

国土空间规划“双评价”是对以往传统经典模型的综合运用。国土空间资源的“双评价”的特点是通过该评价客观地反映现状资源环境的优势与短板，发现未来发展的潜力。对空间功能区域进行划分，将环境影响评价，作为优化空间布局的重要技术方法，增强空间规划的环境合理性和协调性。同时，通过对比现状（如开发利用现状、基本农田红线、生态保护红线等）可以对既有规划成果进行校正。此外，“双评价”成果从空间上明确规划范围内未来生态修复的要点，并有助于分析持续提升国土空间资源环境承载能力的路径。

复习思考题

1. 土地适宜性评价的概念是什么？
2. FAO 土地适宜性评价与《中国 1∶100 万土地资源图》评价系统有哪些区别？
3. 论述美国土地评价与立地分析（LESA）系统的主要内容及特点。
4. 土地生产潜力主要有哪些评价模型？
5. 论述以气候要素为主的土地潜力评价步骤。
6. 农业生态区法（AEZ）的概念是什么？
7. 国土空间规划“双评价”内涵？

应 用 篇

第6章

农用地评价

导读:农用地是农业最基本的生产资料,开展农用地评价对于加强耕地保护、保持耕地总量动态平衡、指导开展科学的农用地开发利用、优化农用地结构与布局、土地资源持续利用、保障国家粮食安全等,均有重大意义。本章所称农用地是指直接用于农业生产的土地,包括耕地、园地、林地、牧草地及其他农用地。农用地是一个综合体,农用地质量是诸多因素综合影响的结果。同时农用地具有多功能性,从不同的需求和侧面开展农用地质量评价,就形成了不同类型的农用地质量评价。本章首先介绍自然资源部和农业农村部开展的农用地分等和耕地地力评价的原理与方法,然后聚焦国内农用地评价领域的新趋势,介绍农用地健康评价、农用地多功能评价和农用地质量工程项目实施后评价的理论与方法。

6.1 农用地分等

2003年我国正式颁布了国土资源行业标准《农用地分等规程》(TD/T 1004—2003),开展了全面的农用地分等工作。2012年我国又颁布了《农用地质量分等规程》(GB/T 28407—2012),农用地分等规程由行业标准升级为国家标准。

我国的农用地质量分等融合了国内外各种土地评价理论与方法,评价成果在我国耕地保护、土地利用、耕地质量建设等方面得到了广泛的应用,并且一直在发展演化。本节主要介绍我国《农用地质量分等规程》(GB/T 28407—2012)的理论与方法。

6.1.1 农用地分等的内涵

农用地分等是指在一定区域范围内,按照标准耕作制度,在自然质量条件、平均土地利用条件、平均土地经济条件下,根据规定的方法和程序进行农用地质量综合评定,并划分农用地等别的过程。农用地分等侧重于反映因农用地潜在的区域自然质量、平均利用水平和平均效益水平不同而造成的农用地生产力水平差异。农用地分等需要对农用地的自然质量、利用质量和经济质量3个方面进行综合评价并划分等别,同时农用地分等成果要求在全国范围内具可比性。

早先农用地质量分等是 1999 年开展的“新一轮国土资源大调查”工作的重要组成部分，是满足土地管理，实现由数量管理向数量与质量管理并重转变的基础性工作。目前农用地质量分等工作成为国家耕地动态监测体系的重要内容，也是耕地占补平衡的重要依据，也成为了自然资源管理部的一项法定职责。

6.1.2　农用地分等的基本原理

任何质量都是针对用途(功能)而言的。农用地质量分等主要是针对耕地的生产能力而开展的评价，具体来说主要是指对耕地的粮食生产潜力、可实现能力和经济效益等进行的评价。因此，农用地质量分等的理论基础是土地生产潜力理论，而要将生产潜力转变为可实现的生产能力，需要加入“人类利用水平”的因素，进而又有了利用评价和经济评价的内容。

联合国粮农组织创建了农业生态区域法(简称“AEZ 法”)，实际上是根据作物生产原理，将影响作物产量的光照、温度、水分、土壤条件等因素逐级修正获取作物产量的方法。由光温水土决定的农用地自然质量等指数只表示土地的可能生产力或称土地生产潜力，并不意味着土地的实际生产力(产出量)。土地的实际产量还受生产资料投入水平，包括肥料投入、病虫害防治、机械化水平，以及农民的田间管理水平等条件的限制。因此农用地的现实生产能力需要通过土地利用修正系数得到。无论是农用地的潜在产量，还是实际产量，反映的都是农用地的产量，还必须进一步考虑农业生产的产投比及其效益问题。

因此，农用地分等的方法原理如下：

农用地质量自然等＝光温生产潜力指数(或气候生产潜力指数)×自然质量分

农用地质量利用等＝农用地质量自然等×利用系数

农用地质量经济等＝农用地质量利用等×经济系数

6.1.3　农用地分等方法

农用地分等是一个复杂的过程，为了确保分等成果的全国可比，需要制定严密的工作程序，农用地分等工作流程如图 6-1 所示。

1. 资料收集整理

首先要做好前期的资料收集与整理工作。农用地质量分等是一项复杂的系统工程，需要掌握评价区域的气候、土地等资源状况，还需要掌握农业生产水平、社会组织能力、经济状况等社会经济条件，因此需要收集大量的基础资料。

1)资料收集

农用地自然条件资料：①地貌。包括地貌类型、海拔、坡度、坡向、坡型、地形部位等；②水文和水文地质。包括水源类型(地表水、地下水)、水量、水质等；③土壤。包括土壤类型、土壤表层有机质含量、表层土壤质地、有效土层厚度、土壤盐碱状况、剖面构型、障碍层特征、土壤侵蚀状况、土壤保水供水状况、土壤中砾石含量和地表岩石露头度等；④农田基本建设。包括灌溉条件(水源保证率、灌溉保证率)、排水条件、田间道路条件、田块大小、平整度及破碎程度等；⑤农业气候补充资料。包括各作物播种和收获日期、月平均降水量等。

农用地利用资料：标准耕作制度中所涉及指定作物的面积、单产、总产的统计资料，农业生产实测资料，农业技术实验资料，样点土地利用条件等。

农用地经济资料：单位面积耕、播、收的机械投入费用，单位面积的水、电、柴油等费用，

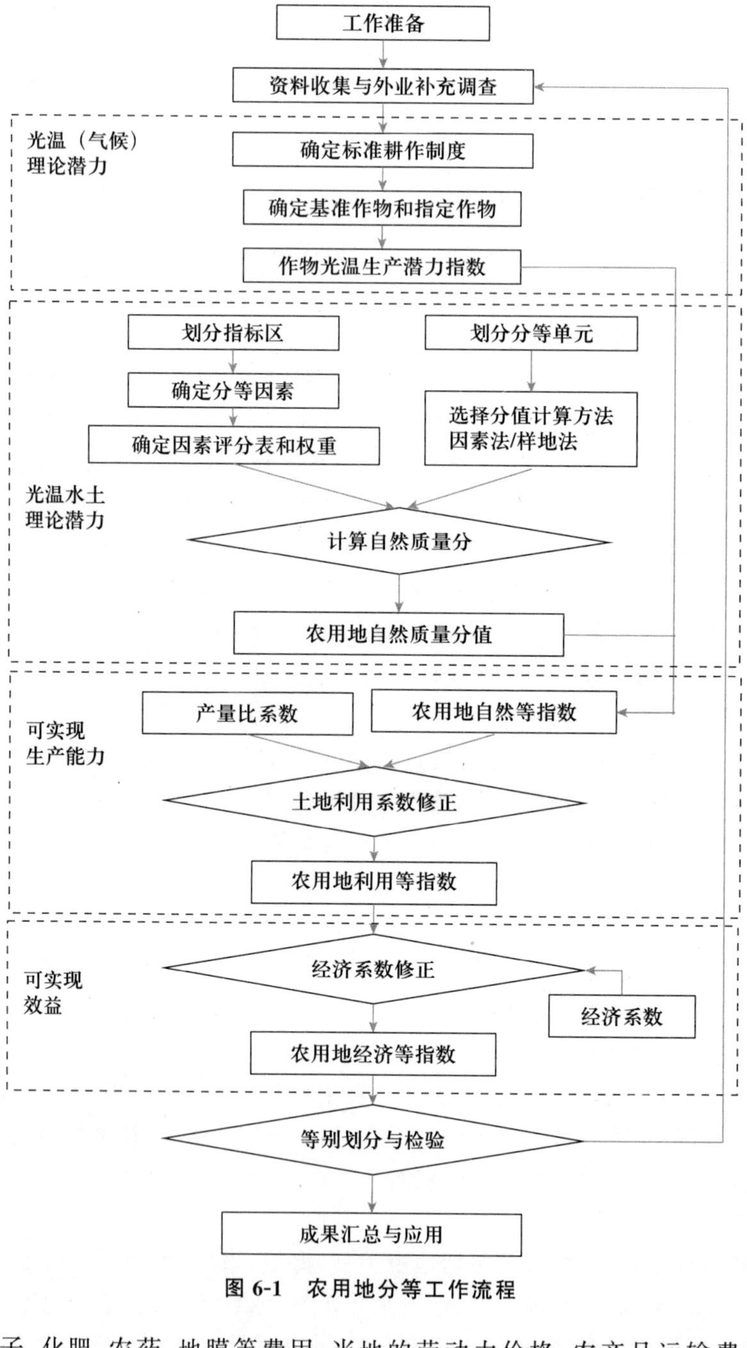

图 6-1　农用地分等工作流程

单位面积的种子、化肥、农药、地膜等费用，当地的劳动力价格、农产品运输费用和农产品价格等。

图件收集：土地利用现状图、土壤图、地形图、土地利用总体规划图及其他相关图件。

其他资料：农业区划资料、土壤普查资料、土地利用现状调查资料、土地利用总体规划、土地利用变更调查资料、农业统计资料、当地农产品市场价格资料等。

2)外业补充调查

被列入农用地质量分等工作范围，现有资料不能满足分等工作要求的区域，需要进行外业补充调查。首先是调查农用地质量分等因素，或样地法中所称的农用地质量分等属性。其次是调查农用地利用状况与农用地经营状况，主要包括产出数据调查和投入数据调查。

3)资料核实与整理

在资料核实过程中要求数据来源可靠、计量单位统一，对不符合实际的数据或个别异常值要校正或剔除。

对收集到的资料按照以下要求进行整理：①根据农用地自然质量影响因素的空间差异，初步划分指标区或样地适用区，并按区对资料进行分类整理，重点是图件、数据资料整理；②根据农用地利用状况，初步划分土地利用系数等值区；③根据农用地经营状况，初步划分土地经济系数等值区；④对不能满足分等工作要求的资料做好记录，以便进行外业补充调查。

2. 确定光温(气候)生产潜力指数

作物的光温生产力是假设在土壤没有任何限制，管理水平最佳，养分和水分充分满足作物生长要求情况下的作物生产潜力，实际上是计算理想状态下的某作物的最大光合产量。作物的光温生产力一般也是水田或灌溉条件充分满足的水浇地的最大理想产量。而作物的气候生产力是没有灌溉条件的旱地的理想产量。国家颁布的《农用地质量分等规程》(GB/T 28407—2012)给出了全国各地的主要粮食作物的光温(气候)生产潜力。根据评价区域的标准耕作制度和基准作物，可以查表获得相应的潜力指数，因此我们需要首先确定评价区的标准耕作制度和基准作物。光温(气候)生产潜力指数表示例见表6-1。

表6-1　光温(气候)生产潜力指数表

区县	类型	冬小麦	春玉米	夏玉米	站点海拔/m
北京昌平区	光温	1 678	—	1 955	79.7
北京昌平区	气候	573	—	1 665	79.7

标准耕作制度是指在当前的社会经济水平、生产条件和技术水平下，有利于生产或最大限度地发挥当地土地生产潜力，未来仍有较大发展前景，不造成生态破坏，能够满足社会需要，并已为(或将为)当地普遍采纳的农作方式，这里的标准耕作制度主要指种植制度。标准耕作制度示例见表6-2。

表6-2　标准耕作制度

省(区、市)	县(市、区、县)	标准耕作制度	复种类型
黑龙江大庆市	大同区	大豆	一年一熟
河南周口市	淮阳县	小麦-水稻，小麦-玉米，小麦-棉花	一年二熟
广东东莞市	东莞市	甘薯-早稻-晚稻，春花生-秋甘薯	一年三熟，一年二熟

基准作物是理论标准粮的折算基准，指全国比较普遍的主要粮食作物，如小麦、玉米、水稻。根据种植日期，又将基准作物进一步区分为春小麦、冬小麦、春玉米、夏玉米、一季稻、早稻和晚稻7种。由省级主管部门负责从中选择一种，作为本行政区的基准作物。指定作物指标准耕作制度中所涉及的作物。

3. 土地适宜性评价

现实中不存在绝对没有限制的土壤。由于土层厚度、土壤质地、剖面构型(包括障碍层次)、养分含量、pH等土壤因素存在着各种不同的限制性，使得作物的光温(气候)生产潜力受到限制，难以百分之百实现。这里的土地适宜性评价主要目的是计算除气候条件之外的其他土地限制因子对生产潜力的修正值。

1）划分分等单元

分等单元是农用地质量分等的最小空间单位，分等单元按以下要求划分：①单元之间的土地特征差异明显，不同地貌部位的土地不划为同一单元，山脉走向两侧水热分配有明显差异的不划为同一单元，地下水、土壤条件、盐碱度等分等因素指标有明显差异的不划为同一单元；②单元内部的土地特征相似，土地分等单元边界不跨越分等因素指标区和土地利用系数等值区、土地经济系数等值区；③单元边界不跨越地块边界；④单元边界采用控制区域格局的地貌走向线和分界线，河流、沟渠、道路、堤坝等线状地物和有明显标志的权属界线。

评价单元可采用下列方法划分。

（1）叠置法　将比例尺相同的土地利用现状图与地形图、土壤图叠加，形成的封闭图斑即为一个分等单元。若图斑小于最小上图面积（6 mm^2）则进行归并。叠置法适用于土地利用现状类型多、地貌类型比较复杂的地区（图 6-2）。

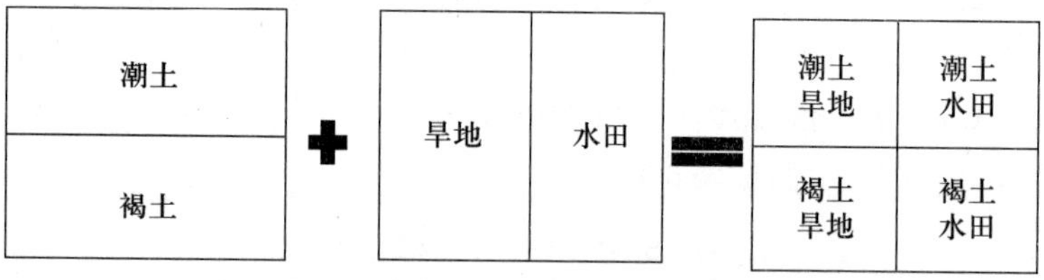

图 6-2　土壤图与土地利用现状图叠加置法

（2）地块法　在工作底图上用明显的地物界线或权属界线，将农用地质量分等因素相对均一的地块，划为一个分等单元。也可直接将土地利用现状图上的图斑作为分等单元。地块法适用于所有分等类型和地区。

（3）网格法　用一定大小的网格作为分等单元。网格大小以能区分不同特性的地块为标准，可采用大小均一的固定网格，也可采用大小不均一的动态网格。网格法可用地理信息系统中的栅格数据模型实现，适用于分等因素空间变化复杂的地区（图 6-3）。

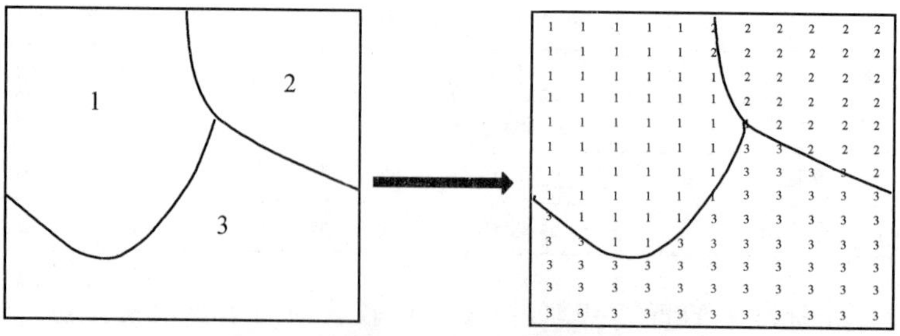

图 6-3　土壤图与土地利用现状图网格法

（4）多边形法　将所有分等因素图进行叠加，最终生成的封闭多边形即为分等单元。多边形法适用于所有分等类型和地区。

2）建立评价指标体系

不同评价区域的土地限制因素差异很大，需要根据自然条件相对一致性划分指标区。农用地质量分等成果需要实现在全国范围内的可比，评价指标需要由上到下的控制。因此构建农用地质量分等评价指标是一个上下结合的结果。

(1)确定分等因素指标区　指标区是依主导因素原则和区域分异原则划分的分等因素体系一致的区域。分等因素指标区划分的具体要求如下：①指标区可根据地貌条件、耕作制度等划分，也可根据强限制性因素的区域分异规律划分；②在县域范围内，指标区一般不超过 5 个；③一个指标区内，选定的分等因素要对农用地的质量有明显影响，一般不超过 10 个，农用地自然质量分依据所选用的分等因素计算；④按照强限制性因素划分的指标区称作限制区。在限制区内，由于强限制性因素的作用，农用地自然质量分的最高分不能取 100 分。假设该限制区内最优农用地条件的自然质量分为 80 分，则限制区内所有分等单元的按百分制计算出的农用地自然质量分，均需乘以 0.8 的限制系数。

(2)确定分等因素　农用地质量分等因素分为推荐因素和自选因素两类。推荐因素由国家统一确定，分区、分地貌类型给出；自选因素由省级土地行政主管部门确定，用于分等的自选因素一般不超过 3 个。自选因素可以从以下几个方面确定。①地貌。地貌类型、海拔、坡度、坡向、坡型、地形部位等；②水文及水文地质。水源类型（地表水、地下水）、水量、水质等；③土壤。土壤类型、土壤表层有机质含量、表层土壤质地、有效土层厚度、土壤盐碱状况、剖面构型、障碍层特征、土壤保水供水状况、土壤中砾石含量、地表岩石露头度等；④农田基本建设。灌溉条件（水源保证率、灌溉保证率）、排水条件、田间道路条件、田块大小、平整度及破碎程度等。平原耕地评价因素及权重示例见表 6-3。

表 6-3　平原耕地评价因素及权重

参评因素	障碍层深度	剖面构型	表层土壤质地	土壤有机质	土壤 pH	盐渍化程度	灌溉保证率	灌溉水源	排水条件
权重	0.03	0.08	0.07	0.04	0.06	0.12	0.30	0.06	0.24

(3)编制“指定作物-分等因素-自然质量分”记分规则表　评价因素的指标值是对客观现实的表述，有客观的物理含义，有各自的表述方式和量纲。比如，土壤质地用沙、壤、黏等概念进行表述，土壤有机质用 g/kg 的数量值进行表述。因此，在进行某种土地用途评价时，需要将客观指标转化为反映“好与坏”的分值。

编制记分规则表的基本要求：①按指定作物分别编制；②推荐因素指标与指标分值的关系可参考国家标准，但在实际工作中也可根据指定作物、指标区的情况加以调整；③自选因素指标与指标分值的关系，依据指标值与作物产量的关系，由各地自行确定；④记分规则表的编制可建立在当地试验资料的基础上，如果没有试验资料，则要采取适当的定性分析方法加以确定；⑤记分规则表编制可在上级农用地质量分等技术指导机构的指导下进行。分等因素记分规则示例见表 6-4。

表 6-4　分等因素记分规则表

分值	障碍层深度	剖面构型	表层土壤质地	土壤有机质	土壤 pH	盐渍化程度	灌溉保证率	灌溉水源	排水条件
100	60～90	通体壤、壤/黏/壤	壤土	1 级	1 级	无	充分满足	1 级	1 级

续表6-4

分值	障碍层深度	剖面构型	表层土壤质地	土壤有机质	土壤pH	盐渍化程度	灌溉保证率	灌溉水源	排水条件
90		壤/黏/黏、壤/沙/壤、砂/黏/黏	黏土	2级	2级	轻度	基本满足	2级	2级
80	30～60	黏/沙/黏、通体黏		3级	3级			3级	
70		沙/黏/沙	沙土	4级		中度	一般满足		3级
60	<30	壤/沙/沙		5级	4级				
50		黏/沙/沙		6级			无灌溉条件		
40		通体沙、通体砾	砾质土			重度			4级
30					5级				
20									
10					6级				

3)计算农用地自然质量分

根据当地实际情况,可选择因素法或样地法计算农用地自然质量分。

(1)因素法　根据分等因素实际状态值的区域分布,编制农用地质量分等因素图。根据分等因素图及记分规则表,获得各分等单元各指定作物的分等因素指标分值。采用几何平均法或加权平均法,计算各分等单元各指定作物的农用地自然质量分,具体计算方法如下:

几何平均法计算公式为:

$$C_{\mathrm{L}ij}=\frac{\left(\prod_{k=1}^{m} f_{ijk}\right)^{1/m}}{100} \tag{6-1}$$

式中:$C_{\mathrm{L}ij}$ 为分等单元指定作物的农用地自然质量分;i 为分等单元编号;j 为指定作物编号;k 为分等因素编号;m 为分等因素的数目;f_{ijk} 为第 i 个分等单元内第 j 种指定作物第 k 个分等因素的指标分值,取值为 0～100。

加权平均法计算公式为:

$$C_{\mathrm{L}ij}=\frac{\sum_{k=1}^{m} w_k f_{ijk}}{100} \tag{6-2}$$

式中:w_k 为第 k 个分等因素的权重;其他符号的含义同公式(6-1)。

(2)样地法　在县域范围内每个乡镇布设 1 个标准样地,地貌条件、耕作制度差异较大的乡镇,可以布设多个标准样地,并根据其相似性进行归类,参照标准样地的归类结果划分适用区,县域范围内适用区一般不超过 5 个。

确定标准样地的分等属性特征值以及标准样地的基准分值,编制"指定作物-分等属性-自然质量(加)减分"规则表。

根据农用地质量分等因素实际状态值的区域分布,编制农用地质量分等属性图,确定分等属性加(减)分值,计算农用地自然质量分。

代数和法计算农用地自然质量分,公式如下:

$$C_{Lij}=\frac{F+\sum_{k=1}^{m}f_{ijk}}{100} \tag{6-3}$$

式中:F 为标准样地基准分值;k 为分等属性编号;m 为分等属性的数目;f_{ijk} 为第 i 个分等单元内第 j 种指定作物第 k 个分等属性加(减)分值;其他符号的含义同公式(6-1)。

4. 农用地自然等

在确定了光温(或气候)生产潜力指数和土地条件限制修正系数后,即可进一步计算反映光温水土理论生产潜力的农用地自然等。但在此之前,为了使得不同作物的产量值可加,需要将不同作物的生产潜力值换算为同一种作物的产量潜力值,也即需要确定产量比系数。

产量比系数计算公式:

$$\text{某区内指定作物产量比系数}(\beta_j)=\frac{\text{基准作物单产}}{\text{指定作物单产}} \tag{6-4}$$

式中:基准作物和指定作物的单产是指区内最大单产。基准作物是指小麦、玉米、水稻3种主要粮食作物中的一种,是理论标准粮的折算基准。指定作物是指标准耕作制度中所涉及的作物。

1)计算农用地质量自然等指数

第 j 种指定作物的自然等指数计算公式为:

$$R_{ij}=\alpha_{tj}\cdot C_{Lij}\cdot\beta_j \tag{6-5}$$

式中:R_{ij} 为第 i 个分等单元第 j 种指定作物的自然等指数;α_{tj} 为第 j 种作物的光温(气候)生产潜力指数;C_{Lij} 为第 i 个分等单元内第 j 种指定作物的农用地自然质量分;β_j 为第 j 种作物的产量比。

农用地自然等指数计算公式为:

$$R_i=\begin{cases}\sum R_{ij} & \text{(一年一熟、两熟、三熟时)}\\ \sum R_{ij}/2 & \text{(两年三熟时)}\end{cases} \tag{6-6}$$

式中:R_i 为第 i 个分等单元的农用地自然等指数;其他符号的含义同公式(6-5)。

2)农用地自然质量等指标的应用

农用地自然质量等指数反映了农用地的自然质量,该成果可以用于一切涉及农用地质量的评价工作。例如,在土地利用总体规划中划定农业用地区时,将自然质量等指数高和较高的分等单元优先划入基本农田,自然质量等指数较低的可划入一般农田。一般情况下,非农建设对土地区位要求高,而对地力则没有要求,因此建设用地确须扩展占用农用地时,尽可能将自然质量等指数低的农用地划入建设用地扩展区。

农用地分等的工作对象除了包括农用地之外,还包括宜农未利用地。因此,可以利用农用地分等成果,将自然质量等指数较高的后备土地资源列入开发规划范围。

5. 土地利用等

光温水土决定的农用地自然质量等指数只表示土地的可能生产力或称土地生产潜力,并不意味着土地的实际生产力(产出量)。土地的实际产量还受生产资料投入水平,包括肥料投入、病虫害防治、机械化水平，以及农民的田间管理水平等条件的限制。因此，即使土地质量相同，由于物质投入和管理水平的不同，也会造成产量有很大差异。在农用地自然质量等指数一定的情况下，即土地的可能生产力一定的情况下，土地利用系数的大小取决于生产资料投入与管理水平不同造成的作物实际产量的差异。

土地利用系数有两种方法，一种是分指定作物计算，另一种是综合计算。

1)土地利用系数

首先由各省级主管部门组织有关专家确定本省二级指标区内各指定作物的最高单产。其次选择正常投入和管理水平的地块做为调查样点，根据近几年的统计资料分析，或近几年的实际测产，以获取代表当地经济发展水平能够达到的作物产量。最后是计算样点指定作物土地利用系数，样点第 j 种指定作物土地利用系数计算公式为：

$$K_{Lij}=\frac{Y_{ij}}{Y_{j\max}} \tag{6-7}$$

式中：K_{Lij} 为第 i 个样点第 j 种指定作物土地利用系数；Y_{ij} 为第 i 个样点第 j 种指定作物正常投入下的单产；$Y_{j\max}$为第 j 种指定作物省内分区最高单产。

实际工作中，也可以不区别指定作物，编制综合土地利用系数：

$$K_L=\frac{Y}{Y_{\max}} \tag{6-8}$$

式中：K_L 为样点的综合土地利用系数；Y 为样点的标准粮实际产量；$Y_{\max}$ 为最大标准粮单产。

2)农用地利用等指数

农用地利用等指数等于农用地的自然质量等指数乘以土地利用系数。

指定作物利用等指数计算公式为：

$$Y_{ij}=R_{ij}\cdot K_{Lj} \tag{6-9}$$

式中：Y_{ij} 为第 i 个分等单元第 j 种指定作物的利用等指数；R_{ij} 为第 i 个分等单元内第 j 种指定作物的自然等指数；K_{Lj} 为分等单元所在等值区的第 j 种指定作物的土地利用系数。

农用地利用等指数计算方法见公式：

$$Y_i=\begin{cases}\sum Y_{ij} & (\text{一年一熟、两熟、三熟时})\\ \sum Y_{ij}/2 & (\text{两年三熟时})\end{cases} \tag{6-10}$$

式中：Y_i 为第 i 个分等单元农用地利用等指数；其他符号的含义同公式(6-18)。

3)农用地利用等指数的应用

在现阶段，农用地利用等指数最大的用处是帮助我们分析区域农用地生产潜力。我们可以将农用地利用等指数与农用地自然等指数相结合，核算粮食生产潜力，为制订科学的耕地保有量提供科学依据。同时，农用地利用等指数与农用地自然等指数相结合，也可以让我们区别哪些是因为生产力水平低或开发利用土地的能力低而使生产潜力没有充分发挥的地区，哪些是由于出于比较效益选择，不愿投资农业生产，而使土地生产潜力没有发挥的地区，帮助我们针对性地制定政策和措施，发掘农用地生产潜力。比如，对生产力水平低或开发利用土地的能力低而使生产潜力没有充分发挥的地区，通过推广农业技术，提高产量；对于那些出于比较效益选择，不愿投资农业生产，而使土地生产潜力没有发挥的地区则采取经济政策鼓励农民投资提高产量。

6. 土地经济等

从自然质量等指数到利用等指数，无论是潜在产量，还是实际产量，反映的都是农用地的产量，并未考虑农用地的经营收入问题。高产未必有高收益，某些情况下，还可能是高产低收入，目前存在的许多“增产不增收” 现象就是证明。因此必须进一步考虑农业生产的产投比及其效益问题。

1)指定作物经济系数

在所有的行政村内分不同产量水平，分层设置一定数量的样点，并根据以下步骤计算出样点的指定作物土地经济系数：

(1)计算“产量-成本”指数　用按规定获取的投入、产出数据，分样点计算，公式为：

$$a_j = \frac{Y_j}{C_j} \tag{6-11}$$

式中：a_j 为样点“产量-成本”指数；Y_j 为样点第 j 种指定作物实际单产；C_j 为样点第 j 种指定作物实际成本。

(2)确定指定作物的最高产量-成本指数　各省组织有关专家确定二级区内第 j 种指定作物的最高产量-成本指数 A_j。

(3)计算样点指定作物土地经济系数　样点的指定作物土地经济系数计算公式为：

$$K_{cij} = \frac{a_{ij}}{A_j} \tag{6-12}$$

式中：K_{cij} 为第 i 个样点第 j 种指定作物土地经济系数；α_{ij} 为第 i 个样点第 j 种指定作物“产量-成本”指数；A_j 为省内分区第 j 种指定作物“产量-成本”指数的最大值。

实际工作中，也可以不区分指定作物，而直接利用本区的标准粮的土地经济系数作为综合土地经济系数，或将各样点调查的指定作物的土地经济系数(K_{cij})的加权平均值作为综合土地经济系数。经济系数的计算也不能依据当年或某年的产量-成本指数，而是常年的产量-成本指数。

2)指定作物经济等指数

(1)计算指定作物经济等指数　指定作物土地经济等指数计算公式为：

$$G_{ij} = Y_{ij} \cdot K_{Cj} \tag{6-13}$$

式中：G_{ij} 为第 i 个分等单元第 j 种指定作物的农用地经济等指数；Y_{ij} 为第 i 个分等单元第 j 种指定作物的农用地利用等指数；K_{Cj} 为分等单元所在等值区的第 j 种指定作物的土地经济系数。

(2)计算农用地经济等指数　农用地经济等指数计算公式为：

$$G_i = \begin{cases} \sum G_{ij} & \text{（一年一熟、两熟、三熟时）} \\ (\sum G_{ij})/2 & \text{（两年三熟时、五熟时）} \end{cases} \tag{6-14}$$

式中：G_i 为第 i 个分等单元的农用地经济等指数；其他符号的含义同公式(6-13)。

3)农用地经济等指数的应用方向

自古以来，人们就一直在探讨一种通过划分农地等级来制定贡赋等级，计征农业税的方法，农用地经济等指数反映了区域土地利用的投入产出情况及其经济效益，可以用来指导农业税征收。虽然现在我国免除了农业税，但是经济等指数依然有它的作用，这就是经济等指数反映了农业生产的投入产出情况及其经济效益，它为农业结构调整提供了有力的科学数据。

7. 农用地质量等别划分

根据农用地自然等指数、农用地利用等指数、农用地经济等指数分别进行农用地自然等、农用地利用等和农用地经济等的划分。可采用等间距法进行农用地各等别的初步划分，各省根据自己的情况和需要确定本省农用地自然等、农用地利用等、农用地经济等的划分间距。国家通过对各省分等结果的分析，协调确定国家农用地自然等、农用地利用等、农用地经济等的划分间距。

6.1.4 农用地分等实例

选择黄淮海平原区粮食生产大县——滑县为例，介绍农用地分等的实践。滑县位于河南省北部，地处北纬 35°12′45″～35°40′20″，东经 114°23′30″～114°58′30″，属古黄河冲积平原，暖温带大陆性季风气候，土壤有潮土和风沙土两大类。

1. 评价单元及其属性

利用空间叠加法划分评价单元，获取各单元指标属性，结果如表 6-5 所示。

表 6-5 评价单元及其属性值

评价单元	坐落	地类	土壤酸碱度	有机质含量/%	土壤质地	剖面构型	灌溉保证率	盐渍化程度
1	刘家庄村	水浇地	8.7	15	黏土	通体黏	充分满足	无盐化
2	枣村集	水浇地	8.8	8	壤土	通体壤	充分满足	无盐化
3	牛庄	水浇地	8.8	8	黏土	通体黏	充分满足	无盐化
4	李营	水浇地	9.3	8	黏土	通体黏	充分满足	无盐化
5	桑村集	水浇地	8.8	8	壤土	壤/沙/沙	充分满足	无盐化
6	柳围里	水浇地	8.7	5.5	壤土	壤/沙/沙	充分满足	无盐化
7	半北	水浇地	8.8	8	沙土	沙/黏/沙	充分满足	轻度盐化
8	半北	水浇地	8.8	8	沙土	沙/黏/沙	充分满足	轻度盐化
⋮								

2. 获取评价参数

(1)标准耕作制度　滑县标准耕作制度为冬小麦-夏玉米，一年两熟。

(2)基准作物和指定作物　基准作物为冬小麦，指定作物为夏玉米。

(3)生产潜力指数　滑县作物生产潜力指数见表 6-6。

表 6-6 滑县作物生产潜力指数表

等值区	冬小麦		夏玉米	
	光温生产潜力	气候生产潜力	光温生产潜力	气候生产潜力
1	1 400	590	1 880	1 570
2	1 420	620	1 900	
3	1 440		1 920	

(4)指定作物产量比系数　确定冬小麦产量比系数为 1，夏玉米产量比系数为 0.890 1。

(5)土地利用系数、土地经济系数　基准作物和指定作物的土地利用系数与土地经济系数如表 6-7 所示。

表 6-7　作物土地利用系数与土地经济系数表

评价单元	冬小麦利用系数	夏玉米利用系数	冬小麦经济系数	夏玉米经济系数
1	0.83	0.85	0.77	0.75
2	0.83	0.85	0.77	0.75
3	0.83	0.85	0.77	0.75
4	0.83	0.85	0.77	0.75
5	0.77	0.65	0.77	0.75
6	0.77	0.65	0.77	0.75
7	0.77	0.55	0.81	0.65
8	0.77	0.55	0.81	0.65
⋮				

(6)分等指标体系　滑县分等因素、权重和分级赋分标准见表 6-8 和表 6-9。

表 6-8　农用地分等因素及权重表

分等因素	表层土壤质地	有机质含量	灌溉保证率	土壤酸碱度	剖面构型	排水条件	盐渍化程度	合计
小麦	0.17	0.12	0.19	0.08	0.12	0.18	0.14	1
玉米	0.16	0.11	0.20	0.09	0.11	0.21	0.12	1

表 6-9　豫东北低洼平原区因素分值表

指定作物		分等因素						
小麦分值	玉米分值	表层土壤质地	土壤有机质含量/%	灌溉保证率	土壤 pH	剖面构型	排水条件	盐渍化程度
100	100	壤土	≥40	充分满足	[6.0,7.9)	A1、B3、A3	20 年一遇	无盐化
90	90	黏土	(30,40]	基本满足	[7.9,8.5)	C3、B4、C1	10 年一遇	轻度盐化
80	80		(20,30]		[8.5,9.0)	B2		
70	70	沙土	(10,20]	一般满足		B1	5 年一遇	中度盐化
60	60		(6,10]		[4.5,5.0)	C4		
50	50		<6	无灌溉条件		C2		
40	40	砾质				A2、A4	3 年一遇	重度盐化
30	30				<4.5[9.0,9.5)			
20	20							
10	10				≥9.5			

剖面构型：A1—通体壤，A2—通体沙，A3—通体黏，A4—通体砾；B1—沙/黏/沙，B2—黏/沙/黏，B3—壤/黏/壤，B4—壤/沙/壤；C1—沙/黏/黏，C2—黏/沙/沙，C3—壤/黏/黏，C4—壤/沙/沙。

3. 分值计算与等级划分

采用加权平均法，计算各分等单元各指定作物的自然质量分、自然等指数、利用等指数、经济等指数，进而划分等级(表 6-10)。

表 6-10 分等计算结果

评价单元	冬小麦自然质量分	夏玉米自然质量分	自然等指数	自然等	利用等指数	利用等	经济等指数	经济等
1	0.92	0.92	2 933	15	2 471	13	1 878	10
2	0.94	0.94	2 915	15	2 456	13	1 866	10
3	0.92	0.92	2 864	15	2 413	13	1 834	10
4	0.82	0.81	2 548	13	2 146	11	1 631	9
5	0.87	0.87	2 679	14	1 883	10	1 433	8
6	0.87	0.87	2 670	14	1 877	10	1 428	8
7	0.82	0.81	2 689	14	1 743	9	1 287	7
8	0.82	0.81	2 689	14	1 743	9	1 287	7
⋮								

6.1.5 全国耕地质量分等成果

1. 全国耕地质量等别结构

截至 2015 年年末,全国耕地质量等别调查与评定面积为 13 462.40 万 hm^2,全国耕地评定为 15 个等别,1 等耕地质量最好,15 等最差。其中,7～13 等耕地总面积占全国耕地评定面积的 78.37%(表 6-11)。

表 6-11 全国耕地质量等别面积比例

等	面积/万 hm^2	比例/%
1	44.33	0.33
2	59.27	0.44
3	114.08	0.85
4	172.24	1.28
5	366.41	2.72
6	886.55	6.59
7	1 142.73	8.49
8	1 183.88	8.79
9	1 400.19	10.4
10	1 773.99	13.18
11	2 032.52	15.1
12	1 890.79	14.04
13	1 126.75	8.37
14	766.91	5.7
15	501.77	3.73
合计	13 462.40	100

将全国耕地按照 1～4 等、5～8 等、9～12 等、13～15 等划分为优等地、高等地、中等地和低等地，优等地占比 2.90%，高等地占比 26.59%，中等地 52.72%，低等地 17.79%。

2. 全国耕地质量空间分布

从优、高、中、低等地在全国的分布来看，优等地主要分布在湖北、湖南、广东 3 个省，总面积为 352.01 万 hm^2，占全国优等地总面积的 90.28%；高等地主要分布在河南、江苏、山东、湖北、安徽、江西、四川、广西、广东 9 个省(自治区)，总面积为 2 859.63 万 hm^2，占全国高等地总面积的 79.89%；中等地主要分布在黑龙江、吉林、云南、辽宁、四川、新疆、贵州、河北、安徽、山东 10 个省(自治区)，总面积为 5 233.17 万 hm^2，占全国中等地总面积的 73.73%；低等地主要分布在内蒙古、甘肃、黑龙江、山西、河北、陕西 6 个省(自治区)，总面积为 2 049.24 万 hm^2，占全国低等地总面积的 85.55%。

6.2　耕地地力评价

在中国历史的各个朝代，都采用各种不同的方式管理农用地，对农用地进行分类和评价，作为制定税收的依据。新中国成立以后，1951 年财政部组织查田定产对全国耕地划分类别，作为确定农业税的依据。1979 年国务院决定开展全国第二次土壤普查工作，耕地基础性状和生产能力的评价是其非常重要的内容。随着我国社会经济的发展，20 世纪 80 年代中后期，以合理利用土地为目的的农用地评价工作蓬勃开展起来，逐渐形成了两个全国性的农用地评价体系：一是原农业部实施的以产量主导型农用地评价体系，包括耕地地力等级体系、中低产田类型体系和耕地环境质量等级体系。二是原国土资源部实施的综合型农用地评价体系，包括农用地质量分等、农用地质量定级和农用地估价。上节主要介绍了农用地质量分等的内容，本节将介绍耕地地力评价的理论与方法。

6.2.1　耕地地力和耕地地力评价的内涵

1. 耕地地力

根据 2008 年农业部发布的《耕地地力调查与质量评价技术规程》(NY/T 1634—2008)，耕地地力是指“在当前管理水平下，由土壤本身特性、自然背景条件和基础设施水平等要素综合构成的耕地的生产能力”。

根据耕地基础地力的概念、研究范围的界定，构成耕地基础地力的要素主要包括立地条件、土壤条件和农田基础设施及培肥水平等。立地条件是与耕地基础地力直接相关的地形、地貌及成土母质特征，地形、地貌涉及地形部位与微地貌单元，成土母质则为第四纪风化壳的物质组成、岩性与堆积状况。土壤条件包括剖面与土体构型、耕作层土壤的理化性状及特殊土壤的理化性状指标。农田基础设施及培肥水平主要包括田间水利工程、水土保持工程、田园化及植被生态建设、土壤培肥水平等。

以上各要素并不是互相孤立地存在，它们之间既有区别又相互影响。如土壤所处的地形条件直接影响土体厚度、水分状况等；而成土母质颗粒的粗细直接决定土壤机械组成质地，成土母质的矿物组成直接决定土壤的磷、钾及中量与微量元素的含量及组成，同时还决定土壤的酸碱度和离子交换量，直接影响土壤肥力。农田基础设施更是直接解决土壤的干旱、渍涝、盐碱等障碍因素。坡地改梯地、平整土地、增厚土层、加深耕层等能改善耕地的基本素质，提高基础地力，增加抗御自然灾害的能力。

耕地地力是指在气候、地形、地貌、成土母质、土壤理化性状、农田基础设施和培肥水平等要素综合构成的耕地生产能力，由立地条件、土壤条件、农田基础设施和培肥水平等因素影响并决定。

2. 耕地地力评价

耕地地力评价是针对特定用途，评估耕地生产潜力和土地适宜性的过程，主要揭示生物生产力的高低和潜在生产力，其实质是对耕地生产力高低的鉴定。

耕地地力评价大体可分为以产量为依据的耕地当前生产能力评价和以自然要素为主的生产潜力评价。生产潜力评价又可分为以气候要素为主的潜力评价和以土壤要素为主的潜力评价。在一个较小的区域范围内(县域)，气候要素相对一致，耕地地力评价可以根据所在地的地形地貌、成土母质、土壤理化性状、农田基础设施等要素相互作用表现出来的综合特征，揭示耕地潜在生物生产力的高低。

耕地地力评价具有以下特点：一是在耕地地力要素确定上，有鲜明的土壤发生学特点。从立地条件、土壤条件到耕作条件表现为自下而上土体剖面的发生学描述和土壤形成过程的时间序列特征。二是在耕地质量等级划分上有明确的土壤改良目标。无论是耕地类型区还是中低产田类型，其出发点和落脚点都是为耕地利用和改良服务，对农业生产具有实际指导意义。

耕地地力评价主要是为农业生产服务的，其目的是为了提高耕地的粮食产量。通过开展耕地地力评价，掌握我国耕地土壤的地力状况、肥力状况、养分状况、土壤退化状况以及耕地综合生产能力的状况，从而提高农业综合生产能力，实现农田增产、农民增收、农业增效，促进农业的可持续发展。

6.2.2 耕地地力评价基本原理

耕地地力评价的对象范围一般是以县(市、区)为单位，评价结果首先在县内排序定级，然后通过各级别对应的潜在粮食产量，对接到农业农村部的耕地地力级别，进而实现跨区域的可比。因此，耕地地力评价的基本原理是建立评价因素指标值与粮食产量之间的映射关系。耕地地力评价的数学表达如下：

$$Y=b_0+b_1x_1+b_2x_2+\cdots+b_nx_n \tag{6-15}$$

式中：Y 为粮食单产；x_i 为第 i 个耕地自然属性(评价因素指标值)；b_i 为第 i 个属性对耕地地力的贡献率。

实际在耕地地力评价过程中，很难建立因素指标值与粮食产量之间的回归模型，因此常常采用多因素综合评判法得到表示耕地质量的耕地地力指数，然后再建立耕地地力指数与粮食产量之间的回归关系，最后以此来划分耕地地力级别。数学表达方式如下：

$$\text{IFI}=b_1x_1+b_2x_2+\cdots+b_nx_n \tag{6-16}$$

$$x_i=f(t_i) \tag{6-17}$$

$$Y=g(\text{IFI}) \tag{6-18}$$

式中：IFI 为耕地地力指数；x_i 为第 i 个参评因素的标准化分值(隶属度)；b_i 为第 i 个参评因素的指标权重；t_i 为第 i 个参评因素指标值；Y 为粮食单产；$f(t_i)$为参评因素隶属函数；

g(IFI)为耕地地力指数与粮食产量之间的回归关系。

6.2.3　耕地地力评价技术流程

耕地地力评价也遵循普遍的土地评价方法流程，大概分为资料收集与整理、划分评价单位、选择评价因素、确定指标分值化方法和指标权重、计算评价单元耕地地力指数、划分耕地地力级别等步骤(图 6-4)。

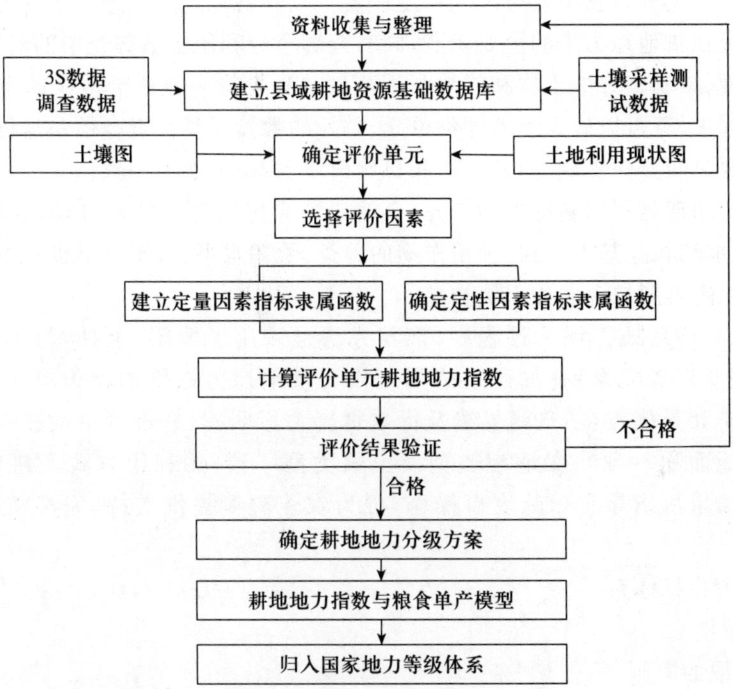

图 6-4　耕地地力评价流程

6.2.4　耕地地力评价方法

1. 资料收集与整理

收集的资料主要包括图件资料、数据资料、文字资料及多媒体资料 4 大类。

图件资料主要包括：地形图、土地利用现状图、行政区划图和土壤图。其他图件根据评价指标确定，如降雨量、光照、地下水、侵蚀等图件。

数据资料主要包括土壤采样点资料和外业调查资料，要求每个土壤类型均布有采样点，布点相对均匀，每个点都要有 GPS 定位坐标。

文字资料主要包括第二次土壤普查报告、水利志、县志，以及相关的农田水利规划资料。

多媒体资料主要指相关的照片和影像等资料。

以上资料收集整理后，要采用统一的空间坐标和数据结构，建立县域耕地资源管理数据库。

2. 划分评价单元

耕地评价单元是农业生产性质相对均一的耕地单元，在生产上用于实际的农事管理，是耕地地力评价的基本对象。在确定评价单元时可以依据以下图件划分：行政区划图、土壤图和土地利用现状图。

行政区划图是用乡、村的行政界限为评价单元，更细的可以划分到生产队。这样划分的优点是行政隶属关系明确，适用于农业及农村经济管理。但这种方法确定的评价单元内可能有两种或多种土壤类型，且土地利用方式、管理方式都可能不一致，不适用于耕地地力的评价。

依据土壤类型划分评价单元可以在一定程度上反映耕地地力的差异。这种方法的优点是能充分反映土壤在耕地地力中的主要矛盾，同时能够充分利用土壤普查中的资料，节省大量的野外调查工作量，具有较好的土壤和耕地利用基础。只要将耕地评价地区的土壤图连同土壤调查报告收集起来，就可以确定土地评价单元、单元的数量及其位置。但是这种方法确定的评价单元在实地缺乏明显的界线，而且往往和自然田块、行政界线不一致。

依据土地利用现状图的基础制图单元(自然地块或耕作规划单元)作为耕地评价单元时，单元内的地形、水利状况基本一致，种植作物的种类、管理水平、常年产量也基本相同。但不足之处是同一单元内可能包含多种土壤类型。

综上所述，在耕地地力评价过程中，推荐方法是采用土壤图(土种)与土地利用现状图(国土部门的现状调查成果)叠加产生的图斑作为耕地地力评价的评价单元。这种方法确定的评价单元有如下优点：①空间界线及行政隶属关系明确，有准确的面积(要注意与当地政府发布的耕地面积一致)；②地貌类型及土壤类型一致；③利用方式及耕作方法基本相同。因此评价结果可指导实际的农事操作，可为农业决策提供支持，为实施精准农业奠定良好的基础。

3. 建立评价指标体系

1)选择评价指标

(1)指标选取的原则

① 选取的因子对耕地地力有比较大的影响，如地形因素、土壤因素、灌排条件等。

② 选取的因子在评价区域内的变异较大，便于划分耕地地力的等级。如在地形起伏较大的区域，地面坡度对耕地地力有很大影响，必须列入评价项目之中；再如，有效土层厚度是影响耕地生产能力的重要因素，在多数地方都应列入评价指标体系，但在冲积平原地区，耕地土壤都是由松软的沉积物发育而成，有效土层深厚而且比较均一，就可以不作为参评因素。

③ 选取的评价因素在时间序列上具有相对的稳定性，如土壤的质地、有机质含量等，评价的结果能够有较长的有效期。

④ 选取评价因素与评价区域的大小有密切的关系。当评价区域很大(国家或省级的耕地地力评价)，气候因素(降水量、无霜期等)就必须作为评价因素。在一个县的范围内，气候因素变化较小，在进行县域耕地地力评价时，气候因素可以不作为参评因子。

(2)全国耕地地力调查与质量评价指标体系总集　根据耕地地力评价工作的需要，确定了64个评价指标体系总集(表6-12)。各地在开展耕地地力评价时，在国家耕地地力评价指标总集中选取10～20个指标作为县一级的地力评价指标。

2)指标分值化方法

评价指标值仅反映一种客观实际，无所谓好坏优劣，而且指标值都有各自的量纲，因此在土地评价过程中，需要针对评价目的，将指标值转化为反映好坏的评价分值。

表 6-12　全国耕地地力评价指标总表

要素名称		要素名称		要素名称	
因素	因子	因素	因子	因素	因子
气候	≥0℃积温	剖面性状	剖面构型	耕层养分状况	有效硅
	≥10℃积温		质地构型		有效锰
	年降水量		有效土层厚度		有效铁
	全年日照时数		耕层厚度		交换性钙
	光能辐射总量		腐殖层厚度		交换性镁
	无霜期		田间持水量	障碍因素	障碍层类型
	干燥度		旱季地下水位		障碍层出现位置
立地条件	经度		潜水埋深		障碍层厚度
	纬度		水型		耕层含盐量
	高程	耕层理化性状	质地		1 m 土层含盐量
	地貌类型		容重		盐化类型
	地形部位		pH		地下水矿化度
	坡度		CEC	水分管理	灌溉保证率
	坡向	耕层养分状况	有机质		灌溉模数
	成土母质		全氮		抗旱能力
	土壤侵蚀类型		有效磷		排涝能力
	土壤侵蚀程度		速效钾		排涝模数
	林地覆盖率		缓效钾		轮作制度
	地面破碎情况		有效锌		梯田化水平
	地表岩石露头状况		水溶态硼		设施类型(蔬菜地用)
	地表砾石度		有效钼		
	田面坡度		有效铜		

耕地地力评价过程中，根据模糊评价法基本原理，我们将选定的评价指标与耕地生产能力的关系分为戒上型函数、戒下型函数、峰型函数、直线型函数以及概念型 5 种类型的隶属函数。对于前 4 种类型，可以用特尔菲法对一组实测值评估出相应的一组隶属度，并根据这两组数据拟合隶属函数。也可以根据唯一差异原则，用田间试验的方法获得测试值与耕地生产能力的一组数据，用这组数据直接拟合隶属函数。

(1)戒上型函数模型　戒上型函数模型表示指标值越高，隶属度越高，比如有效土层厚度、有机质含量等指标。

$$y_i=\begin{cases}0 & u_i\leqslant u_t \\ 1/[1+a_i(u_i-c_i)^2] & u_t<u_i<c_i(i=1,2,\cdots,m) \\ 1 & c_i\leqslant u_i\end{cases} \tag{6-19}$$

式中：y_i 为第 i 个因素隶属度；u_i 为样品观测值；c_i 为标准指标；a_i 为回归系数；u_t 为指标下限值。

隶属函数拟合实例：

首先，利用专家打分得到耕层厚度专家评分表：

耕层厚度/cm	20	18	16	14	12	10	8	6
专家评分	1	0.96	0.9	0.82	0.72	0.6	0.46	0.3

其次，利用 SPSS 的非线性回归方法，得到耕层厚度的隶属函数方程：

$$y=1/[1+0.010\,4(u-20)^2],c=20,u_t<5$$

(2)戒下型函数模型　戒下型函数模型表示指标值越高，隶属度越低，比如坡度、土壤容重等指标。

$$y_i=\begin{cases}0 & u_t\leqslant u_i\\ 1/[1+a_i(u_i-c_i)^2] & c_i<u_i<u_t(i=1,2,\cdots,m)\\ 1 & u_i\leqslant c_i\end{cases} \tag{6-20}$$

式中：y_i 为第 i 个因素隶属度；u_i 为样品观测值；c_i 为标准指标；a_i 为回归系数；u_t 为指标上限值。

(3)峰型函数模型　峰型函数模型表示指标值适度时，隶属度最优，比如 pH 等指标。

$$y_i=\begin{cases}0 & u_i\leqslant u_{t1}\text{或 } u_i<u_{t2}\\ 1/[1+a_i(u_i-c_i)^2] & u_{t2}<u_i<u_{t1}(i=1,2,\cdots,m)\\ 1 & u_i\leqslant c_i\end{cases} \tag{6-21}$$

式中：u_{t1}、u_{t2} 分别为指标上、下限值，其他同上。

(4)直线型函数模型　直线型函数模型表示指标值与隶属度呈线性关系。

$$y_i=au_i+b \tag{6-22}$$

式中，y_i 为第 i 个因素隶属度；u_i 为样品观测值；a，b 为回归系数。

(5)概念型隶属函数　概念型隶属函数是指因素指标值表达的是某种定性的概念，而不是定量的指标，比如剖面构型、地貌类型、土壤质地等指标。这类要素的评价可采用特尔菲法直接给出隶属度。

概念型隶属函数实例

以土壤质地为例，通过专家评分，可得到如下概念型隶属函数：

质地	重壤土	中壤土	轻黏土	轻壤土	中黏土	沙壤土	重黏土	沙土
专家评分	1	0.9	0.7	0.6	0.4	0.3	0.2	0.1

3)指标权重

根据评价因素对耕地地力影响度的大小,综合确定指标权重。可以采用特尔菲法,也可以采用层次分析法。

(1)特尔菲法的基本步骤

① 确定提问的提纲。列出的调查提纲应当用词准确,层次分明,要集中于要判断和评价的问题。为了使专家易于回答问题,通常还在调查提纲的同时提供有关背景材料。

② 选择专家。为了得到较好的评价结果,通常需要选择对问题了解较多的专家10～50人,少数重大问题可选择100人以上。

③ 调查结果的归纳、反馈和总结。收集到专家对问题的判断后,统计归纳。定量判断的归纳结果通常符合正态分布。在仔细听取了持极端意见专家的理由后,去掉两端各25%的意见,寻找出意见最集中的范围,然后把归纳结果反馈给专家,让他们再次提出自己的评价和判断。这样反复3～4次后,专家的意见会逐步趋近一致,这时就可做出最后的分析报告。

(2)层次分析法 层次分析法的基本原理是把复杂问题中的各个因素按照相互之间的隶属关系排成从高到底的若干层次,根据对一定客观现实的判断就同一层次相对重要性相互比较的结果,决定层次各元素重要性的先后次序。

层次分析法的步骤有:①建立层次结构模型;②构造判断矩阵;③层次单排序及其一致性检验;④层次总排序及其一致性检验。

下面举例说明。

① 建立层次结构模型。层次分析法要求首先将问题条理化、层次化,然后构造层次分析模型,一般分为最高的目标层、中间的因素层和最低的因子层。

层次结构模型实例:

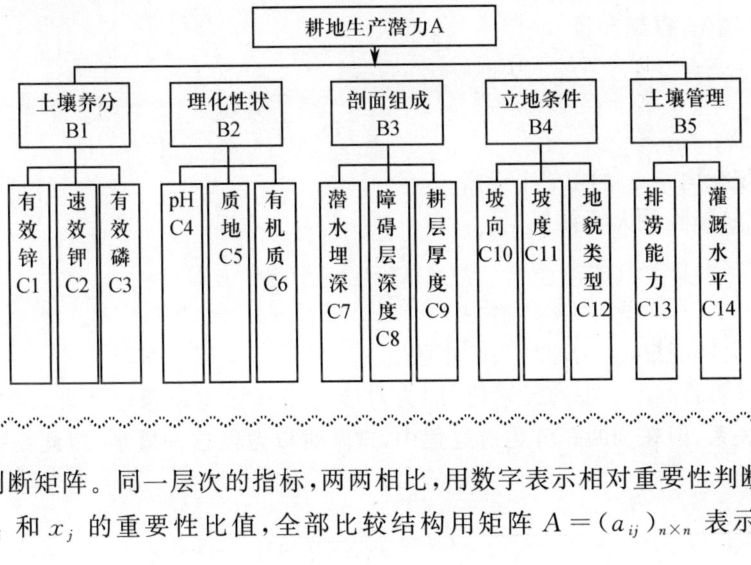

② 构造判断矩阵。同一层次的指标,两两相比,用数字表示相对重要性判断。以 a_{ij} 表示因素(因子) x_i 和 x_j 的重要性比值,全部比较结构用矩阵 $A=(a_{ij})_{n\times n}$ 表示,如果矩阵 A 满足:

$$a_{ij}>0, a_{ij}=\frac{1}{a_{ji}}, a_{ii}=1, i\neq j(i,j=1,2,\cdots,n) \tag{6-23}$$

可以证明矩阵 A 具有一致性,其最大特征值 $\lambda_{max}=n$。

评价因素判断矩阵实例:

项目	B1	B2	B3	B4	B5
养分 B1	1	0.25	0.333 3	0.222 2	0.285 7
理化性状 B2	4	1	1.428 6	0.666 6	1.176 4
剖面组成 B3	3	0.7	1	0.5	0.833 3
立地条件 B4	4.5	1.5	2	1	2
土壤管理 B5	3.5	0.85	1.2	0.5	1

③ 层次单排序及其一致性检验。层次单排序主要是求解判断矩阵的最大特征根及其对应的特征向量。正规化的特征向量即为因素的权重。

最大特征值和特征向量的计算方法如下:

A. 首先将比较矩阵每一列正规化

$$b_{ij}=\frac{a_{ij}}{\sum_{i=1}^{n}a_{ij}} \tag{6-24}$$

式中:a_{ij} 为判断矩阵中 i 行 j 列的元素,b_{ij} 为正规化后的元素。

B. 正规化后的比较矩阵按行相加,得到向量 $\overline{w}$:

$$\overline{w}_i=\sum_{j=1}^{m}b_{ij} \tag{6-25}$$

式中:$\overline{w}_i$ 为按行加总的结果。

C. 向量正规化,得到向量 $\overline{w}$

$$w_i=\frac{\overline{w}_i}{\sum_{i=1}^{n}\overline{w}_i} \tag{6-26}$$

式中:w_i 为正规化向量 w 的第 i 个元素。

D. 计算比较矩阵最大特征根 λ_{max}

$$\lambda_{max}=\sum_{i=1}^{n}\frac{(A\cdot w)_i}{n\cdot w_i} \tag{6-27}$$

式中:λ_{max} 为最大特征根,A 为原始判断矩阵。

经过以上计算,向量 w 中的元素值,即为对应的指标权重。理论上讲,判断矩阵 A 的对角元素呈倒数关系,但在判断矩阵构造过程中,常常难以遵循这一规则,因此需要对 A 的判断一致性进行检验。

$$CI=\frac{\lambda_{max}-n}{n-1} \tag{6-28}$$

$$CR=\frac{CI}{RI}<0.1 \tag{6-29}$$

式中：CI 为一致性指标；CR 为随机一致性比率，当 CR 小于 0.1 时认为判断矩阵具有满意的一致性；RI 为平均随机一致性指标，RI 可从平均随机一致性指标表中查得（表 6-13）。

表 6-13　平均随机一致性指标 *RI* 值

n	1	2	3	4	5	6	7	8	9	10	11
RI	0	0	0.58	0.9	1.12	1.24	1.32	1.41	1.45	1.49	1.51

层次单排序实例：

特征向量 $w=[0.0615, 0.2350, 0.1697, 0.3379, 0.1959]$

最大特征根 $\lambda_{max}=5.0168$

$CI=4.20552184252943E-03$

$RI=1.12$

$CR=CI/RI=0.00375493<0.1$

④ 层次总排序及其一致性检验。如果要计算同一层次所有元素对于最高层相对重要性的排序权值，则需要从最高层到最低层逐层排序，这一过程称为层次总排序。层次总排序示例见表 6-14。

表 6-14　层次总排序

指标 C		准则层 B					
		土壤养分 B_1 0.061 5	理化性状 B_2 0.235	剖面组成 B_3 0.169 7	立地条件 B_4 0.337 9	土壤管理 B_5 0.195 9	组合权重 $\sum B_iC_i$
有效锌	C_1	0.089 3					0.005 5
速效钾	C_2	0.587					0.036 1
有效磷	C_3	0.323 8					0.019 9
pH	C_4		0.083 6				0.019 6
质地	C_5		0.283 5				0.066 6
有机质	C_6		0.633				0.148 8
潜水埋深	C_7			0.091 5			0.015 5
障碍层深度	C_8			0.707 1			0.12
耕层厚度	C_9			0.201 4			0.034 2
坡向	C_{10}				0.071 9		0.024 3
坡度	C_{11}				0.165 5		0.055 9
地貌类型	C_{12}				0.762 6		0.257 7
排涝能力	C_{13}					0.2	0.039 2
灌溉指数	C_{14}					0.8	0.156 7

层次总排序的计算公式：

$$w_i = \sum_{j=1}^{n} c_j \cdot w_{ij} \tag{6-30}$$

式中：c_j 为上级层次中 j 指标的权重；w_{ij} 为下层指标 i 相对于上级指标 j 的权重；w_i 为指标 i 在层次总排序中的权重。

一致性检验的公式：

$$CR = \frac{\sum_{j=1}^{n} c_j \cdot CI_j}{\sum_{j=1}^{n} c_j \cdot RI_j} < 0.1 \tag{6-31}$$

式中符号含义同式(6-30)。

4. 计算耕地地力指数

首先利用隶属函数计算每个评价单元的单要素分值，然后利用指标加权综合法计算各评价单元的耕地地力指数。

$$\mathrm{IFI} = \sum_{i=1}^{n} w_i \cdot f_i \tag{6-32}$$

式中：IFI 为耕地地力指数；f_i 为第 i 个指标的隶属度；w_i 为第 i 个指标的权重。

5. 划分耕地地力等级

根据各评价单元的耕地地力指数的统计分布规律，同时结合县（市、区）的实际情况，特别是耕地的粮食生产水平和耕地地力障碍类型，综合确定耕地地力等级。

耕地等级划分方法可采用等距分级法，也可采用累积曲线分级法，一般是根据累积曲线上的突变点划分耕地地力等级。

6. 评价结果归入国家耕地地力等级体系

在每一个地力等级内随机选取 10％的评价单元，调查近 3 年实际的年平均产量，经济作物统一折算为谷类作物产量。当调查点达到一定数量时，调查产量的统计值将逐渐趋近于某一个指定的辖区（如一个村、一个乡、一个县）或某一个特定的土壤类型平均地力等级，我们将它定义为概念性产量。最后确定每个耕地地力等级对应的概念性产量，以概念性产量为依据，将县级耕地地力等级分别归入相应的概念型产量表示的国家耕地地力等级体系。

6.2.5 耕地地力评价实例

以河南省舞钢市为例，介绍耕地地力评价的实践。舞钢市位于河南省中部，位于北纬 33°09′～33°39′，东经 113°4′～113°48′，地处伏牛山东部余脉与黄淮平原交接地带，可分为平原、丘陵岗地、山区 3 种地貌类型。该市位于北亚热带向暖温带过渡地区，属大陆性季风气候，年 0℃以上积温 5 318.2 ℃，年平均降水量 939.3 mm。土壤类型主要有黄褐土、黄棕壤、粗骨土、砂姜黑土、潮土 5 大土类。

1. 建立评价指标体系

根据因素对耕地地力影响的稳定性以及显著性，选取了灌溉保证率、排涝能力、质地构型、地貌类型、成土母质、质地、有机质、速效钾、有效磷、障碍层出现的位置、障碍层类型 11 项因素作为耕地地力评价的参评指标。

采用层次分析法确定指标权重，首先建立指标层次模型，如图 6-5 所示。

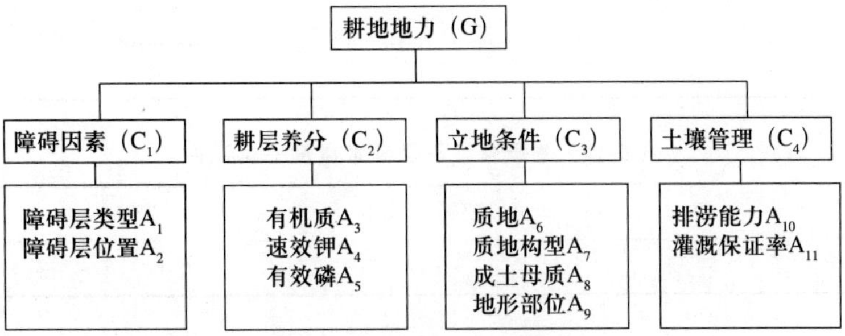

图 6-5　舞钢市耕地地力评价因素层次结构

经过层次分析与计算，得到如下层次总排序结果，见表 6-15。

表 6-15　层次总排序表

层次 A	层次 C				
	障碍因素 C_1 0.200 0	耕层养分 C_2 0.225 0	立地条件 C_3 0.275 0	土壤管理 C_4 0.300 0	组合权重 $\sum C_i A_i$
障碍层类型 A_1	0.450 0				0.090 0
障碍层位置 A_2	0.550 0				0.110 0
有机质 A_3		0.225 0			0.050 6
速效钾 A_4		0.350 0			0.078 8
有效磷 A_5		0.425 0			0.095 6
质地 A_6			0.125 0		0.034 4
质地构型 A_7			0.200 0		0.055 0
成土母质 A_8			0.275 0		0.075 6
地形部位 A_9			0.400 0		0.110 0
排涝能力 A_{10}				0.350 0	0.105 0
灌溉保证率 A_{11}				0.650 0	0.195 0

根据指标类型，采用专家打分法和非线性回归法，确定指标隶属函数。

概念型指标有质地、质地构型、障碍层类型、灌溉保证率、排涝能力、地形部位、障碍层出现位置和成土母质，其指标隶属度如表 6-16 至表 6-23 所示。

表 6-16　质地分类及其隶属度专家评估

指标	重壤土	中壤土	松沙土
隶属度	1	0.75	0.25

表 6-17　质地构型分类及其隶属度专家评估

指标	均质重壤	黏底重壤	夹黏中壤	黏身重壤	黏身中壤	均质中壤	沙底中壤	均质沙土
隶属度	1	0.85	0.7	0.55	0.45	0.4	0.1	0.01

表 6-18　障碍层类型及其隶属度专家评估

指标	无	沙姜层	黏盘层	沙砾层
隶属度	1	0.75	0.55	0.15

表 6-19　灌溉保证率及其隶属度专家评估

指标值	≥95%	75%～95%	50%～75%	<50%
隶属度	1	0.8	0.6	0.3

表 6-20　排涝能力及其隶属度专家评估

指标	≥10 年	5～10 年	<5 年
隶属度	1	0.7	0.4

表 6-21　地形部位及其隶属度专家评估

指标	二级阶地	山前倾斜平原	平原低洼地	丘间低平洼地	岗坡中底部	坡地中上部	中低山上中部	中低山顶部	一级阶地	低丘坡麓	河漫滩
隶属度	1	0.95	0.9	0.85	0.8	0.7	0.6	0.5	0.4	0.3	0.1

表 6-22　障碍层出现位置及其隶属度专家评估

指标	≥300 cm	72～300 cm	50～72 cm	20～50 cm	<20 cm
隶属度	1	0.9	0.7	0.6	0.2

表 6-23　成土母质及其隶属度专家评估

指标	冲积洪积物	河湖沉积物	坡洪积物	砂页岩残积坡积物	石英岩残积坡积物	碳酸盐残积坡积物	下蜀黄土母质
隶属度	1	0.7	0.4	0.1	0.1	0.1	0.1

数值型指标有有机质、速效钾和有效磷 3 个指标，隶属函数如表 6-24 所示。

表 6-24　有机质隶属函数

因素	函数类型	隶属函数	a 值	c 值	Ut 值
有机质	戒上型	$1/[1+a\times(X-c)^2]$	0.005 73	26.928 16	3
有效磷	戒上型	$1/[1+a\times(X-c)^2]$	0.008 15	29.363 84	3.5
速效钾	戒上型	$1/[1+a\times(X-c)^2]$	0.000 239	142.378 7	15

注：式中 a 为回归系数，c 为标准指标，Ut 为指标下限值。

2. 划分评价单元

以土壤图、土地利用现状图、行政区划图叠加生成的结果作为基本评价单元图。其中，土壤类型划分到土种，土地利用现状采用第二次国土资源调查数据，从中提取耕地图层，行政区划图到村级。

3. 耕地地力评价

利用 GIS 软件的空间分析功能，比如地形分析、插值分析，以及基于空间位置的属性统计和属性提取，为每个评价单元提取评价指标值，如表 6-25 所示。

表 6-25 评价单元指标属性表

单元	质地	质地构型	成土母质	地形部位	灌溉保证率/%	排涝能力（n 年一遇）	障碍层类型	障碍层位置/cm	有机质/(g/kg)	有效磷/(mg/kg)	速效钾/(mg/kg)
1	中壤土	黏身中壤	冲积洪积物	山前倾斜平原	50～75	<5	无	≥300	15	18.4	111
2	中壤土	黏身中壤	河湖沉积物	平原低洼地	≥95	5～10	沙姜层	20～50	15.1	14	78
3	中壤土	夹黏中壤	冲积洪积物	二级阶地	75～95	5～10	无	≥300	16.6	16.5	113
4	中壤土	夹黏中壤	冲积洪积物	二级阶地	<50	5～10	无	≥300	13.5	25.8	110
5	重壤土	均质重壤	河湖沉积物	丘间低平洼地	50～75	5～10	沙姜层	20～50	16	15.8	83
6	重壤土	均质重壤	河湖沉积物	丘间低平洼地	50～75	5～10	沙姜层	20～50	16.9	15.4	68
7	重壤土	均质重壤	坡洪积物	岗坡中底部	<50	5～10	黏盘层	20～50	14.9	23.8	93
8	中壤土	均质中壤	砂页岩残积坡积物	坡地中上部	50～75	≥10	砂砾层	<20	17.1	11.2	107

利用各因素的隶属函数，计算各评价指标的隶属度，即因子评价分值，最后利用多因素加权法，得到评价结果。因子得分和评价结果如表 6-26 所示。

表 6-26 耕地地力评价结果

单元	质地	质地构型	成土母质	地形部位	灌溉保证	排涝能力	障碍层类型	障碍层位	有机质	有效磷	速效钾	综合得分	地力等级
1	0.75	0.45	1	0.95	0.6	0.4	1	1	0.55	0.51	0.81	0.73	2
2	0.75	0.45	0.7	0.9	1	0.7	0.75	0.6	0.56	0.34	0.50	0.70	2
3	0.75	0.7	1	1	0.8	0.7	1	1	0.62	0.43	0.83	0.82	1
4	0.75	0.7	1	1	0.3	0.7	1	1	0.49	0.91	0.80	0.76	1
5	1	1	0.7	0.85	0.6	0.7	0.75	0.6	0.59	0.40	0.54	0.67	3
6	1	1	0.7	0.85	0.6	0.7	0.75	0.6	0.63	0.39	0.43	0.66	3
7	1	1	0.4	0.8	0.3	0.7	0.55	0.6	0.55	0.80	0.63	0.61	4
8	0.75	0.4	0.1	0.7	0.6	1	0.15	0.2	0.64	0.27	0.77	0.51	5
⋮													

6.3 农用地风险评价

风险可以认为是事故发生的概率和它可能造成的损失的统一，风险度可以理解成是不希望发生甚至是灾难性事件发生的概率和这种事件可能造成的损失的结合。关于农用地风险评价的研究主要集中在土壤环境污染评估和生态风险评价两方面。

6.3.1 农用地风险评价的内涵

农用地为人类提供了生存必须的农产品和重要的生态服务，其结构与功能的持续稳定是人类社会发展的基础。然而自然环境演化和人类活动等给农用地可持续利用带来压力和胁迫，这些压力和胁迫导致了诸多的生态风险。科学地管理这些生态风险，是保证农用地可持续利用的重要前提。

1. 农用地生态系统

参考土地生态系统的概念，农用地生态系统是由其组成要素（气候、地质地貌、水文及水文地质、土壤、生物）之间，以及与人类之间相互联系、相互作用、相互制约所构成的统一体。在这个统一体中，进行着物质迁移与能量转移，是一个动态开放系统，具有本身的结构功能和生态演替过程。农用地除了具有突出的农产品生产功能外，同时也具有支撑、资源、资产、净化、景观、保障等其他各类土地的功能。

2. 生态风险评价

生态风险是生态系统及其组分所承受的风险，指一个种群、生态系统或整个景观的正常功能受到外界胁迫，从而在目前和将来减少该系统内部某些要素或其本身的健康、生产力、遗传结构、经济价值和美学价值的可能性。生态风险评价是对生态环境灾害发生的概率进行定量化的评估。

生态风险评价起源于 20 世纪 80 年代，最初仅局限在人体健康评价的领域内，针对极小尺度的评价对象，后来逐步发展成为衡量一定范围内生态系统中一种或多重压力造成的，已经发生或正在发生的具有负生态效应可能性的研究手段。生态风险评价可为生态环境保护和风险管理提供科学依据和技术支持，其理论和方法得到了迅速发展。

最初的生态风险评价大多针对单一风险源对生态系统的胁迫作用进行评价，基于生态毒理学方法，以环境中的化学污染物为主要风险源，来评估其对生态系统的结构和功能带来的不利影响。在其后的发展中，生态风险评价不再将视角局限于化学污染因子上，而是放眼更为多元的生态风险源和风险受体，如气候、生物、疾病等风险源，以及地质、水文环境或生态系统中的一个关键中等风险受体。

3. 农用地生态风险评价

农用地生态风险是指农用地开发利用过程中，由于对系统认识不充分，导致土地及与之关联的系统结构异常，物流、能流、信息流等受阻，使生态环境恶化，危害人类利益。通常的农用地生态风险包括气候异常变化、地质灾害、水土流失、水资源短缺、土壤退化、生物多样性丧失、生物病虫害、旱涝灾害、环境污染、建设侵占等。

目前对农用地生态风险研究有两大类型：一是通过辨识和分析风险因子，利用生态风险指数对农用地生态风险进行研究；二是从风险源、风险受体和风险效应 3 方面选择指标构建评价指标体系。

6.3.2 土壤环境污染评估

土地污染主要由人类干扰引起。按照土地的组成要素来区分，土地污染包括大气污染、水污染和土壤污染等；按照污染物的类型来区分，土地污染包括重金属污染、有机污染和放射性物质污染等。土地污染重点研究土地污染的类型、程度及其影响。土地污染是土地质量的重要方面，被世界银行等国际组织列入土地质量指标项目中加以研究。

农用地土壤污染指因土壤污染导致食用农产品质量安全、农作物生长或土壤生态环境受到不利影响。农用地土壤污染是目前社会最关注的领域，下面重点介绍土壤污染评价的内容。

1. 土壤污染调查与评价的原则

(1)针对性原则　针对农用地土壤的特征和潜在污染物特性，重点关注已有调查发现的土壤点位超标区、土壤重点污染源影响区、土壤污染问题突出区域等，进行污染物浓度和空间分布调查评估，为农用地土壤环境管理提供依据。

(2)代表性原则　综合考虑农用地的类型(如水田、旱地等)、地形地貌、污染源类型、农用地受污染规律和特点等，进行差异化布点监测。

(3)规范性原则　采用程序化和系统化的方式规范农用地土壤环境质量调查评估过程，保证调查评估过程的科学性和客观性。

(4)可操作性原则　综合考虑调查评估方法、时间和经费等因素，结合当前科技发展和专业技术水平，使调查评估过程切实可行。

2. 土壤污染调查与评价的过程

农用地土壤环境质量调查评价可分为初步调查和详细调查评价两个阶段。

初步调查包括资料收集、现场踏勘、人员访谈、信息整理及分析、初步采样布点方案制定、现场采样、样品检测、数据分析与评估、调查评估报告编制等。当土壤中污染物含量未超过国家或地方相关农用地土壤污染风险筛选值的，农用地土壤污染风险低，一般情况下可以忽略(即属于可接受水平)，无须开展后续详细调查。当土壤中污染物含量超过国家或地方相关农用地土壤污染风险筛选值的，可能存在农用地土壤污染风险，则对人体健康可能存在风险(即可能超过可接受水平)，应当开展进一步的详细调查。

详细调查评价包括详细调查采样布点方案制定、现场采样、样品检测、数据分析与评估、调查评估报告编制等。详细调查应当进一步确定土壤污染物的污染程度、空间分布状况及其范围，以及对农产品质量安全影响等，为安全利用、风险管控或者治理与修复等提供支撑。详细调查不能满足上述要求的，或需要进一步精细测算治理与修复范围时，则应当补充调查，收集更多信息。对威胁地下水的受污染农用地，可参照建设用地相关规范补充调查水文地质条件和土壤污染物对地下水的影响情况。

农用地土壤污染调查与评价过程见图 6-6。

3. 农用地土壤污染调查

1)确定调查评价单元

土壤污染评价属于是一种场地评价，而非全域评价。调查评价单元是调查布点的独立考察单元，是调查评估数据统计分析的基本单元，是农用地土壤环境调查评估、质量类别划分、实行分类管理的基础。

综合考虑农用地土壤类型、农作物种类、耕作制度、农产品生产基地、保护区类别、行政区划、污染类型和特征、地形地貌等因素，划分调查评估单元。调查评估单元具体划分为重点保护区域、重点污染源影响区、土壤污染问题突出区域及一般农用地区域 4 类。

重点保护区域类调查评价单元主要包括集中式饮用水水源保护区、果蔬菜种植基地和大宗农产品种植基地及地方特色农作物种植区 4 种调查评估单元。

重点污染源影响区调查评价单元主要包括灌溉水污染型、大气污染型、矿山或固体废物堆存污染型、尾矿库溃坝污染型、洪水泛滥淹没污染型和其他污染型 6 种调查评估单元。

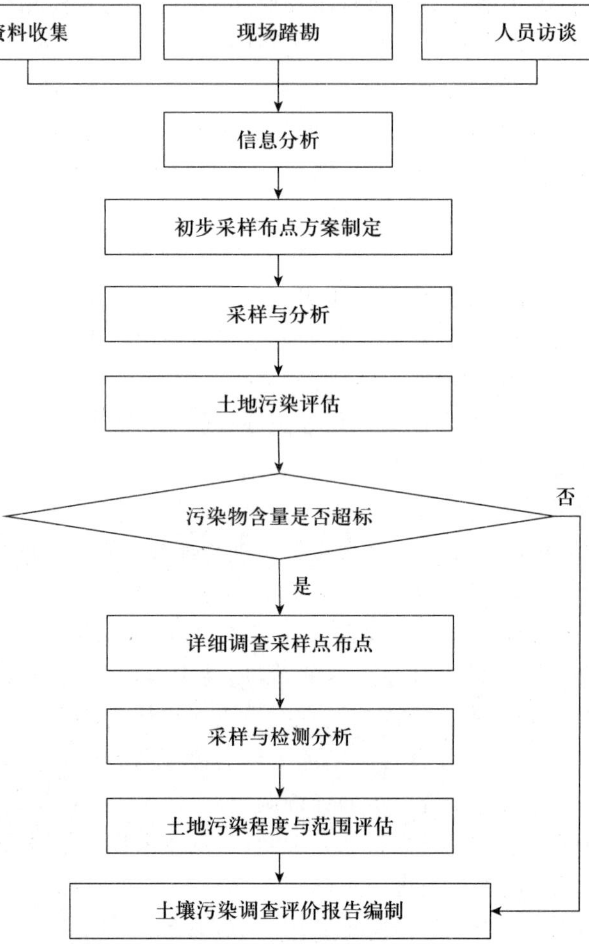

图 6-6 农用地土壤污染调查与评价过程

土壤污染问题突出区域指明显受污染的农用地，主要包括：有关调查（全国土壤环境污染状况调查、多目标区域地球化学调查、农产品产地土壤重金属污染调查、全国土壤污染状况详查等）、监测（土壤环境例行监测等）和科学研究已发现的受污染农用地；信访、投诉、社会舆论和媒体关注的受污染农用地；历史上因环境事故而污染的农用地；工业固体废物长期堆放而污染的农用地；其他有明显证据表明受污染的农用地。

一般农用地区域调查评价单元是将重点保护区域、重点污染源影响区和土壤污染问题突出区域外的一般农用地区域，划分为一个调查评价单元。

2）监测布点

针对不同的调查评估单元，确定不同的监测布点方法：①集中式饮用水水源保护区调查评估单元土壤监测点采用均匀布点法；②一般农用地区域、果蔬菜种植基地、大宗农产品种植基地及地方特色农作物种植区调查评估单元土壤监测点一般情况下采用均匀布点法；③大气污染型调查评估单元土壤监测点，以大气污染源为中心，采用放射状布点法，布点密度由中心起由密渐稀，在同一密度圈内均匀布点。此外，在大气污染源主导风下风向应适当延长监测距离和增加布点数量；④灌溉水污染型调查评估单元土壤监测点在纳污灌溉水体两侧按水流方向采用带状布点法，布点密度自灌溉水体纳污口起由密渐稀，各引灌段相对均匀；⑤矿山或固体废物堆存污染型调查评估单元可结合地表产流和当地常年主导风向，采用放射布点法和带状布点法；⑥尾矿库溃坝污染型调查评估单元按水流方向采用放射状布点法和带状布点法，布点密度由密渐稀；⑦洪水泛滥淹没污染型调查评估单元土壤监测点一般采用带状布点法和均匀布点法；⑧其他污染型及土壤污染问题突出区域调查评估单元以主要污染物排放途径为主，综合采用放射布点法、带状布点法及均匀布点法等多种形式的布点法。

3)样品监测项目

监测项目应依据保守性原则，根据农用地内外潜在的污染源和污染物，同时考虑污染物的迁移转化来确定。监测项目包括必测项目和选测项目。必测项目为必须测定的项目，选测项目是根据农用地潜在污染源和污染物选择监测的项目。

(1)必测项目　包括《土壤环境质量　农用地土壤污染风险管控标准(试行)》(GB 15618—2018)中农用地土壤污染筛选值的基本项目为所有类型土壤调查评估单元的必测项目，包括 pH、镉、汞、砷、铅、铬、铜、镍、锌。灌溉水污染型、大气污染型、集中式饮用水水源污染型，增加苯并[a]芘为必测项目。果蔬菜种植基地、大宗农产品种植基地及地方特色农作物种植区增加六六六、滴滴涕为必测项目。

(2)选测项目　①灌溉水污染型土壤调查评估单元选测项目有：氰化物、总石油烃。②大气污染型土壤调查评估单元选测项目类型有：重金属、石油烃、氰化物等。③集中式饮用水水源保护区调查评估单元选测项目有：六六六、滴滴涕、总石油烃、氰化物、氟化物、锰、铊、锑、钼、硒。④果蔬菜种植基地、大宗农产品种植基地及地方特色农作物种植区调查评估单元选测项目有苯并[a]芘。⑤其他选测项目根据各调查评估单元及所在地区污染源情况、土壤污染特点和环境管理需求进行选择。

4. 土壤污染评价

农用地土壤污染评价应采用污染指数法，并进行统计分析，给出样本数量、最大值、最小值、均值、标准差、最大超标倍数及达标情况等。对某一点位，若仅存在一项污染物，采用单因子污染指数法；若存在多项污染物，分别采用单因子污染指数法和综合污染指数法。

1)评价标准

在采用污染指数法评价土壤超标情况时，评价标准应执行《土壤环境质量农用地土壤污染风险管控标准(试行)》(GB 15618—2018)中的污染物项目风险筛选值和管制值标准要求(表6-27、表6-28)；标准中未规定的项目，可参考其他土壤质量相关标准。在评价土壤污染物累积情况时，评价依据优先采用该区域的土壤环境背景值。

表 6-27　农用地土壤污染风险筛选值标准

污染物项目		风险筛选值/(mg/kg)			
		pH≤5.5	5.5<pH≤6.5	6.5<pH≤7.5	7.5<pH≤8.5
镉	水田	0.3	0.4	0.6	0.8
	其他	0.3	0.3	0.3	0.6
汞	水田	0.5	0.5	0.6	1.0
	其他	1.3	1.8	2.4	3.4

续表 6-27

污染物项目		风险筛选值/(mg/kg)			
		pH≤5.5	5.5<pH≤6.5	6.5<pH≤7.5	7.5<pH≤8.5
砷	水田	30	30	25	20
	其他	40	40	30	25
铅	水田	80	100	140	240
	其他	70	90	120	170
铬	水田	250	250	300	350
	其他	150	150	200	250
铜	水田	150	150	200	200
	其他	50	50	100	100
镍		60	70	100	190
锌		200	200	250	300

注：(1)重金属和类金属砷均按元素总量计。(2)对于水旱轮作地，采用其中较严格的风险筛选值。

污染物项目	风险筛选值/(mg/kg)
六六六总量	0.10
滴滴涕总量	0.10
苯并[a]芘	0.55

注：(1)六六六总量为 α-六六六、β-六六六、γ-六六六、δ-六六六 4 种异构体的含量总和。(2)滴滴涕总量为 p,p′-滴滴伊、p,p′-滴滴滴、o,p′-滴滴涕、p,p′-滴滴涕 4 种衍生物的含量总和。

表 6-28　农用地土壤污染风险管制值标准

污染物项目	风险管制值/(mg/kg)			
	pH≤5.5	5.5<pH≤6.5	6.5<pH≤7.5	7.5<pH≤8.5
镉	1.5	2.0	3.0	4.0
汞	2.0	2.5	4.0	6.0
砷	200	150	120	100
铅	400	500	700	1 000
铬	800	850	1 000	1 300

2)土壤污染评价

农用地土壤污染评价应采用污染指数法。对某一点位，若仅存在一项污染物，采用单因子污染指数法；若存在多项污染物，分别采用单因子污染指数法和综合污染指数法。

单因子污染指数法计算公式为：

$$P_i = \frac{C_i}{S_i} \tag{6-33}$$

式中：P_i 为土壤中污染物 i 的单因子污染指数，无量纲；C_i 为调查点位土壤中污染物 i 的实测浓度；S_i 为污染物 i 的评价标准值或参考值。

综合污染指数按单因子污染指数中最大的计，其计算公式为：

$$P=\mathrm{Max}(P_i) \tag{6-34}$$

式中：P 为土壤中污染物综合污染指数，无量纲。

单因子污染指数（P_i）和综合污染指数（P）直接反映超标倍数和污染程度，是确定土壤环境超标情况的重要依据。$P_i \leqslant 1$ 时，表示土壤未受污染，$P_i>1$ 时，表示土壤受到污染，且 P 值越高，污染越严重。

当土壤中污染物含量低于或等于《土壤环境质量农用地土壤污染风险管控标准（试行）》（GB 15618—2018）中的污染物项目风险筛选值时，土壤污染风险低，一般情况下可以忽略；高于风险筛选值时，可能存在土壤污染风险，应加强土壤环境监测和农产品协同监测。

当土壤中污染物含量高于风险筛选值、等于或者低于风险管制值时，可能存在食用农产品不符合质量安全标准等土壤污染风险，原则上应当采取安全利用措施。

当土壤中污染物含量高于风险管制值时，食用农产品不符合质量安全标准等土壤污染风险高，且难以通过农艺调控、替代种植等措施降低食用农产品不符合质量安全标准等土壤污染风险，原则上应当采取严格管控措施。

5. 农产品质量评价

农产品质量评价所选取的农作物种类，应以调查评估单元所在区域常年主栽农作物为准。农产品质量评价选取的污染物，应与判定该调查评估单元类别时依据的土壤污染物保持一致。根据《食品安全国家标准》（GB 2762—2012）以及农业部门规定的有关技术方法，对该调查评估单元内农产品质量超标情况进行评价。

6. 确定调查评价单元类别

以按土壤污染状况初步划分的土壤环境质量类别为基础，结合农产品质量评价结果，综合确定该调查评估单元土壤环境质量类别（表6-29）。

表6-29　农用地土壤环境质量类别划分依据

序号	划分依据	质量类别
1	根据土壤污染程度划分为优先保护类	优先保护类
2	根据土壤污染程度划分为安全利用类且农产品不超标 根据土壤污染程度划分为安全利用类且农产品轻微超标	安全利用类
3	根据土壤污染程度划分为严格管控类且农产品不超标 根据土壤污染程度划分为严格管控类且农产品超标 根据土壤污染程度划分为安全利用类且农产品严重超标	严格管控类

6.3.3　农用地生态风险评价

1. 农用地生态风险评价的过程

1）生态调查

根据生态影响的空间和时间尺度特点，调查区域内涉及的生态系统类型、结构、功能和过程，以及相关的气候、土壤、地形地貌、水文及水文地质等。

调查影响区域内已经存在的制约本区域可持续发展的主要生态问题，如水土流失、沙漠化、石漠化、盐渍化、自然灾害、生物入侵和污染危害等，指出其类型、成因、空间分布、发生特点等。

2)生态现状评价

在阐明生态系统现状的基础上，分析影响区域生态系统状况的主要原因、生态系统面临的压力和存在的问题、生态系统的总体变化趋势等。

3)生态预测评价

辨识农用地利用中主要的风险因子，通过分析其影响作用的方式、范围、强度和持续时间，判断生态系统受影响的范围、强度和持续时间，预测农用地系统功能的变化趋势，重点关注其中的不利影响、不可逆影响和累积生态影响。

2. 农用地生态风险评价的方法

生态影响预测与评价方法应根据评价对象的生态学特性，在调查、判定该区主要的、辅助的生态功能以及生态过程基础上，分别采用定量分析与定性分析相结合的方法进行预测与评价。常用的方法有列表清单法、图形叠置法、生态机理分析法、景观生态学法、指数法与综合指数法、类比分析法、系统分析法和生物多样性评价等。

1)列表清单法

列表清单法是 Little 等于 1971 年提出的一种定性分析方法。该方法的特点是简单明了，针对性强。

列表清单法的基本做法是将拟实施的开发建设活动的影响因素与可能受影响的环境因子分别列在同一张表格的行与列内，逐点进行分析，并逐条阐明影响的性质、强度等。由此分析开发建设活动对生态的影响。该方法可用于开发建设活动对生态因子的影响分析、生态保护措施的筛选和栖息地重要性或优先度比选。

2)图形叠置法

图形叠置法是把两个以上的生态信息叠合到一张图上，构成复合图，用以表示生态变化的方向和程度。本方法的特点是直观、形象，简单明了。

图形叠置法有两种基本制作手段，即指标法和 3S 叠图法。

(1)指标法　该方法步骤为：①确定评价区域范围；②进行生态调查，收集评价工作范围与周边地区自然环境、动植物等信息，同时收集社会经济和环境污染及环境质量信息；③进行影响识别并筛选拟评价因子，其中包括识别和分析主要生态问题；④研究拟评价生态系统或生态因子的地域分异特点与规律，对拟评价的生态系统、生态因子或生态问题建立表征其特性的指标体系，并通过定性分析或定量方法对指标赋值或分级，再依据指标值进行区域划分；⑤将上述区划信息绘制在生态图上。

(2)3S 叠图法　该方法步骤为：①选用地形图或正式出版的地理地图，或经过精校正的遥感影像作为工作底图，底图范围应略大于评价工作范围；②在底图上描绘主要生态因子信息，如植被覆盖、动物分布、河流水系、土地利用和特别保护目标等；③进行影响识别与筛选评价因子；④运用 3S 技术，分析评价因子的不同影响性质、类型和程度；⑤将影响因子图和底图叠加，得到生态影响评价图。

(3)图形叠置法的应用　图形叠置法主要应用在 3 个方面：①区域生态质量评价和影响评价；②具有区域性影响的特大型建设项目评价，如大型水利枢纽工程、新能源基地建设、矿业开发项目等；③土地利用开发和农业开发。

3)生态机理分析法

生态机理分析法是根据建设项目的特点和受其影响的动、植物的生物学特征,依照生态学原理分析、预测工程生态影响的方法。生态机理分析法的工作步骤如下:①调查环境背景现状和搜集工程组成和建设等有关资料;②调查植物和动物分布,动物栖息地和迁徙路线;③根据调查结果分别对植物或动物种群、群落和生态系统进行分析,描述其分布特点、结构特征和演化等级;④识别有无珍稀濒危物种及重要经济、历史、景观和科研价值的物种;⑤预测项目建成后该地区动物、植物生长环境的变化;⑥根据项目建成后的环境(水、气、土和生命组分)变化,对照无开发项目条件下动物、植物或生态系统演替趋势,预测项目对动物和植物个体、种群和群落的影响,并预测生态系统演替方向。

评价过程中有时要根据实际情况进行相应的生物模拟试验,如环境条件、生物习性模拟试验、生物毒理学试验、实地种植或放养试验等;或进行数学模拟,如种群增长模型的应用。

该方法需与生物学、地理学、水文学、数学及其他多学科合作评价,才能得出较为客观的结果。

4)景观生态学法

景观生态学法是通过研究某一区域、一定时段内的生态系统类群的格局、特点、综合资源状况等自然规律,以及人为干预下的演替趋势,揭示人类活动在改变生物与环境方面的作用的方法。景观生态学对生态质量状况的评判是通过两个方面进行的,一是空间结构分析,二是功能与稳定性分析。景观生态学认为,景观的结构与功能是相当匹配的,且增加景观异质性和共生性也是生态学和社会学整体论的基本原则。

空间结构分析基于景观是高于生态系统的自然系统,是一个清晰的和可度量的单位。景观由斑块、基质和廊道组成,其中基质是景观的背景地块,是景观中一种可以控制环境质量的组分。因此,基质的判定是空间结构分析的重要内容。判定基质有3个标准,即相对面积大、连通程度高、有动态控制功能。基质的判定多借用传统生态学中计算植被重要值的方法。决定某一斑块类型在景观中的优势,也称优势度值(Do)。优势度值由密度(Rd)、频率(Rf)和景观比例(Lp)3个参数计算得出。其数学表达式如下:

$$Rd=(\text{斑块 } i \text{ 的数目}/\text{斑块总数})\times 100\%$$
$$Rf=(\text{斑块 } i \text{ 出现的样方数}/\text{总样方数})\times 100\%$$
$$Lp=(\text{斑块 } i \text{ 的面积}/\text{样地总面积})\times 100\%$$
$$Do=0.5\times[0.5\times(Rd+Rf)+Lp]\times 100\%$$

上述分析同时反映自然组分在区域生态系统中的数量和分布,因此能较准确地表示生态系统的整体。

景观的功能和稳定性分析包括以下4个方面的内容。

(1)生物恢复力分析　分析景观基本元素的再生能力或高稳定性元素能否占主导地位。

(2)异质性分析　基质为绿地时,由于异质化程度高的基质很容易维护它的基质地位,从而达到增强景观稳定性的作用。

(3)种群源的持久性和可达性分析　分析动、植物物种能否持久保持能量流、养分流;分析物种流可否顺利地从一种景观元素迁移到另一种元素,从而增强共生性。

(4)景观组织的开放性分析　分析景观组织与周边生境的交流渠道是否畅通。开放性强的景观组织可以增强抵抗力和恢复力。景观生态学方法既可以用于生态现状评价,也可以用于生境变化预测，是目前国内外生态影响评价学术领域中较先进的方法。

5)指数法与综合指数法

指数法是利用同度量因素的相对值来表明因素变化状况的方法，是建设项目环境影响评价中规定的评价方法。指数法同样可将其拓展而用于生态影响评价中。指数法简明扼要，且符合人们所熟悉的环境污染影响评价思路，但困难之处在于需要明确建立表征生态质量的标准体系，且难以赋权和准确定量。综合指数法是从确定同度量因素出发，把不能直接对比的事物变成能够同度量的方法。

(1)单因子指数法　选定合适的评价标准，采集拟评价项目区的现状资料，进行生态因子现状评价或生态因子的预测评价。例如：以同类型立地条件的森林植被覆盖率为标准，可评价项目建设区的植被覆盖现状情况，或以评价区现状植被盖度为评价标准，可评价建设项目建成后植被盖度的变化率。

(2)综合指数法　综合指数法的方法步骤如下所示。

① 分析研究评价的生态因子的性质及变化规律。

② 建立表征各生态因子特性的指标体系。

③ 确定评价标准。

④ 建立评价函数曲线，将评价的环境因子的现状值(开发建设活动前)与预测值(开发建设活动后)转换为统一的无量纲的环境质量指标。用1-0表示优劣(“1”表示最佳的、顶级的、原始或人类干预甚少的生态状况，“0”表示最差的、极度破坏的、几乎无生物性的生态状况)，由此计算出开发建设活动前后环境因子质量的变化值。

⑤根据各评价因子的相对重要性赋予权重。

⑥将各因子的变化值综合，提出综合影响评价值。

$$\Delta E = \sum (Eh_i - Eq_i) \times W_i \tag{6-35}$$

式中：ΔE 为开发建设活动日前后生态质量变化值；Eh_i 为开发建设活动后 i 因子的质量指标；Eq_i 为开发建设活动前 i 因子的质量指标；W_i 为 i 因子的权值。

(3)指数法的应用

① 可用于生态因子单因子质量评价；

② 可用于生态因子多因子综合质量评价；

③ 可用于生态系统功能评价。

6)类比分析法

类比分析法是一种比较常用的定性和半定性评价方法，一般有生态整体类比、生态因子类比和生态问题类比等。

(1)类比分析的方法　根据已有的开发建设活动(项目、工程)对生态系统产生的影响来分析或预测拟进行的开发建设活动(项目、工程)可能产生的影响。选择好类比对象(类比项目)是进行类比分析或预测评价的基础，也是该法成败的关键。

类比对象的选择条件是：工程性质、工艺和规模与拟建项目基本相当，生态因子(地理、地质、气候、生物因素等)相似，项目建成已有一定时间，所产生的影响已基本全部显现。

类比对象确定后，则需选择和确定类比因子及指标，并对类比对象开展调查与评价，再分析拟建项目与类比对象的差异。根据类比对象与拟建项目的比较，做出类比分析结论。

(2)类比分析法的应用

① 进行生态影响识别和评价因子筛选；

② 以原始生态系统作为参照，可评价目标生态系统的质量；

③ 进行生态影响的定性分析与评价；

④ 进行某一个或几个生态因子的影响评价；

⑤ 预测生态问题的发生与发展趋势及其危害；

⑥ 确定环保目标和寻求最有效、可行的生态保护措施。

7)系统分析法

系统分析法是把要解决的问题作为一个系统，对系统要素进行综合分析，找出解决问题的可行方案的咨询方法。具体步骤包括：限定问题、确定目标、调查研究、收集数据、提出备选方案和评价标准、备选方案评估和提出最可行方案。

系统分析法因其能妥善地解决一些多目标动态性问题，目前已广泛应用于各行各业，尤其在进行区域开发或解决优化方案选择问题时，系统分析法显示出其他方法所不能达到的效果。

在生态系统质量评价中使用系统分析的具体方法有专家咨询法、层次分析法、模糊综合评判法、综合排序法、系统动力学法、灰色关联等方法。这些方法原则上都适用于生态影响评价。

8)生物多样性评价方法

生物多样性评价是指通过实地调查，分析生态系统和生物物种的历史变迁、现状和存在的主要问题等。评价的目的是有效地保护生物多样性。

生物多样性通常用香农—威纳指数(Shannon-Wiener Index)表征：

$$H=-\sum_{i=1}^{s}P_i\ln(P_i) \tag{6-36}$$

式中：H 为样品的信息含量，即群落的多样性指数；S 为物种数；P_i 为样品中属于第 i 种的个体比例，如样品总个体数为 N，第 i 种个体数为 n_i，则 $P_i=n_i/N$。

6.4　农用地健康评价

“健康”概念最初主要用于人体及其他生命体。随着社会发展和人们认识的深入，出现了公众健康的概念。在人体健康受到因环境污染而导致一定程度的影响后，“健康”的概念又应用到环境学和生态学，出现了环境健康和生态健康的相关研究。20 世纪 40 年代出现了“土地健康”这一概念。健康的土地是指被人类利用而没有使其功能受到破坏的土地，把“土地有机体健康”作为土地内部的自我更新能力，提出“土地有机体健康”应当与个人有机体的健康一样进行诊断。农用地健康是保证生态系统服务功能正常的前提，不但是粮食、食品、生态环境安全的基本保障，也是人类社会健康与可持续发展的根本保证。

6.4.1　农用地健康基本概念

1. 农用地健康

农用地健康是一个综合的概念，简单意义上是指农用地既要有好的环境状况，没有污染，而且要有好的质量和高的产能。“健康”是功能的体现，是其所具有的作物生产功能、生态服务功能、环境维持功能、观光休闲功能与社会保障功能的综合体现，农用地健康诊断也就是评价其功能的实现程度。因此，农用地健康是指其具有持续生产农产品的能力，要能够实现质量目标、产能目标和环境目标等功能，在一定的土地利用范围内，具有支撑动植物生产力、保持或增强水和空气质量、促进动植物健康，可通过自我调节而具有应对外界胁迫的恢复能力。此外，农用地健康在时间上应该是可持续的。在空间上，随区域的不同，农用地健康的标准存在一些差别，如城市边缘区的城郊耕地，观光休闲功能将是评价农用地健康的一项标准；在粮食主产区，农用地的生产功能与社会保障功能是评价其健康的主要方面；而生态脆弱区的农用地则要更多地考虑生态服务与环境维持功能。

健康的农用地是保证其很好的实现其多功能，并能够维持一个动态平衡的生态系统，具有以下特征。

(1)农用地健康表现为一个动态发展过程　土地生态状况除受地形、地貌、土壤和气候条件制约外，还受外界诸如劳动者素质、科技水平、政策制度等经济、社会因素影响。土地生态系统内部及与其他生态系统之间不断进行物质、能量、信息交流与传递，始终处于不断发展的运动状态。理想的健康状况是一个相对状况，随着生态系统的运动和科技发展，其健康状况也在不断地发展变化。

(2)农用地生态健康表现为开发、利用、整治、保护相互结合　农用地健康的自身恢复能力有一定限度，不合理土地利用与土地变化会引起土地资源退化，生产能力下降乃至丧失。要保证农用地健康，最基本的前提是合理开发利用土地资源，保证土地生态系统完整，使土地生态系统在受到外界胁迫时具有自身维持能力，能够发挥服务功能。

(3)农用地健康表现为活力、组织力、恢复力及稳定性　生态系统发生异常变化意味着生态健康水平下降。如果土地生态系统中任何指示物种变化超过正常变化的幅度，系统的健康就受到损害。健康的土地生态系统对外界干扰具有恢复力或弹性，有能力抵制疾病，它是系统在面对干扰时保持其结构和功能的能力，恢复能力越大，生态系统越健康。

(4)农用地健康表现为土地健康及作用于外部客观事物的健康　农用地健康不仅取决于自身肥力、污染、结构、利用变化是否合理，还与用于灌溉土地的水质量状况、周围大气污染物含量、人类活动强度和区域人均拥有土地资源量有密切关系。

2. 农用地健康评价

农用地健康评价是从资源(农用地自然质量与生产能力)与环境(土壤环境)相结合的角度，对影响农用地功能的自然环境因素和社会生态环境因素等进行相应评价，评价其作物生产、生态服务、环境维持等功能的实现程度。

6.4.2 农用地健康评价指标体系

从资源与环境相结合的角度进行综合分析，选取农用地质量、产能和环境等分项指标共同构成完整的农用地健康综合评价指标体系。

(1)质量评价指标　影响农用地质量的因素主要有物理性状、化学性状和农田基础设施条件，具体指标包括：表层土壤质地、耕作层厚度、盐碱化程度、有机质含量、土壤养分(N、P、K)含量、地下水位、地形、地貌、剖面构型、障碍层距地表深度、灌溉保证率、排水条件等。表层土壤质地优良、耕作层厚度大、盐碱化程度低、有机质量含量高、地面比较平整、平原地貌、灌溉排水条件优、田块分散度比较小的农用地健康状况较好。

(2)产能评价指标　又称为农用地的综合生产能力,是农用地生产功能和社会保障功能的具体体现。农用地生产力主要受到面积、产量、农业投入、科学技术水平、交通通达度等因素的影响。生产能力越高,反映农用地的健康状况越好。另外,农用地面积的多少和质量的好坏直接影响到农产品的生产力,因此面积越大和质量越好,健康状况越好。产量指在一定地域内、在一定时期和一定的经济社会技术条件下耕地所形成的生产能力,具体分为理论产能、可实现产能和实际产能 3 个层次。产能越高,健康状况越好。农业要发展,农民要增收,粮食要增产,关键在于政策、科技和投入。一般随着农业投入的增加,农用地的健康状况也在不断提升。另外,科学技术水平和交通通达度也影响到农用地的产能,科学技术水平高、交通通达度广,农用地健康状况越好。

(3)环境评价指标　农用地环境是指维持农用地结构和功能,满足农用地利用功能要求的基础条件,是农用地环境维持功能和生态服务功能的综合体现,其指标包括土壤中有益元素的含量、有毒有害重金属的含量、灌溉水污染物含量、大气污染物含量等。在一定含量范围内,农用地土壤中有益元素含量越高,耕地越健康。土壤中有毒有害的重金属、灌溉水污染物、大气污染物等含量越高,农用地健康状况越差。土壤环境能明显地反映农用地的健康状况,因此进行农用地健康评价时主要考虑农用地土壤环境指标的影响。土壤重金属的污染问题日益突出,越来越引起全球重视,因为土壤一旦被重金属污染就很难消除,而且如果土壤重金属含量超过一定的限度,将会成为土壤污染源而对植物产生毒害,最终通过“土壤—植物—动物—人体”的食物链,使一些微量和超微量的有害污染物在农产品中富集,使其浓度成千倍上万倍地增高,进而对动植物和人类产生严重的危害。在土壤重金属元素中,砷和镉的毒性很高,汞、铅、镍呈中等毒性,而硼、铜、锰和锌的毒性较低。

6.4.3　农用地健康评价方法

1. 单因子评价法

1)灌溉水评价方法

根据《地表水环境质量标准》(GB 3838—2002)、《地下水质量标准》(GB/T 14848—1993)规定的水环境质量评价方法,分别计算单个断面、区域污染物算术平均值和区域(或河流)平均综合污染指数,其计算公式如下:

(1)单个监测断面指数

$$\bar{C}=\frac{1}{m}\sum_{j=1}^{m}\bar{C}_j \quad \bar{C}_j=\frac{1}{n}\sum_{i=1}^{n}C_i \tag{6-37}$$

式中:$\bar{C}$ 为某区域(或河流)统计时段平均浓度,mg/L;$\bar{C}_j$ 为 j 断面统计时段平均浓度,mg/L;C_i 为 j 断面第 i 次监测浓度,mg/L;m 为某区域(或河流)监测断面数;n 为监测次数。

(2)监测断面综合指数

$$P=\frac{1}{m}\sum_{j=1}^{m}P_j \quad P_j=\frac{1}{n}\sum_{i=1}^{n}P_i \quad P_i=\frac{C_i}{S_{oi}} \tag{6-38}$$

式中:P 为区域(或河流)平均综合污染指数;P_j 为第 j 个断面平均综合污染指数;P_i 为第 i 个因子污染指数;C_i 为第 i 个因子年平均浓度值,mg/L;S_{oi} 为第 i 个因子评价标准值,mg/L;m 为区域(或河流)监测断面数;n 为评价因子数。

2)大气评价方法

根据《环境空气质量标准》(GB 3095—1996)、《环境空气质量标准》(GB 3095—2012)规定的环境空气质量评价方法,以监测点位所代表的区域作为评价区域,进行平均综合污染指数和空气质量定量定性评价,其指数计算公式分别如下:

(1)平均指数

$$\overline{P}=\frac{1}{n}\sum_{i=1}^{n}P_i \quad P_i=\frac{C_i}{S_i} \tag{6-39}$$

式中:P_i 为 i 种污染物污染分指数;C_i 为 i 种污染物年日均浓度值,mg/m^3;S_i 为 i 种污染物评价标准,mg/m^3;$\overline{P}$ 为平均综合污染指数;n 为评价因子数。

(2)质量定性指数

$$I=\sqrt{\max\frac{C_i}{S_i}\cdot\left(\frac{1}{n}\sum_{i=1}^{n}\frac{C_i}{S_i}\right)} \tag{6-40}$$

式中:I 为空气质量定性评价指数;C_i 为 i 种污染物年平均浓度,mg/m^3;S_i 为 i 种污染物空气质量二级标准值,mg/m^3;n 为评价污染物总数。

3)土壤污染国标评价方法

$$P_i=\frac{C_i}{C_t} \tag{6-41}$$

式中:P_i 为土壤中 i 种污染物污染指数;C_i 为土壤中 i 种污染物实测含量值;C_t 为污染物评价标准值。

4)土壤污染内梅罗指数方法

研究区域内土壤污染很少有多种污染物同时超标现象,为全面反映各种污染物对土壤环境质量贡献值,突出高污染物分值对土壤环境质量影响作用,采用内梅罗(N. L. Nemerow)污染指数进行综合评价,可以兼顾污染物平均值和最大值,突出主要污染物对土壤环境质量污染贡献作用大小,其计算公式如下:

$$P_{综}=\sqrt{\frac{1}{2}\left[\frac{1}{n}\sum_{i=1}^{n}(P_i)^2+(P_{i,\max})^2\right]} \tag{6-42}$$

式中:$P_{综}$ 为土壤污染综合指数;P_i 为土壤中 i 种污染物污染指数;n 为土壤中参与评价污染物种类数;$P_{i,\max}$ 为土壤中污染物指数最大值。

2. 综合评价方法

$$P=\sum_{i=1}^{n}w_i\cdot x_i \tag{6-43}$$

式中:P 为农用地生态健康综合指数;w_i 为第 i 个评价指标权重,x_i 为第 i 个指标值,n 为参评指标个数。

6.4.4 农用地健康评价标准

制定评价标准是进行耕地健康评价的基础和关键。可参考绿色食品产地的标准和要求,依据《绿色食品产地环境质量》(NY/T 391—2013)(农业部,2013)、《全国耕地类型区、耕地地力等级划分》(NYT 309—1996)(农业部,1996)、《耕地地力调查与质量评价技术规程》(NY/T 1634—2008)(农业部,2008)、《土壤环境质量标准》(GB 15618—2008)(环境保护部,2008)、《农用地土壤环境质量标准(征求意见稿)》(环境保护部,2015)、《高标准基本农田建设标准》(国土资源部,2012)等相关的规程和行业技术标准,将农用地健康评价结果划分为极健康、健康、亚健康和不健康4级。

健康评价标准(示例)

极健康耕地　健康综合指数最高,状态是"体壮无病",且质量高、高产稳产,环境清洁。

健康耕地　健康综合指数比较高,状态是"体壮无病",即耕地既能保障生产的农作物高产稳产,又能保证耕地土壤没受到任何污染,这类耕地符合国家建设生态粮仓的要求。

亚健康耕地　健康综合指数中等,具体包括3种类型的耕地。第一种类型的亚健康农用地"无病体不壮",即耕地土壤清洁,未受到任何污染,但农作物产量比较低,对于这类农用地所生产的粮食人类可以放心食用;第二种类型的亚健康农用地"体壮有小病",虽然农用地种植的农作物高产稳产,但由于耕作土壤受到了不同程度的污染,耕地不再清洁;第三种类型的亚健康耕地"体弱有小病",即耕地土壤遭到污染,耕地不再清洁,并且耕地农作物的产量比较低。对于第二、三类耕地上生产的粮食需经过相关部门的监测后才能决定是否能食用。

不健康耕地　健康综合指数最低,具体包括两种类型。第一种是"体壮隐大病"的不健康耕地,虽然种植的农作物长势良好,农作物收成也能达到高产稳产,但因其耕地土壤不清洁,所以生长的粮食不能食用,这种耕地污染人类无法用肉眼识别,所以隐患很大,其污染情况只有通过相关部门的专业检测才能发现;第二种是"体弱有大病"的不健康农用地,农作物长势较差,产量低,并且耕作土壤受到了大气、水或其他污染源的污染,种植的粮食不能食用。

来源:单美.耕地健康评价及其应用研究[D].山东农业大学,2015.

6.5 农用地集约评价

农用地是土地资源的精髓,然而随着时代的发展,农用地数量的有限性和人类需求的无限性的矛盾日益凸显,农用地的集约利用已成为社会发展的必然趋势。

6.5.1 农用地集约利用概述

1. 基本概念

人类对农用地利用有3种方式,分别是粗放利用、集约利用和过度利用。其中,集约利用是相对于粗放利用而言的,而过度利用则是相对于集约利用而言的。最早提出农用地集约利用概念的是以李嘉图为代表的古典政治经济学家,他们指出农地集约利用是在一定面积的土地上,集中投入较多的生产资料和活劳动,并且使用先进的技术和管理方法,以求在较小面积的土地上获得高额产量和收入的一种农业经营方式。

随着社会的不断发展以及人们认知水平的增长，对于土地资源的可持续利用的理念已经贯穿在人们的生活当中。同样的，各学者对于农用地集约利用的理解也在不断深入。根据大家的综合理解，目前，农用地集约利用可概述为：在单位农用地面积上投入适当的劳力、化肥、农机等生产要素，运用先进的技术和管理方法，使农用地利用的综合效益（经济效益、社会效益和生态效益）达到最高。

农用地集约利用评价，即以农业产出为目的，对农用地在集约利用过程中可实现的生产潜力和经济效果进行分级评价，对评价结果进行分析，反映农用地的生产效率，揭示农用地可利用或再开发利用的潜力，找出研究区域集约利用潜力分布规律及变化特征，提出未来集约利用模式，为政府决策及农用地利用管理提供科学依据。

2. 农用地集约利用的内涵

1）农用地集约利用的基础是土地质量

土地质量包括土地的全部性质和过程，即对利用有利或不利的各种性质及其相互影响与相互制约过程的综合。土地质量决定了土地的用途、利用方式和利用程度。对于农用地集约利用而言，应根据农用地的适应性和限制性特点，结合经济社会发展水平，确定最为合适的投入和利用程度，并采取不同的经营管理策略，获取最佳的综合效益。

2）农用地集约利用应有合理限度

根据土地报酬递减规律，农用地集约利用应有一定的限度，逾越限度则是不利的。农用地集约利用是一个动态概念，并不存在绝对的评价标准。对于一定用途的农用地而言，受制于自然生态规律和社会经济规律，旨在提高其利用效益的集约经营应有一个合理限度。农用地集约利用的科学内涵不是寻求最高的土地利用强度，而是寻求最优集约度或最佳集约度，使土地利用的资源效益、经济效益、社会效益和生态效益有机统一，实现农用地的可持续利用。

3）农用地集约利用应追求综合效益最大化

农用地集约利用的效益体现在资源效益、生态效益、经济效益和社会效益 4 个方面。4 者相互联系、相互作用、相互制约，共同组成农用地利用效益整体。经济社会发展的不同阶段，人们改造世界和利用自然的能力不同，土地的承载能力也会不断变化，农用地集约利用的内涵也在不断拓展。不同历史时期，农用地利用效益各有侧重，但其最终目的总是追求土地利用综合效益的最大化。

4）农用地集约利用的最终目标是可持续利用

可持续发展是一种兼顾当前与未来，注重资源、环境和社会经济和谐发展的理念，是农用地集约利用的指导思想和重要前提，应贯穿农用地利用的全过程。在人类的干预下，农用地集约利用和土地可持续利用有可能是分离的，也有可能是同步的。分离则两败俱伤，既不能持续，也不能集约；同步则两者相辅相成，螺旋上升。农用地集约利用的最终目标是在人类的正确干预下，实现农用地的可持续利用。

6.5.2 农用地集约利用影响因素

1. 自然因素

土地利用直接受制于自然因素的影响，这些因素主要包括气候、地貌、水文、土壤、植被、矿藏、景观和位置等。自然要素本身的时间演化和空间分异所形成的土地质量决定着人们对土地利用的态度。就某一特定的土地用途而言，土地质量可以表现为正反两方面，对其产生有利影响或作用的因素构成土地利用适宜性；反之，产生不利影响或作用的因素即构成土地利用的限制性。就集约利用而言，土地资源适宜性和限制性特点不仅决定了某一块土地将要用于何种用途，而且还决定了更为具体的土地利用方式以及利用程度。

农用地集约利用过程中应根据土地资源适宜性和限制性特点，并结合经济社会状况，确定最为合适的投入和利用程度，这样既能获得理想收益，又不会引起农用地本身退化给周围土地带来不良后果。

2. 人地关系

人地关系是影响土地集约利用的最重要因素之一。这也是为什么美国、加拿大等地广人稀的国家与中国、日本等人多地少的国家相比，在相近的经济阶段却出现完全不同的土地利用结果的原因。一般而言，在人多地少、人地关系较为紧张的地区，由于土地稀缺程度较高，土地利用问题突出，必将使得该区域对这些土地资源精打细算，土地使用者往往会倾向于以更多的资本替代土地，从而导致较高的土地利用程度和利用效率，土地集约度相对较高。

我国是一个有着14亿人口的发展中国家，农用地资源紧缺，耕地资源更为宝贵，集约利用现有土地资源，对于优化我国的人地关系，具有重要的现实意义和战略价值，同时也是缓解日益尖锐的人地矛盾和粮食安全问题的有效途径。

3. 技术因素

科技进步可以促使土地利用由粗放向集约转变。技术因素对土地集约利用的影响主要体现在以下两个方面：一是土地集约利用随着科学技术水平的发展而变化。科学技术进步后，过去是集约利用的土地，从现在和将来来看可能是粗放的，土地利用是不断调整的过程；二是技术进步才可能使人们对过去利用集约度较低的土地加以改造，实质更加集约化。随着社会生产力的不断提高，科学技术水平的不断进步，土地的生产力可以得到进一步的提升。加大对农用地的科技投入，采用先进的农业科学技术措施，如选育良种、合理耕作、科学施肥以及增加复种面积等，均可以提高农用地的集约利用水平。世界上人均耕地较少的国家，如日本、荷兰、英国等，大多采用上述措施以提高土地的集约经营水平。

4. 制度和政策

制度和政策对土地集约利用的影响是潜在和巨大的。土地集约利用所产生的效益是长远和全局性的，而个体经营者对短期利用和个人利用感兴趣，两者之间的矛盾就需要政府出台相关政策或制定制度来调节，对经营者的行为加以引导和约束，以此来协调有关各方的利益。市场是资源配置的基础性手段，市场发育的完善程度决定了资源配置和利用效率的高低。目前影响农用地集约利用的政策制度因素既包括农地制度、农业经营组织、经营方式等微观方面的问题，也有农业投入、农产品价格、农产品流通、工农关系等宏观政策方面的问题。

5. 资本存量

资本市场发育状况在一定程度上决定了所在地区土地集约利用的物质基础，这也是通常情况下资金及其物化投入成为衡量土地集约利用水平主要指标的重要原因。土地利用过程中，资本投入与土地投入在一定技术条件下可以相互替代，因此资本的稀缺程度会影响土地与资本的技术替代率，从而间接影响土地利用的集约水平。一般情况下，在资本短缺地区，土地利用者倾向于以土地代替资本，土地利用较为粗放；而在资本相对土地较为宽裕的地区，土地利用者会倾向于以资本代替土地，土地利用因而较为集约。

当然，影响农用地集约利用的因素还有很多，如区域产业结构、农村土地市场等，这些因素相互作用，决定了区域农用地集约利用水平。

6.5.3 农用地集约利用评价的方法

1. 建立农用地集约利用评价指标体系

1)选择农用地集约利用评价指标

通过社会调查、专家咨询、参考已有研究成果等方法，可定性地分析、筛选出影响农用地集约利用的因素。对定性得到的影响因子，可进一步利用相关统计资料、调查资料等进行量化处理，采用因子分析和相关分析相结合的方法，找出相关性程度较高的因素作为初选指标。在具体选择过程中，我们应该考虑影响农用地集约利用的社会经济、土地利用程度、投入产出效益、生态环境可持续等因素(表 6-30)。

表 6-30 农用地集约利用评价可选择指标

评价因素	评价因子	指标含义
社会经济	耕地安全系数	人均耕地面积/FAO 划定人均耕地面积警戒线
	人均耕地	实有耕地总面积/总人口数
	单位面积劳动力投入量	第一产业从业总人数/常用耕地总面积
	农民人均收入	农民总收入/农村总人口
	劳动力指数	农业从业人员/总人口
土地利用程度	可灌溉比例	有效灌溉面积/耕地面积
	复种指数	全年农作物播种总面积/耕地面积
	机械化率	机耕面积/耕地面积
	农用地潜力指数	粮食单产/耕地自然生产潜力
	科技贡献率	农业科技年均进步率/农业总产值年增长率
投入产出效益	单位面积化肥投入	化肥施用量/农用地面积
	单位面积农电投入	农用地田间作业用电量/农用地面积
	单位面积劳动力投入	农业从业人员/农用地面积
	单位面积动力投入	农业机械总动力/农用地面积
	单位面积农药投入	农药施用量/农用地面积
	单位面积科服投入	农业科技从业人员/总人口
	粮食单产	粮食总产量/(耕地面积×粮食播种面积占农作物总播种面积比例)
投入产出效益	地均农业产值	农业总产值/农作物总面积
	劳均产值	第一产业增加值/第一产业从业总人数
	产投比等	第一产业增加值/第一产业总投资

续表6-30

评价因素	评价因子	指标含义
生态环境可持续	耕地平衡指数	期末耕地总面积/期初耕地总面积
	土地垦殖率	耕地总面积/土地总面积
	单位面积化肥投入	化肥施用量/农用地面积
	单位面积农药投入	农用地田间作业用电量/农用地面积
	森林覆盖率	森林覆盖面积/土地总面积
	稳产性指数	1−(农用地成灾面积/农用地播种面积)
	退化治理指数	实际治理面积/退化耕地面积
	粮食安全系数	人均实际粮食拥有量/国家粮食安全警戒线
⋮	⋮	⋮

2)指标无量纲化处理

由于各指标之间的计量单位多种多样,度量范围不一致,在进行评价计算之前,需要对指标进行无量纲化处理。

(1)极差标准化法　通过最大值和最小值进行无纲量化处理。

$$x_i'=\frac{x_i-x_{\min}}{x_{\max}-x_{\min}}\quad 正向指标 \tag{6-44}$$

$$x_i'=\frac{x_{\max}-x_i}{x_{\max}-x_{\min}}\quad 负向指标 \tag{6-45}$$

式中:x_i'为第 i 个指标值的标准化值,x_i 为第 i 个指标的实际值,$x_{\max}$ 为指标的最大值,$x_{\min}$ 为指标的最小值。正向指标表示指标值越大,农用地集约利用程序越高,负向指标则正好相反。

该方法经无量纲处理后,指标值的最大值为 1,最小值为 0,其余的数值在 0～1。

(2)极值标准化法　用指标值比最大值进行无量纲化处理。

$$x_i'=\frac{x_i}{x_{\max}} \tag{6-46}$$

式中:x_i'为第 i 个指标值的标准化值,x_i 为第 i 个指标的实际值,$x_{\max}$ 为指标的最大值。

该方法经无量纲处理后,指标值的最大值为 1,其余的数值均小于 1。

(3)标准差标准化　用平均值和标准差进行无量纲化处理。

$$x_i'=\frac{x_i-\bar{x}}{s} \tag{6-47}$$

式中:x_i'为第 i 个指标值的标准化值,x_i 为第 i 个指标的实际值,$\bar{x}$ 为指标的平均值,s 为指标的标准差。

该方法经无量纲处理后,指标值的平均值为 0,标准差为 1。

在以上 3 种无量纲化处理方法中,最常选用极差标准化法进行无量纲化处理,因为该方法可以处理正向指标和负向指标,标准化值可以直接用于评价,此外无量纲化后的指标量位于[0,1]的闭区间内。

3)指标权重

在进行多因素综合评价时,如何给予指标权重赋值是一项重要的研究内容。目前,确定指标权重有主观赋值法和客观赋值法两种方法,前者是指依据专家在主观上依经验判断来决定各指标权重的方法,如层次分析法、专家经验评估法等;后者则是根据客观原始数据信息之间的联系强度或各指标所提供的信息量来判断并决定指标权重大小的方法,如熵值法、变异系数法、主成分分析法等。

两种方法各有优缺点。主观赋值法研究时间较早、运用较为成熟,但客观性较差,权重的大小完全依靠专家学者的经验判断。客观赋值法客观性强,不依赖人的主观意志,但是同样也存在着对于指标的具体意义重视不够的缺点。因此,在确定指标权重的过程中,常采用主观赋值与客观赋值相结合的办法。

熵值法简介

熵的概念源于热力学,表示不能用来做功的热能,为热能的变化量除以温度所得的熵,后来美国数学家申农将其引入信息论,现已在工程技术、社会经济等领域得到了广泛的应用。信息熵简称熵,是系统无序程度的一个度量,也是系统状态不确定性的一种度量。信息熵越小,系统无序化程度越大,表明其指标值的变异程度越大,提供的信息量越大,在综合评价中所起的作用越大,则该指标的权重也应越大;反之,则该指标的权重也应越小。信息熵的计算步骤如下:

(1)将各指标值作规范化处理

可采用极差标准化法对各指标值进行规范化处理,将各指标值转化为[0,1]区间内的数。得到规范化的矩阵 $X=(x_{ij})_{m\times n}$。

(2)指标值的比重 P_{ij}

$$P_{ij}=\frac{x_{ij}}{\sum_{i=1}^{m}x_{ij}}$$

(3)计算第 j 个指标的信息熵 e_j

$$e_j=-k\sum_{i=1}^{m}p_{ij}\ln p_{ij}$$

式中:k 为常数,$k=1/\ln(m)$。

(4)计算第 j 个指标的权重

$$w_j=\frac{1-e_j}{\sum_{j=1}^{n}(1-e_j)}$$

以上式子中,i 为评价单元编号,$1\leqslant i\leqslant m$;j 为评价指标编号,$1\leqslant j\leqslant n$。

2. 评价方法

农用地集约利用评价方法大体可分为两种:单目标评价法和多目标综合评价法。单目标评价法主要是指引入集约度的概念来表示土地集约利用程度。

1)单目标评价法

德国农业经济学家奥多尔·布林克曼(Brinkman)认为,集约度是指单位面积土地在一定经营期间所消费的资本、工资与资本利息的货币额,它是测定土地集约或粗放程度的一种综合指标。可用公式表示为:

$$I=(A+K+Z)/F \tag{6-48}$$

式中:I 为集约度,A 为劳动工资,K 为资本消费额,Z 为经营资本利息,F 为经营面积。I 越大表示土地越为集约,I 越小表示土地利用越为粗放。布氏的这一公式显然是针对农用地的集约经营而设计的。

此外,张琳等将耕地集约度界定为"一定时间内投入到单位面积耕地上的资金和劳动力的货币额",用公式表示为:

$$I=(C+L)/S \tag{6-49}$$

式中:I 为耕地利用集约度,元/hm^2,C 为投入耕地中的资金总额,元,L 为投入耕地中的劳动力金额,元,S 为耕地面积,hm^2。

2)多目标综合评价法

单目标评价方法因其不能充分表征农用地集约利用的内涵和目标,应用范围受限,多见于宏观尺度的农用地集约利用评价。鉴于集约利用概念的宽泛性,许多学者意识到单项指标难以科学量度区域农用地集约利用水平,开始探讨采用多目标综合评价法进行农用地集约利用评价。

多目标综合评价法应用较为广泛,是一种较为成熟的评价方法。它根据影响评价单元农用地集约利用水平各指标及其重要程度的差异,确定指标体系,并通过对评价指标进行标准化处理及权重确定后,选取较为合适的综合评价模型确定农用地集约利用水平。目前应用较为广泛的评价模型有以下3种。

(1)加权求和法

$$H_i=\sum_{j=1}^{n}w_j\cdot f_{ij} \tag{6-50}$$

式中:H_i 为第 i 个评价单元的指数;i 为评价单元编号;j 为评价指标编号;w_j 为第 j 个评价指标的权重;f_{ij} 为第 i 个评价单元第 j 个评价指标的分值。

(2)求积法

$$H_i=\left(\prod_{j=1}^{n}f_{ij}\right)^{\frac{1}{n}} \tag{6-51}$$

式中符号含义同上式。

(3)限制系数法

$$H_i=\frac{\prod_{k=1}^{u}F_k\cdot\sum_{j=1}^{n}w_j\cdot f_{ij}}{100^u} \tag{6-52}$$

式中:H_i 为第 i 个评价单元的指数;i 为评价单元编号;j 为非限制性评价指标编号;w_j 为第 j 个评价指标的权重;f_{ij} 为第 i 个评价单元第 j 个评价指标的分值;k 为限制性评价指标的编号;F_k 为第 k 个限制性评价指标分值;u 为限制性评价指标个数。

6.6 农用地效率评价

效率是指产出与投入的比值,用来衡量资源利用水平的高低,比值越大说明资源利用水平越高,其效率也就越高。在经济学领域中,效率反映的是各种资源分配使用的效果,表示各种资源没有浪费,或者对其做了带来最大可能性的满足程度的利用。从这种意义上来说,农用地利用效率反映了农业资源的配置是否合理,以及农业资源的利用程度。

农用地利用效率的高低直接关乎到粮食安全和社会稳定,目前农业生产的低水平、农用地经营的小规模造成农用地资源投入产出较低,农用地效率不高,导致农用地的过度非农化、农用地废弃等系列问题。

6.6.1 农用地效率基本概念

英国经济学家 Farrell 在 1957 年提出了生产效率理论,他认为一个经济体在没有更多要素投入的条件下,如何提高生产系统的效率,从而提高产值具有重要的现实意义。

农用地是农业生产系统中最为重要的资源,在对其利用的过程,实际上是通过投入获得产出的过程。如果将农用地看成是一个"投入—产出"系统,则经济的产出与土地的投入之间的比值称为土地的效益。进一步引入效率的基本原理,对不同土地利用效益进行纵向或横向比较,所得到的比例之间的关系即为土地利用效率。

为说明土地利用效率的现实的意义,假定有 8 个不同区域在某一时间段土地投入和经济产出的数量如表 6-31 所示。

表 6-31 土地投入和经济产出比较

区域	A	B	C	D	E	F
土地投入	2	3	3	4	5	7
经济产出	1	4	2	3	3	4
产出/投入	0.50	1.33	0.67	0.75	0.60	0.57

将土地投入量置于横轴,经济产出置于纵轴,每个代表区域点到原点的斜率就为该区域的土地投入产出比较值,其中区域 B 的斜率最高,因此 B 点和原点之间的直线就成为假定的区域土地利用效率的生产前沿面(图 6-7)。生产前沿面是用于定义投入和产出的关系,表示的是对于不同水平的投入可以获得的最大产出水平。在案例中可以发现所有区域的投入产出比例均不突破生产前沿面,从数学的角度来诠释就是土地利用效率的生产前沿面包络了所有研究对象的比例值。

对各个区域的土地投入和经济产出进行比较来看,B 区域为比较值最高的区域,同时 A 区域为比较值最低的区域。

在假设规模效益不变的条件下,与区域 B 进行比较,其他区域的效率均表现为相对的无效性(0<其他区域的投入产出比/区域 B 的投入产出比<1)(表 6-32),其中最低的区域 A 仅为相对有效区域 B 的效率的 38%。

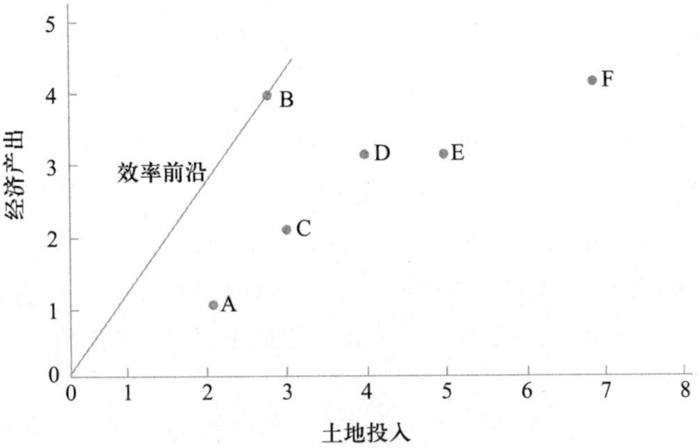

图 6-7　土地投入和经济产出关系

表 6-32　土地投入和经济产出效率

区域	A	B	C	D	E	F
相对效率	0.38	1.00	0.50	0.56	0.45	0.43

结合经济学中对效率概念的界定，土地利用效率是指对土地要素在内的各项要素资源进行了最优化利用，其基本的特征是在土地等各种投入要素给定的条件下实现的最大产出，或者在给定产出水平的条件下使得土地等投入要素达到最少。

因此，农用地利用效率是指在农用地上从多投入和多产出的角度出发，通过在农业生产系统中投入人力、物力、财力等要素以及各种农业资源的合理配置，使物力、财力等多产出达到最大的能力。

6.6.2　数据包络分析模型

数据包络分析(data envelopment analysis，DEA)，是著名运筹学家 Charnes 和 Cooper 等于 1978 年以“相对效率评价”为基础，根据多投入、多产出指标，使用线性规划、多目标规划、具有锥结构的广义最优化、半无限规划等模型对具有可比性的同质单元进行相对有效性评价的一种数量分析方法。

1. 数据包络分析原理和特征

1)决策单元

数据包络分析模型(DEA)的基本原理是将每一个评价单元(decision making unit，DMU)作为一个决策单元，为确定最优有效生产前沿面对不同决策单元的投入和产出进行比较，在对各个决策单元与最佳前沿面的差异进行衡量之后，从而确定其相关的效率值，并可以对不同决策单元进行排序。DMU 的基本特点是具有一定的投入和产出，并且在将投入转化成产出的过程中，实现自身的决策目标。

2)生产可能集

设某个 DMU 在一项经济或生产活动中有 m 项投入，写成向量形式为 $x=(x_1,\cdots,x_m)^T$；产出有 s 项，写成向量形式为 $y=(y_1,\cdots,y_s)^T$。于是我们可以用(x,y)来表示这个 DMU 的整个生产活动。

称集合 $T=\{(x,y)|$产出 y 能用投入 x 来实现$\}$为所有可能的生产活动构成的生产可能集。在使用 DEA 方法时，一般假设生产可能集 T 满足下面 4 条公理。

公理 1，平凡公理：$(x_j,y_j)\in T$，j 表示 DMU 的编号，$j=1,2,\cdots,n$。

公理 2，凸性公理：集合 T 为凸集。如果$(x_j,y_j)\in T$，$j=1,2,\cdots,n$，且存在 $\lambda_j\geqslant 0$，满足 $\sum_{j=1}^{n}\lambda_j=1$，则 $(\sum_{j=1}^{n}\lambda_j x_j,\sum_{j=1}^{n}\lambda_j y_j\in T$。

公理 3，无效性公理：若$(x,y)\in T$，$\hat{x}\geqslant x$，$\hat{y}\leqslant y$，则$(\hat{x},\hat{y})\in T$。

公理 4，锥性公理：集合 T 为锥。若$(x,y)\in T$，则$(kx,ky)\in T$，任意 $k>0$。

若生产可能集 T 是所有满足公理 1，2，3 和 4 的最小者，则 T 有唯一表示形式：

$$T=\left\{(x,y)\mid \sum_{j=1}^{n}\lambda_j x_j\leqslant x,\sum_{j=1}^{n}\lambda_j y_j\geqslant y,\lambda_j\geqslant 0,j=1,2,\cdots,n\right\} \tag{6-53}$$

3）数据包络分析特征

目前，关于数据包络分析已有 30 多年的理论发展和实证运用的时间，已有的文献表明数据包络分析与其他效率评价方法相比，具有以下显著的优势：①对于一般的效率评价，可以直接采用决策单元的输入和输出数据；②生产可能集前沿面是由有效决策单元来决定的，采用的是输入和输出变量的加权和之比来度量对应决策单元效率值的优化方法，从而不需要考虑投入与产出要素之间的具体表达关系，即不使用生产函数的一阶、二阶条件进行边际分析，而用线性规划的对偶理论进行最优性分析；③作为非参数统计方法无须预先估计参数或权重值，各类投入与产出要素的权重通过求解相应的数据包络分析模型获得，可以在很大程度上有效避免主观因素对效率评价模型的客观影响，即不必事先研究、分析和最终确定生产函数的形式，同时无须采用统计回归方法确定生产函数当中的各类参数；④数据包络分析所建立的模型是线性规划，具有计算的便捷性，最为重要的是通过对不同决策单元在有效生产前沿面上的"投影"，可以为生产效率的提高和管理水平的改善提供参考信息。

在数据包络分析中改进建议是基于投影分析来得到的，这一方法又被称为松弛变量分析，主要是为了解决现实中将决策单元效率提高至相对有效水平，从理论上对减少投入量和增加产出量进行判定。由于 DEA 有效的决策单元分布于生产前沿有效面上，可以将非 DEA 有效的决策单元在生产前沿面上进行投影，可以通过测算得到该决策单元与相应的 DEA 有效之间的差距数值，对投入和产出各项松弛变量进行分析，有助于得到对不同决策单元投入要素冗余和产出要素不足的具体数值，从而可以对非有效的决策单元进行改进建议。

参考前文的实例，区域 A 土地利用效率要达到相对效率最佳前沿面可以有如下多种方式：一种方式是将区域 A 的土地投入量减少至 A_1 所在的前沿面点上；另一种方式是将区域 A 的土地产出提高至 A_2；同时位于 A_1A_2 前沿面上的任意点均为区域 A 为达到相对有效的理论改进情况(图 6-8)。

2. 数据包络分析经典模型

尽管当前数据包络分析已经形成了较为完善的模型体系，但种类繁多的数据包络分析模型主要还是在最初的经典模型(CCR 模型和 BCC 模型)基础上进行的各种改进。

1）基于规模收益不变的 CCR 模型

模型假设有 n 个决策单元 $DMU_j(j=1,2,\cdots,n)$，每个 DMU 有 m 个投入 $X_j=(x_{1j},\cdots,x_{mj})^T>0$ 和 p 个产出 $Y_j=(y_{1j},\cdots,y_{pj})^T>0$，其中 x_{ik}、y_{rk} 分别为 DMU_k 的第 i 个投入和第

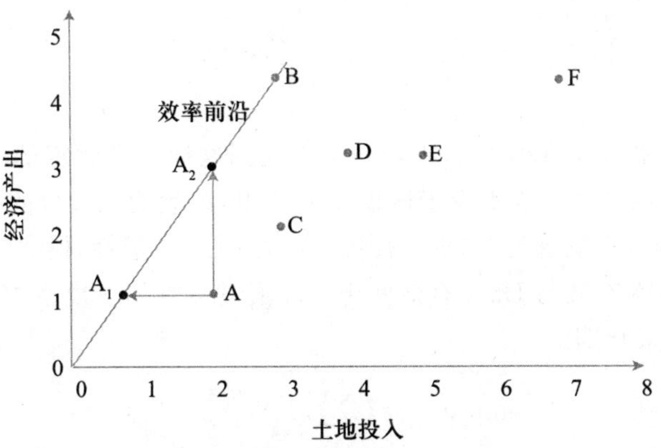

图 6-8　土地投入和经济产出关系图

r 个产出。由于在生产过程中，各种投入和产出的地位与作用各不相同，因此要对 DMU 进行评价，则必须对它的投入和产出进行综合，即把它们看作只有一个投入总体和一个产出总体的生产过程，这就需要赋予每个投入和产出恰当的权重。假设投入、产出的权向量分别为 $v=(v_i,\cdots,v_m)^T$ 和 $u=(u_i,\cdots,u_p)^T$，其中 v_i，u_r 分别是投入 i 和产出 r 的权重（价格），由传统的收益/成本理论可知，DMU_k 的效率 θ_j 可以表示为产出和投入的比率，即：

$$\theta_j=\frac{u^TY_j}{v^TX_j}=\frac{\sum\limits_{r=1}^{p}u_r y_{rj}}{\sum\limits_{i=1}^{m}v_i x_{ij}} \tag{6-54}$$

根据上式的定义，我们总可以选取适当的权向量使得 $\theta_j\leqslant 1$。如果想了解某个决策单元 $\mathrm{DMU_o}$ 在这 n 个决策单元中相对是不是最优的，可以考察当 u 和 v 尽可能地变化时，θ_o 的最大值为多少。为了测得 θ_o 的值，Charnes、Cooper、Rhodes 提出了 CCR（3 位作者名字首字母）模型：

$$\theta_o=\max\left(\frac{\sum\limits_{r=1}^{p}u_r y_{ro}}{\sum\limits_{i=1}^{m}v_i x_{io}}\right) \tag{6-55}$$

$$s.t.\ \frac{\sum\limits_{r=1}^{p}u_r y_{rj}}{\sum\limits_{i=1}^{m}v_i x_{ij}}\leqslant 1\quad j=1,\cdots,n$$

$$u_r,v_i\geqslant\varepsilon,r=1,\cdots,p;\quad i=1,\cdots,m$$

利用 Charnes 和 Cooper 提出的分式规划的 Charnes-Cooper 变换，对 CCR 模型进行进一步的转化，可以得到如下线性规划模型：

$$\theta_o=\max\left(\sum_{r=1}^{p}u_r y_{ro}\right) \tag{6-56}$$

$$s.t.\sum_{i=1}^{m}v_i x_{io}=1,\sum_{r=1}^{p}u_r y_{rj}-\sum_{i=1}^{m}v_i x_{ij}\leqslant 0\quad j=1,\cdots,n$$

$$u_r,v_i\geqslant\varepsilon,r=1,\cdots,p;i=1,\cdots,m$$

如果所求出的效率最优值小于1，则表明可以找到这样一个假想的决策单元，它可以用少于被评价决策单元的投入来获取不少于该单元的产出，即表明被评价的决策单元为非DEA有效。而当效率值为1时，决策单元为DEA有效。有关DEA有效性，根据松弛变量是否都为零还可以进一步分为弱DEA有效与DEA有效两类。即通过考察如下模型中的 $s_i^-(i=1,\cdots,m)$ 和 $s_r^+(r=1,\cdots,p)$ 的值来判别。

$$\min\theta_o-\varepsilon\left(\sum_{i=1}^{m}s_i^-+\sum_{r=1}^{p}s_r^+\right)\tag{6-57}$$

$$s.t.\sum_{j=1}^{n}x_{ij}\lambda_j+s_i^-=\theta_o x_{io}\quad i=1,\cdots,m$$

$$\sum_{i=1}^{m}y_{rj}\lambda_j-s_r^+=y_{ro}\quad r=1,\cdots,p$$

$$\lambda_j,s_i^-,s_r^+\geqslant 0\quad\forall i,j,r$$

其中 ε 为非阿基米德无穷小量。

根据上述模型给出被评价决策单元 DMU_o 的有效性定义：

定义1(DEA有效)：DMU_o 有效，当且仅当 $\theta_o^*=1$，且所有松弛变量 $s_i^-=s_r^+=0$。

定义2(弱DEA有效)：弱 DMU_o 有效，当且仅当 $\theta_o^*=1$，且存在某个或某些不为0的松弛变量，即 $s_i^-\neq 0$ 或 $s_r^+\neq 0$。

定义3(非DEA有效)：非 DMU_o 有效，当 $\theta_o^*<1$。

对于非DEA有效的决策单元，有3种方式可以将决策单元改进为有效决策单元：保持产出不变，减少投入；保持投入不变增大产出；减小投入的同时也增大产出。CCR模型允许DMU在减小投入的同时也增加产出。对于CCR模型，可以通过如下投影的方式将其投向效率前沿面，从而投影所得的点投入产出组合即为DEA有效。

CCR模型是基于凸性、锥性、无效性和最小性的假设条件下规模报酬不变的数据包络分析模型，也被称为投入导向数据包络分析模型。

2)基于规模效益可变的BCC模型

CCR模型是假设生产过程属于固定规模收益，即当投入量以等比例增加时，产出量应以等比例增加。然而实际的生产过程也可能属于规模报酬递增或者规模报酬递减的状态。为了分析决策单元的规模报酬变化情况，Banker，Charnes与Cooper以生产可能集的4个公理以及Shepard距离函数为基础在1984年提出了一个可变规模收益的模型，即后来被称为BCC的模型：

$$\theta_o=\max\left(\left[\sum_{r=1}^{p}u_r y_{ro}-u_o\right]/\sum_{i}^{m}v_i x_{io}\right)\tag{6-58}$$

$$s.t.\quad\sum_{r=1}^{p}u_r y_{rj}-u_o-\sum_{i=1}^{m}v_i x_{ij}\leqslant 0\quad j=1,\cdots,n$$

$$u_r,v_i\geqslant\varepsilon,r=1,\cdots,p;i=1,\cdots,m$$

含松弛变量形式的 BCC 对偶模型：

$$\min\theta_o-\varepsilon\left(\sum_{i=1}^{m}s_i^-+\sum_{r=1}^{p}s_r^+\right) \tag{6-59}$$

$$\begin{aligned} s.t.\quad & \sum_{j=1}^{n}x_{ij}\lambda_j+s_i^-=\theta_o x_{io}\quad i=1,\cdots,m \\ & \sum_{j=1}^{n}y_{rj}\lambda_j-s_r^+=y_{ro}\quad r=1,\cdots,p \\ & \sum_{j=1}^{n}\lambda_j=1 \\ & \lambda_j,s_i^-,s_r^+\geqslant 0\quad \forall i,j,r \end{aligned}$$

BCC 模型对凸性假设中约束条件 $\sum_{k=1}^{n}\lambda_k=1$ 进行了限定，形成了规模报酬可变的数据包络分析模型，也被称为产出导向数据包络分析模型。

3. 数据包络分析模型运用流程

要获得一个相对理想的分析结果应在以下 3 个步骤方面进行多次研究，在必要的情况下还需结合相关的定性或定量的研究方法。

第一阶段为明确问题：①为实现模型分析结果的科学性和准确性，在明确评价目标的基础上分析评价对象，梳理主次目标及相关影响因素，构建科学的评价层次体系；②分清主次要素分类及性质，对影响要素的可控性进行权衡；③综合考虑各个要素之间可能存在的定量与定性的关系；④分辨决策单元的边界，并对其层次和结构进行分析；⑤对结果进行定性分析。

第二阶段为建模计算：①采用第一阶段的研究成果，确定全面的评价指标体系，采用权重约束体现指标之间的关联性，可采用多投入和产出指标体系比较相应结果，以获得科学的评价结论；②以决策单元确定参考集，在具有代表性的前提下选取统一的研究目标和投入产出指标；③对应的数据应具备可获性和普遍性；④应根据效率分析的目标选取符合现实情况的 DEA 评价模型。

第三阶段为结果分析：①以上两个阶段的工作成果为基础，分析比较测算的评价成果，挖掘影响因素及改进建议；②科学判定评价结果的合理性，也可采用多个 DEA 模型分别评价和综合研究，结合其他方法以提高研究的科学性。

6.6.3　农用地利用效率评价指标体系的构建

运用数据包络分析法(DEA)对农用地利用效率进行评价，建立合理的输入、输出指标体系是一项基础性工作，是应用数据包络分析法的重要前提条件，指标体系的取舍直接影响着评价研究的最终结果。只有采用合理准确的评价指标体系才能使评价结果成为现实的真实反映，真正揭示出现实农业活动中所存在的问题。

1. 选取输入、输出指标的一般准则

应用 DEA 方法进行有效性评价首先要建立输入、输出指标体系，其次再将相关数据代入确定模型进行计算，最后对评价计算结果进行分析得出结论。DEA 方法是在已有数据的基础上进行测试，其评价结果与所选择的输入、输出指标息息相关。因此指标的选取在运用 DEA

方法进行评价中最为重要，具体选取准则如下。

（1）目的性　输入指标与输出指标的选取要考虑到是否能够实现评价目的，与评价目的无关的就无须选择。

（2）全面性　为了评价目的的实现，应该选取与评价目的联系紧密，对评价目的影响较大的所有指标。

（3）代表性　选取的输入、输出指标应该具有较强的代表性，且彼此之间不相关，无内在联系。如果某两个输入或输出指标之间存在较大的相关关系，那么二者所反映的信息会存在重叠部分，那也就不需要两个指标都包含在指标体系中了。

（4）精简性　如果输入、输出指标选取过于精细，数量过多，则会造成大量有效决策单元的出现，会产生毫无意义的结果，从而降低DEA方法的评价功能。

2. 输入、输出指标的确定

土地利用的本质是以土地为载体的生产活动，那么根据经济学中生产要素理论，其投入指标至少包括土地、劳动力与资金与技术。在产出方面，不能片面追求经济利益，必须保证具有一定社会与生态利益是区域协调持续发展的内在要求，所以土地利用对应的利益产出包括经济利益、生态利益与社会利益。

1）投入指标

（1）土地投入指标　土地要素作为经济发展重要基础与载体，在农业生产部门中，土地资源主要用于粮食生产，促进农业发展。因此，可以用耕地面积、农作物播种面积等因子做为土地投入指标。

（2）劳动力投入指标　在农业生产中，劳动力是重要的生产要素，对农业的发展起相当大的作用。在研究农用地利用效率中，劳动力主要是指在农用地上投入劳动的人员，可以用农林牧渔业从业人员、农业劳动力、劳动者素质等因子表示。

（3）技术投入指标　技术投入指标反映的是为了农业生产取得更优的效果对农用地进行的技术投入，是综合效益中重要的影响因素之一。因此，可以选择化肥施用量、农药使用量、塑料薄膜使用量、农业机械总动力、农业生产设施条件、灌溉面积有效比等因子表示。

2）产出指标

（1）经济效益指标　农用地利用的经济效益产出指标可以用粮食单产、粮食总产量、农林牧渔业生产总值、农业增加值等指标来表示。

（2）社会效益指标　人民生活水平是衡量一个地区土地利用社会效益的关键指标，因此可选择农民人均可支配收入和农民人均纯收入等指标来表示。

6.7 农用地其他相关评价

本节主要介绍常见的农用地整治绩效评价和耕地多功能评价等。

6.7.1 农用地整治绩效评价

土地整治项目是中国现阶段一项重要的公共投资活动，其资金主要来源于新增建设用地有偿使用费、耕地开展费、复垦费、土地出让金的10%部分及其他涉农资金，这些资金都属于公共资金范畴。随着中国公共财政制度的日趋完善，任何公共投资项目都应纳入公共预算支出管理范畴，实施绩效评价和管理。

1. 农用地整治绩效评价的概念

绩效一词最初来源于人力资源管理、工商管理和经济社会管理领域。绩效一词由"绩"与"效"组成，是工作成果的综合反映和体现。从字面意义看，"绩"就是成绩，是指是否按期实现了预先设定的目标，主要任务是否完成。"效"就是效率、效益，指的是完成任务的效率、资金使用的效益等。随着新公共管理理论的兴起，绩效评价被引入公共部门管理之中，绩效概念内涵进一步得以丰富，外延进一步得以拓展。

土地整治绩效评价是对土地整治项目在决策、准备、实施、竣工和运营过程中的目标任务完成情况，实施的经济性和效率性，实施后效益发挥情况，遵循一定准则构建定性或定量指标体系，运用科学的测度方法进行衡量和评判，并建立畅通、快捷的信息管理和反馈机制的系统过程。具体包括：①项目实施任务考评。考核项目的建设目标和建设任务的完成情况。②项目实施效益测度。包括单项效益和综合效益，内容涉及土地整治项目产生的经济效益、社会效益、生态效益等。③项目实施效率评价。即对项目的组织管理、施工建设等项目实施行为进行合理性和有效性的评价。④信息管理和反馈机制建设。

2. 农用地整治项目绩效评价指标体系

土地整治项目绩效评价主要是对项目实施后的效果进行评价，对项目实施后的经济、社会、环境影响进行分析，因此指标体系主是从经济、社会和生态 3 个维度入手构建，并逐步增加了规划设计技术等维度的指标，示例见表 6-33。

农用地整治经济效益可用耕地面积和生产能力变化所带来的耕地利用效益的变化来测度，也可用影响农业生产条件的替代指标反映，如农田道路运输，地块破碎化、机械化程度，地块格局等指标。

农用地整治社会效益指标可主要从劳动就业、生产生活条件改善、农村社会环境、社会保障等角度来反映，也可从农村基础设施建设、人口变化、土地产权等方面进行构建。

农用地整治生态效益评价指标可从景观格局、水土保持、生物多样性保护、生态服务功能、景观格局与功能等方面进行选择。

农用地整治技术评价指标主要是从规划设计水平、技术保障措施和保障程度，以及规划设计变动率、整理工期变动率等方面构建。

表 6-33　张庶，金晓斌，魏东岳等土地整治项目绩效评价指标

目标层	准则层	指标层
效率	组织管理	数据资料的完备性、招标及监理情况、管理规章健全度、公众参与度、项目资金到位情况、资金拨付及时度、项目资金支出情况、项目资金管理情况、会计信息质量
	施工建设	原材料质量合格率、田面平整率、道路通达率、灌排保证率、农田防护林成活率、工程设施配套程度、工程设施使用效果、单位面积投资额、新增耕地单位面积投资额、工程设施使用年限、工程设施运营成本、按期竣工率、工程质量达标率

续表6-33

目标层	准则层	指标层
效益	经济效益	资源效益：耕地面积变化率、灌溉面积增加率、平均耕作距离、道路通达度、田块破碎指数、田块形状指数、灌排系统密度、灌排系统的连通度、机械化作业率、中低产田减少率、旱涝保收率 投入产出效益：总投资或单位面积投资、新增耕地单位面积投资、农业生产成本变化率、基础设施运营成本、静态投资收益率、投资利润率、农民人均收入变化率、粮食单产变化率、耕地净收益变化率、农业产品产出数量、农民年纯收入增加率、农业技术推广率
	社会效益	社会效率：农民收入平均变化率、农户产投比提高率、土地利用变化率、农业产业结构变化情况、农村就业变化情况、基层民主制度建设情况、农村基础设施 社会公平：恩格尔系数变化率、城乡收入比变化率、农村贫困人口变化率、社会冲突事件发生率、产权纠纷发生率、公众支持率、对社会稳定影响程度 可持续发展：现代农业技术利用率、单位面积土地承载力变化率、新增耕地可供养人数、地区文化对项目的适应程度、撂荒面积变化率、对农户思想观念影响程度
	生态效益	环境变化：坡度、坡向、土壤 pH、土壤有机质含量、土体厚度、土地垦殖率、水源保证率、地下水位、绿色植被覆盖率、草场载畜量指数、生物丰度指数、植被覆盖指数、防护林密度变化、废物净化能力、防风固沙林保护面积 灾害防御：小气候变化、抵御风害效果变化、治理水土流失面积、洪涝灾害抵御能力、土地沙化治理面积、土地污染治理面积、防护林密度增加值 景观变化：景观丰富度、斑块平均周长、斑块平均密度、廊道密度、廊道环度、斑块密度、景观形状指数、周长-面积分数维、斑块散布与毗连指数、Shannon 多样性指数、均匀度及聚集度

3. 农用地整治绩效评价方法

经济效益评价采用定理分析的情况较多，一般采用经济学中的费用效益分析法、静态经济效益分析法、收益还原法等方法，对项目进行投入产出分析，评价其盈利能力或对国民经济的净贡献值。社会效益常采用主观识别、综合计量、对比分析论证等方式进行评价。生态效益定量测度方法主要有生态功能价值、替代市场法、能值分析等方法。综合效益的测算方法主要有特尔菲法、层次分析法、多因素综合评价法、模糊综合评价法、物元分析法、数据包络分析方法、BP 网络模型法等。

6.7.2 耕地多功能评价

1. 耕地多功能内涵

耕地作为一个自然客体，既能够生产出实物，具有供给功能，也能够净化水质、分解污染物，具有缓冲过滤功能，还能够固持大气中的二氧化碳，具有固碳功能。另外，耕地还具有文化功能和景观功能等。从客观角度来看，耕地功能是一个集合，即耕地的功能集合。在耕地功能集中，有显化的功能，也有未显化的功能。显化的功能就包括了生产功能、健康功能、缓冲过滤功能、固碳功能，未显化的功能包括文化功能、区域气候协调功能等。

2. 耕地多功能评价的理论框架

耕地作为一种典型的人工—自然交互的生态系统，具有“结构—过程—功能—服务”的演化特点，借鉴生物多样性与生态系统服务评估指标体系，可构建基于“指标—过程—功能—需求”的耕地多功能指标体系理论框架。

耕地系统内部物质循环、能量流动、生物演替和信息传递等过程是耕地产生各项功能的基础。其中，水循环、气热运动等物理过程可以促进作物对水分的吸收利用，为作物的生存和生长提供保障；离子交换、酸碱反应以及氧化还原反应等化学过程既可以保证养分的有效性，又对物质在土壤中的移动以及污染物质的缓冲性有着深刻的影响。有机质矿化、腐殖化以及碳、氮、磷循环等生物过程不仅可以增加作物生长所需的矿质元素，还可以固定二氧化碳释放氧气，对改善空气，保证作物生长具有重要影响。以上 3 种过程构成了耕地的生产功能、健康功能、缓冲过滤功能和固碳功能的基础。而耕地系统中各项过程的顺利进行主要依靠土壤中各物理、化学性质间的协调作用。人类对耕地的需求由耕地多功能及其相互作用提供。因此，深入分析影响各功能发挥的土壤过程，选取影响该过程进行的重要土壤物化特性是构建耕地多功能评价指标体系的关键，示例见图 6-9。

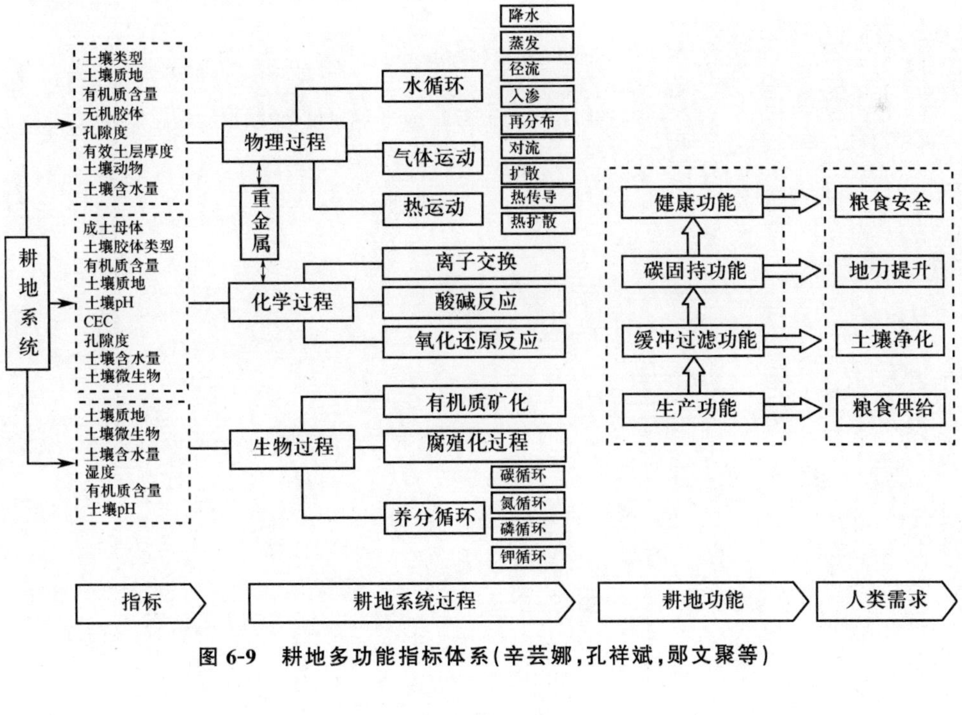

图 6-9　耕地多功能指标体系(辛芸娜，孔祥斌，郧文聚等)

复习思考题

1. 农用地分等的技术路线是什么？
2. 农用地分等成果是如何实现全国可比的？
3. 农用地分等与耕地地力评价的区别有哪些？
4. 耕地地力评价的方法原理与技术路线是什么？
5. 土壤污染评估的方法步骤有哪些？

6. 农用地生态风险评价的内涵有哪些?
7. 农用地健康评价指标包括哪些方面?
8. 农用地集约评价的内涵有哪些?
9. 农用地效率评价的方法有哪些?
10. 农用地整治绩效评价包括哪些方面?
11. 耕地多功能评价含义与指标体系是什么?

第7章

城乡建设用地评价

导读：本章介绍城乡建设用地评价，包括建设用地适宜性评价、集约评价、建设项目节地评价、城市低效与闲置土地评价、城市地下空间用地评价、城市地上与地下空间协同利用评价以及城市棕地评价的理论与方法，主要从城乡建设用地利用的不同方面诠释建设用地评价的概念内涵、评价原则、评价方法，并选取相关案例进行举例说明。明确城乡建设用地评价理论和城乡建设用地评价方法，对城乡建设发展具有一定的检验作用，从而促进城乡建设用地合理利用、城乡居民体验高质量生活。

7.1 建设用地适宜性评价

7.1.1 建设用地适宜性概念与内涵

联合国粮农组织的《土地评价纲要》中定义建设用地适宜性为：在一个特定的区域内，根据土地的自然、社会、经济等条件和相关的约束条件，农用地或未利用地转为建设用地的可供性及其最有效的利用方式。建设用地适宜性具有多宜性的特点，即一块土地可以转换为两种及两种以上的不同类型的建设用地，并且这种转换具有同样的可能性。

建设用地适宜性评价是以特定区域内所有土地资源为研究对象，评价将土地资源用作某种特定建设用地利用方式是否适宜的过程。

7.1.2 建设用地适宜性评价原则

1. 综合性和主导因素相结合原则

建设用地质量的优劣、适宜性的范围及适宜度均是土地自然条件和土地资源配置的合理性等因素所决定，是各构成要素综合作用的结果，评价必须以综合性原则为基础。但由于不同的建设用地构成因素对于土地利用的作用不同，不同的土地用途对于建设用地质量的要求不同，对于各个评价因素不应等量齐观，要按照各要素不同的重要性程度，在评价中确定不同权重，使各种要素的作用和影响能够得到全面反映，并能够突出主要要素。建设用地适宜性评价要求综合性和主导因素相结合。

2. 针对性和比较性相结合原则

建设用地适宜性评价必须以一定的利用方式为前提,即具有一定的针对性。不同的土地利用对于土地条件的要求是不同的。适宜性评价应考虑具体的土地用途,不同的土地单元对同一土地利用的适宜性和同一土地单元对不同土地利用的适宜性不一定相同,这就要求建设用地适宜性评价要在论证目标用途土地利用适宜性的同时,进行多方面的比较,即通过土地质量和土地利用需求的匹配,发现建设用地利用的适宜方式;通过不同土地利用单元土地构成要素的比较,分辨出土地质量优劣;通过同一土地单元对于不同土地利用用途的效益或效果的比较,实现土地的最佳利用。

3. 经济、社会、生态效益相结合原则

在进行建设用地适宜性评价时,为了提高建设用地单位面积经济产出,建设用地的供给应当按照城市规划和生产力布局的原则。此外,为了保证建设用地的可持续利用,建设用地适宜性评价也必须充分满足土地利用的社会和生态目标,不合理的建设用地利用会给周围土地带来不良后果,要综合考虑土地和环境演化规律,进行合理布局,维护生态平衡,从而实现良好的生态效益。

7.1.3 建设用地适宜性评价方法

评价方法可以采用但不限于多因素综合评价法。多因素综合评价法,简称多因素评价法,是指运用多个指标对多个参评单位进行评价的方法,其基本思想是将多个指标转化为一个能够反映综合情况的指标来进行评价。

1. 建设用地适宜性评价指标体系

建设用地评价指标体系,一般分为自然因素、社会经济因素、生态因素及灾害因素。自然因素最重要的是地形和地基承载力;社会经济因素最重要的是城镇区位和交通通达度(通过缓冲区分析得到);生态因素有距河流、湖泊的距离,植被的覆盖度;灾害因素有地震、冲沟、塌方、滑坡、泥石流等。另外,建设用地适宜性评价因素还包括基本农田,风景保护区,自然保护区等特殊区域因素。建设用地适宜性评价指标体系具体见表 7-1。

表 7-1 建设用地适宜性评价指标体系

评价因素	评价指标
自然因素	地形;地基承载力
社会经济因素	城镇区位;交通通达度
生态因素	距河流、湖泊距离;植被覆盖度
灾害因素	地震;冲沟;塌方;滑坡;泥石流
特殊区域因素	基本农田;风景保护区;自然保护区

2. 权重的确定

在进行建设用地适宜性评价过程中,特尔菲法(Delphi)与层次分析法(AHP)等应用最广泛。另外,也有由 AHP 发展而来的 G1 法。G1 法较 AHP 更为简单,容易操作。G1 法指邀请多个土地方面的专家将同一层次上的各指标对目标层的重要性进行从大到小的排序,同时给出前后指标比较后重要程度的比值,确定各个评价指标的权重。具体步骤如下。

(1)对各评价指标的重要程度进行排序　参考表 7-2 对指标间的重要程度量化。

表 7-2　指标间相对重要程度 r_i 赋值参考表

r_i	说明
1.0	指标 X_i 与指标 X_{i+1} 同等重要
1.2	指标 X_i 比指标 X_{i+1} 稍微重要
1.4	指标 X_i 比指标 X_{i+1} 明显重要
1.6	指标 X_i 比指标 X_{i+1} 强烈重要
1.8	指标 X_i 比指标 X_{i+1} 极端重要

(2)计算权重

$$t_k = \prod_{i=k}^{m} r_i \quad (k = m, m-1, m-2, \cdots, 2, 1) \tag{7-1}$$

式中:t_k 为指标权重系数;r_i 为指标间相对重要程度的量化值。

将计算的权重进行归一化处理得到评价因子最终权重:

$$w_k = t_i / \sum_{i=1}^{m} t_i \quad (k = m, m-1, m-2, \cdots, 2, 1) \tag{7-2}$$

式中:w_k 为归一化处理后的指标权重系数。

(3)建设用地适宜性评价模型

$$S = \sum_{i=1}^{n} W_i X_i \quad (i = 1, 2, 3, \cdots, n) \tag{7-3}$$

式中:S 为适宜性综合得分值;W_i 为第 i 个因子的权重;X_i 为某单元第 i 个因子的分值;n 为评价因子个数。

7.2　建设用地集约评价

集约用地的概念由来已久,其最早来自农业生产经营过程,与粗放经营、广种薄收相对应,指的是集约经营、精耕细作。《齐民要术》中提道,“凡人家营田,须量己力,宁可少好,不可多恶”。《资治通鉴》中关于节约用地的表述有“地力之生物有大数,人力之成物有大限,取之有度,用之有节,则常足;取之无度,用之不节,则常不足”。李嘉图等西方古典经济学家在地租理论中也提及“农业土地集约经营”概念。

建设用地节约集约利用是指在符合有关法规、政策、规划的前提下,通过降低建设用地消耗、增加对土地的投入,不断提高土地的利用效率和经济效益的一种开发经营模式。城市建设用地节约集约利用评价是对城市建设用地利用状况进行调查、分析,评价建设用地节约集约利用程度水平,提出促进建设用地节约集约利用对策建议的过程。

开展城市建设用地节约集约利用评价,旨在全面掌握城市建设用地节约集约利用状况、潜力规模、空间分布及变化趋势,提出城市建设用地规模挖潜、结构调整、布局优化的途径和措施,促进城市建设用地利用效率和效益提高,为科学用地管地提供重要依据,从而实现节约集约用地。开展建设用地集约评价主要包括区域、中心城区、开发区 3 方面。

7.2.1　区域建设用地集约利用状况评价

区域建设用地节约集约利用状况评价包括基础调查、节约集约利用状况定性分析、节约集约利用状况定量评价和综合分析，反映参评城市区域建设用地节约集约利用总体水平、区域差异特征及动态变化趋势等。

1. 评价方法

区域建设用地集约利用状况评价可以采用但不限于多因素综合评价法，其评价步骤为通过选择评价指标体系，进行指标理想值标准化，计算城市（镇）之间整体区域建设用地节约集约利用分指数、指数和总指数。

2. 评价指标体系

区域用地状况定量评价指标体系包括利用强度指数等 4 个指数、人口密度指数等 7 个分指数、城乡建设用地人口密度等 11 个指标。具体定义、指标属性及选择要求见表 7-3。

表 7-3 区域用地状况定量评价指标体系

指数（代码）	分指数（代码）	指标（代码）	指标定义	计量单位	指标属性	选择要求
利用强度指数（UII）	人口密度分指数（PUII）	城乡建设用地人口密度（PUII1）	指基准年的常住总人口规模与城乡建设用地总面积的比值，反映评价时点土地承载人口总量的能力	人/km^2	正向相关指标	必选
	经济强度分指数（EUII）	建设用地地均固定资产投资（EUII1）	指基准年之前的 3 年（含基准年）的全社会固定资产投资总额的平均值与基准年的建设用地总面积的比值，反映评价时点土地投入状况	万元/km^2	正向相关指标	必选
		建设用地地均地区生产总值（EUII2）	指基准年的地区生产总值与建设用地总面积的比值，反映评价时点土地产出效益状况和土地承载经济总量的能力	万元/km^2	正向相关指标	必选
增长耗地指数（GCI）	人口增长耗地分指数（PGCI）	单位人口增长消耗新增城乡建设用地量（PGCI1）	指基准年的新增城乡建设用地量与人口增长量比值，反映人口增长消耗的新增城乡建设用地状况	m^2/人	反向相关指标	必选
	经济增长耗地分指数（EGCI）	单位地区生产总值耗地下降率（EGCI1）	指基准年前一年的单位地区生产总值耗地与基准年的单位地区生产总值耗地的差值占基准年前一年单位地区生产总值耗地的比率，反映经济增长耗地下降的速率	%	正向相关指标	必选
		单位地区生产总值增长消耗新增建设用地量（EGCI2）	指基准年的新增建设用地量与同期地区生产总值增长量的比值，反映经济增长消耗的新增建设用地状况	m^2/万元	反向相关指标	必选
		单位固定资产投资消耗新增建设用地量（EGCI3）	指基准年的新增建设用地量与全社会固定资产投资总额的比值，反映单位投资消耗的新增建设用地状况	m^2/万元	反向相关指标	必选

续表7-3

指数(代码)	分指数(代码)	指标(代码)	指标定义	计量单位	指标属性	选择要求
用地弹性指数(EI)	人口用地弹性分指数(PEI)	人口与城乡建设用地增长弹性系数(PEI1)	指基准年之前 3 年(含基准年)的人口增长幅度与同期城乡建设用地增长幅度比值,反映建设用地消耗与自身社会发展的协调程度		正向相关指标	必选
	经济用地弹性分指数(EEI)	地区生产总值与建设用地增长弹性系数(EEI1)	指基准年之前 3 年(含基准年)的地区生产总值增长幅度与同期建设用地总面积增长幅度的比值,反映建设用地消耗与自身经济发展的协调程度		正向相关指标	必选
管理绩效指数(API)	城市用地管理绩效分指数(ULAPI)	城市存量土地供应比率(ULAPI1)	指基准年之前 3 年(含基准年)的各年实际供应的城市存量土地总量与城市土地供应总量的比值,反映存量用地盘活促进节约集约用地的管理效果	%	正向相关指标	必选
		城市批次土地供应比率(ULAPI2)	指基准年之前 3 年(不含基准年)的实际供应城市土地总量与经批次批准允许供应的城市土地供应总量的比值,反映新增用地供应管理促进节约集约用地的效果	%	正向相关指标	必选

3. 评价指标现状值计算

评价指标现状值计算见表 7-4。

表 7-4　评价指标现状值计算表

分指数(代码)	指标(代码)	指标计算方法(表中 t 代表评价基准年)
人口密度分指数(PUII)	城乡建设用地人口密度(PUII1)	PUII1＝t 年常住总人口/t 年城乡建设用地面积
经济强度分指数(EUII)	建设用地地均固定资产投资(EUII1)	EUII1＝[(t 年全社会固定资产投资总额＋(t－1)年全社会固定资产投资总额＋(t－2)年全社会固定资产投资总额)/3]/t 年建设用地总面积
	建设用地地均地区生产总值(EUII2)	EUII2＝t 年地区生产总值(当年价)/t 年建设用地面积
人口增长耗地分指数(PGCI)	单位人口增长消耗新增城乡建设用地量(PGCI1)	PGCI1＝t 年新增城乡建设用地面积/(t 年常住总人口/－(t－1)年常住总人口)

续表7-4

分指数(代码)	指标(代码)	指标计算方法(表中 t 代表评价基准年)
经济增长耗地分指数(EGCI)	单位地区生产总值耗地下降率(EGCI1)	EGCI1=([(t-1)年建设用地面积/(t-1)年地区生产总值(可比价)-t 年建设用地面积 t 年地区生产总值(可比价)]/[(t-1)年建设用地面积/(t-1)年地区生产总值(可比价)]
	单位地区生产总值增长消耗新增建设用地量(EGCI2)	EGCI2=t 年新增建设用地面积/[t 年地区生产总值(可比价)-(t-1)年地区生产总值(可比价)]
	单位固定资产投资消耗新增建设用地量(EGCI3)	EGCI3=t 年新增建设用地面积/t 年全社会固定资产投资总额
人口用地弹性分指数(PEI)	人口与城乡建设用地增长弹性系数(PEI1)	PEI=[(t 年常住总人口-(t-3)年常住总人口)/(t-3 年常住总人口]/[(t 年城乡建设用地面积-(t-3)年城乡建设用地面积)/(t-3)年城乡建设用地面积]
经济用地弹性分指数(EEI)	地区生产总值与建设用地增长弹性系数(EEI1)	EEI1=[(t 年地区生产总值(可比价)-(t-3)年地区生产总值(可比价))/(t-3)年地区生产总值(可比价)]/[(t 年建设用地面积-(t-3)年建设用地面积)/(t-3)年建设用地面积]
城市用地管理绩效分指数(ULAPI)	城市存量土地供应比率(ULAPI1)	ULAPI1=(t 年存量建设用地供应面积+(t-1)年存量建设用地供应面积+(t-2)年存量建设用地供应面积)/(t 年土地供应面积+(t-1)年土地供应面积+(t-2)年土地供应面积)
	城市批次土地供应比率(ULAPI2)	ULAPI2=(截至 t 年底已供应的(t-1)年批准批次土地面积+截至 t 年底已供应的(t-2)年批准批次土地面积+截至 t 年底已供应的(t-3)年批准批次土地面积)/[(t-1)年批准批次土地面积+(t-2)年批准批次土地面积+(t-3)年批准批次土地面积]

4. 权重值确定

1)权重值确定原则

权重值应分别依据指数、分指数、指标对区域建设用地节约集约利用的影响程度确定。各指数、分指数、指标的权重值应在 0～1,各指数权重值之和、同一指数下的各分指数权重值之和、同一分指数下的各指标权重值之和均为 1。

2)权重值确定方法

在评价单元中,各参评因子对评价目标的影响程度不一样。为了反映各评价单元内和各参评因子间的差异,可通过每个因子对土地利用影响大小赋予一定的权重,来尽可能准确地反映土地利用状况。如何选择对指标进行赋值的最佳方法,是土地评价的关键。权重的确定方法包括特尔菲法、线性回归分析法、层次分析法和模糊综合评判法等,建设用地集约利用中通常采用特尔菲法。

特尔菲法:通过对指数、分指数、指标的权重值进行多轮专家打分,并按公式(7-4)计算权重值:

$$W_i = \frac{\sum_{j=1}^{n} E_{ij}}{n} \tag{7-4}$$

式中：W_i 为第 i 项指数、分指数、指标的权重；E_{ij} 为专家 j 对于第 i 项指数、分指数、指标的打分；n 为专家总数。

5. 理想值确定

指标理想值，应依照节约集约用地原则，在符合有关法律法规、国家和地方相关标准的基础上，依据土地利用规划确定的控制目标、上级分解下达节约集约用地管理目标、所在省或市平均状况、类比城市横向比较情况、参评城市下辖各行政单元相关指标现状值，采用专家咨询等方法综合确定。

6. 评价指标标准化

评价指标标准化可采用，但不限于理想值比例推算法。指标标准化初始值采用公式(7-5)计算：

$$S_{io} = a_i / t_i \tag{7-5}$$

式中：S_{io} 为第 i 项指标标准化值的初始值；t_i 为第 i 项指标理想值；a_i 为第 i 项指标实际值。

7. 分指数、指数和总指数计算

1)分指数计算

区域用地状况定量评价各项分指数按照公式(7-6)计算：

$$a_j = \sum_{i=1}^{n} (W_{ij} \times S_{ij}) \times 100 \tag{7-6}$$

式中：a_j 为第 j 项分指数的值；W_{ij} 为第 j 项分指数下第 i 个指标的权重；S_{ij} 为第 j 项分指数下第 i 个指标的标准化值；n 为第 j 项分指数下的指标个数。

2)指数计算

区域用地状况定量评价各项指数按照公式(7-7)计算：

$$\beta_k = \sum_{i=1}^{n} (W_{kj} \times a_j) \tag{7-7}$$

式中：β_k 为第 k 项指数的值；W_{kj} 为第 k 项指数下第 j 个分指数的权重；a_j 为第 j 项分指数的值；n 为第 k 项指数下的分指数个数。

3)总指数计算

区域用地状况定量评价总指数按照公式(7-8)计算：

$$总指数 = \sum_{k=1}^{n} (W_k \times \beta_k) \tag{7-8}$$

式中：W_k 为第 k 项指数的权重；β_k 为第 k 项指数的值；n 为总指数下的指数个数。

8. 土地利用状况类型判定

土地利用状况类型根据各指数分值的高低，从大到小，依次划分为Ⅰ型、Ⅱ型、Ⅲ型、Ⅳ型、Ⅴ型等，对应的建设用地节约集约利用程度由高到低，可表述为“集约度高”“集约度较高”“集约度中等”“集约度较低”“集约度低”等不同情形。土地利用状况类型划分原则上控制在3～5类。

9. 评价结果综合分析

根据评价结果，从节约集约利用现状水平、动态变化趋势、管理绩效、空间分异等方面对参评城市建设用地节约集约利用总体状况、特征、存在问题、主要差距及原因进行分析，明确节约集约用地改进方向，提出促进节约集约用地的对策建议。

7.2.2 中心城区建设用地集约利用评价

中心城区建设用地集约利用评价，是以参评城市中心城区现状建设用地为评价对象，定性分析中心城区建设用地利用状况，划分居住、商业、工业、教育、行政办公、其他等功能区，定量评价各类功能区土地集约利用水平。

1. 评价方法

中心城区建设用地集约度评价是以城市（镇）内部划定的居住、商业、工业、行政办公、教育等不同类型功能区作为评价单元，选择评价指标并进行理想值指标标准化处理，计算各功能区的土地利用集约度指数，对不同类型功能区土地利用集约度进行分值区段划分，将其划分为4种类型，揭示不同类型功能区的土地集约利用水平及其空间分异规律。

2. 评价指标体系

中心城区用地状况评价指标体系主要区别居住功能区（R）、商业功能区（C）、工业功能区（I）、行政办公功能区（G）、教育功能区（E）和其他功能区（X），并对指标的含义、属性进行解释，以及在必选和备选等不同情形下加以选择。中心城区用地状况定量评价指标体系见表7-5。

表7-5 中心城区用地状况定量评价指标体系

功能区类型（代码）	指标（代码）	指标含义	指标属性	选择要求
居住功能区（R）	综合容积率（R_1）	居住功能区内的各类建筑总面积（hm^2）/居住功能区土地面积（hm^2）	正向相关指标	必选
	人口密度（R_2）	居住功能区内的居住人口（人）/居住功能区土地面积（hm^2）	正向相关指标	必选
	基础设施完备度（R_3）	指居住功能区内的水、电、路等基础设施的配套程度	正向相关指标	必选
	住宅地价实现水平（R_4）	居住功能区现状条件下的单位土地市场地价（元/m^2）/居住功能区所在级别基准地价（元/m^2）	正向相关指标	必选
	建筑密度（R_5）	商业功能区内的各类建筑总面积（hm^2）/商业功能区土地面积（hm^2）	适度相关指标	必选
商业功能区（C）	综合容积率（C_1）	商业功能区内的各类建筑总面积（hm^2）/商业功能区土地面积（hm^2）	正向相关指标	必选
	基础设施完备度（C_2）	指商业功能区内的水、电、路等基础设施的配套程度	正向相关指标	必选
	商业地价实现水平（C_3）	商业功能区现状条件下的单位土地市场地价（元/m^2）/商业功能区所在级别基准地价（元/m^2）	正向相关指标	必选
	建筑密度（C_4）	商业功能区内的各类建筑基底面积（hm^2）/商业功能区土地面积（hm^2）	适度相关指标	必选
	商业物业出租（营业）率（C_5）	商业功能区内的物业平均出租率或营业率（%）	正向相关指标	必选

续表7-5

功能区类型（代码）	指标（代码）	指标含义	指标属性	选择要求
工业功能区（I）	综合容积率（I_1）	工业功能区内的各类建筑总面积（hm^2）/工业功能区土地面积（hm^2）	正向相关指标	必选
	基础设施完备度（I_2）	指工业功能区的水、电、路等基础设施的配套程度	正向相关指标	必选
	单位用地固定资产总额（I_3）	工业功能区内的工业（物流）企业固定资产基础设施完备度[I_2 原价（万元）/工业功能区土地面积（hm^2）]	正向相关指标	必选
	单位用地工业总收入（I_4）	工业功能区内的工业（物流）企业总收入（万元）/工业功能区土地面积（hm^2）	正向相关指标	必选
	建筑密度（I_5）	工业功能区内的各类建筑基底面积（hm^2）/工业功能区土地面积（hm^2）	适度相关指标	必选
行政办公功能区（G）	综合容积率（G_1）	行政办公功能区内的各类建筑总面积（hm^2）/行政办公功能区土地面积（hm^2）	正向相关指标	必选
	基础设施完备度（G_2）	指行政办公功能区内的水、电、路等基础设施的配套程度	正向相关指标	必选
	单位用地服务行政办公人员数（G_3）	行政办公功能区内的行政办公人员（人）/行政办公功能区土地面积（hm^2）	正向相关指标	必选
	建筑密度（G_4）	行政办公功能区内的各类建筑基底面积（hm^2）/行政办公功能区土地面积（hm^2）	适度相关指标	必选
教育功能区（E）	综合容积率（E_1）	教育功能区内的各类建筑总面积（hm^2）/教育功能区土地面积（hm^2）	正向相关指标	必选
	基础设施完备度（E_2）	指教育功能区内的水、电、路等基础设施的配套程度	正向相关指标	必选
	单位用地服务学生数（E_3）	教育功能区内的服务学生总数（人）/教育功能区土地面积（hm^2）	正向相关指标	必选
	建筑密度（E_4）	教育功能区内的各类建筑基底面积（hm^2）/教育功能区土地面积（hm^2）	适度相关指标	必选
其他功能区（X）	综合容积率（X_1）	其他功能区内的各类建筑总面积（hm^2）/其他功能区土地面积（hm^2）	正向相关指标	必选
	建筑密度（X_2）	其他功能区内的各类建筑基底面积（hm^2）/其他功能区土地面积（hm^2）	适度相关指标	必选

3. 评价指标现状值计算

评价指标现状值的计算方法在评价指标体系中有详细公式说明。

4. 指标权重值确定

评价指标权重确定应符合下表提供的指标重要性排序要求，采用特尔菲法、因素成对比较法等方法确定，具体见表 7-6。

表 7-6 中心城区用地状况定量评价指标重要性排序表

功能区类型(代码)	指标(代码)	选择性	重要性排序
居住功能区(R)	综合容积率(R_1)	必选	1
	人口密度(R_2)	必选	2
	基础设施完备度(R_3)	必选	3
	住宅地价实现水平(R_4)	必选	4
	建筑密度(R_5)	必选	5
商业功能区(C)	综合容积率(C_1)	必选	1
	基础设施完备度(C_2)	必选	3(4)
	商业地价实现水平(C_3)	必选	2
	建筑密度(C_4)	必选	4(5)
	商业物业出租(营业)率(C_4)	必选	3
工业功能区(I)	综合容积率(I_1)	必选	1
	基础设施完备度(I_2)	必选	4
	单位用地固定资产总额(I_3)	必选	3
	单位用地工业总收入(I_4)	必选	2
	建筑密度(I_5)	必选	5
行政办公功能区(G)	综合容积率(G_1)	必选	1
	基础设施完备度(G_2)	必选	3
	单位用地服务行政办公人员数(G_3)	必选	2
	建筑密度(G_4)	必选	4
教育功能区(E)	综合容积率(E_1)	必选	1
	基础设施完备度(E_2)	必选	3
	单位用地服务学生数(E_3)	必选	2
	建筑密度(E_4)	必选	4
其他功能区(X)	综合容积率(X_1)	必选	1
	建筑密度(X_2)	必选	2

注：当评价指标体系包含备选指标时，相关必选指标权重值的重要性排序应按()中的序位为依据。

5. 指标理想值确定

(1)依据控制性详细规划确定的容积率最高控制区间，结合功能区集约利用评价指标计算口径与控规相关指标口径之间的差异做适当修正加以确定。

（2）依据地方近 3 年出让合同约定（或划拨决定书）的宗地容积率、建筑密度、投资强度等实际出让宗地指标值的平均值、最大值区间，结合功能区集约利用评价指标计算口径与出让宗地相关指标口径之间的差异，做适当的修正后加以确定。另外，也可参考地方编制的土地利用总体规划、城市规划采用的技术指标（如地方技术标准、控制性详细规划指标等）。

（3）缺乏相关的宗地出让信息、城市规划及技术标准资料时，可选择土地区位条件和土地开发情况相似，且相关资料完备的区域作为参照区域，以参照区域的宗地出让信息、城市规划或技术标准资料中的相关规定为依据，近似确定功能区的指标理想值。

（4）缺乏上述依据和标准时，可选择能反映当地实际情况，并代表较高土地集约利用程度的区域做调查研究，结合专家咨询等途径确定相关理想值。

6. 评价指标标准化

评价指标标准化应采用标准值比例推算法，根据有关指标属性及理想值取值特征差异，按下列方法确定。

（1）正向相关指标标准化初始值（F_{i0}）按照公式（7-9）进行：

$$F_{i0}=\frac{b_i}{u_i} \tag{7-9}$$

式中：F_{i0} 为第 i 项指标标准化初始值；u_i 为第 i 项指标理想值（当 u_i 为区间值时，u_i 取相应理想值的下界值）；b_i 为第 i 项指标实际值。

各项指标标准化值 F_i 的确定需区分以下两种情形加以确定：

① 若 $F_{i0}\geqslant 1$，$F_1=1$，表示指标实际值为合理状态；

② 若 $F_{i0}<1$，$F_1=F_{i0}$ 计算结果表示评价的功能区的对应指标实际值与理想值的差距。

（2）适度相关指标标准化值 F_i 按照公式（7-10）进行：

$$F_i=1-\left|\frac{b_i-u_i}{u_i}\right| \tag{7-10}$$

式中：F_i 为第 i 项指标标准化值；u_i 为第 i 项指标理想值；b_i 为第 i 项指标实际值。

具体确定各项指标标准化值 F_i 时，u_i 的取值需区分以下 3 种情形分别加以确定：

① 若 b_i 隶属 u_i 所在区间，F_i 直接赋为 1，表示指标实际值为合理状态；

② 若 $b_i>u_i$ 的上界值，此时式中的 u_i 取相应理想值的上界值，表示指标实际值超过理想值的状况；

③ 若 $b_i<u_i$ 的下界值，此时式中的 u_i 取相应理想值的下界值，表示指标实际值与理想值的差距。

7. 集约利用指数计算

功能区土地利用集约度 λ 的计算按照公式（7-11）进行：

$$\lambda=\sum_{i=1}^{n}(\beta_i\times F_i)\times 100 \tag{7-11}$$

式中：λ 为功能区的土地利用集约度；β_i 为第 i 项指标权重；F_i 为第 i 项指标的标准化值。

8. 土地利用状况类型划分

按照数轴法或总分频率曲线图法等对不同类型功能区土地利用集约度进行分值区段划分，确定过度利用、集约利用、中度利用、低度利用 4 种类型的标准。

9. 定量评价结果汇总分析

(1)区分现状主导用途与规划主导用途一致区域和不一致区域两种情形,分别对不同类型功能区土地集约利用状况定量评价结果进行分析比较,阐述中心城区各类用途土地集约利用类型分布特征及规律、地域差异、存在问题及原因等。

(2)根据不同对象成果应用需要开展以区、街道等行政区为单元的相关汇总分析,揭示不同区、街道行政区各类用途土地集约利用特征、存在的问题等。

(3)针对评价结果,综合分析制约各功能区、各区域土地集约利用的主导因素,明确促进土地集约利用的方向及相关政策措施建议等。

7.2.3 开发区建设用地集约利用评价

开发区建设用地集约利用评价是指对开发区土地利用状况进行调查、分析,评价土地集约利用程度,测算土地集约利用潜力的过程。通过开展开发区土地集约利用评价,全面掌握开发区土地集约利用状况,促进土地节约集约利用,为开发区扩区升级和区位调整审核、动态监管、规划计划管理及有关政策制定提供依据。

1. 评价方法

开发区土地集约利用的评价过程是通过建立评价指标体系、确定指标的现状值与权重值,并计算其理想值(开发区土地集约利用程度确定理想值过程中,针对指标的不同,灵活应用多种方法),然后对指标进行标准化处理,最后对土地利用集约分值进行综合计算,整个评价过程采用定性与定量、整体评价和局部分析相结合,多角度进行评价分析。

2. 评价指标体系

开发区土地集约利用程度评价是从土地利用状况、用地效益和管理绩效 3 个方面开展。

土地集约利用评价指标体系由目标、子目标和指标 3 个层次构成,具体见表 7-7。

表 7-7 开发区土地集约利用程度评价指标体系

目标	子目标	指标			
		主区	指标属性	发展方向区	指标属性
土地利用状况	土地利用程度	土地供应率	正向相关	土地开发率	正向相关
		土地建成率	正向相关		
	用地结构状况	工业用地率	正向相关	工业用地率	正向相关
	土地利用强度	综合容积率	正向相关	综合容积率	正向相关
		建筑密度	正向相关	建筑密度	正向相关
		工业用地综合容积率	正向相关	工业用地综合容积率	正向相关
		工业用地建筑系数	正向相关	工业用地建筑系数	正向相关
用地效益	产业用地投入产出效益	工业用地固定资产投入强度	正向相关	工业用地固定资产投入强度	正向相关
		工业用地地均税收	正向相关	工业用地地均税收	正向相关

续表7-7

目标	子目标	指标			
		主区	指标属性	发展方向区	指标属性
管理绩效	土地利用监管绩效	土地闲置率	负向相关	土地闲置率	负向相关

评价指标设置为正向相关的，即评价指标数值越大，代表土地利用状况越好，反之越差。评价指标设置为负向相关的，即评价指标数值越小，代表土地利用状况越好，反之越差。

3. 指标现状值确定

评价指标现状值的计算，应结合用地调查和评价指标确定开展。

4. 评价指标权重确定

目标、子目标和指标权重多采用但不限于特尔菲法确定。

5. 评价指标理想值确定

(1)目标值法　结合国民经济和社会发展规划、土地利用总体规划、城乡规划等相关规划，以及有关用地标准、行业政策等，在分析土地利用现状的基础上，确定指标理想值。

(2)经验借鉴法　参考相关开发区土地集约利用先进水平，确定指标理想值。

(3)专家咨询法　选择一定数量(10～40 人)熟悉城市、开发区经济社会发展和土地利用状况的专家，提供相关材料，咨询确定指标理想值。

6. 评价指标标准化

1)正向指标标准化方法

$$S_{ijk}=\frac{X_{ijk}}{T_{ijk}}\times 100 \tag{7-12}$$

式中：S_{ijk} 为 i 目标 j 子目标 k 指标的实现度分值；X_{ijk} 为 i 目标 j 子目标 k 指标的现状值；T_{ijk} 为 i 目标 j 子目标 k 指标的理想值。

2)负向指标标准化方法

$$S=(1-X)\times 100 \tag{7-13}$$

式中：S 为土地闲置率的实现度分值；X 为土地闲置率的现状值。

各评价指标实现度分值应在 0～100。当指标理想值小于现状值时，该指标的实现度分值记为 100。

7. 土地利用集约度分值计算

1)子目标分值计算

开发区土地利用集约度子目标分值按照公式(7-14)计算：

$$F_{mij}=\sum_{k=1}^{n}(S_{mijk}\times W_{mijk}) \tag{7-14}$$

式中：F_{mij} 为 m 评价范围 i 目标 j 子目标的土地利用集约度分值；S_{mijk} 为 m 评价范围 i 目标 j 子目标 k 指标的实现度分值；W_{mijk} 为 m 评价范围 i 目标 j 子目标 k 指标相对 j 子目标的权重值。

2)目标分值计算

$$F_{mi}=\sum_{j=1}^{n}(F_{mij}\times W_{mij}) \tag{7-15}$$

式中：F_{mi} 为 m 评价范围 i 目标的土地利用集约度分值；F_{mij} 为 m 评价范围 i 目标 j 子目标的土地利用集约度分值；W_{mij} 为 m 评价范围 i 目标 j 子目标相对 i 目标的权重值；m 为评价范围；n 为目标个数。

3）评价范围分值计算

$$F_m = \sum_{i=1}^{n}(F_{mi} \times W_{mi}) \tag{7-16}$$

式中：F_m 为 m 评价范围土地利用集约度综合分值；F_{mi} 为 m 评价范围目标 i 的土地利用集约度分值；W_{mi} 为 m 评价范围目标 i 的权重值；m 为 1 时为主区，m 为 2 时为发展方向区；n 为目标个数。

4）综合分值计算

$$F = \sum_{m=1}^{2}(F_m \times W_m) \tag{7-17}$$

式中：F 为土地利用集约度综合分值；F_m 为 m 评价范围的土地利用集约度分值；W_m 为 m 评价范围的权重值；m 为 1 时为主区，m 为 2 时为发展方向区。

7.3 建设项目节地评价

7.3.1 建设项目节地评价背景

国家高度重视节约集约用地工作，明确提出落实土地使用标准控制制度，促进无标准、超标准建设项目节约使用土地，切实提高节约集约用地水平的要求。土地使用标准是土地管理的控制制度，在建设用地审批、土地供应、土地利用评价考核和供后监管等方面发挥了重要作用，有效地促进了土地节约集约利用。但由于国民经济行业类别多，新兴产业不断涌现，使得现行国家标准或地方标准不能覆盖全部行业和产业，同时某些建设项目由于安全生产、地形地貌、工艺技术等特殊要求，需要突破土地使用标准控制要求。因此，有必要对无标准、超标准建设项目开展建设项目节地评价。

通过建设项目节地评价，引导超标准、无标准建设项目节约用地，促进建设项目用地节约集约利用状况及优化用地规模，进一步规范设计单位规划用地、建设单位申请用地的行为，为国土部门科学判定无标准、超标准建设项目用地的合理性和是否节约集约用地提供途径和依据，进而为建设项目审批、供应和用地提供依据。

7.3.2 建设项目节地评价评价原则

（1）综合性原则　建设项目节地评价工作应从建设项目土地利用结构、土地利用强度、土地利用效益等方面综合评价土地利用状况。

（2）差异性原则　建设项目所属的行业不同，决定了建设项目对用地要求的差异性以及对用地周边配套环境的要求的差异性。节地评价工作应针对建设项目的类型、特点以及所处区域经济社会发展差异，科学合理地选择有针对性的评价指标、评价方法进行评价。

（3）节约集约原则　建设项目节地评价应以节约土地、集约用地、合理布局为原则。节约用地，不占或少占耕地；提高投入产出强度和土地利用集约化程度；合理安排建设项目用地结构和布局，挖掘用地潜力，提高土地配置和利用效率。

7.3.3　建设项目节地评价范围与内容

1. 评价范围

(1)国家和地方尚未颁布土地使用标准和建设标准或者已经颁布建设标准和土地使用标准，但功能分区尚未涵盖的建设项目(简称“无标准建设项目”)。

(2)国家和地方已颁布土地使用标准和建设标准，但因安全生产、地形地貌、工艺技术等有特殊要求，确需突破土地使用标准确定的规模(简称“突破标准规模建设项目”)和功能分区的建设项目(简称“突破标准功能分区建设项目”)。

2. 评价内容

(1)用地规模的节约化　在项目建设的各个阶段、预审及审查报批等各个环节都要尽量节省用地，不占或少占耕地，实现项目用地节约，包括建设项目用地总规模和各功能分区用地规模的节约化。

(2)用地结构的合理化　随着对土地资源开发利用的广度和深度的不断变化，土地利用结构也需要不断调整。建设项目节约集约用地，意味着在其占用的土地中，各类用地之间的比例关系或组成要科学化、合理化。

(3)用地功效的最大化　强调提升用地资源的潜力，实现土地利用的最大功能，重点是实现建设项目的最大功效。即提高建设项目用地的投入产出强度，提高用地的集约化程度，获得用地功效的最大化。

(4)用地综合效益的最优化　建设项目节约集约用地概念不局限于经济范畴，提高建设项目的土地配置和利用效率，既要防止低效，也要防止高强度用地引起的社会问题和环境问题。增加建设项目用地存量投入，既要提高经济效益，也要提高社会效益和环境效益，即强调建设项目用地的综合效益。

7.3.4　建设项目节地评价方法

建设项目的节地评价，就是通过各种定性或定量的方法，从用地规模、用地结构、用地功效、用地综合效益等多角度对建设项目的节约集约用地程度进行测度和评估。

1. 定性分析

建设项目节地评价定性分析主要是指客观地对建设项目的规划布局、工艺技术水平、节地技术措施、与同类项目比较结果以及项目建设情况的评价。具体包括以下方面内容：

(1)项目建设用地规划布局的合理性；

(2)项目建设工艺技术水平先进性、经济性；

(3)项目建设节地技术措施；

(4)国内外同类建设项目比较分析；

(5)项目建设标准、建设内容、建设规模合理性分析。

2. 定量评价

建设项目节地评价定量评价的方法有比较法、优化法和多因素综合评价法，下面详细介绍多因素综合评价法。

多因素综合评价法就是运用多个指标，对多个参评单位进行评价的方法。通过构建评价指标体系、计算指标现状值、确定指标权重值和理想值、进行指标标准化等程序，计算节地程度分值。最后再根据节地程度分值,进行节地程度划分。

1)评价指标体系构建

(1)评价指标选取的原则

① 前瞻性原则。开展节地评价能够促使建设项目用地与区域土地利用的总体目标和建设项目所属行业用地的未来主导方向一致,从而反映今后土地利用的发展趋势和发展重点。因此,在制定指标时应有预见性和导向性,能够引导建设项目用地朝着可持续利用的方向发展。

② 系统性原则。建设项目节约集约用地是一项系统工程,所构建的指标体系应统筹考虑各个方面的系统功能,从多个方面综合反映建设项目节约集约用地内涵的主要方面和内在联系。既达到建设项目发展的目的,又起到最大限度地节约集约用地的目的,化解矛盾,实现协调统一。

③ 适宜性原则。即动态性原则。由于建设项目节约集约用地因时、因地不同,因此所选取的指标在目标、项目、质量、权重等方面都应具有适宜性,能够适应动态性的变化,并与一定的技术经济条件相适应。

④ 代表性原则。所选取的指标要为评价的目标服务,要立足于建设项目节约集约用地的本质,能够科学地反映节约集约用地的状态或程度。

⑤ 特殊性原则。指标应体现评价建设项目用地这一微观的、特殊的用地特点。建设项目节约集约用地系统的结构、功能、效益等在经济、社会、生态环境等方面的特点一定与其他项目的用地不同,应尽量选取与建设项目节约集约相关的指标。

⑥ 可操作性原则。所选取的指标的信息应便于采集和处理,要求指标简单明确,统计口径一致,尽量可以量化对比,建议多采用比率指标。

(2)评价指标构建　以建设项目节约集约用地的概念和内涵为基础,以评价目标为导向,以指标选择原则为标准,结合土地利用系统、建设项目特点,进行评价指标的构建。在具体指标体系设计时需满足层次性要求,应包含目标层、指标层等评价层次,综合考虑用地规模、用地结构、用地强度、用地效益 4 个方面建立评价指标体系。

2)指标权重确定

权重的确定采用特尔菲法,结合区域及建设项目的实际情况,对各目标或评价指标进行多轮次的专家打分,具体计算公式见(7-4)。

3)指标现状值计算

依据国家相关规程,在明确评价指标含义和统计口径的基础上,分析计算建设项目节地评价指标现状值。

4)指标理想值确定

针对不同区域的用地特征和不同指标特征,确定评价指标理想值的方法一般可采用目标值法、极值法、邻近区域同类型项目类比法、经验借鉴法、专家咨询法、1/4 分位法等一种或几种方法综合确定。

(1)目标值法　根据国家、区域、开发区等国民经济和社会发展规划等目标,结合土地利用总体规划、城市规划、有关用地标准、行业政策等来确定。但不同政策目标与标准之间存在不同程度上的冲突,呈现出不一致性。同时,目标值和标准值是对未来发展趋势的估测,一般较实际值过高,准确度较低。

(2)邻近区域同类型项目类比法　采用临近区域同类型、同规模建设项目的平均水平。

(3)经验借鉴法　借鉴国家或其他地方同类型建设项目节约集约用地利用经验,对一些节约集约用地水平较好的建设项目进行典型调查来获取相关指标值，并适当修正后作为相关指标的理想值。

(4)专家咨询法　选择一定数量熟悉土地相关政策业务或机场建设标准、无人机行业专家以及熟悉当地经济社会发展、具有土地集约评价相关工作经验的专家，结合相关材料，咨询确定指标理想值。

(5)1/4 分位数法　当采用多个类比项目相关指标现状值作为依据时，允许在不小于 1/4 分位数中选择。考虑指标的相关性关系，正相关指标所选类比项目指标现状值从大到小排列；负相关指标所选类比项目指标现状值从小到大排列。

5)指标标准化

建设项目节地评价选取的指标分为正相关、负相关和适度相关指标。正相关指标值越大，反映建设项目的节地程度越高；负相关指标值越大，反映建设项目的节地程度越低；适度相关指标为越接近适度指标临界值，反映建设项目的节地程度越高。

(1)正相关指标标准化方法　若指标属于正相关指标，按照公式(7-18)计算：

$$S_{ij}=\frac{X_{ij}}{T_{ij}} \tag{7-18}$$

式中：S_{ij} 为 i 目标 j 指标的实现度初始值；X_{ij} 为 i 目标 j 指标的实际值；T_{ij} 为 i 目标 j 指标的标准值。

(2)负相关指标标准化方法　若指标属于负相关指标，按照公式(7-19)计算：

$$S_{ij}=\frac{T_{ij}}{X_{ij}} \tag{7-19}$$

式中：S_{ij} 为 i 目标 j 指标的实现度初始值，且 S_{ij} 应在 0～1，当 S_{ij} 大于 1 时记为 1；X_{ij}为 i 目标 j 指标的实际值；T_{ij} 为 i 目标 j 指标的标准值。

(3)适度相关指标标准化方法　若指标属于适度相关指标，按照公式(7-20)计算：

$$S_{ij}=1-\left|\frac{X_{ij}-T_{ij}}{T_{ij}}\right| \tag{7-20}$$

式中：S_{ij} 为 i 目标 j 指标的标准化值；X_{ij} 为 i 目标 j 指标的现状值；T_{ij} 为 i 目标 j 指标的理想值。

具体确定各项指标标准化值 S_{ij} 时，T_{ij} 的取值需区分以下 3 种情形分别加以确定：①若 X_{ij} 隶属 T_{ij} 所在区间，S_{ij} 直接赋值为 1，表示指标实际值为合理状态；②若 $X_{ij}>T_{ij}$ 的上界值，此时式中的理想值取上界值，表示指标实际值超过理想值的状况；③若 $X_{ij}<T_{ij}$ 的下界值，此时式中的理想值取下界值，表示指标实际值与理想值的差距。

6)节地程度分值计算

(1)目标分值计算　建设用地项目节地程度各目标分值按照公式(7-21)计算：

$$F_i=\sum_{j=1}^{n}(S_{ij}\times W_{ij}) \tag{7-21}$$

式中：F_i为 i 目标的节地程度分值；S_{ij} 为 i 目标 j 指标的实现度分值；W_{ij} 为 i 目标 j 指标相对 i 目标的权重值；n 为指标个数。

(2)节地程度分值计算　建设用地项目节地程度分值按照公式(7-22)计算：

$$F=\sum_{i=1}^{n}(F_i \times W_i)\times 100 \tag{7-22}$$

式中：F 为节地程度分值；F_i 为 i 目标的节地程度分值；W_i 为 i 目标相对总目标的权重值；n 为指标个数。

7)节地程度划分

根据原国土资源部颁布的《建设项目节地评价规范》(征求意见稿)，参照城市用地节约集约利用评价等相关标准，节地程度类型可依次划分为“高度节地”“中度节地”“勉强节地”“不节地”4 种不同情形。原则上高度节地类型的节地程度分值不宜小于 90，中度节地类型的节地程度分值不宜小于 75，勉强节地类型的节地程度分值不宜小于 60，分值 60 以下则为不节地类型。具体划分见表 7-8。

表 7-8　建设项目节地类型程度分值划分表

节地程度分值	<60	60～75(不包含 75)	75～90(不包含 90)	≥90
节地类型	不节地	勉强节地	中度节地	高度节地

7.3.5　案例分析

1. 项目概况

1)项目基本情况

陕西靖边通用机场位于靖边县北侧的海则滩乡西侧，地处靖边县城北偏东 13°方向，距县城直线距离约 20 km，公路距离 30 km。陕西靖边通用机场(无人机试验测试中心)项目节地评价对象为项目用地总规模和各功能分区用地规模，项目总用地面积为 337.550 5 hm^2。陕西靖边通用机场(无人机试验测试中心)项目节地评价时点由作业搜集资料时间和评价数据发生时间两部分组成。

陕西靖边通用机场为通用机场建设项目(无人机试验测试中心)建设工程主要包括滑跑起飞区、无人机弹射起飞区、机库区、工作区等。

2)项目区土地利用状况

项目拟建设范围用地规模为 337.550 5 hm^2，其中农用地 213.308 0 hm^2(其中耕地 0.205 4 hm^2，林地 200.526 9 hm^2，其他农用地 12.575 7 hm^2)，占总用地规模的 63.19%；未利用地 124.242 5 hm^2，占总用地规模的 36.81%。项目用地情况如表 7-9 所示。

表 7-9　项目占用土地现状表

占地类型	农用地				未利用地	合计
	小计	耕地	林地	其他农用地		
		旱地				
面积/hm^2	213.308 0	0.205 4	200.526 9	12.575 7	124.242 5	337.550 5
比例/%	63.19	0.06	59.40	3.73	36.81	100.00

2. 建设项目节地定性分析

1)建设项目合规性分析

陕西靖边通用机场(无人机试验测试中心)项目的建设符合《中国民用航空发展第十三个

五年规划》和《陕西省“十三五”综合交通运输发展规划》，且项目不属于限制和禁止用地项目，符合国家供地政策。该项目属于我国鼓励类项目，符合国家产业发展相关政策规定，也符合靖边县土地利用总体规划要求。

2)建设项目合理性分析

按照统一规划、分期建设、滚动发展、功能分区明确、交通流线顺畅等原则，将场区规划为滑跑起飞区、无人机弹射起飞区、工作区、机库区和进场道路 5 个功能区。根据场址自然地形条件、气象条件、工程地质、水文地质条件等，特别是无人机试验测试业务需求及各建筑物功能特点，在满足安全、消防、卫生规范要求的前提下，严格按照《民用机场飞行区技术标准》(MH5001—2013)所涉要求进行重要设施布置，各功能分区科学，规模较为合理。同时，将加入远期通用机场功能规划，体现功能多用途性，实现共建共享，有效节约土地资源。

3)建设项目节地措施和效果分析

陕西靖边通用机场项目，在符合总平面规划的原则下，因地制宜使总平面规划布局尽可能紧凑，既有利于土地的有效利用，又能使场区的公用设施，如供水、供电等尽可能接近负荷中心，以缩短管线，从而减少远距离输送的能量损耗。采用国内外先进的工艺、技术、设备，配置机场的各项建设，保证单位用地的效益。同时，项目选址过程中充分考虑靖边县地形地貌特点，结合项目空域要求及机场建设的要求，选择最佳场址，以期达到用地最方便便捷，土地综合利用率最高，实现土地节约集约利用的目的。

3. 建设项目节地程度定量评价

建设项目节地程度定量评价采用多因素综合评价法。通过构建评价指标体系、计算指标权重、确定指标现状值和理想值、进行指标标准化，计算节地程度分值。最后再根据节地程度分值，实现节地程度划分。

1)构建评价指标体系

根据评价指标选取的原则，从用地规模、用地结构、用地强度、用地效益 4 方面选取用地总规模、绿地率(不含飞行区)、飞行区(包含滑跑起飞区和弹射起飞区)用地比例、占用耕地面积比重、容积率(不含飞行区)、建筑系数(不含飞行区)、地均资产投资强度、地均产出强度共 8 项指标，构建评价指标体系(表 7-10)。

表 7-10　项目节地评价指标体系

目标	评价指标	指标说明	单位	指标相关性
用地规模	用地总规模	项目总用地面积	hm^2	负相关
用地结构	绿地率(不含飞行区)	工作区绿化占地面积/工作区用地面积	%	适度相关
	飞行区(包含滑跑起飞区和弹射起飞区)用地比例	飞行区用地面积/项目总用地面积	%	适度相关
	占用耕地面积比例	占用耕地面积/项目总用地面积	%	负相关
用地强度	容积率	总建筑面积/项目总用地面积	%	适度相关
	建筑系数(不含飞行区)	工作区建、构筑物占地面积/工作区用地面积	%	正相关

续表 7-10

目标	评价指标	指标说明	单位	指标相关性
用地效益	地均资产投资强度	资产总投资(投资总额)/项目总用地面积	万元/hm^2	正相关
	地均产出强度	机场运营年总收入/项目总用地面积	万元/hm^2	正相关

2)指标权重的确定

节地评价的目标和指标权重采用特尔菲法确定,结合区域及该行业的实际情况,对各目标或评价指标进行多轮次的专家打分,并按公式(7-18)计算。根据实际情况,最终聘请了15位专家进行了2轮打分。指标权重值结果如表7-11所示。

3)指标现状值计算

通过对建设单位提供的资料以及后期实地踏勘获取的数据整理和分析,计算得到建设项目节地评价指标的现状值,具体各指标现状值详如表7-11所示。

4)指标理想值确定

针对不同区域的用地特征和不同指标特征,确定评价指标理想值的方法一般可采用目标值法、极值法、邻近区域同类型项目类比法、经验借鉴法、专家咨询法、1/4分位法等一种或几种方法综合确定。具体各指标理想值确定结果如表7-11所示。

5)指标标准化

项目土地节约集约利用评价选取的指标分为正相关、负相关和适度相关指标。指标标准化结果如表7-11所示。

表7-11 项目节地定量评价数据表

目标	目标权重	评价指标	指标说明	指标权重	指标现状值	理想值	指标标准化值
用地规模	0.15	用地总规模	项目总用地面积	1.00	337.550 5 hm^2	314.68 hm^2	0.93
用地结构	0.35	绿地率(不含飞行区)	工作区绿化占地面积/工作区用地面积	0.37	0.35	30%~45%	1.00
		飞行区(包含滑跑起飞区和弹射起飞区)用地比例	飞行区用地面积/项目总用地面积	0.21	0.85	80%~85%	0.99
		占用耕地面积比重	占用耕地面积/项目总用地面积	0.42	0.00	0.00	1.00
用地强度	0.22	容积率(不含飞行区)	总建筑面积/项目总用地面积	0.53	0.20	0.35~1	0.57
		建筑系数(不含飞行区)	工作区建、构筑物占地面积/工作区用地面积	0.47	0.25	0.30	0.83

续表 7-10

目标	目标权重	评价指标	指标说明	指标权重	指标现状值	理想值	指标标准化值
用地效益	0.28	地均资产投资强度	资产总投资(投资总额)/项目总用地面积	0.52	256.26 万元/hm^2	350 万元/hm^2	0.73
		地均产出强度	机场运营年总收入/项目总用地面积	0.48	52.81 万元/hm^2	65 万元/hm^2	0.81

6)节地程度分值计算

(1)目标分值计算　建设项目节地程度评价指标体系中目标分值按公式(7-22)计算,计算结果如表 7-12 所示。

表 7-12　项目节地评价目标分值计算结果

目标	目标集约度分值
用地规模	93.22
用地结构	99.74
用地强度	69.45
用地效益	77.07

(2)节地程度分值计算　最终计算得出陕西靖边通用机场(无人机试验测试中心)项目节地评价综合分值为 85.75。

7)节地程度划分和综合分析

节地程度类型划分根据节地程度分值的高低,从大到小,可依次划分为“高度节地”“中度节地”“勉强节地”“不节地”4 种不同情形。原则上高度节地类型的节地程度分值不宜小于 90,中度节地类型不宜小于 75,勉强节地类型的节地程度分值不宜小于 60,60 以下则为不节地类型(表 7-13)。

表 7-13　建设项目节地类型程度分值划分表

节地程度分值	<60	60～75(不包含 75)	75～90(不包含 90)	≥90
节地类型	不节地	勉强节地	中度节地	高度节地

通过严格按照建设项目节地定量评价的步骤,陕西靖边通用机场(无人机试验测试中心)项目的节地评价综合分值为 85.75,对应建设项目节地类型程度分值划分表(表 7-13),项目属于中等节地类型。

7.4　城镇低效与闲置土地评价

7.4.1　城镇低效与闲置土地的内涵

城镇低效用地是指在土地利用总体规划划定的城镇扩展边界范围内,不符合现行规划用途、布局散乱、利用粗放、用途不合理的城镇存量建设用地，且有明确的土地使用权人。

城镇闲置土地的内涵有广义和狭义之分。狭义的城镇闲置土地是指在土地使用者依法取得土地使用权后，超过规定期限未开发利用的土地，包括城市未开发的建设用地和属于城镇建成区的农村集体所有的非农建设用地。广义的城镇闲置土地是指在较长的一段时间内空闲、搁置不用或没有得到实际利用的城镇土地，包括城市未开发的建设用地和属于城镇建成区的农村集体所有的非农建设用地，具体包括已无人居住、年久失修的破败房屋、停工的烂尾楼、拆迁未完成的危旧房、被遗弃的铁路、无船停靠的废弃码头和空置房屋等。其内涵主要有两个方面内容：①没有被利用或没有得到实际利用的土地；②具有一定的闲置时间。

7.4.2 城镇低效与闲置土地的评价方法

城镇低效与闲置土地的评价多采用数据包络分析方法和遥感反演方法。

1. 数据包络分析模型估算法

1)DEA 方法基本原理

数据包络分析方法(data envelope analysis，DEA)是根据多项投入指标和多项产出指标，利用线性规划的方法，对具有可比性的同类型单位进行相对有效性评价的一种数量分析方法。

DEA 是由 A. Charnes，W. W. Cooper 和 E. Rhodes 等在相对效率的基础上发展起来的一种用于评价具有相同类型的多投入、多产出的决策单元有效与否的系统分析方法。其包含 CCR(A. Charnes & W. W. Cooper & E. Rhodes)模型和 BCC(R. D. Banker & A. Charnes & W. W. Cooper)模型。CCR 模型的基本前提是规模报酬不变，可计算获得技术效率。方法是：首先对现有的 n 个评价单元的输入和输出比率进行分析，确定生产过程中的有效面，然后再判定每个评价单元与该前沿面的关系，并以评价单元与前沿面的距离来断定其是否有效及差距改进程度。BCC 模型的基本前提是规模报酬可变，可计算获得纯技术效率。

由于本章节对城乡建设用地利用效率进行评定，可假设规模报酬不变，故选用 CCR 模型。

2)DEA 方法的 CCR 模型算法

CCR 模型计算方法及步骤见第 6 章公式(6-54)至公式(6-60)。

3)DEA 方法的利用空间计算

在评价低效或闲置土地时，可以选用技术效率来判断输入指标的有效性及利用程度。若技术效率<1，则 CCR 模型计算得出的理论投入要素小于实际投入要素，表示投入要素没有得到充分使用。其中，理论投入要素与实际投入要素之差为低效或闲置土地面积。

2. 遥感反演方法

1)低效用地光谱特征

不同的遥感影像数据具有不同的空间分辨率和光谱特征。低效建设用地的精准识别需要分辨出低效建设用地地上建筑物的纹理特征。

2)建立用地特征光谱库

根据研究区的不同，需要建立低效用地特征光谱库，这是精准识别低效用地的关键。

3)建立低效与闲置土地评价指标体系

城市低效与闲置土地评价从其概念上来看为城市低效土地评价和城市闲置土地评价两部分内容，结合土地利用类型可分为城市工业、商业、住宅低效与闲置用地 3 个类型。根据低效与闲置的不同类型,分别构建能够反映土地利用效率以及集约程度的指标体系,从而真实评价出城市低效与闲置土地利用状况,城市低效与闲置土地评价指标体系见表 7-14、表 7-15。

表 7-14　城市低效土地评价指标体系

低效类型	指标
低效工业用地	容积率 建筑密度 地均固定资产投资 基础设施配套水平
低效商业用地	容积率 建筑密度 商业物业出租率 地均营业额 基础设施配套水平
低效住宅用地	容积率 建筑密度 环境状况
低效住宅用地	人口密度 基础设施配套水平 房屋建筑质量

表 7-15　城市闲置土地评价指标体系

闲置类型	评价因素	指标
住宅闲置用地	区位	商业繁华影响 交通条件 基础设施完善度 环境条件
	经济环境	投资强度 土地产出率
	土地利用状况	建筑密度 容积率 人均宗地面积
	形成原因	先前规划用途 资金不足 审批时间 监管绩效

续表7-15

闲置类型	评价因素	指标
商业闲置用地	区位	商业繁华影响 交通条件 基础设施完善度 环境条件
	经济环境	投资强度 土地产出率 宗地平均 GDP 与地价系数比
	土地利用状况	建筑密度 容积率
	形成原因	先前规划用途 资金不足 审批时间 监管绩效
工业闲置用地	区位	交通条件 基础设施完善度 环境条件 投资强度
	经济环境	土地产出率 宗地平均 GDP 与地价系数比
工业闲置用地	土地利用状况	建筑密度 容积率
	形成原因	先前规划用途 资金不足 审批时间 监管绩效

4)利用低效与闲置用地评价体系检验低效用地识别结果

利用低效与闲置用地评价体系检测遥感数据精准识别技术获取的城市低效与闲置建设用地,有利于提高遥感精确识别结果的准确度,并将低效和闲置用地评价体系与高分遥感影像识别结合,形成面对对象的低效与闲置用地识别技术。

7.5 城市地下空间用地评价

城市地下空间本质上是一个近现代意义上的概念,是随着工业革命以来近现代城市化而形成和发展起来的。在 1980 年的 International Journal of Rock Mechanics and Mining Sciences & Geomechanics 大会上,地下空间"underground space"作为一个完整"功能空间"的概念被第一次提出。城市地下空间是未来城市空间的重要组成部分,是未来城市发展的重要方向,将进一步向大规模、大深度、综合化、网络化、立体化方向发展,是实现和发挥未来城市功能的重要载体。

7.5.1　城市地下空间用地特点

1. 在功能上,城市地下空间用地缓解了城市用地问题

城市地下空间用地是城市空间的三维式扩展,为城市规模扩展提供了丰富的空间资源,是城市可持续发展的必然途径。城市地下空间具有节约城市用地、保护农田和环境,改善城市交通和减轻城市污染等功能,可以在一定程度上缓解城市用地问题。

2. 在形态上,城市地下空间用地是城市用地系统的一部分

城市地下空间是城市形态的映射,城市地下空间的形态是各种地下结构(要素在地下空间的布置)、形状(城市地下空间用地的整体空间轮廓)和相互关系所构成的一个与城市形态相协调的地下空间系统。

3. 在资源特征上,城市地下空间用地具有资源有限性与不可逆性

1982年,联合国自然资源委员会正式将地下空间列为“自然资源”,即将地下空间视为城市空间资源的重要组成部分。地下空间用地属稀缺资源,既不能增加,也无法创造,只会随着人类的利用而不断减少。同时,它又是一种不可逆性很强的资源,一旦被开发,地层结构在相当长的一段时间内都无法恢复到原来的状态。

7.5.2　城市地下空间适宜性评价

1. 概念

地下空间资源开发利用适宜性评价是指在对地下空间资源的地质、水文、地形及地下空间开发利用现状等条件进行分析和研究的基础上,总体判断地下空间开发利用工程难度和确定可开发的资源分布情况,目的是为地下空间开发利用总体规划和详细规划的编制提供依据。

2. 评价方法

采用但不限于层次分析法(analytic hierarchy process,AHP)是由美国匹兹堡大学教授萨第(A. L. Saaty)于1970年提出的系统决策分析方法。它是将定性分析与定量分析相结合的多因素评价方法。评价具体步骤如下:

(1)将决策的问题看作受多种相互关联、相互制约的因素影响的复杂系统,利用因素相互之间的关系建立递阶层次结构。

(2)对同一层次上的各指标进行两两对比,并按照一定的评分规则,根据每对指标间相对重要性对各评价指标进行打分,从而建立各层级评价指标的判断矩阵。

(3)求解各层级指标所建立的判断矩阵,得到其最大特征值及其所对应的特征向量,对特征向量进行归一化处理,对指标进行层次单排序、层次总排序以及一致性检验。随机一致性比值计算见公式(7-25):

$$\begin{cases} CI=(\lambda_{\max}-n)/(n-1) \\ CR=CI/RI \end{cases} \tag{7-25}$$

式中:n 为判断矩阵阶数;$\lambda_{\max}$ 为判断矩阵最大特征值;CI 为一致性指标;RI 为平均随机一致性指标;CR 为随机一致性比值。(若 $CR\leqslant 0.10$ 则认为判断矩阵具有一致性。)

(4)对通过一致性检验的判断矩阵求出最大特征值的特征向量进行归一化处理,处理结果

作为该层指标对于上一层次相关指标的相对重要性权值。

(5)根据各评价指标原始数据标准化处理结果及各指标权重,计算评价对象综合分值。

3. 城市地下空间开发适宜性评价指标体系

城市地下空间开发适宜性评价指标体系一般可分为地质评价体系和建设现状评价体系。地质评价体系包括的评价指标可从地形地貌、工程地质、水文地质、场地稳定性等方面选择;建设现状评价体系主要从地下空间现状及地面空间现状两方面选择评价指标。

4. 评价模型

结合层次分析法基本原理,采用多目标线性加权函数建立地下空间资源开发利用评价模型见公式(7-26):

$$S=\sum_{j=1}^{m}\left(\sum_{i=1}^{n}A_{ji}B_{ji}\right)C_j \tag{7-26}$$

式中:S 为评价目标总得分($0\leqslant S\leqslant 1$);C_j 为第 j 个一级指标的权重;m,n 为级指标的个数、一级指标对应的二级指标的个数;A_{ji},B_{ji} 分别为第 j 个一级指标对应的第 i 个二级指标的量化分值、第 j 个一级指标对应的第 i 个二级指标的权重。

7.5.3 城市地下空间可持续发展评价

合理利用城市地下空间是实现城市可持续发展的重要手段之一,而地下空间用地的可持续度关系着城市未来的发展。评价城市地下空间可持续性,有利于拓宽城市发展的深度和广度。城市地下空间可持续发展评价指标体系层次结构表见表 7-16。

表 7-16 城市地下空间可持续发展评价指标体系层次结构表

总目标层	子系统层	主题层
城市地下空间可持续发展	生态支持子系统	资源转化 空气品质 投入水平
	发展支持子系统	发展成本 发展水平 发展质量
	环境支持子系统	环境状态 环保反应
	智力支持子系统	政府管理能力 法律保障 公众参与

城市地下空间可持续发展模糊综合评价方法:

(1)针对城市地下空间开发利用过程中各项指标对应于可持续发展的适宜程度,将评价集 V 分为 4 个等级的评语,并对其分别赋值见式(7-27):

$$V=\{v_1,v_2,v_3,v_4\}=\{\text{根本不适宜,适宜性差,基本适宜性,适宜性好}\} \tag{7-27}$$

(2)对于评判因素集合 U,按主题层 c,将其划分成 m 个子集,使它们满足公式(7-28):

$$\begin{cases} \sum_{i=1}^{m} U_i = U \\ U_i \cap U_j = \varnothing (i \neq j) \end{cases} \tag{7-28}$$

这样就得到了第二级评判因素的集合，见公式(7-29)：

$$U/c = \{U_1, U_2, \cdots, U_m\} \tag{7-29}$$

式中：$U_i = \{u_{ik}\}(i=1,2,\cdots,m;k=1,2,\cdots,n)$为子集 U_i 中含有 n_k 个评判因素。

(3)对于每一个子集 U_i 中的 n_k 个评判因素，按照单层次模糊综合评判模型进行评判。如果 U_i 中诸因素的权数分配为 $\widetilde{A}_i$，其评判决策矩阵为 R_i，R_i 是 U 和 V 之间的模糊关系，得到第 i 个子集 U_i 的综合评判结果见公式(7-30)：

$$\widetilde{B}_i = \widetilde{A}_i \circ R_i = (b_{i1}, b_{i2}, \cdots, b_{in}) \tag{7-30}$$

(4)对 U/c 中的 m 个评判因素子集 $U_i(i=1,2,\cdots,m)$，进行综合评判，其评判决策矩阵式子为(7-31)：

$$R = \begin{bmatrix} \widetilde{B}_1 \\ \widetilde{B}_2 \\ \vdots \\ \widetilde{B}_m \end{bmatrix} = \begin{bmatrix} b_{11} & \cdots & b_{1n} \\ \vdots & \ddots & \vdots \\ b_{m1} & \cdots & b_{mn} \end{bmatrix} \tag{7-31}$$

如果 U/c 中的各评判因素子集的权数分配为 $\widetilde{A}$，则可得到综合评判结果见公式(7-32)：

$$\widetilde{B} = \widetilde{A} \circ R \tag{7-32}$$

式中：$\widetilde{B}$ 既是对 U/c 的综合评判结果，也是对 U 中的所有评判因素的综合评判结果，即是对城市地下空间发展可持续程度的模糊综合评价结果。

7.6　城市地上与地下空间协同利用评价

新时期，集约利用空间资源已成为实现城市内涵增长的重要手段，建设立体城市是各大城市未来发展的必然选择。城市空间主要包括地面、地下及地上 3 类空间，建设立体城市的目标就是实现这 3 种空间的协调发展，特别是地上与地下空间的协同利用。

7.6.1　城市地上与地下空间的关系

城市空间主要包括地面空间、地下空间、地上空间 3 类空间，其竖向分类如图 7-2 所示。

在城市空间的整体系统中，地上与地下空间系统存在着紧密的联系。第一，当以轨道交通为代表的地下空间大规模介入城市发展时，极大地促进了土地的利用效率和强度，提升了土地的价值；第二，地面用地性质直接引导地下空间功能发展，地下空间的功能对地面土地性质产生影响；第三，地下空间的形态与地上空间呈现互动关系，彼此互相促进、协调共生。

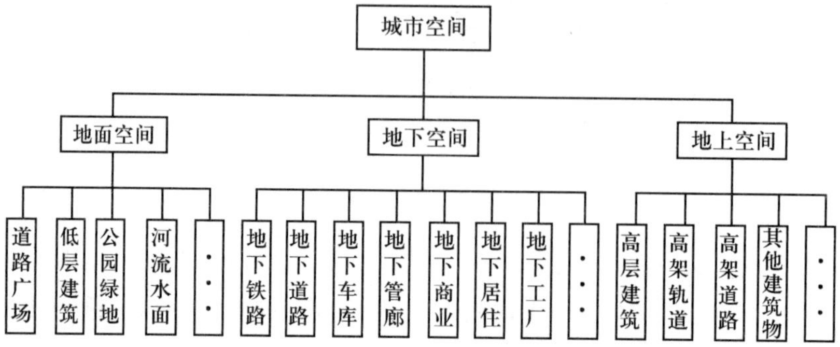

图 7-2　城市空间竖向分类(城市地下空间规划理论与实践 陈立道,1997.)

7.6.2　城市地上与地下空间协同利用评价内容

耦合(coupling)的概念来源于现代物理学,最初应用于电力和通信学科中。概括来说,耦合就是指两个或两个以上的元素相互依赖作用于对方,并产生互相影响而牢不可分关系的一个量度。城市地上与地下空间协同利用追求的是地下与地上空间耦合。其思想是希望通过地下空间与地面空间在各个层面上的相互融合、相互支撑而形成的一种平衡过程和契合状态。

城市地上地下空间协同利用评价的内容就是对地上地下空间耦合要素,地上与地下空间耦合的过程,也就是使其各要素之间形成不同层次整合关系的过程,即主要表现在功能和形态的耦合。

(1)功能耦合　功能耦合指把一些分散在地上和地下零散而孤立的功能关系通过地下空间的介入而形成彼此多层次的衔接,以实现城市空间系统的资源共享。

(2)形态耦合　形态耦合指城市地上与地下组成空间之间相互支持的状态,即地上地下之间在空间形态上的相互影响和相互作用而形成的高度关联性和契合度。

7.6.3　城市地上与地下空间协同利用评价方法

1. 指标标准化及权重的确定

1)指标标准化

常用的指标标准化方法包括:均值化法、等测度法、非线性标准化法、极差正规化法。这样 x_{ij} 的值转化为 0～1,且与原始数据 x_{ij} 分布相同。下面具体介绍极差正规化法,具体计算见公式(7-33):

$$U_{ij}=\begin{cases}(x_{ij}-\min x_{ij})/(\max x_{ij}-\min x_{ij})\text{当指标为正向指标时}\\(\max x_{ij}-x_{ij})/(\max x_{ij}-\min x_{ij})\text{当指标为负向指标时}\end{cases}\tag{7-33}$$

式中:U_{ij} 为其第 i 个系统的第 j 个指标;x_{ij} $(i=1,2,3,\cdots,m;j=1,2,3,\cdots,n)$ 为指标值;$\max x_{ij}$,$\min x_{ij}$ 为指标的最大值与最小值。

2)确定指标权重

指标值的权重确定方法有特尔菲法、层次分析法、熵权法、灰色关联度法、主成分分析法、等差法、标准回归系数法等多种方法。下面具体介绍熵权法。

熵权法属于客观赋权法，基本思路是根据指标的熵值来确定客观权重。在信息系统中，信息熵是信息无序度的度量，信息熵越大，信息的无序度越高，其信息的效用值越小；反之，信息熵越小，信息的无序度越低，其信息的效用值越大。

(1)对指标原始数据进行标准化处理。

(2)计算各指标的信息熵。计算见公式(7-34)：

$$\begin{cases} e_{ij} = -k \sum_{i=1}^{m} p_{ij} \ln p_{ij} \\ k = 1/\ln n \\ p_{ij} = x'_{ij} / \sum_{i=1}^{m} x'_{ij} \\ \lim\limits_{p_{ij} \to 0} p_{ij} \ln p_{ij} = 0 \end{cases} \tag{7-34}$$

(3)最后利用各指标信息熵，计算各指标权重。计算见公式(7-35)：

$$w_j = \frac{1 - e_j}{n - \sum_{j=1}^{n} e_j} \tag{7-35}$$

以上两式中：k 为调节系数；m，n 为评价单元个数与评价指标个数；x'_{ij} 为标准化处理之后的值；p_{ij} 为第 i 个评价单元的第 j 项评价指标的分值占该项指标的分总值的比重；e_j 为第 j 项指标的信息熵；w_j 为第 j 项指标的熵权。

2. 耦合协同评价指标体系的构建

城市地上与地下空间耦合协同评价指标体系的建立以地上空间和地下空间两大层面，依据城市地上地下空间系统基础要素的特征，形成数据参考指标，提炼出耦合协调度的关键因子，建立城市地上与地下空间耦合协同评价指标体系。

3. 耦合度模型的构建

利用几何平均法和线性加权法来实现地上空间与地下空间各指标对总系统的贡献程度，计算见公式(7-36)：

$$\begin{cases} U_{i=A,B} = \sum_{j=1}^{n} W_{ij} U_{ij} \\ \sum_{j=1}^{n} W_{ij} = 1 \end{cases} \tag{7-36}$$

式中：U_i 为第 i 个系统($i=A,B$)；U_{ij} 为其第 i 个系统第 j 个指标的值($j=1,2,\cdots\cdots,n$)，n 为指标的个数；W_{ij} 为第 i 个系统第 j 个指标的权重。

建立地上空间与地下空间功能耦合评价模型，以此来计算和分析二者之间的耦合关系以及反映两个系统的整体功效和协同效应。对于协调度的计算借鉴物理学中的容量耦合概念及容量合数模型，建立多个系统相互作用的耦合度模型，见公式(7-37)：

$$C_n = 2 \times \left[\frac{U_1 U_2 \cdots U_n}{\prod_{i<j} (U_i + U_j)^{\frac{2}{n-1}}} \right] \tag{7-37}$$

地上空间与地下空间的耦合度模型见式(7-38)：

$$C_n = 2 \times \left[\frac{U_A \cdot U_B}{(U_A + U_B)^2} \right]^{\frac{1}{2}} \tag{7-38}$$

式中：C_n 为地上空间与地下空间耦合度模型；U_A、U_B 分别为地上空间系统和地下空间系统的综合评价函数。

4. 耦合协调度模型的构建

地上空间与地下空间的功能耦合协调度模型，计算见公式(7-39)：

$$D = \sqrt{CT}，其中，T = \alpha U_A + \beta U_B \tag{7-39}$$

式中：D 为耦合协调度；T 为地上空间与地下空间综合协调指数；α，β 为待定系数。

7.7 城市棕地评价

7.7.1 城市棕地概念与内涵

“棕地”意译自英文单词“brown field”。最早出现在英国的规划文献中，是与绿地“green field”对应的规划术语，正式界定该词是于 20 世纪 90 年代初期在美国联邦政府的官方用语中，目前并无统一的定义。

美国环保署(USEPA)在 1980 年颁布的《超级基金法》(super fund act)中，对其有明确定义：“棕地是指废弃的、闲置的或没有得到充分利用的工业或商业用地及设施，在这类土地的再开发和利用过程中，往往因存在着客观上的或意想中的环境污染而比其他开发过程更为复杂。”2002 年美国《小规模企业债务豁免及棕地再生法案》中定义棕地为：“一种不动产，其开发、重建或再利用可能与危险物质、污染物或致污物相联系。”

英国环境保护局定义棕地为“被以前的工业使用污染，可能会对一般环境造成危害，但有逐渐增强的清理与再开发需求”的用地。英国国家土地利用数据库则将其定义为“过去已开发且目前为闲置或被遗弃的土地、建筑物，或者其他当前仍在使用但还有再开发潜能的土地”。

加拿大国家环境与经济会议认为棕地是工业化的世纪遗留物，是由于存在已知污染或者猜想受到污染而被遗弃的，或者未充分使用的商业或工业用地，但是它们有很大的再发展潜能。

日本将棕地定义为“存在现实或潜在的污染，使得其内在价值未利用或未充分利用的土地”。

在我国，由于工业化起步较晚，“棕地”问题不像那些发达国家那么严重，因而没有受到研究者的重视。目前关于棕地的概念有世界银行在 2005 年 5 月发布的《中国废弃物管理：问题与建议》中将棕地定义为“由于废物处置做法不足或泄漏而被污染的土地”。具有代表性的研究学者曹康将棕地定义为“已经开发过的，部分或全部遭废弃、闲置或(工业)污染的土地，其再开发利用存在一定的障碍和潜力”。

7.7.2 城市棕地的分类

棕地的分类标准不一样，其划分类型也不一样，具体可根据污染源、改造目的、土地症状、土地污染程度、地点的不同，划分其类型。

(1)根据污染源的不同　可将“棕地”分为物理性棕地、化学性棕地、生物性棕地。物理性棕地是由于埋藏在地下的有害固体物质而引起的，如铅、汞等重金属污染物、医疗垃圾；化学性棕地是由于化学物质引起对人类、动植物存在的危害，由于一些化学物质的特性，它对环境的危害不是立即表现出来，有的需要经历较长的时间才能显现；生物性棕地是由于在分解动植物的尸体中，产生了气体或物质，他们对环境或建筑物有一定的危害。

(2)根据棕地的改造目的不同　可将棕地分为工业性棕地、商业性棕地、住宅性棕地、公众性棕地。工业性棕地主要是指适合改造成工业性用地的棕地；商业性棕地主要是指适合改造成商业场所的棕地；住宅性棕地主要是指适合改造成居民居住地的棕地；公众性棕地主要是指适合改造成公众设施，方便公众日常生活的棕地。

(3)根据土地症状的不同　可将棕地分为事实棕地和疑似棕地。事实棕地是经过专家评估，存在的症状已被确诊为棕地。疑似棕地是经过专家评估，存在的症状未能肯定是不是符合棕地的标准，存在着不确定性。

(4)根据土地污染程度的不同　可将棕地分为轻度、中度和重度污染棕地。其划分标准可根据环保局制定的同一标准进行污染等级度量。

(5)根据地点的不同　可将棕地分为城市棕地和山区棕地。城市棕地的形成是原先远离城市的一些污染企业在城市扩张中对城市居民的生活造成了影响，因此这类企业被迫迁徙，远离城市，原来企业所用地从而形成了棕地。山区棕地的形成是因为新中国在刚成立时，为了军事的战略部署，国防军工企业扎根于山区。改革开放后，许多原有的军工企业为了发展的需要转移成民工企业，这些企业将原有的厂地转移到城市或者离城市较近的郊区，废弃原有的山区厂址，从而形成了山区棕地。这也是我国特有的棕地类型。

7.7.3　城市棕地评价体系

城市棕地评价方向主要有再开发评价、风险评价、可持续发展评价。城市棕地评价体系详细内容见表 7-17。

表 7-17　城市棕地评价体系

棕地评价方向	评价内容	指标体系	评价方法
再开发评价	环境	棕地环境现状，区位，面积，土壤状况，绿化，基础设施状况，交通能力，生态保护，污染规划，修复规划	网络分析(ANP)法，层次分析(AHP)法，模糊层次分析(F-AHP)法，灰色定权聚类法，改进的多层次灰色评价法
	社会	社会发展规划，社区改造意见，文化遗产保护	
	经济	政府财政支持，污染治理费用，房地产价格变动率，经济发展规划	
	政策	政府扶持政策，法规导向，土地性质定位，与城市规划匹配程度，市政公共基础设施规划，交通体系规划	
	生活	公共安全措施，大众运输交通，消防工程规划，废弃物管理	

续表7-17

棕地评价方向	评价内容	指标体系	评价方法
风险评价	环境健康	土壤状况,地下水质量,重金属含量	定量风险评估(QRA)
	人口风险	社区人口特征,财产价值,棕地重建相关物理环境	漏洞扫描图法(VSD)
可持续发展评价	种族区位	人类健康,基本需求,生计权利,资源分配,贫富差距,可再生资源,避免灾难性风险,人力资本发展,社会决策,保留文化遗产	HGF系统方法
	棕地可持续性	蓄热,灰尘黏结能力,孔隙度,人为改造,地表径流,雨水下沉,渗透性	三角形综合评价法

复习思考题

1. 简述建设用地适宜性与建设用地适宜性评价的概念与内涵。

2. 区域建设用地、中心城区建设用地、开发区建设用地三者集约利用评价有什么联系和区别?

3. 哪些建设项目需要进行节地评价? 评价的内容与方法具体是什么?

4. 简述城市地上空间与地下空间的关系。

5. 简述城市棕地的分类。

第8章

生态用地评价

导读：生态文明理念无论从理论发展层面还是社会实践层面均得到了国内外广泛关注。党的十八大报告充分肯定了生态文明建设的必要性，指出生态文明建设是关乎人民福祉和民族未来的长远大计，保护生态用地在生态文明建设中将起到关键作用。生态用地具有生态脆弱性和敏感性，有退化风险和可恢复能力，具备弹性和多样性等特征。为了全面认识和合理利用生态用地资源以及对其进行科学管理，需进行生态用地评价，从而揭示不同生态用地类型各方面的安全程度，为土地生态功能保护、生态红线划定及土地可持续发展提供方法途径。

8.1 生态用地安全评价概述

8.1.1 生态用地安全评价概念

1. 生态用地概念及分类

20世纪90年代，我国的董雅文等学者首次将生态要素的空间定位界定为生态用地。2000年公布的《全国生态环境保护纲要》是我国首次出现“生态用地”的官方文件。石玉林在中国工程院咨询项目《西北地区水资源配置与生态环境保护》报告中对生态用地概念进一步加以阐述，将生态用地作为干旱区防治和减缓土地荒漠化加速扩展的“缓冲剂”，以达到保护和稳定区域生态系统的目标。2008年10月23日公布的《全国土地利用总体规划纲要(2006—2020年)》明确了生态用地的地位，将生态用地与生活用地、生产用地并称——“统筹安排生活、生态和生产用地，优先保护自然生态空间，促进生态文明发展”。2009年邓红兵等学者界定生态用地的概念为：区域或城镇土地中以提供生态系统服务功能为主的土地利用类型，即能够直接或间接改良区域生态环境、改善区域人地关系的用地类型。2015年龙花楼等学者界定生态用地的概念为：生态用地是以保护和稳定区域生态系统为目标，能够直接或间接发挥生态环境调节和生物支持等生态服务功能且其自身具有一定的自我调节、修复、维持和发展能力的除人工硬化表面之外，其他能够直接或间接提供生态系统服务的土地。

由于各地区的自然环境和生态功能不同，各个学科领域的学者对生态用地的研究角度都各有偏重。总结来看,对生态用地概念的界定主要分 3 类理论。第 1 类理论是泛生态功能论,认为凡是具有生态服务功能,对于自然环境和生态系统保护具有重要作用,地表无人工铺装、具有透水性的土地,都可划为生态用地,包括耕地、园地、林地、草地、水域等土地利用类型。此理论以龙花楼、于顺东等学者为代表。第 2 类理论是主体功能决定论,侧重从土地主体功能角度来定义生态用地。生态功能是土地利用生产和生活功能实现的前提,对于以经济产出为核心目的的农业生产用地,如耕地、养殖水面等不应作为生态用地考虑。此理论以俞孔坚、岳健、徐健、陈婧、邓小文、陈爽等学者为代表。第 3 类理论是法律决定论,即生态用地的法律定义可以表述为:生态区位重要且以发挥生态功能为主要用途的土地,或者因生态功能非常脆弱需要保护、修复、改善的土地。生态用地作为一类土地利用类型,存在的法理是这一类土地所承载的、给予国家和全体公民、法人共享的生态利益需要法律加强保护,以保障土地利用的生态利益在与其经济利益、社会利益以及政治利益等博弈的过程中,不至于经常处于被忽视或被侵害的地位。这一理论以唐双娥、梅宏等学者为代表。

表 8-1 为国内不同学者对生态用地的一级分类总结。

表 8-1 国内生态用地的分类总结

生态用地分类	文献来源
生态林地、生态水域及湿地、生态草地、生态裸露地、生态保护区用地、建设用地内的绿地及景观用地	岳健
保护区用地、草地、特殊生态用地、裸地、水域及湿地	徐健
人工型生态用地、自然型生态用地	张红旗
林地、园地、牧草地、水域及湿地、未利用地	柏益尧
自然保护区、林地、灌丛、草地、水体、湿地、苔原、沙地、盐碱地、裸岩、裸土地、冰川及永久积雪	陈婧
服务型生态用地、功能型生态用地	邓小文
湿地生态用地、绿地生态用地	王振健
(1)自然土地:天然森林、天然草地、天然湿地、沼泽地、天然水域、沙漠、冰川与永久积雪、盐碱地、苔原;(2)保护区用地:自然保护区、风景名胜区、防护用地、水体缓冲用地;(3)休养与休闲用地:交通绿化用地、疗养地、体育运动设施用地、观光农业用地、公共绿地及屋顶绿地、殡葬用地;(4)废弃与纳污用地:废弃地、垃圾处理地	邓红兵
地表水涵养与保护用地、地下水保护用地、生物多样性保护用地、水土保持用地、河流防护用地、公路防护用地、城市绿地	欧阳志云
湿地、耕地、园地、林地、牧草地、绿地、弃置地	于顺东
(1)原生生态用地:天然林地、天然草地、水域、滩涂、特殊生态功能用地、稀疏及无植被地;(2)半人工生态用地:耕地、园地;(3)人工生态用地:人工林地、人工草地、绿化用地、道路防护绿地、人工水面、设施农用地	龙花楼

2. 生态安全内涵

"生态安全"这一概念是在生态环境日益遭受破坏的背景下提出的,并且具有广义和狭义之分。广义的生态安全概念来自国际应用系统分析研究所(international insititute for applied systems analysis,IIASA)拟定的 1989—1992 年管理全球安全性和危险性的方案,认为生态安全是指在人的生活、健康、安乐、基本权利、生活保障来源、必要的资源、社会秩序和人类适应环境变化的能力等方面不受到威胁，包括自然生态安全、经济生态安全和社会生态安全，是一个复合人工生态安全系统；狭义的生态安全是指自然和半自然生态系统的安全，即生态系统完整性和健康的整体水平反映。

生态安全具有其自身的特征，主要包括：整体性、综合性、不可逆性、长期性、动态性和全球性等。事实表明，生态破坏将使人们丧失大量的适于生存的空间，并由此产生大量的生态问题而冲击周边社会的稳定。生态安全的实现是一个动态过程，需要通过其脆弱性的不断改善，实现人与自然处于健康和有活力的客观保障条件。因此，维护生态安全已成为全球生态与环境保护的首要任务。生态安全反映了把自然界当成为人类无偿和无限提供资源及服务的传统观念的转变，是一种新型的人与自然的共生共荣关系。

3. 生态用地安全评价概念的提出

当前，对生态用地安全评价的研究多是基于可持续发展的目标，以一般的区域土地生态安全评价研究为基础，依据生态用地独有的特征和功能，来对生态用地安全评价进行定义。考虑生态用地变化动态过程的特点，其安全评价要以生态用地及周围的资源和生物为中心，立足于安全，着眼于可持续发展，充分利用科学技术，实现生态用地可持续发展的战略及解决土地可持续发展中的重大生态安全问题。

生态用地安全评价与土地生态安全评价之间本质区别在于评价对象范围大小不同。土地这一名词所包含的内涵和范围很广泛，生态用地可以看成其中的一个类型。虽然生态用地的概念界定还未统一，但是其评价内容、目标、过程、方法等处于相同的循环模式之中，即评价对象范围由广泛的土地缩小到生态用地，更具有针对性和代表性。基于以上分析，可将生态用地安全评价定义为：综合生态用地周围自然环境和经济、社会情况，从生态用地所在生态系统的结构和功能出发，建立系统的区域生态用地安全评价指标体系，揭示各个生态扰动因子之间的动态联系和组成方式，以及它们对生态用地及周围环境的影响和作用的效应，从而确定不同区域生态用地的最低安全阈值。

8.1.2　生态用地安全评价特征

生态用地安全评价是一项探索性很强的工作。在实际操作中，评价指标及权重的确定、不安全程度判断标准值的确定，评价方法的选择，评价后的定性分析等这些步骤能否顺利完成，是生态用地安全评价结果是否准确和合理的关键。因此，应准确把握针对生态用地进行安全评价的特征，为发挥生态功能的土地可持续发展提供依据和决策保障。

(1)生态用地分类体系的多样性　生态用地还没有形成统一的分类体系。因此，各个领域的学者都根据自己的研究方向为生态用地赋予新的分类，从而形成生态用地分类体系的多样性。

(2)评价指标侧重于生态功能　生态用地发挥的主要作用即为生态功能，评价其安全程度自然偏重于生态功能，但经济、社会方面的指标也不可忽视。生态系统包括自然、经济和社会3大子系统，它们之间相互作用、相互依存。生态用地所属系统不可独立存在，因此评价指标既要全面，又要有侧重点。

(3)评价标准确定的科学性和准确性　评价标准构建时应遵循可计量性原则、先进性与应用性原则和地域性原则，其来源于国家、行业和地方规定的标准、背景和本底标准、类比标准和科学研究已判定的生态效应等，有人为主观因素，也包括自然本底值等客观条件，其确定将主观分析和客观量化相结合，具有一定的科学性和准确性。

(4)评价结果影响的广泛性　安全是一种稳定状态，不安全则使这种稳定状态遭到了破坏。一旦土地系统的稳定状态遭到破坏，它不仅影响人类的生存安全，也影响其他植物、动物等生物多样性的安全；不仅影响当代人的生存安全，也影响未来世代人的生存安全。因此，对生态用地的安全程度进行评价得到的结果是广泛而深远的。生态用地安全评价结果可作为人类采取改善生态用地不安全现状措施的依据，同时还能将生态用地的可持续发展的潜在条件可视化。

8.1.3 生态用地安全评价的内容

生态用地评价以土地生态评价为基础，针对生态用地的结构、功能、价值、健康、环境质量等进行一系列评价分析，主要涉及生态用地安全评价、生态用地脆弱性评价、生态用地敏感性评价、生态用地风险评价、生态用地健康评价、生态用地退化评价、生态用地修复评价、生态用地弹性评价、生态用地多样性评价等。其中生态用地安全评价主要包括对生态用地的空间结构安全、质量安全和生态安全效益的评价，比如生态用地的数量、形状、连通性、可达性、镶嵌度、空间分布性、"协调—集约"度、生态用地覆盖率和破碎度综合模型以及生态用地变化对周围资源环境的影响等。

8.1.4 生态用地安全评价的目标

评价一般指围绕特定目的，通过合理的视角和路径选择，全面解析和了解评估目标系统属性特征的研究活动。对于一个结构复杂、组分众多的系统而言，评价工作一般通过确定具有横向可比性的评估标准和专业化的评估手段或技术，对于系统的性状差异进行合理评判，进而实现系统有序管控的基础性工作。一般意义上的生态用地评价，是利用生态学原理和方法，对于复杂生态体系的某种性状差异特征做出合理判断的基础性应用研究工作。

生态用地安全评价的主要任务和目标是认识各类生态用地的特点与功能，明确人类活动影响的性质、程度，进而为区域生态用地的安全管理和自然资源可持续利用决策提供科学支持，同时为生态用地保护和区域间生态占补平衡提供科学依据，这是生态用地安全评价的一个重要目标和热点内容。

8.1.5 生态用地安全评价指标体系构建原则

1)指标选取的原则

土地生态系统是一个复杂的综合体，生态用地这一特殊类型与土地生态系统和其他生态系统也存在复杂的联结性和重叠性，影响其生态安全的因素也同样复杂多样。生态用地安全评价指标的确定是一项探索性很强的工作。在实际操作中，能否建立科学合理的指标体系是评价结果是否准确和合理的关键，也是评价能否继续进行的关键。评价指标的选择应能客观、全面、科学地衡量生态用地的安全状况，在研究和建立生态用地安全评价指标体系时，需要遵循以下原则。

(1)全面性原则　土地生态系统错综复杂，各个子系统之间相互作用、相互影响。在对一定区域的生态用地进行生态安全评价时，选取指标一定要注意所选的指标是否全面，能否科学合理地反映区域的生态安全状态。

(2)可操作性原则　可操作性原则是指在进行研究过程中的各项步骤能够实际操作。对选取的指标体系有充分的了解和掌握,在考虑指标体系复杂性的基础上进行必要的简化。选取指标时应根据实际情况选择那些既能保证指标体系全面性又易获得的指标,在保证数据的真实性的基础上,再对数据进行统计和整理,并对各项指标进行标准化处理。

(3)科学性原则　科学性原则是指在研究中涉及的各项操作、计算及相关研究,必须建立在科学合理的基础上来进行,包括但不限于评价指标体系的构建、各项指标的选取、基准值的来源、权重计算及生态安全综合指数计算等,每个步骤都要遵循一定的科学性,才能够使指标有权威性,评价结果才能更具有使用价值。

(4)可比性原则　可比性原则是指在选择指标时应当借鉴国内、国际通行的统计标准和规范,并与之衔接,能够进行较广泛的比较分析。评价指标还应具有区域间、时间上的可比性。一方面,指标的选取应保证在一定时间段内其内涵、范围、数据资料以及评价方法的不变性,进而实现指标体系的可比性,便于研究系统的长期变化规律;另一方面,指标体系与外部的联系也要保持可比性原则,要避免相关概念的模糊化,最好选用通用指标,使同类指标的内涵、范围、计算方法和计算口径保持长远的一致性,以期提升分析结果的现实意义。

(5)动态性原则　在对生态用地进行生态安全评价过程中,不仅要根据现阶段发展情况选取评价指标,同时也要考虑指标的未来发展情况,不能局限在现阶段,应该使评价结果能够为未来提供参考,因此指标的选取应该遵循动态性原则,这样才能使评价结果更加具有使用价值,更好地体现不同时间段生态用地的安全状况。

(6)主导性原则　在综合分析、研究的基础上,选取具有典型代表性,对生态用地的生态安全有重要影响的主导性因子作为评价指标。

(7)空间异质性原则　所选择指标要尽可能反映生态用地安全状况的空间分布效应,反映生态用地安全状况的空间变化。

(8)持续、保障利用原则　从生态安全的本质来看,生态安全是以人类社会的可持续发展为目标的。而可持续发展对我国来说,既是一个目标又是一个过程,这就要求生态安全的指标体系中要有相应的指标反映发展趋势,并揭示相关关系。从资源利用的角度来看,大部分生态用地都属于自然资源,其具有再生功能,如果利用合理,可以永久使用。所以,评价时应从生态、经济和政策等方面按照生态用地及周围生态环境的持续利用原则,使单要素评价和综合评价结果体现出生态、环境和经济的协调性。

2)评价标准的确定原则

(1)可计量性原则　可计量性是指应能量化土地生态系统的结构和运行特征或是其生态环境功能特性。

(2)先进性与应用性原则　先进性与应用性是指能满足区域可持续发展对生态安全的要求。例如,在先进性上,选取区域环境绿化率作指标时,应考虑未来的环境功能需求,在土壤生态脆弱带地区,指标值应高于背景值。在应用性上,土壤在生态安全性评价中,所有能反映生态环境功能和表征生态因子状态的标准及其指标值,可以直接用作判别基准;而大量反映土地生态系统结构和运行状态的指标,需按照功能与结构对应性原理,根据土地生态安全中环境安全要求的具体性状,借助一些相关关系,经适当计算而转化为反映环境功能的指标后,方可用作判别基准。例如,植被覆盖可直接用于生态环境的优劣评判,也可用于计算水土保持功能。因此,在土地生态安全的综合评价中,常常需要选取一组指标进行量化比较,以评价土地生态安全现状或变化趋势的好坏。

(3)地域性原则　土地生态系统的地域性特征使得土地生态环境及其安全性评价不宜采取单一的标准和指标值,而应根据地域特点科学地选取标准和指标值。例如,山区的植被覆盖率应高于平原区,才能有效地防止水土流失。

8.1.6 生态用地安全评价指标的选取

生态用地安全评价应以生态效应为重点目标,但其生态效应的发挥离不开周围经济和社会子系统的权衡协调,因此生态用地的安全评价应以自然指标为主,经济社会及其他指标为辅,既要体现全面性,更要突出代表性。

(1)自然指标　主要是反映生态资源利用的状况、发展潜力及与之密切相关的生态环境状况。构成土地的自然因素包括气候、地形、土壤、植被、水文和水文地质等。

(2)利用指标　包括农机总动力、化肥用量、有效灌溉面积比例、人均耕地量、耕地年减少率、土壤肥力综合指标、水质量指数等饮用清洁水比例、森林覆盖率、工业"三废"排放量等。

(3)经济指标　经济指标主要是反映某种利用方式下生态用地的生产力和生产效益。包括土地生产率、粮食产量、人均 GDP、人均年收入、农民人均纯收入、非农产业产值比重和农业在 GDP 中的比重等。

(4)社会指标　社会指标主要是反映生态用地的利用方式对人们生活的影响以及人们对它的反馈效应。包括城市化水平、人均住房面积、人均肉类产量、人均蛋类、农业技术人员比例、非农就业劳动力比重及交通条件、生产管理条件和地理位置等。

通过查阅大量文献、书籍著作以及实地调查等方法,将国内外知名学者的观点与实际情况结合,汇总后得到生态用地安全评价指标表(表 8-2)。

表 8-2　生态用地安全评价指标

文献来源	模型(角度)	一级指标	二级指标
宋俏、牛超、曹新向、张建新、刘雪、汤洁、徐珊、马艳、何如海	PSR 模型(压力-状态-响应模型)	压力	城镇化、人口密度、人均耕地面积、经济密度、人口干扰度、第二产业占比、坡耕地占比、单位耕地面积农用化肥施用量、大型牲畜养殖量、水稻播种面积占比、人均水资源、人口承载率、经济密度、城市化率、年平均降水量、单位播种面积粮食产量、人口自然增长率、农业经济比重、单位土地废水负荷、旱地面积比重、生活垃圾清运量、森林面积、总人口、地膜使用量、工业 SO_2 排放量
		状态	耕地面积比重、土地利用率、耕地复种指数、水土协调度、森林覆盖率、单位播种面积粮食产量、农林牧渔总产值、恢复力指标、平均气温、植被覆盖度、年降水量、城镇化水平、灾害成灾率、耕地质量、低产土地面积、土壤有机质含量、草地面积比重、水域面积比重、人均水资源、人均耕地面积、人均城市园林绿地面积、耕地垦殖率

续表8-2

文献来源	模型(角度)	一级指标	二级指标
宋俏、牛超、曹新向、张建新、刘雪、汤洁、徐珊、马艳、何如海	PSR 模型(压力-状态-响应模型)	响应	第三产业占 GDP 比重、人均 GDP、工业废水排放达标率、工业固体废物综合利用率、农民人均纯收入、有效灌溉面积率、单位农业机械化总动力、造林面积、环保支出占比、生态系统服务功能、农民人均可支配收入、科技人员比例、农民素质、机耕程度、荒漠化面积比重、草原三化面积比重、水土流失面积比重、全社会固定资产投资率、环保治理投资额、耕地旱涝保收率、经济密度、除涝面积
李莉	DPSIR 模型(驱动力-压力-状态-影响-响应模型)见图 8-1	驱动力	人口自然增长率、GDP 增长率、人均 GDP
		压力	人口密度、城市建设用地面积所占比重、农用化肥施用强度、单位 GDP 工业占比、单位面积工业废水负荷
		状态	降水量、有效灌溉面积占比、人均粮食播种面积
		影响	经济密度、人均粮食产量、单位面积农林牧渔产值
		响应	第三产业占 GDP 的比重、建成区绿化覆盖率、工业固体废物综合利用率、万人大学生数
郭凤芝	数量-质量-承载力-保障模型	数量安全指数	耕地供应量及需求量、牧草地供应量及需求量、林地供应量及需求量、未利用地供应量、园地需求量、水域面积、建设用地需求量、供需差异系数
		质量安全指数	土地荒漠化率、水土流失率、土地盐碱化率、土地污染率及各个指数
		承载力安全指数	人口承载力及变化率、经济承载力及变化率
		安全保障指数	法律体系指数、利用规划体系指数、综合利用决策体系指数、安全监督体系指数、安全宣传教育体系指数
王强	针对草地生态系统的模型	草地生态系统安全	气候变化、地形地貌变化(海拔、坡度、坡向)、草的种类及其在草地生态系统中的地位、优势草的生存状况和受其他草种的威胁程度、草地系统的稳定性或脆弱性、草地系统(含草和畜产品)生产力、经济效益和社会效益、病虫害、草地退化和人类活动对草原造成的影响、草地景观生态旅游
		环境安全	干旱威胁、土壤退化(土壤沙漠化、盐碱化及土壤侵蚀)、水土流失、灾害(涝渍、风暴、火灾和人为破坏草地生态系统所造成的危害)、环境污染、对人类造成的威胁和影响
		生物安全	生物多样性、转基因草的安全、畜牧产品的安全、生物入侵对生态系统的危害

续表8-2

文献来源	模型(角度)	一级指标	二级指标
许月卿、刘勇、高桂芹	自然-经济-社会生态安全模型	自然生态安全	坡度、海拔、地形破碎度、干燥指数、NPP、河流密度、土壤侵蚀模数、森林覆盖率、裸岩面积比例
		经济生态安全	城市化率、人口密度、公路密度、人均农业产值、旱地比例
		社会生态安全	人均耕地、人均粮食、粮食单产
王惠勇	资源-社会-经济-环境支持系统模型	资源支持系统	人口密度、人口自然增长率、人均耕地面积、人均公共绿地面积、建成区绿地覆盖率、建成区绿化覆盖率、人均日生活用水量
		社会支持系统	人均住房面积、人均拥有道路面积、路网密度、用水普及率、燃气普及率、每万人拥有医院数、每万人拥有各级各类学校数
		经济支持系统	人均 GDP、人均城市维护建设资金、住宅投资占 GDP 的比重、公共服务设施投资占 GDP 的比重、科技投入占 GDP 的比重、废水处理率
		环境支持系统	工业废气处理率、生活垃圾无害化处理率、SO_2 年平均浓度、NO_2 年平均浓度、环境噪声昼间平均值

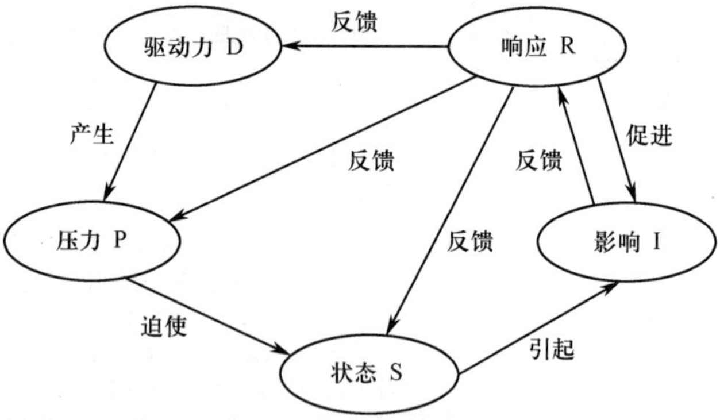

图 8-1 DPSIR 概念模型

8.1.7 生态用地安全评价的方法

随着科技快速发展和人口激增，人类活动正以空前规模影响着生态系统，由此出现了诸多带有区域特征的生态问题，如大气污染、土地荒漠化、盐渍化等。由于不能轻易将小尺度上的研究结论推至大尺度，因此，肖笃宁等建议应当重视生态用地安全评价模型的研究。模型在生态安全评价中具有预测、解释和推断的功能。按照其原理可将生态用地安全评价中的模型划分为数学模型法、生态模型法、景观生态模型法、景观生态安全格局模型法、数字地面模型法和计算机模拟模型法等。在具体评价过程中常同时使用几种方法。

1. 数学模型法

数学模型法包含综合指数法、层次分析法、灰色关联度法、物元评价法及模糊综合法等。

1)综合指数法

综合指数法是目前生态用地安全评价应用较多的一种方法。该方法首先根据“压力-状态-响应”模型及其他衍生模型建立表征各生态安全因子多层次的生态用地安全评价指标体系，用专家咨询法等方法对各指标因子的相对权重进行确定，然后通过数学计算得到生态用地安全程度的综合指数。此评价方法需要确定评价标准或进行综合指数分组处理，有一定的主观性，但是便于进行横向与纵向的对比分析。运用综合指数法应注意两个方面的问题：一是应考虑多个影响因子之间的协同效应存在时将会加重影响程度；二是如果各个影响因子对综合指数的贡献相等，则其危害及安全程度指数相等。综合指数法简明扼要，且符合人们所熟悉的环境污染及环境影响评价思路，其困难之处在于如何明确建立表征生态用地安全的标准体系，而且难以赋权与准确计量，易将问题简单化，难以反映系统本质。

2)层次分析法

层次分析法是一个多目标、多标准的决策方法，通过两两比较确定因子相对的优势程度，在此基础上确定权重。层次分析法已被广泛应用于可持续评价中。层次分析法是目前土地生态安全评价中最常用、常见的方法。该方法包括以下几步：根据压力状态响应模型选择评价因子；建立层次结构，一般分为目标层、指标层和策略层3个层次；构造判断矩阵、进行层次排序计算和一致性检验；选择评级标准；进行评价和判别。

3)灰色关联度法

灰色关联度法是根据灰色系统理论，通过筛选、比较参考序列并计算各因素的关联度，从而对灰色系统发展态势进行量化分析。该方法克服了常见数理统计量化方法的局限性，对系统参数要求不高，适用于尚未定性的生态用地安全系统。

4)物元评价法

物元评价法是由事物、特征和事物特征的量值共同组成的三元组。按其主要分析步骤可划分为确定生态安全物元、确定事物经典域与节域物元矩阵、确定待评价物元和关联函数及关联度以及综合关联度的计算等过程。该方法有助于从变化的角度识别变化因子，具有较好的直观性，但关联函数形式确定不规范，通用性有待提高。

5)模糊评价法

模糊评价法是以模糊数学为基础，应用模糊关系合成原理，将一些边界不清、不易定量的因素定量化并进行评价的一种方法。该方法既能确定指标权重，又能计算多指标综合评价数值。模糊评价法充分考虑了生态安全系统内部关系的错综复杂性及模糊性，克服了传统数学模型方法结果单一性的缺陷，但在模糊隶属函数的确定及指标参数的模糊化过程中会掺杂人为因素，从而丢失有用信息。

由于生态用地评价具有模糊性和不确定性，故模糊评价方法不失为一种有效的评价方法。应用模糊评价法的文献中比较多地出现的是模糊聚类评价法和模糊综合评价法，也经常与灰色关联度法等其他模型结合进行评价。

6)景观指数法

景观结构、功能和变化等方面的指标与土地持续利用的安全性关系相当密切，土地功能的退化、土地生态系统的失调等必然会导致土地生态系统景观结构和功能的失调或退化，斑块-廊道-基质是景观的基本结构。斑块指与周围环境在外貌或性质上不同，并具有一定内部均质性的空间单元。廊道指景观中与相邻两边环境不同的线性或带状结构。基质指景观中分布最广、连续性最大的背景结构。区域土地利用单元也分为斑块、廊道、基质，这些类型单元的结构、功能、稳定性、抗干扰能力、恢复能力和生产力等直接与土地生态安全及生态用地安全有关，因此运用景观指数对生态用地的安全状况进行评价也是一种值得探索的方法。

目前应用比较广泛的指数有斑块形状指数、景观丰富度指数、景观多样性指数、景观优势度指数、景观均匀度指数、景观形状指数、正方像元指数、景观聚集度指数、分维数、生态环境质量、景观破碎度、分离度、生境破碎化指数等。景观的功能和稳定性分析包括组成因子的生态适宜性分析，生物的恢复能力分析，系统的抗干扰或抗退化能力分析，种群源的持久性和可达性分析(如能流是否畅通无阻，物流能否畅通和循环等)。

2. 生态模型法

生态模型法中最具代表性的是生态足迹法。生态足迹是指生产区域人口所消费的所有资源和消纳这些人口所产生的所有废弃物所需要的生物生产性土地面积。该方法主要用于评价人类需求与生态承载力之间平衡关系的研究，旨在衡量人类对自然资源利用程度及自然界为人类提供的生命支持服务功能。生态足迹法通常以生态赤字来表示生态足迹与生态承载力的差值，结果易于理解，但缺点是模型中的均衡因子和产量因子均采用全球平均产量作为计算基础，无法体现不同尺度区域土地的真实生产力。

3. 景观生态模型法

景观生态学是研究和改善空间格局与生态和社会经济过程相互关系的整合性交叉学科，可评估不同尺度研究区域生态安全现状及动态演变趋势，充分发挥景观结构组分易于保存信息的优势，对掌握区域生态安全格局及演变具有重要意义。空间模型是景观生态模型最典型的代表，也是区别于其他生态学模型最突出的特点。根据国内外研究趋势分析，可依据景观模型的结构特征差异和对研究涉及生态学处理方式的不同，将景观空间模型分为空间概率模型、领域规则模型、景观机制模型和景观耦合模型 4 类，其中空间概率模型多用于描述或预测植被演替或植物群落的空间结构变化及土地利用变化的研究；领域规则模型适用于和 GIS、遥感数据等系统集成的模型中；景观机制模型则较适合于在异质种群、生态系统过程中能量和物质信息流方面的研究；而景观耦合模型隶属各式模型的综合应用，可作为景观生态模型改进的途径。

4. 景观生态安全格局模型法

景观的空间格局是若干生态过程与非生态过程长期作用的产物，影响着干扰的扩散和能量的转移，尤其是景观中某些结构退化或破坏将对整个区域生态环境产生致命的影响。假设在一定过程中空间景观变异效果存在一些不规则的不对称性或者是特异的品质(如物种消亡、动乱的发展、虚拟进程的知觉和选择、经济进程中的农业发展等)，在一些入口上会改变进程中的不对称性，可以对景观的效果产生影响，超越这些入口将不同程度地伤害一定进程的安全性，并带来不可预见的风险。对于人们将要保护的进程，每个入口都是和这个进程的一定水平的安全性相联系的。假如存在个性化的安全水平，他们处于一定的空间格局中，则这种格局被称为生态安全格局(ecological security pattern)。景观中存在的这种潜在的生态安全格局，是由景观中的某些关键性的局部、位置和空间联系所构成，生态安全格局对维护和控制某种过程来说，具有主动、空间联系和高效的优势，对生物多样性保护和景观改变有重要意义。安全格局能够有效地或最有效地保护相关的景观进程，在一定安全水平上最大限度地避免可能带来的危机和变化。因此，可以通过识别景观生态安全格局来判断土地尤其是生态用地的生态安全性。

5. 数字地面模型法

随着 GIS、RS 和 GPS 技术的发展，人们可以利用卫星光谱资料信息和数字化的环境资料对区域尺度的社会、经济要素进行识别、分析和分类，使得在大尺度对生态安全系统各要素的长期连续且动态的检测成为可能。数字地面模型法可揭示生态安全格局和生态安全的时间和空间上的变化，具有时效高、精确度高、可操作性强及可扩展性强的优势，在生态安全评价及预警方面有广阔的应用前景。

6. 计算机模拟模型法

计算机模拟技术具有可快捷处理和分析大量数据的优点，并可改进生态安全预警研究中以静态评价为主流方法的缺陷，动态模拟生态安全在时空中的变化过程，对生态安全预警具有理论指导价值和实际意义。最具代表性的计算机模拟模型法是系统动力学法和径向基函数(RBF)神经网络模型法。前者以结构-功能模拟为特点，从实际存在的系统运行规律出发，描述及预测可能发生的现象。通过建立生态安全中所有影响因素因子间的反馈关系，形成一个完整的系统，从而模拟预测各因子的变化趋势，进而达到预警的目的。径向基函数(RBF)神经网络模型法是以函数逼近理论为基础构成的一类前向网络，能够以任意精度逼近任意非线性函数，具有自学习和自适应能力，能够快速寻找优化解，对提高预测的准确性和时效性具有重要意义。

8.2　生态用地脆弱性及敏感性评价

8.2.1　生态用地脆弱性评价

1. 内涵

生态脆弱性的概念最早源于美国学者 Clements 提出的生态过渡带(ecotone)概念。生态脆弱性是景观或生态系统在特定时空尺度上相对于干扰而具有的敏感反应和恢复状态，是生态系统固有属性在干扰作用下的表现，具有原生脆弱性和次生脆弱性的特点。

生态用地脆弱性评价是对生态用地及周围自然和人文系统自身的结构、功能进行探讨，预测和评估外部胁迫自然或人为的对生态用地可能造成的影响，以及评估生态用地自身对外部胁迫的抵抗力和从不利影响中恢复的能力，其目的是为维持生态用地所在系统的持续发展，减轻外部胁迫对系统的不利影响和为退化系统的综合整治提供策略依据。脆弱性评估常用稳定性、敏感性、抗干扰能力、恢复能力等词语来表示评估对象的性质和现状。

2. 评价指标的选取

在生态用地脆弱性评价方面，可以土地生态脆弱性评价体系为基础，集合专家学者的研究，针对区域生态用地的特征进行改进，得到生态用地脆弱性评价体系。前人研究提出了压力-状态-响应(PSR)模型，暴露-敏感-适应(VSD)模型，生态敏感性-生态恢复力-生态压力度(SRP)模型，成因及结果表现评价体系模型，压力-敏感-弹性(PSE)模型，自然-生态-社会经济系统方法、社会-生态系统方法，影响因子-表现因子-胁迫因子方法、干扰-状态-敏感-发展系统方法、DPSIRM 模型、SWAT 模型等评估指标模型。总体来说，常见的 3 种为：压力-状态-响应模型、“成因及结果表现”评价体系、“多系统评价”指标体系。

1)压力-状态-响应指标体系

这是基于“压力-状态-响应”模式建立的一种评价指标体系，又被称为基于“压力-状态-响应”的生态用地脆弱区可持续发展指标体系。压力与状态指标，主要描述人类活动对生态用地及周围环境产生的压力，以及在此压力情况下资源与环境的质量状况和社会经济状况；响应指标主要描述社会各个方面对生态用地及环境压力的响应。在这一指标体系中，生态资源利用率、生态整治程度、社会进步和经济发展等都是重要的组成成分。

2)“成因及结果表现”评价体系

该体系认为，脆弱的生态环境是在自然和人为因素共同作用下形成的，并以一定的特征加以表现。这一体系不仅能够体现出导致生态用地出现脆弱性的主要因素，而且其结果表现指标可以修正成因指标的地区性差异，使得评价结果在不同区域之间更具可比性。

通常选取的成因指标主要包括水资源、热量资源、干燥度、人均耕地面积、地表植被覆盖度、资源利用率等，结果表现指标主要包括退化程度、治理状况、社会经济发展状况等。

3)“多系统评价”指标体系

这是在生态用地脆弱性评价中应用较多的一个指标体系。它运用系统论的观点，通过分析生态用地所在的土地生态系统及其子系统的特点，综合水资源、生物资源、土地资源、气候资源、社会经济等子系统脆弱因子，从中筛选指标，最终确定指标体系。该指标体系反映出的情况较为系统、全面，但由于各子系统间的相互作用复杂，使指标之间有相互重叠的情况。因此，在评价时应尽可能选择能够突出反映各子系统脆弱性本质特征的指标，并进行关联性分析。

具体指标的选取见表 8-3。

表 8-3　生态用地脆弱性评价指标

文献来源	指标体系	一级指标	二级指标
王志杰	“压力-状态-响应”指标体系(PSR)	压力	人口密度
		状态	海拔、坡度、地形起伏度、年均降水量、年均气温、NDVI、土地利用/覆被类型、土壤侵蚀强度
		响应	人均 GDP
魏琦、张敬、李滨勇、王丽婧、陈久和、陈焕珍	“成因-表征”指标体系	成因	干燥度、多年平均降水量、年均大于等于 10℃以上积温、年平均温度、植被覆盖度、土壤可侵蚀力、坡度、人均耕地面积、陆地表面起伏度、水资源总量、垦殖率、建设用地比率、人口密度、人均水资源拥有量、多年平均沙尘暴天数、年平均受灾率、人口自然增长率、工业废水排放强度
		表征	人均 GDP、农民人均纯收入、人均粮食产量、人均第一产业总产值、人均第二产业总产值、人均预期寿命、居民文化水平、恩格尔系数、道路密度、工业废水排放达标率、劳动力平均受教育年龄数

续表8-3

文献来源	指标体系	一级指标	二级指标
马子惠、卢亚灵、孙平军	生态敏感性-生态恢复力-生态压力度（SRP）模型	生态敏感性	年均温度、年均降雨、年均湿度、年均风速、高程、坡度、起伏度、土地利用类型、增强型植被系数、降雨侵蚀力、暴雨、大风、雷电、地质灾害密度、水土流失敏感指数、石漠化敏感指数、灾害敏感指数
		生态恢复力（生态弹性）	土壤有机碳含量、植被总初级生产力、景观多样性指数、组织弹性指数、活力弹性指数、功能弹性指数
		生态压力度	人口密度、GDP 密度、人口压力指数、资源压力指数、经济和环境发展压力指数
田海宁、郑荣宝	“自然-社会经济-景观”指标体系	自然条件	高程、坡度、年均气温、年降水量、土壤有机质、土地利用率、人均耕地、基本农田面积、难利用土地比率
		社会经济条件	人均耕地面积、人口密度、人均生产总值、土地利用类型、人均粮食产量、人均绿地面积、基尼系数、人均上缴利润总额
		景观环境条件	香农多样性指数、分维度指数、土质灾害发生率、森林覆盖率、土壤有机质含量、地形坡度
伊飞	多因素指标体系	区域稳定因素	海洋侵蚀、天然地基承载力、液化砂土分布、受地震影响程度
		水资源要素	地下水质量、地表水可利用度
		土壤要素	包气带岩性分布、土壤盐碱化
		植被要素	湿地类型、植被类型
		人为要素	人类活动强度、水文
张德君	“干扰-状态-敏感-发展”指标体系	干扰指标	人口密度、人类干扰指数
		状态指标	活力指数（NDVI 值、叶绿素 a 浓度）、组织指数（平均斑块面积、斑块密度、面积加权平均斑块形状）、功能指数（蓄水量）、弹性指数（湿地弹性度指数）
		敏感性指标	敏感性指数（COD 指数、TN 浓度）
		发展指标	湿地面积变化比例
张峰	DPSIRM 模型	驱动力因子	人口密度、年均≥10℃积温、年均降水量、高程、坡度
		压力因子	夏日日数倾向率、霜冻日数倾向率、极端降水量倾向率、5 日最大降水量倾向率、人均 GDP、COD 排放量、SO_2 排放量、人类干扰指数
		状态因子	COD 浓度、氨氮浓度、DO、地表植被覆盖度
		影响因子	人均水资源量、居民可支配收入、景观破碎度、景观分离度、分维度倒数值

续表8-3

文献来源	指标体系	一级指标	二级指标
张峰	DPSIRM模型	响应因子	生活污水处理率、工业污水达标率、生活垃圾处理率、土地利用变化率
		管理因子	环保投资比、城镇化率、居民受教育水平
张峰、陈枫、李平星、张启	VSD模型	暴露因子	人口社会压力、自然灾害指数、土地利用与覆盖现状、农业、人口-产业分布、人为活动干扰强度、生物多样性、自然暴露因子、人为暴露因子
		敏感性	海洋生物群落结构的多样性、典型海洋生态系统、珍稀濒危物种的保存状态、地形、气候、自然生态系统质量、水资源状况
		适应能力	信息通达性、居民文盲率、经济社会发展水平、资源利用水平、环保意愿、社会保障水平
肖文婧	"自然-经济-承载力-整治能力"指标体系	土地自然数量	人均耕地面积、人均建设用地、土地垦殖率、森林覆盖率、土地后备资源率
		土地自然质量	水域面积比重、耕地面积减少速度、土壤侵蚀强度、景观破碎度
		土地投入经济压力	人均GDP、环境负载率、农业财政支出率、收益分配差异指数、单位工业辅助能值
		土地经济产出质量	农民人均年纯收入、能值产出率、人均能值产出、能值密度
		土地人口承载指数	人口密度、城市化水平、城镇登记失业率、经济密度
		土地整治能力指数	工业"三废"处理率、环境污染治理本年投资占GDP比例、土地保护政策、可持续发展能值指标、水土协调度
朱德明	"生产-稳定-持续-自主-承载"指标体系	生产力指标	第一生产力水平、环境质量水平、湖泊综合营养度、自然资源人均占有量、湖泊蓄水能力
		稳定性指标	旱涝变率系数、脆弱类型种类、脆弱边界的时空变迁速率、灾害占GDP比重
		持续性指标	人均GNP年增长速率、人均收入年增长速率
		自主性指标	泥沙淤积平均沉积速率、湖泊年换水周期、湖泊形态系数、岸线发展系数、湖泊补给系数、滩地、发展系数
		承载力指标	人口密度、经济产出密度、后备资源数量、单位面积污染物接纳水平、围垦程度

续表8-3

文献来源	指标体系	一级指标	二级指标
赵艺学	“气候-土地-生物-环境”指标体系	气候因素	降水量、霜冻、冰雹、大风、年均气温、大于等于10℃积温
		土地因素	人均土地面积，荒山、荒地、荒坡面积，作物单产量，土壤有机质含量，垦殖指数
		生物因素	森林覆盖率、人工草地面积、生物多样性
		环境因素	土壤侵蚀模数、水土保持治理度、地面切割度

3. 评价方法

评价方法一般包括以下3个步骤：即选择建立评价指标体系、确定指标体系中各因子权重、利用数学原理分析计算。目前采用的数学方法主要包括模糊评价法、层次分析评价法、主成分分析法、灰色关联评价法、指标指数分析法、特尔菲法、EFI法(生态脆弱性指数评价法)、综合指数评价法、神经网络法、熵权法、景观生态学法等评价计算方法，以及多种方法的结合。比如：模糊综合决策分析法和AHP法结合，GIS法和K—means聚类分析方法结合，模糊多属性方法(FMA)和GIS空间分析方法结合，景观生态学法、物元可拓法、集对分析法、3S技术方法、机器学习方法结合，等等。

普遍适用于生态用地的评价方法已在8.1.7部分进行了详细介绍，针对生态用地脆弱性的评价方法的介绍如下。

1)生态脆弱性指数(EFI)评价法

生态脆弱性指数(EFI)评价法是确定指标、权重及其生态阈值，在数值标准化的基础上，根据公式计算生态脆弱性指数，并依据结果划分脆弱度的等级。此评价方法适用于某一区域内部生态用地的生态脆弱程度的比较分析，能将脆弱度评价与环境质量紧密结合在一起，但缺点也很明显，即其分析的结果是相对的。

2)主成分分析法

主成分分析法主要适用于基础资料较全面的生态环境脆弱度比较。其主要思路是计算特征值和特征向量，通过累计贡献率计算得到主成分，最后进行综合分析。该方法可以保证原始数据信息损失最小，以少数的综合变量取代原有的多维变量，但存在一定的信息损失。

3)关联评价法

关联评价法适用于生态系统内部或相邻系统的脆弱性程度比较。其主要思路是选定评价因子，计算各区各个因子的相对权重，根据公式计算区域的相对脆弱度。该方法的主要优点是可以比较全面、宏观地对评价区域进行评价，评价的结果具有较强的综合性、逻辑性和系统性。但该方法比较复杂，涉及的内容繁多，很难应用于大范围。

4)集对分析法

集对分析法是一种新型的处理模糊和不确定问题的数学工具，它能有效地分析和处理不精确、不一致、不完整等各种不确定的信息，并从中发现隐含的知识，解释潜在的规律。把具有某种联系的两个集合看成是一个集对，在某个具体的分析背景下，按照集对的某一特征列出同一度、差异度和对立度的表达式，再对相关问题展开分析。

8.2.2 生态用地敏感性评价

1. 内涵

生态敏感性是生态学中的一个综合概念，是指在现有自然环境背景下，自然环境变化和人类活动干扰导致区域发生生态环境问题的难易程度及其可能性的大小，也指生态系统对各种环境变异和人类活动干扰的敏感程度。生态敏感性的强弱通常以在不降低或不破坏环境质量的情况下，生态因子对外界环境压力或变化的适应能力以及其受损后恢复能力的强弱和快慢衡量。生态用地生态敏感性是指生态用地对区域内自然或人为因素干扰的敏感程度，敏感性评价反映的是在区域内遇到干扰时，生态用地发生生态环境问题的可能性。

国外开展生态环境敏感性的研究较早，并且侧重于单因子评价；国内已从单因子评价发展到了多种评价因子综合评价，并且对生态用地的生态敏感性评价也有一定的积累，多是从地表覆被类型、土壤侵蚀模数、坡度、地质灾害等方面选取评价因子。生态用地敏感性评价可以作为生态区划的基础依据，通过对各类不同生态敏感性区域的辨识，评定生态敏感性等级，可以确定优先发展建设的区域以及重点保护的区域，以促进区域生态安全、实现生态环境可持续发展和土地可持续利用，其实质上是对自然环境现状下的潜在生态问题进行明确辨识，并将其落实到具体空间区域上的过程。

2. 评价指标的选取

生态用地敏感性的影响因子很多，有地质、土壤、坡度、高程、降雨、植被等，但不同区域主导影响因子不同，学者们多根据评价区域特点选取生态用地敏感性评价因子，包括地形起伏度、年降雨量、植被类型、土壤类型、土壤质地、岩性、地质灾害；土壤侵蚀强度、土地利用类型、植被覆盖度、距水源距离、坡度、灾害易发性等。目前国内学术界已有针对城市生态公园、湿地公园、渔牧交错区等区域的生态敏感性评价，但仍没形成统一的评价方法和指标标准。而在人地矛盾日益突出的情况下，生态敏感性评价不应再局限于特殊区域，针对县域尺度的生态用地进行生态敏感性评价亦具有十分重要的战略意义。

生态用地敏感性评价具体指标在表 8-4 列举。

表 8-4 生态用地敏感性评价指标

文献来源	一级指标	二级指标
颜磊	自然因素	泥石流、土地沙化、水土流失、濒危物种
	人文因素	路网、采矿、河流水量水质
凡非得	—	水土流失、石漠化、酸雨及生境生物多样性
徐广才	—	土壤盐渍化、土壤侵蚀和土地沙漠化
李建军	—	生境、土壤侵蚀、地质灾害
Rossi P	—	结构特征、非生物风险、濒危动物比例和隔离情况
刘康	—	水土流失、土地沙漠化、土壤盐渍化
李冬梅	—	土壤侵蚀、石漠化和生境敏感性
伍幸妮	—	地形起伏度、年降雨量、植被类型、土壤类型、土壤质地、岩性、地质灾害

续表8-4

文献来源	一级指标	二级指标
邓思维	—	水源涵养、土壤保持和生物多样性
简卿	—	土壤侵蚀敏感性因子、沙漠化敏感性因子和生境敏感性因子
胡多才	—	坡度、高程、河流宽度、植被覆盖、地质灾害、土地利用、自然保护区
张强	—	气候舒适度(主要参考温湿指数)、土地沙化[主要参考归一化土壤湿度(NDWI)、土地盐碱化(主要参考盐渍化遥感监测模型 SDI)、水土流失、生物多样性[参考归一化植被指数(NDVI)]
李益敏	—	土壤侵蚀强度、土地利用类型、植被覆盖度、距水源距离、坡度、灾害易发性
管青春	地形地质	坡度、高程、地质灾害
	水系防护	河流、湖泊和坑塘
	覆被类型	林地和未利用地
	保护区	风景旅游区、生态安全控制区、自然保护区和文化遗产保护区
	人类干扰	农田
叶丝丝	—	地形地貌、水土流失、水环境和生态景观
贺秋华	—	土壤侵蚀、酸雨、石漠化、生境及生物多样性
孙才志	—	外界压力、地下水系统结构特征、生态环境、区域自然条件和资源与保护
吴金华	—	水土流失、地质灾害、地形坡度和土地覆被
魏伟	—	水土流失、土壤盐渍化、土壤沙漠化、生物多样性

3. 评价方法

生态用地敏感性评价往往采用加权叠加法,因此权重在综合评价过程中非常重要,能直接影响最终的评价结果。在已有生态用地敏感性评价研究中,针对评价指标权重确定方法进行探讨的研究较少,目前应用较普遍的生态用地敏感性评价指标权重确定方法有特尔菲法、层次分析法、变异系数法和组合赋权法。普遍适用于生态用地的评价方法已在 8.1.7 部分进行详细介绍,现对生态用地敏感性评价的方法进行补充。

1)特尔菲法

特尔菲法(Delphi 法),又称专家打分法,于 20 世纪 40 年代由赫尔姆和达尔克首创,经过戈尔登和兰德公司进一步发展,成为一种常用的方法。特尔菲法在生态用地敏感性评价指标权重值的确定中较为常用。

2)变异系数法

变异系数(variation coefficient)又称离散系数,反映单位均值上的离散程度。变异系数法是根据各评价指标数据在所有被评价对象上观测值的变异程度来进行赋权的一种客观赋权法。其基本思想是:若所有被评价对象在某指标上的观测值变异程度大,则说明该指标能够较好地区分各个评价对象,应赋予较大权重;反之,则赋予较小权重。以变异系数法为代表的客观赋权法在生态用地敏感性评价之中也有一些案例。

3)组合赋权法

生态用地敏感性评价是一种多指标综合评价,评价指标权重在进行综合评价过程中十分重要，它反映了各个指标在综合评价中具有的地位或所起到的作用，能直接影响最终的评价结果。组合赋权法既能避免主观赋权的主观性和盲目性，又能避免客观赋权的片面性和机械性。

8.3 生态用地风险及健康评价

8.3.1 生态用地风险评价

1. 内涵

生态风险(ecological risk)是生态系统及其组分在自然或人类活动的干扰下所承受的风险，是指一个种群、生态系统或整个景观的生态系统功能受到外界的干扰胁迫，在当前或将来对该生态系统的健康、生产力、遗传结构、经济价值和美学价值产生负面影响的可能性，是评估区域生态环境可持续性的重要指标。生态风险是目前环境管理风险研究中的一个热点研究领域，其研究着重于化学的、物理的、生物的干扰胁迫因子等因素对生态系统造成的不利影响。

美国国家环保局在1992年颁布的生态风险评价框架中对生态风险评价的概念进行了明确的定义：生态风险评价是评估负生态效应可能发生或正在发生的可能性，而这种可能性是归结于受体暴露在单个或多个胁迫因子下的结果。国内外学者定义生态用地风险评价为：对某一地区或区域的生态用地及周围环境的正常运转秩序被人为破坏后产生的不良后果进行合理的推测，并对即将发生后果的严重程度进行定级，这个过程包括搜集整理数据、分析数据、预测不良后果的威胁等环节。生态用地风险评价是服务于人类社会的，是人类为了保护自身生存的环境所做的积极努力，也是人类文明发展的必然结果。

2. 评价指标的选取

生态风险评价研究兴起于20世纪90年代。Barnthouse等提出的生态风险评估框架，标志着风险评价向多风险因子、多风险受体及多评价端点发展，其中不乏对生态用地风险性评价的案例。美国国立研究院(NRC)、水环境研究基金会(WERF)等著名的环保机构也相继提出了不同的评价指标体系。在生态风险评价研究的发展历程中，生态风险评价融合了多个方面的参数，同时形成了不同类型生态系统的生态风险评价指标体系，当然包括针对生态用地所在的土地生态系统的生态风险评价指标体系，其评价指标的获取方式及监测技术也在不断更新。

国内学者主要从两个角度来选取评价指标。

1)风险源-风险受体-风险效应

多风险源指标主要包括耕地垦殖指数、化肥施用强度指标、农药施用强度指标、工业废水排放达标率、工业固体废物综合利用率、建设用地比例等；多风险受体指标主要包括破碎度指数、景观形状指数、香农多样性指数、聚集度指数；多风险效应指标主要包括森林覆盖率、生物丰富度、植被覆盖率、土地利用综合指数。

2)压力-状态-响应

生态压力用来反映农业景观生态建设过程中面临的压力，主要包括人口密度、农业景观类型、化肥施用量和人均耕地面积等4个指标；生态状态用来反映农业景观生态环境面临风险压力时所处的状态，主要包括森林覆盖率、水土流失面积、农田防护林面积比重和景观土地利用模式等4个指标；生态响应用来反映农业景观生态环境面临风险压力时的响应，主要包括有效灌溉面积、景观多样性指数、污染土壤面积和地表植被覆盖率等4个指标。

3. 评价方法

1988 年，美国国家环境保护局(EPA)在“生态风险评价方法概述”中详细综述了当时较为成熟的评价方法，随后于 1992 年提出了“生态风险评价大纲”，首次对风险暴露值、暴露-响应关系等概念进行了系统论述的同时提出了相应的研究方法，成为之后生态风险评价的基础。

国外研究中，2007 年 Pollino 等将贝叶斯网络(BN)应用到流域的生态风险评估中，并验证了其适用性。2018 年，Nicholas 等提出卫星遥感适合监测生态系统变化状况，指出卫星遥感可以提供长期数据集，并提出应在概念性生态系统模型的帮助下使用卫星遥感。而国内较为成熟的生态风险评价方法主要有层次分析法、熵值法、PSR 模型、神经网络模型、生态位模型、生态足迹法、景观生态风险指数评价法等。

其中景观生态风险评价方法大致可分为基于风险源汇和基于景观格局两类。早期的评价方法以前者为主，继承了传统生态风险评价和区域生态风险评价的方法原理；后者在区域尺度上直接从空间格局出发评价景观生态风险。目前，主要的景观生态风险指数包括基于景观格局的风险指数、基于土地利用类型的风险指数和基于外部压力-景观暴露性-稳定性的风险指数 3 类。

1)基于景观格局的风险指数

根据生态学意义，可计算各项景观格局指数，包括面积、斑块数、斑块密度、最大斑块指数、总边缘长度、边缘密度、香农多样性指数、香农均匀度指数、优势度指数、景观形状指数、丰富度指数、分类密度指数、分割度指数、分离度指数、聚集度、破碎度指数等。

2)基于土地利用类型的风险指数

基于网格采样法，通过计算各样区内的地类面积比例来构建土地利用生态风险指数，用以描述一个样地内综合生态风险的相对大小，从而通过采样方式将土地利用结构转化为生态风险值，构建起土地利用与生态风险之间的关系模型。

3)基于外部压力-景观暴露性-稳定性的风险指数

这一风险指数包括风险源强度评价指数、环境脆弱性评价指数、生态资产评价指数。

8.3.2　生态用地健康评价

1. 内涵

“土地健康”的概念最早出现在 20 世纪 40 年代，由著名的自然科学家 Leopold 在 1941 年提出。1988 年，Schaeffer 等学者首次探讨了有关生态系统健康度量的问题，但没有明确定义生态系统健康。1989 年，Rapport 首次从活力、组织结构和恢复力 3 个方面论述了生态系统健康的内涵。他认为活力(vigor)表示生态系统的功能，可根据新陈代谢或初级生产力等来测度；组织结构(organization)是根据系统组分间相互作用的多样性及数量来评价；恢复力(resilience)也称抵抗力，是指系统在胁迫下维持其结构和功能的能力，即生态系统健康是指一个生态系统所具有的稳定性和可持续性，即在时间上具有维持其组织结构、自我调节和对胁迫的恢复能力。

归纳以上概念及内涵可得到生态用地健康评价的内涵，即在生态学框架下，结合人类健康观点对生态用地是否具有随着时间的推移依然能够维持其自身的健康，依然对外力胁迫具有抵抗力的能力进行判断和比较，并且描述生态用地系统所具有的稳定性和可持续性等特征和状态。

2. 评价指标的选取

国外对湿地生态健康的研究较早,湿地健康评价体系比较完善。国内研究从 20 世纪 90 年代才开始起步,最初主要是归纳国外理论和研究实例,如河口滨海湿地、南四湖、武汉市浅水湖等典型生态系统健康评价。利用压力-状态-响应(PSR)模型构建健康评价指标体系就是其中的典型方法。

Rapport 认为生态系统健康的评价指标体系包括活力、恢复力、组织结构、维持生态系统服务、管理的选择、减少投入、对相邻系统的危害和对人类健康影响 8 个方面。在国内,基于压力-状态-响应模型的评价体系是最常见的。压力是表明生态系统环境恶化的原因;状态是指衡量人类行为而导致的生态系统的变化;响应是指显示社会所建立起来的制度机制为减轻环境污染和资源破坏所做的努力。依据压力-状态-响应评价模型,生态系统健康性评价将系统用地划分为生态用地子系统、农业用地子系统和生产生活用地子系统 3 大系统,在此基础上划分出林地和水域(生态用地子系统)、耕地(农业子系统)和经济、社会、环境(生产生活子系统)6 大类型,将每一个类型用地选取压力、状态、响应 3 个方面的指标群。其中针对生态用地健康评价的主要指标包括:

(1)林地类主要包括压力(病虫害影响面积比例、人均木材采伐量)、状态(森林覆盖率、森林郁闭度)和响应指标(人均造林面积)。

(2)水域类主要包括压力(工业废水排放强度、工业废水排放达标率、COD 排放强度、氨氮排放强度、滩涂面积)、状态(水质综合指数叶绿素 a 含量、底栖生物多样性、饮用水源水质达标率、湿地物种多样性指数)和响应指标(城市污水处理率、湿地保护区面积覆盖率)。

其他具体的指标类别见表 8-5。

表 8-5 生态用地健康评价指标

文献来源	一级指标	二级指标
蔡懿苒	安全驱动指标	人口密度、建设用地比例、耕地比例、平均坡度、平均高程、沟壑密度、地形起伏度、村落密度、道路密度
	安全表现指标	人均 GDP、农民人均收入、人均工业产值、人均农牧业产值、人均产粮
湿地:李凯、赵志江、刘迪	压力指标	入湖水量、年均气温、年均风速、年牲畜存栏数、年渔业产值、旅游收入、极端温度天数、年降水量、外来入侵种、湿地自然灾害、湿地受威胁程度、人口(人类)指标(密度、增长率、素质、干扰、活动强度)、经济发展水平(人均 GDP)、化肥施用强度、农药施用强度、污水处理率、土地利用强度、万元 GDP 的 COD 排放强度、人均水资源占有量、城镇化压力、农户密度、土地垦殖率、建筑用地面积比例、≥25 度坡耕地面积比例、坡度可达性、道路可达性、NDVI 等
	状态指标	最大湖泊面积、矿化度、大气质量、水体质量(水质类别、水营养状态)、土壤质量(有机质含量、性状、侵蚀)、水源补给率、湿地(水域)面积变化率、生物多样性(物种、动物、植物、鸟类多样性)、初级生产力(NPP)、优势(水生)植物覆盖率(芦苇覆盖率)、植被(林木)覆盖率、湿地自然灾害、景观多样性、景观破碎度、景观损失指数、生境质量、水文调节功能(洪水调控功能)、水质净化功能(水质净化总价值)、土壤侵蚀控制、物质生产能力、栖息地功能、旅游休闲功能、科教功能、人口增长率、恩格尔系数、城市化率、人均纯收入等

续表8-5

文献来源	一级指标	二级指标
湿地:李凯、赵志江、刘迪	响应指标	灌木林面积、优势种高度、芦苇面积、鸟类种数、野生鱼类种数、第三产业比重、物质生活指数、人口基本素质(人口受教育程度)、污水处理率(废水达标排放率)、人口健康状态、湿地保护程度(是否为保护区、保护区级别)、现有政策执行力度、湿地保护意识、环境保护投资(环保投资系数)、湿地科研水平、湿地管理水平、湿地退化、景观破碎化、生态退耕率等
海岛:王娜	压力指标	旅游人口密度、海岛周边海域水质状况、岛陆建设用地比例
	状态指标	归一化植被指数、自然岸线保有率、多样性指数、均匀度指数、平均斑块面积、恢复力指标
	响应指标	污染控制(污水处理率、垃圾处理率、环境影响评价实施率)、生态保护与建设(生态修复工程强度、内海清淤比率、绿化覆盖率、海岛保护规划制定与实施)、生态环境管理(生态环境管理措施及相关法规)、生态损害(存在违法用海用岛行为、发生污染、非法采捕、乱砍滥伐等生态损害事故)
生态移民安置区:王鹏	压力指标	人口土地负荷量、人口自然增长率、人口城市化水平、GDP 增长率、固定资产增长率、城市用地增长弹性系数、土地利用强度、建设用地比例、土地垦殖率、土地利用率、人均 GDP、城镇人均可支配收入、建设用地集约度
	状态指标	地均 GDP、地均二三产业比值、人均粮食产量、空气质量状况、水土流失程度、城市绿地覆盖率
	响应指标	地价增长幅度、城市污水处理率、水土流失治理率、垃圾无害化处理率、环保投资占 GDP 比重
湿地:朱锦	生态特征	水质、水资源供给率、土壤重金属污染、湿地边缘植被、生物多样性、植物个体尺度、景观多样性、景观破碎化、典型湿地面积比
	功能整合	洪水调控、水文调节、净化能力、栖息地、休闲娱乐、生活材料
	社会政治环境	周边人口素质、人类活动强度、物质生活指数、农药施用强度、化肥施用强度、污水处理率、湿地管理水平
河流:粟一帆	整体性	水文情势、水力条件、地貌空间格局
	稳定性	抵抗力、恢复力
	可持续性	生态整合性、自维持活力、自组织力
河流:郑保	水文水资源状况	地下水埋深、地下水开采、生态基流
	水环境状况	水功能区水质达标率、湖库富营养化指数、饮用水源地水质指数
	水生生物及生境状况	纵向连通性、横向连通性、珍稀水生生物存活状况、湿地保留率生态需水满足程度、涉水自然保护区状况、涉水景观保护程度、鱼类生境状况
	水资源开发利用状况	水资源开发利用程度、水能开发利用程度

续表8-5

文献来源	一级指标	二级指标
农业生态系统：江雪	活力	生态生产力(耕地面积变化率、植被净初级生产力)、经济生产力(人均农业总产值、单位面积农业净产值)
	组织结构	土地资源指数(人均耕地面积、土地人口承载力)、气候资源指数(光合有效辐射、年平均降水量、年平均蒸发量)、社会结构指数(人口生理密度、养殖业占农业比重)、经济规模指数(人均 GDP、农民人均纯收入、农业生产总值占比)
	恢复力	物能投入指数(农业机械化率、有效灌溉面积占比、单位播种面积化肥施用量、单位播种面积农药施用量)、生态水平指数(受灾率、森林覆盖率、水土流失率、土地沙化率、单位面积作物产量)、经济转化效率指数(GDP 增长率、农业总产值增长率)

3. 评价方法

通过对目前常用评价方法进行分类，可将生态用地健康评价的方法归纳概括为两大类：生物法和指标体系法。

1)生物法　生物法可分为指示物种法和生物完整性指数法。

(1)指示物种法　首先确定生态系统中的关键物种、特有物种、濒危物种或环境敏感物种，然后采用适宜方法测量其数量、生物量、生产力、结构功能指标及一些生理生态指标，进而描述生态系统的健康状况。一般来说，在一些自然生态系统中指示物种法比较适用，尤其是针对生态用地。

总体来说，在国内指示物种法应用较少，但由于其比较容易测度、测度费用低等优势，这种方法在湿地健康评价中有很广泛的应用。但它也存在很明显的缺陷：筛选标准不明确，有些采用了不合适的类群。另外，关于指示物种的减少是否能全面反映生态系统的变化趋势仍存在争议。

(2)生物完整性指数法　生物完整性指数(index of biotic integrity，IBI)概念最先由 Karr 在 1981 年提出，美国学者将其推广到湿地健康评价中。IBI 方法的实施过程为：在对待评价区生态用地类型进行划分的基础上，开展野外调查收集区域内土地利用信息，建立人类干扰梯度；然后，筛选并确定生物类群及各类生物属性，对多数生物种类而言，一般采用 8～12 个对人类干扰敏感的生物属性来构建多测度指标；最后，根据一定规则进行打分，得到该生态用地的 IBI 值。生物完整性指数法相对其他方法劳动强度较大，需实地采样调查，故适用于小尺度的湿地生态系统健康评价。

2)指标体系法

指标体系法，也称多指标综合评价法，通过选取能够表示生态系统主要特征的指标，并确定其在生态系统健康中的权重系数，进行综合评价来反映生态用地的健康程度。相比于物种指示法，多指标综合评价法涉及多领域、多学科，考虑了生态、景观、社会经济等因素，因此更综合全面，在国内应用较多。但也存在指标选取重复，权重确定过程中主观性强等问题，评价方法研究有待进一步深入。

(1)评价模型　Friend 和 Rapport 以因果关系为基础，综合考虑压力、状态、响应 3 个方面，提出 PSR 模型，是目前应用最广泛的指标体系框架。各学者从自身研究出发对 PSR 模型进行调整，得到驱动力-压力-状态-影响-响应(DPSIR)模型、驱动力-状态-响应(DSR)模型等。另外，基于 Costanza 健康指数的活力-组织力-恢复力(VOR)模型也被国际生态系统健康学会所认可。

(2)评价方法 我国在相关领域的研究仍处于探索阶段，但部分学者结合 PSR 模型法、熵权综合指数法、层次分析法、生物膜方法、模糊数学方法等已构建了涉及流域、河口、湖泊等生态用地系统的健康评价指标体系，并对生态系统健康状况进行分析。此外，还有学者使用三角模型、改进 TOPSIS 法、灰色关联模型、熵权可拓物元模型、频次分析法、相关性分析法、最小二乘法、赋分法等方法进行评价。

下面着重对几类评价方法进行阐述。

① 权重确定方法。层次分析法(AHP)是目前应用最广的指标权重确定方法，还有部分学者采用变异系数法、主成分分析法、熵权法、熵权法与层次分析法相结合、等值权重法、因子分析法、专家法、可拓物元法等确定指标权重。

② 指标标准化处理方法。隶属度法是目前较为通用的标准化处理方法之一，该方法通过构建隶属度向量实现指标的标准化。另外，标准分级赋分法应用也较为广泛，该方法将各指标实际值与评价标准分级进行类比，确定各指标的得分值。除此之外，还有单因子评价法、规范公式法、极值法、极差法、相对距离法、逻辑斯蒂增长模型法等。

③ 综合评价方法。综合评价方法主要包括模糊综合评价与加权求和两种方法。模糊综合评价方法是通过构建权重向量与模糊关系矩阵得到综合评价向量，进而结合评判等级向量得到综合评价值，确定健康评价等级。加权求和方法是将评价指标的标准化值或得分值加权求和后，得到综合评价值，然后根据生态用地健康评价等级划分标准确定健康程度。除上述两种方法外，部分学者采用物元可拓、联系度函数、级别特征值、BP 神经网络、集对分析与三角模糊数等方法进行探讨。

④ 其他评价方法。三维荧光光谱技术拥有操作简单、迅速和灵敏等优点，这一方法重点关注水体中有机污染物的来源和成分构成，以期为河流生态系统健康评价提供新的思路与方法。解析结构模型是一种通过基本假设、图、矩阵的相关运算得到可达性矩阵，然后分解可达性矩阵，使复杂的系统分解成多级递阶结构形式的系统解析方法。有向图是解析结构模型的一种方便的构建形式，可清晰地确定各层因子或各层指标的关系，削弱了层次分析法中给权重赋值时过于主观的问题。

8.4 生态用地退化及修复评价

8.4.1 生态用地退化评价

1. 内涵

20 世纪 70 年代初期，土地退化的概念首次被联合国粮农组织进行了阐述。随后国内外学者对土地退化的界定一直有所争论。Lewis 和 Johnson 对土地退化概念进行考证后认为：首先必须造成土地生态系统生产力的显著下降；其次这种下降是人为而不是自然事件引起的，于是他们把土地退化定义为在人为干预条件下造成的区域性的生物使用价值或生产潜力的明显下降。

生态用地在自然界中始终发挥着生态主导功能,生态用地退化也必将导致生态系统环境的破坏。生态用地退化评价即为在生态用地类型范围内,针对自然及人为因素的干预结果,对生态用地具有的生物使用价值或潜在的生产潜力的下降程度进行量化和判断,从而了解其现存状态和发展趋势。

2. 评价指标的选取

迄今为止,生态用地退化的评价指标体系尚无统一而实用的标准。在早期的研究中,国内外众多土壤学家对土地退化一直给予较多的关注,然而其研究工作多侧重土壤本身的退化,因此所建立的指标主要从土壤的物理、化学、生物等方面提出土壤退化评价指标,如土壤容重、土壤质地、土壤有机质、土壤酶活性等。近年来,国内外学者对土地退化的研究已向环境、人为活动以及社会经济等多因素方向发展。随着遥感技术的应用与发展,很多学者通过遥感影像提取植被覆盖度、生物量、植物种类、植被郁闭度等指数对土地退化进行评价。此外,国内外不少学者还从土地质量方面对土地退化问题进行了研究,建立了相应的压力指标、状态指标、响应指标等。

具体指标的选取如表 8-6 所示。

表 8-6 生态用地退化评价指标

文献来源	指标体系	一级指标	二级指标
兰天慧、李文艳、杨晨玲、程建新	PSR 模型	压力	气温、降水量、河流径流量、径流含沙量、油田开采、渔业养殖、围垦土地强度、水污染处理、海岸侵蚀、水资源超量开采利用、气候变化、海洋灾害、生物入侵、泥沙物源、生物资源的过度利用、近海污染、滩涂围垦、沿海城市及港口、水利工程建设、台风和风暴潮个数、营养化指数、人口密度、人口增长率、围填海占海湾面积比重、海洋捕捞、人均 GDP、GDP 增长率、万元工业增加值、万元工业增加值氨氮排放量、海水养殖密度、电厂温升区面积
		状态	优势物种、濒危物种数、物质生产功能、土壤养分(有机质、速效磷)变化指数、土壤盐碱度指数、土壤重金属污染指数、土壤有机物污染指数、有机污染物浓度、COD、pH、盐度、氯离子浓度、生物量、植物多样性指数、水质净化能力、栖息地、水文调节、水污染指标、大气污染指标、生物量、物种多样性、优势度、大型底栖动物、鸟类、海水水质综合指数、海洋沉积物质量综合指数、海洋生物质量综合指数、叶绿素 a 含量、浮游植物多样性指数、浮游动物多样性指数、潮间带底栖生物多样性指数、浅海底栖生物多样性指数、鱼卵、仔鱼密度、珍稀鸟类种群数量、生境面积、生境质量
		响应	湿地面积、湿地生产力、物种多样性、周边人口素质、人口健康状况、保护意识、管理能力、环保相关法律法规与政策、第三产业产值比重、环保投资占 GDP 比重、工业废水达标排放率、城镇污水集中处理率

续表8-6

文献来源	指标体系	一级指标	二级指标
任平	PSDR 指标体系	森林生态系统状态指标	土壤侵蚀度、NDVI 指数、生物多样性指数、生境质量指标
		森林生态系统压力指标	人口密度、生境退化指标
		农田生态系统状态指标	土壤侵蚀度、土壤厚度
		农田生态系统压力指标	人口密度、化肥施用量
		草地生态系统状态指标	土壤侵蚀度、NDVI 指数、生物多样性指数、生境质量指标
		草地生态系统压力指标	人口密度、产草量、生境退化指标
		湿地生态系统状态指标	NDVI 指数、生物多样性指数、生境质量指标
		湿地生态系统压力指标	人口密度、生境退化指标
高亚琪	农田生态系统土地退化监测与评价指标	—	耕作制度、耕作措施、土壤残膜污染、肥料污染、农药污染、灌溉方式、土壤含盐量、工程排碱措施、农田防护林、贫困状况
陈颖	—	滨海湿地评价指标	湿地面积变化率、植被覆盖变化率、物种多度变化率、水鸟数量变化率、濒危物种数变化率、植物入侵物种、土地(水域)利用方式变化率
		内陆湿地评价指标	湿地面积变化率、水源补给状况、地表水水质、地表水富营养化程度、植被覆盖变化率、物种多度变化率、水鸟数量变化率、濒危物种数变化率、植物入侵物种、土地(水域)利用方式变化率

3. 评价方法

Smith 提出的土地退化评价传统方法主要是通过野外采集土壤样品，对分层剖面土样的理化性质进行实验分析，并利用指数法结合退化评价指标对土地的退化程度进行评价，这与孙波等人的土地退化评价方法一致。土地退化评价的传统方法须对研究区域进行长期的定点观测取样以取得大量基础数据。这种方法虽然可以获取大量的基础退化数据，且具有较高的评价精度，但是实际操作比较困难，需要投入大量的人力、物力和财力且极消耗时间。目前，国际上普遍使用的土地退化评价的体系主要有 3 种：全球人为作用下的土壤退化(GLASOD)、俄罗斯科学院提出的土地退化评价方法(RUSSIA)、东南亚及南亚人为作用下的土壤退化(ASSOD)，以上评价理论体系都是联合国相关机构提出的，具有较高的权威性，而且都在各地区对土地退化进行过监测实践，并且取得了良好的效果。

多指标综合评价是各类评价中经常使用的评价方法，而多指标综合评价的核心是评价指标选取和指标权重以及指标实际值向评价分值的转换。

1）指标权重确定方法

根据原始数据的不同来源，确定指标权重的方法大体上分为主观赋权法和客观赋权法两类。主观赋权法主要是由专家根据经验主观判断而获得，如层次分析法、AHP方法、模糊综合评价法等，这些方法较为成熟，但客观性较差。客观赋权法是根据原始数据运用统计方法计算获得，不依赖于人的主观判断，其客观性较强，如数据包络分析法、多目标决策法、离差法、均方差法、主成分分析法等。另外还有其他针对生态用地的评价方法，如Rough Set方法。

Rough Set方法于1982年由波兰学者Z. Pawlak提出，是描述不确定性和不完整性的数学工具，能够对数据进行分析和推理，找寻其中隐含的知识和潜在的规律，同时有效地分析不准确、不一致和不完整的信息。Rough Set是继概率论、模糊集、证据理论之后的又一个处理不确定性的数学工具。

Rough Set方法主要有以下几个特点。

① 能够处理不完整的数据和有很多变量的数据；

② 能够分析出隐含的知识和潜在的规律；

③ 能够处理数据的不确定性；

④ 能够得到知识的不同颗粒层次和知识的最小表达；

⑤ 能够产生精确且便于证实的规则。

2）评价方法

（1）3S技术　随着遥感技术的不断发展，土地退化评价和监测方法趋于动态发展。遥感获取的数据或信息具有较高的空间及时间分辨率，因此遥感技术在土地利用分类、土地覆盖变化监测、景观格局规划的动态监测和各类植被指数的提取以及植被分类、水环境质量监测与评价等方面有着广泛的应用。此类方法具有成本低、宏观、及时等优势。随后，基于"3S"的评价和监测技术路线也应运而生，其监测与评价流程是先提取研究区域的RS数据信息，再利用GIS数据源等研究资料进行相关的空间分析并且进行分类分级；最后为了得到高精度的评价再辅助多次GPS的野外实地测量校验。虽然RS、GIS和GPS技术的结合能够有效地对流域土地退化进行监测，但这种监测方法周期相对较长且退化发展趋势难以预测。若能建立实时的土地退化监测系统并且动态控制退化发展趋势，及时发布到网上，则更有利于进行退化监测与防治。

（2）RUE反演方法　RUE是植被生长季末，草地净初级生产力与年降水量的比值。由于生长季最大NDVI与ANPP具有较强的相关性，普遍认为可利用生长季最大NDVI代替ANPP来计算RUE。

8.4.2　生态用地修复评价

1. 指标体系的构建原则

评价对象的不同，建立的指标体系也不同，构成指标体系的指标也就不会完全相同。但这些指标一般会构成从最高层到中间层，再到由基本指标组成的最底层这种自上而下的多层次树状结构。其构建的一般普适性原则可概括为：功能性、整体性、科学性、可比性、操作性和动态性，但在构建某种特定的指标体系时，还要在此基础上有针对性地根据目标建立一些具体的原则。

(1)科学性原则　指标概念应清晰,具有度量性,能够反映对生态用地修复的适宜性状态。评价时应运用科学理论对指标概念准确定义,并确定各指标的权重或系数的权重;基于科学的分析建立指标体系,反映生态用地修复的本质特征,准确地衡量生态修复的效果。

(2)目标性原则　评价指标的选取要服务于研究目标。

(3)系统性原则　生态系统是一个整体结构,各指标因子具有关联性,所构建的指标体系要将指标间联系考虑在内,注意指标应该反映生态系统各个子系统的特征和主要性质,要具有代表性,还应该对单项指标进行归纳、总结,建立能够综合考察生态系统结构、功能、性状的指标体系,并根据生态修复效果评价的需要对指标分层分级,最大化地做到全面且系统地反映被评价生态修复技术的特征。

(4)可比性　设计指标体系时应注意各项指标应符合现阶段社会经济的发展状态,能够反映社会经济发展的阶段性,并能与社会的发展变化保持协调。指标体系应具备相对稳定性,确保在纵向和横向上都具有可比性,并能适用于不同的地域,具有可移植性。

(5)可操作性　评价指标体系中所需的信息或数据来源应可获得、可测量、可量化;避免各项具体指标因为设置深奥的专业术语影响数据采集和信息收集工作。

2. 评价指标的选取

具体评价指标的选取见表 8-7。

表 8-7　生态用地修复评价指标

文献来源	一级指标	二级指标
谭琴	—	溶解氧、河岸植被结构完整性、氨氮、浮游动物多样性指数、总磷、河岸植被带宽度、总氮、浮游植物多样性指数、化学需氧量、河岸稳定性、流速、流量、底栖动物多样性指数、防洪工程达标率、河流护岸形式、水资源开发利用率、公众满意度
高峰	河道水体生态功能	水流流速(m/s)、生物多样性、水质污染指数、水文变异值、生态蓄水满足率
	河岸带生态功能	缓冲带植被宽(m)、河岸带植被覆盖率、岸坡通透性、岸坡植物物种丰富度
	河道安全功能	防洪安全指数、岸坡抗蚀性、岸坡高度
	社会经济功能	休闲娱乐容量指数、旅游效益、景观舒适度指数、人均满意度、水资源开发利用率
冯建祥	环境质量	水体、红树林沉积物、池塘底泥
	生物群落结构	植物群落、底栖动物群落
	植物健康状况	光合特征、酶活性
张瑞	环境效益	DO、PI(COD)、TLI、NH_3-N、藻类多样性、水生植物覆盖度
	技术管理与维护	技术先进性、技术可靠性、技术实用性、工程可操作性、工程稳定性、维护管理智能化程度、维护管理难易程度、单次维护历时
	社会经济功能	亲水景观舒适度、与周边环境适配度、对周边经济发展影响、一次投资、运行费用

3. 评价方法

1)指标权重确定方法

主观赋值法中,较为常用的是层次分析法,此外特尔菲法、二项系数法、环比评分法也属于主观赋值法。客观赋值法中,熵权法、主成分分析法较为常见,此外特征向量法、最大方差法、加权最小二乘法也可用于指标权重确定。

2)评价方法

(1)预测模型法和多指标评价法　河流生态修复效果评价对于河流生态修复和管理具有重要意义,主要包括预测模型法和多指标评价法。

预测模型法,又称多变量评价法,通过比较实际情况下的河流生物组成与理论上、在无人为干扰的自然条件下的河流生物组成,对河流生态修复效果进行评价,并通过得到的水生生物和河流理化性质之间的关系,建立生境预测模型。国外最具代表性的是 1984 年英国的 Wright 提出的 RIVPAC 法和 1994 年澳大利亚的 Simpson Norris 提出的 AURIVAS 法。国内对该方法的应用较少。由于该方法基于的假设是单一物种的变化会反映河流的变化,这也就造成了该方法的局限性,即河流生态遭到破坏时,其选择的物种不一定会随之发生变化,也就无法反映河流的生态状况。

多指标评价法首先对河流的各项指标进行评分,然后根据各项指标得分加权累积后的总评分对河流生态修复效果进行评价。较有代表性的有:生物完整性指数 IBI、RCE 清单、溪流状态指数 ISC、河流栖息地调查方法 RHS、RHP 等。这一方法无论在国外还是国内都得到了较为全面而广泛的应用,如美国的 IBI,澳大利亚的 ISC 等;国内最早采用多指标法的是上海环境监测中心于 1999 年建立的用于评价黄浦江水环境的指标体系。该方法计算简单快速,能全面反映河流生态修复效果,但权重赋值易存在较大主观性,且单个指标在评价体系中的作用有限,但由于其表征因子更多,所以更能全面、客观地评价河流生态现状,使用也更为广泛。

(2)Biolog 技术　Biolog 技术作为一种微生物的群落分析技术,能有效地应用于河流水生态的监测、保护与修复评估。Biolog 技术原理如下。

Biolog 生态板上有 8 行 12 列微孔,共计 96 个,每 32 个微孔为 1 个重复,共 3 次重复。1 个重复的 32 个微孔中除第一孔(对照孔)内不含任何碳源外,其余 31 个微孔内各含有一种不同的有机碳源和相同含量的四唑紫染料。将微生物菌液接种至微孔内在适宜的环境条件下培养,因各微孔碳源的不同会有选择性地筛选出各微孔内不同的微生物种群。而接种菌液的均匀性和接种量的一致性,培养条件的稳定性,又使得各微孔内微生物种群的规模比例与接种菌液中的各种群比例保持相对一致。微生物呼吸产生的电子发生转移,使微孔内的氧化还原染料四唑紫变成紫色,颜色的深浅反映了微生物对相应碳源的利用能力。通过分光光度计,测定 Biolog 生态板在特定波长下的吸光值(OD 值),从而完成数据的采集与存储。常用的波长段为 590 nm 与 750 nm,其中 590 nm 波长下的吸光值关联读取染料变色程度,750 nm 波长下的吸光值关联环境背景值。Biolog 生态板的 31 种单一碳源按照化学结构与代谢特性又分为 6 大类:糖类及其衍生物(10 种)、羧酸类(7 种)、氨基酸类(6 种)、多聚物类(4 种)、多胺类(2 种)和芳香化合物类(2 种)。也有分为 4 大类的:糖类及其衍生物、氨基酸类及其衍生物、脂肪酸和脂类以及代谢中间产物和次生代谢物。

(3)生态修复工程绩效评价方法　目前,生态修复工程绩效评价方法大致包括层次分析法、模糊数学法和价值评估法。层次分析法主要是基于各治理工程的物理模型核算治理效益,模糊数学法是利用矩阵理论和量纲分析的原则开展评价。这两种方法更多基于对修复工作以数学量化模型的方式,要求的基础数据量大、模型理论基础高,同时,模型中各主要参数的选择和确定对于结果影响明显,因此,在实际应用中存在一定困难。价值评估法主要是基于对各类治理工程的历年生态效益进行资金化量化并累积后,将历年总体效益水平与同期整个生态投入比较,从而衡量生态绩效水平。价值评估法主要是对治理工程效益进行资金量化,折算出生态修复工作创造的效益价值,这一方法要求的数据量小、绩效估算方式简单,且以资金量化的形式给出的结果能够较为直观、形象地了解治理效益,能够成为实际工作中的应用工具。

8.5　其他生态用地评价

8.5.1　生态用地弹性评价

1. 内涵

“弹性”(resilience)的概念最早起源于物理学,用来表示弹簧的特性,主要是指物体在外力作用以及原有特性和本质下的变动程度,当物体所受外力作用在可承受限度以内,外力撤销后物体能够恢复到原来的大小和形状;超出可承受限度,物体将难以恢复到原来状态,进入塑性形变阶段。弹性可以阐述物质抵抗外来冲击的稳定性。

弹性思维应用到社会生态系统中最早可追溯到 20 世纪六七十年代,早期生态学中弹性研究主要致力于群体之间的相互作用以及它们对生态稳定性的响应。1973 年,美国学者 Holling 发表了题为《生态系统的弹性和稳定性》(Resilience and stability of ecological systems)的开创性论文,将弹性定义为在维持系统结构、功能和反馈等不变的前提下,通过调整系统状态变量和驱动变量等参数,系统能吸收的扰动量。该定义也称为 Holling 弹性,同时也被学术界普遍称为生态(系统)弹性(ecological or ecosystem resilience)。这是首次将弹性概念应用于生态学领域,为生态弹性以及其他各种形式弹性概念的研究提供了基础。

生态弹性指生态系统在受到外界干扰、压力下,偏离平衡状态后表现出自我维持、自我调节以及抵抗外界压力和干扰的能力。生态弹性包含两方面内容:弹性强度和弹性限度。弹性强度指系统弹性力的高低受系统自身状态的影响。弹性限度指弹性范围,也是系统可变化的阈值区间。生态用地弹性评价即在外界自然和人为因素的干扰下,使用一定的方法和手段对生态用地在干扰因素的影响下,偏离平衡状态后所表现出的自我维持、自我调节以及抵抗外界压力和干扰的能力进行评估,并描述分析其状态。

2. 评价指标的选取

在构建评价指标体系时,要以科学的理论为基础,在明确生态用地生态弹性内涵的基础上选取科学性和客观性的评价指标,各指标概念和内涵必须明确,要遵循生态系统的演化规律,确保评价指标的选取能客观反映生态用地系统的弹性运行状态。

评价具体指标的选取见表 8-8。

表 8-8 生态用地弹性评价指标体系

文献来源	一级指标	二级指标
王雅琪	功能完整性指标	作物单产水平、水土协调度、年降水量、耕地综合机械化程度
	结构稳定性指标	人均耕地面积、耕地垦殖率、人口密度、耕地复种指数
	社会发展性指标	农民人均纯收入、农业财政支出比、城镇化率、受教育程度
	系统恢复性指标	建成区绿化覆盖、工业固废综合利用率、土地废水排负荷、单位农用化肥施用量、单位农药喷洒量
赵强、郑欣、王云霞	气候	日照时数、年平均温度和年平均降雨量
	水文	地表水资源量和地下水资源量
	地物覆盖	森林覆盖率
	土壤	土地生产力、粮田(0～25 cm)有机质质量分数
郭文月	压力层	人口自然增长率、人均消费额、森林火灾发生次数、物种入侵数量
	状态层	森林覆盖率、天然林面积、年降水量
	响应层	森林有害生物防治率、第三产业产值比重、林业支撑与保障投资完成比例、刊物发表论文数

3. 评价方法

国内外关于生态系统弹性力的研究方法较多。Zurlini 等认为，生态系统弹性由系统本身的自然环境属性、生态敏感性、人类影响造成的压力决定。LI 等通过生态敏感性、水质、NDVI 等指标构建了空间弹性，并在此基础上划分了 4 个级别。2011 年，López 等提出功能与状态的转换模型(SFSTM)，定义了生态系统弹性限度与弹性力间的相关关系；2013 年，Guillermo 等以生态系统的水分利用效率来表征其弹性强度；Stephen 等则依据物种性状特征构造了“响应-效果”框架模型来评价其弹性力。在国内，高吉喜、程文妍等以特定区域与时段内的生态系统弹性强度系数不变为前提，通过弹性限度反映研究区生态系统弹性力的大小。王云霞等、王文婕等利用气候、水文、植被覆盖、水资源等生态系统要素，采用目标分层法构建了生态系统弹性评价指标体系，通过连续的时间序列评价了生态弹性的动态变化。部分学者将生态弹性评价作为生态承载力和生态安全评价的一个指标，从景观指数和自然要素角度构建生态弹性评价模型，结合专家打分法确定弹性分值。

生态系统弹性力模型如下：

$$E=\lambda\times\mu\times \mathrm{ECO}_{\mathrm{res}} \tag{8-1}$$

式中：E 为生态系统弹性力；λ 为调节系数(一般取 0.01)；μ 为生态系统弹性强度系数；$\mathrm{ECO}_{\mathrm{res}}$ 为生态系统弹性限度。

根据弹性强度系数和弹性限度的决定因素与自身性质确定计算公式：

$$\mu=\frac{H\times V}{c_1\times c_2}$$

$$\mathrm{ECO_{res}} = H\sum_{i=1}^{m} S_i \times P_i \tag{8-2}$$

式中：μ 为生态系统弹性强度系数；H 为景观多样性指数；V 为植被指数；c_1 为年气温变率；c_2 为年降水变率；$\mathrm{ECO_{res}}$ 为生态系统弹性限度；P_i 为土地类型 i 的面积覆盖百分比；S_i 为土地类型 i 的弹性分值。

8.5.2　生态用地多样性评价

1. 内涵

生物多样性是指生物种类、种内遗传变异和它们与生存环境构成的生态系统的总称。它不仅是人类赖以生存的物质基础，也是维持生态系统稳定、保障生态安全的底线和生命线。2017 年，环境保护部和国家发展改革委联合发布的《生态保护红线划定指南》(以下简称《指南》)规范了我国境内的生态功能重要性评估和生态环境敏感性评估的方法，对我国生态功能重要区域(水源涵养、生物多样性维护、海岸生态稳定)和生态环境敏感脆弱区域保护边界的划定以及开展全国范围内生态系统功能评估和保障国家生态安全具有重要意义。

生物多样性服务功能的评估包括国家、省、市、县等不同空间尺度，对其评价方法的选择也多种多样。评估指标参数和评估方法的选择是进行不同尺度上生物多样性评估的重要基础，因而得到较为广泛的研究。指标参数主要包括土地利用生命周期影响评价(life cycle impact assessment，简称 LCIA)框架、栖息地适宜性模型、物种保护状况、全球稀有性指标、物种丰富度、生态系统类型多样性、植被垂直层谱的完整性、物种特有性和外来物种入侵度等；评估方法主要包括专家咨询法、市场价值法等。目前，参数及方法尚处在不断探索和发展阶段，空间层面上的生物多样性评估、方法和标准也尚未统一，研究尺度和评估模型参数的选择直接影响生物多样性的空间制图和评价结果，也是保证评估结果精确性和可操作性的关键所在。

2. 评价方法

1)生物多样性评估模型

选取 NPP 定量指标评估法(模型 1)、NPP 改进模型法(模型 2)和综合评估法(模型 3)3 种生物多样性评估模型。

(1)NPP 定量指标评估法

$$S_{\mathrm{bio1}} = \mathrm{NPP_{mean}} \times F_{\mathrm{pre}} \times F_{\mathrm{temp}} \times (1 - F_{\mathrm{alt}}) \tag{8-3}$$

式中：S_{bio1} 为生物多样性重要性指数，$\mathrm{NPP_{mean}}$ 为区域多年生态系统净初级生产力平均值，F_{pre}、F_{temp} 分别为多年平均降雨量、多年平均气温，F_{alt} 为海拔参数。

(2)NPP 改进模型法

$$S_{\mathrm{bio2}} = \alpha \times \mathrm{NPP} + \beta \times \mathrm{NDVI} + \gamma \times \mathrm{SHDI} + \theta \times \mathrm{H_{per}} \tag{8-4}$$

式中：S_{bio2} 为生物多样性重要性指数；NPP 为多年平均净初级生产力，NDVI 是归一化植被指数，SHDI 香农多样性指数；$\mathrm{H_{per}}$ 即生境比例指数(各乡镇林地和草地面积占总面积的比例)，α、β、γ、θ 为各指标权重系数。

(3)综合评估法

$$S_{\mathrm{bio3}} = 0.4 \times \mathrm{SHDI} + 0.3 \times N + 0.3 \times \mathrm{NDVI} \tag{8-5}$$

式中：S_{bio3} 为生物多样性重要性指数；SHDI 为香农多样性指数；NDVI 是归一化植被指数 3 个维度；N 为物种多样性丰富指数（N 由国家保护动物多样性指数和国家保护植物多样性指数两部分组成）。

2）生物多样性指数评价法

海域浮游植物、浮游动物、底栖生物评价标准采用生物多样性指数（H'）分级标准，生物多样性指数（H'）应用 Shannon-Wiener 多样性指数。计算公式为：

$$H' = -\sum_{i=1}^{S} P_i \log_2 P_i \tag{8-6}$$

式中：H' 为种类多样性指数；S 为样品中的种类总数；P_i 为第 i 种的个体数与总个体数的比值。

8.6 案例分析

以朱锦的《中国图们江流域湿地生态系统健康评价研究》为例，从湿地健康评价的角度，进行案例介绍，参考其评价过程、方法和结果实现。

朱锦的研究采用指标体系法，构建评价指标体系，根据韦伯-费希纳定律（W-F 定律），对中国图们江上游、中游和下游流域 3 个区域生态状况及天然湿地健康水平进行综合评价，分析各区域的湿地生态现状，为该流域湿地开发、管理、保护和生态恢复等提供参考。

8.6.1 数据来源及评价方法

1. 数据来源

数据包括统计数据、调查数据和试验数据。其中，统计数据主要来源于 2017 年延边州统计年鉴、延边州林业局提供的湿地斑块数和 Landsat MSS 和 TM 影像数据等；水质数据来自 2017 年 7 月 28 日至 9 月 23 日开展的中国图们江流域实地调查资料。

2. 样品采集与处理

根据中国图们江流域实际情况，考虑可达性、代表性和科学性等原则，在中国图们江流域上游设置了 3 个采样点，在中游设置了 47 个采样点，在下游设置了 9 个采样点。利用水样采集器，在每个采样点，采集水面下 10 cm 深度的水样，每个采样点采集 5 个水样。利用 EXO 便携式水质监测仪，测定水样中的化学需氧量含量。利用 UV-2600 双光束紫外可见分光光度计，测定水样中的氨氮和硝态氮含量。对植物种类、株数、高度、盖度、生物量进行现场调查和测算。

3. 评价方法

1）评价指标体系的建立

根据科学性、代表性、易操作性和敏感性等原则，将生态特征指标、功能整合性指标和社会政治环境指标综合，构建了中国图们江流域湿地生态系统健康评价指标体系，并邀请湿地生态研究领域的资深专家对指标进行筛选和重要性评判。建立了由 1 个目标层（G）、3 个项目层（B）和 22 个指标层（C）构成的中国图们江流域湿地生态系统健康评价指标体系。

（1）生态特征　包括水质、水资源供给率、土壤重金属污染、湿地边缘植被、生物多样性、植物个体尺度、景观多样性、景观破碎化和典型湿地面积比 9 个指标。

(2)功能整合　包括洪水调控、水文调节、净化能力、栖息地、休闲娱乐和生活材料 6 个指标。

(3)社会政治环境　包括周边人口素质、人类活动强度、物质生活指数、农药施用强度、化肥施用强度、污水处理率和湿地管理水平 7 个指标。

2)评价指数计算方法

采用韦伯-费希纳定律、层次分析法和特尔菲法,对资料数据和试验数据进行分析。

湿地生态系统健康评价指数公式为:

$$G=\sum_{i=1}^{n}[k_i\lg(C_i+1)] \tag{8-7}$$

式中:G 为湿地生态系统健康评价指数;C_i 为第 i 个评价指标的等级赋值;k_i 为第 i 个评价指标的权重。C_i+1 的目的是为了使 $\lg(C_i+1)>0$,使韦伯-费希纳定律在湿地健康评价过程中能够通过数学证明,不对评价结果造成影响。

3)分级

参考国内湿地生态系统健康评价的标准,根据中国图们江流域湿地现状,将湿地生态系统各评价指标划分为优、良、中、较差和差 5 级并对各评价等级赋值,优为 1、良为 0.8、中为 0.6、较差为 0.4、差为 0.2。

根据健康评价指数范围,湿地生态系统健康状况可分为 5 级,分别为健康、亚健康、轻度退化、中度退化和重度退化。

8.6.2　湿地生态系统健康评价结果

中国图们江流域总体湿地生态系统健康指数为 0.190 1,其健康状况为轻度退化,说明整个流域内的物质循环与能量流动不太稳定,人类活动对生态系统的结构有轻微程度的破坏,其系统关键生态组分略有缺失,仅有部分湿地生态系统功能能正常运转。

中国图们江上游流域生态系统健康指数为 0.237 3,其健康状况为亚健康,说明上游生态系统结构比较稳定,其内部及其与人类社会之间的物质、信息、能量等都能保持良性循环,湿地生态系统功能发挥着较好的功效。

中国图们江中游流域生态系统健康指数为 0.181 6,其健康状况为轻度退化,说明中游物质循环与能量流动不太稳定,人类活动对生态系统的结构有轻微程度的破坏,仅有部分湿地生态系统功能还能正常运转。

中国图们江下游流域生态系统健康指数为 0.188 3,其健康状况为轻度退化,说明下游流域生态系统结构遭受了轻微程度的破坏,系统关键生态组分略有缺失,部分湿地生态系统功能可以正常运转,生态系统尚可维持。

8.6.3　生态保护红线的划定

生态保护红线是指依法在重点生态功能区、生态环境敏感区和脆弱区等区域划定的严格管控边界,是国家和区域生态安全的底线。生态保护红线所包围的区域为生态保护红线区,对于维护生态安全格局、保障生态系统功能、支撑经济社会可持续发展具有重要作用。依据《中华人民共和国环境保护法》,生态保护红线主要在以下生态保护区域进行划定:重点生态功能区、生态敏感区/脆弱区、禁止开发区(国家级自然保护区、世界文化自然遗产、国家级风景名胜区、国家森林公园和国家地质公园等类型)、其他(生态公益林、重要湿地和草原、极小种群生境)。

对生态用地的脆弱性、敏感性、风险、健康、退化、修复等特征进行评价,为划定生态保护红线提供重要依据,为生态功能保护区的划分提供准确定位,更具针对性。

复习思考题

1. 生态用地的内涵是如何界定的,有哪些类型?
2. 简述生态用地安全评价的内涵及分类。
3. 生态用地安全评价最常用的方法有哪些?
4. 生态用地安全评价与生态文明建设有何内在关系?

第9章

土地资源生态功能与价值评价

导读:科学认识土地资源生态系统功能与价值是促进土地资源可持续利用的重要保障。土地生态系统服务价值评估主要依据土地生态功能类别进行价值评估,不同的功能采用的评估技术或方法不同,得到的评估结果也有所差异。土地资源资产价值核算是对土地多功能性特征产生的土地资源价值评估,而编制土地资源资产负债表是对土地资产实物量和价值量、存量和流量进行核算,能够系统整合归纳土地利用过程中土地资源的价值及其变化,为政府制定相关土地利用管理措施提供依据。

9.1 土地资源生态系统功能与服务价值

9.1.1 土地资源生态系统功能

土地生态系统是以土地可持续利用为功能目标的综合的功能整体。该系统不仅具有结构上的完整性,还具有功能上的持续性。土地作为一个生态系统,其主要功能体现在基本的生态功能以及生产、服务功能方面。

1. 土地生态系统自组织与自我调节功能

1)自组织功能

土地生态系统的自组织性主要表现在其较强的自我调节功能和代偿作用。土地生态系统是一个庞大的系统,具有多层次结构和众多的生物种群,物质与能量的转化和交换途径众多,从而使系统表现出较强的自我调节和代偿功能。

2)自我调节功能

土地生态系统具有自我调节和自我修复的能力,在受到外来干扰之后,能通过自身的调节而维持其相对稳定的状态。在土地生态系统中,每一部分都互相联系、互相制约,从而取得生态平衡,一旦生态平衡被打破,生态系统内可通过自组织方式起协调补偿作用。土地生态系统通过自我协调或人为协调,使物质循环与能量转化再次达到恰当的平衡状态。

2. 土地生态系统稳定性

可以从“抵抗力”和“恢复力”两方面来界定土地生态系统的稳定性:①土地生态系统的抵

抗能力，即当变动发生后，系统的承受能力。②土地生态系统的修复能力，主要是系统在遭受外部干扰出现不同程度的损坏后，针对这种损坏，系统自行恢复的能力。从经验来看，系统修复能力的高低取决于系统自身的协调性。

土地生态系统中的生物和非生物都在不断地发展变化着，当其发展到一定阶段时，它的结构和功能就能在一定的水平上保持相对稳定而不发生大的变化。土地生态系统的稳定性是由于土地生态系统具有自我调节的能力。其稳定性来自抵抗力稳定性和恢复力稳定性两个方面。

3. 土地的生产功能

土地生产力具有动态性，受制于自然和社会两大因素，系统内的气候、土壤、地貌、水文、地质等自然因素及人地比例、区位条件、交通条件、经营收益等社会经济因素的变化，将使土地生产力受到影响。土地的生产功能主要是指土地生态系统为人类提供食物、药材等生活必需品。由于土地具有肥力，因此土地具有生产力。土地生产力是土壤、大气、生物，水分以及人类活动等自然和人文要素共同作用的产物，能够综合反映土地利用对自然环境的影响，土地生产力的变化能够清晰地反映区域土地利用变化强度。不同的土地利用方式、土地质量以及生态过程都会影响到土地生产力。

4. 土地的服务功能

1)栖息地功能

土地生态系统为野生动植物提供的栖息地有以下几种类型：湿地生境、林地生境、农田生境、城镇生境。其中湿地生境和林地生境是野生动植物典型的栖息地，尤其是沿江沿海湿地。

2)承载功能

承载功能是土地生态系统的基本功能之一。土地是保持植物直立以及生长、动物以及人类活动、各种工程建设以及储存各种资源的重要介质。

3)环境功能

土地生态系统的环境功能主要表现为保持水土、涵养水源、改良土壤、调节气候等方面。

4)文化和社会功能

土地生态系统不仅具有生产功能，还兼具景观文化功能和社会功能。人类活动改变了自然环境及其景观，产生了新的土地利用和景观格局，包括农业景观、乡村景观、工业景观和城市景观等在内，都是不同程度的文化景观。

9.1.2 土地资源生态系统服务价值

1. 生态系统服务内涵

生态系统服务(ecological services)是指通过生态系统的结构、过程和功能直接或间接得到的生命支持产品和服务，其价值评估是生态环境保护、生态功能区划、环境经济核算和生态补偿决策的重要依据和基础。世界著名生态学家 Costanza 把生态系统分为 16 种基本生态类型，17 种生态系统服务功能，包括气体调节、气候调节、扰动调节、水调节、水供给、控制侵蚀和保持沉积物、土壤形成、养分循环、废物处理、传粉、生物控制、避难所、食物生产、原材料、基因资源、休闲、文化功能。2001 年联合国启动的千年生态系统评估计划(The Millennium Ecosystem Assessment，简称 MA 计划)将生态系统服务类型分为供给服务、调节服务、支持服务与文化服务 4 种类型。

生态系统服务分为以下 4 个层次:生态系统的生产功能(包括生态系统的产品及生物多样性的维持等),生态系统的基本功能(包括传粉、传播种子,生物防治、土壤形成等),生态系统的环境效益(包括减缓干旱和洪涝灾害、调节气候、净化空气,废物处理等)和生态系统的娱乐价值(休闲、娱乐、文化、艺术素养、生态美学等)。

2. 生态系统服务价值分类

根据生态系统服务和利用状况可以将服务的价值分为 4 类:第一,直接利用价值,主要指生态系统产品所产生的价值,可以用产品的市场价格来估计。第二,间接利用价值,主要指无法商品化的生态系统服务,如维护和支撑地球生命支持系统功能。间接利用价值通常根据生态系统服务的类型确定。第三,选择价值,它是人们为了将来能够直接利用与间接利用某种生态系统服务的支付意愿。例如,人们为了将来能利用河流生态系统的休闲娱乐功能的支付意愿。第四,存在价值,又称内在价值,它表示人们为确保这种生态服务继续存在的支付意愿,它是生态系统本身具有的价值,如流域生态景观的多样性,与人们是否进行消费利用无关。

3. 土地资源生态系统服务价值

土地利用方式的变化通过对生态系统格局与过程的影响,改变着生态系统产品与服务的提供能力,所以土地利用方式的转变会创造出不同的生态系统服务价值,从而引起土地利用结构向不同生态服务价值的转变。土地资源生态系统服务是指土地生态系统通过其结构、过程和功能直接或间接提供生命支持产品和服务。土地资源生态系统服务价值是土地生态系统为人类长久生存所提供各项功能服务价值化的表现形式。它与生态系统服务功能在一定意义上有着相同的本质,均是为人类直接或间接性提供相应的支持产品和所需服务。

9.2　土地资源生态功能价值评价

开展土地资源生态功能评价的关键是需要建立科学有序的评估体系,重点做好两方面工作。一是选取土地资源生态功能评价指标,构建土地资源生态功能评价指标框架体系;二是选取土地资源生态功能评价方法,根据评价目标对比分析评价方法的可操作性和实用性。

9.2.1　土地资源生态功能价值指标选取

1. 选取原则

1)科学性和全面性原则

土地资源生态功能指标的选取要以科学的理论和方法为指导,对数据的收集、整理以及统计分析要客观真实。土地资源生态功能评价指标体系要具有层次性和合理性,要综合考虑该系统的整体性和独立性,全面反映土地生态功能的特点和功能的变化规律。

2)针对性和可操作性原则

土地资源生态功能评估体系是由多功能指标组成,每一个指标都具有功能的代表性和针对性,因此各指标间既要相互独立,还需要互补交叉,相互联系。该评估体系还要保证评价指标的可获取性以及社会的公认性,指标的选取要有可操作性、实用、容易被接受,指标体系才有实际意义。

3)实用性和可比性原则

构建的土地资源生态功能指标体系要对评价区域和评价对象具有实用性和稳定性,能够保证在不同时期和不同区域尺度的可操作和运行。同时，在一定时期内，指标的内涵、评估对象的范围以及评估方法要有一定的稳定性，能够揭示土地资源生态功能的演变趋势和规律。

2. 土地资源生态功能价值评价指标体系框架

在基于土地资源生态功能分类的基础上，选取现阶段可量化的指标，构建一个科学、合理、实用的土地资源生态功能评估指标体系。整个体系分为 3 个层次，包括目标层、准则层和要素层(指标层)。首先，确定评估的总体目标；其次，根据总体目标构成的要素及内容确定评估准则层和指标集，主要是依据各指标之间的因果、归属关系对指标进行类别划分(表 9-1)。

表 9-1 土地资源生态功能价值评估指标体系

目标层	准则层(一级类)	指标层(二、三级类)
土地生态功能价值评估	涵养水源生态功能	蓄积水、调节水、供应水
	调节气体生态功能	固碳释氧、排放温室气体、调节气候
	净化环境生态功能	吸收有害气体、阻滞粉尘、杀灭病菌、降低噪声、提供负离子、处理废弃物、净化水质
	形成与保护土壤生态功能	形成土壤、减少土壤废弃、保持土壤肥力、减轻泥沙淤积、减少风沙
	维持生物多样性生态功能	基因资源
	积累营养物质生态功能	土壤持节水分、生物持节养分

9.2.2 土地资源生态功能价值评估主要方法

参考中国学者王海燕等研究案例。该研究依据评估方法选取的原则，将各方法进行优缺点比较，选取比较成熟、简单、易操作的评价方法，建立了土地资源生态功能价值评估的基本框架(表 9-2)，在株洲市土地资源生态功能价值评估案例中开展了实证研究探讨。

表 9-2 土地资源生态功能价值评估方法框架

土地资源生态功能	功能指标	评价方法	计算方法
涵养水源生态功能	蓄积水	影子工程法	蓄积水量×单位水库蓄水成本
	调节水	影子价格法	增加径流量折算成发电量×电价
	供应水	市场价格法	供应量×水价
调节气候生态功能	固碳释氧	替代成本法	固定 C 量×碳税率或造林成本 O_2 释放量×工业制氧或造林成本
	排放温室气体	替代成本法	温室气体排放量换算成 CO_2 量×造林成本
	调节气候	影子价格法	空气调节的温度×电价
		影子价格法	加湿器调节的温度×电价

续表9-2

土地资源生态功能	功能指标	评价方法	计算方法
净化环境生态功能	吸收有害气体	替代成本法	吸收污染物的量×治理成本
	阻滞粉尘	替代成本法	滞尘量×清理尘埃费用
	杀灭病菌	替代成本法	林地蓄积量×造林成本×林地使用价值系数
	降低噪声	替代成本法	降低噪声量×降低噪声成本
	提供负离子	替代成本法	负离子产生量×生产负离子成本
	处理废弃物	替代成本法	废弃物降解量×治理成本
	净化水质	影子价格法	蓄积水量×水价
形成与保护土壤生态功能	形成土壤	机会成本法	形成土壤量×单位面积的收益
	减少土壤废弃	机会成本法	土壤保持量×单位面积的收益
	保持土壤肥力	影子价格法	土壤养分保持量×市场化肥价格
	减轻泥沙淤积	影子工程法	土壤保持量×单位水库蓄水成本
维持生物多样性生态功能	基因资源	机会成本法	单位面积收益价值×土地面积
		意愿调查法	公众意愿支付价格×土地面积
		Shannon-Wiener 指数法	单位面积损失的机会成本×土地面积
积累营养物质生态功能	土壤持节养分	影子价格法	土壤持留 N、P、K 量×化肥价格
	生物持节养分	影子价格法	生物持留 N、P、K 量×化肥价格

9.3　土地资源生态服务价值评价

9.3.1　生态系统服务价值的评价方法

生态系统服务价值评估一般根据研究对象的特征，依据土地生态功能类别进行价值评估。不同的功能采用的评估技术或方法不同，得到的评估结果也有所差异。根据生态经济学、环境经济学和资源经济学的研究成果，将生态系统服务价值的评价方法归纳为替代市场技术、模拟市场技术和当量因子法 3 类技术方法。

1. 替代市场技术

替代市场技术是以“影子价格”和消费者剩余来计算土地生态系统服务的经济价值，评估方法主要有市场价值法、旅行费用法、机会成本法、影子工程法和享乐价格法等。市场价值法是以市场价格对生态系统中具有实际市场的产品和服务进行直接评估。该法主要用于评估直接使用价值。

2. 模拟市场技术

模拟市场技术（又称假设市场技术）通过人为地构造假想市场来衡量没有市场交易和实际

市场价格的生态系统产品和服务，其评估方法只有1种，即条件价值评估法(contingent valuation method,CVM)。CVM来源于"陈述偏好"技术，是基于一个假设的市场，人们被要求通过调查问卷或访谈以支付意愿(WTP)和净支付意愿(NWTP)来表达其对某种环境物品或服务的需求功能。

3. 当量因子法

Costanzo等综合了不同区域内的研究，通过统计归纳总结主要生态过程功能与生态系统效益的价值，对全球生态系统服务价值进行了分类与全面评估，得到全球生态系统服务价值表。但在该项研究中某些数据存在较大偏差，如对耕地的估计过低，对湿地又偏高等。针对这些不足及我国的实际情况，中国学者谢高地等通过对我国约700名生态学专业人员进行问卷调查，提出了新的计算生态系统服务价值的当量因子法。

生态系统生态服务价值当量因子是指生态系统产生生态服务的相对贡献大小的潜在能力。将1个标准单位生态系统生态服务价值当量因子定义为1 hm^2 全国平均产量的农田每年自然粮食产量的经济价值，以此当量为参照对其他生态系统服务进行权重赋值，可以确定其他生态系统服务的当量因子。经过综合比较分析，确定1个生态服务价值当量因子的经济价值量等于当年全国平均粮食单产市场价值的1/7，计算公式如下：

$$E_a = \frac{1}{7}\sum_{k=1}^{n}\frac{m_k p_k q_k}{M} \tag{9-1}$$

式中：E_a 为1个生态服务价值当量因子的经济价值，元/hm^2；k 为作物种类；m_k 为 k 种作物面积，hm^2；p_k 为 k 种作物全国平均价格，元/t；q_k 为 k 种作物单产，t/hm^2；M 为 n 种作物总面积，hm^2；1/7是指在没有人力投入的自然生态系统提供的经济价值实现为单位面积农田提供的食物生产服务经济价值的1/7。

基于生态服务价值当量因子基准单价，可将当量因子表转化为生态系统服务价值基准单价表，结合各生态系统的总面积求出区域生态系统服务总价值，计算公式如下：

$$V = \sum_{i=1}^{n}\sum_{j=1}^{m} A_j (e_{ij} \times E_a) \tag{9-2}$$

式中：V 为区域生态系统服务总价值，元；i 为生态系统服务功能类型；j 为生态系统类型；e_{ij} 为第 j 种生态系统的第 i 种生态系统服务功能相对于农田生态系统提供生态服务单价的当量因子；$e_{ij} \times E_a$ 为第 j 种生态系统第 i 种生态系统服务功能的单价，元/hm^2；A_j 为第 j 种生态系统面积，hm^2。

当量因子法在区分不同生态系统的不同生态服务基础上，设定单位生态系统是提供生态服务产品的标准功能单元，然后结合生态系统的分布面积进行评估，尽管相对简单，但易于广泛应用。特别适用于区域和全球尺度生态系统服务价值评估，以及研究生态系统服务价值时空变化特征。

9.3.2 生态系统服务价值评估方法比较

生态系统服务价值评估很少采用某种单独的方法，而是整合多种方法对其进行评估。由于选择的方法不同，评估过程和结果往往具有一定的差异。

1. 评估对象的差异

生态系统服务价值的 3 种评估技术在评估对象上各有特点。替代市场技术可用于评估生态系统服务的使用价值，尤其是间接使用价值，如市场价值法可以计算生态产品直接使用价值，旅行费用法、享乐价格法等可以评估生态系统服务的间接使用价值；模拟市场技术可以评估生态系统服务的使用价值和非使用价值，尤其是在非使用价值和娱乐价值方面具有突出优势；而当量因子法则涵盖生态系统的直接使用价值和间接使用价值，还可以用于评估生态系统的单项服务功能。

2. 评估范围的差异

在生态服务价值的时空尺度评估方面，由于替代市场技术需要大范围公众调查，一般用于评估大尺度区域生态系统服务价值；模拟市场技术多用于评估小尺度区域生态系统或单个生态系统的生态服务价值；当量因子法则适用于各种尺度的生态系统服务价值评估，如全球、国家尺度以及行政区域层面的省（市）、区（县）甚至单个生态系统服务价值的评估，另外，还可用于揭示生态系统服务价值的时空变化特征、支持生态补偿相关研究。

在应用时，替代市场技术评估比较客观，但需要收集大量的资料数据，耗费大量的人力物力，计算过程复杂且存在重复问题，不能真实反映区域生态系统服务的实际价值；模拟市场技术能评估各种生态系统服务的经济价值，但是在问卷设计和调查上受众多主观因素影响，往往存在一定的局限性，如调查问卷提供的信息以及问题提出的顺序都会影响评估结果；当量因子法在实际应用中可借助 GIS 获得较精确的土地利用数据及其年度变化趋势，数据需求少、计算模型简单易操作、评估全面、方法统一、结果便于比较，可以作为生态系统服务价值评估的快速核算工具。由于该方法具有普遍适应性，又可以根据不同区域特征进行当量调整，具有一定的科学性和有效性。但当量因子法计算结果的精度较低，且依赖于外界数据的收集与获得。主要的生态系统服务价值评估方法比较见表 9-3。

表 9-3　生态系统服务价值评估方法比较

评估方法		优点	缺点
替代市场技术	市场价值法	比较客观，简单合理，可信度较高应用广泛	由于生态系统服务功能种类繁多，往往很难定量，实际评估时仍有许多困难
	旅行费用法	可以核算生态系统游憩的使用价值，评估无市场价格的生态环境	费用统计不够全面合理；受社会因素影响，不能真实反映游憩地的实际游憩价值；只适用于游客较多的地区
	机会成本法	比较客观全面地体现了资源系统的生态价值，可信度较高	资源必须具有稀缺性；设计的条件比较多，不易操作
	影子工程法	可以将难以直接估算的生态价值用替代工程表示出来	替代工程非唯一性，替代工程时间、空间性差异较大
	享乐价格法	通过侧面的比较分析可以求出生态价值的价值，数据易获得	主观性较强，受其他因素的影响较大
模拟市场技术	条件价值法	能评估各生态系统服务的经济价值，尤其是非使用价值占较大比例的独特景观和文物古迹价值的评估	需要大样本的数据调查，费时费力；在问卷设计和调查技术上要求较高，容易出现系统性偏误

续表9-3

评估方法		优点	缺点
当量因子法		方法简单，易操作，数据需求少；有利于不同生态系统服务功能之间的比较和历年生态系统价值动态的变化	获取数据受限；在区域应用时，需要对当量因子进行修正

生态系统服务价值评估技术各有优缺点。替代市场技术评估客观，可信度较高，但需要大量的前期工作。模拟市场技术应用较为广泛，但是受众多主观因素影响，其可信度较低。当量因子法简单明了，评估较为全面但计算结果精确度较低。总的来看，当量因子法优于其他两种方法。所以在不需要精确计算价值需求时，为了获得某一地区的生态系统服务价值，当量因子法是个不错的选择，估算的价值也会对该区域起到警示作用。

9.3.3 中国生态系统服务的价值评估

1997 年以来，国内外不少学者对生态系统服务价值进行了探索性研究，形成了许多研究案例。从这些案例和学术的进展来看，生态系统服务价值化核算主要有基于单位生态服务产品价格的方法和基于单位面积价值当量因子的方法。谢高地等主要采用单位面积生态系统价值当量因子的方法，对中国生态系统提供的 11 种生态服务类型价值进行核算。主要步骤如下。

1. 生态系统类型划分

将生态系统划分为 6 类一级生态系统和 14 类二级生态系统。由于缺乏对海洋生态系统服务及价值的系统研究数据，目前研究尚不包括海洋生态系统。

2. 生态系统服务类型划分

生态系统服务来自生态系统的物流、能流和信息流，对生态系统服务价值进行评估首先要把复杂结构和过程分解为有限的几种功能，这些功能要能产生代表人类从中所获得的包括资源供给、环境调节、文化娱乐以及生产支持等直接和间接的利益，归纳现有已经识别出的生态系统服务类型。生态系统服务概括为供给服务、调节服务、支持服务、文化服务 4 个一级类型，在一级类型之下进一步划分出 11 种二级类型。其中，供给服务包括食物生产、原材料生产和水资源供给 3 个二级类型；调节服务包括气体调节、气候调节、净化环境、水文调节 4 个二级类型；支持服务包括土壤保持、维持养分循环、维持生物多样性 3 个二级类型；文化服务则主要为提供美学景观服务 1 个二级类型。

3. 标准生态系统生态服务价值当量因子经济价值量的确定

谢高地等将 1 个标准生态系统生态服务价值当量因子定义为 1 hm^2 全国平均产量的农田每年自然粮食产量的经济价值，其意义在于体现生态系统对生态服务贡献相对大小的潜在能力。由于在全国尺度上，要完全消除人为因素干扰的情况，准确衡量农田生态系统仅凭借自然过程能够提供的粮食价值难度过大，因而，研究将生态系统生产的净利润看作该生态系统所能提供的生产价值，将单位面积农田生态系统粮食生产的净利润当作 1 个标准当量因子的生态系统服务价值量。具体计算得到 2010 年标准生态系统生态服务价值当量因子经济价值量的值为 3 406.50 元/hm^2。

4. 全国单位面积生态服务价值基础当量表的建立

单位面积生态服务价值基础当量表，指的是全国各生态系统单位面积年生态服务价值当量表，它体现的是各生态系统和各生态服务功能在全年的、全国的平均服务价值。该当量表的合理确定，是成功制定能够体现生态系统服务价值区域空间差异和年内时间动态变化的动态当量表的前提和基础。该研究以现有生态系统服务价值评价研究为基础，梳理国内以实物量计算方法为主的生态系统服务价值量评价结果，并结合遥感影像数据对 NPP 和生物量的模拟分析和专家经验，修订得到中国二级生态系统服务价值当量因子表（表 9-4）。

5. 全国单位面积生态服务价值动态当量表的构建

单位面积生态系统服务价值动态当量表构建的目标是能够体现生态系统服务价值在空间和时间维度上的差异。这里的差异具体是指能够体现生态服务价值省域尺度的空间差异和年内逐月的时间差异。该研究主要依据构建的单位面积 NPP、降水和土壤保持调节因子，与全国年均生态系统服务价值当量因子表结合，按照公式（9-3）构建生态服务时空动态变化价值当量表（表 9-5，表 9-6）。

$$F_{nij}=\begin{cases}P_{ij}\times F_{n1}\text{或}\\R_{ij}\times F_{n2}\text{或}\\E_{ij}\times F_{n3}\end{cases}\tag{9-3}$$

式中：F_{nij} 指某种生态系统在第 i 区第 j 月第 n 类生态服务功能的单位面积价值当量因子；P_{ij} 指该类生态系统第 i 地区第 j 月的 NPP 时空调节因子；R_{ij} 指该类生态系统第 i 区第 j 月的降水时空调节因子；E_{ij} 指该类生态系统 i 地区第 j 月的土壤保持时空调节因子；F_{n1} 表示该类生态系统的食物生产、原材料生产、气体调节、气候调节、净化环境、维持养分循环、维持生物多样性或者提供美学景观服务功能的全国年均单位面积价值当量因子；F_{n2} 表示该类生态系统的水供给或者水文调节服务功能的全国年均单位面积价值当量因子；F_{n3} 表示该类生态系统的土壤保持服务功能的全国年均单位面积价值当量因子。

表 9-4　中国二级生态系统服务价值当量因子

生态系统分类		供给服务			调节服务				支持服务			文化服务
一级分类	二级分类	食物生产	原料生产	水资源供给	气体调节	气候调节	净化环境	水文调节	土壤保持	维持养分循环	生物多样性	美学景观
农田	旱地	0.85	0.40	0.02	0.67	0.36	0.10	0.27	1.03	0.12	0.13	0.06
	水田	1.36	0.09	−2.63	1.11	0.57	0.17	2.72	0.01	0.19	0.21	0.09
森林	针叶	0.22	0.52	0.27	1.70	5.07	1.49	3.34	2.06	0.16	1.88	0.82
	针阔混交	0.31	0.71	0.37	2.35	7.03	1.99	3.51	2.86	0.22	2.60	1.14
	阔叶	0.29	0.66	0.34	2.17	6.50	1.93	4.74	2.65	0.20	2.41	1.06
	灌木	0.19	0.43	0.22	1.41	4.23	1.28	3.35	1.72	0.13	1.57	0.69
草地	草原	0.10	0.14	0.08	0.51	1.34	0.44	0.98	0.62	0.05	0.56	0.25
	灌草丛	0.38	0.56	0.31	1.97	5.21	1.72	3.82	2.40	0.18	2.18	0.96
	草甸	0.22	0.33	0.18	1.14	3.02	1.00	2.21	1.39	0.11	1.27	0.56

续表9-4

生态系统分类		供给服务			调节服务				支持服务			文化服务
一级分类	二级分类	食物生产	原料生产	水资源供给	气体调节	气候调节	净化环境	水文调节	土壤保持	维持养分循环	生物多样性	美学景观
湿地	湿地	0.51	0.50	2.59	1.90	3.60	3.60	24.23	2.31	0.18	7.87	4.73
荒漠	荒漠	0.01	0.03	0.02	0.11	0.10	0.31	0.21	0.13	0.01	0.12	0.05
	裸地	0.00	0.00	0.00	0.02	0.00	0.10	0.03	0.02	0.00	0.02	0.01
水域	水系	0.80	0.23	8.29	0.77	2.29	5.55	102.24	0.93	0.07	2.55	1.89
	冰川积雪	0.00	0.00	2.16	0.18	0.54	0.16	7.13	0.00	0.00	0.01	0.09

表9-5 各类生态系统提供的生态服务价值

生态系统	森林	草地	农田	湿地	水域	荒漠	合计
面积/万 hm^2	223.94	291.70	178.05	16.34	22.51	192.09	924.63
生态服务价值总量/亿元	17.53	7.50	2.34	2.45	8.06	0.23	38.10
价值构成/%	46.00	19.68	6.15	6.42	21.16	0.60	100.00

表9-6 不同生态系统服务类型的生态服务价值

一级类型	二级类型	生态服务价值/万亿元	价值构成/%
供给服务	食物生产	1.00	2.62
	原材料生产	0.89	2.33
	水资源供给	0.35	0.91
调节服务	气体调节	2.83	7.43
	气候调节	6.85	17.99
	净化环境	2.52	6.62
	水文调节	14.69	39.27
支持服务	土壤保持	3.86	10.13
	维持养分循环	0.30	0.80
	维持生物多样性	3.08	8.08
文化服务	提供美学景观	1.45	3.81

9.4 土地资源资产价值核算

党的十八届三中全会以来，生态文明建设和各项改革深入推进，土地资产核算工作被列入《国土资源"十三五"规划纲要》首个专题。2015—2016年，呼伦贝尔、湖州、娄底、赤水、延安等地开展编制自然资源资产负债表试点工作，构建土地资源、林木资源、水资源等主要自然资源的实物量核算账户，推动建立健全科学规范的自然资源统计调查制度，摸清自然资源的资产家底及其变动情况。2017 年 7 月，《中国国民经济核算体系 2016》发布。新体系调整了基本框架，将包含土地资源在内的自然资源实物量核算表延伸到了资源环境核算。2016—2017 年，原国土资源部在上海、西安和株洲，开展了建设用地资产核算试点工作，探索不同规模、不同类型城市土地资产核算的技术体系与路径选择。2017—2018 年，山东、四川、广东、湖南、甘肃开展了省级土地资产核算试点工作，探索不同地域、不同发展阶段和不同特点的省域层次土地资产核算方法与管理应用方向。2018 年新组建的自然资源部统一行使全民所有自然资源资产所有者职责，承担自然资源资产价值评估和资产核算工作。

9.4.1　土地资源资产核算内容

土地资源资产核算账户包括存量账户、流量账户以及综合核算账户（表 9-7）。存量账户记录某区域在某一时间点各类型土地资源的面积和价值。流量账户包括记账表、变化矩阵和流量统计表，记账表记录每一次因土地利用变化产生的土地资源类型与面积变化信息及其流向和原因等；以年度为单位统计记账表中的资源流向流量信息即可构成该年度土地资源的变化矩阵；土地资源流量统计表由土地利用变化矩阵分类统计各类土地资源的增加与减少情况。综合核算账户根据土地资源在核算期发生变化的原因，从自然、经济、生态 3 个维度分别核算土地资源的变化，并按照流量增加和减少两个分支分别统计土地资源的增减情况。存量账户、流量账户以及综合核算账户均有实物型和价值型两种形式。

表 9-7　土地资源资产核算账户构成

账户分类	表格类型	核算内容
存量账户	土地资源存量统计表（实物型）	以实物为单位，核算统计区域内核算期初和核算期末的各类土地资源资产总量。内容主要包括期初、期末各类土地资源实物存量，以及相应的土地资源质量情况的备注
	土地资源存量统计表（价值型）	以土地资源实物存量表为基础，结合研究区各类土地资源价值的影响因素，采用拟定的核算指标进行价值存量表示。内容主要包括期初和期末各类土地资源的价值存量
流量账户	土地资源变化记账表（实物型）	以实物为单位记录核算期内每一次由于自然、经济和生态保护活动等引起的各类土地资源存量的变化。内容包括变化发生前后的土地类型，变化量以及变化原因与变化时间等信息
	土地资源变化矩阵（实物型）	以土地资源变化记账表为数据基础，逐年统计各类土地变化的来源、去向和变化面积
	土地资源流量变化核算表（实物型、价值型）	以记账表和变化矩阵为依据，以实物和货币的形式统计土地资源在核算期内的存量变化情况
综合核算账户	土地资源综合核算表（实物型、价值型）	以存量和流量账户为基础，综合反映核算期内各土地资源存量、流量信息，并依照引起土地资源变化的成因在自然、经济与生态 3 个维度统计土地资源的增减变化

9.4.2 土地资源资产核算的原则

自然资源资产负债表编制中土地资源资产核算应全面整合资源的属性、资源利用过程中的环境效应以及资源利用相关的社会经济信息，从最基本分类入手，建立一套土地资源资产的核算体系。核算过程应遵循以下原则。

(1)兼顾土地的经济、社会与生态属性　土地资源资产核算应综合土地的经济功能、社会功能和生态功能等多功能性特征产生的土地资源价值，并将人类的经济活动与生态保护活动对土地功能的改变纳入核算体系中，系统整合归纳土地利用过程中土地资源的价值及其变化。

(2)兼顾土地资源数量与质量　土地利用变化在直接改变各类土地资源面积的同时，也导致土地的质量和功能发生变化，从而改变了土地资源资产价值。因此，兼顾土地资源数量与质量特征的核算体系才能准确地体现人类活动对土地资源资产的影响。

(3)兼顾土地资源的利用与保护　即核算过程中，不仅要注意人类的经济活动对土地资源资产造成的减值，同时应注意各项生态保护活动引起的土地资源质量改善以及由此所产生的资产增值。

(4)兼顾科学性与实用性　即核算过程中，一方面要根据土地的用途选择尽可能科学准确的价值化方法，同时应兼顾地域特点和数据来源，采用客观翔实的基础数据和科学的方法完成核算。

9.4.3 土地资源资产价值核算方法

1. 收益还原法

收益还原法也叫收益倍数法或收益归属法，用该方法进行土地资源经济价值核算时，先计算出土地作物的总收益，再逐一扣除所包含物质和劳动的收益份额，剩余的部分就是耕地资源纯收益，再将其还原，最终得到土地资源的经济价值，计算公式如下：

$$EP=(R-C)\times S/I \tag{9-4}$$

式中：EP 为土地资源经济价值；R 为每公顷每年收益；C 为每公顷每年费用；S 为土地资源面积，公顷；I 为还原利率。

2. 市场价值法

市场价值法指将土地所产出的全部物质产品按照市场价格来衡量，用以确定土地的经济价值。该方法能直观地描述土地的经济价值(特指物质生产价值)。其公式表示为：

土地的经济价值＝土地产出的全部产品×该产品市场价值

基于市场价值法，在土地资源市场成熟发展和有序规范的前提下，也可通过与近期已经发生交易的类似土地实例相比较来评估土地价值，即用修正后的土地交易价格来描述需要核算的土地价格。其公式表示为：

土地价格＝交易实例土地市场价×土地评分/交易实例地评分

式中：评分＝自然条件评分×经济条件评分

或土地价格＝交易实例土地市场价×立地指数/交易实例立地指数

式中：立地指数＝立地等级指数×地利指数

3. 完全生产价格法

完全生产价格法认为自然资源的价值决定于自然资源对人类的有用性、稀缺性和开发利用条件，土地资源价值应为土地资源本身的价值和社会对土地资源的劳动力、资本、物质等投入的价值总和，即完全生产价格＝地租＋成本＋利润。因此综合考虑地租、社会投入、平均利润、资源稀缺性（即供求关系）和时间，最终得到土地资源经济价值的公式为：

$$EP_t = \frac{(1+i)^t}{i}\left[\partial R_0 + \frac{A}{N \cdot Q}(1+\rho)\right]\frac{Q_d \cdot E_d}{Q_s \cdot E_s} \tag{9-5}$$

式中：EP_t 为土地资源第 t 年的经济价值；R_0 为土地资源基本租金或基本地租；∂ 为土地资源丰度、开发利用条件、地区、品种和质量差别的等级系数；A 为在该土地资源上的资本、劳动力等投入总额（折成资金）；Q 为受益资源总量；N 为受益年限；ρ 为平均利润率；Q_d 为土地资源需求量；Q_s 为土地资源供给量；E_d 为需求弹性系数，即需求量变化率与价格变化率的比值；E_s 为供给弹性系数，即供给量变化率与价格变化率的比值；i 为平均利息率或贴现率。

4. 重置成本法

重置成本法又叫恢复费用法，指通过恢复被破坏的土地资源到原有状态所需费用来衡量原土地资源质量价值的方法。例如，耕地由于修建公共设施或矿山开采遭到破坏，则需要交纳与重新开垦相同数量和质量的耕地所需的成本。在水域及水利设施用地（特指水利设施用地）中主要通过核算设施的价值，即用建设成本来代替经济价值，使用该方法时必须满足以下条件。

(1)被评估土地资源在评估的前后期用途发生改变；

(2)被评估土地资源必须是可再生、可复制且能够恢复原状的，具有独特性、不可逆特性的土地资源不能用重置成本法进行评估；

(3)被评估土地资源的原有特征、结构及功能等方面必须与重置的土地资源具有相同性或可比性；

(4)必须具备易获取、可利用的历史资料。

5. 成本费用法

成本费用法指通过分析土地资源价格的构成及其表现形式来进行价值核算的方法，多用于土地资源中的水域及水利设施用地。在核算其经济价值时需综合考虑劳动投入、建造成本、时间、社会平均资金利润率、税金等因素，计算公式为：

$$EP = \frac{F\sum(1+L)^{n+1}(1+R)}{V(1-S)(1-C)} \tag{9-6}$$

式中：EP 为土地资源经济价值；L 为利息率；F 为建造成本；R 为利润率；C 为税率；V 为单位面积占用量；S 为设施损失率；n 为建造年限。

6. 边际机会成本法

机会成本指在其他条件相同时，把一定的资源用于某种用途所放弃另一种用途的经济效益，或指在其他条件相同时，利用一定的资源获得某种收入时所放弃的另一种收入。在土地资源经济价值核算中，将土地资源经济价值 P 看作边际机会成本 MOC，而它又由边际生产成本 MPC、边际使用成本 MUC 和边际外部成本 MEC 3 部分组成，用公式表示为：

$$EP = MOC = MPC + MUC + MEC \tag{9-7}$$

土地资源边际生产成本 MPC 包括收获土地资源的勘探成本、再生产成本和管理成本，分为短期边际生产成本和长期边际生产成本。短期边际生产成本只包括可变成本，长期边际生产成本涉及全部成本。

土地资源边际使用成本 MUC 是指以某种方式使用某一类土地时所放弃的其他方式利用同一种资源可获取的最大纯收益。其存在有两个要求：一是资源必须具有物质意义上的稀缺性；二是对资源的使用必须存在着多种选择或多种机会。

边际外部成本 MEC 是指资源开采或使用过程中，对其他经济当事人造成非市场性影响。边际外部成本的高低，不仅取决于受害者受到损失的大小，而且还取决于受害者对这些损失的评价。随着经济的发展，以及实际人均收入的增加和生活水平的提高，人类对环境资源的支付意愿会越来越高。

9.4.4 土地资源负债表编制

自然资源资产负债表反映自然资源在核算期初、期末的存量水平以及核算期间的变化量。核算期为每个公历年度 1 月 1 日至 12 月 31 日。在自然资源核算理论框架下，以自然资源管理部门统计调查数据为基础，编制反映主要自然资源实物存量及变动情况的资产负债表。自然资源资产负债表的基本平衡关系是：期初存量＋本期增加量－本期减少量＝期末存量。期初存量和期末存量来自自然资源统计调查和行政记录数据，本期期初存量即为上期期末存量。核算期间自然资源增减变化的主要影响因素有两类：一是人为因素，如林木的培育和采伐引起的林木资源资产变化；二是自然因素，如降水和蒸发等引起的水资源资产变化。由于自然资源的自然属性差别较大、与经济体关系不尽相同，各种自然资源都有其特有的增加、减少方式及原因。按照自然资源变动因素，依据行政记录和统计调查监测资料，建立自然资源增减变化统计台账，及时填报相关指标。土地资源资产负债表编制是一项系统工程，需对其资产实物量和价值量、存量和流量进行核算。目前对土地资源资产负债表的编制还处于探索阶段，尚未形成系统的、可直接操作的模式。

1. 编制思路

在土地资源资产负债表编制研究中存在两种思路，一种是基于统计核算基础的研究。主要根据联合国环境与经济综合核算体系（system of integrated environmental and economic accounting，SEEA 2012）的逻辑框架，采取四柱平衡关系，即“期初数＋本期增加数＝本期减少数＋期末数”。另一种是基于会计核算基础，主要是企业资产负债表平衡关系的逻辑延伸，采用“同体二分”等式关系，即“自然资源资产＝自然资源负债＋自然资源净资产”。按照会计恒等式“资产－负债＝净资产”来列示土地资源资产、负债和净资产的平衡关系。遵循会计核算基础，要重点解决自然资源负债的确认和计量问题。土地资源核算也应按照以上思路，循序渐进，从以统计核算为基础的土地资源资产实物量和价值量核算逐渐过渡到以会计核算为基础的负债价值量核算。

2. 编制原则

1）先实物、再价值

实物量核算是在资源环境核算框架下，采用账户形式，计量一定核算期内自然资源资产存量、流量、数量、质量等耗用状况，各类生态系统不同生态功能的破坏与恢复状况，以及各类环境污染物排放和环境质量的损益状况。价值量核算则是在实物核算的基础上，即通过翔实的实物量统计和估价进行的综合性核算，价值量核算能够获得相应的总量指标及其变化，可以对发展过程和结果做出相应的综合性评价。

土地资源资产核算包括实物量和价值量核算。实物量核算需在土地资源及其变化情况进行连续、准确的数量统计的基础上，以资源账户的形式反映土地资源在一定时间和空间内增加或减少的情况。价值量核算是在土地资源实物量账户核算的基础上，将不同类型的土地资源运用一定的度量体系把实物量转化为价值量服务于土地资源资产的核算。

2)先存量、再流量

存量核算(包括资源储量、可利用量等)反映某个时点自然资源资产的数量和结构；流量核算(包括经济性耗减、自然变化等)反映自然资源在经济过程中所发生的变动，是对存量核算的不断更新与完善，二者相互联系，相互转化。

土地资源负债表中存量核算是反映某一时刻土地资源资产和负债的统计情况，而流量核算是反映土地资源资产和负债不断更新的状况，是静态和动态的不同表现形式，二者相互联系。存量核算有助于评估土地资源某一时刻资源问题与经济总量的关系，也有助于对不同地区土地资源存量进行比较。

3)先分类、再综合

分类核算是对自然资源资产逐类进行实物量或价值量的增减量和流量核算。综合核算是在分类核算基础上发展的，可加总，可比较。

土地资源根据土地利用类型和不同的用地属性，需对其进行分类核算。分类核算是对各类土地利用类型进行实物量、价值量的核算，并对各土地利用类型核算量进行加和，呈现其综合价值，最终得出土地资源资产总量。二者之间存在紧密的联系。

3. 土地资源负债表构成要素

土地资源资产负债表由资产、负债、净资产三大要素组成，并满足“资产－负债＝净资产”的恒等式。

1)土地资源资产

土地资源资产指在一定条件下能够给人类带来使用价值，由国家拥有或控制，并能通过价值核算转化为资产，由经济、生态和社会价值组成的资产。经济价值主要由土地资源产生的直接使用价值组成，通过不同土地利用类型产生的增加值或根据征地补偿进行核算。生态价值主要包含各土地利用类型对生态环境进行气体调节、气候调节、水源涵养、土壤形成与保护、废物处理、生物多样性维持等价值。社会价值主要包括各土地利用类型的娱乐文化价值、就业机会价值或社会保障价值等。

2)土地资源负债

土地资源负债指由于人类活动对土地资源的不合理开发和使用，引起环境污染、资源退化、生态破坏等，为弥补这些损失所付出的现时义务，如土地整治、污染治理、生态维护等。土地整治包括土地整理、土地复垦、土地开发 3 个方面；污染治理是由于人为污染，造成土地环境质量下降，为治理其污染状况使土地环境恢复为原有状态所需要付出的成本；生态维护是指通过采取有效的保护措施定期对土地生态环境进行维护所需要付出的成本。

3)土地资源净资产

土地资源净资产指某一地区拥有的土地资源资产的总额减去负债之后的净额，即“资产－

负债＝净资产”，是国家对土地资源所有权的体现。

4. 土地资源资产负债表框架

土地资源资产负债表是反映某一地区在特定时期内土地资源增减的综合列表，是土地资源拥有、消耗、退化的系统化账户，是政府对土地资源权利与义务的综合体现。根据“资产－负债＝净资产”的恒等式可知，土地资源资产负债表由土地资源资产表、土地资源负债表及土地资源净资产表 3 部分组成，而各表中应包括实物量表和价值量表两大基础信息表格（表 9-8），由此反映土地资源在某一时期存量和流量的变化情况。

表 9-8 土地资源资产负债核算表格构成

表格类型	表格分类	核算内容
实物量表	实物存量表	以土地资源实物为单位，核算其期初和期末各类土地利用类型的实物存量
	实物流量表	以实物存量表为基础，按一定周期反映各土地利用类型增加或减少的变化情况
价值量表	价值存量表	以土地资源实物存量表为基础，采用科学合理的核算方法对期初和期末各类土地利用类型进行价值核算
	价值流量表	以价值存量表为基础，用货币表示核算期内价值存量的变化情况
资产负债表	资产负债综合表	以土地资源实物量表和价值量表为基础，综合反映期初和期末土地利用类型存量和流量的增减情况，并统计核算该时期内负债情况，从而综合分析土地资源资产负债情况

9.5 土地资源资本化评估

9.5.1 土地资本化内涵

土地资本可以有狭义和广义两个理解。狭义的土地资本是马克思所说的，即土地资本是对已经变成生产资料的土地进行新的投资，也就是在不增加土地的物质即土地面积的情况下增加的资本；广义的土地资本指当土地参与流转过程，在运动中实现增值，能够给所有者带来预期收益的，都可以被称作土地资本。土地资本最大的特征在于其增值性、运动性和收益性。土地资本化是指土地资产的流动与增值。由于我国实行的是土地公有制，除了集体土地转化为国有土地外，不会涉及土地所有权的变化。因此，土地资本化主要是指土地使用权的资本化，即土地使用权的流动与增值。

9.5.2 我国土地资本化主要内容及形式

土地资本化一般包括土地所有权资本化和土地使用权资本化，我国土地资本化从其来源可以分为 4 种形式：包括集体土地所有权资本化、国有土地使用权资本化、集体土地承包经营权资本化以及集体建设用地使用权资本化。

1. 集体土地所有权资本化

集体土地所有权资本化过程主要是国家通过对集体土地实施征收这一行政行为，将集体土地转变为国有土地，实现所有权的变化，并对集体土地给予补偿。征收土地补偿费主要包括土地补偿费、安置补助费、地上附着物和青苗补偿费等。该土地资本化过程主要通过征地补偿显化了集体土地价值，实际也是集体土地的购买价格。

2. 国有土地使用权资本化

国有土地使用权作为资本投入社会再生产的过程，主要形式有：一是土地一级、二级开发，包括国有土地使用权的出让、转让、租赁、抵押等；二是包括旧城区改造在内的一般由土地储备机构对城市存量土地的收回和投资再开发。国有土地使用权进入市场运营，会随着社会经济发展形成资本循环系统，特别是我国的国有土地使用权具有年期限制，因此这一过程可以说是能持续循环，为国家源源不断地提供土地资本收益的方式。另外，对于用于城市基础设施建设、学校用地等划拨用地，不应视为土地资本化运营，只有在划拨用地允许转变土地用途，并且已补交土地出让金能够入市交易时，才可被视为土地资本化了。

3. 集体土地承包经营权资本化

集体土地承包经营权资本化主要指集体农用地的资本化，要实现承包经营权资本化可以通过多种农业生产运作形式，获取农业投资收益。另外，土地资本化还具有融资功能，农民可利用手中的土地承包经营权通过银行、股市、证券等获取融资，以加大对农地现代化发展的资本投入。主要的运行模式包括：土地承包租赁制、土地股份合作制、地票交易制度、"四荒地"拍卖制、土地信托、土地使用权证券化、土地银行。

4. 集体建设用地使用权资本化

集体建设用地使用权的资本化主要包括两大类：一是与集体土地承包经营权类似的，有集体建设用地的入股、租赁、抵押、流转、股份合作等形式；二是当前各地区逐步推进的"集体建设用地入市"，在不转变所有权的情况下，符合土地利用总体规划和城市规划的集体建设用地可享受与国有用地同等的入市流转机会，这样的资本化形式有助于加快社会资本自由进入农村土地市场，构建城乡一体化的土地交易平台。

9.5.3　土地资本化计算方法

目前，对于不动产资本化的测算主要采用重置成本法、市场比较法和收益资本化法3种基本方法。但由于我国的土地产权制度现状，城市和农村土地价值差异较大，城市土地可以采用市场比较法、重置成本法来计算其价值，农村土地市场的交易案例却无法支持采用此类方法，因此对于我国农村土地市场大多采用收益资本化法，又称作收益还原法。该方法是计算未来年纯收益价值的方法，其理论依据是投资回报论，适用于有固定年收益的投资对象，包括土地、债券等。这类投资对象不是一般的商品，其价格不由生产他们所耗费的社会必要劳动时间决定，而是由其稳定收益决定的。

1. 基本收益资本化法

将未来某一年的纯收益（或若干年平均收益）贴现，其公式为：

$$P = R/r \tag{9-8}$$

式中：P 为待确定的土地价格；R 为正常情况下经营一定面积土地获得的年净收益；r 为资本化率（又叫还原率、收益率、贴现率）。

此种方法适用于集体土地所有权的资本化计算。由于征地制度的设计，集体土地转变为国有土地是所有权发生变更且无年期限制，因此最基本的收益资本化法即可测算出土地所有权价格。

2. 有限年期收益资本化法

我国的城市土地使用权出让具有年期限制，集体土地的承包经营权、建设用地使用权也具有年期限制，所以公式(9-8)还不能满足现实需求，而要用以下公式来计算。

1)年纯收益相同时的有限年期收益资本化法：

$$P=\frac{R}{1+r}+\frac{R}{(1+r)^2}+\frac{R}{(1+r)^3}+\cdots+\frac{R}{(1+r)^n}=\frac{R}{r\left[1-\frac{1}{(1+r)^n}\right]} \tag{9-9}$$

2)年收益不相同时的有限年期收益资本化法：

$$P=\sum_{i=1}^{n}\frac{R_i}{(1+r)^i} \tag{9-10}$$

式中：$i=1,2,3,\cdots,n$；n 为土地使用权年期；R_i 为历年土地每亩净收益。

公式(9-9)适用于土地纯收益无变化的情况，如集体建设用地使用权和承包经营权资本化；公式(9-10)适用于土地纯收益有变化情况，如国有土地使用权资本化。公式的选择必须考虑是产权、所有权还是使用权。

复习思考题

1. 土地资源具备哪些基本的生态功能？
2. 什么是生态服务以及土地资源生态服务价值内涵？
3. 如何采用当量因子方法开展土地资源生态系统服务价值评估？
4. 土地资源资产价值核算内容有哪些？
5. 如何编制土地资源资产负债表？
6. 土地资源资本化的主要内容及表现形式有哪些？

第10章

流域土地系统评价

导读：山水林田湖草对于流域土地一直有着至关重要的作用。国家提出把山水林田湖草看作一个有机生命体，只有保护好这个生命体，土地与生态才能持续为人民创造更多的利益。本章通过对部分国内外的研究文献收集整理、概括总结，对流域评价的研究方法、研究结果进行总结分析，指出当前的问题主要由于城镇化的快速发展，造成流域内土地生态问题严重。通过分析流域土地资源利用特点，总结目前土地利用问题的研究和评价进展，并对流域土地利用的方向和流域评价进行展望。

10.1 流域土地系统评价概述

流域土地中的生态环境是整个土地生态的关键部分，对人类的生存和经济的可持续发展起着重要作用。流域一般指地面集水区，集水区域内存在大量的水生植物和丰沛的水源；山水林田湖草在这一区域显得尤其重要，其发展的好坏，在一定程度上决定了此流域土地利用的现状。由于流域生态系统服务价值由土地生态系统和水生态系统两个生态系统共同组成，所以对流域土地系统评价，可以从全流域和子区域两个层次对整体服务价值的变化情况进行分析。

近年来，国内外学者对长三角、珠三角、京津冀等流域土地进行了大量科学的评估，但还缺乏对其研究方法和结果的系统总结与梳理。本章通过查阅相关文献，以流域为研究单元，从研究方法入手，对相关评价结果进行总结归纳，为进行相关研究提供借鉴。

2013年习近平总书记提出了构建“山水林田湖水草”生命共同体的共同理念。此后，国内学者对于流域土地中山水林田湖草的研究进行了丰富的前沿探索，同时也采用了多种研究方法进行了论述。采用探索性空间数据分析方法，探讨生态系统服务价值分布特征及空间异质性。生态系统服务价值空间异质性通过全局空间自相关 Global Moran’s I 指数来反映，利用局部空间自相关分析生态系统服务价值的空间集聚特征。通过建立影响生态系统服务价值变化的指标体系，运用分异及因子地理探测器识别影响生态系统服务价值变化的主导驱动力，从而把握其内在作用机制。

10.1.1 研究基本情况

1. 以地域分异分析

我国河海湖泊众多,流域土地分散广泛。以秦岭—淮河为界,将我国土地分为南、北两部分。南方流域耕地利用以水田耕地为主;北方由于地形复杂,耕地利用以旱地为主,间有草原、戈壁、荒漠等分布。

北方地形复杂多样、气候变化明显、生态环境脆弱、水资源短缺、水土流失严重、降水季节性明显,因此北方流域土地存在有大量未开发用地;已利用的流域土地由于水土流失、生态恶化等原因,其土地生态环境问题日益严重;北方水资源短缺,降水分布不均,流域土地面积出现大面积缩减的情况。

南方地形多丘陵、水资源丰富、全年多降水,城市化的急剧扩张,给南方流域土地造成了伤害,面临流域内土地生态环境破坏,流域内湖泊富营养化、人地矛盾尖锐等问题。

2. 以土地利用类型分析

结合刘纪远等在建设"中国 20 世纪 LUCC 时空平台"建立的 LUCC 分类系统,其将土地利用类型归结为包括耕地、林地、草地、水域、建设用地和未利用地在内的 6 个一级类,包括有林地、灌木林、疏林地、其他林地和高、中、低覆盖度草地等 25 个二级类型,本文仅对 6 个一级类目做出相应的综述。

通过对黄河流域土地中的耕地、林地、草地、水域利用情况进行分析(表 10-1),可以发现,该区域土地利用现状以草地和耕地为主,河流水系、湖泊等不发达,水资源量少,反映了流域干旱缺水的现状。由于城乡工矿居民用地和水域面积较小,加上近些年来大规模的城市化进程和北方干旱化的趋势,城乡工矿居民用地与水域面积变化最大。

表 10-1 黄河流域各地类面积和变化

土地利用类型	面积/万 km^2				
	1980 年	1990 年	2000 年	2010 年	2015 年
耕地	21.049 0	21.160 0	21.360 0	20.910 0	21.030 0
林地	10.224 0	10.191 0	10.209 0	10.463 0	10.529 0
水域	2.148 7	2.009 9	1.965 2	2.020 0	1.343 2
草地	38.716 0	38.790 0	38.521 0	38.390 0	37.729 0
城乡工矿居民用地	1.341 0	1.355 6	1.491 8	1.659 6	2.020 4

长江流域土地利用现状中,长江三角洲的耕地、林地是减少的,耕地减少速度最快;建设用地呈递增趋势,说明近年来的城市扩张,占用了其他类型的土地(表 10-2)。

表 10-2 2010—2015 年长江中下游地区各土地利用类型面积

土地利用类型	面积/万 km^2			
	2010 年	占比/%	2015 年	占比/%
耕地	351 206.91	38.19	346 043.37	37.59
林地	429 973.55	46.74	428 099.29	46.51
草地	33 633.70	3.66	34 069.18	3.70

续表10-2

土地利用类型	面积/万 km^2			
	2010 年	占比/%	2015 年	占比/%
水域	52 824.23	5.74	52 997.70	5.76
建设用地	50 259.80	5.46	57 324.37	6.23
未利用土地	1 967.22	0.21	1 975.64	0.21

备注：数据来自徐文强等(2020)，长江中下游区域 2005—2015 年土地利用类型变化分析.[J].科技风，2020(14)：169-170。

表 10-3 人类活动对流域生态系统的胁迫

	水文情势		物理化学特征		地貌景观		连通性		生物多样性	
	河流	湖泊	河流	湖泊	河流	湖泊	河流	湖泊	河流	湖泊
水资源开发	●	●			●	●	●	●	●	●
工业化	●	●	●	●					●	●
城市化	●	●	●	●	●	●	●	●	●	●
水利工程	●	●	●	●	●	●	●	●	●	●
农业渔业	●	●	●	●			●	●	●	●
矿业			●		●	●			●	●
旅游业			●	●					●	●
生物入侵									●	●

备注：数据来自赵进勇(2020)，河流生态理论技术标准及实践(简要版)。

根据表 10-3 可知，城市化的不断推进，对流域生态的各个方面产生了不可忽视的影响。工业的发展改变了流域中的水文形势，水利工程和农渔业的发展则是阻断了河流之间的连通；旅游业的发展则是对流域中的多种生物的生存造成了威胁。

总体来说，我国流域土地总面积在持续递减，虽然退耕还林、还草以及生态保护等一系列相关措施在不停地推进，但是外部人为的扩张和内部土地的消耗，使得流域土地生态一直处于红色预警状态。

10.1.2 评价方法

流域土地评价涉及对流域范围内的工业、城镇生活、农村生活、种植业、畜禽养殖业、水产养殖等主要影响源分析，收集调查影响源排污及其污染物处理处置情况的基础数据。进行流域土地评价，需要分析不同类型污染源输入量及其比重，找出流域的主要影响问题及影响流域土地质量的主要因素，提出有针对性的保护措施与对策。目前，常用的研究方法主要有以下几种。

1. 土地利用/覆被变化

土地是人类赖以生存和发展最基本的自然资源和物质基础，而土地利用/覆被变化(land use and land cover change，LUCC)作为全球气候和环境变化研究关注的重要内容，是人类-资源-环境耦合系统研究的理想切入点，已被证实能够直接影响降水变率及水资源利用、陆地生态系统净初级生产力、碳氮物质排放等，并危及食物安全。土地利用/覆被变化作为导致全球环境变化的两大主要因素之一，在全球可持续发展研究领域中占有相当重要的地位。

2. 土地利用变化强度与动态度

土地利用变化强度指数 LTI_i 是指某一空间单元 i 内，土地利用类型 j 从 a 时期到 b 时期在单位面积上发生的改变，是对该空间单元土地面积变化速度的标准化，计算公式如下：

$$LTI_i = \frac{K_{j,b} - K_{j,a}}{LA_i} \times \frac{1}{T} \times 100\% \tag{10-1}$$

式中：$K_{j,a}$、$K_{j,b}$ 分别为研究初期 a 及研究末期 b 土地利用类型 j 在空间单元 i 内的面积；LA_i 为空间单元 i 的土地面积；T 为研究时段长。

土地利用动态度是土地利用类型变化速度的直观反映，分为单一动态度 K 和综合动态度 LC。前者用于衡量某一具体用地类型在一定时间范围内的数量变化情况，后者用于表征研究区全部用地类型的总变化速率，其计算公式分别为：

$$K = \frac{U_{bi} - U_{ai}}{U_{ai}} \times \frac{1}{T} \times 100\% \tag{10-2}$$

式中：U_{ai}、U_{bi} 分别为研究期初和研究期末某土地利用类型 i 的面积；T 为研究时段长。

$$LC = \frac{\sum_{i=1}^{n} \Delta LU_{i-j}}{2\sum_{i=1}^{n} LU_i} \times \frac{1}{T} \times 100\% \tag{10-3}$$

式中：LU_i 为研究期初第 i 类土地利用类型的数量；ΔLU_{i-j} 为研究时段内第 i 类土地利用类型转为 j 类土地利用类型面积的绝对值；T 为研究时段长。

3. 主成分分析

土地利用变化往往有多个不同的因变量，主成分分析法作为一种降维处理方法，可以在保留原来多变量大部分信息的前提下，把多个变量归纳为几个主要的综合指标，通过对综合指标的分析来探究其与因变量的关系。

在南方部分河流域 1990—2015 年土地利用时空变化特征及驱动机制研究中，在具体分析流域土地利用变化情况的基础上，选取变化较为剧烈的典型用地类型，结合收集整理好的自然、社会经济统计指标，利用 SPSS 软件，分别计算用地与统计指标之间的皮尔逊相关系数 r，对 $r>0.6$ 且符合显著性检验的因子进行主成分分析，结合土地利用变化特征，探究其驱动机制。

10.2 山水林田湖草诊断与系统评价

目前，对于流域土地中山水林田湖草的研究，多是通过国家或者研究地区的政府所发布的数据为基础，进行数据模型的建立，来论证持续发展的能力。例如，通过 2006—2020 年预期数据中的耕地、林地、草地等为基础，建立土地压力测度数学模型得出压力结论；以长江经济带

11 省土地数据为基础，基于 PSR 模型，得出长江经济带土地生态安全呈现明显的差异性；以精度 10 m 的 Landsat8OLI 影像数据为基础，利用 ArcGIS10.2 水文分析模块，对河流分析，得出此地的土地生态状况；运用协整检验、脉冲响应和方差分解等计量方法，对其城市化与土地利用的动态关系和相互作用强度进行研究；运用均值法来反映研究区年内 NDVI 总体情况，得出山水林田湖草生态保护修复数据；借鉴人口生态压力模型，构建人口土地生态压力模型，分析人口土地生态压力及其空间分布，为土地资源协同保护提供理论支撑；选取 2009—2015 年的土地利用数据，建立土地动态公式，分析了土地利用动态变化、土地利用程度变化及土地利用结构时空变化。

综合以上所运用的方法，对于流域土地中山水林田湖草的研究大致可分为：一种是基于土地数据，对研究区内现有土地中的耕地、林地、草地、滩涂等进行数据的分析比对，得出此流域土地的现状；另一种则是在加入人为或者非人为的作用，对比两种土地数据，对流域内山林湖草林田现状进行分析。我国流域土地山水林田湖草的现状复杂多样，仅仅依靠土地的数据或许不能全面的进行解析。另外，流域土地中的生态并非固定不变，因其加入了人类的活动，变成了一个动态的生态环境。

文献中采用的数据都有一定的滞后性，并不能及时的反映当下的土地生态。因此，在研究方法上加入实地调研或者实时监测流域土地中的山水林田湖草的变化等方法，对于研究流域土地中山水林田湖草应有积极作用。

10.2.1　土地利用变化幅度

土地利用变化的幅度，可以揭示研究区土地利用变化的总体态势和结构特征，具体以单位时间内面积的变化量来表示，其计算公式如下：

$$F_i=\frac{LU_{it_2}-LU_{it_1}}{t_2-t_1} \tag{10-4}$$

式中：F_i 为 t_1 到 t_2 内 i 类土地利用类型的变化幅度；U_{it_1}，U_{it_2} 分别为 t_1、t_2 时刻 i 类土地利用类型面积。

10.2.2　土地利用转移矩阵

土地利用转移矩阵反映了单位时间内一个动态系统向另一稳定系统转化的过程，刻画了土地利用变化的结构特征，其计算公式如下：

$$LU_{ij}=\begin{bmatrix} LU_{11} & LU_{12} & \cdots & LU_{1n} \\ LU_{21} & LU_{22} & \cdots & LU_{2n} \\ \vdots & \vdots & \vdots & \vdots \\ LU_{n1} & LU_{n2} & \cdots & LU_{nn} \end{bmatrix} \tag{10-5}$$

式中：LU_{ij} 为研究时间段内 i 类土地利用转换成 j 类土地利用的面积；i 和 j 分别代表转移前后的土地利用类型；n 代表转移前后土地利用类型数目。

10.2.3　流域中城市扩张因素分析

由图 10-1 可知：流域土地中的山水林田湖草受人为影响极大，甚至会改变其原有形态，以

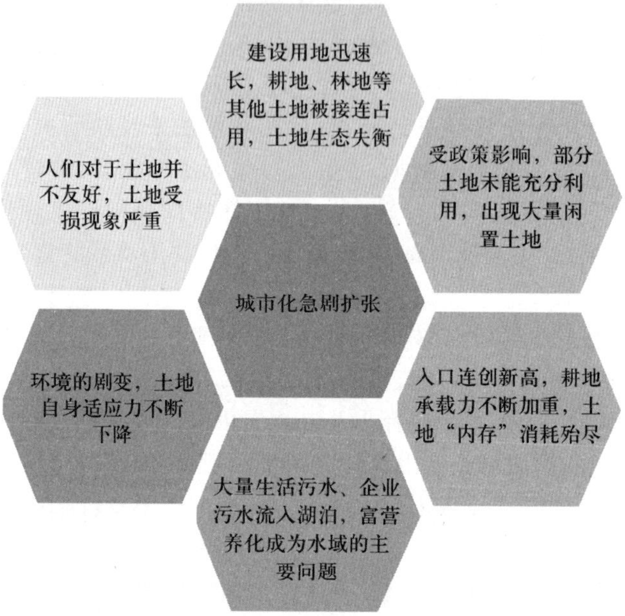

图 10-1 城市扩张因素分析图

适应人类发展和经济发展的需要。但是，土地本身因素也会影响其山水林田湖草，只是人为作用已经掩盖了其在这方面的影响。例如，土地利用和覆被变化引起的绿洲内部环境的异质性是引起绿洲效应变化的主要原因。虽然土地利用依旧是人为因素，但是其中的气候因素也是起了一定作用的。

10.3 北方流域土地问题诊断与评价

10.3.1 景观生态指数法及遥感解译方法

景观生态指数法，是一种结合生态景观理论、遥感技术和地理信息系统技术对生态系统功能、结构进行动态分析、定量化研究的空间分析方法。结合流域土地利用分析需求，选取斑块数量、斑块面积、斑块密度、斑块平均面积、斑块所占景观面积比例、面积周长分维数和稳定性指数、边缘密度、聚集度指数 9 个景观生态指数进行分析。

研究中使用遥感解译图像，进行数据预处理、流域范围提取、土地利用分类，在此基础上计算土地利用转移矩阵，并将土地利用分类结果以图片形式输出。

10.3.2 灰色关联度方法

灰色关联度分析法，是通过对统计序列几何关系的比较来分清系统中多因素关系的紧密程度，序列曲线的几何形状越接近，则它们之间的灰色关联度就越大，反之越小。在进行灰色关联度计算时采用灰色建模软件中提供的邓氏关联度分析法，对收集到的数据进行灰色关联度分析。

构建母因素时间序列 X_0 和子因素时间序列 X_i 分别为：

$$X_0=\{x_0(1),x_0(2),\cdots,x_0(n)\}$$
$$X_i=\{x_i(1),x_i(2),\cdots,x_i(n)\}$$

首先对原始数据进行无量纲处理，其次求母序列与子序列在各个时刻的绝对差，最后利用邓氏关联度的计算公式获得湿地生境演变与影响因素间的关联度。

邓氏关联度的计算公式为：

$$\gamma[x_0(k),x_i(k)]=\frac{\min_i\min_k|x_0(k)-x_i(k)|+\xi\max_i\max_k|x_0(k)-x_i(k)|}{|x_0(k)-x_i(k)|+\xi\max_i\max_k|x_0(k)-x_i(k)|}$$

$$\gamma(x_0,x_i)=\frac{1}{n}\sum_{k=1}^{n}\gamma[x_0(k),x_i(k)] \tag{10-6}$$

式中：γ 为关联度系数；ξ 为分辨系数，本研究分辨系数 $\xi=0.1$。

流域演变的驱动力主要包括两方面，即自然因子和人类活动。自然因子主要包括区域年平均气温、年蒸发量、年降水量、河流径流量等项因子，社会经济因子包括区域总人口、总耕地面积、区县生产总值等项因子。

10.3.3　案例

长江流域土地问题诊断与评价

(1)土地类型　长江流域气候温和、雨量充沛，地势西高东低，地形复杂多样，高原、山地、盆地、丘陵、平原兼备。土地资源表现为山地多，平地少，土地利用结构及开发利用程度具有多样性等特点。

根据高凯等(2010)的研究可知，整个长江流域的主要土地利用类型为林地、耕地和草地，三者占流域总面积的90%以上，水域、城乡建设用地和其他未利用土地所占比例相对较小。长江流域内土地利用结构差异较大，体现出一定的区域特性和特定的空间格局。其中长江流域上游(湖北以上)耕地、林地、草地构成了其土地利用的结构，中游则以林地、耕地土地类型为主，下游建设用地在其中占据了一定比例。

(2)利用现状　由于上游城市多为发展中的城市，其城市化发展比较缓慢，人口相比下游较为分散。因此，其土地生态功能在整个流域中处于优势地位。中游(湖北至江西)水资源较为丰富、多支流和湖泊，但由于此流域中河道弯曲、泥沙淤积加上城市化进程发展较快，人口逐渐聚集于此，造成了中游区域填湖垦荒、围湖建库等。因此，流域中土地生态相继出现了一些问题。例如，水域面积不断缩小、水土流失严重、生态环境逐步恶化。下游中耕地、城乡建设用地、林地占据了主要地位的原因有：下游属于冲积平原，土壤肥沃、水资源丰富，因此耕地所占比例远远高于中游与上游区域；下游地理位置优越，开发较早，城市化进程迅速，为配合本区域的发展，建设用地逐年增加，渐渐占据了相当一部分的土地。但是区域的快速发展不仅仅带来了经济的提升，同时土地生态环境问题日益严重。人口不断聚集，为解决不断增加的人口的生活问题，住宅与基础设施的建设不断抢占耕地与林地，造成此流域中土地生态失衡，工业企业的不断进驻，生活垃圾的不断增加，严重污染了流域中的水质，水体富营养化严重。

(3)研究方法　本研究采用全局空间自相关分析。

计算全局空间自相关常用的指标是 Moran's I。

$$\text{Moran's I}=\frac{n\sum_{i=1}^{n}\sum_{j=1}^{n}W_{ij}(x_i-\overline{x})(x_j-\overline{x})}{(\sum_{i=1}^{n}\sum_{j=1}^{n}W_{ij})\sum_{i=1}^{n}(x_i-\overline{x})^2} \tag{10-7}$$

式中：x_i 和 x_j 分别为单元 i 和 j 所在位置的值，且 $i\neq j$；W_{ij} 表示邻接或距离空间权重矩阵；n 为单元的个数。为全面反映研究区土地利用结构的空间自相关特性，以各土地利用类型的比重值作为各空间单元的属性值，分别采用距离标准矩阵和邻接标准矩阵作为空间权重矩阵 W_{ij} 计算 Moran's I 指数。比重值经过各单位总面积的标准化，相对于绝对数量更能反映各土地利用类型分布特征的空间自相关特性。

$$G=\frac{\sum_{i=1}^{n}\sum_{j=1}^{n}W_{ij}x_ix_j}{\sum_{i=1}^{n}\sum_{j=1}^{n}x_ix_j} \tag{10-8}$$

式中：符号同公式(10-7)，W_{ij} 常采用距离权重矩阵；较大的 G 值表明研究区域内单元属性值存在高值与高值之间的聚集(H—H)，而较小的 G 值表明存在低值与低值之间的聚集(L—L)。

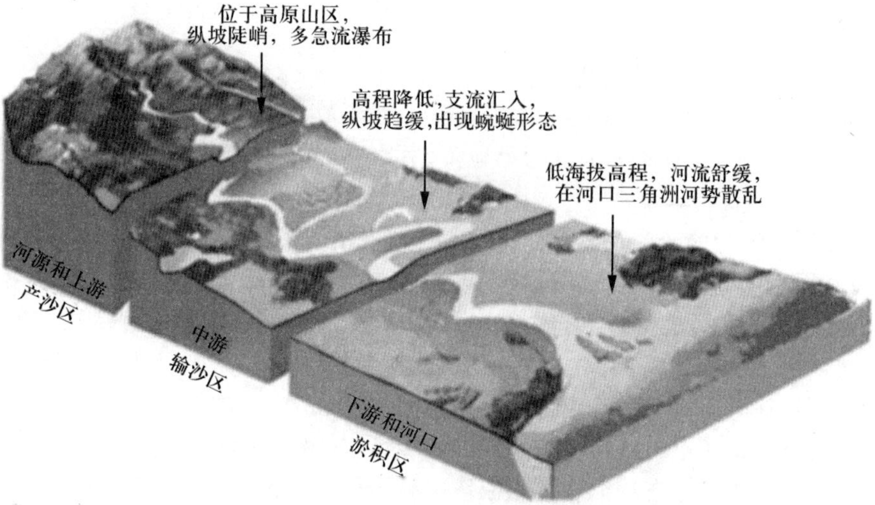

图 10-2 流域阶段发展趋势图

备注：图片来自赵进勇(2020)，河流生态修复理论技术标准及实践(简要版)

(4)结论 长江流域中，土地类型中林地、耕地、草地占据了主要地位，并且每个城市的土地类型各不相同。将整个流域按照上游、中游、下游 3 个阶段进行划分，根据图 10-2 所示发展趋势为：上游应保持生态环境平衡，确保源头水质不被污染，同时应保持植被的覆盖率，防止水土流失；中游区域河道多曲折，容易造成泥沙淤积，河道拥堵，对下游水量产生了影响，因此本流域的河道应注重泥沙疏通，保证下游供水量；下游城市化进程发展迅速，人为因素的影响在整个流域土地中占据了关键位置，因此，在对下游土地生态进行整治时政策的制定与实施显得尤为重要。

10.4　南方流域土地问题诊断与评价及案例分析

10.4.1　城市扩张带来的流域土地利用的影响及诊断分析

城市化的急剧扩张，成为流域土地中山水林田湖草受到影响的主要原因。城市化急剧扩张所带来流域土地利用的影响主要分为：

1. 土地利用幅度变化分析

(1)水田、有林地和建设用地面积呈持续增长的趋势。

(2)旱地、草地和灌木林地面积持续减少。

(3)园地、湖泊水面和未利用地面积先增后减。

(4)水库坑塘先减后增，从整体情况上看，面积仍然下降。

2. 土地利用类型转移方向变化

(1)水田转出的土地利用类型主要是旱地、有林地和其他建设用地，其中水田转旱地所占比例最大。

(2)转入为旱地的土地利用类型主要是水田、其他建设用地和草地。水田转旱地所占面积比例最大。

(3)建设用地转出的土地利用类型主要为旱地，转出主要为林地，转入主要为林地、水田和旱地。

3. 土地利用动态变化

(1)流域内动态度最高的地类分别为村庄、水库坑塘、城镇用地和灌木林地，其中村庄的动态变化度最高；动态度最低的地类分别为湖泊水面、水田、草地和水林地，其中湖泊水面的动态变化度最低；

(2)从变化动态度区域分布上看，流域范围内土地利用动态度较高的区域为湖泊北岸以及西岸中部，而湖泊水面及流域北部边缘、西部边缘的动态度较低。

4. 流域问题诊断分析

流域分时段遥感影像和遥感解译成果，主要有库塘湿地、建设用地、河流湿地、芦苇、裸地、道路等土地利用类型。湿地类型分为芦苇湿地、河流湿地和库塘湿地 3 类。湿地不同年份主要类型面积变化演变规律的研究结果表明，湿地面积特别是芦苇湿地面积呈下降趋势，而建设用地和裸地面积的增加是造成自然湿地面积减少的主要原因。湿地影响因素关联度计算结果，排名前 3 位的影响因子分别是年平均气温(0.844)、年蒸发量(0.798)和总耕地面积(0.725)，这说明自然因素和人为因素共同导致了湿地的退化。

就其研究结果而言，城市的扩张，确实对流域土地的生态起了决定作用，但是对于其他的结果却分类模糊，大多数学者只是着重强调城市化的影响，而对于其他的结果却没有做明确的区分。同一区域中，不同的城市间由于经济、政治、人口的极大差异，其城市化也有所不同，在研究结果中没有明确的区别开来。

土地资源利用城镇化过程显著，建设用地大幅度增加，耕地大为减少，建设用地侵占耕地是各流域土地利用变化普遍存在的趋势；部分流域因自然环境的改变和土地利用方式的变化，呈现沙漠化趋势，盐碱地和裸地不断增加。相关学者对于流域土地利用问题研究较为全面与深刻，指出了其核心问题并对其进行了研究与分析。所运用的方法建立在有效的数据基础上，但对于数据的时效性还需要通过实地考察方式进行更新，需要以最新数据，做出更精准的判断；对于研究结果的总结，可以进行具体的划分，区分研究区域内经济发展水平，形成不同的对策。

10.4.2 南渡河流域土地问题

南渡江流域土地问题诊断与分析

南渡江，又称南渡河，古称黎母水，是中国海南岛最大的河流。它发源于海南省白沙黎族自治县南开乡南部的南峰山，干流斜贯海南岛中北部，流经白沙、琼中、儋州、澄迈、屯昌、定安、琼山等市县，最后在海口市美兰区的三联社区流入琼州海峡，全长333.8 km，流域面积7 033 km^2。干流上游建有松涛水库，是海南省最大的人工湖，也是最大的水利枢纽工程。南渡江水源丰富，流量大。流域气候有明显的干湿两季，又多暴雨，故河流流量和水位常出现暴涨暴落。每当暴雨后，山洪暴发，河水猛涨，立即可达最大洪峰。一年中河流水位出现两次高峰，一为5月，二为9、10月。南渡江三角洲河床比降小，河道淤积快，夏秋台风暴雨之时，潮水倒灌，时有洪潮灾害。

1. 现状

海南地势为中间高、四周低，由山地、丘陵、台地、阶地、平原等组成。受地势地形影响，土地利用地域分布上，已形成3个环带：沿海平原台地以粮食作物、经济作物、防护林及城乡居民点为主的环带；中部山区以热带森林保护为主的中心带，中部森林，是海南省主要的生态雨林保护区域；丘陵地区以橡胶等热带作物、粮食作物、经济作物、经济林为主的环带。南渡江源头（上游）在中部地区形成，由于此区域多山地和丘陵，人口较少，加之海南本省发展的规划，此流域生态环境保持良好，土地利用单一，森林覆盖率高。由于南渡江中下游流经区域多为阶地与平原地带，这些地域适宜人类生存与发展，故下游的流域问题复杂多样，尤其是入海口区域。该流域中人口增加、企业进驻、地表土壤差、靠天吃饭严重、流域两边土地类型差异大、农业灌溉方式落后等原因，造成了该流域中环境不断恶化、生态危机日益严重。因此，治理下游流域是南渡江整个流域中的重点。

根据流域内土地现状，再结合海南岛内土壤的分布特点，可以发现流域内土地利用方式较为粗放，土地利用效率较低，存量建设用地尚未充分利用；局部土地利用与生态建设和环境保护不协调，对生态敏感区域的保护力度不够，不同程度地存在对生态环境的破坏，非法采砂挖矿破坏土地生态环境的行为仍有发生。陡坡地垦殖造成水土流失的问题依然存在，农业生产面源污染和生物多样性损失等问题需要引起高度重视；土地利用存在短期行为，优地尚未完全得到优用。一些地方土地可持续利用的意识比较淡薄，受政策影响存在盲目竞争、低水平重复建设等问题。

2. 研究方法

（1）多数据集成研究法　运用多源数据融合方法，通过收集到的各类数据（文本资料、函调表、规划图件、遥感数据等）进行项目评估。通过遥感影像解译和规划数据提取，可得到整体现状信息。

生态效益评估指标体系，通过土地利用变更数据、年降水量、土壤质地数据、潜在蒸散量、遥感影像数据体现本流域的产水量。通过降水量、土壤质地数据、DEM、土地利用变更数据、NDVI表现土壤侵蚀量及生态质量。

（2）GIS空间分析方法　运用ArcGIS软件对土地类型、数量和分布，以及生态系统服务价值分布进行时空可视化表达。通过空间自相关分析、点密度分析和热点分析等方法研究生态系统各价值空间分布特征。

地理学第一定律表明，距离越近，地物间相关性越大；距离越远，地物间相异性越大。空间自相关分析正是基于此定理，用以检验空间位置相邻的要素之间是否存在关联度的方法。本文选择全局空间自相关和局部空间自相关来描述生态系统服务价值空间分布格局的空间异质性和分布特征。

全局空间自相关 Global Moran's I 指数主要用于分析要素在整体上的空间自相关性，用来描述生态系统服务价值空间分布格局的异质性。与一般统计学中相关系数类似，其值在[-1,1]之间。当 Moran's I >0 时，表示空间正相关性，其值越大，空间相关性越明显；当 Moran's I<0 时，表示空间负相关性，其值越小，空间差异越大；当 Moran's I=0 时，空间呈随机性。其计算公式如下：

$$I=\frac{n}{\sum_{i=1}^{n}\sum_{j=1}^{n}W_{ij}}\times\frac{\sum_{i=1}^{n}\sum_{j=1}^{n}W_{ij}(x_i-x_j)}{\sum_{i=1}^{n}(x_i-\bar{x})^2} \tag{10-9}$$

式中：I 是 Global Moran's I 指数，x_i、x_j 分别是第 i、j 个生态系统服务价值评价单元；W_{ij} 是单元 i、j 之间的空间权重矩阵，$\bar{x}$ 为观测值的平均值，n 为样本量。

通过将统计量进行标准化，来检验空间自相关的显著性水平。计算方法如下：

$$Z(I)=\frac{I-E(I)}{\sqrt{Var(I)}} \tag{10-10}$$

式中：$E(I)$、$Var(I)$分别为 I 的数学期望和方差。$Z(I)>1.96$ 时，值越大，空间相关性越显著。

局部空间自相关则是计算分析区域内各个空间对象与其邻域对象间的空间相关程度，反映空间对象分布中所存在的局部特征差异，反映局部区域内的空间异质性与不稳定性。本文采用 anselin local moran's I 指数进行分析，计算公式如下，式中 x_i、x_j、$\bar{x}$、W_{ij} 的含义同公式(10-9)：

$$LISA_i=\frac{(x_i-\bar{x})}{\sum_{i=1}^{n}\frac{(x_i-\bar{x})^2}{n}}\sum_{j=1}^{n}W_{ij}(x_j-\bar{x}) \tag{10-11}$$

地理探测器是探测空间分异性，揭示其驱动力的有效方法。其核心思想是：如果某个自变量对某个因变量有重要影响，那么自变量和因变量的空间分布应该具有相似性。地理探测器包括分异及因子探测、交互作用探测、风险区探测和生态探测 4 个探测器。其中驱动力的分析主要采用分异及因子探测器，该探测器主要用于探测某因子 X 多大程度上解释了属性 Y 的空间分异，用 q 值度量。q 值表示 X 解释了 $100\times q\%$ 的 Y，其取值范围为[0,1]。q 值越大表示自变量 X 对属性 Y 的解释力越强，反之则越弱。其表达式为：

$$q=1-\frac{SSW}{SST} \tag{10-12}$$

$$SSW=\sum_{h=1}^{L}N_h\sigma_h^2 \tag{10-13}$$

$$SST = N\sigma^2 \tag{10-14}$$

式中：h 为变量 Y 或因子 X 的分层，N_h 和 N 分别是层 h 和全区的单元数，σ_h^2 和 σ^2 分别是层 h 和全区 Y 的方差，SSW 和 SST 分别为层内方差之和与全区总方差。

驱动因子的选择对于揭示生态系统服务价值的主导因子极为关键。由于生态系统的功能主要受到自然环境和社会经济的共同影响，借鉴已有生态系统服务价值驱动机制的研究成果，遵循科学性原则，及考虑数据可获取性，共选择了 11 个驱动指标，具体指标如表 10-3。其中，自然环境方面包括地形、气象、植被和土壤因子。高程和坡度是地形因子，地形对人类活动场所，高程过高、坡度过陡的地区人类活动较少；降水是反映气候条件的重要因素，降水量对生态植被的生长发育有明显的影响；植被因子包括归一化植被指数（NDVI）和净初级生产力（NPP），前者可以反映地表植被覆盖状况，后者用以表征植被群落在自然环境条件下的生产能力；土壤因子是生态用地面积占比，用来反映地区土地利用结构。社会经济方面包括经济、人口、人文、景观因子。地均 GDP 来表征经济发展水平；人口密度反映人口聚集程度；单位 GDP 能耗则表示反映能源消费水平和节能降耗状况；景观因子包括人为影响综合指数（HAI）和道路密度，前者体现景观受人为活动的影响强度；后者表征景观的破碎程度。

人为影响综合指数（HAI）计算公式如下：

$$HAI = \sum_{k=1}^{n} A_i p_i / TA \tag{10-15}$$

式中：A_i 为第 i 种土地景观类型的总面积，P_i 为第 i 种景观的人为影响强度参数，采用 Delphi 法对其赋值，耕地为 0.67，林地为 0.13，水体为 0.10，草地为 0.12，建设用地为 0.96，未利用地位 0.05；TA 为所有土地景观总面积。

表 10-4 驱动指标选择

影响因素		具体指标	符号	处理
自然地理环境	地形	高程	X_1	利用 DEM 提取
		坡度	X_2	利用 DEM 提取
	气候	降水	X_3	—
	植被	归一化植被指数 NDVI	X_4	—
		净初级生产力 NPP	X_5	—
	土壤	生态用地面积占比	X_6	耕地、林地、草地、湿地、水域面积之和与总面积之比
社会经济发展	经济	地均 GDP	X_7	GDP/面积
	人口	人口密度	X_8	常住人口/面积
	能源消耗	单位 GDP 能耗	X_9	采用统计数据赋值到各乡镇
	景观	人为影响综合指数 HAI	X_{10}	参考相关文献计算
		道路密度	X_{11}	道路网的总里程/面积

3. 评价

提升土地利用率。流域土地类型中农业用地占据主要地位，因此在保证耕地红线的基础上，改善农用地的质量、通过建坝蓄水摆脱靠天吃饭。提升耕地产能、增加防洪减灾的面积，受气候限制可多增加绿色大棚等；在建设用地方面，严格遵守绿地覆盖率，将建筑与当地的生态相结合，保护好原有土地生态。同时，政策方面应严格把关，制定详细的土地使用条例与方法。

保护好原有生态，增加森林覆盖率，保证南渡江流域内的生态环境。上游流域可通过增加森林覆盖、减少开发等措施来保证源头的生态平衡。此举不仅可以保持原有土地生态，对于以旅游为主的海南省来说，保持原有生态也是发展旅游国际岛的一大特色。下游由于城市的发展，土地生态污染较为严重。可采取关闭污染严重企业，提高流域内土地的利用效率，适当增加绿色植物面积保证水土。

复习思考题

1. 比较北方流域和南方流域中土地利用类型的相同与不同？
2. 土地生态对流域中城市有哪些影响？
3. 如何将城市化进程与流域中生态环境的保护相关联，使其相互作用？

第 11 章

区域土地评价

导读：区域作为人类聚居的场所，或者经济社会活动的载体，是人类了解自身发展和社会进步而进行开发、利用、改造的对象；而对区域土地资源进行评价，是对区域土地资源进行科学、合理、可持续利用的基础。本章重点结合区域资源环境承载力评价、国土空间开发适宜性评价、生态足迹评价、环境容量评价、可持续利用评价、三生空间权衡与协同等展开，为开展土地资源的发展利用规划等奠定基础。

11.1 资源环境承载力评价

资源环境承载能力评价是国土空间规划"双评价"（资源环境承载力评价和国土空间开发适宜性评价）的重要评价内容之一。它是指在一定国土空间内，自然资源、环境容量和生态服务功能对人类活动的综合承载水平，是国土空间规划编制的前提和基础。

11.1.1 资源环境承载力内涵

1）承载力的概念演变

承载力亦称承载能力，用以衡量特定区域在某一环境条件（主要指生存空间、营养物质、阳光等生态因子的组合）下可维持某一物种个体的最大数量。关于承载力概念的起源可以追溯到马尔萨斯时代，他提出的资源有限并影响人口增长的理论不仅反映了当时社会结构形式，而且对后来的科学研究都产生了广泛的影响；将马尔萨斯理论用逻辑斯蒂方程的形式表示出来，用容纳能力指标反映环境约束对人口增长的限制作用，可以说是现今研究承载力的起源。

随后生态学家将容纳能力定义为对某一具体的研究区域，在不削弱其未来支持给定种群的条件下，当前的资源和环境状况所能支持的最大种群数量。到 20 世纪 60 年代末至 70 年代初，容纳能力的概念被广泛用于讨论环境对人类活动的限制，用来说明生态系统和经济系统之间的相互影响。随着社会的进步，各种各样的资源、环境、生态问题初步显现。

人们逐渐意识到人类社会系统只是生态系统的一个子系统，人类社会系统结构和功能的好坏取决于生态系统的结构和功能的状态，生态系统提供的资源和环境支撑起整个人类社会系统。研究中环境容纳能力逐步被承载力代替，而承载力的内容范围和含义也要广泛得多。

承载力首先是由人类社会系统决定的，而不是生物上固定的，需要更多地考虑环境状态的变化和人类的各种决策对生态环境的影响，考虑价值判断标准和体制背景等的影响；同时承载力并不是固定的，静态的，他们不仅同技术、偏好和生产消费模式紧密相关，而且与不断变化的物理和生物环境之间的相互作用紧密相关。

随着承载力概念的广泛应用，在环境、经济和社会的各个领域都得到了不同程度的延伸，产生了大量名称不同的各种各样的承载力，如环境承载力、生态承载力、土地承载力、水资源承载力、资源环境承载力等。

2）土地资源承载力

土地资源承载力，又称土地承受力或土地忍耐力，是在环境污染蔓延全球、资源短缺和生态环境不断恶化的情况下，被科学家们提出的新概念。它是指在某一时期，某种环境状态下，某一区域土地资源对人类社会、经济活动的支持能力的限度，或者指在一定时期内，在维持相对稳定的前提下，土地资源所能容纳的人口规模和经济规模的大小。土地资源承载力主要由三大部分构成：一是土地资源对生活活动的承载，这个主要是从生活服务型用地的供给角度，通过分析其规模，判断能否满足城镇人口一定生活水平下的需求问题；二是土地资源对生产活动的承载，这个主要是从生产型用地的规模和土地生产效益角度，通过分析生产用地规模和城镇单位面积用地的投入强度和产出效益，分析其规模和效率是否合理；三是土地资源对生态环境的承载，这个主要是从生态型用地对环境的支撑角度，通过生态型用地的规模和覆盖率，分析土地资源对生态环境的支撑能力。

3）水资源承载力

对水资源承载力的概念的定义在学术上一直存在诸多争端，不同学者也是各执己见，但总体发展的趋势是不断对水资源承载力了解深入和认知全面的过程。水资源承载力的定义分为两类，一是水资源的最大开发容量，二是水资源的最大支持能力，包括对社会、经济、生态的支撑。从水资源承载力定义的时间序列可以看出，对水资源的概念定义的理解是越来越全面和深入，其基本的趋势是初步阶段、发展阶段以及逐步成熟阶段。初步阶段表现为对水资源的研究应立足于动态发展的观念，发展阶段是将可持续发展的概念引入水资源的评价当中，初步成熟阶段表现为将承载对象以及支撑对象联系成为一个整体进行考虑，同时考虑了水资源的合理配置是解决水资源短缺问题的一种技术手段。综合以上特点，可以将水资源承载力定义为：某一地区的水资源承载力是在一定的技术经济水平和社会发展条件下，以维护生态环境和水环境可持续发展为前提，经过合理优化配置，水资源对该地区社会经济和生态环境可持续发展的最大支撑能力。

4）资源环境承载能力

资源环境承载能力是一个包含了资源、环境要素的综合承载力概念，是指在一定的时期和一定的区域范围内，在维持区域资源结构符合持续发展需要区域环境功能仍具有维持其稳态效应能力的条件下，区域资源环境系统所能承受人类各种社会经济活动的能力。

资源环境承载能力评价指的是对自然资源禀赋和生态环境本底的综合评价，是确定国土空间在生态保护、农业生产、城镇建设等功能指向下的承载能力等级，也指在一定国土空间内自然资源、环境容量和生态服务功能对人类活动的综合支撑水平。

国家海洋局 2014 年发布的《海洋资源环境承载能力监测预警指标体系和技术方法指南》、原国土部 2016 年 7 月出台的《国土资源环境承载力评价技术要求（试行）》、生态环境部在建的

《国家环境承载能力评估监测预警平台》、住房和城乡建设部2009年颁布的《城乡用地评定标准》和拟发的《城市基础设施承载能力评价技术》、水利部2016年11月发布的《全国水资源承载能力监测预警技术大纲(修订稿)》,都是各部门针对事权范围的单独评价规范。这一阶段大致可称为评价的1.0阶段。

2016年9月国家发改委等13部委联合印发《资源环境承载能力监测预警技术方法(试行)》以及2015年9月国家发改委、国家测绘地信局关于印发《市县经济社会发展总体规划技术规范与编制导则》的通知,将资源环境承载能力评价和国土空间开发适宜性评价表达为并行而相互关联的两个评价。由此,两个评价之间形成了一种并联交错模式,可称之为评价的2.0阶段。

2019年7月,自然资源部发布《资源环境承载能力和国土空间开发适宜性评价技术指南(试行)》,将技术框架表达为"一个评价、两项产出(适宜性和承载规模)、三类指向(生态、农业、城镇)、四个功能(禀赋与本底识别、问题与风险识别、潜力分析、情景分析)"。技术指南实现了承载能力和适宜性关系的清晰表达:适宜性是支撑条件的原值和基础,承载能力是基于短板理论的特定资源约束下的承载规模,可称之为评价的3.0阶段。目前的资源环境承载力评价包括土地资源、水资源、环境、生态、灾害、区位优势度等单项评价,同时以土地、水资源为约束,分别评价可承载农业生产、城镇建设的最大规模和生态保护等级。

5)资源环境承载能力评价的发展方向

(1)从单要素自然承载力到综合承载力的研究　承载力概念的演变经历了从种群承载力,土地、水等资源承载力,生态承载力到复合承载力的发展历程,这主要是因为人类所依存的环境不仅仅是自然生态环境,还依存于人工环境系统和社会经济支持系统的复合环境之中。综合承载力应该包括自然环境承载力和人工环境承载力两大组成部分,二者共同承载着人口及其社会经济活动,并受社会经济支持系统的影响和制约。只有当研究从单要素自然承载力向综合承载力视角转变,发现问题和解决问题的手段、路径才能更宽、更多、更符合发展实际。

(2)从城市承载力到区域承载力的研究　以前比较注重单个城市的承载力,但随着经济全球化和区域经济一体化的发展,任何城市都是一个高度开放的系统,特别是像北京这样的人口超过千万、资源生态环境难以承载重负、出现"大城市病"的超巨型城市,需要通过开放和交换,获取和占有其他地区的资源来实现城市的持续发展。因此,今后有必要将研究重点转到跨行政区划的区域承载力上来。

(3)从绝对承载力到相对承载力的研究　从承载力的目标设定来看,在同样的资源生态环境和社会经济技术条件下,相对于不同情景的目标设定,"地球上最多能养多少人"和"地球上最适宜养多少人"差别很大,因此资源环境承载力评价中需要考虑目标设定的多情景。另外,承载力涉及自然人工环境复合系统,城市或区域对某一要素的需求越多,城市或区域发展所面临的相对承载压力就越大,因此也需要考虑承载压力和支撑能力两个方面。

(4)从现实承载力到潜在承载力的研究　现实承载力可根据"木桶理论"来确定,即由各单项资源和发展条件中最小的一项现实承载力来确定;而潜在承载力则可通过改变影响因子,弥补"短板",进而提升区域综合承载力来获得。如针对水资源短板,通过技术进步、增强节水意识、淘汰或转移高耗水产业、发展循环经济、输入虚拟水等,可以减轻一个城市或区域的资源环境承载压力,挖掘和释放出资源环境承载潜能,因此探讨潜在承载能力及其释放途径,具有重要的现实意义。

11.1.2　资源环境承载力评价原则与内容

1）评价原则

客观性。资源环境承载能力是可测度的，承载能力高低极易随着人类活动作用而变化。因此，科学、客观评估区域资源环境现状和基础，使资源环境承载能力评价在客观认识空间开发利用的本底条件、优化空间结构及总体布局等方面的基础性和创新性作用得以发挥。

协调性。资源环境承载能力评价包括对全域土地资源压力、水资源开发利用、生态系统健康度、生态系统功能等方面进行评价。它们共同构成区域国土空间利用系统，资源环境承载能力评价应当全面考虑经济社会发展和生态环境保护战略，并与主体功能区划相协调。

差异性。资源环境承载能力评价在设计指标体系和选择评价方法时，除了选取能反映资源环境承载能力的共性指标外，同时还应参照评价区域的性质、功能定位与发展目标，充分考虑区域的特殊性。

动态性。资源环境承载能力水平与主体功能区划、经济社会发展、要素空间流动等因素息息相关，具有动态特征。开展评价时，应综合比照资源利用效率和生态环境耗损的变化趋势，选择一些具有动态特征的量化指标，以更好地反映资源环境承载能力的变化趋势。

可应用性。国土空间开发越来越重视其综合性、科学性与实用性。资源环境承载能力评价可以广泛运用到国土空间开发和资源保护、国土规划编制、国土综合整治、地质环境保护、能源矿产开采、旅游、经济社会等各个领域，提高区域国土资源环境管理决策的科学性，助推生态文明建设。

2）评价内容

资源环境承载能力评价是对自然资源禀赋和生态环境本底的综合评价，确定国土空间在生态保护、农业生产、建设开发等功能指向下的承载能力等级，分为基础评价、专项评价和集成评价。从国土空间范围角度看，评价包括陆域评价和海域评价。

陆域评价包括土地资源评价、水资源评价、环境评价、生态评价、城市化地区评价、农产品主产区评价和重点生态功能区评价。其中，土地资源评价、水资源评价、环境评价和生态评价属于基础评价，城市化地区评价、农产品主产区评价和重点生态功能区评价属于专项评价。

海域评价包括海洋空间资源评价、海洋渔业资源评价、海洋生态环境评价、海岛资源环境评价、重点开发用海区评价、海洋渔业保障区评价和重要海洋生态功能区评价。其中，海洋空间资源评价、海洋渔业资源评价、海洋生态环境评价和海岛资源环境评价属于基础评价，重点开发用海区评价、海洋渔业保障区评价和重要海洋生态功能区评价属于专项评价。

集成评价是在基础评价、专项评价的基础上，根据生态保护、农业生产、建设开发 3 方面的差异化要求，遴选集成指标，采用“短板效应”原理，评价生态保护等级、农业功能指向的承载等级、建设功能指向的承载等级。集成评价承载等级一般可分为超载、临界超载、不超载 3 种类型，综合反映国土空间自然本底条件对人类生产生活活动的支撑能力。评价单元的生态保护等级高，说明该评价单元越需要进行保护；农业功能指向的承载等级高，说明该评价单元可以容纳较高的农业开发规模；建设功能指向的承载等级高，说明该评价单元可以容纳较高的建设开发规模。

资源环境要素承载力评价还可以从另外两个尺度进行。一是从要素构成方面以两个系统来评价，即资源承载力要素系统和环境承载力要素系统。资源承载力要素系统有土地资源、矿产资源、水资源、海洋资源等要素。环境承载力要素系统有大气环境、水环境、生态环境、灾害、气候气象等要素。具体评价内容包括：土地资源、水资源、环境资源、生态资源等构成的建设空间、农业空间、生态空间的评价。二是从社会经济数据来评价。将承载状态落实到具体社会经济要素，确定社会经济系统中哪些环节导致超出承载，使评价结果在辅助决策方面更具操作性。

11.1.3 资源环境承载力评价方法与案例

本节从土地、水资源可利用程度评价和资源环境承载能力集成评价角度进行分析。

1)土地资源可利用程度评价

结合农业功能、建设功能，选取指标，分别开展农业功能指向、建设功能指向情况下的土地资源可利用程度评价，得出土地资源对农业生产、建设开发的可利用程度。一般将土地资源可利用程度分为高、较高、中、较低、低 5 个级别。农业功能指向的土地资源可利用程度评价考虑的指标有土壤环境、水环境、坡度、土层厚度、土壤质地、微观地貌、生态重要性和敏感性(表 11-1)。建设功能指向的土地资源可利用程度评价考虑的指标有坡度、水域、耕地质量、地质灾害易发程度、蓄滞洪区、生态重要性和敏感性。

其中生态重要性评价包括水源涵养功能重要性评价、生物多样性维护功能重要性评价；生态敏感性评价包括水土流失敏感性评价、石漠化敏感性评价。按照 2017 年发布的《生态保护红线划定指南》，重要性和敏感性分别进行评价，敏感程度划分为一般敏感、敏感、极敏感三个级别，主要对水土流失敏感性、土地沙化敏感性、石漠化敏感性、盐渍化敏感性进行评估；生态系统服务功能重要性评估方法主要有模型评估法和净初级生产力(NPP)定量指标评估法。

表 11-1 农业功能指向的土地资源可利用程度分级

指标	指标分类	可利用程度
土壤环境	劣于农用地土壤污染风险管制值①	低
水环境②	劣于农田灌溉用水水质基本控制项目标准值③	低
土层厚度	<30 cm	低
坡度	>25°	低
	(15°,25°]	较低
	(8°,15°]	中
	(2°,8°]	较高
	[0°,2°]	高
土壤质地	砾质土	低
	沙质黏土、壤质黏土、粉沙质黏土、黏土	较低
	壤质沙土、沙质壤土	较高
	壤土、粉沙质壤土、沙质黏壤土、黏壤土、黏沙质黏壤土	高

续表11-1

指标	指标分类	可利用程度
微观地貌	山肩、山顶	低
	背坡	较低
	麓坡	中
	趾坡、岗地	较高
	平原、台地	高
生态重要性和敏感性	极重要或极敏感	低
	高度重要或高敏感	较低
	中等重要或中等敏感	中
	一般重要或一般敏感	较高
	不重要或不敏感	高

① 农用地土壤污染风险管制值按照 GB 15618—2018 中的规定。
② 水环境包括对农业开发有影响的地表水环境和地下水环境。
③ 农田灌溉用水水质基本控制项目标准值按照 GB 5084 中的规定。

2)水资源可利用程度评价

水资源可利用程度评价包括地表水、地下水资源可利用程度评价，以评价水资源对农业生产、建设开发的保障能力，一般分为高、较高、中、较低、低5个级别。

地表水可利用程度评价主要考虑的指标为地表水资源可利用量[在可预见的时期内，在统筹考虑生活、生产和生态环境用水，协调河道内与河道外用水的基础上，通过经济合理、技术可行的措施可供河道外一次性利用的最大水量(不包括回归水重复利用量)]。地表水资源可利用量应按流域水系进行分析计算，以反映流域上下游、干支流、左右岸之间的联系以及整体性。根据各流域水系的特点以及水资源条件，采用适宜的方法估算地表水资源可利用量。如在水资源紧缺及生态环境脆弱的地区，应优先满足河道内最小生态环境需水要求，并扣除由于不能控制利用而下泄的水量；在水资源较丰沛的地区，其上游及支流重点考虑技术经济条件确定的供水能力，下游及干流主要考虑满足最小生态环境要求的河道内用水。地下水可利用程度评价主要考虑的指标为地下水资源可开采量。地下水资源可开采量是指在可预见的时期内，通过经济合理、技术可行的措施，在不引起生态环境恶化的条件下允许从含水层中获取的最大水量。

水资源可利用程度主要考虑的指标为水资源可利用总量。水资源可利用总量是指在可预见的时期内，在统筹生活、生产和生态环境用水要求的基础上，通过经济合理、技术可行的措施可供一次性利用的最大水量。水资源可利用总量的计算，可采取地表水资源可利用量与浅层地下水资源可开采量相加再扣除地表水资源可利用量与地下水资源可开采量两者之间重复计算水量的方法估算。

案例是正文的延伸，以承德为例，介绍水资源不同程度利用下对于农业生产的保障能力。

3)资源环境承载力集成评价

生态保护等级评价：生态保护等级以生态重要性和敏感性评价中级别高的为准，不重要/不敏感、一般重要/一般敏感、中等重要/中等敏感、高度重要/高度敏感、极重要/极敏感对应的生态保护等级为Ⅰ级、Ⅱ级、Ⅲ级、Ⅳ级、Ⅴ级。

承德水资源约束下的农业生产承载规模评价

承德农业可用水总量控制指标 7.07 亿 m^3，农业综合灌溉定额按照承德主要农作物玉米、马铃薯、谷子、豆类和莜麦等的种植面积占比和相应的灌溉定额，计算综合定额为 108 m^3/亩，农业综合灌溉定额按 108 m^3/亩测算：情景一，按照现状农田灌溉水有效利用系数 0.744 计算，可承载的灌溉面积为 486.95 万亩；情景二，随农田灌溉科学技术方法的进步，若农田灌溉水有效利用系数提升至 0.856(提升 15%)，可承载的灌溉面积可增加至 560.00 万亩；情景三，若农田灌溉水有效利用系数提升至 0.967(提升 30%)，可承载的灌溉面积可达到 633.04 万亩。

农业功能指向的承载等级评价：基于农业功能指向的土地资源可利用程度和水资源可利用程度判定农业功能指向的承载等级(表 11-2)，然后，结合自然灾害危险性，把承载等级为Ⅴ、Ⅳ级但自然灾害危险性高的区域调整为Ⅲ级。

城镇功能指向的承载等级评价：基于城镇功能指向的土地资源可利用程度和水资源可利用程度判定建设功能指向的承载等级，然后，结合自然灾害危险性，把承载等级为Ⅴ级或Ⅳ级但自然灾害危险性高的区域调整为Ⅲ级，把承载等级为Ⅴ级但自然灾害危险性较高的区域调整为Ⅳ级。

表 11-2 农业功能指向的承载等级判定

项目		农业功能指向的土地资源可利用程度				
		高	较高	中	较低	低
水资源可利用程度	高	Ⅴ	Ⅴ	Ⅳ	Ⅲ	Ⅰ
	较高	Ⅴ	Ⅳ	Ⅳ	Ⅱ	Ⅰ
	中	Ⅳ	Ⅳ	Ⅲ	Ⅱ	Ⅰ
	较低	Ⅲ	Ⅲ	Ⅱ	Ⅰ	Ⅰ
	低	Ⅱ	Ⅰ	Ⅰ	Ⅰ	Ⅰ

11.2 国土空间开发适宜性评价

国土空间开发适宜性评价是国土空间规划“双评价”(资源环境承载力评价和国土空间开发适宜性评价)的重要评价内容之一。它是在承载能力评价的基础上，评价国土空间对不同开发保护利用方式的适宜程度，是国土空间规划编制的前提和基础。

11.2.1 国土空间开发适宜性评价内涵

1)政策演变

2010 年 12 月 21 日，国务院印发了《全国主体功能区规划的通知》(国发〔2010〕46 号)，明确了根据自然条件适宜性开发的理念，提出必须尊重自然、顺应自然，根据不同国土空间的自然属性确定不同的开发内容。

2016 年 12 月 27 日，中共中央办公厅、国务院办公厅印发了《省级空间规划试点方案》（厅字〔2016〕51 号），明确要求开展陆海全覆盖的资源环境承载能力基础评价和针对不同主体功能定位的差异化专项评价，以及国土空间开发网格化适宜性评价，为划定“三区三线”奠定基础。

2017 年 3 月 24 日，国土资源部印发了关于《自然生态空间用途管制办法（试行）》（国土资发〔2017〕33 号），明确要求市县级及以上地方人民政府在系统开展资源环境承载能力和国土空间开发适宜性评价的基础上，确定城镇、农业生态空间，划定生态保护红线、永久基本农田、城镇开发边界，科学合理编制空间规划，作为生态空间用途管制的依据。

2017 年 9 月 6 日，国土资源部印发《关于加强城市地质工作的指导意见》（国土资发〔2017〕104 号），明确提出要增强国土空间开发的适宜性。以城市地质调查成果为基础，开展以地质资源、环境、生态、安全及土地利用等为主要内容的国土空间开发适宜性评价，合理确定生态功能保障基线、环境质量安全底线、自然资源利用上线。

2019 年 7 月，自然资源部发布《资源环境承载能力和国土空间开发适宜性评价技术指南（试行）》，明确提出将国土空间开发适宜性评价作为国土空间规划编制的基础。

2）概念

适宜即合适、相宜。适宜性是指在一定地域空间内某种特定开发活动（农业应用、城市化选址、作物类型布局、道路选线、选择重新造林的最适宜的土地等）是否适合空间自身局域内的基础条件和能力，且这种适宜过程是动态变化的过程。国土空间开发适宜性是指在维系生态系统健康的前提下，综合考虑资源环境要素和区位条件，在特定国土空间进行农业生产、城镇建设等人类活动的适宜程度。

国土空间开发适宜性评价是遵循土地适宜性思想，在不同尺度上对“空间”资源进行评价，侧重从宏观尺度判断国土空间承载城镇化、工业化开发等经济社会活动过程中这一地域功能的适宜程度。从研究对象来看，国土空间是在政治视角下界定的概念，其本质上仍是以土地为实体，以地域为表现形式，是对土地潜力评价的进一步发展。从研究目标来看，国土空间开发适宜性评价的目的在于从空间上合理组织“开发”活动，是区域空间开发活动的基础性、前置性工作。

因此，可以将国土空间开发适宜性评价定义为：根据国土空间的自然资源条件、社会经济发展特征、人类生产生活方式以及政府政策等因素，利用一定地域地理空间的基础数据，在核实与补充调查的基础上，采用统一方法对全域空间进行建设开发适宜性评价，研究国土空间对预定发展用途的适宜程度，确定最适宜开发、较适宜开发、较不适宜开发和最不适宜开发的区域。

11.2.2　国土空间开发适宜性评价原则与内容

1）评价原则

持续协调发展。将可持续作为发展的基本前提，坚守自然资源供给上限和粮食安全与生态环境安全的基本底线，正确处理好保护与发展的关系，形成持续协调发展统一的空间格局。

注重实践操作。科学客观反映评价对象的客观实际情况，确保评价结果在不同时期以及不同活动对象间均可适用，加强国土空间适宜性评价的实用性、可行性和可操作性。

兼顾刚性弹性。遵循保护红线等刚性规定，综合考虑区域国土空间开发实际情况，因地制宜选取评价因子、设置评价参数、确定分级阈值，预留弹性发展空间。

2）评价内容

国土空间开发适宜性评价是通过考察自然资源、生态环境、灾害风险、人文社会、经济发展等方面的相关要素，针对国土开发过程中的约束和适宜程度，判断区域内各类国土空间适合进行开发的适宜性等级，以确定建设用地的发展方向和城镇化和工业化的适宜程度。根据评价的目的，可以分为生态保护重要性评价、农业生产适宜性评价和城镇建设适宜性评价。对历史文化保护需求突出的区域，可增加文态空间评价。根据评价指标性质，主要分为基础性评价和约束性评价。

基础性评价反映区域国土空间开发基本支撑条件和能力水平，主要包括人口集聚水平、经济发展水平、交通优势和区位优势 4 项内容。约束性评价是指约束和限定市县（区）空间发展的土地、水资源、生态、环境等约束性因素指标的评价。约束性评价主要包括地形地势、土地资源、水资源、生态、环境、灾害 6 项内容。

11.2.3 国土空间开发适宜性评价方法与案例

国土空间开发适宜性评价首先对土地、水、气候、环境、生态、灾害、区位等进行单项评价，并集成得到国土空间开发适宜性评价结果，同时以土地、水资源为约束，分别评价可承载农业生产、城镇建设的最大规模。

1）生态保护重要性评价

生物多样性维护、水源涵养、水土保持、防风固沙、海岸防护等生态系统服务功能越重要，或水土流失、石漠化、土地沙化、海岸侵蚀等生态敏感性越高，且生态斑块的规模和集中程度越高、生态廊道的连通性越好，生态保护重要性等级越高。

具体评价时，首先划分生态保护重要性等级，主要是把邻近的、生态保护等级相同（Ⅴ级、Ⅳ级、Ⅲ级或Ⅱ级）的图斑聚合为相对完整连片的地块（聚合距离建议为 20～50 m），根据聚合后的面积判断生态斑块集中度等级，划定等级；然后根据生态廊道重要性，修正生态保护重要性等级，即把重要生态廊道区域的生态保护重要性等级调整为高度重要。以承德为例，介绍生态保护区概况进行生态保护性评价。

承德市生态保护重要性评价

承德市生态保护极重要区面积为 27 362.27 km^2，占全域土地总面积的 69.29%，主要分布在燕山山地，包括国家级和省级自然保护区、森林公园、湿地公园、生物多样性维护重要区、水源涵养和荒漠化控制功能区。生态保护重要区 11 440.11 km^2，占全域土地总面积的 28.97%，主要分布在丰宁县西北部、围场县御道口牧场管理区、御道口牧场部分地区和朝阳湾镇、四合永镇等地。生态保护一般重要区 687.12 km^2，占全域总面积的 1.74%，主要分布在丰宁县大滩镇和鱼儿山镇部分地区。

2）农业生产适宜性评价

对于农业生产来说，地势越平坦，水资源丰度越高，光热越充足，土壤环境容量越高，气象灾害风险越低，且地块规模和连片程度越高，农业生产适宜性等级越高。

具体评价时，首先选择影响农业生产适宜性的评价指标，采用复合模型计算农业生产适宜性分值，初步划分适宜等级，一般可分为不适宜、低适宜、中适宜、高适宜 4 级；然后根据地块连片度、农业功能指向的承载能力等级、生态保护等级对初步得出的农业开发适宜性等级进行修正，得到最后的农业生产适宜性等级。叠加农用地现状图，就可以发现适宜性等级与现状农用地存在冲突的区域，可为土地利用结构和布局优化调控提供直接参考。

评价中还应考虑现状农业发展状况，兼顾优化现状农业生产格局。对于粮食安全保障十分重要的区域，农业空间适宜程度可给予一定的弹性，但不宜突破耕地应在坡度 25°以下等刚性约束。

3)城镇建设适宜性评价

对应城镇开发建设来说，地势越低平，水资源越丰富，水气环境容量越高，人居环境条件越好，自然灾害风险越低，且地块规模和集中程度越高，地理及交通区位条件越好，城镇建设适宜性等级越高。

具体评价时，首先选择影响城镇建设适宜性的评价指标(表 11-3)，采用复合模型计算城镇建设适宜性分值，初步划分适宜等级，一般分为不适宜、低适宜、中适宜、高适宜 4 级；然后根据地块集中度、区位条件(交通干线可达性、中心城区可达性、交通枢纽可达性)、建设功能指向的承载能力等级、生态保护等级对初步得出的城镇建设适宜性等级进行修正得到最后的城镇建设适宜性等级(表 11-3)。叠加城镇建设用地现状图，就可以发现适宜性等级与现状建设用地存在冲突的区域，可为土地利用结构和布局优化调控提供直接参考。

表 11-3　建设开发适宜性评价指标体系

类型	指标	权重	分类	分值
禁止性指标	生态重要性和敏感性		生态极重要或极敏感区	0
			其他区域	1
	水域		河流、湖泊、水库等	0
			其他	1
	洪水位线		河流、湖泊洪水位线以下	0
			河流、湖泊洪水位线以上	1
	坡度		＞25°	0
限制性指标	生态重要性和敏感性	0.35	高度重要或高度敏感	30
			中等重要或中度敏感	60
			一般重要或一般敏感	100
	耕地质量	0.20	高于区域平均国家利用等	80
			低于区域平均国家利用等	30
	坡度	0.25	＞25°	10
			≤25°	100

续表11-3

类型	指标	权重	分类	分值
限制性指标	地质灾害易发程度	0.10	高易发区	40
			中易发区	60
			低易发区	80
	蓄滞洪区	0.10	蓄滞洪区	20
			其他	100

11.3 土地资源生态足迹评价

11.3.1 土地资源生态足迹内涵

1)概念

生态足迹也称"生态占用",就是能够持续地为提供资源或消纳废物,具有生物生产力的地域空间,其含义就是要维持某一个人、某一个地区、某一个国家甚至是全球的生存所必需的具有生物生产力的地域面积,或者足够只容纳人类所排放的废物的具有生物生产力的地域面积。生态足迹法由加拿大生态经济学家 William Rees 于 1992 年提出,并由其博士生 Wackernagel 进一步完善的一种衡量人类对自然资源利用程度以及自然界为人类提供生态服务功能的方法,也是一种度量可持续发展程度的方法,它是一组基于土地面积的量化指标。生态足迹被形象地描述为:"一只负载着人类与人类所创造的城市、工厂……的巨脚在地球上留下的脚印。"这一形象化的概念既反映了人类对地球环境的影响,也包含了可持续发展机制。生态足迹法主要由理论假设、生物生产性土地分类和计算方法与步骤等组成。

2)理论假设

生态足迹有 5 个理论假设前提:①可获得资源的年消费量和产生的废物量;②大部分资源消费量和废物流量可折算为土地面积;③可赋予各种不同类型的土地面积一定的权重,将其转换成一个标准化的全球公顷单位(具有世界平均生产能力);④各种土地利用都是排他性的,即如果被用做道路,那它就不可能是林地、耕地、草地等,因而总需求可通过计算各种资源利用的面积及废物吸收的面积得到;⑤总需求可超过总供给。

3)关键参数

(1)生物生产性土地及其分类　生物生产性土地是进行生态足迹分析时针对各类自然资本提供的统一度量基础。它是指具有生态生产能力的土地或水体。生态足迹分析的所有指标都是基于生物生产性土地这一概念而定义的。生态足迹理论将地球表面的生物生产性土地分为 6 大类,即耕地,林地,草地,水域,建筑用地,化石能源用地。由于该理论由国外提出,而国外并没有园地,但我国的土地利用分类体系中有园地,因此可以增加园地,即将生物生产性土地类型修订为 7 大类。

(2)均衡因子和产量因子　生态足迹理论所划分的地球表面的 6 种生物生产性土地,由于各自的土地生物生产力不同,为了使各类生物生产性土地之间便于比较及其加总,生态足迹理论引入了均衡因子和产量因子的概念。

均衡因子是指某一类土地潜在的生物生产力与世界上所有的土地的平均潜在的生物生产力的比值，它捕获了不同土地类型间生物生产能力的差异，描述了在给定投入（如水和化肥）的条件下，不考虑当前的管理实践，某种土地类型潜在的生物生产能力。

产量因子是指某个国家或地区某类型土地的平均生产力与世界同类土地的平均生产力的比率。它捕获了当地和全球平均实际生产能力的差异，主要反映土地利用上管理和技术方面的差异。当前有两种方法计算产量因子：①比较获取同样数量的商品所需要的世界面积与国家面积的比值；②直接通过比较得到不同类型土地国家与世界的平均产量。

11.3.2　土地资源生态足迹模型

生态足迹计算是生态足迹分析方法中的重点，其计算步骤为：①划分消费项目：一般将其划分为生物资源消费和能源消费两个方面；②计算各种消费项目的人均占有生物生产性面积并进行加总；③通过均衡因子的转化计算人均生态足迹和区域总生态足迹。

生态足迹的计算公式为：

$$EF = N \cdot ef = N \cdot \sum r_j A = N \cdot \sum r_j \sum C_i P_i^{-1} \tag{11-1}$$

式中：i 为消费项目的类型；P_i 为 i 消费项目的平均生产能力，kg/hm^2；C_i 为 i 种消费项目的人均消费量；A 为消费项目折算的人均占有生物生产面积之和；r_j 为第 j 种生产性土地的均衡因子；N 为人口数；ef 为人均生态足迹；EF 为总的生态足迹。

由上式可知，生态足迹是人口数和人均物质消费的一个函数，是每种生物生产面积的总和，它测量了人类生存所必需的真实土地面积，将其与国家或区域所能提供的土地面积相比，就能为判断一个国家或区域的土地利用活动是否处于可持续范围内提供定量的依据。

生态足迹强度指数 EFI 是指生态足迹与生态承载力的比值，即单位生态承载力的土地面积所要承受到的本地生态足迹的大小。

当 EFI>1 时，其值越大，表明所研究地区的生态超载程度越严重；EFI=1 时，表示所研究地区的环境处于生态平衡状态；EFI<1 时，表示所研究地区的环境处于生态盈余状态，即处于可持续发展状态。

11.3.3　土地资源足迹评价案例

1）数据来源

选取阿克苏地区 2006 年、2010 年的 Landsat TM 和 2015 年高分一号共 3 期的遥感影像数据作为基础数据源，基于 ENVI 4.8 和《土地利用现状分类》（GB/T 21010—2017），将土地利用类型分成耕地、园地、林地、草地、水域、建设用地和其他土地 7 个类型，获取三期土地利用现状图；遥感解译结果经 Kappa 系数检验均值 85%以上，分类精度较高。相关经济数据来源于《新疆统计年鉴》（2007 年、2011 年、2016 年），主要包括阿克苏地区人口、不同消费品的消费量等统计数据。

2）参数确定

根据阿克苏地区的自然环境及居民生活消费状况，选取农产品、动物产品、林产品、水产品 4 大类为生物资源的消费项目，具体包括谷物（小麦、玉米、水稻、大麦等）、豆类、薯类、棉花（长绒棉等)、油料(包括油菜、胡麻、葵花)、甜菜、蔬菜、果用瓜(甜瓜)、猪肉、禽肉、牛肉、羊肉、其他肉类(包括马肉、骆驼肉、兔肉)、水产品、水果(苹果、梨、桃、杏、红枣等);选取原煤、原油、天然气、电力4类为化石能源的消费项目;然后将生物资源和化石能源折算为耕地(含园地)、草地、林地、建筑用地、化石能源用地和水域六大类生物生产类型,并参照其他学者的研究成果和阿克苏地区的实际情况,确定均衡因子分别为化石燃料用地1.1,耕地2.8,林地1.1,草地0.5,建筑用地2.8,水域0.2。

3)生态足迹计算

根据公式(11-1)和阿克苏地区2006年、2010年、2015年的土地利用现状数据(表11-4),计算得到3个时点的生态足迹结果见表11-5。

表11-4　2006—2015年阿克苏地区各类用地面积及所占比重

土地利用类型	2006年		2010年		2015年	
	面积/hm²	比重/%	面积/hm²	比重/%	面积/hm²	比重/%
耕地	620 990.3	28.1	634 520.9	28.71	617 433.24	27.93
园地	162 023	7.33	231 821	10.49	291 393.91	13.18
林地	357 268.8	16.16	319 698.3	14.46	288 376.01	13.05
草地	38 856	1.76	34 049.9	1.54	32 512.01	1.47
水域	119 367.4	5.4	106 064.3	4.8	88 718.89	4.02
建设用地	14 241	0.64	15 937.3	0.72	63 729.51	2.88
其他土地	897 536.3	40.61	868 191.1	39.28	828 119.23	37.47
合计	2 210 282.8	100	2 210 282.8	100	2 210 282.8	100

表11-5　阿克苏地区人均生态足迹计算结果

项目		耕地	草地	林地	化石能源用地	建筑用地	水域	合计
均衡因子		2.8	0.5	1.1	1.1	2.8	0.2	
人均生产性土地总面积/(hm²/人)	2006	0.304 4	1.106 9	0.017 8	1.312	0.007 1	0.154 7	2.902 9
	2010	0.455 1	1.114	0.043 5	2.230 3	0.014 4	0.212 4	4.069 7
	2015	0.607 1	1.291 5	0.061 9	4.036	0.035 2	0.437	6.468 7
人均生态足迹/(hm²/人)	2006	0.852 3	0.553 5	0.019 6	1.443 2	0.019 9	0.030 9	2.919 4
	2010	1.274 3	0.557	0.047 9	2.453 3	0.040 3	0.042 5	4.415 3
	2015	1.699 9	0.645 8	0.068 1	4.439 6	0.098 6	0.087 4	7.039 4

由表11-5看出,阿克苏地区2006年、2010年、2015年人均生产性土地总面积和人均生态足迹呈明显递增趋势,阿克苏地区3个时点的总的人均生态足迹分别为2.919 3 hm²/人、4.415 2 hm²/人、7.039 4 hm²/人,整体呈上升趋势,六大生物生产类型中,耕地、化石能源用地、建筑用地的变化相对较大,草地、林地、水域的变化相对较小,表明阿克苏地区近年来第二、三产业快速发展,尤其是工业生产规模的快速扩大所造成的能源消耗量的大量增加,成为导致

阿克苏灌区生态足迹增长的最大因素，需要引起政府和人民对当地经济可持续发展的关注。另外，随着生活水平的不断提高，种植业生产的生物产品在人民生活消费中所占的比例逐渐减小，而动物性生物产品的需求不断上升，消费量不断加大。

11.4　土地资源环境容量评价

土地资源环境是由地理环境（主要是陆地环境）中互相联系的各自然地理成分所组成，包括人类活动影响在内的自然地域综合体，以及这一地域范围内过去和目前人类活动的种种结果。它直接承载着人类各种社会、经济活动，是一个以土地利用为基础的自然、经济、社会复合系统。随着全球化、城市化的快速发展和不断深入，各种问题日渐暴露，如：人地关系日趋紧张，人均耕地越来越少；水土组合匹配程度较差，土地生产潜力不足；高强度的土地开发利用，人地交互作用愈加强烈；土地利用结构急剧变化，土地后备资源不断减少，等等。目前条件下，区域土地资源在一定的技术条件下，可以通过技术手段，扩大其环境容量，但这种支持能力的扩大并不是无限制的扩展。因此开展土地资源环境容量评价，分析区域土地资源承载能力，提出合适的土地利用、产业发展模式，具有重要的现实意义。

11.4.1　土地资源环境容量内涵

环境是一个总体概念，是相对于某一中心事物而言的。环境因中心事物的不同而不同，随中心事物的变化而变化。通常所称的环境就是指人类环境。人类环境分为自然环境和社会环境。在环境概念的基础上派生环境容量的概念，可分为广义的和狭义的两种。狭义环境容量是指一定时间范围内环境系统所能容纳的污染物的最大负荷量。广义的环境容量则主要是指区域资源环境条件对发展规模，如人口、城市等的承载力上限。其中又可分为要素容量和总容量。要素环境容量包括水环境容量、大气环境容量、土地环境容量及生态容量等方面。

1）环境容量

目前对于环境容量的研究主要是基于容载体、容载对象、容载率 3 个方面开展的。土地环境容量作为环境容量研究内容之一，对区域环境总容量起到关键性的作用，也可以从以上 3 个方面进行探讨。

（1）容载体　指物质、信息和文化等的运载物。在土地资源环境容量中，土地资源环境容量的容载体即为与土地资源环境容量有关的各类自然环境与社会环境的总和，也就是研究区域的土地资源系统。

（2）容载对象　容载对象是容载体的实例，作为土地资源环境容量研究，主要关系是人-地、人-粮之间的关系。因此，容载对象即为与土地有关的人类活动，包括人-粮-地关系。土地与城市建设，人口与城市用地，土地与经济发展等，这些方面都关系到区域土地资源环境承载力，限制区域土地资源环境容量的大小。从人-地关系、人-粮关系的研究出发，探讨区域土地资源环境容量的容载率，对土地资源进行配置研究，达到土地资源开发利用的最佳模式。

（3）容载率　容载率表示容纳对象的总量相对于区域总容纳能力的水平。容载率值为 0～1 时，代表环境容量还有余量，大于时表示相对超载；超载表示超出了某种环境要素的容载标准，表示对人类生存有极大风险，它是区域环境容量的表现形式。

2)大气环境容量

大气环境容量是指在满足大气环境目标值(即能维持生态平衡并且不超过人体健康要求的阈值)的条件下,某区域大气环境所能承纳污染物的最大能力,或所能允许排放的污染物的总量。前者常被称为自净介质对污染物的同化容量;而后者则被称为大气环境目标值与本底值之间的差值容量。它们的大小取决于该区域内大气环境的自净能力以及自净介质的总量。若超过了容量的阈值,大气环境就不能发挥其正常的功能或用途,生态的良性循环、人群健康及物质财产将受到损害。研究大气环境容量可为制定区域大气环境质量标准、控制和治理大气污染提供重要的依据。

大气环境容量是随着自然和社会条件变化而改变的变量,属于有科学规律可循的客观存在,作为环境承载力是一种有限的自然资源,并在时间和空间的分布上存在很大差异。总体来看,大气环境容量具有客观性(自然属性)、主观性(社会属性)及资源性"三性"特征。客观性是指大气环境容量受气象条件、地形地貌、污染物背景浓度值等自然因素的影响;主观性是指大气环境容量受空气质量标准、污染源排放特征、外来源输送等人为因素的影响;资源性是指环境容量属非实物态、有限的自然资源,超负荷使用环境容量将导致资源的稀缺性日益突出。

3)水环境容量

目前我国对水环境容量的概念没有一个统一的定义,常用的几种水环境容量定义为:水环境容量是指在一定的环境目标下,水体所能容纳污染物的量;对于特定水环境目标的某一水体单元,依靠自身特性保证功能不损坏,能够允许的某种污染物的量;保证水域内水体符合水质质量标准要求下,水体单位时间内所能接纳污染物连续均匀排放时的最大量;在划分水功能区并给定水质目标和水文设计条件下,排入水体的污染物最大量。水环境容量的特性包括资源性、区域性、不均衡性。

4)土壤环境容量

土壤环境容量是指一个特定区域的环境容量(如某城市、某耕作区等),与该环境的空间、自然背景值及环境各种要素、社会功能、污染物的物理化学性质,以及环境的自净能力等因素有关。土壤环境容量一般有两种表达方式:一是在满足一定目标值的限度内,特定区域土壤环境容纳污染物的能力,其大小由环境自净能力和特定区域土壤环境"自净能力"的总量决定。二是在保证不超过环境目标值的前提下,特定区域土壤环境能够容许的最大允许排放量。当污染物存在的浓度超过土壤最大纳污量,土壤环境的生态平衡和正常功能就会遭到破坏。土壤环境容量可分为土壤环境绝对容量(静容量)和土壤年容量(动容量)两类。

11.4.2 土地资源环境容量评价方法与案例

1)土地资源环境容量评价

土地资源环境容量评价主要表征区域土地资源对农业生产、城镇建设的可利用程度。针对农业功能和城镇功能指向,分别采用农业耕作条件、城镇建设条件作为评价指标,通过坡度、高程等综合反映。评价方法如下。

(1)农业功能指向的土地资源环境容量评价　利用全域 DEM,计算地形坡度,按≤2°、2°～6°、6°～15°、15°～25°、>25°划分为高(平地)、较高(平坡地)、中等(缓坡地)、较低(缓陡坡地)、低(陡坡地)5 个等级,生成坡度分级图。以坡度分级结果为基础,结合土壤质地,将农业生产土地资源划分为高、较高、中等、较低、低 5 个等级。土壤粉砂含量≥80%的区域，土地资源直接取最低等；60%≤粉砂含量<80%的区域，将坡度分级降 1 级作为土地资源等级。有条件的地区应进一步采用土壤有机质、厚度等指标对评价结果进行修正。

[农业耕作条件]=f([坡度],[高程],[土壤质地])

[农业耕作条件]是指农业生产的土地资源可利用程度，需具备一定的坡度、高程、土壤质地等条件。对于地形条件复杂的地区，还可考虑坡向、坡型、地形部位等因素。

(2)城镇功能指向的土地资源环境容量评价　利用全域 DEM，计算地形坡度，按≤3°、3°～8°、8°～15°、15°～25°、>25°生成坡度分级图，将城镇建设土地资源划分为高、较高、中等、较低、低 5 级。对于高程≥5 000 m 的区域，土地资源等级直接取最低等；高程在 3 500～5 000 m，将坡度分级降 1 级作为土地资源等级。计算地形起伏度。邻域范围通常采用 20 hm^2 左右（如 50 m×50 m 栅格建议采用 9×9 邻域，30 m×30 m 栅格建议采用 15×15 邻域），对于地形起伏度>200 m 的区域，将初步评价结果降 2 级；地形起伏度在 100～200 m 的，将初步评价结果降 1 级作为城镇土地资源等级。

[城镇建设条件]=f([坡度],[高程],[地形起伏度])

[城镇建设条件]是指城镇建设的土地资源可利用程度，需具备一定的坡度、高程条件。对于地形起伏剧烈的地区（如西南地区），还应考虑地形起伏度指标。

2)大气环境容量评价

大气环境容量评价是按照一定的标准和方法对大气质量进行定性或定量评定，以确定或预测大气污染的状况及应采取的最优对策。大气环境容量评价的基本任务是从保护环境的目的出发，通过调查、预测等手段，分析、判断建设项目在建设施工期和建成后生产期所排放的大气污染物对大气环境质量影响的程度和范围，为建设项目的厂址选择，污染源设置、制定大气污染防治措施以及其他有关的工程设计提供科学依据或指导性意见。大气环境容量计算方法如下。

考虑大气环境对污染物的输送、沉降、化学转化等物理过程，采用中尺度气象模型 MM5/WRF，空气质量模型 Models-3/CMAQ、NAQPMS、CUACE、CAMx、WRF-Chem，空间分辨率不低于 5 km×5 km 网格，模拟计算各网格 PM2.5 年均浓度达到《环境空气质量标准》(GB 3095—2012)规定的二级浓度限值条件下，每个网格容纳的颗粒物的量。大气环境容量结果取过去 5 年大气环境容量结果的平均值，以减少气象条件年际差异导致的大气环境容量结果的不确定性。根据模拟结果，将大气环境容量归一化为 0～1 的大气环境容量指数，并划分为低、较低、一般、较高、高 5 个等级，如表 11-6 所示。

表 11-6　大气环境容量分级表

环境容量等级	大气环境容量指数
低	≤0.2
较低	0.2～0.4
一般	0.4～0.6
较高	0.6～0.8
高	>0.8

或者也可以通过[大气环境容量指数]=f([静风日数],[风速])来进行计算。根据评价区域内及周边地区气象台站长时间序列观测资料,统计各气象台站年平均风速以及日最大风速低于 3 m/s 的日数,通过空间插值分别得到 1 km×1 km 的年平均风速和静风日数图层,按照≤1 m/s、1~2 m/s、2~3 m/s、3~5 m/s、>5 m/s 生成风速分级图,按全年静风日数占比≤5%、5%~10%、10%~20%、20%~30%、>30%生成静风日数分级图。取静风日数、风速两项指标中相对较低的结果,划分大气环境容量为高、较高、一般、较低、低 5 个等级。

另外,大气环境容量也可以采用 A 值法、多源模型法和线性规划法等方法进行测算,这里仅分析每种方法的优缺点(表 11-7)。

表 11-7 A 值法、多源模型法和线性规划法对比

方法	基本原理	资料要求	优点	缺点
A 值法	以箱式模型为基础	简化的气象资料,不需详细的污染源资料	参数简单,可操作性强	不能预测和评估敏感点环境质量
线性规划法	运用统筹学的线性规划理论建立容量模式	详细的气象资料与准确的现状污染源资料	将排放源与地面环境质量浓度相联系,结果定量、准确	需要现有污染源的排放清单,模型复杂,验证具有一定的难度
多源模型法	利用空气质量模型对关心点浓度进行预测,反推大气环境容量	详细的气象资料与准确的现状污染源资料	定量描述现状污染源与环境质量的关系	需要高精度的现状污染源资料,模型复杂,验证具有一定的难度

3)水环境容量评价

水环境容量评价是对某一地区或流域水资源的数量、质量、时空分布特征、开发利用条件、开发利用现状和供需发展趋势做出的评估。它是合理开发利用和保护管理水资源的基础工作,为水利规划提供依据。对一个具体的区域来说,评价核心是要研究计算大气降水、地表水、地下水、污水及过境或外调水 5 块水,调查分析工业用水、农业用水、生活用水、环境用水和生态用水 5 种需求。一个区域中只有实现 5 块水与 5 种需求的协调平衡,才可能实现水资源的可持续利用,保障社会经济的可持续发展。水资源评价主要表征区域水资源对农业生产、城镇建设的保障能力。

(1)水环境容量评价类型　水环境容量评价的分类方式有很多种,不同分类角度得到的水环境容量评价分类也不相同。根据不同的应用机制,水环境容量评价的常见分类如下。

按降解机理可分为:稀释环境容量评价、自净环境容量评价;

按水环境目标可分为:自然环境容量评价、管理环境容量评价;

按污染物特性可分为:可降解有机物环境容量评价、难降解有机物环境容量评价、重金属环境容量评价;

按可再生性可分为:可更新环境容量评价、不可更新环境容量评价;

按可分配性可分为:可分配性环境容量评价、不可分配性环境容量评价。

(2)水环境容量评价影响因素

① 水体特性。不同水体的特性各不相同,其对污染物的净化作用也存在差异。水体的特性包括自身特性和外界对水体的影响作用两部分。自身特性主要是由于不同水体与污染物的相互作用存在差异,从而造成水体对污染物的容纳量不同。外界对水体功能的影响主要包括温度、水流流速和水温。一般情况下,水体对污染物的净化作用有个最适温度。最适温度时,净化效率最高。

② 水功能区的水质目标。在水环境容量定义中,水体功能的不同也影响水环境容量计算的结果。在其他条件相同的条件下,水功能区要求越低其水环境容量值越大。我国地表水水质标准分为5类,针对不同水体类别其水环境容量的大小也各不相同。

③ 污染物特性。水体对污染物的降解作用因污染物的不同而存在差异,这是污染物的内因。除此之外,污染物之间又有相互的制约影响作用。某种污染物量的增加,可能会制约另一种污染物在水体内的溶解。

④ 污染源的排放方式。污染源的排放也会影响水环境容量的大小。一般情况下,在水环境容量计算的其他参数条件相同时,分散式排放比集中式排放更有利于水体与污染物的混合消减;连续式的排放使得其比集中排放的单次量要小,所以对水体的污染程度要小;河中心的排放方式比岸边排放的方式更有利于污染物在各个方向的对流扩散,其对应的水环境容量更大。所以,计算水环境容量时,收集排污口及其排放方式的信息也是需要考虑的因素。

(3)水环境容量评价方法　针对农业功能和城镇功能指向的水环境容量评价,可以通过区域水资源的丰富程度反映。评价方法如下:

[水资源丰度]=f(降水量,水资源总量)

[水资源丰度]是指区域水资源的丰富程度,通过降水量和水资源总量综合反映。

[水资源总量]是指流域或区域内地表水资源量、地下水资源量扣除两者重复计算量后剩余量的代数和。其中,地表水资源量是指河流、湖泊、冰川等地表水体逐年更新的动态水量,即天然河川径流量;地下水资源量是指地下饱和含水层逐年更新的动态水量,即降水和地表水入渗地下水的补给量。

考虑城镇和农业开发对降水和水资源总量依赖程度不同,可按照城镇指向和农业指向的水资源丰度评价矩阵,确定水资源为丰富、较丰富、一般、较不丰富、不丰富5个等级。在不同层级评价中可根据实际需要,选取差异化的分级阈值标准和评价矩阵(表11-8、表11-9)。

表11-8　城镇指向的水资源丰度评价矩阵

降水量	水资源总量[水资源总量模数/(万 m^3/km^2)]				
	好(≥50)	较好(20～50)	一般(10～20)	较差(5～10)	差(<5)
很湿(≥1 200 mm)	丰富	较丰富	较丰富	一般	一般
湿润(800～1 200 mm)	丰富	较丰富	一般	较不丰富	不丰富
半湿润(400～800 mm)	较丰富	一般	一般	较不丰富	不丰富
半干旱(200～400 mm)	较丰富	一般	较不丰富	较不丰富	不丰富
干旱(<200 mm)	一般	较不丰富	较不丰富	不丰富	不丰富

表 11-9 农业指向的水资源丰度评价矩阵

降水量	水资源总量[水资源总量模数/(万 m^3/km^2)]				
	好(≥50)	较好(20～50)	一般(10～20)	较差(5～10)	差(<5)
很湿(≥1 200 mm)	丰富	丰富	较丰富	一般	较不丰富
湿润(800～1 200 mm)	较丰富	较丰富	一般	一般	较不丰富
半湿润(400～800 mm)	一般	一般	一般	较不丰富	不丰富
半干旱(200～400 mm)	一般	较不丰富	较不丰富	较不丰富	不丰富
干旱(<200 mm)	较不丰富	较不丰富	不丰富	不丰富	不丰富

针对水环境污染质量,评价方法有两大类,一类是以水质的物理化学参数的实测值为依据的评价方法;另一类是以水生物种群与水质的关系为依据的生物学评价方法。较多采用的是物理化学参数评价方法,其中又分:①单项参数评价法。即用某一参数的实测浓度代表值与水质标准对比,判断水质的优劣或适用程度。②多项参数综合评价法。即把选用的若干参数综合成一个概括的指数来评价水质,又称指数评价法。

11.5 土地资源可持续利用评价

11.5.1 土地资源可持续利用内涵

1)概念

土地资源可持续性评价是随着人口数量的急剧增加、土地退化和环境问题的日益加剧、科学技术水平的飞速发展,基于土地资源为社会经济可持续发展提供支持的角度出发提出的一种土地评价类型。它主要是将传统土地评价(土地适宜性评价、土地潜力评价)与景观生态学原理(景观结构与过程、景观异质性)等相结合,评价土地资源的可持续性,是可持续发展思想在土地评价领域的具体体现。

土地资源可持续性评价是一种针对土地利用现状的前瞻性评价,包括土地质量、土地生产潜力、土地资产和土地利用效果、土地使用制度、土地投入产出、土地管理效益等多方面。现阶段的土地资源可持续利用评价,主要是以服务生态文明建设为宗旨,以“绿水青山就是金山银山”的环保理念为指引,在践行绿色发展观思想的基础上,依据土地可持续利用的内涵与目标,统筹山水林田湖草综合保护与修复,选取一定的评价指标,将与土地利用有关的自然环境、经济、社会等各个方面的因素联系起来,针对一定的土地评价单元,对其土地利用方式进行定性、定量评价,以此来衡量该土地利用方式在一定时间段内的稳定性和发展性,实现土地资源的可持续利用,构建人与自然和谐发展的命运共同体。

2)评价尺度

(1)时间尺度　比较土地利用的持续性和适宜性,可以认为持续性是适宜性在时间上的扩展。土地资源的可持续性是评价一块土地在更长时期内是否适合于某种土地利用方式。影响土地适宜性评价和持续性评价的环境因子基本相同,土地适宜性评价仅仅是对各种环境因子的特征进行现状调查和评价,但土地利用的持续性评价要求对某种土地利用方式下,各种环境因子和生态过程的变化趋势做出预测。一种土地利用方式只要在未来可预见的较长时期内，未引起明显的或永久性的土地退化，通常认为这种土地利用方式是可持续的。

FAO 于 1993 年颁布的《可持续土地利用评价纲要》(FESLM)，给出了土地利用的时间参考(表 11-10)。

表 11-10　FESLM 持续性分类标准

类别		置信区间
持续性	长期持续性	≥25
	中期持续性	[15,25)
	短期持续性	[7,15)
非持续性	轻度不稳定性	[5,7)
	中度不稳定性	[2,5)
	高度不稳定性	<2

(2)空间尺度　土地可持续利用的空间尺度主要体现在区域土地利用结构的空间协调及其与外界的协调，可以把国家、流域、区域、县域、乡(镇)或农场等不同空间尺度作为土地资源可持续评价的对象。不同空间尺度的评价，其详细程度不同。随着研究范围的扩大，与评价持续性有关的数据的复杂程度和数据量也越来越大，因为需要对不同尺度的数据进行多尺度转化和指标数据融合。

尽管土地持续利用都需从生态、经济和社会 3 方面综合考虑，但不同的空间尺度上侧重点不同，从田块—农场—流域或景观—区域或国家—全球，土地持续利用的主要约束因素分别是农业技术—微观经济—生态因子—宏观经济和社会因子—宏观生态因子。如对于具体的地块，土地利用的目的是提高土地生产力和生产效益，制约可持续性的主要因子是农业技术。而在区域水平，生态因素则成为制约可持续性的主导因子，土地利用可持续性要考虑区域的环境容量与承载能力、生态系统和生物多样性保护。在国家尺度，发展的目标不仅包括国内食品供应、出口盈利和人口供养，而且还要考虑整个国家的总体规划、区域分配和在国际上的地位，可持续性的制约性因子主要为宏观的社会经济政策。

3)评价步骤

(1)选择评价方法　对土地可持续利用进行评价，主要是应用统计学方法，即在现有的统计信息的基础上，对大量社会、经济和资源环境信息进行整理和分析，找出反映各因素之间相互变化规律及其对整个区域发展的影响。通过多指标综合评价可以得出区域的综合指数，用以评价区域的综合土地可持续利用水平。

(2)确定指标体系　根据不同土地利用区域的经济、社会状况的差异性，对指标体系进行修改，确定土地可持续利用的评价指标。

(3)确定指标权重　确定指标权重的方法有多种，如特尔菲法、层次分析法、熵值法、多目标规划法以及主客观相结合法等。

(4)指标数据的标准化　数据标准化处理也就是统计数据的指数化。处理内容主要包括数据同趋化处理和无量纲化处理两个方面。数据同趋化处理主要是解决数据性质不同的问题，使所有指标对评价方案的作用力同趋化；数据无量纲化处理主要解决数据的可比性。数据标准化的方法有很多种，常用的有极差标准化、z-score 标准化等。

(5)选择评价模型　综合指标评价模型主要有综合指数法、Topsis 法、秩和比法、层次分析法、模糊评价法等。每种方法应用场景不同，各有利弊。

(6)分析评价结果　通过计算得分可以看出该地区的土地资源可持续利用在哪些方面存在问题，需要改进。

(7)可持续利用调控　针对土地资源可持续利用评价的结果及提出的问题，通过一定的途径、方式，采取适当的手段和对策，对本区域可持续发展进行调整、控制和管理。

11.5.2　土地资源可持续利用评价指标

1)FAO 的 5 项评价标准

FAO 于 1993 年颁布了《可持续土地利用评价纲要》，确定了土地资源可持续利用的 5 项评价标准，并初步建立了土地资源可持续利用评价在自然、经济和社会等多方面的评价指标。

(1)土地生产性　保持、提高土地的生产和服务能力。土地的生产力状况是土地利用的基本条件，反映土地可持续利用的产出能力水平，保持和提高土地的生产力，包括农业的和非农业的土地生产力。也就是说包括农作物单位产量、土地生产服务水平及适宜的土地利用率。这实质上是从可持续的角度要求土地利用所获得的财富和利益应不断增加，或者至少维持现状，不能由于掠夺式经营造成生产性能下降或生态功能退化。

(2)土地安全性　降低生产风险的水平，使土地产出稳定。就是要求重视土地利用可能带来的风险，选择可以降低风险概率的土地利用方式。安全性还包括土地的抗灾害能力、自我恢复能力以及资源的覆盖水平。

(3)水土资源保护性　保护自然资源的潜力和防止土壤与水质退化。即在土地利用过程中保护土壤与水资源的数量和质量，以便能公平地给予下一代。对于保持遗传基因多样性或保护单个植物和动物品种这样的问题，给予优先考虑。这种保护包括生态环境保护，生物自然景观保护及农用地保护。

(4)经济可行性　人们开发利用土地的目的在于获得经济利益，如果某一土地利用方式在当地是可行的，那么这种土地利用一定有经济效益，否则肯定不能存在下去。评价土地利用水平，要考虑土地利用的集约度，并综合考虑土地利用的经济效益和土地效益。

(5)社会可接受性　如果某种土地利用方式不能为社会所接受，那么，这种利用方式必然失败。这里的社会可接受性具有全局的含义，如一种利用方式受到某个阶层或社会集团的欢迎，但对整个社会来说是有害的，那么这种方式也是不可持续的，因为整个社会力量不会允许其长期存在。只有达到用地协调，才能保证各地区发展平衡，实现社会稳定。

2)压力-状态-响应模型

“压力-状态-响应”(pressure-state-response，PSR)模型是由加拿大统计学家 Anthony Friend 于 1970 年提出，并经由经济合作与发展组织(OECD)和联合国环境规划署(UNWP)发展成为环境系统分析和评价的概念性模型。该框架模型具有明晰的因果逻辑关系，框架体系具体可以描述为：人地关系是一种相互影响的关系，人类在不同历史时期的用地需求都会对土地资源造成压力(P)，在这种人类施加的压力下，土地资源系统呈现出一定的状态(S)，根据土地资源状态的反馈，为了恢复和保护土地生态系统，人类社会再做出积极的响应(R)，这三者构成土地资源利用的循环回路。

(1)压力指标　描述人为活动对土地资源造成的压力,如地下水的开采超过补给、木材砍伐超过再生,或者没有土壤保护的坡地开垦等。

(2)状态指标　描述土地资源状态及土地质量变化,如地下水下降、森林退化或土壤侵蚀,也包括由于成功地采取管理措施,而使土地质量得到改善的现象。

(3)响应指标　包括环境变化对系统和人类的影响以及人类对环境变化做出的反应。描述社会(从农民到国家决策者的各个层次)对造成土地质量状态变化的压力的响应,既包括期望的正向响应,如水资源利用率的提高或者土壤保护措施的应用,也包括负面的响应,如土地撂荒。

压力指标、状态指标与响应指标之间有时没有明确的界线。决策者在解译土地质量指标时应该注意,必须把压力指标、状态指标和响应指标结合起来考虑,而不能仅仅依赖一个或单个指标;否则,可能得出完全错误的结论。

欧盟统计局(EUROSTAT)和欧洲委员会欧洲环境机构(EEA)在有关环境系统分析和环境指标制定工作中,将 PSR 模型拓展为"驱动力—压力—状态—影响—响应"模型(Driving-force-Pressure-State-Impact-Response,DPSIR)。2000 年,由 FAO 执行的干旱区土地退化评价(LADA)计划中,也采用 DPSIR 模型为主要分析方法,对全球干旱区土地退化进行了系统分析。在 DPSIR 的框架下,提出了近 400 个指标,在统计上分为自然生态、社会经济、政治文化 3 类。

3)生态、经济、社会框架

土地利用系统是典型的自然-经济-社会复合系统,是人与自然环境相互作用的集中体现。土地可持续利用就是实现土地生产力的持续增长和稳定性,保证土地资源潜力和防止土地退化,并保证土地资源具有良好的经济效益和社会效益,即达到生态合理性、经济有效性和社会可接受性。因此,土地资源可持续利用可以从生态、经济、社会 3 方面进行评价,评价指标可从生态、经济和社会 3 个方面来讨论。

(1)生态指标　生态的持续性是土地持续利用的基础。此指标通常包括气候条件、土壤条件、水资源、生物资源、景观资源等。在 2019 年 9 月举行的全球景观论坛会议上,联合国环境执行主任英格·安德森(Inger Andersen)说:"自然是我们最大的盟友,但自然正在受到威胁。已有 32 亿人受到土地退化的影响。每年,不可持续的农耕方式导致的水土流失、污染和生物多样性丧失带来的损失,相当于全球 GDP 的 10%。"面对这样严峻的生态可持续问题,我们在做土地持续利用评价时,更应注重土地利用对生态演变的影响。即便目前各生态要素没有发生明显的恶化,但随着时间的推移,生态要素的变化将会影响到土地利用的持续性和稳定性。

(2)经济指标　土地资源可持续利用评价的经济指标主要包括经济资源、经济环境和综合效益 3 个方面。经济评价的指标通过统计资料的分析、计算,常常可以给出定量的预测结果,来评价一种土地利用方式在近期和未来所产生的经济效益。但往往由于人类活动中所产生的生态影响和社会影响是隐性的和潜在的,随着时间的演替,逐渐会对经济发展过程产生显著的影响。因而,进行土地可持续利用评价时,在满足了经济评价指标的同时,还必须进行生态和社会评价,即评价一种土地利用方式在生态和社会上的可行性与可接受性。

(3)社会指标　影响土地资源持续利用的社会指标主要包括宏观的社会政治环境、社会文化环境、社会的承受能力、社会的保障水平以及公众参与度等。社会影响评价因子是难以定量的指标,在评价中通常利用专业判断法和调查评价法,来比较分析和定量评价土地利用对社会环境的影响，以及社会因素对土地持续利用的影响。

4)土地资源综合价值法

作为人类重要的物质基础和载体，土地资源是自然社会经济的综合体，对人们的生产、生活有着重要的功能和效用。随着人口的迅速膨胀、经济的飞速发展，土地资源日渐减少，人们对土地的需求相对于其供给不断扩大，土地的综合效用日益凸显，使得土地的价值也不断提升。因此，依据价值源于效用的经济学原理，结合土地资源具有的经济产出功能、社会保障和稳定功能以及生态系统服务功能，对土地资源的价值构成体系进行深入研究，提出土地资源的价值应该包括经济价值、社会价值和生态价值，是3种价值的综合表现。以耕地为例，分析耕地资源价值，然后选取各个功能的指标进行量化计算和分析(表11-11)。

表11-11 耕地资源价值一览表

土地价值	对应功能	具体含义
经济价值	经济产出功能	三大产业经济产出值
	社会保障功能	基本生活保障、养老保障、失业保险
社会价值	社会稳定功能	粮食安全、吸纳农村劳动力
	社会生活功能	提供衣食住行、文化娱乐
生态价值	生态服务功能	净化空气、美化环境、蓄水节流、保持生物多样性、降解垃圾等功能

11.5.3 土地资源可持续利用评价应用与思考

1)土地资源可持续利用评价应用方向

土地资源可持续利用评价是土地资源利用行为对土地资源自身产生的影响的评价，它为土地资源利用活动服务。对于不同区域的土地资源，要选择能够实现土地可持续利用的利用方式，这就是土地可持续利用评价研究的现实作用。据不完全统计，目前土地资源可持续利用评价研究成果在国土、农业等部门产生，广泛适用于土地资源监测、评价、规划、生产、管理类等诸多领域，直接经济效益和间接社会生态环境效益显著，对维系社会经济可持续发展的土地资源基础发挥了重要作用。评价研究成果具体应用有以下4个方面。

(1)土地用途管制方面　根据土地资源可持续利用评价结果，可以得出该区域土地在某一土地利用方式下的可持续发展程度。按照该区域内土地利用的目的和生态要求，自然资源管理部门可以对土地用途进行严格的管制，从而实现在土地资源可持续利用的前提下提高土地产出率，在一定程度上解决低效用地以及先污染后治理的土地利用生态难题。维护社会公共利益，保护耕地，控制建设用地，限制不合理利用土地的行为，克服土地利用的负外部效应，提高土地利用率，保护和改善生态环境，防止土地资源浪费和地力枯竭，实现土地资源的可持续利用。

(2)生态环境修复方面　土地利用的生态问题日益成为自然资源管理工作中的重点、难点和焦点。如何采用科学手段，合理对现有土地资源进行利用，保证土地的使用率和土地生态安全，关系到社会稳定和经济的持续发展。土地资源是大生态环境中不可或缺的一部分，是生态环境链条中重要的一环，所以对土地要进行严格管理，保证土地生态环境安全，实现我国土地资源可持续利用。

土地资源利用方式是否合理将直接导致生态环境的变化。我国部分地区对草原和丘陵进行过度开发，没有进行有效治理，导致水土流失严重，使该区域生态环境恶化。大力开展区域性土地可持续利用评价工作，对地区土地利用结构和土地利用强度的调整具有重要的指导意义。例如，通过对大于25°的坡耕地退耕还林还草和荒山荒沟整地造林，合理实施治理水土流失工程，增加治理水土流失面积，提高林草覆盖率，起到了水土保持和涵养水源的作用。同时地表植被的增加，对改善流域小气候，维持生态平衡起到了显著的作用。

(3)现代农业生产方面　土地资源可持续利用评价在农业生产领域的应用主要表现在通过对农业生产区的土地利用行为的评价，了解农业土地可持续利用水平，并找出阻碍可持续利用的因子，然后制定科学的、有针对性的用地规划，调整农业用地的种植结构，优化产业布局，深化土地使用制度改革，加快推进土地适度规模化经营，切实保证耕地数量，提高耕地质量，稳步落实国家粮食安全战略，把中国人的饭碗牢牢端在自己的手上。

(4)国土空间规划方面　土地资源的可持续利用与发展，对于响应我国自然环境保护政策和落实国家总体安全观，都具有相当重要的意义和作用。要想确保未来社会经济的长久稳定发展，为子孙后代谋取更多的福利，对我国的土地资源进行科学合理的规划就显得尤为重要。开展土地可持续利用评价是进行土地规划的重要依据，在许多发达国家都已经实现了以土地可持续利用评价为指导的土地规划体系。不以土地可持续利用评价为基础的土地规划是难以实现可持续发展的，是存在潜在问题的。在编制国土空间规划之前，通过土地资源可持续利用评价可以得出未来一定时间段内某一土地利用方式的可持续利用水平，然后按照规划的目的和对生态安全的考虑，进行科学的统筹协调，最终确定可以实现社会经济可持续利用的规划方案。

2)可持续性指标选择方法的思考

由于土地利用系统及其作用机制的复杂性，建立一套具有普适性的土地利用可持续性方法和指标体系并非易事。另外，土地利用作为典型的自然-社会-经济复合系统，对其可持续性的评价需要多学科的视角，很难得到共同的认可。正如FAO的《可持续土地管理评价纲要》指出："本纲要只是一个建议，因为可持续性的概念不是僵死的，它需要根据不同地区和不同时期的情况而改变……纲要呼吁各方面的专家进一步判断和解释影响可持续性的因素，从而为本纲要的完善做出贡献。"

由于土地利用涉及自然、经济、社会诸多因素，可用于其可持续性评价的指标形形色色、不胜枚举。选取哪些来构建指标体系，取决于采用什么样的方法。迄今所见的指标体系，在方法上皆可归纳为枚举法和综合法。

(1)枚举法　枚举法企图按照一定的分类和层次将有关的因素尽可能地一一列举，并分别赋予相应的权重，判断其对可持续性的影响程度，最后得到一个总的度量。其面临的困难是：由于可持续性涉及的直接、间接因素太多、太复杂，指标体系很难穷尽所有的影响因素；要对每一因素的影响程度做出准确判断，就应该弄清其影响机理，但这几乎(至少在目前)还不可能。

(2)综合法　综合法不管系统的内部结构和机理，只根据少数能反映其表现的综合指标来评价可持续性，相当于系统方法中的黑箱法。例如：联合国发展计划署(UNDP)的人类发展指数提供了对GNP的3个替代指标，即平均期望寿命、文化素质、人均GDP；再如含资源与环境的社会会计矩阵用资源净产值、环境净产值、真实储蓄来评价发展的可持续性。综合法避免了枚举法的困难，是一种简单、易操作的方法，但目前还没有做完整时间序列的评价。

11.6 三生空间权衡与协同

11.6.1 三生空间权衡与协同的内涵

长期以来，各部门依据法律授权的职责或国家发展和管理的需要编制了不同的规划，但在实施中却产生了一系列矛盾和冲突。为了更好地推进地方之间利益博弈和资源整合，以空间管治为手段的跨区管控理念逐渐成为各方的理论共识和实践选择。区域权衡与协同政策逐渐成为我国的政策要点，《关于贯彻落实区域发展战略，促进区域协调发展的指导意见》《关于建立更加有效的区域协调发展新机制的意见》《中共中央 国务院关于建立国土空间规划体系并监督实施的若干意见》等一系列政策法规着力打破"一亩三分地"的思维定式。因此，分析"多规"的对象认知差异和冲突症结所在，围绕"区域-要素"统筹思路，建立生产、生活、生态空间协同发展的国土空间规划格局，成为当前研究的热点。

权衡与协同理论多用于生态服务系统研究领域。傅伯杰认为，生态系统服务权衡产生于人们对生态系统服务的需求偏好。当人们消费某一种或某几种生态系统服务时，就会有意或无意地对其他生态系统服务的提供产生影响，随即产生生态系统服务的权衡与协同问题。通常情况下，生态系统权衡与协同关系主要分为两类：权衡和协同。所谓权衡是指不同类型系统之间此消彼长的过程，反之，协同是指两种或两种以上不同服务类型的系统相互促进增益的情形。有学者对生态系统服务间的相互关系分析，得出生态系统服务彼此之间的关系可以归为权衡、协同和独立 3 种关系。千年生态系统服务评估将生态系统服务权衡关系划分为 3 种：空间权衡、时间权衡和可逆性权衡。随着对生态服务系统的认识和研究不断深入，生态服务系统之间的关系被细化为 6 种，即直接权衡、凸权衡、凹权衡、非单调凹权衡、无相互作用权衡和反 S 形权衡。

协同理论是系统学重要的理论分支，由联邦德国著名的物理学家哈肯创立。协同论主要研究远离平衡状态的开放系统在与外界有物质或能量交换的情况下，如何通过自己内部协同作用，自发地出现时间、空间和功能上的有序结构。系统协同需要达到 3 个条件，一是系统的要素在竞争中将系统推到远离平衡的"临界点"；二是系统必须存在信息和能量的输入；三是子系统之间存在非线性相关。以耕地为例进行描述，耕地是一个开放和复杂的多元系统，耕地的组成要素时刻与外界保持着物质循环、能量流动和信息传递，耕地的各子系统的综合作用推动着耕地总系统的运行。随着各系统之间的联系加强，耕地的子系统也逐渐从无序到有序或者形成新的结构，通过了解耕地物质生产、社会保障、生态环境等不同功能系统之间的关系和主要影响因素，可以为认识和利用耕地提供重要的借鉴作用。

11.6.2 三生空间权衡与协同方法与案例

1）三生空间资源环境禀赋分析

基于资源环境承载力和国土空间开发适宜性评价，系统分析土地、水、矿产、森林、草原、湿地、海洋等自然资源的数量、质量、结构、分布等特征以及变化趋势，结合气候、生态、环境、灾害等要素特点，选取国家、省域平均情况或其他对标地区作为参考，总结资源环境比较优势和限制因素。

2)三生空间问题和风险识别

基于资源环境承载力和国土空间开发适宜性评价，综合分析资源环境开发利用现状的规模、结构、布局、质量、效率、效益及动态变化趋势，识别因生产生活利用方式不合理，资源过度开发粗放利用引起的水平衡破坏、水土流失、生物多样性下降、湿地侵占、自然岸线萎缩、地下水超采、地面沉降、水污染、土壤污染、大气污染等资源环境问题，预判未来的变化趋势和存在的风险。

承德市重要生态空间被挤占和破碎化

承德生态保护极重要区以林地和草地为主，但另有耕地、建设用地和工矿用地存在。承德生态保护极重要区内有耕地 1 618.76 km^2、园地 1 166.99 km^2、城镇村及工矿用地 288.96 km^2、工矿用地(采矿用地)77.71 km^2、交通运输用地 51.49 km^2。较强烈、大范围的人类生产生活使得本就脆弱的生态本底遭到进一步侵蚀破坏，如坝上地区生态脆弱，但由于近年来旅游开发和人为扰动，造成部分湖泊面积萎缩较重。茅荆坝国家级自然保护区核心区内仍有采矿用地 0.007 km^2，对生态环境造成破坏。全域1984—2017 年草地退化率 36%，草原退化明显，草原资源承载能力亟待提升。

3)三生空间潜力分析

根据农业生产适宜性评价结果，对农业生产适宜区、较适宜区、一般适宜区内且生态系统服务功能极重要和生态极敏感以外区域，分析土地利用现状结构，按照生态优先、绿色发展、经济可行的原则，结合可承载农业生产的最大规模，分析可开发为耕地的潜力规模和空间布局。

根据城镇建设适宜性评价结果，对城镇建设适宜区、较适宜区、一般适宜区内且生态系统服务功能极重要和生态极敏感以外区域，分析土地利用现状结构，结合可承载城镇建设的最大规模，综合城镇发展阶段、定位、性质、发展目标和相关管理要求，分析可用于城镇建设的潜力规模和空间布局。

4)三生空间权衡与协同情景分析

一个区域的生产、生活和生态空间存在冲突，不同区域在内部特征、发展水平和外部条件等诸多方面存在着差别，导致区域在发展的过程中所面临的任务不同。因此，需要坚持可持续发展理念，从三生空间的权衡与协同入手，分析气候变化、技术进步、生产生活方式等对国土空间开发利用的不同影响，模拟重大工程建设、交通基础设施变化等不同情景，提出“三区”划定、空间结构等相关建议。

复习思考题

1. 何谓承载力？如何理解资源环境承载力？
2. 何谓适宜性？如何开展国土空间适宜性评价？
3. 何谓生态足迹？如何计算？
4. 环境容量包括哪些？如何开展农业和城镇建设用地环境容量评价？
5. 何谓土地资源可持续？目前土地资源可持续评价质量体系的模型有哪些？
6. 简述区域土地评价的发展方向。

第 12 章

全球土地系统评价

导读:本章旨在从全球视角梳理土地评价系统内容与方法,主要阐述了全球的土地生产力评价、土地生态安全评价、生态服务功能权衡评价、土地生态足迹评价和土地固碳评价等的基本内涵、演替过程、评价方法与研究进展,并结合地球界限、未来地球和可持续发展目标等国际研究计划的概念框架、研究进展与作用启示,阐述全球土地系统评价的基本内容与方法。

12.1 全球土地生产力评价

12.1.1 全球土地生产力评价演替过程

1. 土地生产力的内涵

土地生产力也称"土地潜力",指土地在一定条件下可能达到的生产水平。土地生产力既可反映土地质量的好坏,又能表明土地的生产能力,同时也是衡量土地作物生产能力的重要指标。

土地生产力的概念最早起源于 20 世纪 20 年代的德国,这是个复合概念。关于其概念界定,不同学者有不同的提法。如:赵烨认为土地生产力主要是指土地质量、天气条件和经营管理技术等综合生产力,与土壤肥力属性密切相关;马彦琳认为土地生产力指土地的生物生产能力,它的高低由所生产的生物的种类和数量两个方面来衡量,从时间性来看,可分为土地现实生产力(现在条件下的土地生产水平)与土地生产潜力(预见的将来的潜在的土地生产水平),等等。

综合学者的研究成果可知,土地生产力包括由光、热、水、气、营养等多种元素的数量及其组合以及土地自然过程的作用和人们对土地的限制条件的改造和克服,渗入劳动、技术等要素作用并构成积累的土地社会过程,是土地自然生产力和社会生产力(或经济生产力)的有机综合。

目前,随着经济发展,土地生态环境的恶化加剧,国内有些学者为土地生产力概念赋予了新的内涵,存在以下几种观点:第一种认为,土地生产力是农业生产力的一种,是指单位耕地面积或播种面积的产出能力,可以简单地表示成单位面积的作物产量或产值;第二种认为,土地生产力应该是指以土壤肥力为中心的土地产出量。这种观点将土壤培肥和产出能力结合起来进行考虑,作为土地生产力的两个主要方面;第三种则认为,土地生产力指土地在一定空间和条件下维持生产出满足人类需要的农产品的内在能力;并指出土地生产力在新的农业发展阶段具有更新、更广的内涵,应该有一个综合的系统的概念,是各种自然资源与社会经济资源综合作用的结果。

总之,随着学者对土地生产力的深入研究,土地生产力的内涵经历了由偏重自然属性为主到自然及社会经济属性并重再到自然、社会经济及生态环境等一系列过程并重而日臻全面。

2. 全球土地生产力评价演替过程

一般认为,有关耕地产能方面的研究起源于对土地生产潜力的研究,以1840年冯·李比希(Von Liebig)在 Organic chemistry in its applications to agriculture and physiology 中提出"最小养分定律"为开端,他将土地生产力定义为作物种子里和土壤中潜伏的一种力量,凭借这种力量获得作物产量。

土地生产力的概念最早起源于20世纪20年代的德国,1934年德国土地生产力评价方案的诞生源于这个概念的产生。在20世纪30年代初期,美国农业部土壤保持局正式公布了土地潜力分类;1961年,美国农业部颁布了世界上第一个土地评价系统。继美国之后,加拿大和英国的相关部门也出台了土地潜力分类评价系统。直到20世纪70年代,联合国粮农组织(FAO)推出了一个土地生产力综合评价指数模型,后来的科研工作者不断地对其进行完善修订,研究基于不同因素对土地生产力的影响,进而提出修订后的不同PI模型。1983年美国就适宜性和生产力评价发布了《土地评价与立地分析》;后来,FAO就可持续评价发布了《可持续土地利用管理大纲》。直到现在,随着研究的深入(尤其是土地特性同土地生产力的关系),人们开始利用模型说明这种关系。随着学者的深入研究以及地理信息系统技术的出现和提高,利用多个模型在地理信息系统上进行模拟,模拟土地生产力变化来研究如何评价土地,节省了很多费时、费力的野外土地产量的观察,发展成为一个快速、科学的土地生产力评价途径。

12.1.2 全球土地生产力评价方法

1. 因子分数和评价模型

1962年,罗马尼亚农业部门将土壤、气候、地貌等图综合编制TEO图,利用因子分数之和模型进行土地评价。该模型简单实用,利用因子分数之和绘制的TEO图,进行简单的土地生产力评价。但其缺点是不能综合反映作物对土地生产力的影响。TEO地块的各个组成因子按其24种作物适宜性而给予一定的分数,如表12-1所示。

表12-1 因子及其分数(谢经荣,1992)

因子	最高(低)分数
土壤类型	50
其他气候和土壤性状	
降水量	−15～15
温度	−10～10
坡度	−15～15
地下水位	−15～15
黏粒含量	0～15
pH	0～15

2. FAO 土地生产力综合评价指数模型

20 世纪 70 年代，联合国粮农组织(FAO)推出了一个土地生产力综合评价指数(PI)模型，公式如下：

$$PI=\sqrt[10]{F_1\times F_2\times F_3\times F_4\times \mathrm{pH}\times Q\times T\times P\times E\times G} \tag{12-1}$$

式中：F_1 为土壤有机质含量，F_2 为土壤速效磷含量，F_3 为土壤速效钾含量，F_4 为土壤全氮含量，pH 为土壤酸碱度，Q 为土壤机械构成，T 为土壤有效厚度，P 为光热条件(≥0℃ 积温)，E 为水分供应能力和地形的高程，G 为地面坡度。该模型可应用于一般的土地生产力评价。模型以自然条件状态下的土壤为研究对象，认为土壤的物理条件、化学条件和生态条件对生产力起着重要的作用。

3. 土壤侵蚀对土地生产力影响模型

Pierce 等利用生产力指数模型研究长期土壤侵蚀对土地生产力的影响，指数模型表述公式如下：

$$PI=\sum_{i=1}^{n}(A_i\times C_i\times D_i\times WF_i) \tag{12-2}$$

式中：A，C，D 为 0～1 之间的数，表示 3 因素对作物根生长的满足程度；WF_i 为各土层理想的根分布状况；n 为 100 cm 厚土壤的分层数量。该模型考虑到作物生长的差异性对土地生产力的影响，综合考虑土壤侵蚀方面的影响，来模拟土地生产力的变化趋势。

4. 土地潜力生产力指数模型

1983 年 Kiniry 等和 Pierce 等提出土地潜力生产力的评价模型，认为生产力指数(PI)应由根系分布范围内各土层根系生长限制因子赋值并相乘，然后将各层次的值按根系分布权重求积求和得出。模型的一般表达公式如下：

$$PI=\sum_{i=1}^{n}(A_i\times B_i\times C_i\times\cdots\times WF_i) \tag{12-3}$$

式中：A，B，C 为根系生长限制因子；WF 为权重因子；i、n 分别为土层序号及土层数。该模型从作物的生长根系分布在土层根系的生长限制因子出发，多层次考虑权重影响，适合于单一作物的土地潜力生产力的评价。

5. 依据土地性状同土地表现的关系评估土地生产力

这种方法是将土地生产力表示为最高产量地块(有时定义标准地块为 100)生产力的百分数。有两种方法求这种土地生产力，一是乘法，二是加法，也有人将两种方法混合应用，各有其优缺点。

乘法的最典型例子就是 Storie 于 1933 年在美国加州所提出的 SIR 指数模型。起初 Storie 仅考虑了 3 个因素：土壤剖面发育程度、土壤表层质地和土壤可变性状(如厚度、排水状况和盐化度)。SIR 指数为因素单独评价分数的乘积。各因素的评分办法把土壤剖面发育分成 6 级(Ⅰ级为 95～100；Ⅵ级为 20～70)；表层质地的各个级别都给予特定的分数，从壤土的 100 到沙砾的 20～30，用以表示土壤的透水性、通气性和耕性；土地可变性状中有排水状况(良好为 00，不良为 10～40)，盐化程度(无盐化为 100，强盐化为 5～25)、侵蚀程度(中度为 80～95，强度为 30～80)、酸度(60～95)、贫瘠度(60～95)、亚土层分层(60～95)、厚度(50～70)、坡度(20～80)。

1936 年,Storie 按照 SIR 指数将土地分成 6 级农业适宜性,各级的 SIR 指数范围如表 12-2 所示。

表 12-2　SIR 指数范围(谢经荣,1992)

土地分级	SIR 指数
优良土壤Ⅰ	80～100
好土壤Ⅱ	60～79
良土壤Ⅲ	40～59
差土壤Ⅳ	20～29
贫土壤Ⅴ	10～19
非农用地Ⅵ	0～9

1937 年 Storie 又修改了原方案,将坡度从土壤可变性状中提出,作为一个单独的因素,即第 4 因素。

6. 基于作物模型的生产力评价

1)WOFOST 模型

WOFOST 模型是一个动态的解释性模型,以日为步长模拟在气候和其他环境因子(如土壤水肥)影响下的作物生长过程,如光合作用、呼吸作用、蒸腾作用、叶面积变化、干物质分配以及产量形成等。该模型可以模拟水肥充分供应(潜在生长条件)、水分限制(雨养条件)和养分限制(N、P、K 供应不足)3 种条件下的作物生长过程和作物产量。运行模型需要的数据包括气候数据和土壤数据,气候数据可以是月值或日值,包括最高气温(℃)、最低气温(℃)、太阳辐射强度($kJ/m^2 \cdot d$)、水汽压(kPa)、平均风速(m/s)和降水量(mm/d);土壤数据包括田间持水量(cm^3/cm^3)、枯萎系数(cm^3/cm^3)、饱和含水量(cm^3/cm^3)、土壤容重(g/cm)和有机质含量(mg/kg)等。

2)DSSAT 模型

DSSAT 模型是由农业技术转移国际基准网 IBSNAT 项目支持,由美国农业部组织的佛罗里达州立大学、佐治亚州立大学等科研机构和其他国际上的科研单位进行联合开发研制的综合计算机模型,并对模型模拟输入输出的变量进行了格式标准化,具有操作简洁、功能强大、应用范围广的优点,其目的是加速农业模型技术的推广,为合理有效利用农业和自然资源提供决策和对策。DSSAT 以日为步长模拟作物生长,按照作物生育期详细描述作物生长发育过程,包括诸如发芽到开花、叶片出现等。作物系统模型是 DSSAT 的核心。DSSAT 作物系统模型模拟作物生长和发育过程,同时还有土壤水分、碳氮过程和管理措施。

3)APSIM 模型

APSIM 模型自 1991 年开始研制,是由澳大利亚农业生产系统研究组开发的农业生产系统模型。该模型虽然在产量和经济评估功能上与其他模型相似,但该模型优于作物轮作系统模拟,可以模拟轮作系统不同耕作措施各组分动态,预测作物生育进程、产量与各生育阶段的温度、降水量、土壤水分动态的关系以及各种气候背景组合条件下的产量,可以实现不同年型下的动态决策和气候应变管理,还可以为新品种的应变管理提供参考。APSIM 模型目前能够比较准确地预测各类气候、作物品种、土壤与管理因素相互作用的作物与土壤效应，评估气候变化的作物风险。

根据研究区的气候和土壤属性资料，建立基础数据库(气候属性模块和土壤属性模块)，然后在原有 APSIM-Wheat 和 APSIM-Pea 模块的基础上，结合研究区的定位试验，对模块参数进行修改和订正，建立作物参数模块，并“无缝”地连接到平台中进行模拟。

12.1.3 全球土地生产力差研究前沿

1. 产量差层次及其限制因素

1)产量差的内涵

近年来粮食安全问题越来越受到人们的重视。从全球范围看，未来的粮食安全并不乐观，FAO 预计 2050 年世界将新增人口 9.1 亿，粮食生产必须增加 70%才能满足全球的食物需求。要满足日益增长的食物需求，必须挖掘现有土地的生产潜力。土地开发潜力不仅与土地的潜在生产能力有关，还取决于其开发程度，可用产量差来衡量：产量差越小，剩余开发空间越小，开发潜力就越低。

作物产量差问题研究开始于 20 世纪 70 年代中期。1974 年，国际水稻研究所在印度、巴基斯坦和菲律宾等亚洲 6 国开始的水稻限制因子研究拉开了产量差研究的序幕。之后，大量的产量差研究在世界各地被广泛开展，特别是在一些发展中国家，如印度和泰国等。

1981 年 de Datta 首先提出和使用了产量差(yield gap)的概念，将其定义为农民实际收获的作物产量与试验站获得产量之间的差距，并将导致产量差距的因子称为产量限制因子(yield constraints)。在此概念中产量差被定义为农田实际产量与试验站潜在产量的差距，将产量差分成两个等级，产量差Ⅰ是试验站潜在产量和潜在农田产量之间的产量差，产量差Ⅱ是潜在农田产量和农田实际产量之间的产量差，如图 12-1 所示：

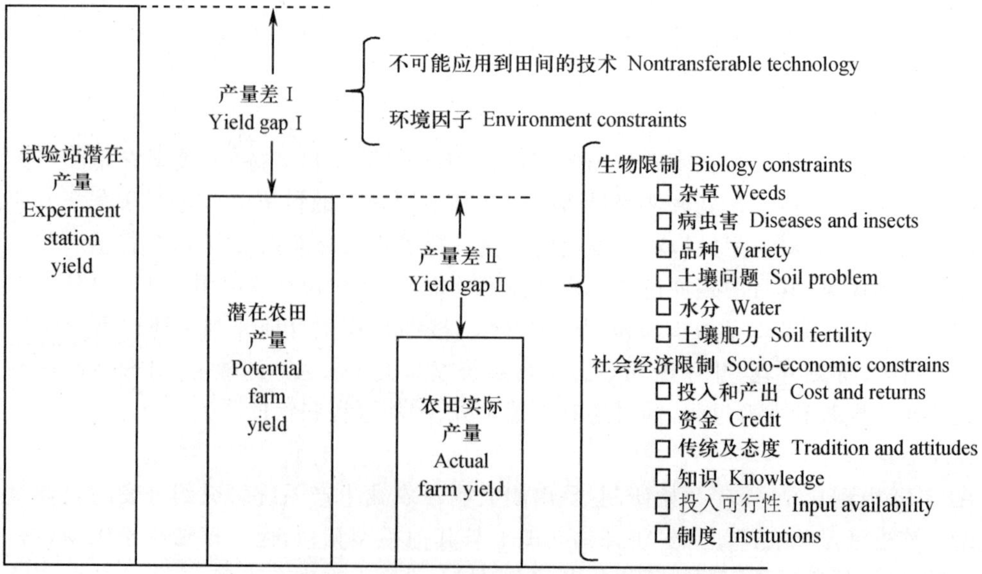

图 12-1 产量差概念模型(de Datta，1981)

目前，产量差一般被定义为作物可获得的上限产量或潜在产量与实际产量之间的差距。但由于不同学者对上限产量的认识和划分不一致，产量差的定义还存在一定的分歧。

2)限制因素

经过对该问题的深入研究，影响我国作物产量的因素主要为以下几种。

(1)干旱、洪涝、风雹和低温等气象灾害　气象灾害是制约我国粮食增产的主要障碍，每年造成的粮食损失超过全部损失的60%，特别是旱灾的影响尤为突出并呈加重的趋势。

(2)杂草和病虫害　我国每年有 $3\ 580\times10^4$ hm^2 的农田受杂草危害，使粮食减产12.3%～16.5%，其中小麦减产10%～30%；病虫害也很严重，每年使我国粮食减产10%以上，且随着气候变暖还呈加重的趋势。

(3)水肥管理问题　作物缺水是导致产量差的最重要因素，即使在灌溉和雨水丰富地区也存在水资源不足的问题。

(4)品种　不同品种的产量差距极大。

2. 可持续生产能力

1)土地持续生产即土地可持续利用

近年来，粮食安全问题再次引起人们的重视。一般而言，增加粮食总产量的主要途径，一是扩大粮食播种面积，二是提高粮食单产水平。由于人类长时间无限制的开发利用，有限的水资源和土地资源正在走向枯竭。如果继续增加耕地面积就意味着需要开发肥力贫瘠、生态脆弱的土地，这不仅需要耗费大量的人力、物力，且对生态环境的稳定也是一种破坏。因此，提高粮食单产水平成为解决未来粮食安全问题最重要的途径，才能进而提高土地的持续生产能力，降低土地的过分利用。

土地持续生产意味着既能满足当代人的需求，又不会危害后代满足其需求的土地资源利用方式。土地资源可持续利用意味着土地的数量和质量要满足不断增长的人口和生活水平而对土地的需求。土地是可更新资源，利用得当，可循环永续利用，如果利用不合理，土地生产能力就会部分或全部丧失。例如，耕地的乱占滥用，就会引起耕地大量减少，土地沙化退化，使土地人口承载量与日益增长的人口数量越来越不协调。

研究表明，1949—2003年间，中国粮食产量增加近320%，但30%～50%粮食产量的增加得益于化肥施用量的增加，28%来源于灌溉，7%来源于作物品种改良。化肥和农药的投入以及灌溉用水大幅度增加，在作物产量不断提高的同时也消耗了大量资源，不仅增加了生产成本，还带来了一系列生态环境问题，产生了诸多负反馈作用。

2)实现土地可持续生产能力的途径

可持续地养活不断增长的人口是一个艰巨的挑战，在以小农经济为主的地区尤其困难。尽管当地取得了成功，但动员广大小农社区采用科学和循证管理的做法，同时解决生产和污染问题一直不可行。为解决土地可持续生产，降低环境污染，就要做到保护土地资源，需做到以下几点。

(1)制定土地资源法规，从宏观上指导监督土地资源的保护和利用　土地资源的保护利用，不仅要考虑局部利益，还要考虑全局利益，不仅要考虑当代发展问题，还要考虑后代生存发展问题，要从整体和长远上处理好保护和开发利用的关系。

(2)拓宽土地资源利用空间，实现土地集约化经营　土地是人类生存与发展最基本的不可替代和不可再生的资源，不可能无限增加其数量，但可通过对土地的整治增加土地肥力，提高生产力，并对其重复利用。

(3)做好土地资源可持续利用评价工作　进行土地资源可持续利用评价，就是对一定地域内的土地资源，进行能否可以持续利用的鉴定评估。

(4)实施资源和能源替代战略，走生态农业之路　用现代科学技术，实施资源和能源替代战略，以相对丰富的资源和能源代替明显短缺的资源和能源，以可再生的资源和能源代替不可再生的资源和能源。

(5)建立民众参与土地资源可持续利用行动的激励保障机制　民众参与是全球21世纪议程的基本原则，也应成为土地资源可持续利用的重要标志。

3. 缩小产量差的途径

从造成产量差的原因看，要提高单产、缩小产量差，可从多个方面着手。

(1)应加强农田基础设施建设，如改善灌排体系、修建水平梯田和坡地综合改造等。

(2)选育高产品种、合理安排种植结构　培育优良高产品种，研究科学的栽培方式和技术，促进作物的高产。

(3)应改善水肥管理　研究发现采用滴灌、喷灌等先进灌溉技术，不仅节水，还可显著提高作物的产量；改进肥料配方和施肥方式，如采用长效专用复合肥、多次施肥等都可以提高作物产量。

(4)改善耕作与栽培技术，如发展地膜覆盖、垄作栽培，合理安排播期和种植密度等，进行科学合理的种植。

(5)应加强病虫草害和旱涝灾害的综合防控。

(6)加强农业机械化农业技术特别是农机具的改进和农业机械化水平的提高，是促进粮食产量不断提高的一个重要原因。

探索农业绿色发展道路，是保障国家粮食安全和环境安全的迫切需求。自2005年起，研究者建立了我国主要作物绿色增产增效技术创新与应用协作网，在生产中破解农业绿色发展的重大理论与技术难题，进而缩小农户产量差。

研究人员针对我国集约化粮食生产用肥量大、资源环境代价高、养分利用率低等一系列问题，将植物营养学与作物栽培学、土壤学等多学科有机融合，率先提出了绿色增产增效理论和技术新思路，以高效利用光温资源的高产群体定量设计充分挖掘品种的高产潜力，以定量调控根层水肥供应支撑高产群体来实现资源高效利用，最大限度地减少环境污染，实现了地上作物高产与地下水肥高效协调统一，突破了高产与高效难以协同的国际难题。我国先后在小麦、玉米和水稻主产区建立了绿色增产增效技术体系，通过13 123个田间实证研究验证了技术的增产、增效、减排、增收潜力。在此基础上，与全国2 090万农户一起应用这些绿色增产技术模式并获得了增产和减少环境污染的效果，累计推广面积3 770万hm^2。

12.1.4　全球土地生产力评价研究展望

通过以上论述，我们可以看出，作为土地学科重要的研究课题之一，随着人口、资源和环境问题的日益加剧，未来关于土地的研究将更多地关注其生产力和可持续性。国外土地生产力的评价发展较为迅速，所建立的评价模型也具有较好的实用性。国内土地生产力评价的发展主要基于模型和3S技术两个方面。模型方面，国内学者从不同作物、不同土地类型来进行生产力的评价，并划分相应的评价等级，取得了一定的成绩。3S技术方面，国内学者从相应的 GIS 平台设计开发评价信息系统，为土地生产力的评价提供了信息化支持。国内外对土地生产力的评价已经取得了一定的成果，综合来看应该加强以下几个方面的研究。

1. 评价的体系应用研究方面

(1)建立符合实际生产的评价模型，使其能够科学地指导农业生产，提高土地生产力。

(2)加强土地生产力的微观研究，即土壤生产力的研究，力求形成具有普遍性的理想的土地质量评价体系。

(3)加强土地生产力可持续性评价研究，构建可定量化的与资源开发、环境保护有直接关联的评价指标，实现经济效益-生态效益的综合提升。

(4)加强土地生产力分区研究，在土地生产力可持续评价的基础上，进行区域土地生产力区划研究，以便有针对性地进行区域土地利用系统的生产力管理。

2. 在信息技术的应用方面

(1)加强小尺度上土地利用数据库的建设，推动一些微观的、较小区域上土地资源生产力评价、生产潜力、增产潜力的研究，特别是基于 GIS 的土地资源生产力及耕地增产潜力优化研究。

(2)随着 GIS 技术以及土地生产力评价研究的发展，尽管在集成过程中存在着不少问题，然而，二者之间的集成将会取得更大的进展。为了进一步实现 GIS 与土地生产力评价模型的有效集成，今后应在以下方面做出努力：加强集成的基础理论研究工作，深入研究集成的体系、方法、规则、依据等；规范标准集成中的数据表达、组织、共享等机理问题；加强集成技术的研究，使之形成一套集成的技术体系。

12.2　全球土地生态安全评价

12.2.1　全球土地生态安全内涵

土地生态安全是一个较新的领域，它衍生于“生态安全”。土地生态安全可以从两方面来理解，即土地生态系统自身功能结构的安全性和土地生态系统能否保证人类活动的可持续性。

具体地说，土地生态安全指土地生态系统的结构和功能在其弹性限度内处于不受或少受威胁的动态平衡状态，并能够为区域的可持续发展提供稳定的生态服务。

12.2.2　全球土地生态安全评价发展历程

土地生态安全评价，是指对土地生态系统的结构功能、环境质量和维持人类社会发展的能力所进行的一系列指标评价。

早在 19 世纪中期，德国化学家 Liebig 提出的“矿质营养学说”里，便蕴含了土地生态系统物质循环思想的萌芽。在随后的几十年的研究与实践中，荷兰科学家 Marsh 呼吁“与自然协调设计而不是相反”的规划原则，以及俄国科学家 Dokuchaev 提出土壤成因学说等，都进一步丰富了土地生态学理论，推动了土地生态的相关研究进展。

进入 20 世纪后，越来越多的科学家致力于土地利用的自然条件研究。20 世纪 30 年代，美国农业部土壤保持局根据农作物生长需求和土壤侵蚀状况，对土地生产潜力分级，这是学术界首个关于土地质量的较为综合而细致的评价。与此同时，苏联的土壤学家和农作物学家共同提出了土地生态系统物质循环与能力流动的理论雏形。直至20世纪60年代，工业化、城市化浪潮在全球范围内兴起，人口迅速膨胀，诸多区域性乃至全球性的土地生态问题接踵而至，如耕地减少、土壤污染与退化、肥力下降、水土流失等，并对人类的生存和发展产生了极大的威胁。土地生态学作为解决这些问题的理论基础和有力工具，相应的土地生态思想开始逐步受到重视，土地生态评价也正式进入政府、科研机构以及大众的视野。1977年，美国森林局提出了“生态土地单元”这一集植被、地形和土壤于一体的重要概念，进一步丰富了土地生态的理论和内涵。20世纪90年代，巴西里约热内卢“全球环境与发展大会”的召开标志着人类对土地的开发与利用进入了谋求可持续发展的时代，土地生态评价研究被推进到一个全新的发展时期。1993年，FAO根据可持续发展理论更新了《土地评价纲要》，制定出《持续土地利用管理评价纲要》，详细阐述了关于土地生态系统中各种自然生态属性的评价标准。1997年，“可持续土地利用管理和信息系统国际学术会议”在荷兰恩斯赫德的召开促进了土地可持续评价指标体系的细化以及GIS技术在土地评价与管理中的应用。此后，土地生态评价越发蓬勃发展，不少学者从区域的资源环境背景、经济社会现状和土地发展目标出发，对土地可持续利用的评价指标和技术方法进行了大量证实。表12-3说明了土地生态安全评价的发展历程。

表12-3 土地生态安全评价发展历程（戴尔阜等，2016）

时期	主要提出者	标志性成就	影响
19世纪中期	德国 Liebig	矿质营养学说	土地生态系统物质循环思想的萌芽
	荷兰 Marsh	与自然协调设计	进一步丰富了土地生态学理论，推动了土地生态的相关研究进展
	俄国 Dokuchaev	土壤成因学说	
20世纪30年代	美国农业部土壤保护局	土地生态潜力分级	这是学术界首个关于土地质量的较为综合而细致的评价
	苏联科学家	土地生态系统物质循环与能力流动的理论雏形	
20世纪60年代	FAO	《土地评价纲要》 《雨耕农业土地评价纲要》 《灌溉农业土地评价和土地分类纲要》	对土地生态评价的发展起到了明显的促进作用，成为相关后继研究的基础
	日本 小田桂三郎	《农田生态学》	土地生态学专著问世
20世纪90年代	巴西里约热内卢	全球环境与发展大会召开	标志着人类对土地的开发与利用进入了谋求可持续发展的时代，土地生态评价研究被推进到一个全新的发展时期

续表12-3

时期	主要提出者	标志性成就	影响
1993 年	FAO	《持续土地利用管理评价纲要》	详细阐述了关于土地生态系统中各种自然生态属性的评价标准
1997 年	美国森林局	生态土地单元	进一步丰富了土地生态的理论和内涵
1997 年	荷兰恩斯赫德	可持续土地利用管理和信息系统国际学术会议召开	促进了土地可持续评价指标体系的细化以及 GIS 技术在土地评价与管理中应用

12.2.3　全球土地生态安全评价模型

土地生态安全评价模型从方法学上可分为定性方法和定量方法，在定性方法上国内外已取得相对成熟的成就，现阶段的研究中心集中于后者。定性方法主要从理论和逻辑角度描述土地生态安全的定义和状况，以此为基础提出相对应的举措和政策；定量分析法将指标数字化，以具体的数据来证实各地区土地生态安全的状况。现阶段，国内外学者在定量方法上做了大量的研究，也探讨出了许多方法，其中最为大家所接受的是以下 4 种（表 12-4）。

表 12-4　土地生态安全评价模型（蔡懿苒，2018）

评价模型	评价方法	特点
数学模型	层次分析法	定量化数据较少，主观随意性较大，对研究者的经验要求较高，难以准确反映生态系统的真实情况
	灰色关联度法	对生态系统参数要求较高，特别适用于尚未统一的生态安全系统，但分辨系数的确定带有一定的主观性，影响评价结果的准确性
	模糊综合评价法	既体现生态安全预警的综合性、整体性及层次性，指标因子和评价也更贴近实际
	PE 神经网络法	指标权重自动调整适应，并可根据需要随意选取多个评价参数模型，具有很强的适应性，但收敛速度慢，容易陷入局部极小值
	主成分方法	克服指标间信息重叠；客观确定评级对象的相对位置及安全等级；但未考虑指标实际含义，易出现确定的权重与实际评价情况相悖
生态模型	生态足迹法	表达简明、易于理解，但过于强调社会经济对环境的影响而忽略了其他因素的作用
	土地承载力法	本质是探讨土地能供养多少人的问题，其研究主要是从"耕地-食物-人口"3 个方面探究 3 者的内在联系

续表12-4

评价模型	评价方法	特点
景观生态模型	景观生态安全格局法	可以从生态系统结构出发综合评估各种潜在生态影响类型
	景观空间邻接度法	体现为景观上的空间邻近，其功能和结构也存在密切联系的思想
数字地面模型(DTM)	数字生态安全法	将3S技术应用到生态系统评价中，采用栅格数据结构，叠加容易、逻辑运算简单，能够实现和完成上述几种模型的评价运算

1. 数学模型

数学模型最典型的代表是数学指数法，其实质是将各项指标在标准化之后分配合理的权重并进行加权平均，在整体的水平上对区域土地生态安全做出评价。其特点是易操作、可量化。其他常用方法还包括层次分析法、模糊综合法、灰色关联法和投影寻踪法等。

2. 生态模型

生态模型主要包括两种方法：一种是较为传统的土地承载力法，另一种是近年来出现的生态足迹法。土地承载力法的本质是探讨土地能供养多少人的问题，其研究主要是从"耕地-食物-人口"3个方面探究三者的内在联系。生态足迹法是从生态学角度出发探究现下自然资源的消耗量或人类社会对自然环境的需求量，表示出一定人口所需的土地面积。生态足迹分析法的优势是综合性强、可操作，但其也存在较大的缺憾，即目前无法确定各个复杂因素之间的相互关系。

3. 景观生态模型

景观生态模型将生态安全评估、预测和预警进行有机结合，同时利用3S技术构成生态安全研究的完整体系，具有巨大的发展前景，可分为景观生态安全格局法和景观空间邻接度法。前者表示不论均相还是异相，景观中点的重要性有所差异，其中一些点和空间关系影响着整个景观水平的生态过程，从而构成景观生态安全格局；后者体现为景观上的空间邻近，其功能和结构也存在密切联系的思想。

4. 数字地面模型(DTM)

数字地面模型(DTM)指实际地形分布的数字化特征展现。其代表性方法为数字生态安全法，运用地理信息系统对数据进行评价和分析。

近年来，全球土地生态安全的研究方向侧重于融合地理信息技术，其特点是兼顾了逻辑分析又使得研究成果具有高度的可视性，其代表就是糅合了现代科学技术，从时间和空间角度进行分析的景观生态模型和数字地面模型。

12.2.4 全球土地生态安全评价指标体系

土地生态安全评价的关键环节是建立起科学完善的土地生态安全评价指标体系。国内外学者从不同方向、不同区域、不同作用对土地生态安全进行了大量的研究，但标准尚未统一。目前得到大家广泛认可的土地生态安全评价指标体系有以下两种。

1. 压力-状态-响应概念框架模型

压力-状态-响应概念框架模型(pressure-state-response，PSR)从土地压力/土地生态系统压力、土地状态/土地生态系统状态、人文环境响应/土地生态系统响应3个方面来构建评价指标体系。在这个评价框架中，各个指标在概念上相互独立，在现实中相互联系，相互作用。压力指标反映人类各项活动给生态环境增加的负担，状态指标表征生态环境质量、自然与生态系统的状况，响应指标表征人类面临生态环境问题所采取的对策与措施。

由于 PSR 概念框架综合考虑了人类与生态系统的相互关系和作用，系统地将土地生态评价指标进行了分类，所以在此之后相继出现了一系列以此为基础的土地生态安全评价体系。例如从土地生态压力、土地生态环境质量、土地生态环境保护整治及建设能力 3 个方面构建的指标体系；从生态系统结构状态、功能状态、人类活动压力、自然驱动压力、状态响应和人类活动响应 6 个方面构建的指标体系；构建的驱动-响应指标体系；综合压力-状态-响应概念框架与压力-状态-调控概念框架，提出的“压力(需求驱动)-反馈(生态服务功能)-调控(减压)(pressure-feedback-control，PFC)概念框架模型”评价指标体系等(图 12-2)。

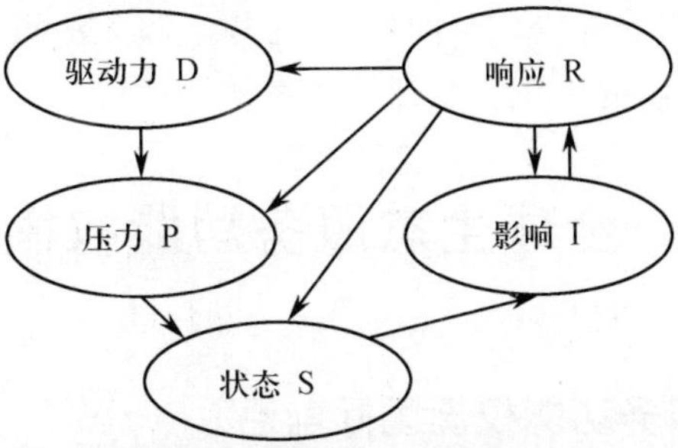

图 12-2　驱动力-压力-状态-影响-响应概念框架模型(郑荣宝，2006)

2. 自然-经济-社会概念框架模型

自然-经济-社会概念框架模型从土地自然生态安全、土地经济安全和土地社会安全 3 个角度来构建指标体系。因为土地生态系统综合了社会经济系统和自然生态系统，是一个复杂的复合型系统，延伸到自然、经济、社会等较多方面。因此，以自然-经济-社会概念框架构建指标体系，在满足科学性、系统性的要求基础之上，还能客观反映出区域土地生态安全的状况和相应的问题，所以一些评价体系是在这个基础上建立的。例如，从城乡利用、城镇环境安全、辖区农村环境安全和经济社会安全 4 个方面构建评价指标体系。

12.2.5　全球土地生态安全评价展望

土地是人类赖以生存和发展的重要基础，随着目前全球生态环境状况日益严峻，土地的生态安全问题成为世界各国的一个热点话题，同时也是一个蕴含机遇又颇具挑战的重要领域。此领域的理论和方法国内外学者已经取得了较大的突破，但总体而言还处于上升发展阶段。土地生态安全评价今后的发展重心将在以下几个方面。

1. 土地生态安全评价体系标准化

目前，国内外学者对土地生态安全指标观点较多，尚未形成一个标准，土地的安全等级划分也十分纷乱，造成评价结果不唯一，因此土地生态安全领域亟须一个标准化的评价体系。由于每个区域自然环境条件、禀赋及社会经济发展特点不同，应考虑从区域生态功能出发，制定具有区域针对性、体现个体差异性的相对完善的土地生态安全评价指标体系，同时确定统一的生态安全指标值域，从而令土地生态安全评价规范化。

2. 对未来状况的预警研究与动态趋势研究

在以后的研究中，应加强对未来状况的预警研究与动态趋势研究。国内现阶段生态预警方面并没有建立明确的预警指标，也没有相应的理论研究，在预警误差分析方面也相对落后，相应地在预警过程中也无法对预警误差进行及时、有效的更改。

3. 加强与地理信息技术的结合

当前土地生态安全研究的技术发展趋势是基于 GIS 技术的。针对土地生态安全问题，并借鉴景观生态学的研究方法，利用 GIS 和 RS 技术，进行土地生态安全评价，调节水土流失、面源污染等生态问题，是区域土地生态安全优化的一个新方向。

4. 探索土地生态安全评价新方法

因为土地生态安全的特点导致了土地生态安全的影响因素众多，目前的评价体系大多只是模糊地阐述了各因素对土地生态安全的影响，并未深入探究其定量的关系。当前的评价方法虽然在一定程度上满足了目前的需求，但是从长远的发展来看还有很多地方需要完善。例如，数学模型法目前没有确定的等级划分阈值，生态模型法无法模拟各因素间相互关系。我们迫切地需要新的方法完善目前的生态安全评价体系。

12.3 全球生态服务功能权衡评价

12.3.1 全球生态服务功能权衡国际前沿

生态系统服务是指生态系统所形成及所维持的人类赖以生存的自然环境条件与效用，为人类直接或间接从生态系统得到的所有收益。由于人们对生态系统服务存在需求偏好，即当人们同时面对某几种生态系统服务，会对其他生态系统服务的提供产生影响，生态系统服务的权衡与协同问题因此产生。

生态系统服务在 20 世纪 90 年代被首次提出，之后在国际上引起强烈反响。在全球变化和人类活动加剧的影响下，处理好生态系统服务中权衡与协同的关系，对于进一步提升生态系统服务的效益，保障生态系统服务供给，促进社会系统和生态系统共同发展具有重要意义。生态系统服务权衡已成为生态学、地理学和环境科学的研究热点和前沿。

12.3.2 生态服务功能权衡方法

生态系统服务权衡研究方法可分为 4 类，即统计学方法，空间分析方法，情景模拟方法和生态系统服务流动性分析方法。具体内容如表 12-5 所示。

表 12-5 生态系统服务权衡研究的方法概况（戴尔阜等，2016）

研究方法	基础数据	方法原理	技术平台	目的	优点	不足
统计学方法	政府部门，观测站点和样地实测等数据	相关性分析，回归分析，聚类分析，冗余分析等	SPSS，R，Matlab 等	分析生态系统服务数量变化的统计特征	简单快捷，对数据类型没有严格要求	采用分散的区域汇总数据或样点数据进行分析，掩盖了区域内部的空间异质性

续表12-5

研究方法	基础数据	方法原理	技术平台	目的	优点	不足
空间分析方法	不同生态系统服务或环境因子的空间地图数据	地理信息系统技术	GIS软件	生态系统服务之间空间格局和尺度效应对比分析	与空间位置相联系，利于生态系统服务权衡的机理分析	时空尺度和空间数据分辨率选择很重要，可能过滤掉重要的细节信息
情景模拟分析方法	空间化的情景预案数据	不同土地利用动态，农业管理模式，森林经营措施等情景下的生态系统服务动态变化模拟	Clue-s，SWAT，InVest等情景模拟模型和GIS软件共同实现	不同情景下生态系统服务之间空间格局和尺度效应的对比分析	生态系统服务权衡动态变化的研究和预测	情景预案的科学性和合理性
服务流动性分析方法	生态系统服务供给—传输—利用过程的所有特征数据	网络分析技术原理	ARIES模型，GIS软件	生态系统服务供给量，需求量，传输路径的空间格局和尺度特征的对比分析	涵盖了生态系统服务供给-传输-利用整个过程	目前只应用于粮食生产，渔业养殖等少数服务类型权衡研究，需要程序编写技术

1. 统计学方法

统计学方法是指运用统计方法分析不同生态系统服务价值之间的数量关系，并最终确定管理生态系统服务权衡与协同关系的最优方案。在生态系统服务权衡研究中，统计学方法应用主要在以下几方面：对生态系统服务之间的作用关系进行快速识别和定量比较；对影响生态系统服务权衡/协同关系的各种因素进行筛选；可以使用统计模型或多目标优化模型对不同类型生态系统服务价值、生态系统服务总体效益和影响因素之间的关系进行模拟。

2. 空间分析方法

空间分析方法是对每一种生态系统服务类型进行空间制图，而后采用GIS工具进行空间叠加、地图运算等空间处理，分析其空间上的特征，比较其重合度，最终识别生态系统服务权衡和协同的类型及区域。

3. 情景模拟方法

情景模拟方法是通过制定若干气候变化、生态保护或社会经济发展优先或兼顾的情景，分析生态系统服务价值及作用关系的动态变化。情景模拟方法有利于揭示土地利用和覆被变化，政策管理和森林经营管理变化等对未来生态系统服务价值、作用关系和总体效益的影响，以用于指导生态系统服务管理决策。

4. 服务流动性分析

服务流动性分析方法通过对单一生态系统服务的供给量、需求量和传输路径特征进行分析和建模来识别其流动特征和关键点，分析生态系统服务权衡的类型和区域。

4种方法分别从不同角度对生态系统服务权衡研究进行定量化表达，一定程度上推动了国内外生态系统服务权衡的研究工作。但是4种方法仍存在缺陷，在使用时需要注意数据的分辨率、精度以及时空尺度选取。目前，生态系统服务需求量估算方法仍不成熟。不同种生态系统服务的供给量估算已经具有比较完善的计算方法，但需求量估算方法很少，并且在不同种生态系统服务之间差异很大。因此，在未来，为了继续对生态系统服务进行深入研究，就必须要构建能广泛使用的不同种生态系统服务需求量计算方法，以此扩展上述4类研究方法的应用范围。

12.3.3 生态服务功能权衡模型

生态系统服务权衡模型为生态系统服务权衡研究提供了重要工具，对生态系统服务价值量化，空间叠置分析和不同土地利用/覆被变化，管理决策背景下生态系统服务价值变化，权衡与协同关系和总体效益的模拟影响巨大。目前，国内外用于生态系统服务权衡分析的模型主要有InVEST模型，ARIES模型等(表12-6)。

表12-6 主要生态系统服务权衡模型概述(戴尔阜等，2016)

模型名称	开发者	模型类型	可获得性	利益相关者的引入	适用的空间尺度	结果形式	应用地区	功能概述
InVest	美国斯坦福大学和世界自然基金会	生态生产功能	公开	可选	景观或流域尺度	物质量/货币	美洲，非洲，亚洲等20个国家和地区	具有多个生态系统服务评估模块，可以量化土地利用与覆被变化情境下的服务功能变化
ARIES	美国佛蒙特大学，西班牙巴斯克气候变化研究中心，美国国际保护协会，墨西哥生态协会	价值转移	公开	可选	景观或流域尺度	物质量/货币	美国普吉特海湾，亚利桑那等区域	通过人工智能和语义建模实现多种生态系统服务空间流动过程的评估和量化
NAIS	国际自然资产实验室空间信息工作组	价值转移	非公开	可选	景观或流域尺度	货币	美国阿拉斯加州，加利福尼亚州	通过文献数据确定不同景观类型的生态系统服务价值，评估不同规划或管理情景下的生态系统服务价值变化
Envision	美国俄勒冈州立大学	人类偏好	非公开	需要	景观或流域尺度	物质量/货币	美国太平洋西北部地区	基于用户空间直观的景观变化评估不同发展情境下的生态系统服务变化

续表12-6

模型名称	开发者	模型类型	可获得性	利益相关者的引入	适用的空间尺度	结果形式	应用地区	功能概述
EPM	美国地质调查局	人类偏好	公开	需要	景观或流域尺度	物质量/货币	美国圣克鲁斯河流域	基于多标准情景模拟框架、土地利用与覆被变化敏感模型等信息评价生态价值变化
EcoAIM	Exponent公司	人类偏好	非公开	需要	景观或流域尺度	价值指数	美国马里兰州	风险分析方法评估不同土地管理决策，生态学修复决策情境下的生态系统服务变化
ES Value	Entrix公司	人类偏好	非公开	需要	景观或流域尺度	价值指数	美国佛罗里达州南部地区	通过专家观点、文献数据、利益相关者偏好等确定生态系统服务相对价值，评估不同管理情景下的生态系统服务变化

InVEST模型是一种基于生态生产过程评估和权衡生态系统服务的综合模型。该模型整合了多种生态系统过程模型，能够借助土地利用与覆被数据，物理环境因子数据和社会经济因子数据评估多种生态系统服务的物质量和价值量，并能通过输入不同政策情景下的土地利用与覆被参数和空间叠置分析工具模拟生态系统服务价值的时刻尺度变化和生态系统服务之间的权衡关系。InVEST模型迄今已经发布了31个版本，由9种海洋性生态系统服务（波能、风能、海岸带脆弱性、海岸侵蚀保护、渔业产品、美学欣赏、旅游休憩、生境风险评估、海水净化）和7种陆地生态系统服务（生物多样性、碳储存、土壤保持、水电生产、传粉服务、木材生产和水质净化）的评估模块组成，未来还将继续开发防洪减灾、农业生产、海水水质净化等模块。InVEST模型优势在于使用简单，模拟具有多样性，认可度较高，目前已应用于美洲、非洲、亚洲等20个国家和地区的相关研究中。但同时InVEST模型对一些算法和生态过程的简化造成其存在许多局限性，如在生物多样性模块中对多种胁迫因子的累积作用进行简单加和处理，对域外胁迫因子的忽略和胁迫强度在边界区域的弱化；海水质量模块水流过程只考虑了水平方向的物质迁移运动，忽略了垂直方向的水质净化过程；碳储存和固碳模块将不同植被类型各个碳库的固碳速率视为常量，忽略了固碳速率的动态变化以及不同碳库之间的碳循环过程等，因此在应用时需要谨慎评估模型结果的适用性。

ARIES模型是一种通过生态系统服务价值空间流动过程进行生态系统服务权衡分析的综合模型。ARIES模型运用人工智能和语义建模工具模拟具体生态系统服务的供给、使用和空间流动过程并进行空间制图，运用贝叶斯概率模型对自然和社会经济因素对生态系统服务的影响进行模拟，并通过生态系统服务供给、需求和传输路径空间制图之间的叠置分析对生态系统服务需求矛盾和服务之间的空间冲突进行权衡,从而对生态系统服务权衡管理政策进行调整。目前,ARIES 模型包括 8 种生态系统服务分析模块(碳吸收和碳储存、河流洪峰调节、海岸带洪水调节、美学视域分析、渔业生产、泥沙调节、淡水供给和旅游休憩),使用者可以通过网络浏览器访问具体的生态系统服务模块和空间数据集。与其他评估模型相比,ARIES 模型增加了对生态系统服务不同主体(提供者、使用者、传输者)和服务流动过程的动态分析,并拥有由一系列地理背景数据和生态过程算法组成的模块库,可以根据研究需要自由进行运算模块的组合,评估精度较高,应用前景良好。

ESValue 模型通过将生态系统服务价值已有信息、专家经验和利益相关者的偏好整合在一起来确定生态系统服务的相对价值,可以分析不同管理策略对生态系统服务价值变化和权衡关系的影响,有助于确立最适合的自然资产管理策略。EPM 模型是基于多标准情景模拟框架、GIS 分析和空间直观的土地利用/覆被变化模型等信息,评估不同情景下生态系统服务、土地地块、社区生活质量的价值变化及其权衡关系。NAIS 模型是一个决策支持系统框架,包括了一个为生境类型估算生态系统服务价值的 GIS 数据库和查询引擎,可以基于地理单元和土地利用/覆被类型绘制表征生态系统服务的价值流,多用于较小空间尺度的土地利用规划情景对生态系统服务价值影响和权衡关系的分析。

综上所述,目前已有的生态服务权衡模型仍处于起步阶段,存在很多限制与不足:生态系统服务的模拟评估计算方法的不确定性有待提高;人类活动与管理情景很大程度上受到消费者偏好的影响;各种服务之间的权衡关系过于简单,不能够对生态系统服务权衡的驱动机制和时空尺度变化特征进行全面系统的描述。未来,我们需要对生态系统服务模型进行进一步完善,提高对生态过程和环境过程之间的模拟分析,以便于我们对生态系统服务之间的作用机制进行更好的表达。

12.3.4 生态服务功能权衡研究框架

生态系统服务权衡研究正处于起步阶段,虽然现有的研究方法和生态系统服务研究模型还不能有效提出生态系统服务管理和效益优化方案,但是仍可以为构建生态系统服务权衡研究的理论框架提供重要的切入点,为此提出生态系统服务权衡研究的核心内容及其逻辑关系(图 12-3)。

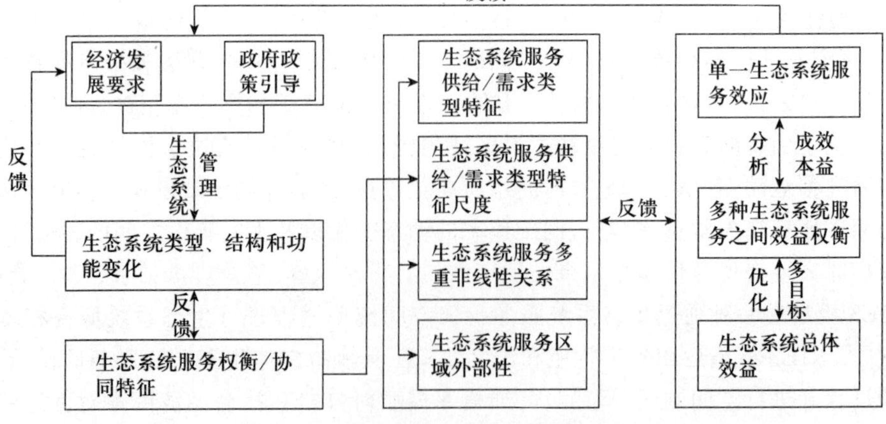

图 12-3 生态系统服务权衡研究理论框架

1. 生态系统服务供给与需求的时空尺度特征及其相互作用研究

在不同的时空尺度下，特定区域景观类型与社会经济条件存在差异，由此造成生态系统服务种类、供需能力、空间特征和作用关系的差异。对于不同时空尺度上生态系统服务的供给量和作用关系，国内外大量学者对此进行了大量研究，研究结果表明生态系统服务之间的尺度分异和权衡或协同关系是普遍存在的，且生态系统服务之间的作用关系在不同区域上有所不同。但对于生态系统服务需求量时空尺度分异和作用关系的研究还较少，多是基于空间上生态系统服务的需求等级指数和需求量调查数据进行生态系统服务需求权衡关系分析。

2. 生态系统服务效益优化研究

权衡研究的目标是减少不同生态系统服务之间的权衡效应，增加其协同效应，由此提升生态系统服务的整体效益。对生态系统服务价值变化与生态系统服务总体效益之间的关系进行合理量化，以便于比较不同生态系统服务管理对策的优劣，也有利于将经济学的理论和方法引入生态系统服务权衡与协同研究，以实现生态系统服务的多目标优化管理，并从市场机制的视角对人类活动影响和生态系统服务权衡管理影响进行量化。目前，生态系统服务效益研究工作集中于生态经济学领域。一些学者采用经验方程、数量模型、多目标优化算法等统计学方法分析供给型生态系统服务经济效益变化与市场机制、政策管理、环境因子改变之间的权衡关系，而对于难以货币化的生态系统服务效益的权衡关系分析则重视不足。

3. 生态系统服务权衡驱动机制研究

生态系统服务变化一般也会引发景观结构与格局的改变，甚至可能引发土壤理化性质、蒸发和下渗等环境机制的变化。因此，为了维护全球环境稳定和保证生态系统服务可持续供给，需要对生态系统服务变化与生态系统的结构和功能变化之间的动态关系、反馈机制和作用强度，政府政策和市场机制对生态系统服务管理的影响机制和区域差异进行量化处理。国内外大量学者从不同的学科角度分析了宏观尺度上生态系统服务权衡的驱动机制，小尺度上生态系统服务权衡机制以及生态系统服务价值变化与生态过程和环境过程之间的反馈机制研究仍然较少，亟待加强。

12.3.5 生态服务功能权衡研究局限与展望

生态系统服务权衡与协同研究提出以来，受到国内外学者的广泛关注。因此，在生态系统服务权衡与协同领域已取得大量研究成果。但是从总体上看，生态系统服务权衡与协同研究仍处在初步发展阶段，仍存在许多问题亟待解决。

对生态系统服务分类和评估的不确定性。由于生态系统服务与生态过程和生态系统功能之间并不是简单的一一对应关系，因此，现有的许多生态系统服务分类体系对生态系统服务价值计算存在重复计算或者漏算的问题。生态系统服务进入市场后，人们过度追求其直接使用价值而忽视其内在的生态效益，由此造成不能客观评估生态系统服务价值的问题，进而导致价值评估不能准确反映生态系统服务与生态系统结构和功能之间的相关性，同时也会低估生态系统服务功能在维持生态平衡和生态系统结构稳定方面的重要作用，因此，我们无法对生态系统权衡与协同进行准确研究。

缺少生态系统服务权衡与协同研究的数量模型。不同生态系统服务之间存在不同程度的权衡与协同关系。现有的研究模型仅仅局限于研究两种服务作用下供需的动态变化，缺少能够衡量在多种生态系统服务互相作用下其总体效益与单一效益之间的动态变化关系的数量模型。

对生态系统服务权衡与协同的驱动机制研究不够深入。目前，在特定时空尺度条件下，对多种生态系统服务的空间、时间特征和作用关系的研究成果较多，但对生态系统服务价值变化与生态系统结构、功能以及社会系统之间的相互联系的研究不够深入，不能够明确不同类型的影响因素对生态系统服务的影响程度。

需要加强对生态系统服务权衡与协同的尺度效应研究。目前，生态系统服务权衡与协同的尺度效应研究大多集中在多时段和多情景预案下，对某特定区域生态系统服务价值的变化与空间特征进行对比分析，缺少在不同时空尺度、不同区域之间对生态系统服务供给、需求服务之间权衡或协同关系类型和驱动机制进行对比分析的尺度效应研究。

在全球环境逐渐变化及可持续发展宏观背景下，生态系统服务未来研究中应注重揭示其驱动机制，构建更加完善的土地生态系统服务研究学科体系，加强生态系统服务对全球变化的响应特征和机制分析，进一步加强尺度效应研究，完善生态系统服务分类体系与评估方法，进一步为多重生态系统服务体系的优化及管理提供决策依据。

12.4 全球土地生态足迹评价

随着社会的发展和科技的进步，环境问题日益凸显，人们对环境的关注也越来越多，可持续发展对于各国政府和国际组织而言愈发重要，一系列相关政策相继出台。可持续发展的核心是准确度量和评估人类活动及其环境影响是否超过了自然环境的承载能力。生态足迹理论就是为解决这样的问题而产生，并在众多的可持续评价中脱颖而出，得到广泛的应用。

12.4.1 生态足迹内涵与分析框架

1. 生态足迹的内涵

生态足迹（ecological footprint）又称“生态占用”，是指一定区域（国家或者地区）所需要消费的所有资源和吸纳该地区所产生的废弃物而需要的生物生产性土地面积（涵盖陆地和水域）的总和。生态足迹的概念是加拿大生态经济学家 William Rees 于 1992 年提出的，Wackernagel 于 1996 年进一步完善了生态足迹理论和模型，形成了现在广泛应用的生态足迹分析方法。

2. 生态足迹的指标体系

1）生态足迹指标

$$EF = N \times ef = N \times \sum (aa_i) = N \times r_i \times \sum (c_i / p_i) \tag{12-4}$$

式中：EF 为地区总的生态足迹；N 为人口总数；ef 为人均生态足迹；i 为消费项目的类型；r_i 为 i 种消费品对应土地类型的均衡因子；aa_i 为 i 种消费品折算的人均生物生产性土地面积；c_i 为 i 种消费品的人均生产量；p_i 为所对应的生态生产性土地上 i 种消费品的年平均生产能力。

2）生态承载力指标

$$EC = N \times ec = N \times \sum a_j \times r_j \times y_j \tag{12-5}$$

式中：EC 为总生态承载力；ec 为人均生态承载力；a_j 为人均实际占有的 j 类生物生产性土地面积；r_j 为均衡因子；y_j 为产量因子。

3)生态盈余/赤字

$$ED = EF - EC \tag{12-6}$$

式中：ED 为生态盈余/赤字；EF 为生态足迹；EC 为生态承载力。

3. 生态足迹的分析框架(图 12-4)

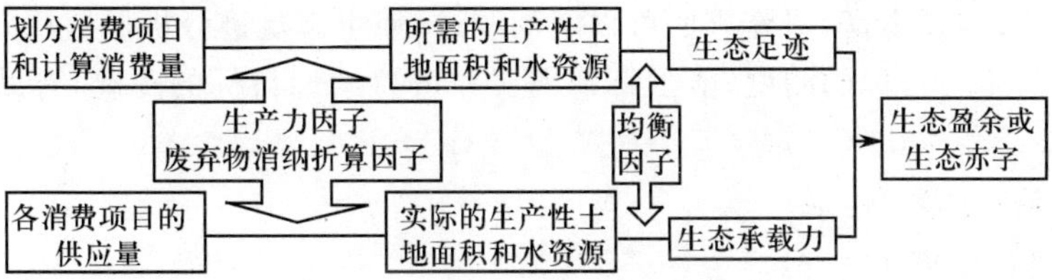

图 12-4　生态足迹分析方法框架图(周国忠,2010)

如果一个区域的生态足迹减生态承载力的结果为负，则该区域表现为生态赤字；如果结果为正，则表现为生态盈余。一个区域的生态赤字或生态盈余，反映了该区域人口对自然资源的利用状况和计算时刻该区域发展的可持续性。

12.4.2　生态足迹评价方法与模型

基于上述的分析框架，可以看出生态足迹的计算是建立在以下两个事实之上的：①人类消费的大多数资源、能源及其所产生的废弃物数量是能够被估计的；②这些资源和废弃物流能折算成生产和消纳这些资源和废弃物流的生态生产性土地面积。

目前生态足迹的主流计算方法有以下几种。

1. 过程分析法

1)综合法

综合法由 Wackernagel 提出，后经 Wackernagel、Monfreda 等的改进，已趋于完善。综合法使用国家级的数据，通常用于国家层级的生态足迹计算。但是由于计算过程中受统计资料的限制，影响了综合法在政策制定中的作用。

2)成分法

成分法最早由 Simmons 等提出，后经 Barrett 等的改进后也日趋成熟。成分法以人类的衣食住行活动为出发点，通过物流分析(MFA)得到主要消费品消费量及废物生产情况，适用于中观、微观层面的生态足迹核算，但数据收集困难。

2. 投入-产出分析法

投入产出分析法是由美国经济学家 Leontief 于 1931 年提出的；20 世纪 60 年代后期开始，由 Leontief 等进一步改进。投入产出分析法的优势在于能够往上追溯环境影响，扩大以及精确计算环境影响的范围，特别是对于生态承载力的分配的政策制定上，投入产出方法有着很好的应用。

3. 能值法

能值的概念是 HTOdum 在 20 世纪 80 年代后期提出的用作分析复杂的动态的生态系

统，并作为一种环境政策评估工具。能值足迹分析方法未能使生态足迹成为决策指标，但是两者结合却能够阐明特定的研究问题，并有助于解决过程分析法中未能解决的问题。

12.4.3 生态足迹模型的评价

1. 生态足迹的优点

生态足迹模型作为一种计算人类生态消费、衡量生态可持续性的测量工具具有以下几方面的优点。

(1)概念形象、内涵丰富，研究方法可以不断改进，使生态足迹分析保持活力。

(2)实现了对生态目标的测度，能了解到现实和可持续性目标的距离，有助于监测可持续方案实施的效果。

(3)计算简单、可操作性强。

2. 生态足迹的缺点

虽然生态足迹作为可持续性评价的主要工具，得到了大家的广泛认可，但是，生态足迹模型也存在不足的地方，主要表现在以下几个方面。

(1)土地功能的空间排斥性　生态足迹的计算前提是对土地功能的单一性假设。这种假设只是一种理想状态，现实中一种土地可能不止一种用途。此外，目前的生态足迹模型对吸纳废弃物所需的生物生产性土地面积测算不足。

(2)均衡因子和产量因子等指标选取上的争议　土地的生产力存在差异性，不能用统一的数值进行计算。同时，在全球公顷、国家公顷、省公顷的选取上，学者们的意见也不一致。

(3)生态偏向性　生态足迹强调的是人类发展对环境系统的影响及其可持续性，对于经济、社会、技术方面的可持续性并不关心，且人类对现有消费模式的满意程度并未被考虑，具有生态偏向性。

(4)生态足迹分析方法缺乏未来导向性　生态足迹分析方法的指标是静态指标，不具备未来导向性，减弱了对区域生态足迹研究的意义，而且具体的政策建议大多是启发性的，不具备实际操作意义，限制了生态足迹理论在政策制定中的作用。

12.4.4 全球生态足迹评价展望与趋势

虽然生态足迹模型存在一些不足之处，但各方学者都对其进行了改进和调整，使其更符合所计算区域的实际情况。综合文献，可以看出生态足迹模型未来需要在以下几个方面进行研究与改进。

1. 改进生态足迹模型与计算方法

对争议比较大的产量因子、均衡因子等采用更加科学的计算方法，可以结合一些数学软件和当地的实际情况推导比较合理的计算公式和计算方法。

2. 扩展微观尺度上的生态足迹研究

除了常规的国家、省级等宏观、中观层面外，应扩展生态足迹在微观层面的应用，如加大在城市、产业、家庭和个人尺度上的生态足迹研究，使其更好地为局部可持续发展服务。

3. 加强对流动人口生态足迹的考虑

随着社会的进步和科技的发展，许多农村人口涌入城市务工，这些流动人口的不断提高对当地生态足迹和承载力又有怎样的影响，还需要更深入的研究。

4. 加大对未来生态足迹的预测

构建时间序列的动态分析。生态足迹模型不仅要分析过去的生态足迹以及其对生态系统的影响，还要能预测未来的环境状况，这将为政府制定相关政策提供有益参考。

12.5　全球土地固碳评价

12.5.1　土地固碳评价

随着人们对土地范围认识的深入，土地这一概念并不仅仅指陆地还包括一定的水域。鉴于海洋生态系统对于固碳的重要地位，在这里将土地包括陆地与海洋。土地固碳可以分为陆地生态系统固碳与海洋生态系统固碳。陆地生态系统固碳主要依靠绿色植物的光合作用，人们形象地称之为“绿碳”，而后者则被形容为“蓝碳”。

1. 固碳的概念

固碳也称之为碳封存，是指运用一定的物理、化学或生物方法，使大气中二氧化碳以固态的形式在除大气外的碳库中稳定地存在，在一定时间尺度上脱离碳循环。工业革命后人们对二氧化碳的排放大幅度增加使得传统的方式已经满足不了人们的需求，在20世纪90年代美国能源部就开始研究如何将大气中的二氧化碳封存在土壤中，从而降低温室效应的负面影响，并于2001年提出了固碳科学(carbon sequestration science)和固碳科学技术(science and technology of carbon sequestration)的概念。自此固碳并不仅仅指自然界中碳由无机形式向有机的转变，也指人为的固碳。在进行土地固碳评价时不仅要评价土地现有的固碳能力，还要评价土地的可供人们开发利用的固碳潜力。

2. 土地固碳评价的概念

土地固碳评价是指为了一定的目的，运用一定的方法对不同类型土地的固碳能力高低以及固碳潜力大小进行评定的过程。高扬等在2013年指出生态系统固碳是指森林、草地、农田、湿地和海洋等生态系统在光合作用过程中自然捕获大气中二氧化碳的过程。在这里生态系统固碳也可指土地固碳，而对土地固碳进行评价按照人们的特定目的，评价范围不仅仅局限于光合作用捕获的二氧化碳含量，还应考虑非二氧化碳固碳方式以及人为固碳。

土地固碳评价按照生态系统不同可分为陆地生态系统固碳评价和海洋生态系统固碳评价。而陆地生态系统固碳又可按植被类型分为森林固碳、草地固碳、农田固碳和干旱土地固碳。不同类型的土地固碳对于影响整体的大气二氧化碳含量重要程度不同，评价所使用的方法也不一。

3. 土地固碳评价意义

土地固碳评价有诸多意义，它可以了解和反映土地质量的基本情况，土地资源的丰富程度，土地适宜性的大小等，但是最主要的在于土地固碳的强大能力对于缓解全球温室效应具有举足轻重的地位。

联合国政府间气候变化专门委员会(IPCC)第四次评估报告提出，切实减少温室气体排放、增加碳汇成为缓解气候变化的首要任务。而土地所固定的碳含量巨大，仅是土壤就有约1 400～1 500 Pg的碳以有机质的形式封存在土壤中，占全球陆地总碳库的2/3以上。也正是因为土地是一个巨大的碳库，对全球大气中二氧化碳含量有深远影响，对全球气候变化的改变作用巨大。也正是因为土地在固碳方面的巨大潜力让有关学者认识到,可以通过一定的技术将二氧化碳封存在土地里借此减少大气中的温室气体,减缓温室效应。而土地固碳评价对于清晰地认识土地对于碳的固存能力的大小以及固碳潜力留给人们合理应用的空间大小有了大体展望。

4. 土地固碳评价的基本方法

土地固碳评价的基本方法按照陆地生态系统和海洋生态系统分别有不同的方法。对于陆地生态系统而言固碳主要是依靠绿色植物的光合作用将二氧化碳转化为有机碳进而储存在土壤中形成土壤有机碳(SOC),评价陆地生态系统固碳能力主要是计算土壤有机碳含量,而且如何更好地评价和衡量土地固碳效果与潜力是开展人为固碳以及相关研究的重要前提。评价土壤固碳的方法一般是利用土壤有机碳密度与对应面积相乘得到。计算公式如下:

$$\mathrm{SOC}=\mathrm{SOCD}_i \times S_i \tag{12-7}$$

式中:SOCD 为土地有机碳密度,是指一定单位面积一定深度的土层中土壤有机碳的质量,单位为 kg C/m^2、pg C /m^2 或 tg C/hm^2 等。

一般某一土层 i 的有机碳密度公式为:

$$\mathrm{SOCD}_i = C_i \times D_i \times E_i \times (1-G_i)/10 \tag{12-8}$$

式中:C_i 为土壤有机碳含量,%;D_i 为土壤容重,g/cm^3;E_i 为土层厚度,cm;G_i 为大于 2 mm 的砾石所占的体积百分比,%。

海洋生态系统固碳评价并没有统一整体的基本方法,按照所研究主题的不同有多种可供选择的方案,在以后的章节中会重点讲述。

12.5.2 全球陆地生态系统固碳评价

1. 陆地生态系统固碳的重要地位

全球陆地生态系统是巨大的碳库,土壤碳库大约有 1 550 Pg 有机碳和 750 Pg 无机碳(0~1 m 土层),是大气碳库(760 Pg)的 3 倍,生物碳库(560 Pg)的 3.8 倍(Zhang,2003),而这仅仅是土壤的固碳量,森林草地等生态系统的活生物量以及凋零物中也含有数量庞大的有机碳。陆地生态系统固碳速率、增汇潜力及其定量认证研究不仅是应对气候变化的急迫需求,更是地球系统碳循环科学研究的核心任务,也是陆地生态系统管理的科学基础(于贵瑞,2011)。

1)全球森林固碳评价

(1)森林生态系统固碳的地位　森林是陆地生态系统的主体,也是最大的碳库。大气成分监测、二氧化碳通量测定以及模型等方面的研究都表明,森林生态系统具有比其他植被生态系统更高的碳存储密度,其碳储量占全球陆地总碳储量的 46%,而且森林生态系统与大气圈中的碳交换十分活跃,平均每 7 年,陆地植被就可消耗掉大气中全部的二氧化碳,其中 70%的交换发生在森林生态系统,由此可知其碳交换对全球碳平衡有着重要影响。

(2)森林碳储量　森林碳储量是植物通过长期光合作用将二氧化碳转化为储存在植物体内有机碳的含量。这一储量受两方面影响:一方面是森林土壤碳库的变化,体现在土壤有机碳储量的变化上,主要指进入土壤有机物质的输入与损失之间的平衡;另一方面是森林生物量的变化,由此引发的碳循环变化。目前,对于森林生态系统的碳储量以及碳密度的研究已经达到了全方面、多尺度的程度，从一个林分到全球尺度都有涉及。

(3)森林生态系统固碳的影响因素　虽然森林生态系统是陆地生态系统最大的碳汇，但森林生态系统容易受到火灾、有害昆虫、病害的干扰，导致固碳功能不太稳定；同时不同的森林管理策略都会影响森林生态系统碳汇；把林地转变为农地、商业性采伐及非商用产品如薪炭林的采伐都会减少森林生态系统的碳储量，而造林、施肥、森林保护等管理措施则能增加碳储量。如植树造林不仅可以增加碳储量还可以改善土壤和水体的质量以及生态系统的健康。但是有些影响因素的效果还处于争议之中，需要进一步的深入研究，如退耕还林对于碳储量的影响，Wang等的研究认为退耕还林会使土壤退化进而加剧水土流失，从而加速土壤中有机碳的流失；Gao等的研究则认为流失的碳可以通过造林重新被土壤和植被固定。

(4)森林固碳的评价方法　目前不同尺度的碳储量及固碳潜力评估方法包括：样地清查法、遥感估测法、模型模拟法以及上述方法的结合。

① 基于样地清查的方法。基于样地清查的方法主要包括植被生物量清查法和土壤碳储量清查法。植被生物量清查法主要有异速生长方程法(回归模型法)、IPCC法和换算因子连续函数法(BEF法)(表12-7)。

表12-7　植被生物量清查法

方法	参数	处理途径
异速生长方程法 (回归模型法)	树木胸径 树高 树木生物量	回归系数的标准误差 和决定系数(R^2)决定适用性
IPCC法	森林蓄积量 木材密度 生物量换算因子 根茎比	建立材积源生物量模型
换算因子连续函数法 (材积源BEF法)	生物量 蓄积量	分别计算每种森林类型的BEF (生物转换因子)

土壤碳储量清查法主要有土壤类型法、植被类型法和生命地带法等。土壤类型法是以土壤剖面数据为基础，计算各单元的土壤碳含量，根据种类聚合土壤剖面数据，最后按照区域或国家尺度土壤图上的面积得到土壤总碳储量；植被类型法和生命地带法是按照植被、生命地带或生态系统类型的土壤有机碳密度与该类型分布面积来计算土壤碳储量的方法。

② 基于遥感估测的统计方法。依据遥感技术估测森林地上生物量的方法主要有基于遥感数据的统计法和模型法。统计法是根据实验区内样地生物量与遥感图像上植被的物理参数、反射光谱特征或不同雷达数据间存在的相关关系进行回归拟合来计算生物量的方法。如利用光学遥感中TM影像数据的红光和近红外光谱波段的反射值组合成植被指数，建立与地面调查数据的回归关系反演区域森林生物量。

③ 基于大数据的模型模拟方法。模型技术可以客观地反映一些生态学规律，是基于大数据的模型模拟的主要方法。这些模型包括：以生物学过程作为驱动机制的模型(如3PG、PnET、BGC等)，以森林调查及林分生长作为驱动机制的模型(如CBM-CFS_3、CO_2 FIX、FOR-

CARB 等），以生物学过程及森林调查作为驱动机制的混合模型（如 FORECAST、TRIPLEX）。

2）全球草地固碳评价

（1）草地生态系统固碳的地位　草地生态系统是陆地生态系统的重要组成部分，是世界上分布最广的植被类型之一，其碳储量约占陆地生态系统总碳储量的 12.7%，草地碳储量约占陆地植被总碳储量的 25%。与森林等生态系统不同，草原碳库主要集中在地下，分布在土壤和植物根系中，而地上的碳库则较小。草地土壤的碳储量约占草地总碳储量的 90%，因此草地在全球气候变化中扮演着重要角色。

（2）草地生态系统固碳的影响因素　近年来，由于过度放牧、开垦等人类活动的干扰及气候变化等自然因素的影响，草原生态系统正面临着严重的退化问题，造成了土壤有机碳的损失。人为因素也可对草地产生正面影响，如人工种草、封围草场等固碳措施可以使草地有机碳恢复和积累，具有固定大气二氧化碳的能力，是一种低成本的固碳减排措施。

（3）草地生态系统固碳评价方法　草地生态系统土壤固碳量的一般计算方法在不同范围上有不同的方法，在样点尺度上可以用碳储量法和碳通量法。碳储量法与碳通量法内涵相近，这里仅介绍碳通量法。

通过测定草地生态系统在固碳措施实施期间的 CO_2 通量变化量来估算该管理措施的固碳量。

$$\Delta SOC = A \times (G - L) \times T \tag{12-9}$$

式中：ΔSOC 为草地生态系统土壤有机碳储量变化量，Mg C；G 和 L 分别为草地生态系统年均碳吸收量和损失量，Mg C/(hm^2·年)；T 为固碳措施实施年限；A 为实施固碳措施的草地面积，hm^2。

3）全球农田固碳评价

（1）农田生态系统固碳的地位　农田生态系统所固定的碳虽然不足陆地土壤有机碳库的 1/3，但是农田土壤固碳是提升肥力、保障和实现农田持续稳定生产能力的关键所在。农田固碳的重点并不在于其所固定的碳含量对于大气中二氧化碳的减少作用而在于对粮食安全的保障作用。

（2）农田生态系统固碳的影响因素　水热条件和气候因素是土壤有机碳周转和固定的主要驱动因子。气候条件可以影响作物的生长发育，进而影响土壤中来自根系、秸秆以及残茬的碳含量，还可以改变土壤的水热条件，影响土壤微生物种群的数量和多样性，进而改变土壤中有机碳的矿化速率。土壤的物理化学性质也是影响土壤有机碳转化的重要因素。土壤的优劣影响到生活在其中的动物、微生物，进而影响到土壤生物对进入土壤的有机物料的分解和转化过程，同时土壤本身的性质也直接影响到了最大固碳潜力。例如，黏粒含量越高的土壤其固碳能力就越强。对施肥因素的研究表明，提高氮肥使用量可以增加作物残留物的还田量并且提高表层土壤的有机碳含量。在耕作中，轮作方式也会在一定程度上影响农田固碳的效果。与单一的栽培模式相比，高密度种植和轮作可以提高作物残留量，同时提高土壤有机碳含量。同时，不同的耕作制度通过影响氮的有效性而影响碳的固持。

（3）农田生态系统固碳潜力的评价方法　农田固碳潜力是区域或国家农业土地的整体固碳能力。农田土壤固碳潜力估算的常见方法有最大值法、饱和值法、分类定级法、加权法。最大值法是通过使每个样点都达到现有样点有机碳含量中的最高水平，然后将其代表的区域进行累加。最大值法估计粗略,评价过程简单但极不可靠。饱和值法是通过确定在当前环境条件下土壤有机碳的饱和水平,进而计算出其固碳潜力的方法。这种评价方法的估算结果相对准确但饱和水平确定较难。分类定级法是鉴于不同土壤类型固碳潜力的可实现程度不同,将土壤按照类型进行分类,容易受人为定级影响。加权法是在土壤有机碳变化的影响因子贡献系数的基础上,通过排除自然影响因子的影响效果,从而求得土壤固碳潜力的方法。加权法的估算结果最为可靠但估算过程较为复杂,需要参数最多,工作量最大。

2. 陆地生态系统固碳展望

森林是陆地生态系统固碳的主力军,是最大的碳汇,但是森林生态系统易受到有害昆虫、病害的干扰,导致固碳能力不稳定;农田生态系统固碳是将二氧化碳封存在农田土壤中,但土壤固碳能力受气候变化影响较大,如大面积干旱会降低农田固碳能力;草地的重要作用使得草地应该成为全球陆地植被固碳的重要途径之一。总而言之,陆地生态系统的碳储量易受干扰,如火灾、疾病、气候和土地利用的变化都可以影响陆地生态系统的碳储量。因此陆地生态系统采用何种固碳措施需要认真考虑和权衡各种资源的优先顺序,确定气候变化和土地利用变化对潜在碳汇和生态效益的影响。

尽管陆地生态系统固碳具有潜在风险与不可预知的结果,但就目前来看,陆地生态系统固碳依旧被认为是最经济可行和环境友好地减缓大气二氧化碳浓度升高的重要途径之一。如何提高陆地生态系统碳储量及其固碳能力是近年来全球变化研究的热点领域。

3. 海洋生态系统固碳评价

就气候变化而言,短时间的固碳是没有意义的,所以碳离开大气的时间十分关键,陆地上的生物储碳界定年限为 20 年,而海洋方面全球通量研究计划对生物储碳界定年限的基本共识是 100 年。

1)海洋生态系统固碳的独特地位

相比于陆地生态系统的高等植物,除了海岸带存在一些高级植物外,海洋中广泛存在的是浮游植物、细菌等低级生物,但是海洋生态系统的固碳能力却远超出了人们的想象,虽然海洋植物总量只有陆地的 0.05%,但是“蓝碳”却占据了生物固碳总量的 55%,海洋植物较高的固碳能力毋庸置疑。

2)海洋固碳的机制

目前已知的海洋固碳机制主要有“溶解度泵(solubility pump)”“碳酸盐泵(carbonate pump)”和“生物泵(biological pump)”这 3 种。

海洋生物泵对海洋固碳至关重要,如丧失了这一固碳机制,大气中二氧化碳会比现在的含量高出 200 ppmv(1 ppmv=1 μL/L)(Parekh,2006)。海洋中的浮游生物通过光合作用消耗海水中的无机碳,使海水中的二氧化碳分压降低进而主动从大气中吸收二氧化碳。这一过程也是浮游生物通过光合作用大量消耗海水表层无机碳产生有机碳的过程,而通过光合作用产生的有机碳最终以浮游生物的排泄物(也被称为“打包效应”)以及死掉动植物的遗体残骸等形式向海洋下层沉降。这一过程中有些浮游植物开始沿着食物链食物网逐级向下传递,从而将一部分碳封存在海洋中长期不参与大气中二氧化碳的循环,从而起到了固碳的作用。在这里不得不提到“微生物碳泵 MCP”。海洋微生物是一个生态学概念,指的是个体小于 20 μm 的浮游微生物和小于 2 μm 的超微型浮游生物,包括各类自养、异养、原核、真核的单细胞生物以及没有细胞结构但有生态功能的浮游病毒/噬菌体。微型生物是全球海洋生命有机碳的主体组分，是海洋生态系统碳流和能流的主要承担者。例如，原绿球藻具有迄今发现的自养生物所不具有的一类光合色素(divinyl chlorophyll)，可在极弱的光照条件下进行高效的光合作用，其生产力占海洋真光层深处的生产力的90%。类似的微型生物具有的独特功能的发现使得其在海洋固碳中的重要地位不言而喻。海洋真光层的浮游植物光合作用可以从大气吸收超过一亿t的碳但是其所形成的POC在沉降过程中不断被降解，真正沉降的只有开始的15%，埋藏到海底真正达到固碳目的的只有0.1%，可见生物泵仅仅是流于表面的固碳主力，真正的效率却不尽如人意。而微型生物则是隐藏在海洋中的固碳巨人。

相比于生物泵，碳酸盐泵与溶解度泵在固碳方面的作用稍差。溶解度泵是物理化学作用，海洋中的二氧化碳分压小于大气中的二氧化碳分压，二氧化碳被压入海洋中，这一过程是被动的。驱动力来源于海洋缓慢的环流，即不同温度海水的二氧化碳溶解度不同。低温以及高盐造成的高密度海水在重力作用下携带通过海气交换所吸收的二氧化碳输入到深海。碳酸盐泵与溶解度泵相关，前者主要是基于二氧化碳平衡体系和碳酸盐析出及沉降。

3)海洋生态系统固碳的评价方法

计算海洋中碳的含量与海洋的固碳能力不仅需要了解固碳的机制，还要了解碳在海洋中的存在形式。海洋中的碳主要以碳酸盐离子形式存在，如溶解无机碳(DIC)，溶解有机碳(DOC)，颗粒有机碳(POC)以及生物有机碳(BOC)。结合固碳机理，可以推断海洋碳循环的碳通量。

本节重点讲述浮游生物的初级生产力、真光层POC输出通量以及有机碳沉积通量的估算方法。

(1)浮游生物的初级生产力

海洋的“溶解度泵”只是实现了CO_2从大气碳库向海洋碳库的迁移，存在很强的时空异质性。而真正实现二氧化碳的固定还需要生物泵将二氧化碳封存在海底。而生物泵是最为复杂的，因此计算起来有一定的难度。20世纪中期，学者开始用海水中叶绿素含量建立生态学数理模型来估算海洋浮游植物的初级生产力，为大面积的海洋调查带来了方便。该模型中饱和光条件下浮游植物的光合作用速率就是叶绿素浓度的函数，即：

$$P=C\times Q\times R/K \tag{12-10}$$

式中：P为浮游植物光合作用速率，mg C/(m^3·h)；C为叶绿素浓度，mg/m^3；Q为同化系数，是单位质量叶绿素在单位时间内同化的碳量；R为决定于海面光强的相对光合作用率；K为海水消光系数，m^{-1}。上述公式中标志海洋浮游植物光合作用能力大小的重要参数“同化系数”受各理化因子的影响而具有可变性，这就导致了叶绿素浓度与初级生产力之间的关系不是恒定的，经过改进的模型为：

$$P=\frac{1}{2}PS\times Zeu\times D \tag{12-11}$$

式中：PS为潜在生产力，mg C/(m^3·h)，由表层叶绿素浓度和同化系数得到；Zeu为真光层深度，m；D为日照时数，h/d。潜在生产力PS是表层海水中的叶绿素浓度和同化系数的函数，即：

$$PS=Chla\times Q(3) \tag{12-12}$$

式中：$Chla$ 为表层叶绿素 a 的含量，mg/m^3，Q 为同化系数，mg/(mg·h)。同化系数(Q)是指单位叶绿素 a 在单位时间内合成的有机碳量，是用来表征浮游生物光合作用强度的量值。

(2)真光层颗粒有机碳(POC)输出通量的估算方法　真光层是海洋浮游生物活动最为活跃的地区，是生源物质产生、再循环以及迁出到深海的一个重要水层。其向下输出的 POC 通量是衡量生物泵的转化效率的关键指标。这些颗粒的传统的采集方法是过滤海水从而得到足够多的颗粒样本。这种方法耗时耗力且误差较大，沉积物捕获器的发明在一定程度上缓解了这一问题。目前海洋沉积物捕获器主要有自由漂浮式、锚定式和中性浮力漂浮式沉积捕获器等。采用沉积物捕获器的方法是通过单位时间、单位面积上收集到的颗粒物来定量 POC 的输出通量。另一种估算 POC 输出通量的方法是放射性同位素法，应用最为广泛的是 234 Th-238 U 不平衡方法。通过测量真光层中 234 Th 相对于 238 U 的放射性活度比值，可得到 234 Th 的输出通量，结合真光层底层颗粒物上有机碳与 234 Th 的比值，可以得到从真光层底部输出的 POC 通量。

(3)海洋有机碳沉积通量的估算方法　二氧化碳在生物泵的作用下沉降在海底，大部分通过细菌分解作用再次转化为无机碳，只有很小一部分被埋藏在深海沉积物中长期封存，并在一定时间尺度上脱离了碳循环。测量海洋有机碳沉积(SOC)是十分必要的。

SOC 通量测定需要先确定柱状物的年龄，再结合表层沉积物的 TOC 得到有机碳沉积通量。这里主要采用放射性测年法，即根据放射性元素蜕变等方法来测定地层年龄的方法。利用大气沉降到水及沉积物中的放射性元素的衰变规律，通过测量其放射性活度随深度的变化来计算沉积物的沉积速率，其适用的测年范围与所使用的放射性核素的半衰期有关。在海底地层沉积物中应用较广的是 230 Th 和 210 Pb 法(半衰期分别为 75 200 年和 22.3 年)，其中深海沉积速率和锰结核的生长速率主要用 230 Th 法测定，浅海或近海松散沉积物多用 210 Pb 法测定。

4. 海洋生态系统固碳的展望

2017 年 11 月 4 日，以“蓝碳发展：科技与责任”为主题的蓝碳国际论坛在厦门召开。来自国内外蓝碳领域的知名专家、学者以及管理工作者 200 多人齐聚厦门共同探讨蓝碳发展。发展蓝碳已经成为实现《联合国气候变化框架公约》《保护生物多样性公约》《拉姆萨尔公约》和《可持续发展目标》等多项国际公约宗旨和目标的重要途径。海洋生态系统固碳相比于陆地生态系统固碳是一个新兴事物但其潜力不容忽视，而且其所带来的经济效益更是巨量。人为海洋生态系统固碳方式有两种：一是将二氧化碳通过管道注入并溶解到水体中，二是向海洋中投放微量营养元素来加速海洋“生物泵”的进程。但是除此以外还有生物固碳的方式，这不仅具有良好的环境效益还能带来巨大的经济效益。如海产养殖、渔业捕捞等生产性行业本身就具有一定的经济效益。另外，生物固碳项目还可以通过《京都协议书》规定下的清洁发展机制出售其减排产生的碳排放信用来获取一定的资金。海洋每年吸收碳约 20 亿 t，以现在市场上 6 欧元/t 的碳交易价格估算，海洋潜在的经济收益就高达 120 亿欧元。然而人为固碳也有巨大的风险，其所导致的海水酸化与富营养化降低了海洋生物新陈代谢的速率，增加了海洋生物的死亡率，导致海水酸化；封存的二氧化碳从海底逃逸也易引发大的灾难。如何合理开发利用海洋这一潜力巨大的碳库值得深入研究与思索。

12.6 “地球界限”研究进展及趋势

12.6.1 “地球界限”概念框架

1.“地球界限”概念的内涵

“地球界限”是用于界定“安全运行空间”的边界值，而“安全运行空间”则是指人类活动的合理范围或程度。该概念框架旨在避免全球范围内剧烈的人为环境变化，降低人类活动超出地球系统生态阈值的风险，从而维持地球当前与全新世环境条件相近的状态，以保障人类的生存。

“地球界限”是基于预防性原则提出的，并以某种地球系统过程的生态阈值为参考，有时会通过系统过程中的环境风险感知作为判定依据。但无论是生态阈值，还是对环境风险的感知，两者的不确定性范围都对“地球界限”的界定有着重要的影响。

2.“地球界限”与其他生态阈值的异同

“地球界限”框架的提出受到环境承载力概念的影响，但两者在量化过程中存在一定的差异。首先，环境承载力被认为是环境的一种属性，是指某一时空条件下环境可以承受的人类活动的上限阈值，如人口增长、经济发展以及污染排放等，超过这一阈值就会出现不可逆的环境退化现象。对于环境承载力及其隐含的阈值而言，可以通过监测的数据和统计的方法相结合，从而得到一个相对准确的数值或范围。但对于不具阈值效应特征的地球系统过程来说，地球界限的设定更多地受到一些主观因素的影响，易引起一些争论。其次，环境承载力重视资源的供应能力，而“地球界限”是基于预防性的原则而提出，其关键在于界定了影响地球自我调节能力的关键系统过程的最低安全标准。“地球界限”概念框架最重要的是寻求一种实现可持续发展的新途径，通过制度改革和技术创新在有限的运行空间中促进资源的可持续利用。因此，这一框架可以被视为是传统承载力研究的扩展和延伸，并促进了全球可持续发展的实现。

“地球界限”与中国管理部门强调的生态红线有一定的相似之处。生态红线(也称生态保护红线)是为了加强中国生态保护和促进可持续发展而提出的重要理念。多数学者将其定义为“为了维护国家和区域生态安全及社会经济可持续发展，并保障生态产品和服务持续供给而必须严格保护的最小空间范围或质量控制范围”。通过对比地球界限和生态红线的概念可以看出，两者虽然都强调将人类活动限制在一定的范围中，但是也存在差别。首先，生态红线主要涉及空间范围边界线或管理控制线，例如，耕地、湿地以及森林的最小保留面积，具有生态阈值的含义，而“地球界限”则注重在某一空间尺度上不同过程的合理变化程度，如氮、磷污染以及生物多样性变化等；其次，目前关于生态红线的研究多是定性的讨论，但是有关不同“地球界限”的量化研究已取得了一定的成果。考虑到目前生态红线的定义尚不统一，所以明确区分生态红线与“地球界限”的异同有一定的困难。在未来的研究中，根据不同的研究目的与需求，将生态红线与“地球界限”有效地结合，对实现可持续发展有一定的参考价值。

3.“地球界限”概念的量化应用

“地球界限”的量化应用对人类生态资源和环境的可持续发展具有十分重大的意义。2009年，由斯德哥尔摩大学 Johan Rockström 领导，包括诺贝尔化学奖得主 Paul Curtzen 在内的28 位世界顶尖科学家组成的团队，共同提出了调节地球系统稳定性和恢复力的 9 个过程，并量化了部分过程的“地球界限”。2015 年，Steffen 等在 *Science* 上更新了地球界限的研究成果和一些具体的量化标准。

Rockström 等曾评估了 9 种关键的地球系统过程，包括气候变化（climate change）、海洋酸化（ocean acidification）、平流层臭氧消耗（stratospheric ozone depletion）、氮磷循环（nitrogen，phosphorus cycle）、全球淡水使用（global freshwater use）、土地利用变化（change in land use）、生物多样性损失（biodiversity loss）、大气气溶胶负载（atmospheric aerosol loading）和化学污染（chemical pollution）。其研究表明，气候变化、生物多样性损失和氮循环已经超过了地球界限，同时也指出由于受到数据资料的限制，并未量化化学污染和大气气溶胶负载的变化状况。

2015 年，Steffen 等在 *Science* 上更新了地球界限的研究结果，并且将生物多样性损失改为生物圈完整性（biosphere integrity），并细分为基因多样性（genetic diversity）、功能多样性（functional diversity）；另外，将化学污染改为新物质的导入（introduction of novel entities），例如，化学或工程上的新物质生产，如氯氟烃（chlorofluorocarbons）会对臭氧层造成严重影响。与 2009 年的结果相比，除了基因多样性、氮循环仍然处于高风险区之外，磷循环和土地利用变化也进入了高风险区。此外，2015 年大气中 CO_2 浓度约为 400×10^{-6}，尽管跨越了地球界限，但尚在可接受的不确定范围内。唯一值得庆幸的是，平流层臭氧的消耗得到了大幅改善。

12.6.2 “地球界限”研究进展

1. 不同地球系统过程“地球界限”的评估

许多学者以某一具体地球系统过程为研究对象，完善了“地球界限”的评估方法，并取得了很多有意义的成果。例如：

1）Sverdrup 等应用系统动力模型评估了当前人类社会对磷利用效率的“地球界限”，研究结果指出在当前的利用效率下，磷资源还可以维持 100 年左右，而后将会变成非常稀缺且昂贵的资源。

2）Gerten 等依“自下而上”的原则，重新评估了淡水利用的“地球界限”，结果显示当前淡水利用的界限为 2 800 km^3/年（不确定性范围为 1 100～4 500 km^3/年），明显低于 Rockström 等的评估结果。

3）de Vries 等认为 Rockström 等给出的固氮“地球界限”偏低，并指出该界限应考虑活性氮的效益、危害及其空间变异性。该研究通过评估活性氮在粮食生产中的需求和对水资源、温室气体和土壤等造成的不利影响，得出当前固氮的界限应在 60～100 Tg/年，与 Steffen 等的研究结果较为接近。

2. “地球界限”概念框架的扩展

虽然“地球界限”这一概念框架对于自然资源的可持续利用有着重要的指导作用，但过度关注环境的保护问题，可能会忽视极端贫困和其他的社会不公平的现象。正如可持续发展所强调的，人类在对自然资源的使用过程中不仅要避免对地球系统的关键过程造成压力，还要保障所有人能够获得所需的资源。这意味着在考虑自然过程的界限时，还需要将社会基础纳入“地球界限”的制定过程中。

在“Rio＋20”峰会中，各国政府强调了 11 项关键的“社会剥夺（social deprivation）”，即阻碍或减少个体与社会其他人之间在文化层次上的交流或互动的影响因素，包括粮食安全、人均收入、水资源及卫生、医疗保健、教育、能源、性别平等、社会公平、发言权、就业和恢复力等社会基础指标。Raworth 同时考虑了 9 种地球系统过程以及 11 种社会基础指标，构建了被称为“圆环(doughnut)”的概念框架，旨在为创造一个“安全公正空间(safe and just space)”提供决策依据，从而真正实现可持续发展(图 12-5)。

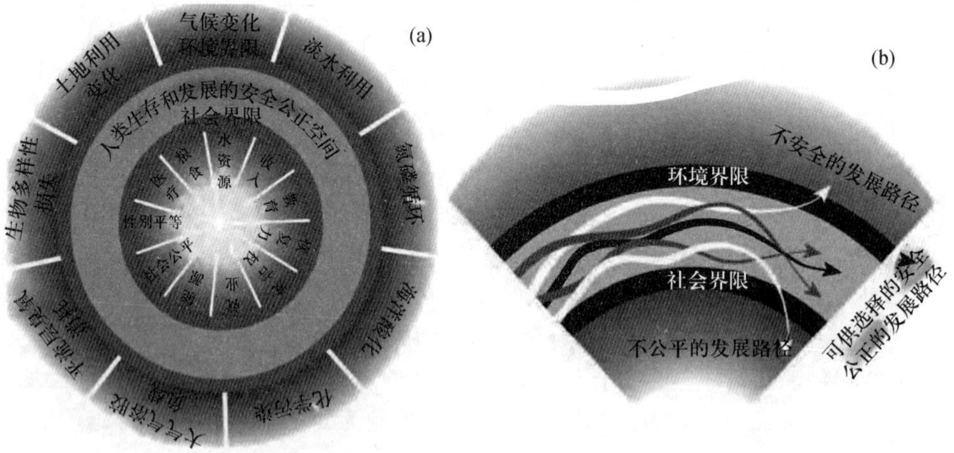

图 12-5　人类生存和发展的安全公正空间的概念框架(a)及其潜在的发展路径(b)

(Raworth，2012；Leach et al.，2013)

如图 12-5 所示，在这个“安全公正空间”的框架中包含了两个界限，分别是环境界限和社会界限。其中环境界限与 Rockström 等提出的“地球界限”内涵相同，其构成了“圆环”的外部界限，表示各种关键的地球系统过程或者环境变量是否超过了设定的界限；而社会界限则是指各项社会基础指标必须要达到的临界值，表示各种权利是否得到保障。在两种界限之间则是人类生存的安全公正空间，在这个范围内既可以使自然资源可持续利用，又可以保障人类福祉。“安全公正空间”的理念进一步明确了实现可持续发展需要完成的目标，但是由于社会生态系统具有复杂性，完成这些目标因受到了社会价值观、风险意识以及不同社会群体之间权力和利益分配的影响而存在不同的方式。

3. 不同尺度“地球界限”的评估研究

Rockström 等在提出“地球界限”时表明该框架适用于全球尺度，但是许多学者认为基于全球尺度上的评估无法有效地对不同国家和地区环境政策起到指示作用。因此近年来关于城市、流域和国家等不同尺度的环境界限和社会界限的研究开始不断增加。

通过结合生态系统恢复力和不同地球系统过程之间相互作用的早期研究，Scheffer 等在世界文化遗产保护中应用了地球界限框架，并通过与全球尺度的评估对比，提出了区域性评估在减少气候变化和其他因素引发的环境退化风险方面可以更为有效。

O’Neill 等评估了 150 个国家的“安全公正空间”并进行了比较。通过研究发现，若全球资源实现可持续利用，则在不跨越任何“地球界限”的情况下，只有部分生理需求，包括维持营养、获得电力、卫生设施甚至消除贫困可以得到满足，但无法满足全体公民的所有基本需求。同时，O’Neill 等提出至少将当前资源利用率提高 2～6 倍才可以全面实现社会公平。

综合来看，与全球尺度上的地球界限评估相比，区域尺度有以下 3 点优势：①区域性的保护行动因其自发性和单方面性从而有效地避免全球尺度上不同国家之间投机取巧的行为；②有助于人们了解保护环境和政策制定的复杂性和困难性，促进不同区域上的利益相关者的参与;③因为区域性的评估结果的不确定性更小,从而更有利于方案的实施。尽管区域尺度存在优势,但也不能忽视全球尺度评估的重要性,全球尺度上的地球界限评估可以为区域尺度的评估方法和评估结果提供参考和借鉴。

12.6.3 “地球界限”对中国可持续发展的启示

中国实现可持续发展的关键是如何有效地协调经济发展与环境保护之间的关系。改革开放以来,我国虽然在资源环境可持续利用方面取得了举世瞩目的成就,但依旧存在着自身发展的局限性。例如,生物多样性的减少并未因为大规模的植树造林而得到有效的遏制;城镇化建设的推进使得很多高质量的耕地被占用,并且只能用低质量的耕地来补偿,从而对区域粮食安全造成不良的影响。“地球界限”的概念框架以及后续发展的“圆环”框架为中国当前的可持续发展评价指标体系的各项指标的要求提供了重要的参考。

此外,虽然我国学者近年对生态红线颇为关注,但是当前的相关研究仍面临着许多关键的问题。中国提出的“生态红线”并未考虑社会界限的实现,因此,鼓励不同地区以“地球界限”和“圆环”框架为参考,结合中国发展现状和发展需求合理地完善生态红线的评估框架并设定合理的环境界限和社会界限,对实现中国可持续发展目标的执行、监测和评估有重要的促进作用。

12.6.4 “地球界限”研究趋势

“地球界限”框架及其发展是地球系统管理研究的重要组成部分,将社会界限与地球界限协调融合,有利于实现资源可持续利用条件下的社会公平。受不同因素的作用,环境界限和社会界限的评估都会有所影响,但最终是由政策决定界限设定与否。然而评估和决策的关键均需要明确不同环境过程的相互关系及其尺度效应,以及不同利益相关者的需求,同时也需要注重资源利用对人类影响所造成的滞后效应。因此为了弥补这一领域存在的不足,在未来的研究中进一步推动中国相关研究的发展,可以从以下方面进行。

首先,依据中国可持续发展目标评价体系来进一步完善“地球界限”的指标评估体系;其次,明确“地球界限”与人类福祉、生态系统服务之间的内在联系;最后,通过对“地球界限”的评估结果分析来加强变革式环境治理的研究。

12.6.5 “地球界限”概念的争议观点及面临的挑战

虽然“地球界限”一直得到广泛的认可,但仍有部分学者提出了其存在的缺陷并对其提出了质疑。Lewis 于 2012 年在 *Nature* 上发表评论文章,认为“地球界限”框架存在两个缺陷:一是不是所有的环境过程都具有阈值效应,而只存在一个资源的总量;二是该框架应用到不同的尺度会得到不同的结果,因此可能会引发政治纷争。

Nordhaus 等指出,包括土地利用变化、生物圈完整性、氮循环、淡水利用、大气气溶胶负载和化学污染在内的 6 个地球系统过程在全球尺度上并无生物物理阈值,但是气候变化、海洋酸化、大气臭氧消减和磷循环在全球尺度上存在阈值效应。他还认为对无阈值效应的过程设定界限是一种武断的行为,甚至可能会加剧生态系统的退化。综合来看,质疑的观点主要体现在以下 5 个方面。

(1)从全球的尺度设定各种过程的“地球界限”可能会对地区性的政策制定造成误导。有学者认为对于在全球尺度上无生物物理阈值的环境过程来说,通过科学评估的手段没有办法设定合理的地球界限。这些系统过程的变化需要经过政治和经济方面的权衡来分析对人类福祉造成的影响积极与否，而这些影响大都体现在区域内而并非全球。

(2)除气候条件以外，无证据表明全新世的其他环境特征对提升人类福祉有益。全新世环境稳定的气候条件是人类生存和发展的基础，但无法证明当时的土地利用结构、氮含量、生物多样性水平以及其他环境特征可以维持当前人类的发展。

(3)从全球尺度来看，生态变化与人类福祉之间的关系并不明确。“地球界限”框架建立在环境变量与人类福祉密切相关的假设之上，即生态系统服务或自然资本的丧失意味着人类福祉的下降。然而，有学者认为生态系统退化会威胁人类福祉的观点太过片面，纵观人类发展过程，全球大部分地区是以消耗自然资源、破坏原始生态环境为代价来提高人类福祉的。

(4)生态系统服务权衡要比“地球界限”更好地表达人类福祉与生态系统之间的关系。生态系统服务权衡是指一种服务的增加而造成另外一种服务减少的相互作用关系。比较两种服务的成本效益和人类需求对反映人与自然系统的动态关系和相关决策的制定具有参考价值。

(5)尽管有学者认可“地球界限”的科学意义以及当前设定的值，但对不同地球系统过程是否超过了“地球界限”也存在不同的看法。Steffen 等的评估结果显示，当前全球每年的淡水利用量约为 2 600 km^3/年，远低于“地球界限”值(4 000 km^3/年)，但 Jaramillo 等指出 Steffen 等的评估中仅考虑了灌溉农业用水量而未考虑非灌溉农业用水量，同时他还认为其水库表面蒸发量的估值偏低，未考虑水库对其邻近区域(100 km 左右的距离)的水文影响。据此，Jaramillo 等的评估结果认为目前全球每年的淡水利用量约为 4 664 km^3/年，已经超过了“地球界限”。但 Gerten 等指出不同学者对同一个地球系统过程的评估结果的差异的主要原因是对同一概念的理解存在差异。例如，Jaramillo 等的评估结果中考虑了植物的蒸腾耗水量，但是这部分水属于绿水的范畴，而 Steffen 等则强调以蓝水为主。Rockström 等强调地球界限框架仅限于分析哪些环境过程决定着地球系统的稳定性，以及这些过程具有什么样的界限位置，而不是为了调整与制定政策。

因此，“地球界限”概念框架的最终目的是希望能够综合当前的研究手段和方法从而得出一个更加全面、合理和有效的评估结果，并不是取代它们。当“地球界限”被确定和接受时，就可以为决策提供依据。

12.7 “未来地球”科学计划研究进展及趋势

12.7.1 “未来地球”概念框架

1.“未来地球”概念内涵

“未来地球”科学计划的期限为 10 年(2013—2022 年)，旨在整合和拓展现有全球变化研究计划，通过学者、政府、企业、资助机构、用户等利益攸关者协同设计、共同实施、共享成果，加强自然科学与社会科学的联系与融合，为全球、区域和各国应对全球环境变化提供必要的科学知识、技术方法和解决方案，推动全球和区域可持续发展。

“未来地球”计划引领科学界将人类发展作为影响地球系统动力学机制的一个重要因素，在这个框架内进行各项综合研究。该概念框架强调全球环境变化和全球可持续性的同时，也包含研究的尺度效应和地球不同成分间互馈效应的研究。

"未来地球"将围绕三大主题：动态星球、全球可持续发展和可持续性转变，在不同研究尺度上与社会科学展开合作，发展内容丰富的知识系统，应对全球变化带来的挑战，为社会管理者提供准确高效的决策支持。其目的是拓展全球可持续发展研究的深度和广度，为实现"可持续和公平的可持续发展"的远景提供具有针对性的建议。

"未来地球"科学计划的具体科学目标为：

（1）推进科学研究，更加深入地认知自然和社会系统的变化。

（2）观测、分析、模拟自然和社会系统变化，特别是人类-环境相互作用的动力学特征。

（3）为全球面临环境变化风险的社会群体提供科学知识和预警信息，抓住可持续性转型的机遇。

（4）确定和评估应对环境变化的战略，提出关键问题的解决方案。

2. "未来地球"科学计划关注的问题(表 12-8)

表 12-8 "未来地球"科学计划关注的问题

（1）如何保证当代和未来地球人口的水资源、清洁空气和粮食可持续安全？
（2）管理工作如何促进全球的可持续性？
（3）人类面对全球增长和发展对生态系统构成空前压力有何风险？什么是对人类社会、地球系统功能和地球生命多样性具有严重影响的临界点风险？
（4）世界经济和工业如何转型、刺激创新程序以促进全球可持续性？
（5）面对全球城市化快速发展的形势，如何把城市设计成能承受更多具有高质量生活的人口，体现人和自然资源利用的可持续全球足迹？
（6）在全球向低碳经济快速转型的背景下，如何使所有人都能使用安全能源？
（7）人类如何适应全球变暖的社会和生态影响，适应气候变化的障碍、限制和机遇是什么？
（8）如何保持生态系统和进化系统的完整性、多样性和功能，使得地球上的生命和生态系统服务能够持续，进而增强人类健康和福祉？
（9）什么样的生活方式、伦理学和价值观有利于环境管理和人类福祉，这些贡献如何对全球可持续性转型提供支持？
（10）全球环境变化如何影响贫困和发展，如何减轻贫困，如何构建有利于实现全球可持续性转型良性生计？

来源：辛源和王守荣，2015。

3. "未来地球"科学计划的关键原则

（1）提升研究质量，追求卓越水准，加强地球系统科学与可持续发展的联系。

（2）加强国际和区域的广泛合作，促进自然科学、社会科学、工程项目、人文科学以及规划法律等方面的综合集成。

（3）鼓励共同设计和共同产出，研究人员与管理人员、工业和商业部门、国际组织等利益相关者以及社会大众共同参与、紧密合作。

（4）采用自下而上的方法，对局地、地区和全球的问题从细节到总体进行深入研究。

（5）提供面向应用和解决问题的知识，支撑科技和政策创新。

（6）具有包容性，加强地球系统现有科学计划的融合与整合，同时酝酿和发起一些新的计划和项目。

（7）注重管理创新，围绕计划目标确定管理和组织机构。

（8）关注科学计划的环境效应，评估科学计划实施的环境影响。

12.7.2 “未来地球”研究进展

1.“未来地球”科学计划的研究主题

根据上述概念框架，未来地球科学计划提出了3项研究主题，用于确定研究方向和研究领域，集成现有科学计划和项目，遴选新的科学计划和项目(表12-9)。

2. 多角度视角下的“未来地球”科学计划

1)“未来地球”研究计划的核心理念与人文-经济地理学结合的视角

(1)以社会-环境相互作用和系统耦合研究为基础，分析环境变化对人类活动压力的响应，探讨人类实现可持续发展的应对行动，不失为人文-经济地理学探索区域可持续发展系统研究的一条有效路径(图12-6)。

表12-9 “未来地球”科学计划的研究主题及应用

研究主题	目标	重点研究方向	重点关注问题
动力星球/动态地球(Dynamic Planet)	1. 观测、解释、理解和预估地球系统、环境系统和社会系统的演变趋势、强迫因素、变化过程以及相互作用； 2. 评估全球变化的阈值和风险，建立环境突变和不可逆变化预警系统，为管理决策提供科学支持	1. 地球脆弱地区的自然系统； 2. 人文因素作用机制； 3. 自然系统与人文因素的相互作用影响机制(包括方法与模型、状态和趋势、重点领域等)	1. 解释地球系统和社会-生态系统的正确理论模型； 2. 气候、土壤等关键环境领域的状态和趋势； 3. 人文因素、技术变革等如何驱动上述变化； 4. 自然、人文变化和社会可持续发展状态的变化机制； 5. 如何预测未来关键环境领域变化趋势； 6. 突破区域至世界的阈值和地球界限的条件，并且导致社会-环境危机的风险； 7. 如何认知预测热带雨林、干旱地区等脆弱地区的现状和未来变化； 8. 如何适应地球系统耦合模拟，如何在此基础上进一步开发各类预测和预警系统； 9. 人类面临生态压力的风险以及阈值界定
全球发展(Global Development)	满足人类的迫切需求，提供科学知识，对粮食、水资源、生物多样性、能源、原材料及其他生态系统的功能和服务进行可持续、安全和公平的管理	1. 资源管理； 2. 生态系统服务； 3. 可持续路径(紧密联系所有利益相关者，以共同识别和解决人类发展和安全最紧迫的基本问题。)	1. 地球科学、生物科学和社会科学等交叉领域对可持续发展的重要性； 2. 自然资源和土地公平与可持续利用的模式、权衡和政策选择； 3. 如何确保人类古往今来对粮食、水资源、人体健康及生物多样性和生态系统的影响及其可持续利用； 4. 如何通过加强气候服务、生态管理和灾害风险评估减缓环境和气候变化影响，增强生态系统的恢复力； 5. 如何在项目中充分考虑社会和环境效益以及效果和公平的关系； 6. 减少环境影响的新能源战略及其社会影响； 7. 环境变化对弱势群体的影响等

续表12-9

研究主题	目标	重点研究方向	重点关注问题
可持续性转型（Transition to Global Sustainability）	1. 理解可持续性转型的过程和措施选择； 2. 评估这些过程和措施与人的价值、人的行为、新兴技术及社会经济发展方式之间的联系； 3. 评价全球不同部门、不同尺度环境管理战略	1. 低碳社会转型； 2. 强化气候变化减缓措施，构建可持续海洋"蓝色"社会，加强对海洋环境的保护； 3. 发展新型媒体、网络和信息系统，为可持续性转型提供信息服务等	1. 如何实现不同层次、领域、地区环境管理和决策的合作； 2. 研究环境管理成功与失败的关键因素； 3. 新兴技术如地球工程、合成生物学技术等的机遇和风险； 4. 技术创新、基础设施建设如何与机制、政策相结合，为低碳转型和粮食、水资源安全做出贡献； 5. 哪些观念（价值观、世界观、人生观）可以促进个体、组织、系统层级有意识地转型，并如何通过这些观念影响个体和群体行为； 6. 地球系统变化与观念、技术与经济的演变以及如何利用现有的知识和经验探索规律，指导未来； 7. 未来城市风貌，"蓝色社会"和"绿色经济"长期可持续的路径图； 8. 全球环境变化对生物物种和风景地貌保护的影响，以及如何采取措施进行恢复； 9. 如何实现可持续性转型等

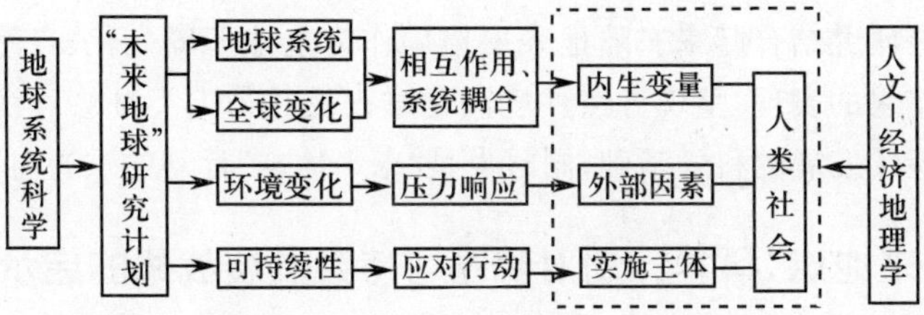

图12-6　"未来地球"研究计划的核心理念与人文-经济地理学研究定位(樊杰和蒋子龙，2015)

(2)实现全球的可持续性。我们不仅要明确关于地球实现功能的各种过程，以及生命进化的模式和驱动力，还要知道如何通过管理和调控人类的行为来制定应对全球环境变化的决策。因此，"未来地球"计划特别强调研究面向全球可持续发展问题的系统解决方案，为人类应对全球变化提供科学知识、技术手段、评估方法、预测模型等。在未来地球框架文件中，确定了未来地球系统研究计划的5个优先事项，即预测、监测、管制、响应和创新。对5个优先事项的研究都是解决全球可持续发展问题所不可或缺的，这对于人文-经济地理学分解探索系统解决方案、适应未来地球重大挑战具有重要启示(图12-7)。

2)基于过去与未来的研究视角和战略

未来地球计划是一项涵盖了可持续发展进程中的经济、社会和环境等议题，普遍适用于发展中国家和发达国家、由联合国环境署等多方组织共同牵头组建的全球环境变化大型国际科学计划。该计划为了实现可持续发展的目的，为各个国家提供应对环境变化所需的科学知识、研究手段及方法，从而加强自然科学与社会科学的联系，并打破各个学科之间的隔阂。

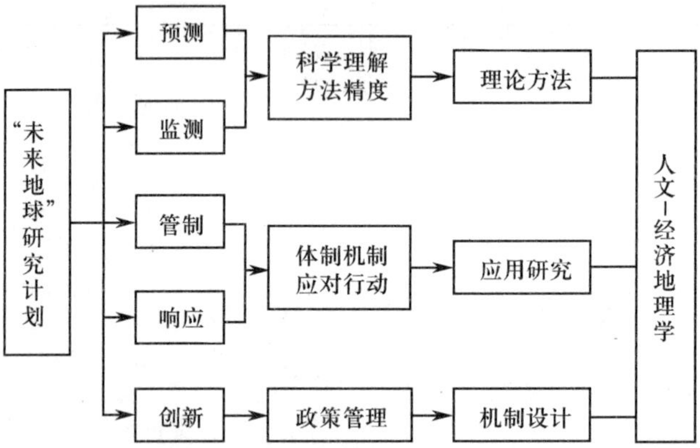

图 12-7 "未来地球"重大选项与人文-经济地理学研究策略(樊杰和蒋子龙,2015)

3)基于陆地表层格局研究与"未来地球"计划的共性角度

陆地表层的环境变化是特定地域上地表过程的方式和强度在人为或自然因素作用下发生改变的结果。自然环境和人类活动特征均表现为空间异质性,而通过陆地表层格局的研究,自然界"杂乱无章"的表象得以系统化,呈现出清晰的地理地带性规律。对全球环境变化问题的认识水平和解决途径在很大程度上取决于对其地域分异规律的了解和研究深度,研究这些异质性环境下的陆地表层格局也是地理学研究的前沿。

"未来地球"计划与陆地表层格局研究有诸多共性。"未来地球"计划通过采用自然科学与社会科学相融合的方法来对面向地球环境管理决策的多学科交叉合作进行研究,从而将地球整体性研究与可持续发展研究结合起来。陆地表层格局作为全球环境变化、自然和人文驱动及其与人类福祉相互作用结果的表现,呈现自然环境演化过程及其与人类社会经济活动的相互作用机制,是全球/区域可持续发展的科学基础,同时也是"未来地球"计划的重要内容和基础。

12.7.3 "未来地球"科学计划对我国可持续发展战略的启示

"未来地球"科学计划旨在研究地球系统,保护生态环境,促进可持续性转型,完全可以为我国所用。初步解读"未来地球"科学计划,对于中国可持续发展战略有如下几点启示。

(1)加强地球科学对可持续发展的支撑 "未来地球"科学计划代表着未来 10 年世界地球科学支撑可持续发展视野的核心前沿科学领域,具有高度引领作用。我国科研工作组织部门(科技部、中国科学院、国家自然科学基金委员会等)应根据"未来地球"科学计划呼吁的方向,进一步制定研究计划,重视对地球系统可持续性的研究,加强地球环境领域的科学研究和技术创新对生态环境的监测,更加全面、科学地分析我国生态环境变化的特征、趋势和症结,从而掌握环境变化和气候变化的规律,评估生态环境变化对可持续发展的影响,并积极参与研究组织框架的讨论,为我国的可持续发展战略和应对气候变化的政策提供科学支撑。

(2)加强可持续发展研究中自然科学与人文科学的交叉融合 国际可持续发展研究领域目前普遍存在的问题是自然科学与人文科学的脱节,这也是我国比较突出的问题之一。"未来地球"科学计划制定了促进自然科学、社会科学、工程项目、人文科学以及规划法律等方面的交互集成与综合的方案,值得各国借鉴和学习。我国应通过制订和实施可持续发展重大科学计划和工程计划等环节,加强各学科的交叉融合,提升研究的包容性和集成性,促进可持续发展领域中科学研究、管理决策、实际应用的融合，支撑科技创新、政策创新和管理创新。

(3)加强可持续发展的顶层设计和全社会参与　“未来地球”科学计划是多个著名的国际机构发起并邀请全球、地区和各国高层研讨和制定的战略规划，鼓励科学家、决策者、资助者和社会各界共同参与、共同设计、共同产出，通过强调一些利益相关者以及社会大众来共同参与和合作，让研究计划的设计和研究成果的推广应用实现充分结合，达到科学研究、生态环境保护和可持续发展一体化的目的。我国应围绕经济发展、改善民生、应对气候变化和可持续发展等目标，借鉴“未来地球”科学计划这一理念来综合考虑经济社会发展的不同需求，鼓励和吸纳不同部门和社会各界参与制定可持续发展的各项规划，真正实现“政府主导、科技支撑、部门联动、全社会参与”的可持续发展。

(4)加强可持续发展基础研究和能力建设　“未来地球”科学计划强调提升观测、搜集、模拟和基础研究能力，并着力推进地球系统科学的集成和发展，为可持续发展提供更具创新性和针对性的科技成果。我国应进一步加大对可持续发展基础理论、基础能力、基础设施方面的研究投入，加强地球系统监测、模拟、预测、评估等能力建设，建立综合的观测系统、资料系统、模拟系统，强化防灾减灾体系和风险评估体系，为可持续发展提供强有力的科技支撑。

(5)加强“未来地球”科学计划相关国际合作　“未来地球”科学计划作为可持续发展领域的新计划为我国提供了难得的历史机遇。从全球发展来看，我国是国际科学联盟理事会(ICSU)成员国，应当积极参与到计划的组织层面中去，借助平台本身开展更多的国际合作，发展优势领域，为推动全球和区域可持续发展多做努力，从而扩大我国的影响，争取更多的话语权，巩固负责任大国的地位。从我国自身来看，我国应主动瞄准国际先进水平，用好国际国内人才、技术、资金等资源，实现自主创新的突破，在可持续发展研究领域体现我国的特色和贡献。

12.8　全球可持续发展目标(SDGs)研究进展及趋势

12.8.1　SDGs 概念框架

SDG 包括 17 个可持续发展目标(goals)和 169 个具体目标(targets)，是历史上联合国会议通过的规模最为宏大的发展议程，世界各国领导人空前一致承诺为实现该议程而采取积极的行动。从安全保障层面来看，SDGs 主要集中于以下几个方面。

1. 粮食和食品安全、疾病防控及社会公平与人权

作为可持续发展的基础和基本前提，粮食和食品安全被列为首要的安全保障。其首要的 3 个目标即目标 1：在全世界消除一切形式的贫困；目标 2：消除饥饿，实现粮食安全，改善营养状况和促进可持续农业；目标 3：确保健康的生活方式，促进各年龄段人群的福祉，基本上涵盖了消除饥饿贫困、保障粮食生产和实现健康生活等几个重要方面。这几个方面既是促进人全面发展和实现社会安定的基本保障，同时也是各国和地区经济发展的核心目标和基础。粮食生产和食品安全的地位是前置的和首要的，是可持续发展目标实现的根本和前提，也是未来可持续发展目标实现与否的基本判别标准。

2. 水资源安全

水资源安全是仅次于粮食和食品安全的关乎人的自身健康和经济、社会、生态环境可持续的基本保障，其“目标6：为所有人提供水和环境卫生并对其进行可持续管理”是对这一重要资源的强调。到2025年，生活在水资源稀缺的地方的人口数量将达到18亿，而欠发达国家的贫困人口面临的风险最大，全球80%的废水和发展中国家中95%以上的废水资源都未经过处理直接排放。所以，对水资源安全的最低和最根本的要求就是“人人都能公平获得安全和可负担的饮用水”。除了水资源量的短缺，水质性缺水也是重要的方面。随着科学技术的不断发展，提高和发展水污染治理与污水回用尤为重要。此外，水资源的不合理开发会对水生态系统造成一定程度的破坏，出现了河道断流、水土流失加剧、地下水水位下降、生物多样性减少等一系列水生态问题，各国也充分认识到了在保持水量和水质上，生态系统所起的核心作用，这与强调生态系统安全的“目标15”密不可分。

3. 能源安全

当前各国和地区经济发展的基本保障和重要安全前提就是能源安全，SDG中对这一重要资源再次强调，提出“目标7：确保人人获得负担得起的、可靠和可持续的现代能源”。世界各国能源争夺愈演愈烈，这也成为国家之间发生冲突的主要原因之一。常规化石能源的分布不均及消费失衡、化石能源面临的不可再生及碳排放等环境问题，制约了经济的健康发展，也成为经济发展的重要瓶颈。可持续发展在强调合理使用现有常规能源，并降低碳排放量的同时，要发展新型能源，使能源发展和使用与环境友好型社会相符合，推动可持续发展，为SDG目标12：采用可持续的消费和生产模式；目标13：采取紧急行动应对气候变化及其影响等的实现提供保障。

4. 土地安全

土地是实现SDG各个领域具体目标的基本场所。其“目标15：保护、恢复和促进可持续利用陆地生态系统，可持续管理森林，防治荒漠化，制止和扭转土地退化，遏制生物多样性的丧失”就是对这一根本要素的最基本表述。目前水资源短缺，伴随着水土流失、土壤侵蚀、土地退化、生态系统退化等问题，土地面临着加速退化的巨大风险，并且越来越强的经济活动和人口密度的增加，使得可使用的土地面积严重短缺，城市化发展导致生态用地和建设用地之间的相互争夺加剧。可持续发展在一个国家和地区内能否实现关键的一个方面就是所有目标实现时不同土地需求能否得到满足，尤其是在高人口密度的国家，土地资源的有限性、稀缺性以及面临的退化风险等，是决定未来能否实现可持续发展各项具体指标的重要保障。

5. 生态环境安全

生态环境的服务功能及其可持续性一直被强调和重视，SDG目标15强调“保护、恢复和促进可持续利用陆地生态系统，可持续管理森林，防治荒漠化，制止和扭转土地退化，遏制生物多样性的丧失”。伴随着经济增长所带来的资源短缺、城市扩张、水资源紧缺等对生态环境以及人口的持续增长导致的生态环境的压力，对生态环境安全提出了重要挑战，同时气候变化下的极端天气也加剧了生态环境安全的风险性。生态环境安全和SDG的“目标6：为所有人提供水和环境卫生并对其进行可持续管理”紧密关联，密不可分，互为保障，是SDG中环境服务功能中最为重要的环节。

SDG复杂而庞大的指标系统基本涵盖了全球在发展中从资源环境到经济发展、社会公平等主要领域的各个方面。总的来看，土地、水资源、粮食、能源等资源和生态环境安全构成了在行星边界内(planetary boundaries)的人类生存基础与安全保障系统。而技术进步、就业、经济发展及活力则构成了全球经济繁荣的基本保证,处于可持续发展的中间层。在这 2 个层次的基础上,作为人类发展的重要度量,健康、生活水平及福利、社会公平等则构成了人类社会发展最高目的及需求的最高层次,处于可持续发展金字塔的最顶层。

12.8.2　SDGs 目标关系的研究进展

当前研究 SDGs 关系的方法主要分为以下 5 种类型:基于联结途径的研究;研究不同指标之间的相互作用的程度;构建各个目标、具体目标以及各个指标之间的关系网络;通过构建模型分析不同情境下各项 SDGs 之间的变化;以及关于可持续发展目标执行手段的研究。

1. 基于联结途径的研究

"联结(nexus)"表示两个或多个事物之间的联系或一系列联系。基于各项目标之间的相互作用(协同和权衡)特征以及 Raworth 提出的框架,Waage 和 Yap 对 17 项 SDGs 进行了分类(图 12-8)。图中的内部圈层是"以人为本"的目标,旨在通过改善健康和教育以及促进国家内部和国家之间的包容和平等(包含目标 1、3～5、10 和 16)来实现人类福祉。而"以人为本"目标的实现需要以中间圈层目标的实现为基础,这些目标主要是关于相关产品和服务的生产、分配与运输(包括目标 2、6～9 和 11～12)。同时,中间圈层目标需要可持续的自然环境的支撑,因此外部包含了 3 个环境目标(目标 13～15)。在充分考虑全球可持续发展的紧迫性和中

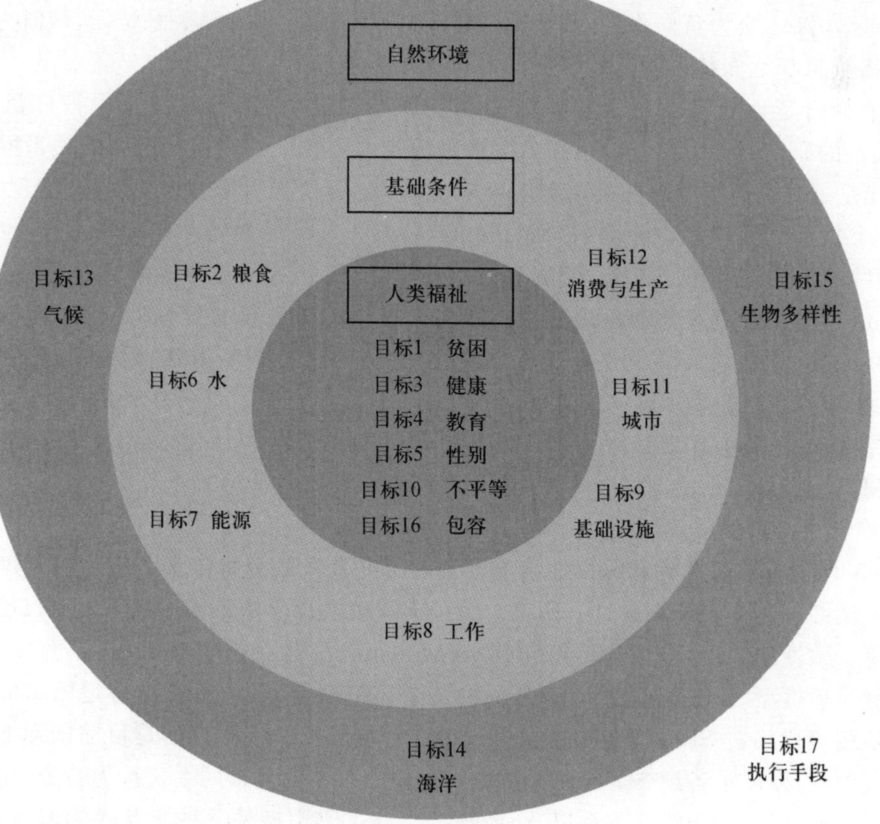

图 12-8　Waage 和 Yap 提出的可持续发展目标分类框架(张军泽等,2019)

国经济发展和生态文明建设的长久目标下，中国国际经济交流中心与哥伦比亚大学地球研究院联合设计了适用于中国可持续发展指标体系（CSDIS）。CSDIS 由 5 个主题构成，不仅包括社会民生、经济发展和资源环境 3 个传统的可持续发展研究主题，还加入了消耗排放和治理保护两个主题，其中资源环境是一切人类活动的基础，消耗与排放是指人类通过消耗自然资源促进经济发展，经济的稳定增长有助于保障社会福利、改善生活方式，而社会民生的改善则可以促进人们的环境保护意识，并通过合理的治理保护来增加自然存量。

2. 各目标间相互作用程度的研究

尽管定性的分析各项 SDGs 之间的相互作用非常重要，但也有学者指出应加入一些定量的元素来分析不同相互作用的程度。例如，Pradhan 等利用联合国可持续发展目标数据库的统计数据，计算了不同指标之间的斯皮尔曼等级相关系数（ρ）。Coopman 等将 SDGs 之间的关系分为 3 个大类，分别为支持关系、促使关系和依赖关系，3 个大类又分为 8 个小类，同时还为每种类型的相互作用关系赋以数值来表示相互作用强度。与 Coopman 等的工作类似，Nilsson 等也提出了一个用于分析各项 SDGs 之间相互作用程度的框架，将各项目标或具体目标之间的相互作用关系划分为 7 种类型，分别是不可分割型、加强型、促使型、共存型、抑制型 、矛盾型和抵消型。在 Nilsson 等提出的上述框架的基础上，ICSU 领导了一个由 20 位科学家组成的团队，对 SDGs 之间的相互作用程度开展了更加深入的研究，并于 2017 年发布了题为“各项可持续发展目标相互作用指南：从科学到实施”的报告。该报告分析了 4 项 SDGs（包括目标 2、3、7 和 14，以及各项目标的具体目标），在研究中共识别出 316 个相互作用关系，其中 238 个为正向作用，66 个为负向作用，其余则均属于共存型（consistent）关系特征，赋值为 0。

3. 各项目标之间关系网络的研究

为了更清楚地展示各项目标之间的相互联系，社会网络分析技术也被广泛地应用到 SDGs 关系的研究当中。首先应用社会网络分析技术构建了不同目标之间的关系网络。该网络的构建是通过分析不同目标的语句内容来完成的。基于该种方法，Le Blanc 发现目标 12 与其他 14 个目标之间均存在着联系，而目标 14 只与 2 个目标之间存在关联，同时也指出不平等、可持续的消费与生产、贫困、饥饿和教育问题在整个 SDGs 网络中更加重要。Zhou 和 Moinuddin 指出众多关于 SDGs 之间权衡和协同作用的研究仅是定性的分类，而缺少对各个目标之间的关系进行定量的研究。为了填补这一研究空白，Zhou 和 Moinuddin 选择了包括中国、印度和日本在内的 9 个国家作为研究对象，收集了各个国家都可获得的 51 个与 SDGs 相关的指标数据，并与 108 个具体目标成功匹配，通过相关分析和社会网络分析技术建立了各个目标之间具有因果关系的网络图谱，并进一步构建了网络可视化工具。

4. 综合可持续发展目标模型

SDGs 所固有的长期性和综合性给决策者和研究人员的分析带来了很大的难度，然而，情景分析模型却可以有效地克服这一困境。为了支撑现实世界中不同区域和国家尺度上可持续发展政策一致性的实现，美国的千年研究所（Millennium Institute）于 2017 年开发了“综合可持续发展目标模型”。iSDG 模型具有全面的情景模拟功能，其可以针对特定国家的发展背景分析各项政策措施对 SDGs 落实的影响。iSDG 共覆盖了 78 项指标，是目前国际上相对成熟的一款模型，可以展示各项 SDGs 在相互作用过程中存在的复杂的系统行为特征，包括不同目标之间关键反馈环节、非线性关系以及时滞效应。iSDG 模型是一种交互式学习平台，可以为决策者或规划者提供机会，通过虚拟实验在复杂的可持续发展系统下建立假设的场景，并得到分析结果。这种分析模式有助于管理者明确不同目标之间的权衡和协同作用,从而为政策制定提供有价值的信息,因此该模型具有较高的应用潜力。

5. 可持续发展目标的执行手段

在17项SDGs中,目标17是争议较高的一个目标,因为目标17的内容为"加强执行手段,重振可持续发展全球伙伴关系筹资",该目标强调的是为了实现另外16项SDGs的执行手段。Stafford-Smith等将目标1～16中与执行手段相关的具体目标与目标17的7种类型相匹配,同时指出与执行手段相关的具体目标与其他目标之间缺少紧密的联系,并认为加强金融、农业以及能源等不同部门合作和促进不同利益相关者的协商是加强个别目标之间联系的有效途径。总体来看,解决同一种问题在不同的国家可能需要不同的执行手段,例如在发展中国家更多地强调国际援助的重要性,而在发达国家则更加注重国内的融资和私人企业的贡献。此外,某一项目标有可能是另外一项目标的执行手段,所以要综合考虑不同执行手段与各个目标之间的关系,加快推进各项SDGs的落实。

12.8.3　SDGs实现路径"分类—统筹—协作"

联合国2030年可持续发展目标(SDGs)与人类命运共同体理念高度契合。我国的精准扶贫政策、生态文明建设,以及"一带一路"倡议等重大国家战略都有效地推进了人类命运共同体的建设,有利于加快落实可持续发展目标。但当前面临的重要挑战是如何整体推进促进可持续发展目标的实现。根据近年来为构建人类命运共同体而实行的各项行动的共同特征,提出"分类-统筹-协作"框架,加快推进全球整体实现SDGs。

在此框架中,分类是基础,旨在识别不同SDGs的主体特征、不同国家的发展差异以及不同尺度的影响;统筹是核心环节,旨在通过制定合理的政策,保障SDGs的协同,提高不同管理部门的协调度和政策一致性,加强各国的联系;而协作则是整体落实SDGs的有效手段,本文主张加强经济、科技和文化领域的合作。

分类是指以事物的性质、等级或其他特征为依据,将其分为不同的组别,可为不同事物之间的关系分析、差异比较和联合管理奠定基础。当前多数研究仍以传统的"社会、环境和经济"的体系区分各项SDGs,为了避免无法全面反应各目标间的整体性和系统性,就需要从系统的角度考虑,厘清SDGs之间的逻辑关系并进行分类管理。此外,应基于国家层面,根据不同地区经济社会的发展水平,进行差异化的分类管理,充分认识到不同国家和地区在实现SDGs过程中的优势和缺陷,从而促进不同国家联合行动来共同解决问题。

统筹的目的是解决发展不平衡的问题,从整体上推进社会平等的实现,提高不同管理部门和层级政府之间的协调和政策一致性并降低社会管理成本。在面向整体实现SDGs的进程中,统筹管理需要综合考虑不同类别SDGs之间的相互作用关系、不同国家和地区之间的能力与需求,以及不同政策之间的协调性,包括:不同类别目标之间的统筹;不同国家/区的统筹;跨尺度管理的政策统筹。

可持续发展可被视为社会多部门共同合作的产物,因此协作是实现可持续发展目标的必然选择。基于前文对不同类别目标、不同国家/地区以及跨尺度政策统筹管理的分析,需在3个领域加强国家间和地区间的协作。3个领域分别为:经济领域,加强全球经济伙伴关系;科技领域,推进科技创新与协作;文化领域,共建全球可持续性文化。

"分类-统筹-协作"框架充分吸收了"一带一路"倡议和生态文明建设等行动的重要思想、

原则和手段，并且有大量成功案例的支撑。总体而言，该框架是在尊重各国差异的基础之上，推动各国共同参与到全球治理的过程中，实现 SDGs 的短期突破、长期推进。该框架可作为促进世界各国整体实现 SDGs 的一次重要探索。距离实现 SDGs 目标仅剩不到 11 年的时间，全球各个国家需要共同努力，加强经济、科技、文化等不同领域的合作，充分解决落实 SDGs 的难题。

12.8.4 SDGs 对中国的政策启示

1. 我国可持续发展目标总指数评估结果

2016 年，我国可持续发展目标总指数全球排名 76 位，在世界各国中位居中位。63 项指标中，有 9 项目标、14 个指标为红色，5 项目标、21 个指标为黄色，3 项目标、22 个指标为绿色，6 个指标未获取到数据。根据“SDGs 指示板”可看出，我国完成情况较差的领域有消除饥饿、良好健康与福祉、工业、创新和基础设施、缩小差距、可持续城市与社区、气候行动、水下生物、陆地生物以及和平、正义与强大机构。

2017 年，我国可持续发展目标总指数全球排名第 71 位，得分为 67.1 分。17 个可持续发展目标中，我国完成情况表现较好的领域有消除贫困、水和环境卫生的可持续管理、确保健康的生活方式；完成情况较差的领域有应对气候变化、保护和可持续利用海洋和海洋资源、保护陆地生态系统。

2018 年，我国可持续发展目标总指数全球排名 54 位，得分为 70.1 分，相较于 2017 年的全球排名（总指数 67.1，第 71）进步明显，是全球进步最大的国家。进步情况明显的领域有健康医疗、性别平等、清洁能源等，这些领域促进了我国排名的提升。

2. 对我国政策启示

(1)中国可持续发展指数研究亟待建立更好的数据收集系统，弥补因数据缺失带来的评估结果不准确的风险。目前任何一个国家或者机构的统计数据都无法完全覆盖 232 项可持续发展指标，因此需要推动建立完善数据的监测体系来消除数据缺口的问题。全面且高质量的监测数据可以有效评估可持续发展进程，进一步分析各项目标之间协同与权衡作用，需要重视。国家要采取一定措施来加强对数据领域和信息技术建设的投入，并提高相关工作人员的综合素质，推动建立健全的数据监控、采集和整合体系。同时，增强数据监测和统计的能力，更加准确、真实、全面地反映我国的发展现状，消除数据缺口。

(2)尽快研究制定中国本土化可持续发展指标体系，推进建立中国 SDGs 指标年度报告制，构建我国可持续发展目标模型。借鉴一些可持续发展目标总指数较高的国家，深入分析来建立符合我国国情的可持续发展指标体系，及时发现我国发展过程中的短板和不足。iSDG 模型内部因为涵盖了不同领域的经典模型，所以能够有效地消除主观因素的影响，但由于人们当前对环境、社会以及经济之间的认识仍不全面，模拟结果同样具有较大的不确定性。为了进一步完善当前的模型，仍需要对社会、环境与经济的结构和相互之间的作用机制进行更深入的研究，而不是仅仅局限于各项 SDGs 本身。目前我国已存在的 SDGs 是在国家尺度上建立的，但单一国家尺度上的模型是否适用于各个省份和不同地区仍具有不确定性，因此在构建的过程中，应当基于我国不同省市的环境特点和发展需求进行适当的调整，为 2030 年以后的发展提供政策支撑。

(3)通过落实 SDGs 提升中国的环境治理水平，同时加强 SDGs 落实的国际交流与合作，共同实现可持续发展目标。中国目前在消除贫困、遏制传染病、带动世界经济发展等方面取得了举世瞩目的成就，但中国目前正处于发展战略转型阶段，随着经济进入新常态，传统的重工业依赖和生产过剩，亟须向产业升级、企业创新、内生经济方向发展。我国应当加大与周边国家和发达国家在资金投入、能源、环保等不同领域的技术合作和经验分享，推动区域性和国际性问题的解决，使我国和世界其他国家共同为实现联合国可持续发展目标而一起努力。同时要加强与其他国家的沟通和交流，积极引进学习国际先进经验。结合 SDGs 深入推进"一带一路"、南南合作等工作。将"一带一路"建设与"2030 年可持续发展议程"紧密结合，推动沿线发展中国家实现联合国可持续发展目标。

(4)将 SDG 目标的实现与国家工程建设紧密联系。党的十八大报告第一次提出"经济建设、政治建设、文化建设、社会建设、生态文明建设"紧密交融的"五位一体"总体布局，为走向社会主义生态文明建设新时代做出了全面的战略部署。这 5 个方面有助于提高全体人民的整体福祉，并促进人的自由和全面发展，与联合国 SDG 的核心主旨及基本内容完全吻合，是实现联合国 SDG 目标的中国方案。我国现在正在实施的工程建设都与联合国提出的 SDG 相吻合，例如，党的十六届五中全会开始提出的将提高农村人居环境作为推动新农村建设的一项重要任务的"生产发展、生活富裕、乡风文明、村容整洁、管理民主"的社会主义"新农村"建设工程；着力于空心村整治、农村人居环境改善，并对小城乡差距和城乡一体化发展具有重要影响的"美丽乡村"建设工程；党的十八大报告中提出的"健康是促进人的全面发展的必然要求"等。这些工程措施从建设目标到工程设计，以及项目实施的方方面面都与国家的长期发展息息相关，并与联合国 SDG 紧密吻合，有效地推动了我国 SDG 的发展和建设，是推进全社会实现 SDG 目标的根本保障。SDG 目标的具体实现离不开国家和地区的长期规划和工程建设，只有将其目标和国内发展战略紧密相连，才能有效推动 SDG 目标的实现。

复习思考题

1. 全球土地生产力评价类型及其研究趋势是怎样的？
2. 全球土地生态安全评价的模型、指标体系与发展趋势是怎样的？
3. 全球生态服务功能权衡评价的方法与研究框架有哪些？
4. 全球土地足迹评价研究进展与展望是怎样的？
5. 全球土地固碳评价的类型、方法与进展是有哪些？
6. 地球界限的概念及其对中国可持续发展有何启示？
7. 未来地球科学计划的概念框架与研究进展有哪些？
8. SDGs 与 MDGs 有什么区别与联系？SDGs 对中国有何启示？

参考文献

[1] Andersen T, Carstensen J, Emilio Hernández-García, et al. Ecological thresholds and regime shifts: approaches to identification[J]. Trends in Ecology & Evolution, 2009, 24(1): 0-57.

[2] Bagstad K J, Johnson G W, Voigt B, et al. Spatial dynamics of ecosystem service flows: A comprehensive approach to quantifying actual services. Ecosystem Services, 2013, 4: 117-125.

[3] Bagstad K J, Semmens D J, Waage S, et al. A comparative assessment of decision-support tools for ecosystem servicesquantification and valuation. Ecosystem Services, 2013, 5: 27-39.

[4] Barbier E B, Koch E W, Silliman B R, et al. Coastal ecosystem-based management with nonlinear ecological functions and values. Science, 2008, 319(5861): 321-323.

[5] Barnthouse, Lawrence. ES & T Series: Case Studies in Ecological Risk Assessment[J]. Environmental Science & Technology, 1992, 26(2): 230-231.

[6] Barrett J. Component ecological footprint: Developing sustainablescenarios[J]. ImpactAssessProjectAppraisal, 2001, 19: 107-118.

[7] Beier C M, Patterson T M, Chapin F S. Ecosystem services and emergent vulnerability in managed ecosystems: A geospatial decision-support tool[J]. Ecosystems, 2008, 11(6): 923-938.

[8] Bland J M, Altman D G. A note on the use of the intraclass correlation coefficient in the evaluation of agreement between two methods of measurement[J]. Computers in Biology and Medicine, 1990, 20(5): 337-340.

[9] Bradford J B, D'Amato A W. Recognizing trade-offs in multi-objective land management. Frontiers in Ecology and the Environment, 2012, 10(4): 210-216.

[10] Brazner J C, Danz N P, Niemi G J, et al. Evaluation of geographic, geomorphic and human influences on Great Lakes wetland indicators: A multi-assemblage approach[J]. Ecological Indicators, 2007, 7(3): 0-635.

[11] Brook B W, Ellis E C, Perring M P, et al. Does the terrestrial biosphere have planetary tipping points[J]. Trends in Ecology & Evolution, 2013, 28(7): 396-401.

[12] Brown K. Global environmental change Ⅱ: Planetary boundaries: A safe operating space for human geographers? [J]. Progress in Human Geography, 2017, 41(1): 118-130.

[13] Bruinsma F, Rietveld P. The accessibility of European cities: theoretical framework and comparison of approaches[J]. Environment and Planning A, 1998, 30(3): 499-521.

[14] Burkhard B, Kroll F, Nedkov S, et al. Mapping ecosystem service supply, demand and budgets. Ecological Indicators, 2012, 21(3): 17-29.

[15] Chapman P M, Maher B. The need for truly integrated environmental assessments. Integrated Environmental Assessment and Management, 2014, 10(2): 151.

[16] Choi K H, Dobbs F C. Comparison of two kinds of Biolog microplates (GN and ECO) in their ability to distinguish among aquatic mi-crobial communities[J]. Journal of Microbiological Methods, 1999(36): 203-213.

[17] CIRACY-WANTRUP S V. Capital returns from soil conservation practices[J]. Journal of Farm Eco-

nomics,1947,29(4):1188-1190.

[18] Cole C. Calculating the information content of an information process for a domain expert using Shannon's mathematical theory of communication:a preliminary analysis[J]. Information Processing & Management,1997,33(6):715-726.

[19] Costanza R,D'Arge R,De Groot R,et al. The value of the world's ecosystem services and natural capital [J]. Nature,1997,387(6630):253-260.

[20] Cui Xuegang,Fang Chuanglin,Wang Zhenbo,et al. Spatial relationship of high-speed transportation construction and land-use efficiency and its mechanism:case study of Shandong Peninsula urban agglomeration[J]. Journal of Geographical Sciences,2019,29(04):549-562.

[21] Dai Xiaoyan,Ma Junjie,Zhang Hao,et al. Evaluation of ecosystem health for the coastal wetlands at the Yangtze Estuary,Shanghai[J]. Wetlands Ecology and Management,2013,21(6):433-445.

[22] Daily G C. 1997. Nature's services:societal dependence on natural ecosystems[M]. Washington,DC:Island Press.

[23] Dardo Rubén López,Brizuela M A,Willems P,et al. Linking ecosystem resistance,resilience,and stability in steppes of North Patagonia[J]. Ecological Indicators,2013,24.

[24] DB43/T 1548—2018 自然资源环境承载能力评价和监测预警技术规程.

[25] De Baan L,Curran M,Rondinini C. High-Resolution Assessment of Land Use Impacts on Biodiversity in Life Cycle Assessment Using Species Habitat Suitability Models[J]. Envir Sci Technol,2015,49(4):2237-2244.

[26] De Vries W,Kros J,Kroeze C,et al. Assessing planetary and regional nitrogen boundaries related to food security and adverse environmental impacts[J]. Current Opinion in Environmental Sustainability,2013,5(3-4):392-402.

[27] Defries R S,Ellis E C,Chapin Iii F S,et al. Planetary Opportunities:A Social Contract for Global Change Science to Contribute to a Sustainable Future[J]. BioScience,2012,62(6):603-606.

[28] Deines A M,Bee C A,Katongo C,et al. The potential trade-off between artisanal fisheries production and hydroelectrici-ty generation on the Kafue River,Zambia. Freshwater Biology,2013,58(4):640-654.

[29] Development and testing of an Index of Stream Condition for waterway management in Australia[J]. Freshwater Biology,1999,41(2):453-468.

[30] Dockuchaicv V V. Russkiy Chernozem(The Russian Chernozem)[M]. Russia:St. Petersburg,1883.

[31] Dumanski J. Assessing the sustainable of Saskatchewan farming system[J]. CLBRR Technical Bulletin, 1994.

[32] FAO. 2003. State of the World Forests. FAO,Rome,Italy,*p*. 151.

[33] FAO. 1976. A Framework for Land Evaluation. FAO Soil Bulletin 32. Rome.

[34] Feng Y,He D M. Transboundary water vulnerability and its drivers in China[J]. Journal of Geographical Sciences,2009,19(2):189-199.

[35] Frederic R. Steiner James J. Pease and Robert E. 1994. Coughlin(ED.). A decade with LESA:The Evolution of Land Evaluation and Site Assessment[M]. Soil and Water Conservation Society.

[36] Fu B,Wang S,Su C,et al. Linking ecosystem processes and ecosystem services[J]. Current Opinion in Environmental Sustainability,2013,5(1):4-10.

[37] GB/T 28407—2012 农用地质量分等规程.

[38] GB/T 28405—2012 农用地定级规程.

[39] GB 15618—2018 土壤环境质量农用地土壤污染风险管控标准.

[40] Gerten D,Hoff H,Rockström J,et al. Towards a revised planetary boundary for consumptive fresh water

use:role of environmental flow requirements[J]. Current Opinion in Environmental Sustainability,2013,5(6):551-558.

[41] Giljum S,Hinterberger F,Lutter S. Measuring natural resource use:context,indicators and EU policy processes. SERI Background Paper 14. Vienna:SERI,2008.

[42] Han B,Liu H,Wang R. Urban ecological security assessment for cities in the Beijing-Tianjin-Hebei metropolitan region based on fuzzy and entropy methods[J]. Ecological Modelling,2015,318:217-225.

[43] Hansen W G. How accessibility shapes land use[J]. Journal of the American Institute of Planners,1959,25(2):73-76.

[44] Häyhä T,Lucas P L,Van Vuuren D P,et al. From Planetary Boundaries to national fair shares of the global safe operating space — How can the scales be bridged? [J]. Global Environmental Change,2016,40:60-72.

[45] He L,Shen J,Zhang Y. Ecological vulnerability assessment for ecological conservation and environmental management[J]. Journal of Environmental Management,2018,206:1115-1125.

[46] HJ 19—2011 环境影响评价技术导则——生态影响.

[47] HJ 2.1—2011 环境影响评价技术导则——总纲.

[48] HJ 555—2010 化肥使用环境安全技术导则.

[49] HJ 610—2011 环境影响评价技术导则——地下水环境.

[50] HJ/T 130—2003 规划环境影响评价技术导则(试行).

[51] HJ/T 332—2006 食用农产品产地环境质量评价标准.

[52] HJ 192—2015 生态环境状况评价技术规范.

[53] HJ 2.39—2018 环境影响评价技术导则——地表水环境.

[54] HJ 25.3—2014 污染场地风险评估技术导则.

[55] HJ 556—2010 农药使用环境安全技术导则.

[56] HJ 964—2018 环境影响评价技术导则——土壤环境(试行).

[57] Holling,S C. Resilience and Stability of Ecological Systems[J]. Annual Review of Ecology and Systematics,1973,4(1):1-23.

[58] Hou K,Li X,Wang J J,et al. An analysis of the impact on land use and ecological vulnerability of the policy of returning farmland to forest in Yan'an,China[J]. Environmental Science and Pollution Research,2016,23(5):4670-4680.

[59] Hualin X,Guanrong Y,Peng W. Identifying Regional Key Eco-Space to Maintain Ecological Security Using GIS[J]. International Journal of Environmental Research and Public Health,2014,11(3):2550-2568.

[60] Hubbert,K. R.,Graham,R. C.,Anderson,M. A. Soil and Weathered Bedrock:Components of a Jeffrey Pine Plantation Substrate. [J]. Soil Science Society of America Journal,2001,65,1255-1262.

[61] Hubert Wiggering,Dalchow Claus,Glemnitz Michael,et al. Indicators for multifunctional land use—Linking socio-economic requirements with landscape potentials[J]. Ecological Indicators,2006,6(1):238-249.

[62] Huxman T E,Smith M D,Fay P A,et al. Convergence across biomes to a common rain-use efficiency[J]. Nature(London),2004,429(6992):651-654.

[63] James R K. Assessment of Biotic Integrity Using Fish Communities[J]. Fisheries,1981,6(6):21-27.

[64] Jeffrey L. Smith,Jonathan J. Halvorson,Robert I. Papendick. Multiple Variable Indicator Kriging:A Procedure for Integrating Soil Quality Indicators[J]. 1994:147-157.

[65] John E,Tiffen M,Mortimore M. Land resource management in the Machakos district,Kenyal 1930—

1990[R]. World Bank Environment,1994.

[66] Johnson D L,Lewis L A. Land degradation:creation and destruction[J]. Land Degradation Creation & Destruction,1995.

[67] Karr J R. Assessment of Biotic Integrity Using Fish Communities[J]. Fisheries,1981,6(6):21-27.

[68] Kaynar B,Ridder A. The Cross-entropy Method with Patching for Rare-event Simulation of Large Markov Chains[J]. European Journal of Operational Research,2010,207(3):1380-1397.

[69] Labiosa W,Forney W,Esnard A M,et al. An integrated multi-criteria scenario evaluation web tool for participatory land-use planning in urbanized areas:The Ecosystem Portfolio Model. Environmental Modelling & Software,2013,41:210-222.

[70] Landis,Wayne G. Twenty Years Before and Hence; Ecological Risk Assessment at Multiple Scales with Multiple Stressors and Multiple Endpoints[J]. Human and Ecological Risk Assessment:An International Journal,2003,9(5):1317-1326.

[71] Leontief W,Ford D. Environmental repercussions and the economic structure:An input-output approach [J]. Rev Econ Stat,1970,52:262-271.

[72] Lewis,Simon L. We must set planetary boundaries wisely[J]. Nature,2012,485(7399):417-417.

[73] Lindner J P,Niblick B,Luick R,et al. Proposal of a unified biodiversity impact assessment method[C]// LCA Food 2014. 2014.

[74] Lloyd M G,Peel D. Shaping and designing model policies for land use planning[J]. Land Use Policy, 2007,24(1):216-248.

[75] Locatelli B,Imbach P,Wunder S. Synergies and trade-offs between ecosystem services in Costa Rica. Environmental Conservation,2014,41(1):27-36.

[76] Lubroth J. The new policy of the Food and Agriculture Organization of the United Nations and its Reference Centres for the Animal Production and Health Division[J]. Developments in Biologicals,2007,128:73.

[77] Marsh G P. Man and Nature or Physical Geography as Modified by Human Action[M]. New York: Charles Scribner,1864.

[78] McNally C G,Uchida E,Gold A J. The effect of a protected area on the tradeoffs between short-run and long-run bene-fits from mangrove ecosystems. Proceedings of the National Academy of Sciences of the United States of America,2011,108(34):13945-13950.

[79] Millennium Ecosystem Assessment. Ecosystems and Human Well-being:Synthesis[M]. Washington, DC:Island Press,2005.

[80] Fan M,Xiao Y T. Impacts of the grain for Green Program on the spatial pattern of land uses and ecosystem services in mountainous settlements in southwest China. Global Ecology and Conservation, 21 (2020):1-23.

[81] Mitchell R J,Auld M H D,Duc M G L,et al. Ecosystem stability and resilience:a review of their relevance for the conservation management of lowland heaths[J]. Perspectives in Plant Ecology Evolution and Systematics,2000,3(2):0-160.

[82] Li M,Guo P,Singh V P,et al. An uncertainty-based framework for agricultural water-land resources allocation and risk evaluation. Agricultural Water Management,177(2016):10-23.

[83] Mo Minghao,Wang Xuelei,Wu Houjian,et al. Ecosystem Health Assessment of Honghu Lake Wetland of China Using Artificial Neural Network Approach[J]. Chinese Geographical Science,2009,19(4):349-356.

[84] Monfreda C,Wackernagel M,Deumling D. Establishing national natural capital accounts based on de-

tailed ecologicao footprint and biological capacity assessments[J]. Land Use Policy,2004,21:231-246.
[85] Morgan M G,Pitelka L F,Shevliakova E. Elicitation of expert judgments of climate change impacts on forest ecosys-tems. Climatic Change,2001,49,279-307.
[86] Murari Lal. Carbon Sequestration Potential of Indian Forests[J]. Environmental Monitoring and Assessment,2000,10:315-327.
[87] Murray N J,Keith D A,Bland L M,et al. The role of satellite remote sensing in structured ecosystem risk assessments[J]. ence of the Total Environment,2018,S 619-620:249-257.
[88] Naeem S. Species Redundancy and Ecosystem Reliability[J]. Conservation Biology,1998,12(1):39-45.
[89] Nicholas J M,David A K,Lucie M B,et al. The role of satellite remote sensing in structured ecosystem risk assessments[J]. Science of the Total Environment,2018,s 619-620:249-257.
[90] Nicole E. Tautges,Jessica L. Chiartas,Amélie C. M. Gaudin,et al. Deep soil inventories reveal that impacts of cover crops and compost on soil carbon sequestration differ in surface and subsurface soils[J]. Global Change Biology,2019,11:3753-3766.
[91] Norton S B,Rodier D J,van der Schalie W H,et al. A framework for ecological risk assessment at the EPA[J]. Environmental Toxicology and Chemistry,1992,11(12):1663-1672.
[92] NY/T 2872—2015 耕地质量划分规范.
[93] P. Manna, A. Basile, A. Bonfante, R. De Mascellis, F. Terribile. Comparative Land Evaluation approaches:An itinerary from FAO framework to simulation modelling. Geoderma,2009(150):367-378.
[94] Palmer,C. J.,Smith,W. D.,Conkling,B. L. Development of a protocol for monitoring status and trends in forest soil carbon ata national level. Environ. Pollut. 2002,116,S209-S219.
[95] Perz S G,Rafael Muñoz-Carpena,Kiker G,et al. Evaluating ecological resilience with global sensitivity and uncertainty analysis[J]. Ecological Modelling,2013,263(1765):174-186.
[96] Pollino C A,Woodberry O,Nicholson A,et al. Parameterisation and evaluation of a Bayesian network for use in an eco-logical risk assessment[J]. Environmental Modelling & Software,2007,22(8):1140-1152.
[97] R. Lal. Forest soils and carbon sequestration[J]. Forest soils and carbon sequestration,2005,220:242-258.
[98] Raffaella Frondoni,Barbara Mollo,Giulia Capotorti. A landscape analysis of land cover change in the Municipality of Rome(Italy):Spatio-temporal characteristics and ecological implications of land cover transitions from 1954 to 2001. Landscape and Urban Planning,100(2011):117-128.
[99] Renko N,Vuleti A. DELPHI Method[J]. Nursing Research,2010,18(46):116-118.
[100] Rockstrm J,Steffen W,Noone K,et al. A safe operating space for humanity[J]. Nature,2009,461(7263):472-475.
[101] Rockstrom J,Richardson K,Steffen W,et al. Planetary Boundaries:Separating Fact from Fiction. A Response to Montoya [J]. Trends in Ecology & Evolution,2018,33(4):232-233.
[102] Rockström J,Steffen W L,Noone K,et al. Planetary Boundaries:Exploring the Safe Operating Space for Humanity[J]. Ecology and Society,2009,14(2).
[103] Rönkä Kimmo,Ritola J,Rauhala K. Underground space in land-use planning[J]. Tunnelling & Underground Space Technology,1998,13(1):39-49.
[104] Rossi P,Pecci A,Amadio V,et al. Coupling indicators of ecological value and ecological sensitivity with indicators of demographic pressure in the demarcation of new areas to be protected:The case of the Oltrepò Pavese and the Ligurian-Emilian Apennine area(Italy)[J]. 2008,85(1):0-26.
[105] Roy P. Remme,BramEdens,Matthias Schröter,Lars Hein. Monetary accounting of ecosystem services:A test case for Limburg province,the Netherlands. Ecological Economics,112(2015):

116-128.

[106] Sara Vallecillo, Alessandra La Notte, Grazia Zulian, Silvia Ferrini, Joachim Maes. Ecosystem services accounts: Valuing the actual flow of nature-based recreation from ecosystems to people. Ecological Modelling, 392(2019): 196-211.

[107] Scheffer M, Barrett S, Carpenter S R, et al. Creating a safe operating space for iconic ecosystems[J]. Science, 2015, 347(6228): 1317-1319.

[108] Shen H, Huang J Z. Sparse principal component analysis via regularized low rank matrix approximation [J]. Journal of Multivariate Analysis, 2008, 99(6): 1015-1034.

[109] Simmons C, Lewis K, Barrett J. Two feet-two approaches: A component-based model of ecological footprint[J]. Ecol Econ, 2000, 32: 375-380.

[110] Spencer C, Robertson A I, Curtis A. Development and testing of a rapid appraisal wetland condition index in south-eastern Australia[J]. Journal of Environmental Management, 1998, 54(2): 143-159.

[111] Steffen W, Richardson K, Rockstrom J, et al. Planetary boundaries: Guiding human development on a changing planet[J]. Science, 2015, 348(6240): 1259855.

[112] Stoeglehner G, Narodoslawsky M. Implementing ecological footprinting in decision-making processes. Land Use Policy, 2008, 25(3): 421-431.

[113] Susan B. Norton, Donald J. Rodier, William H. van der Schalie, et al. A framework for ecological risk assessment at the EPA[J]. Environmental Toxicology & Chemistry, 1992, 11(12): 1663-1672.

[114] TD/T 1018—2008 建设用地节约集约利用评价规程[S].

[115] TD/T 1029—2010 开发区土地集约利用评价规程[S].

[116] TD/T 1031.1—2011 土地复垦方案编制规程第1部分:通则[S].

[117] The Natural Capital Project. InVEST 3.1.0 beta user's guide. 2014-11-20.

[118] Tisdell Clem. Economic indicators to assess the sustainability of conservation farming projects: An evaluation[J]. Agriculture, Ecosystems and Environment, 1996, 57: 117-131.

[119] Tolbert V R, Thornton F C, Joslin J D, et al. Increasing below-ground carbon sequestration with conversion of agricultural lands to production of bio-energy crops[J]. New Zealand Journal of Forestry ence, 2000, 30(1): 138-149.

[120] Ullman E, Harris C. The nature of cities[J]. The annals of the american academy of political and Social Science, 1945: 7-17.

[121] Villa F, Bagstad K J, Voigt B, et al. A methodology for adaptable and robust ecosystem services assessment. Plos One, 2014, 9(3): 1-18.

[122] Vitousek P M, Mooney H A, Lubchenco J, et al. Human domination of earth's ecosystems[J]. Science, 1997, 277(5325): 494-499.

[123] W Deininger Klaus. Land policies for growth and poverty reduction[M]. The World Bank: The International Bank for Reconstruction and Development, 2003.

[124] Wackernagel M. The ecological footprint of Santiago de Chile[J]. Local Environ, 1998, 3: 7-25.

[125] Wang Y F, Fu B J, Chen L D, et al. Check dam in the loess plateau of China: engineering for environmental service sand food security [J]. Environmental Science and Technology, 2011, 45(24): 10298-10299.

[126] W E. Ecological Footprints and Appropriated Carrying Capacity: Measuring the Natural Capital Requirements of the Human Economy[J]. Focus, 1996, 6(2): 121-130.

[127] Wu J. Landscape ecology, cross-disciplinarity, and sustainability science[J]. Landscape Ecology, 2006, 21(1): 1-4.

[128] Xu X,Tan Y,Yang G,et al. China's ambitious ecological red lines[J]. Land Use Policy,2018,79:447-451.

[129] Yang G,Chen Z. RS-based fuzzy multiattribute assessment of eco-environmental vulnerability in the source area of the Lishui River of northwest Hunan Province,China[J]. Natural Hazards,2015,78(2):1145-1161.

[130] Yang Y,Ren X,Zhang S,et al. Incorporating ecological vulnerability assessment into rehabilitation planning for a post-mining area[J]. Environmental Earth Sciences,2017,76(6):245.

[131] Li Yangfan,Shi Yalou,Qureshi S,et al. Applying the concept of spatial resilience to socio-ecological systems in the urban wetland interface[J]. Ecological Indicators,2014,42.

[132] Yarrow MM,Tironi A,Ramirez A,et al. An applied assessment model to evaluate the socioeconomic impact of water quality regulations in Chile[J]. Water Resources Management,2008,2(11):1531-1543.

[133] Feng Y,Yang Q,Tong X,et al. Evaluating land ecological security and examining its relationships with driving factors using GIS and generalized additive model[J]. Science of the Total Environment,633(2018):1469-1479.

[134] Yu Junqing,Zhou Kaile,Yang Shanlin. Land use efficiency and influencing factors of urban agglomerations in China. Land Use Policy,88(2019):104143.

[135] Zak D R,Pregitzer K S,King J S,et al. 2000. Elevated atmospheric CO_2,fine roots and the response of soil microorganisms:a review and hypothesis. New Phytologist 147,201-222.

[136] Zhan Xianyuan,Ukkusuri Satish,Zhu Feng. Inferring Urban Land Use Using Large-Scale Social Media Check-in Data[J]. Networks and Spatial Economics,2014,14(3-4):647-667.

[137] Zhang F,Zhang J,Wu R,et al. Ecosystem health assessment based on DPSIRM framework and health distance model in Nansi Lake,China[J]. Stochastic Environmental Research and Risk Assessment,2016,30(4):1235-1247.

[138] Zhang Feng,Zhang Jiquan,Wu Rina,et al. Ecosystem health assessment based on DPSIRM framework and health distance model in Nansi Lake,China[J]. Stochastic Environmental Research and Risk Assessment,2016,30(4):1235-1247.

[139] Zhang W,Cao G,Li X,et al. Closing yield gaps in China by empowering smallholder farmers[J]. Nature,2016,537,671-674.

[140] Zhang Xiaoling,Wu Yuzhe,Shen Liyin. An evaluation framework for the sustainability of urban land use:A study of capital cities and municipalities in China. Habitat International,35(2011):141-149.

[141] Zhang Y Y,Qu L Y,Chen L X. An amendment on information extraction of Biolog EcoPlate TM[J]. Microbiology,2009,36(7):1083-1091.

[142] Zurlini G,Amadio V,Rossi O. A Landscape Approach to Biodiversity and Biological Health Planning:The Map of Italian Nature[J]. 1999,5(4):294-311.

[143] 白立敏,修春亮,冯兴华. 基于土地利用变化的长春市生态风险评价[J]. 生态科学,2019,38(3):26-35.

[144] 白乔丽. 基于 GIS 和 DEA 方法的农用地利用效率评价研究[D]. 长安大学,2015.

[145] 白祥,韩志全. 艾比湖湿地生态系统健康评价研究[J]. 林业资源管理,2014(6):91-94.

[146] 柏益尧,李海莉,唐二春,等. 生态城市概念性规划新探[C]//中国城市规划学会秘书处. 2004 城市规划年会论文集(下)[M]. 2004:577-581.

[147] 毕宝德. 土地经济学[M]. 北京:中国人民大学出版社,1991.

[148] 蔡为民. 黄河三角洲土地利用变化及其可持续性评价[D]. 中国农业大学,2004.

[149] 蔡懿苒. 国内外生态安全评价研究进展[J]. 安徽林业科技,2018,44(5):25-30,34.

[150] 曹秉帅,邹长新,高吉喜,等. 生态安全评价方法及其应用[J]. 生态与农村环境学报,2019,35(8):953-963.

[151] 曹世雄,李宇腾,鲁晨曦. 生态系统服务净价值核算方法及其对北京市人工林项目的评估[J]. 科学通报,2016,61(24):2724-2729.

[152] 曹新向,郭志永,雒海潮. 区域土地资源持续利用的生态安全研究[J]. 水土保持学报,2004(2):192-195.

[153] 曹艳雪,王鹤,张昊天. 棕地再开发评价指标选取研究[J]. 现代园艺,2017(19):127-128.

[154] 曹志宏,梁流涛,郝晋珉. 黄淮海地区农用地利用集约度及其时空分布[J]. 资源科学,2009,31(10):1779-1786.

[155] 曾照云,程晓康. 德尔菲法应用研究中存在的问题分析——基于38种CSSCI(2014—2015)来源期刊[J]. 图书情报工作,2016,60(16):116-120.

[156] 陈百明,张凤荣. 中国土地可持续利用指标体系的理论与方法[J]. 自然资源学报,2001,16(3):197-203.

[157] 陈朝兵. 农村土地"三权分置":功能作用、权能划分与制度构建[J]. 中国人口·资源与环境,2016,26(4):135-141.

[158] 陈芬. 基于AEZ/GIS的福建土地适宜性评价[J]. 亚热带资源与环境学报,2002,17(3):11-13.

[159] 陈枫,李泽红,董锁成,等. 基于VSD模型的黄土高原丘陵沟壑区县域生态脆弱性评价——以甘肃省临洮县为例[J]. 干旱区资源与环境,2018,32(11):74-80.

[160] 陈国南. 用迈阿密模型测算我国生物生产量的初步尝试[J]. 自然资源学报,1987(03):270-278.

[161] 陈海嵩. "生态红线"制度体系建设的路线图[J]. 中国人口·资源与环境,2015,25(09):52-59.

[162] 陈焕珍. GIS支持下的山东大汶河流域生态脆弱性评价及对策[J]. 科技情报开发与经济,2005(5):208-210.

[163] 陈婧,史培军. 土地利用功能分类探讨[J]. 北京师范大学学报(自然科学版),2005,41(5):536-540.

[164] 陈久和,徐彩娣. 城市边缘湿地旅游生态环境容量研究——以杭州西溪国家湿地公园为例[J]. 科技通报,2006(5):714-718.

[165] 陈乐,刘彤,李中赫等. 干旱区玛纳斯河流域土地利用/覆被变化对绿洲效应的影响[J]. 石河子大学学报(自然科学版),2019,37(4).

[166] 陈立道. 城市地下空间规划理论与实践[M]. 上海:同济大学出版社,1997.

[167] 陈利根,陈会广,赵才水,等. 土地储备制度实施后城市土地市场运行绩效——以马鞍山市为例[J]. 南京农业大学学报(社会科学版),2007,4(2):17-23.

[168] 陈美球,蔡海生,赵小敏,等. 基于GIS的鄱阳湖区脆弱生态环境的空间分异特征分析[J]. 江西农业大学学报(自然科学),2003(4):523-527.

[169] 陈明荣. 气候生产潜力与温度带指标问题的研究[J]. 西北大学学报(自然科学版),1988(01):24-27.

[170] 陈平,田竹君,李罂,等. 日本国家尺度生物多样性综合评价概况及启示[J]. 地理科学,2015,35(9):1130-1139.

[171] 陈群利,左太安,孟天友,等. 基于SPA的毕节水土流失区生态脆弱性评价[J]. 中国水土保持,2010(12):53-56,61.

[172] 陈爽,刘云霞,彭立华. 城市生态空间演变规律及调控机制——以南京市为例[J]. 生态学报,2008,28(5):2270-2278.

[173] 陈顺清. 城市增长与土地增值[D]. 华南师范大学,1998.

[174] 陈文佳. 广州市土地资本化发展研究[D]. 华南理工大学,2015.

[175] 陈颖,张明祥. 中国湿地退化状况评价指标体系研究[J]. 林业资源管理,2012(2):116-120.

[176] 陈展,林波,尚鹤,等. 适应白洋淀湿地健康评价的IBI方法[J]. 生态学报,2012,32(21):6619-6627.

[177] 陈展，尚鹤，姚斌. 美国湿地健康评价方法[J]. 生态学报，2009，29(9)：5015-5022.
[178] 陈仲新，张新时. 中国生态系统效益的价值[J]. 科学通报，2000，45(1)：17-22.
[179] 陈子月，卓子荣，陈卓杰. 深圳红树林湿地系统健康评价[J]. 中国人口·资源与环境，2016，26(S1)：149-152.
[180] 承继成. 数字地球导论[M]. 2 版. 北京：科学出版社，2007.
[181] 程锋，王洪波，郧文聚. 中国耕地质量等级调查与评定[J]. 中国土地科学，2014，28(02)：75-82+97.
[182] 程建新，肖佳媚，陈明茹，等. 兴化湾海湾生态系统退化评价[J]. 厦门大学学报(自然科学版)，2012，51(5)：944-950.
[183] 程水英，李团胜. 土地退化的研究进展[J]. 干旱区资源与环境，2004(3)：38-43.
[184] 程文妍. 基于生态弹性视角的特色小镇雨水适应性景观设计[D]. 河南科技学院，2018.
[185] 代丽丽. 基于 DEA 的河南省土地利用生态效率评价[D]. 河南大学，2014.
[186] 戴尔阜，黄宇，赵东升. 草地土壤固碳潜力研究进展[J]. 生态学报，2015，35(12)：3908-3918.
[187] 戴尔阜，王晓莉，朱建佳，等. 生态系统服务权衡：方法、模型与研究框架[J]. 地理研究，2016，35(06)：1005-1016.
[188] 戴全厚，刘国彬，刘明义，等. 小流域生态经济系统可持续发展评价——以东北低山丘陵区黑牛河小流域为例[J]. 地理学报，2005(2)：209-218.
[189] 单美. 耕地健康评价及其应用研究[D]. 山东农业大学，2015.
[190] 邓根云，冯雪华. 我国光温资源与气候生产潜力[J]. 自然资源，1990(4)：20-29.
[191] 邓红兵，陈春娣，刘昕，等. 区域生态用地的概念及分类[J]. 生态学报，2009，29(3)：1519-1524.
[192] 邓思维，陶红群，郭欣，等. 生态敏感性评价在生态文明建设中的运用研究——以四川省蓬安县为例[J]. 环境科学与管理，2017，42(6)：181-185.
[193] 邓小文，孙贻超，韩士杰. 城市生态用地分类及其规划的一般原则[J]. 应用生态学报，2005，16(10)：2003-2006.
[194] 董雅文，赵荫薇. 城市现代化发展的生态防护研究——以南京市为例[J]. 城市环境与城市生态，1996，(1)：20-23.
[195] 杜海娥，李正，郑煜. 资源环境承载能力评价和国土空间开发适宜性评价研究进展[J]. 中国矿业，2019，28(S2)：159-165.
[196] 段力元. 牡丹江地区土地资本化流转问题研究[D]. 吉林大学，2016.
[197] 凡非得，王克林，宣勇，等. 西南喀斯特区域生态环境敏感性评价及其空间分布[J]. 长江流域资源与环境，2011，20(11)：1394-1399.
[198] 樊杰. 国土空间规划的"双评价"——理论与方法[DB/OL]. 2019.12.20.
[199] 樊杰，蒋子龙. 面向"未来地球"计划的区域可持续发展系统解决方案研究——对人文-经济地理学发展导向的讨论[J]. 地理科学进展，2015，34(01)：1-9.
[200] 范兰，吕昌河，陈朝. 作物产量差及其形成原因. [J]. 自然资源学报，2011，12
[201] 方创琳，张小雷. 干旱区生态重建与经济可持续发展研究进展[J]. 生态学报，2001(7)：1163-1170.
[202] 方耀楣，赵才水，朱伟文. 国有土地资本运营与复杂性研究[J]. 同济大学学报，2003，(2)：72-77.
[203] 封建民，郭玲霞，李晓华. 基于景观格局的陕北资源富集区生态脆弱性评价——以陕西省神木县为例[J]. 水土保持通报，2015，35(4)：271-276.
[204] 封志明，杨艳昭，陈玥. 国家资产负债表研究进展及其对自然资源资产负债表编制的启示[J]. 资源科学，2015，37(9)：1685-1691.
[205] 封志明，杨艳昭，闫慧敏，等. 自然资源资产负债表编制的若干基本问题[J]. 资源科学，2017，39(9)：1615-1627.
[206] 封志明，李鹏. 承载力概念的源起与发展：基于资源环境视角的讨论[J]. 自然资源学报，2018，33(09)：

1475-1489.

[207] 冯建祥,朱小山,宁存鑫,等. 红树林种植-养殖耦合湿地生态修复效果评价[J]. 中国环境科学,2017,37(7):2662-2673.

[208] 付爱红,陈亚宁,李卫红. 基于层次分析法的塔里木河流域生态系统健康评价[J]. 资源科学,2009,31(9):1535-1544.

[209] 付博,姜琦刚,任春颖,等. 基于神经网络方法的湿地生态脆弱性评价[J]. 东北师大学报(自然科学版),2011,43(1):139-143.

[210] 傅伯杰,刘世梁,马克明. 生态系统综合评价的内容与方法[J]. 生态学报,2001(11):1885-1892.

[211] 傅伯杰,王帅,张军泽. "分类-统筹-协作"全球加快实现 SDGs 的路径[J]. 可持续发展经济导刊,2019(Z2):21-22.

[212] 傅伯杰. 生态系统服务与生态安全[M]. 北京:高等教育出版社,2013.

[213] 傅伯杰. 以空间优化为抓手保障生态安全[N]. 中国科学报,2019-09-09(001).

[214] 傅伯杰. 地理学综合研究的途径与方法:格局与过程耦合[J]. 地理学报,2014(08).

[215] 高 玥,刘新平. 干旱区内陆河流域土地利用结构时空变化分析——以塔里木河流域为[J]. 湖北农业科学,2019,58(7):62-66.

[216] 高宾,李小玉,李志刚,等. 基于景观格局的锦州湾沿海经济开发区生态风险分析[J]. 生态学报,2011,31(12):3441-3450.

[217] 高畅,李玲,张云霞. 土壤生产力评价研究进展 [J]. 河南农业科学,2013,42(4).

[218] 高峰. 松花江吉林市城区试验段生态修复监测及效益评价[D]. 吉林大学,2018.

[219] 高桂芹,韩美. 区域土地资源生态安全评价——以山东省枣庄市中区为例[J]. 水土保持研究,2005(5):275-277.

[220] 高海燕. 20 世纪中国土地制度百年变迁的历史考察[J],浙江大学学报(人文社会科学版),2007,37(5):124-133.

[221] 高吉喜. 可持续发展理论探索[M]. 北京:中国环境科学出版社,2001.

[222] 高凯,周志翔,杨玉萍. 长江流域土地利用结构及其空间自相关分析[J]. 长江流域资源与环境,2010,19(S1):13-20.

[223] 高树琴,赵霞,方精云. 我国草地的固碳功能[J]. 中国工程科学,2016,18(1):73-79.

[224] 高亚琪,杨艺渊,地力夏提·包尔汉,等. 小尺度农田生态系统土地退化监测与评价指标体系建立[J]. 江苏农业科学,2014,42(3):296-298.

[225] 高扬,何念鹏,汪亚峰. 生态系统固碳特征及其研究进展[J]. 自然资源学报,2013,28(7):1264-1273.

[226] 高永生. 河南省农用地集约利用评价研究[D]. 河南大学,2010.

[227] 葛全胜,郑景云,张学霞,等. 过去 40 年中国气候与物候的变化研究[J]. 自然科学进展,2003(10):42-47.

[228] 顾康康. 生态承载力的概念及其研究方法[J]. 生态环境学报,2012,21(2):389-396.

[229] 官善友,朱锐,高振宇. 地质条件对武汉市地下空间开发的影响及分区评价[J]. 工程勘察,2008,(9):10-14.

[230] 管青春,郝晋珉,王宏亮,等. 经济转型视角下矿产资源城市生态敏感性评价[J]. 农业工程学报,2018,34(21):253-262,311.

[231] 郭凤芝. 土地资源安全评价的几个理论问题[J]. 山西财经大学学报,2004(3):61-65.

[232] 郭仁忠,罗平,罗婷文. 土地管理三维思维与土地空间资源认知[J]. 地理研究,2018,37(4):649-658.

[233] 郭荣中,杨敏华,申海建. 长株潭地区耕地生态安全评价研究[J]. 农业机械学报,2016,47(10).

[234] 郭锐. 汉江上游(陕西段)水环境容量研究[D]. 西安理工大学,2018.

[235] 郭文月,沈文星. 基于 PSR 模型的森林生物多样性现状评价[J]. 物流工程与管理,2019,41(8):

145-148.
[236] 郭旭东,邱扬,连纲,等. 基于PSR框架针对土壤侵蚀小流域的土地质量评价[J]. 生态学报,2004(9):1884-1894.
[237] 郭旭东,谢俊奇. 新时代中国土地生态学发展的思考[J]. 中国土地科学,2018,32(12):1-6.
[238] 郭艳丽. 图们江下游湿地生态系统健康评价研究[D]. 延边大学,2011.
[239] 郭依. 基于土地利用变化的生态风险评价[D]. 河南大学,2018.
[240] 韩德军. 土地资源资产负债表编制方法探究[J]. 才智,2015(22):291-292.
[241] 韩冬梅. 临沂市生态用地规划布局研究[D]. 河北师范大学,2007.
[242] 韩磊,潘玉君,马佳伸. 长江流域土地压力状态及其可持续利用途径——以省会城市为例[J]. 福建商学院学报,2018(05):24-31.
[243] 郝文渊,李文博,王忠斌,等. 西藏拉萨河谷拉鲁湿地生态系统健康评价[J]. 干旱区资源与环境,2013,27(5):95-99.
[244] 郝喆,曹明杰,杨青潮. 尾矿库生态退化区修复效果评价[J]. 矿业研究与开发,2019,39(10):143-147.
[245] 何东进,游巍斌,洪伟,等. 近10年景观生态学模型研究进展[J]. 西南林业大学学报,2012,32(1):96-104.
[246] 何昊. 延寿县土地利用生态风险评价[D]. 东北农业大学,2019.
[247] 何建波,李欲如,毛江枫,等. 河流生态系统健康评价方法研究进展[J]. 环境科技,2018,31(6):71-75.
[248] 何如海,卞晓娣,程玉祺,等. 基于PSR模型的金寨县土地生态安全评价研究[J]. 云南农业大学学报(社会科学),2018,12(5):101-106.
[249] 贺秋华,张丹,陈朝猛,等. GIS支持下的黔中地区生态环境敏感性评估[J]. 生态学杂志,2007(3):413-417.
[250] 洪银兴,王荣. 农地"三权分置"背景下的土地流转研究[J]. 管理世界,2019,35(10):113-119.
[251] 洪增林. 西安市地下空间可持续开发利用评价[J]. 西安石油大学学报:社会科学版,2019,(3):1-9.
[252] 胡多才,尹一帆,程燕芳. 典型干热河谷区生态敏感性评价——以东川为例[J]. 林业建设,2017(5):21-25.
[253] 胡文敏,段建南,楚艺江. 定量化先导区闲置土地评价[J]. 农业网络信息,2010(11):145-148.
[254] 胡晓添. 区域土地利用效率研究[D]. 南京大学,2011.
[255] 湖南省自然资源厅. 湖南省资源环境承载能力和国土空间开发适宜性评价技术指南(试行),2019,4.
[256] 黄秉维. 自然条件与作物生产—光合潜力[M]. 北京中国农业科学院情报所,1978.
[257] 黄从红,杨军,张文娟. 生态系统服务功能评估模型研究进展. 生态学杂志,2013,32(12):3360-3367.
[258] 黄璐. PSR视角下农用地集约利用评价研究——以重庆市渝北区为例[J]. 西南师范大学学报(自然科学版),2013,38(9):116-122.
[259] 黄贤金,张安录. 土地经济学[M]. 北京:中国农业大学出版社,2009.
[260] 黄杏元,林增春. 土地资源信息系统及其应用的试验研究[J]. 环境遥感,1986,1(03):190-201.
[261] 黄忠华,杜雪君,两岸土地改革60年回顾、比较及启示[J],中国土地科学,2010,24(4):70-74.
[262] 简卿,张立强,崔海宁,等. 青龙满族自治县生态敏感性评价及区划[J]. 中国农业资源与区划,2017,38(11):171-178.
[263] 简则明. "木桶理论"的变化与启示[J]. 中国质量万里行,2018(08):75.
[264] 江浏光艳. 建设用地适宜性评价研究[D]. 四川师范大学,2009.
[265] 江雪,向平安,肖景峰,等. 张掖市农业生态系统健康评价[J]. 湖南农业科学,2019(6):55-59.
[266] 姜海玲,苏姣姣,郑世欣,等. 吉林市2007—2016年土地利用类型变化及生态环境评价[J]. 吉林师范大学学报(自然科学版),2019,40(02):134-140.
[267] 蒋省三,刘守英. 土地资本化与农村工业化——广东省佛山市南海经济发展调查[J]. 管理世界,2003

(11):87-97.

[268] 蒋卫国,李京,李加洪,等.辽河三角洲湿地生态系统健康评价[J].生态学报,2005(3):408-414.

[269] 焦金鱼,贾国江.马莲河生态修复区生态效益分析及治理经验[J].人民黄河,2013,35(3):62-64.

[270] 焦念志.海洋固碳与储碳——并论微型生物在其中的重要作用[J].中国科学:地球科学,2012,42(10):1473-1486.

[271] 金凌波,周峰,姚涓,等.磷高效转基因大豆对根际微生物群落的影响[J].生态学报,2012,32(7):2082-2090.

[272] 金凌波.Biolog技术在河流污染源分析及生态修复效果评价中的应用[J].大众科技,2019,21(2):18-22.

[273] 靳凤林.城乡资本公平流动的三维审视[J].马克思主义与现实,2014(1):87-92.

[274] 景贵和.土地生态评价与土地生态设计[J].地理学报,1986,41(1):1-7.

[275] 居婕.棕地的分类和定义研究[J].中国集体经济,2013(16):22-23.

[276] 康鹏,陈卫平,王美娥.基于生态系统服务的生态风险评价研究进展[J].生态学报,2016,v.36(05):14-25.

[277] 孔滨,杨秀娟.Biolog生态板的应用原理及碳源构成[J].绿色科技,2011(7):231-234.

[278] 孔登魁,马萧.构建"山水林田湖草"生态保护与修复的内生机制[J].国土资源情报,2018(05):22-29.

[279] 孔红梅,赵景柱,马克明,等.生态系统健康评价方法初探[J].应用生态学报,2002,13(4):486-490.

[280] 孔令曦,沈荣芳.城市地下空间发展可持续性评价[J].自然灾害学报,2007(01):119-122.

[281] 孔令曦.城市地下空间可持续发展评价模型及对策的研究[D].同济大学,2006.

[282] 兰天慧.辽河口湿地生态退化评价研究[D].沈阳农业大学,2018.

[283] 雷波.黄土丘陵区生态脆弱性演变及其驱动力分析[D].中国科学院研究生院(教育部水土保持与生态环境研究中心),2013.

[284] 雷呈,黄琪,倪才英,等.袁河流域河流生境质量评价及其影响因素分析[J].江西师范大学学报(自然科学版),2019,(4):425-432.

[285] 冷疏影,李秀彬.土地质量指标体系国际研究的新进展[J].地理学报,1999(2):83-91.

[286] 冷疏影.地理信息系统支持下的中国农业生产潜力研究[J].自然资源学报,1992(1):71-79.

[287] 李保国.土壤变化及其过程的定量化[J].土壤学进展,1995,23(2):33-42.

[288] 李滨勇,陈海滨,唐海萍.基于AHP和模糊综合评判法的北疆各地州生态脆弱性评价[J].北京师范大学学报(自然科学版),2010,46(2):197-201.

[289] 李纯厚,齐占会,黄洪辉,等.海洋碳汇研究进展及南海碳汇渔业发展方向探讨[J].南方水产,2010,6(6):81-86.

[290] 李代胜.城市土地增值量的计算公式探讨[J].特区经济,1991,(06):51-52.

[291] 李冬梅,吴晓青,于德永,等.云南省生态环境敏感性评价[J].生态学报,2008,28(11):5270-5278.

[292] 李刚,李建平,孙晓蕾,等.主客观权重的组合方式及其合理性研究[J].管理评论,2017,29(12):17-26,61.

[293] 李广,黄高宝.基于APSIM模型的降水量分配对旱地小麦和豌豆产量影响的研究[J].中国生产农业学报 2010,18(2):342-347.

[294] 李晖,蒋忠诚,马祖陆,等.桂林会仙岩溶湿地健康评价与补偿机制研究[J].中国水土保持,2013(1):61-64.

[295] 李继明.我国现行农用地评价体系比较研究[J].地域研究与开发,2009(03):91-95.

[296] 李建军,苏志珠,王言荣.基于GIS的万荣县生态敏感性评价与区划[J].中国农业资源与区划,2014,35(5):48-54.

[297] 李建政,王迎春,王立刚,等.农田生态系统温室气体减排技术评价指标[J].应用生态学,2015,26(1):

297-303.
[298] 李凯,赵沛,周润田,等. 东居延海湿地生态系统健康评价[J]. 人民黄河,2019,41(7):38-41,47.
[299] 李坤,岳建伟. 我国建设用地适宜性评价研究综述[J]. 北京师范大学学报(自然科学版),2015,51(S1):107-113.
[300] 李莉. 环渤海地区土地生态安全评价研究[D]. 河北大学,2019.
[301] 李亮,舒宁,王凯,等. 融合多特征的遥感影像变化检测方法[J]. 测绘学报,2014,43(9):945-953,959.
[302] 李梦. 乡村土地评价研究——以富平县岔口村为例[D]. 西北大学,2017.
[303] 李平星,陈诚. 基于VSD模型的经济发达地区生态脆弱性评价——以太湖流域为例[J]. 生态环境学报,2014,23(2):237-243.
[304] 李茜. 区域土地生态环境安全评价及生态重建研究[D]. 陕西师范大学,2007.
[305] 李倩. 有生态价值的地先留住——访中国土地勘测规划院副总工程师郑伟元[J]. 中国土地,2008(11):21-23.
[306] 李蕊,段亮,王思宇,等. 辽河保护区七星湿地生态系统健康评价[J]. 环境工程技术学报,2016,6(1):43-48.
[307] 李世奎. 中国农业气候资源和农业气候区划[J]. 气象科技,1987(2):77-82.
[308] 李维宁. 城市土地增值量计算公式的再探讨——与李代胜同志商榷[J]. 特区经济,1992,(03):29-39.
[309] 李霞. 区域承载力评价方法及应用[M]. 北京:经济管理出版社,2014.
[310] 李相玺,尹忠东,何长高. 土地生产潜力研究综述[J]. 水土保持学报,2001(1):33-36.
[311] 李想. 未来地球计划与风险管理[J]. 西华大学学报(自然科学版),2019,38(01):79-88.
[312] 李晓亮,吴克宁,褚献献,等. 耕地产能评价研究进展与展望 [J]. 中国土地科学,2019(07).
[313] 李秀彬. 中国近 20 年来耕地面积的变化及其政策启示[J]. 自然资源学报,1999,14(4):329-333.
[314] 李亚萍,马蓉. 土地适宜性评价方法研究[J]. 现代化农业,2009(3):30-31.
[315] 李屹峰,罗跃初,刘纲. 土地利用变化对生态系统服务功能的影响:以密云水库流域为例. 生态学报,2013,33(3):726-736.
[316] 李益敏,管成文,朱军. 基于GIS的星云湖流域生态敏感性评价[J]. 水土保持研究,2017,24(5):266-271,278.
[317] 李永祺,丁美丽. 海洋污染生物学[M]. 北京:海洋出版社,1991.
[318] 李芸. 重庆市黔江区耕地集约利用评价及模式研究[D]. 西南大学,2014.
[319] 李肇文,城市土地增值初探[C]. 中国土地学会 1987 年学术讨论会论文选集,中国土地学会,1987.
[320] 李植斌. 区域农用地可持续利用评价——以温州市为例[J]. 南京大学学报(自然科学),1993,(3):14-19.
[321] 厉伟. 论自然资源的可持续利用[J]. 生态经济(中文版),2001,(1):12-14.
[322] 廖光萍. 基于乡村旅游的阿坝州生态环境可持续发展评价[J]. 中国农业资源与区划,2019,40(09):199-205.
[323] 林慧颖,宋飏,王士君,等. "多规融合"下棕地再利用方向评价——以长春市拖拉机厂为例[J]. 现代城市研究,2016(09):9-16.
[324] 林平,张崇波. 山水林田湖草系统保护综合行政执法:问题和对策[J]. 林业经济,2018(7).
[325] 林瑞瑞,朱道林,刘晶,等. 土地增值产生环节及收益分配关系研究[J]. 中国土地科学,2013,(02):5-10.
[326] 林雪儿,尤丽萍,周梦遥,等. 县域生物多样性重要性评估模型比较——以武夷山市为例[J]. 应用与环境生物学报,2020,26(01):195-200.
[327] 林玥. 基于棕地再开发识别与评价方法研究[D]. 华南理工大学,2013.
[328] 刘宝涛,郄瑞卿,王冬艳,等. 基于灰色关联模型的吉林省土地利用系统健康诊断[J]. 中国农业资源与

区划,2016,37(10):9-17.
[329] 刘琮如. 城市地下空间开发的评价与原则[J]. 国外建材科技,2004(03):96-97.
[330] 刘迪,陈海,张行,等. 黄土侵蚀沟谷土地生态系统健康评价——以杜家石沟为例[J]. 水土保持研究,2019,26(2):100-106.
[331] 刘东,封志明,杨艳昭. 基于生态足迹的中国生态承载力供需平衡分析[J]. 自然资源学报,2012,27(4):614-624.
[332] 刘富刚. 土地资源评价理论与实践[M]. 北京:国防工业出版社,2011.
[333] 刘欢,何太蓉,张喆,等. 基于生态敏感性分析的西南都市农业功能区划研究——以重庆市沙坪坝区为例[J]. 中国农业资源与区划,2015,36(6):152-157.
[334] 刘纪远,庄大方,凌扬荣. 基于 GIS 的中国东北植被综合分类研究[J]. 遥感学报,1998(4):285-291.
[335] 刘金山,胡承效,孙学成,等,基于最小数据集和模糊数学法的水旱轮作区土壤肥力质量评价[J]. 土壤通报,2012. 43(05):1145-1150.
[336] 刘康,欧阳志云,王效科,等. 甘肃省生态环境敏感性评价及其空间分布[J]. 生态学报,2003,23(12):2711-2718.
[337] 刘黎明. 土地资源调查与评价[M]. 北京:中国农业大学出版社,2010.
[338] 刘黎明. 土地资源学[M]. 北京:中国农业大学出版社,2010.
[339] 刘露,周生路,田兴,等. 不同比例尺下耕地质量分等结果的差异及影响因素研究[J]. 自然资源学报,2016,31(4):629-638.
[340] 刘淼,胡远满,李月辉,等. 生态足迹方法及研究进展[J]. 生态学杂志,2006(03):334-339.
[341] 刘培,常凤琴,吴红宝,等. 异龙湖流域湿地生态系统健康评价[J]. 湿地科学与管理,2016,12(3):28-32.
[342] 刘鹏举,袁卓慧,胡业翠. 山水林田湖草生态保护修复工程第一批试点区 NDVI 时空分布与影响因素分析[J]. 生态经济,2019,35(07):196-202.
[343] 刘倩,董增川,徐伟,等. 基于模糊物元模型的滦河河流健康评价[J]. 水电能源科学,2014,32(9):47-50.
[344] 刘世梁,赵爽,杨枫,等. 市域尺度两种生态系统服务评价方法对比研究[J]. 中国生态农业学报,2018,26(9):63-71.
[345] 刘卫东. 土地资源学[M]. 上海:百家出版社,1994.
[346] 刘卫东. 土地系统研究的理论与实践[M]. 北京:海洋出版社,1993.
[347] 刘魏魏,王效科,逯非. 全球森林生态系统碳储量、固碳能力估算及其区域特征[J]. 应用生态学报,2015,26(9):2882-2890.
[348] 刘魏魏,王效科,逯非. 造林再造林、森林采伐、气候变化、CO_2 浓度升高、火灾和虫害对森林固碳能力的影响[J]. 生态学报,2016,36(8):2113-2122.
[349] 刘曦,王军,何曼丽. 基于大数据的上海市存量土地开发潜力评价[J]. 上海国土资源,2017,38(1):14-20.
[350] 刘向敏. 关于自然资源资产负债表编制中土地资源核算的思考[J]. 中国国土资源经济,2018,4:34-38.
[351] 刘晓平,李鹏,任宗萍,等. 榆林地区生态系统弹性力评价分析[J]. 生态学报,2016,36(22):7479-7491.
[352] 刘雪,刁承泰,黄娟,等. 区域土地资源安全评价初探——以重庆市为例[J]. 水土保持通报,2006(5):57-61.
[353] 刘耀林,焦利民. 土地评价、理论、方法与系统开发[M]. 北京:中国科学出版社,2008.
[354] 刘勇,刘友兆,徐萍. 区域土地资源生态安全评价——以浙江嘉兴市为例[J]. 资源科学,2004(3):

69-75.
[355] 刘勇. 区域土地资源可持续利用的生态安全评价研究[D]. 南京农业大学,2004.
[356] 刘源鑫,赵文武,王军. 协同应对全球变化,促进可持续发展——“未来地球 2025 愿景”[J]. 生态学报,2015,35(07):2414-2417.
[357] 刘源鑫,赵文武. 未来地球——全球可持续性研究计划[J]. 生态学报,2013,33(23):7610-7613.
[358] 刘照程. 基于 GIS 的城市生态公园生态敏感性评价与生态功能区划研究[D]. 中南林业科技大学,2011.
[359] 柳昆,彭建,彭芳乐. 地下空间资源开发利用适宜性评价模型[J]. 地下空间与工程学报,2011,(2):17-29.
[360] 龙花楼,刘永强,李婷婷,等. 生态用地分类初步研究[J]. 生态环境学报,2015,24(1):1-7.
[361] 龙华楼,蔡运龙,万军. 开发区土地利用的可持续性评价——以江苏昆山经济技术开发区为例[J]. 地理学报,2000,55(6):719-728.
[362] 龙涛,邓绍坡,吴运金,等. 生态风险评价框架进展研究[J]. 生态与农村环境学报,2015,31(6):822-830.
[363] 卢亚灵,颜磊,许学工. 环渤海地区生态脆弱性评价及其空间自相关分析[J]. 资源科学,2010,32(2):303-308.
[364] 路正,陈英,魏苹,等. 基于熵权可拓物元模型土地利用系统健康诊断——以河西走廊为例[J]. 干旱地区农业研究,2017,35(1):258-263.
[365] 罗名海,蒋子龙,程琦,等. 地理国情在武汉市土地资源承载力评价中的应用[J]. 武汉大学学报(信息科学版),2018,43(12):2317-2324.
[366] 王丽萍,夏文静. 生态足迹的国内外研究进展[J]. 经济研究参考,2018,(1):56-68.
[367] 罗其友,姜文来. 旱农区域资源可持续利用模式评价指标[J]. 干旱区资源与环境,1998,(03):37-41.
[368] 罗玮祥. 永泰县生态用地评价与优化研究[D]. 福建师范大学,2017.
[369] 罗文斌. 中国土地整理项目绩效评价、影响因素及其改善策略研究[D]. 浙江大学,2011.
[370] 罗毅. 湖北省耕地生态安全评价及时空演变研究[D]. 华中师范大学,2014.
[371] 马传栋. 资源生态经济学[M]. 济南:山东人民出版社,1995.
[372] 马骏,李昌晓,魏虹,等. 三峡库区生态脆弱性评价[J]. 生态学报,2015,35(21):7117-7129.
[373] 马克明,孔红梅,关文彬,等. 生态系统健康评价:方法与方向[J]. 生态学报,2001,21(12):2106-2116.
[374] 马克平,钱迎倩. 生物多样性保护及其研究进展(综述)[J]. 应用与环境生物学报,1998,4(1):95-99.
[375] 马克平. 生物多样性保护主流化的新机遇[J]. 生物多样性,2015,23(5):557-558.
[376] 马克思. 资本论[M]. 第一卷,北京:人民出版社,1975.
[377] 马艳. 基于熵权 TOPSIS 法的湖北省土地生态安全评价[J]. 湖北农业科学,2019,58(8):28-34.
[378] 马子惠,马书明,张树深. 大连市生态脆弱性评价及其不确定性分析[J]. 水土保持通报,2019,39(3):237-242,262,313-314.
[379] 麦少芝,徐颂军,潘颖君. PSR 模型在湿地生态系统健康评价中的应用[J]. 热带地理,2005,25(4):317-321.
[380] 毛文永. 生态环境影响评价概论[M]. 中国环境科学出版社,1998:92-95.
[381] 毛雪,孟源思,张东红,等. 基于 GIS 的皖江流域耕地地力评价研究[J]. 中国农业资源与区划,2019,40(07):110-118.
[382] 梅宏. 生态文明理念与我国土地法制建设[J]. 法学论坛,2013,28(2):37-45.
[383] 蒙吉军. 土地评价与管理[M]. 北京:科学出版社,2005.
[384] 穆少杰,周可新,齐杨,等. 内蒙古植被降水利用效率的时空格局及其驱动因素[J]. 植物生态学报,2014,38(1):1-16.

[385] 倪绍祥,陈传康. 我国土地评价研究的近今进展[J]. 地理学报,1993,48(1):75-83.
[386] 倪绍祥. 土地类型与土地评价概论[M]. 北京:高等教育出版社,2009.
[387] 宁皎莹,和苗苗,周根娣. 农田土壤固碳及其影响因子研究进展[J]. 杭州师范大学学报(自然科学版),2014,13(2):168-174.
[388] 牛超. 齐齐哈尔市土地生态安全评价[D]. 东北农业大学,2019.
[389] 牛方曲,封志明,刘慧. 资源环境承载力评价方法回顾与展望[J]. 资源科学,2018,40(04):655-663.
[390] 牛明香,王俊,徐宾铎. 基于PSR的黄河河口区生态系统健康评价[J]. 生态学报,2017,37(3):943-952.
[391] 欧阳志云,李小马,徐卫华,等. 北京市生态用地规划与管理对策[J]. 生态学报,2015,35(11):3778-3787.
[392] 欧阳志云,王如松. 生态系统服务功能、生态价值与可持续发展[J]. 世界科技研究与发展,2006,(5):45-50.
[393] 欧阳志云,王效科. 中国陆地生态系统服务功能及其生态经济价值的初步研究[J]. 生态学报,1999,19(5):607-613.
[394] 欧阳志云,王如松,赵景柱. 生态系统服务功能及其生态经济价值评价[J]. 应用生态学报,1999,10(5):635-640.
[395] 欧阳志云,王效科,苗鸿. 中国生态环境敏感性及区域差异规律研究[J]. 生态学报,2000,20(1):9-12.
[396] 潘德炉,李腾,白雁. 海洋:地球最巨大的碳库[J]. 海洋学研究,2012,30(3):1-4.
[397] 潘勇辉. 城市化加速进程中的区域土地资本运营绩效评价[J]. 农业经济问题,2006,(06):54-58.
[398] 庞碧剑,覃秋荣,蓝文陆. 生物多样性指数在生态评价中的实用性分析——以北部湾为例[J]. 广西科学院学报,2019,35(2):91-99.
[399] 彭勃,付永胜,赵君凤,等. 小流域土地利用景观格局对水质的影响[J]. 生态科学,2019,38(03):90-99.
[400] 彭慧,昌亭,薛红琳,等. 土地生态评价研究综述[J]. 国土资源科技管理,2013,(6):32-39.
[401] 彭建,党威雄,刘焱序,等. 景观生态风险评价研究进展与展望[J]. 地理学报,2015,70(4):664-677.
[402] 彭建,王仰麟,宋治清,等. 国内外土地持续利用评价研究进展[J]. 资源科学,2003,25(2):85-93.
[403] 彭建交,陈会然,谢中起. 基于PSR模型的沿海城市海洋生态健康评价[J]. 海洋开发与管理,2019,36(10):34-39.
[404] 彭俊婷. 基于GIS的城市地下空间开发适宜性评价[D]. 昆明理工大学,2016.
[405] 彭涛,陈晓宏,王高旭,等. 基于集对分析与三角模糊数的滨海湿地生态系统健康评价[J]. 生态环境学报,2014,23(6):917-922.
[406] 彭文甫,周介铭,徐新良,等. 基于土地利用变化的四川省碳排放与碳足迹效应及时空格局[J]. 生态学报,2016,36(22):7244-7259.
[407] 彭文英. 京津冀地区土地生态压力及协同调控策略[J]. 中国流通经济,2018(3):95-101.
[408] 彭作军,段力誌. 农村集体建设用地权益资本化探析——基于重庆地票实践[J]. 建筑经济,2011,(05):22-25.
[409] 齐润冰. 基于景观格局指数的生态风险定量评价[J]. 测绘通报,2019(S1):110-112,118.
[410] 千倩. 焦作市土地利用变化的生态系统服务功能价值响应[D]. 河南大学,2015.
[411] 钱逸凡,楼毅,初映雪,等. 洞庭湖国际重要湿地生态系统健康和价值评价[J]. 湿地科学,2016,14(4):516-523.
[412] 秦品瑞,高帅,徐军祥,等. 济南市城市地下空间资源开发利用适宜性评价[J]. 山东国土资源,2019,35(6).
[413] 秦贤宏,陈雯,段学军,等. 复杂地貌区域生态敏感区综合评价与保护对策——以广西钦州市为例[J].

自然资源学报,2013,28(4):608-617.
[414] 曲福田,高艳梅,姜海. 我国土地管理政策:理论命题与机制转变[J]. 管理世界,2005,(04):48-55.
[415] 曲衍波,张凤荣,姜广辉,等. 基于生态位的农村居民点用地适宜性评价与分区调控[J]. 农业工程学报,2010,(11):290-296.
[416] 权小虎. 试论新农村建设中的土地使用权资本化[J]. 生产力研究,2010,(8):44-47.
[417] 全世文,胡历芳,曾寅初,等. 论中国农村土地的过度资本化[J]. 中国农村经济,2018(7):2-18.
[418] 冉圣宏,金建君,薛纪渝. 脆弱生态区评价的理论与方法[J]. 自然资源学报,2002(1):117-122.
[419] 任虹,赵亮. 基于价值评估法的矿山生态修复绩效评价方法研究[A]. 中国环境科学学会(Chinese Society for Environmental Sciences). 2018 年中国环境科学学会科学技术年会论文集(第三卷)[C]. 2018.
[420] 任晶,孙瑛,陈秀芝,等. 基于 PSR 模型的九段沙湿地生态系统健康评价[J]. 湿地科学与管理,2012,8(4):12-16.
[421] 任平,程武学,洪步庭. 基于 PSDR 理论框架下长江上游生态系统退化威胁评价与空间分布研究[J]. 地理科学,2013,33(2):189-194.
[422] 任维春,王建卫,王歧岭. 综合利用 3S 技术监测土地利用变化[J]. 遥感信息,2000(3):19-22,53.
[423] 邵继中,胡振宇. 城市地下空间与地上空间多重耦合理论研究[J]. 地下空间与工程学报,2017,13(06):1431-1443.
[424] 申屠军,李青,杜勇. 我国土地资源和质量及容量评价[J]. 开发研究,1989,(02):49-51.
[425] 沈珍瑶,杨志峰. 黄河流域水资源可再生性评价指标体系与评价方法[J]. 自然资源学报,2002(2):188-197.
[426] 师晨迪,曹婷婷,刘洋洋. 土壤固碳潜力估算方法研究进展[J]. 湖北农业科学,2019,58(S1):4-6.
[427] 石洪华,王晓丽,郑伟. 海洋生态系统固碳能力估算方法研究进展[J]. 生态学报,2014,34(1):12-22.
[428] 时仅. 土地资源价值核算与时空动态研究[D]. 西南大学,2016.
[429] 史德明,韦启潘,梁音,等. 中国南方侵蚀土壤退化指标体系研究[J]. 水土保持学报,2000(3):1-9.
[430] 宋创业,胡慧霞,黄欢,等. 黄河三角洲人工恢复芦苇湿地生态系统健康评价[J]. 生态学报,2016,36(9):2705-2714.
[431] 宋俏. 佳木斯市土地生态安全评价研究[D]. 东北农业大学,2019.
[432] 宋小青,吴志峰,欧阳竹. 1949 年以来中国耕地功能变化[J]. 地理学报,2014,69(4):435-447.
[433] 宋彦蓉,张宝元. 基于地区现代化评价的客观赋权法比较[J]. 统计与决策,2015(11):82-86.
[434] 宋飏,张新佳,吕扬,等. 地理学视角下的城市棕地研究综述与展望[J]. 地理科学,2019,39(06):886-897.
[435] 宋一凡,郭中小,卢亚静,等. 一种基于 SWAT 模型的干旱牧区生态脆弱性评价方法——以艾布盖河流域为例[J]. 生态学报,2017,37(11):3805-3815.
[436] 粟一帆,李卫明,艾志强,等. 汉江中下游生态系统健康评价指标体系构建及其应用[J]. 生态学报,2019,39(11):3895-3907.
[437] 孙波,张桃林,赵其国. 我国东南丘陵山区土壤肥力的综合评价[J]. 土壤学报,1995(4):362-369.
[438] 孙波,赵其国. 红壤退化中的土壤质量评价指标及评价方法[J]. 地理科学进展,1999(2):24-34.
[439] 孙才志,杨磊,胡冬玲. 基于 GIS 的下辽河平原地下水生态敏感性评价[J]. 生态学报,2011,31(24):7428-7440.
[440] 孙洪波,杨桂山,苏伟忠,等. 生态风险评价研究进展[J]. 生态学杂志,2009,28(2):335-341.
[441] 孙平军,修春亮,王忠芝. 基于 PSE 模型的矿业城市生态脆弱性的变化研究——以辽宁阜新为例[J]. 经济地理,2010,30(8):1354-1359.
[442] 孙雪,于格,刘汝海,等. 海河南系子牙河流域湿地生态系统健康评价研究[J]. 中国海洋大学学报(自然科学版),2019,49(11):120-132.

[443] 孙雁,刘友兆. 基于细碎化的土地资源可持续利用评价——以江西分宜县为例[J]. 自然资源学报,2010,25(05):802-810.
[444] 谭琴. 城市河道生态修复效果评价与改善措施研究[D]. 哈尔滨工业大学,2018.
[445] 谭伟文,文礼章,仝宝生,等. 生态足迹理论综述与应用展望[J]. 生态经济,2012(06):173-181.
[446] 汤洁,朱云峰,李昭阳,等. 东北农牧交错带土地生态环境安全指标体系的建立与综合评价——以镇赉县为例[J]. 干旱区资源与环境,2006(1):119-124.
[447] 唐海萍,陈姣,薛海丽. 生态阈值:概念、方法与研究展望[J]. 植物生态学报,2015,39(09):932-940.
[448] 唐双娥. 法学视角下生态用地内涵与外延[J]. 生态经济,2009,213(7):190-193.
[449] 田从永. 基于GIS的黄岛区土地生产潜力研究[D]. 中国石油大学,2015(05).
[450] 田海宁. 汉中市生态脆弱性评价及空间分布规律研究[J]. 中国农业资源与区划,2017,38(3):148-152.
[451] 田有国、辛景树、栗铁申. 耕地地力评价指南[M]. 北京:中国农业科技出版社出版,2006.
[452] 万本太,徐海根,丁晖,等. 生物多样性综合评价方法研究[J]. 生物多样性,2007,15(1):97-106.
[453] 万洪秀,孙占东,王润. 博斯腾湖湿地生态脆弱性评价研究[J]. 干旱区地理,2006,29(2):248-254.
[454] 汪辉,李卫正,孔令娜,等. 湿地公园生态敏感性评价研究——以盐城珍禽湿地公园为例[J]. 中国园林,2014,30(10):112-115.
[455] 王瑗玲,胡继连,赵庚星,等. 莱芜里辛土地整理耕地质量级别变化研究[J]. 中国土地科学,2010,24(10):52-57.
[456] 王瑗玲. 区域土地整理时空配置及其项目后评价研究与应用[D]. 山东农业大学,2006.
[457] 王宾,田军仓. 土地生产力评价模型研究进展 [J]. 山西农业科学,2016,44(8).
[458] 王纯枝,李良涛,陈健,等. 作物产量差研究与展望[J]. 中国生态农业学报,2009,17(06):1283-1287.
[459] 王德起,庞晓庆. 京津冀城市群绿色土地利用效率研究[J]. 中国人口·资源与环境,2019,29(4):68-76.
[460] 王贵珍,马素洁,杨思维,等. 基于RUE的不同草地类生态评价研究——以河西走廊为例[J]. 自然资源学报,2017,32(4):582-594.
[461] 王海燕. 土地生态功能分类及价值评估[D]. 湖南农业大学,2016.
[462] 王惠勇,曲衍波,郑晓梅,等. 主成分分析法在城镇土地生态安全评价中的应用——以山东省临沂市为例[J]. 安徽农业科学,2007(15):4614-4617.
[463] 王江波,周晶. 国外土地估价方法、实践及对我国借鉴[J]. 地方财政研究,2018,(8):106-112.
[464] 王杰,曹言,黄英,等. 滇中地区作物生长期时空变化特征及影响因子分析[J]. 灌溉排水学报,2017,36(8):83-88.
[465] 王静. 土地生态系统的综合管理问题[J]. 中国土地,2018(04):19-21.
[466] 王军. 中国可持续发展评价指标体系:框架、验证及其分析[C]. 中国经济分析与展望(2016—2017). 中国国际经济交流中心,2017:195-212.
[467] 王乐. 基于PSR模型和绩效模型的天水市土地资源可持续利用评价研究[D]. 甘肃农业大学,2014.
[468] 王丽婧,郭怀成,刘永,等. 邛海流域生态脆弱性及其评价研究[J]. 生态学杂志,2005(10):1192-1196.
[469] 王娜,曹英志,康婧,等. 基于"PSR+RS"模式的菩提岛整治修复前后生态系统健康评价[J]. 海洋通报,2019,38(4):455-461.
[470] 王鹏,王亚娟,刘小鹏,等. 基于PSR模型的生态移民安置区土地利用系统健康评价——以红寺堡区为例[J]. 水土保持研究,2018,25(6):270-276.
[471] 王强,杨京平. 我国草地退化及其生态安全评价指标体系的探索[J]. 水土保持学报,2003(6):27-31.
[472] 王秋兵. 土地资源学[M]. 2版. 北京:中国农业出版社,2011.
[473] 王绍强. 基于遥感与模型模拟的中国陆地生态系统碳收支[M]. 北京:科学出版社,2016.

[474] 王书可,李顺龙,谢学军,等. 基于集对分析法的三江平原湿地生态系统健康评价研究[J]. 林业经济,2015,37(8):68-73,115.
[475] 王涛,吕昌河,于伯华. 基于 WOFOST 模型的京津冀地区冬小麦生产潜力评价[J]. 自然资源学报,(3):125-137.
[476] 王婉秋. 精明增长视角下城镇低效用地再开发问题研究[D]. 郑州大学,2018.
[477] 王万茂. 中国土地管理制度:现状、问题及改革[J]. 南京农业大学学报(社会科学版),2013,13(4):76-82.
[478] 王伟峰,段玉玺,张立欣. 适应全球气候变化的森林固碳计量方法评述[J]. 南京林业大学学报(自然科学版),2016,40(3):170-176.
[479] 王玮. 低效工业用地内涵界定及评价方法研究[D]. 甘肃农业大学,2016.
[480] 王文婕,葛大兵,周双,等. 平江县生态弹性度定量分析评价研究[J]. 环境科学与管理,2015,40(3):130-134.
[481] 王小莉,高振斌,苏婧,等. 区域生态系统服务价值评估方法比较与案例分析[J]. 环境工程技术学报,2018,8(2):212-220.
[482] 王秀兰,冯仲科,马俊吉. 农牧交错区土地资源可持续利用评价方法探讨——以内蒙古为例[J]. 北京林业大学学报,2008,30(S1):244-248.
[483] 王学军,郭亚军. 基于 G1 法的判断矩阵的一致性分析[J]. 中国管理科学,2006(03):65-70.
[484] 王雅琪. 山东省耕地系统生态弹性评价及障碍因子诊断[D]. 济南大学,2018.
[485] 王亚飞,樊杰,周侃. 基于"双评价"集成的国土空间地域功能优化分区[J]. 地理研究,2019,38(10):2415-2429.
[486] 王亚文. 基于水环境容量的千河宝鸡段水污染防治研究[D]. 西北大学,2018.
[487] 王宇. 城市化进程中基于能值分析的耕地可持续利用研究[D]. 南京农业大学,2006.
[488] 王雨蓉,龙开胜. 生态补偿对土地利用变化的影响:表现、因素与机制——文献综述及理论框架[J]. 资源科学,2015,37(09):1807-1815.
[489] 王玉印,张黎明. 土地资源评价综述[A]. 福建省土地学会. 福建省土地学会 2009 年年会论文集[C]. 2009.
[490] 王云,周忠学,郭钟哲. 都市农业景观破碎化过程对生态系统服务价值的影响——以西安市为例[C]. 地理研究,2014,33.
[491] 王云霞,陆兆华. 北京市生态弹性力的评价[J]. 东北林业大学学报,2011,39(2):97-100.
[492] 王振健,李如雪. 城市生态用地分类、功能及其保护利用研究——以山东聊城市为例[J]. 水土保持研究,2006,13(6):306-308.
[493] 王志成,张辉,聂艳. 绿洲水环境及植被变化对流域生态安全的影响研究[M]. 广州:世界图书出版公司,2017.
[494] 王志杰,苏嫄. 南水北调中线汉中市水源地生态脆弱性评价与特征分析[J]. 生态学报,2018,38(2):432-442.
[495] 王子凌. GIS 技术在土地评价中的应用研究进展与展望[J]. 国土与自然资源研究,2013,(4):15-18.
[496] 魏琦. 北方农牧交错带生态脆弱性评价与生态治理研究[D]. 中国农业科学院,2010.
[497] 魏伟,石培基,周俊菊,等. 基于区统计方法的石羊河流域土地生态敏感性评价[J]. 水土保持研究,2015,22(6):240-244.
[498] 魏文侠,王衍臻,陈秀万,等. 松嫩平原农牧渔交错区生态敏感性评价研究——以杜尔伯特蒙古族自治县为例[J]. 地球信息科学,2008(3):370-376.
[499] 魏旭红,开欣,王颖,等. 基于"双评价"的市县级国土空间"三区三线"技术方法探讨[J]. 城市规划,2019,43(7):10-20.

[500] 魏彦强,李新,高峰,等. 联合国2030年可持续发展目标框架及中国应对策略[J]. 地球科学进展,2018,33(10):1084-1093.
[501] 温华特. 城市建设用地适宜性评价研究[D]. 浙江大学,2006.
[502] 温良友,孔祥斌,辛芸娜,等. 对耕地质量内涵的再认识[J]. 中国农业大学学报,2019,24(03):161-169.
[503] 文新亚,陈阜. 基于DSSAT模型模拟气候变化对不同品种冬小麦产量潜力的影响[J]. 农业工程学报,2011(S2):74-79.
[504] 巫锡柱,晏路明. 脆弱生态环境的综合评判物元模型研究[J]. 中国生态农业学报,2007(3):138-141.
[505] 吴春发. 复合污染土壤环境安全预测预警研究[D]. 浙江大学,2008.
[506] 吴次芳,徐保根. 土地生态学[M]. 北京:中国大地出版社,2003.
[507] 吴次芳. 国土空间规划[M]. 北京:地质出版社,2019.
[508] 吴次芳. 土地资源调查与评价[M]. 北京:中国农业出版社,2008.
[509] 吴佳,邓旭晖,刘平辉. 基于层次分析法的城市建设用地集约度评价研究[J]. 山东农业大学学报(自然科学版),2018,49(05):101-104.
[510] 吴金华,李纪伟,朱鸿儒. 基于ArcGIS区统计的延安市土地生态敏感性评价[J]. 自然资源学报,2011,26(7):1180-1188.
[511] 吴隆杰,杨林,苏昕,等. 近年来生态足迹研究进展[J]. 中国农业大学学报,2006(03):1-8.
[512] 吴琼,张华. 生态脆弱性研究述评[J]. 首都师范大学学报(自然科学版),2014,35(3):61-66.
[513] 吴绍洪,赵艳,汤秋鸿,等. 面向"未来地球"计划的陆地表层格局研究[J]. 地理科学进展,2015,34(01):10-17.
[514] 吴书光. 旅游资源可持续利用综合评价研究[D]. 山东师范大学,2005.
[515] 伍幸妮. 喀斯特地区生态用地生态敏感性评价指标组合赋权研究[D]. 湖南师范大学,2018.
[516] 向丽. 长江经济带土地生态安全综合评价及比较研究[J]. 江苏农业科学,2018,46(7):282-286.
[517] 肖笃宁,李秀珍,高峻,等. 景观生态学[M]. 北京:科学出版社,1990:141-156.
[518] 肖笃宁. 干旱区生态安全研究的意义与方法[C]. 中国生态学学会. 生态安全与生态建设——中国科协2002年学术年会论文集. 中国生态学学会:中国生态学学会,2002:30-34.
[519] 肖文婧. 鄱阳湖生态经济区土地生态脆弱性评价[D]. 江西农业大学,2015.
[520] 小田桂三郎. 农田生态学[M]. 北京:科学出版社,1976.
[521] 谢高地,鲁春霞,冷允法,等. 青藏高原生态资产的价值评估[J]. 自然资源学报,2003,18(2):189-196.
[522] 谢高地,张彩霞,张昌顺,等. 中国生态系统服务的价值[J]. 资源科学,2015,37(9):1740-1746.
[523] 谢高地,张彩霞,张雷明,等. 基于单位面积价值当量因子的生态系统服务价值化方法改进[J]. 自然资源学报,2015,30(8):1243-1254.
[524] 谢高地,甄霖,鲁春霞,等. 一个基于专家知识的生态系统服务价值化方法[J]. 自然资源学报,2008,23(5):911-919.
[525] 谢花林,刘曲,姚冠荣,等. 基于PSR模型的区域土地可持续性水平测度——以鄱阳湖生态经济区为例[J]. 资源科学,2015,37(3):449-457.
[526] 谢经荣. 国外土地生产力评价方法及其进展[J]. 自然资源,1992(06):69-74.
[527] 谢文宝,陈彤,刘国勇. 新疆农业面源污染与农业经济增长的关系——基于脱钩模型和LMDI模型的实证分析[J]. 资源与产业,2018,20(1):68-75.
[528] 辛源,王守荣. "未来地球"科学计划与可持续发展[J]. 中国软科学,2015(01):20-27.
[529] 辛芸娜,孔祥斌,郧文聚. 北京大都市边缘区耕地多功能评价指标体系构建——以大兴区为例[J]. 中国土地科学,2017,31(08):77-87.
[530] 熊玲. 江华瑶族自治县土地资源资产负债表研究[D]. 湖南师范大学,2017.

[531] 熊梅君,李秋华,陈倩,等. 基于 GIS 应用 P-IBI 评价贵州高原百花水库水生态系统健康[J]. 生态学杂志,2019,38(10):3093-3101.
[532] 徐广才,康慕谊,赵从举,等. 阜康市生态敏感性评价研究[J]. 北京师范大学学报(自然科学版),2007(1):88-92.
[533] 徐浩田,周林飞,成遣. 基于 PSR 模型的凌河口湿地生态系统健康评价与预警研究[J]. 生态学报,2017,37(24):8264-8274.
[534] 徐建华. 现代地理学中的数学方法[M]. 3 版. 北京:高等教育出版社,2017.
[535] 徐健,周寅康,金晓斌,等. 基于生态保护对土地利用分类系统未利用地的探讨[J]. 资源科学,2007(2):137-141.
[536] 徐君,李贵芳,王育红. 生态脆弱性国内外研究综述与展望[J]. 华东经济管理,2016,30(4):149-162.
[537] 徐兰,罗维,周宝同. 基于土地利用变化的农牧交错带典型流域生态风险评价——以洋河为例[J]. 自然资源学报,2015(04):44-54.
[538] 徐露. 四川省农业景观生态风险评价研究[J]. 中国农业资源与区划,2019,40(1):48-52.
[539] 徐珊,杨光,张承舟,等. 基于 PSR 模型的城市土地生态安全评价——以青岛市为例[J]. 环境工程,2019,37(9):199-204.
[540] 徐盛荣. 土地资源评[M]. 北京:中国农业出版社,1997.
[541] 徐伟,董增川,付晓花,等. 基于 BP 人工神经网络的河流生态健康预警[J]. 河海大学学报(自然科学版),2015,43(1):54-59.
[542] 徐玉玲. 变化环境下的流域水资源评价分析研究[J]. 黑龙江水利科技,2019,(6):32-34.
[543] 徐宗学. 水文模型[J]. 北京:科学出版社,2009:343-343.
[544] 徐祖信. 河流污染治理规划理论与实践[M]. 北京:中国环境科学出版社,2003.
[545] 许倍慎. 江汉平原土地利用演变及生态安全研究[M]. 北京:中国水利水电出版社,2015.
[546] 许炼烽,徐谙为,李志安. 森林土壤固碳机理研究进展[J]. 生态环境学报,2013,22(6):1063-1067.
[547] 许文杰,许士国. 湖泊生态系统健康评价的熵权综合健康指数法[J]. 水土保持研究,2008(1):125-127.
[548] 许月卿,崔丽. 小城镇土地生态安全评价研究——以贵州省猫跳河流域为例[J]. 水土保持研究,2007(5):345-348.
[549] 薛澜,翁凌飞. 中国实现联合国 2030 年可持续发展目标的政策机遇和挑战[J]. 中国软科学,2017(01):1-12.
[550] 薛争争,刘贺,沈昕,等. 城市地下空间控制性详细规划指标体系研究——以郑州市为例[J]. 中华建设,2016(03):82-83.
[551] 薛智超,闫慧敏,杨艳昭,等. 自然资源资产负债表编制中土地资源核算体系设计与实证[J]. 资源科学,2015,37(9):1725-1731.
[552] 闫海明,战金艳,张韬. 生态系统恢复力研究进展综述[J]. 地理科学进展,2012,31(03):303-314.
[553] 颜磊,许学工,谢正磊,等. 北京市域生态敏感性综合评价[J]. 生态学报,2009,29(6):3117-3125.
[554] 阳文锐,王如松,黄锦楼,等. 生态风险评价及研究进展[J]. 应用生态学报,2007,18(8):1869-1876.
[555] 杨超,王金亮. 流域土地退化研究综述[J]. 云南师范大学学报(自然科学版),2015,35(01):73-78.
[556] 杨晨玲,李军伟,田华丽,等. 广西滨海湿地生态系统退化评价指标体系研究[J]. 湿地科学与管理,2014,10(1):53-56.
[557] 杨存建,刘纪远,黄河,等. 热带森林植被生物量与遥感地学数据之间的相关性分析[J]. 地理研究,2005(3):473-479.
[558] 杨红,谭翠萍,张正峰. 建设项目节约集约用地机理探究[J]. 中国土地,2018(10):29-31.
[559] 杨红. 怎样实施建设项目节地评价[N]. 中国国土资源报,2015-09-28(005).

[560] 杨娟,李静,宋永昌,等. 受损常绿阔叶林生态系统退化评价指标体系和模型[J]. 生态学报,2006(11):3749-3756.
[561] 杨绮雯,许顺源,林瑶纯,等. 基于改进 PSR 和灰色预测的湛江红树林生态系统健康评价[J]. 南方农业,2018,12(34):96-101.
[562] 杨赛明. 煤矿区土地利用变化与生态安全研究[M]. 吉林大学出版社,2012.
[563] 杨帅,温铁军. 经济波动、财税体制变迁与土地资源资本化——对中国改革开放以来"三次圈地"相关问题的实证分析[J]. 管理世界,2010(4):32-41.
[564] 杨文培,王建民. 低碳交通论[M]. 北京:中国环境出版社,2015.
[565] 杨晓光,刘志娟. 作物产量差研究进展[J]. 中国农业科学,2014,47(14):2731-2741.
[566] 杨星,蔡彦,郭璐. 广东省土地资源可持续利用评价研究[J]. 中国人口·资源与环境,2005,15(03):65-69.
[567] 杨元庆,韩立达. 我国农村集体土地使用权资本化问题研究[J]. 农村经济,2008,(4):75-77.
[568] 姚海燕. 西安市城区建设用地可持续利用评价研究[D]. 西安建筑科技大学,2009.
[569] 姚昆,周兵,李小菊,等. 基于 AHP-PCA 熵权模型的大渡河流域中上游地区生态环境脆弱性评价[J]. 水土保持研究,2019,26(5):265-271.
[570] 姚岚,吴次芳,吕添贵,等. 基于三角模型的喀斯特地区土地利用系统健康评价[J]. 农业工程学报,2015,31(14):246-254.
[571] 姚美岑. 基于 GIS 的延龙图地区最小生态用地范围空间识别研究[D]. 延边大学,2018.
[572] 叶丝丝,唐国安,李文星,等. 基于 ArcGIS 技术的桃花江实践区生态敏感性分析[J]. 中外建筑,2015(1):135-138.
[573] 叶艳姝. 城镇闲置土地形成机理动态监控与监管策略[M]. 杭州:浙江大学出版社,2011.
[574] 伊飞. 黄河三角洲湿地生态脆弱性评价[D]. 中国地质大学(北京),2011.
[575] 殷鸣放,杨琳,殷炜达. 森林固碳领域的研究方法及最新进展[J]. 浙江林业科技,2010,30(6):78-30.
[576] 尹科,王如松,姚亮,等. 生态足迹核算方法及其应用研究进展[J]. 生态环境学报,2012,21(03):584-589.
[577] 尤南山,蒙吉军,李枫,等. 1980—2017 年中国土地资源学发展研究[J]. 中国土地科学,2017,31(11):4-15.
[578] 于斌. 农用地健康评价研究[D]. 河南大学,2013.
[579] 于伯华,吕昌河. 基于 DPSIR 概念模型的农业可持续发展宏观分析[J]. 中国人口·资源与环境,2004(05):70-74.
[580] 于丹丹,吕楠,傅伯杰. 生物多样性与生态系统服务评估指标与方法[J]. 生态学报,2017,37(2):349-357.
[581] 于海影,韦安胜,陈竹君. 杨凌示范区土地利用现状分析与评价[J]. 水土保持研究,2015,22(5):158-162.
[582] 于顺东. 天津市生态用地效益评价研究[C]. 中国城市规划学会. 城市规划和科学发展——2009 中国城市规划年会论文集. 中国城市规划学会:中国城市规划学会,2009:1941-1947.
[583] 于子江,海热提,帕拉提. 乌鲁木齐土地环境容载力研究[J]. 城市环境与城市生态,2002,(5):54-56.
[584] 余慕溪. 关闭矿井土地退出增值收益分配研究[D]. 中国矿业大学,2019.
[585] 俞孔坚,乔青,李迪华,等. 基于景观安全格局分析的生态用地研究——以北京市东三乡为例[J]. 应用生态学报,2009,20(8):1932-1939.
[586] 俞文灏,吴保锋,刘勇波. 生境破碎化对动植物遗传多样性的影响研究进展[J]. 应用与环境生物学报,2019,25(03):743-749.
[587] 俞小明,石纯,陈春来,等. 河口滨海湿地评价指标体系研究[J]. 国土与自然资源研究,2006(2):

44-46.
[588] 袁红,赵世是,戴志中. 论地下空间的城市空间属性及本质意义[J]. 城市规划学刊,2013,(1)85-89.
[589] 袁淑君. 长沙市闲置土地认定评价及潜力评价研究[D]. 湖南农业大学,2009.
[590] 岳健,张雪梅. 关于我国土地利用分类问题的讨论[J]. 干旱区地理,2003(1):78-88.
[591] 詹姆斯・海特,张智,齐亮萱. 城市棕地再生[J]. 中国园林,2019,35(02):5-11.
[592] 张奥. 棕地现象以及我国棕地治理对策[J]. 环境与发展,2018,30(09):205+207.
[593] 张蚌蚌,牛文浩,左旭阳,等. 广西农民自主型细碎化耕地归并整治模式及效果评价[J]. 农业工程学报,2019,35(9):265-274.
[594] 张冰洁,宋戈. 松嫩高平原黑土区典型地域耕地生态安全评价及驱动力分析——以黑龙江省绥化市为例[J]. 水土保持研究,2012,19(03):215-220.
[595] 张德君,高航,杨俊,等. 基于GIS的南四湖湿地生态脆弱性评价[J]. 资源科学,2014,36(4):874-882.
[596] 张峰. 基于SD和DPSIRM模型的饮马河流域生态脆弱性评价[D]. 东北师范大学,2019.
[597] 张凤荣,郧文聚,胡存志.《农用地分等规程》的几个理论问题及应用方向[J]. 资源科学,2005(02):32-37.
[598] 张凤荣. 中国土地资源及其可持续利用[M]. 北京:中国农业大学出版社,2000.
[599] 张凤荣. 持续土地利用管理的理论与实践[M]. 北京:北京大学出版社,1996.
[600] 张红旗,王立新,贾宝全. 西北干旱区生态用地概念及其功能分类研究[J]. 中国生态农业学报,2004(2):10-13.
[601] 张嘉宾. 森林生态经济学[M]. 昆明:云南人民出版社,1986.
[602] 张建新,邢旭东,刘小娥. 湖南土地资源可持续利用的生态安全评价[J]. 湖南质,2002(2):119-121.
[603] 张洁瑕,陈佑启,万利,等. 我国土地生产力研究进展与展望[J]. 中国农业大学学报,2009,14(3):135-144.
[604] 张进标. 广东河流生态系统服务价值评估[D]. 华南师范大学,2007.
[605] 张敬. 基于3S技术的山西省生态脆弱性评价方法与模式研究[D]. 山西农业大学,2014.
[606] 张军泽,王帅,赵文武,等. 地球界限概念框架及其研究进展[J]. 地理科学进展,2019,38(04):465-476.
[607] 张军泽,王帅,赵文武,等. 可持续发展目标之间关系的研究进展与启示[J/OL]. 生态学报,2019(22):1-11.
[608] 张丽,蒋金豹,李通. 建设用地立体空间拓展与优化配置研究[M]. 北京:科学出版社,2018.
[609] 张鹏,李世峰,刘瑶瑶. 基于生态适宜性分析的平原煤矿县生态空间优化[J]. 农业工程学报,2019,35(19):274-282.
[610] 张启,李明玉. 基于VSD模型的区域生态脆弱性评价——以延边朝鲜族自治州为例[J]. 延边大学农学学报,2018,40(4):7-15.
[611] 张强,冯悦,魏伟,等. 基于GIS的祁连山生态敏感性评价[J]. 安全与环境学报,2019,19(3):1056-1064.
[612] 张群. 上海市生态用地评价与功能分区研究[D]. 南京大学,2014.
[613] 张瑞,刘操,顾永钢,等. 基于层次分析法的再生水补给型城市河湖水生态修复技术评价指标体系及其应用[J]. 环境工程学报,2017,11(6):3545-3554.
[614] 张少伟,朱青,古杰. 区域生态系统服务价值对土地利用变化的响应——以秦皇岛市为例[J]. 山西师范大学学报(自然科学版),2010,21(1):115-121.
[615] 张庶,金晓斌,魏东岳,等. 土地整治项目绩效评价指标设置和测度方法研究综述[J]. 中国土地科学,2014,28(07):90-96.
[616] 张旭峰,袁红姗,吴水荣,等. 县域尺度森林生态系统服务价值评估实践探索——以河南省西峡县为例

[J]. 生态经济,2017,33(11):158-161.
[617] 张学雷,张甘霖,龚子同. SOTER数据库支持下的土壤质量综合评价——以海南岛为例[J]. 山地学报,2004,19(4):377-380.
[618] 张学玲,余文波,蔡海生,等. 区域生态环境脆弱性评价方法研究综述[J]. 生态学报,2018,38(16):5970-5981.
[619] 张雪萍. 生态学原理[M]. 北京:科学出版社,2011,5.
[620] 张雪琪,满苏尔·沙比提,马国飞. 基于生态足迹改进模型的叶尔羌河平原绿洲生态安全评价[J]. 生态与农村环境学报,2018,34(9):840-849.
[621] 张英男,龙花楼,戈大专,等. 黄淮海平原耕地功能演变的时空特征及其驱动机制[J]. 地理学报,2018.
[622] 张莹,雷国平,林佳,等. 扎龙自然保护区不同空间尺度景观格局时空变化及其生态风险[J]. 生态学杂志,2012,31(5):1250-1256.
[623] 张月,张飞,周梅,等. 干旱区内陆艾比湖区域景观生态风险评价及时空分异[J]. 应用生态学报(1期):233-242.
[624] 张跃进,快速推进农村土地使用权资本化-南京市率先基本实现现代化的根本途径[J],南京社会科学,2004,(6):287-294.
[625] 张祖陆,梁春玲,管延波. 南四湖湖泊湿地生态健康评价[J]. 中国人口·资源与环境,2008,18(1):180-184.
[626] 赵丹丹,胡业翠. 土地集约利用与城市化相互作用的定量研究——以中国三大城市群为例[J]. 地理研究,2016,35(11).
[627] 赵峰. 武汉市浅水湖泊生态系统健康评价指标重要度分析[J]. 工业安全与环保,2009,35(12):31-33.
[628] 赵红兵. 生态脆弱性评价研究[D]. 山东大学,2007.
[629] 赵进勇. 河流生态修复理论技术标准及实践(简要版). 2020.7.
[630] 赵俊芳,孔祥娜,姜月清,等. 基于高时空分辨率的气候变化对全球主要农区气候生产潜力的影响评估[J]. 生态环境学报,2019,28(01):1-6.
[631] 赵强,李秀梅,谢嘉欣. 济南市生态弹性力评价研究[J]. 生态科学,2015,34(2):156-160.
[632] 赵天琪. 土地适宜性评价实证研究[D]. 新疆农业大学,2014.
[633] 赵鑫. 基于灰色关联法的太子河流域鞍山段水质评价[J]. 水资源开发与管理,2019,(07):37-39.
[634] 赵艳霞,何磊,刘寿东,等. 农业生态系统脆弱性评价方法[J]. 生态学杂志,2007(5):754-758.
[635] 赵艺学. 基于水土流失态势的山西省生态脆弱性分区研究[J]. 水土保持学报,2004,17(4):71-74.
[636] 赵有益,龙瑞军,林慧龙,等. 草地生态系统安全及其评价研究[J]. 草业学报,2008(2):143-150.
[637] 赵媛媛,何春阳,李晓兵,等. 干旱化与土地利用变化对中国北方草地与农牧交错带耕地自然生产潜力的综合影响评价[J]. 自然资源学报,2009,24(01):123-135.
[638] 赵正. 大庆市土地生态承载力研究[D]. 东北农业大学,2018.
[639] 赵志江,崔丽娟,朱利,等. 指标体系法在我国湿地生态系统健康评价研究中的应用进展[J]. 湿地科学与管理,2018,14(4):9-13.
[640] 赵梓琰,邱道持,王静,等. 农村土地资产评估研究进展[J]. 中国土地科学,2013,27(07):86-92.
[641] 甄艳,鲁小丫,李胜,等. 城市地下空间开发利用适宜性评价[J]. 测绘科学,2018,43(05):62-67+86.
[642] 郑保,罗文胜. 河流生态系统健康评价指标体系及权重的研究[J]. 水电与新能源,2019,33(8):60-65.
[643] 郑荣宝,倪少春,王龙. 广州市土地利用总体规划与生态脆弱性的耦合分析[J]. 中国人口·资源与环境,2007,17(3):70-74.
[644] 郑欣,程艳妹,任彩凤,等. 鄂尔多斯市生态弹性力评价研究[J]. 生态科学,2019(5):185-192.
[645] 郑欣,程久苗. 生态足迹研究进展[J]. 中国集体经济,2012(04):94-95.
[646] 郑艳琳. 农用地集约利用评价研究[D]. 安徽农业大学,2014.

[647] 中国地质调查局地质环境监测院. 承德市资源环境承载能力和国土空间开发适宜性评价报告,2019,9.

[648] 中华人民共和国国土资源部,国务院第二次全国土地调查领导小组办公室. 中国土地资源利用[R]. 北京:地质出版社,2017.

[649] 钟莉娜,王军,白中科,等. 农用地整理对区域景观动态与生态风险影响研究——以福建省建溪流域为例[J]. 中国土地科学,33(01):75-84.

[650] 钟政林,曾光明,杨春平. 环境风险评价研究进展[J]. 环境科学进展,1996(6):18-22.

[651] 周秉根,张蕾,张静,等. 土地文化与文化土地内涵分析[J]. 国土资源科技管理,2012,29(02):46-50.

[652] 周诚. 论土地增值及其政策取向[J]. 经济研究,1994,(11):52-59.

[653] 周国忠. 国内外生态足迹研究进展[J]. 浙江学刊,2010(06):167-171.

[654] 周静,万荣荣. 湿地生态系统健康评价方法研究进展[J]. 生态科学,2018,37(6):209-216.

[655] 周亮进. 闽江河口湿地生态脆弱性评价[J]. 亚热带资源与环境学报,2008,3(3):25-31.

[656] 周林飞,武祎,高云彪,等. 石佛寺人工湿地生态系统健康评价研究[J]. 节水灌溉,2015(7):64-68.

[657] 周路生. 土地评价学[M]. 南京:东南大学出版社,2006.

[658] 周启刚,张晓媛,王兆林. 基于正态云模型的三峡库区土地利用生态风险评价[J]. 农业工程学报,2014,30(23):289-297.

[659] 周全,吴语晗,董战峰,等.《2017 年全球可持续发展目标指数和指示板报告》分析及启示[J]. 环境保护,2018,46(20):63-69.

[660] 周如瑞,黄青. 基于可变模糊集的流域水资源配置评价研究[J]. 浙江水利科技,2019,(4):29-32.

[661] 周天军. 未来地球科学计划及其在中国的组织实施[J]. 气候变化研究进展,2016,12(05):355-356.

[662] 周万村. 长江三峡库区土地环境容量亟待改善[J]. 山地学报,1988,6(2):81-86.

[663] 周伟,窦虹,欧晓红. 生物多样性价值的评估方法[J]. 云南农业大学学报,2007,22(1):35-40.

[664] 朱传军,卢新海,韩长生. 基于模糊积分的开发区土地经济效益评价[J]. 中国土地科学,2009,(5):55-60.

[665] 朱大明. 地下空间学学科体系引论[J]. 地下空间与工程学报,2011,7(4):619-627.

[666] 朱道林. 试论土地增值[J]. 中国土地科学,1992,(6):12-15.

[667] 朱德明,周鸣歧. 太湖生态脆弱性特征及评价指标体系研究[J]. 生态经济,1998(6):1-4.

[668] 朱锦,朱卫红,金日,等. 中国图们江流域湿地生态系统健康评价研究[J]. 湿地科学,2019,17(3):344-351.

[669] 朱爽,林黎阳,吴衍,等. 基于物元可拓法的湿地生态系统健康评价——以衡水湖国家湿地自然保护区为例[J]. 安全与环境学报,2016,16(1):348-353.

[670] 朱卫红,郭艳丽,孙鹏,等. 图们江下游湿地生态系统健康评价[J]. 生态学报,2012,32(21):6609-6618.

[671] 庄大方,刘纪元. 中国土地利用程度的区域分异模型的研究[J]. 自然资源学报,1997,12(2):146-152.

[672] 自然资源部国土空间规划局[J].《资源环境承载能力和国土空间开发适宜性评价技术指南(试行)》,2019,7.